# 세계문화유산 1번지

## 사찰과 성당

**세계문화유산 1번지**
**- 사찰과 성당**

2020년 12월 3일 초판 1쇄 인쇄
2020년 12월 9일 초판 1쇄 발행

지은이 | 김희욱
펴낸이 | 김영호
펴낸곳 | 도서출판 동연
등  록 | 제1-1383호(1992. 6. 12)
주  소 | 서울시 마포구 월드컵로 163-3
전  화 | (02)335-2630
전  송 | (02)335-2640
이메일 | yh4321@gmail.com

Copyright ⓒ 김희욱, 2020

ISBN 978-89-6447-635-2  03200

# 세계문화유산 1번지

## 사찰과 성당

김희욱 지음

동연

이 글을
〈불편한 진실〉과 〈자아실현〉을 위해
살아가는 분들에게 바칩니다.

# 책을 펴내며

몇 년 전 불교계에서는 "진리는 모든 종교에 다 열려있다"는 〈21세기 아소카 '선언'〉을 했다. 기독교계에서는 〈콘스탄티누스 '동의'〉 같은 것은 없는가?

모든 종교에는 〈구원 시스템〉이 있다. 그 시스템은 그 지역의 기후·지형·생활·교류 등이 종합된 역사에서 형성된 특징이며, 그 동력은 그 지역의 문화권을 외연으로 확대하면서 형성해나간 그 신앙의 정신력이다. 지구상에서 문화와 예술의 생명은 이처럼 대부분 종교의 역동성에서 싹터 자라서 꽃피며 널리 퍼졌다. 동양을 대표하는 불교와 서양을 대표하는 기독교도 마찬가지다. 하지만 지금까지 그 같은 발전의식은 자체 종교의 테두리를 넘어서지 못하고 있다. 그러나 다행히 선언적인 멘트라고는 해도 그 〈아소카 선언〉은 빅-뉴스다. "통일은 대박"이라 선언했던 것처럼. 이제 '동의'만 있으면 '재청'은 다른 종교에서 쉽게 나올 수 있을 것 같은데.

오늘날은 세계가 하나로 되어가고 있다. 우리나라도 한 해에 해외로 나가는 여행자가 인구의 50%를 넘어서고 있고, 현실도 국제결혼이 이루어지면서 다가정·다민족 국가로 변해가고 있다. 배달겨레 백의민족이란 순종주의적 혈통을 넘어 코리아 합중국이 되어가는 흐름이다. 이렇게 다민족으로 피가 섞이면 따라온 풍습·예술·문화도 저절로 융화되기 마련이다. 종교도 예외가 아니다. 다름이 모르게 어우러져 새로움으로 거듭나는 세계화가 되는 것이니. 그것이 공즉시색(空卽是色)의 역사다. 이 같은 세계화 분위기에 그 어느 분야보다 동양과 서양을 대표하는 불교와 기독교가 서로 소통하고 연대하면서 앞장서야 한다. 그래야 지구촌 문화가 휴머니즘을 바탕으로 해서 촉진된다. 그러기 위해서는 먼저 두 종교 간의 같은 점은 무엇이며 다른 점은 무엇인지를 알아보는 선행학습이 필요하다. 알아야 동의와 재청의 수준이 모색되니까. 그 가장 좋은 방법 중 하나는 두 종교를 대표하는 사찰과 성당의 특징을 미술사적 비교를 통해 알아보는 것도 재미있겠다는 생각이 들었다. 이는 앞으로 두 종교가 스스로 소통·상생하는 계기가 될 수 있다고 보게 되는 것은 물론 더 나아가 문화의 시대를 힘 있게 선도하는 역할까지 할 수 있다고 보게 되기 때문이다. 바로 세계 종교 문화 DNA의 역동성이 세계 문화사의 엔진이니. 그리고 미래지향적인 세계사를 휴머니즘적 관점에서 선도해야 할 의무가 종교로서는 당위이기에.

불교에서 사원 건축의 특징은, 특히 우리나라에서는 눈에 보이는 건축 양식으로서 발달 과정이라기보다는 깨달음의 DNA를 지향하는 보이지 않는 건축 양식으로서 발달이었다. 즉 건축은 우주 진리의 원리를 설계도로 하고, 그 진입공간은 불교 교리를 깨달음을 향한 단계적 소실점으로 비보하고 사고의 초점을 신앙으로 모으게 하여 마음(=心)을 알아가는 수미산 등정 코스로, 그리하여 그 마지막 절정의 위치에 부처님을 공(空)의 소실점으로 완성시켜 놓은 것이다. 진리의 꽃비가 내리는 승화된 극락정토를 수미산을 상징한 만다라 입체 도형으로 나타낸 것이다.

반면에, 기독교에서 교회 건축의 발달 과정은 다양한 건축 양식으로서 변화과정이었다. 첫 시작은 성막(聖幕)에서 출발하여 박해받을 때 지하 동굴로, 합법화 이후에는 바실리카 등을 거쳐 고딕 성당에서 대단원을 이루었다.

하늘을 하염없이 지향한 고(高)와 장엄한 규모의 대(大), 그리고 아름다운 색(色),

찬란한 빛(=光), 신비스러운 음(音)을 기독교 교리로 가공하여 신성한 아름다움을 추구했다. 그리하여 시간 따라 날씨에 따라 만화경처럼 수시로 변하는 신비한 성(聖)의 추상화로, 그 성스러운 무형의 입체 부유성화(浮遊聖畵)가 넘실거리는 공간이 되게 하여 천상의 파라다이스로 나타냈다. 모든 예술이 성(聖)으로 융화되어 구원을 향한 시너지 현상을 일으키면서. 그러므로 종교에서 그 건(축)물이 있는 지역은 성역이다. 이 같은 교리적 도상적 예술적 수준이 고전적으로 완성된 때는 동양이나 서양 모두 10세기 전후다. 그래서 화려한 만다라 예술로 꽃핀 자랑스러운 인류문화의 보배들이 되었다. 이렇게 인간의 역량을 초월(?)하여 이루어낸 종교 문화가 오늘날은 소외당하고 있다. 신대륙 발견 이후 제국주의의 십자군 역할에 대한 반감과 계몽주의시대 이후 이성이 강조되면서 신앙이 서서히 증발되기 시작하면서부터다. 그러면서 오늘날 교회는 점점 텅 비어가고 예배 의식은 점차 문화 퍼포먼스로 변해가는 듯한 추세다. 그리고 사람들도 이제는 종교에 대해 고딕시대 같은 관심을 버렸다. 없는 신을 대상화시켰다는 이유가 크다. 그래서 종교 문화가 '세계문화유산의 1번지' 관광 대상에서 오늘날 적지 않은 젊은이들에게는 '셰도 시대 1번지'가 되어가고 있다. 그러나 본성의 1%(?)가 타동사인 인간이 영원히 그 1%를 자동사로 바꿀 수 없는 한, 종교란 인간에게는 원죄(늑무명)을 극복하기 위한 또 다른 숙명이다. 그러니 종교란 우리 인간에겐 어쩔 수 없는 자발적 대의제 휴머니즘이다.

셰도 시대 1번지의 또 다른 배경은 세계문화유산의 1번지를 전문가들도 건축적으로나 미학적으로만 보고 있지 그 바탕이 되는 신앙을 교리로 해석하고 있지 못하기 때문이다. 그러니 그 글에서는 사찰이나 성당의 아름다움에 대하여 어떻게(How)

는 잘 설명해도 왜(Why)에 대해서는 해설이 빈곤한 것. 우리나라에서 이같은 풍조의 시작은 근대 문화재에 대한 연구가 일제에 의해 재조명되면서 김대성을 무시하고 세키노 다다시를 따른 이후부터다.

오늘날은 독재에서 민주로 이제는 문화로 급속히 역사의 트렌드가 바뀌고 보릿고개는 해외여행으로 변하고 미지에 대한 불확실성은 스마트폰으로 완화되고, 세계는 국경을 넘어 지구촌이 되어가고 있다. 세상이 상전벽해. 그러면서 어느새 시대정신도 휴머니즘의 양극인 '불편한 진실'과 '자아실현'이 되고 있다. 이런 개벽 시대를 보다 힘 있게 이끌고 뒷바라지하기 위해서는 종교도 혁신되어야 한다. 지금까지 강조했던 관념적인 깨달음이나 영혼 고양을 넘어 이제는 〈불편한 진실〉을 역사적으로 선도하면서 중생들의 〈자아 실현〉을 뒷바라지하는 쪽으로. 그 두 축이 시대정신이며 앞으로 종교의 사명감이다. 특히 서양문화를 이끌어 온 기독교와 동양문화를 대표하는 불교 앞에 주어진 신의적(神意的)·역사적(歷史的) 사명감은 요즈음 유행어로 '장난'이 아니다.

앞으로는 종교가 인간의 영혼 고양 역할은 하지 못해도, 생활 속에서 마음을 추슬러주는 역할마저 못한다면, 인류가 지금까지 이룩한 성스러운 문화유산은 인재나 자연재에 의한 파괴가 아니라 무관심 속에서 조용히 자연사하게 될 것이다.

인류가 이루어 놓은 고결한 유산을 죽어가는 자식 뭐 만지듯 아쉬워하지 않는 트랜스 종교가 되기 위해서 종교는 천상을 향한 파라다이스보다는 지상의 이상 정토를 추구해야 한다. 그러기 위해서는 늘 시대정신을 선도하는 탁월한 보편적 가치를 찾아내는 지속 가능한 종교가 되어야 한다. 과거 〈민중 신학〉 〈흑인 신학〉들이 나타나 불편한 진실을 역사화 현실화했듯이 오늘날은 세계의 모든 작은 이를 위한 〈루저 신학〉이 필요한 시대이고, AI의 발달에 따른 〈롯맨 신학〉도 대비되는 시대이다. 나아가 종교 간에도 선언적 차원을 넘어 소통적 차원을 동의와 재청으로 만들어가야 한다. 그것이 21세기 지구촌 시대가 종국적으로 기대하는 생태적 휴머니즘 즉 접화군생(接化群生)으로서의 종교가 되는 길이다.

이 글은 그 같은 시대정신으로 종교가 나아가야 한다는 '이정표'와 함께 그 문화적 관점도 개 국가를 넘어 '지구촌'으로 나아가야 한다는 취지로 쓰게 되었다. 그리고 종교 문화의 DNA 설명은 How로도 해야 하지만 그보다는 'Why'로 해야 한다는 문제 제기와 앞으로의 역사 연구는 실증사를 넘어 '미술사'도 크게 부각되어야 한다는 마음으로 썼다. 무엇보다 불교와 기독교 간의 신앙적 건축 양식과 그 비교를 중심으로 해 미래지향적인 관점에서, 세계미술사에 새로운 종자 하나 심는 마음으로. 그래서 세계문화유산으로 등재된 또는 그에 준하다고 평가받는 각 나라의 대표급 성당과 사찰 그리고 탑을 수박 겉핥기지만 뭔가에 취한 듯 겁 모르고 썼다. 세계가 민주화를 넘어 김구 선생이 고대했듯이 문화화로 나아가는 추세에 발맞추어. 그리고 세계 수준의 성당과 사찰에 대한 조성 원리와 그 특징을 감잡을 수 있는데 우리의 문화도 함께하고 싶어서. 우리 불교문화의 세계화와 세계 종교의 우리 문화와의 접점화를 위해서다. 우리 사찰의 드높은 수준을 믿고 "무식하면 용감하다"는 속담에 그렇게 용기를 내었다.

글을 쓰고 보니, 나라와 지역에 따라 그리고 지금까지의 관심도에 따라 다양한

편차로 쓰여졌다. 어쨌든 그러다 보니 종교를 통한 세계사 성격이 되었다. 서양의 기독교는 성당 건축 양식의 발달이 신을 향해 체계적으로 나타나 있다. 그래서 역사가 역동적으로 보인다. 그에 반해 동양의 불교에서는 사찰건축 양식이 깨달음의 DNA를 지향하면서 내면으로 발달하였다. 그래서 오리엔탈리즘에 젖었던 사람들은 불교를 정적인 것으로 보면서 동양의 역사를 정체성(停滯性)으로 매도했다. 그 적정(寂靜) 속에 든 심오성(深奧性)을 간과한 결과다.

십자군의 관점에서 보니 그렇다. 앞으로의 역사에서는 그 기저가 제국주의의 발톱인 군(軍)에서 휴머니즘의 심장인 애(愛)로 바뀌어야 한다. 세계 각 나라가 UN에서 보듯 정(正)을 기조로 대단원을 향해가는 지구촌 시대에 발맞추어. 물론 종교도 정(淨)을 기저로 〈불편한 진실〉과 〈자아 실현〉을 목표로 해야 한다. 두 종교를 대표하는 인류의 영원한 건(築)물을 설명해 본다고는 했지만, 장님 코끼리 만지듯 다소 무리가 있을 것이다. 그 무리는 최초의 미술비평가 바사리의 용어를 빌린다면 학문상 족보에도 없는 '고딕(Gothic)적' 아니 '코딕(Kothic)적'이기 때문이라고 할 수 있다. 그것은 새로운 길을 개척해 보고 싶어 마음이 앞서 간 졸자의 오버 때문이다. 그러나 그 오버에 방점을 두고 싶다.

이 글을 쓰는 데에는 여행자들이 인터넷에 올린 사진의 덕을 적지 않게 보았다. 특히 무료 다운처인 〈픽사베이(Pixabay)〉에 올린 세계 각 나라 사람에게 고마운 마음을 전한다. 안 가본 곳이나 가보았어도 미처 찍지 못했던 좋은 장면들을 보았을 때는 이루 고마울 수가 없었다. 이 글은 방랑자처럼 시작하여 기약 없이 쓰다 보니 20년 가까이 흘렀다. 그동안 우여곡절도 많았다. 그래서 인터넷에 사진을 올린 분들이 어떤 분들인지 파악하지 못한 것이 더러 있다. 미리 양해드리며 문제를 제기하는 분들께는 필요한 책임을 지겠다.

양이 많아 고민했다. 추리고 줄인다고는 했지만 그래도 범위가 세계이고, 요점을 설명한다고는 했지만 꼭 필요한 것은 안 할 수가 없어서 분량이 적지 않다. 어쨌든 고딕을 닮으려, 우리 문화의 정수를 만나려 한 이 글은 세계 문화시민들의 시너지에 힘입어서 쓸 수 있었다. 이에 대한 보답으로 이 글이 출판되어 행여 수익이 생긴다면, 그 절반은 〈불편한 진실〉을 위한 단체에 기부하겠다. 모든 분이 〈자아실현〉하기를 기원하면서.

마지막으로 〈코로나 19〉가 유행하는 불경기의 한 복판에서 이 글을 귀한 책으로 멋지게 나오게 힘써 준 동연출판사에 특별히 감사드린다.

그 등불 동의와 재청으로 밝혀지는 날 지구촌은 할레타불 칸타타로 메아리치리.

2020년 한가윗날 경주 수통골에서 '야호'를 외치며

**김희욱** 손모음

# 1부
# 사찰과 성당의 발달

# 1장. 굴에서의 발달 과정

종교는 인류의 발생에서부터 시작되었다.

그것은 구석기 시대 아니 빙하기의 유물에서부터 즉 실용성이 없는 물건을 정성들여 만든 암시에서 알 수 있다. 이후 보다 본격적으로는 암각화에서 볼 수 있다.

선사시대 암각화에 그려진 동물 그림들은 주술적으로 재생의 반복을 알리고 있다. 그림들은 불빛, 햇빛, 달빛 그리고 물의 반사빛과 불가분의 관계를 맺고 있다. 그 관계에 따라 보였다 안보였다 하며, 그리고 모의사냥 전례의식을 통해 죽었다가 살아나고 살았다가 죽기를 되풀이 하면서다. 종교의 목적이 오늘날은 이상정토이지만 당시에는 무엇보다 먹을거리의 해결이었으니.

이같은 암각화가 그려진 장소도 보통의 장소가 아니었다.

먼저, 암음(岩陰) 즉 마애암벽을 배경으로 그 위에 바위가 처마처럼 나온 오버행의 아래였다. 이런 곳이 한여름에는 그늘을 만들어주고, 눈과 비를 피하게 해주었으며, 풍화작용도 막아주는 역할을 했기에.

둘째는, 에코현상 즉 앞·뒤가 산으로 둘러싸여 음향이 공명이 되게 만들어지는 지형구조였다. 오늘날 원형 극장 같은. 그래서 소리를 내면 그 되돌아오는 반향 때문에 다른 누군가(=신?)와 대화를 나누는 듯한 신비한 착각에 들게 했다. 기원한 희망사항이 해결된 듯 느끼도록.

셋째는, 경계가 분명한 우주관을 상징했다. 즉 하늘은 이상세계, 암각화가 있는 땅은 현실세계, 물 건너는 죽음의 세계를 상징하는 지하세계로. 이 구분되는 공간에서 샤먼이 전례의식을 통해 공시성으로 들어가게 해주는 역할을 했다. 그래서 희망상대와 내가 하나 되는 피그말리온효과를 느끼게 했다.

선사시대의 사람들은 육안으로, 심안으로, 영안으로 품었던 희망사항을 이같은 장소를 찾아 조형언어로 바위에다 새겨놓은 것이다. 그러니 그곳은 현실 속 다른 세상 즉 성역이었다.

인류사에서 이같은 구조와 공간이 그림으로 구현된 곳이 알타미라 등 여러 곳에 있지만 그중에서도 빼놓을 수 없는 대표적인 장소가 울산 태화강 상류에 있는 천전리 암각화(국보 147호)와 반구대 암각화(국보 285호)다.

이같은 곳이 역사시대에 이르러 불교와 기독교 같은 고급종교가 생겨나면서 암음은 법당이나 교회로 나타났고 에코현상은 목탁이나 사물 그리고 성가 및 오케스트라로 발전했으며, 경계지대는 교리에 따른 구원시스템으로 바뀌었고, 암각화는 제단화로 장식되었으며, 샤먼은 스님이나 성직자로 변하게 되었다.

따라서 사찰이나 교회는 선사시대에 암각화가 있던 곳의 연장선상이다. 즉 당시 반구대 암각화는 사찰로는 산치대탑·보로부두르이고 우리의 불국사이며, 성당으로는 유럽의 대성당과 같은 의미다. 그러면 이같은 종교의 시작과 흐름을 생각하며 세계유산에 등재된 대표적인 사찰과 교회에 대해서 알아보자.

# I. 불교-석굴사원

석굴사원이란 무엇인가? 바위에 굴을 파서 만든 사원이다.

인도에서 이같은 석굴사원은 기원전 300년경부터다. 마우리아 왕조 제3대 아소카 왕(재위 BCE 268~232) 때 바라바르 언덕의 〈로마스 리시(Romas Risi)〉 석굴을 그 시작으로 보니까. 이후 불교가 쇠퇴할 때까지 서역이라 통칭했던 중앙아시아를 거쳐 중국, 한국 등으로 전파되었다. 그러나 우리나라에서는 건축 양식상에서 그 논쟁이 분분하다. 사실 석굴다운 석굴은 없다. 일본에서는 이시키리 고개(石切峠)에 몇 개 있고, 동남아에서는 한군데, 미얀마에 대표적으로 포윈따웅 석굴사원이 있다.

석굴사원은 열악한 자연환경을 피해 수도하거나 종교 행사를 진행하기 위한 목적에서 만들기 시작했다. 열대나 사막 지역에서는 장마나 뜨거운 열과 바람, 맹수 및 독충 등의 위협이 컸기 때문이었다.

또 금욕과 명상생활에도 이상적인 장소였을 뿐만 아니라 여름에는 시원하고 몬순 우기에는 비를 피할 수 있었다. 단단한 바위속이라 영원히 예불드릴 수 있다고 믿기도 하였음은 물론이고 수도자들은 신변 보호와 안정된 분위기 속에서 부처님께 예불드릴 수 있는 석굴이 꼭 필요했다.

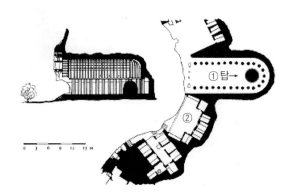

**도판 1** 인도의 바자석굴(BCE 2세기 말~1세기 초): ①은 예불드리는 〈차이티아〉 즉 법당이다. 그래서 탑이 있다[도판 2]. 무불상 시대였기에. ②는 스님들 생활공간으로서의 〈비하라〉 즉 승방이다. 이곳은 홀을 중심으로 해서 작은 여러 굴이 딸려 있다[=도판 8 참고] ※ 도판-벤자민로울랜드 지음·이주형 옮김, 『인도미술사』, 예경(96년), 106.

　　초기 석굴사원은 대부분 천연동굴의 형태를 띠었다. 불편한 곳만 손질했기 때문이다. 하지만 시간이 흐름에 따라 천연 동굴만으로는 부족하게 되자 〈로마스 리시〉 같은 초보적인 석굴사원을 인공으로 파게 되었다. 계속해서 불교가 발전함에 따라 이제는 암석을 교리에 따라 기교적으로 파내는 석굴사원을 조성하게. 그러면서 [도판 1]에서 보듯 〈① 차이티아〉·〈② 비하라〉라는 2가지 양식이 생겨났다. [도판 8과 11]에서는 더 잘 알 수 있다. 〈차이티아(caitya)〉란 탑을 모신 예불 전용 법당이다. 당시는 불상이 생겨나기 전이었으므로 예배의 대상이 부처님이 아니라 부처님의 사리를 모신 탑이었다. 그 대표적인 것이 [도판 1-①=2와 10=11]이다. 그런데 [도판 10]은 무불상에서 불상으로 넘어가는 중간 과정을 보여주고 있기도 하다. 진신사리를 상징하는 탑 속에 불상이 새겨져 있으니.

　　〈비하라(vihara)〉란 승방인데, 거실역할을 하는 홀을 중심으로 주위에 승려들이 기거하던 수도공간으로서의 방이 딸린 석굴이다. 그 대표적인 구조가 [도판 1-②와 8]이다. 그런데 사실 따지자면 〈비하라〉가 〈차이티아〉보다 먼저 세워졌다. 〈비하라〉는 석가모니가 생존 시에 시작된 기원정사에서부터이니까[도판 54]. 그 구조가 강당을 중심으로 해서 주위에 각 방이 달려있는 구조라 보게 된다. 그래서

커리큘럼에 따라 각 방에서 수도자들
이 공부하다 시간표에 따라 강당으로
와 부처님의 설법을 직접 듣던 구조
였다고. 그 구조가 굴로 바뀌면서 [도
판 1-②나 8]처럼 변한 것으로 볼 수
있다. 그에 비해 〈차이티아〉란 석가
모니가 열반 후 여래가 된 석가모니
를 경배하기 위해 만들어진 예불 전
용 법당이다. 즉 생존 시 강당의 역할
이 열반 후 법당이다.

두 양식이 다 있는 바자석굴을 간단
히 설명하면, 바라바르 언덕의 〈로마
스 리시〉 석굴 이후 생겨났다. 이 바자
석굴은 서인도 마하라슈트라 주의 주
도인 뭄바이에서 동쪽 163km 지점
에 있으며, 대략 BCE 150년부터 BCE

**도판 2** 바자석굴 내부[=도판 1-①]: 앞에 산치대탑과 비슷한 탑을 세워 차이티아 예배굴 안에 모셨다. 산치대탑의 비중을 알게 된다.

100년 사이에 만들어졌다고 본다. 그래서 초기 아잔타 석굴과 같은 시대다. 불교가
발생한 인도에서 우리나라로 전해오는 경로에 있는 나라에서는 모두 지상의 사찰
보다 석굴사원이 발달했다. 그것도 세계적으로 유명한 석굴들이다. 즉 인도의 바자·아
잔타·엘로라, 서역의 바미안·베제크릭·쿠차·미란, 중국의 키질·돈황·용문·운강 등
으로 웅장하고 화려하게 거대군으로 하여 발달하였다. 그래서 오늘날 대표적인 세
계문화유산들이 되었다. 그중에서도 인도에서는 〈아잔타〉, 중앙아시아에서는 〈바
미안〉, 그리고 중국에서는 세계적인 관심을 끌고 있는 〈돈황〉 석굴이다. 우리나라
에서는 〈석굴암〉이고. 이 석굴들을 간단하게 살펴보자.

# 1. 인도, 〈아잔타〉 석굴

## 1) 석굴 개요

아잔타(Ajanta) 석굴은 지금 인도 데칸고원에 있는 마하라슈트라 주의 요충지인 아우랑가바드 서북쪽 약 106km 지점에 있다. 아잔타란 힌디어로 '인적이 드문'이란 뜻이다. 얼마 전까지 그 의미대로 한적한 마을이었다. 관광객들이 아니면 지금도 거의 알려지지 않았을 것이다. 그러나 예전에는 상인들의 왕래가 끊이지 않던 번창한 도시였다. 지형적으로는 험준한 고개와 봉우리들이 첩첩이 이어지는 전략적 요충지의 입구에서 좀 떨어진 위치에 해당했다.

맑은 물이 흐르는 한적하고 고요한 곳이어서 승려들이 안거하여 명상에 잠기기에 적합한 장소였다. 게다가 아잔타 석굴이 있는 곳이 인도의 남과 북을 잇는 데칸고원 중 교통의 요지여서 '데칸의 문'이라 불리던 곳이기도 했다. 〈아잔타〉 석굴은 그중에서도 와호라(waghora)강이 굽이도는 말굽형 구릉의 암벽 따라 길이 약 1,500여 m에, 높이 70m가 넘는 반원형 모양의 바위에 조성되어 있다[도판 3]. 29개인데, 그중 26개는 완성이고 나머지는 미완성이다.

**도판 3** 말발굽 형 분지형태의 아잔타 석굴 전경. 와호라(waghora)강이 굽이도는 말굽형 구릉의 암벽 따라 길이 1,550m에 높이 76m의 바위 따라 29개의 석굴이 있다.

BCE 2세기에서 CE 3세기 전반까지 데칸고원 지역을 지배한 사타바하나(안드라 또는 사타카르니라고도 하는) 왕조(BCE 229~CE 220) 때 승려들이 수행을 위해 석굴을 파기 시작하였다. 그러다 3세기 중엽 사타바하나 왕조의 멸망으로 잠시 중단되었다가 굽타시대(320~550)부터 다시 조

1부 사찰과 성당의 발달

성되었다. 가장 북쪽에 있는 중앙부의 석굴
이 오래되고 좌·우 양쪽으로 갈수록 연대가
내려온다. 동굴의 번호는 매표소 쪽인 동쪽
에서 서쪽으로 순차적으로 붙였다[도판 4 참
조]. 그중 제8, 9, 10, 12, 13번 굴이 가장 먼
저 BCE 2세기~CE 3세기경인 소승불교 시
대에 조성되었다. 이를 〈전기 석굴〉이라 한
다. 그 이후 약 200년 정도 중단되었다가 450
년경 굽타시대부터 대승불교에 속하는 석굴
들이 다시 만들어지기 시작했다.

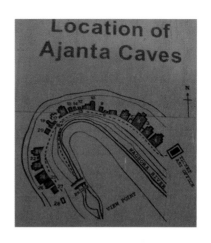

도판 4 현장에 있는 석굴 배치 번호 안내도

이를 〈후기 석굴〉이라 하고, 그
중 가장 먼저 제6, 7, 11, 14번 굴
이 450~500년경에, 제15~20
번 굴은 550년, 제21~25번 굴은
550~600년, 그리고 제1~5번 굴
은 600~625년, 제26, 27, 28, 29
번 굴은 625~642년경에 이루어
진 것으로 본다.

도판 5 아잔타 석굴사원: 각 굴마다 구조와 양식이 다른 웅장하
고 거대한 석굴들이다. 초기 불교발달에 대단원을 보여주면서
세계 각 나라 석굴의 못자리판 역할을 하였다. 도판 3의 일부

다른 석굴들도 마찬가지이지만, 이 아잔타 석굴 조성에는 왕족과 귀족은 물론 돈
을 많이 번 무역 상인을 비롯해서 단체 및 농부, 부녀자 등 개인에 이르기까지 모
든 계층이 다 망라되어 있다. 당시의 모든 사람은 종교적 선행을 쌓으면 내세가 보
장된다고 믿었기에. 그것은 정도의 차이는 있을지 몰라도 오늘날도 마찬가지다. 아
니 오히려 더하지 않을까? 전체 석굴 중에서 5개가 차이티아 예배굴인데, 그중 제9,
10번 굴은 전기인 소승불교에 속하며 제19, 26, 29번 굴은 후기인 대승불교에 속한
다. 나머지는 모두 비하라 굴. 하지만 8세기 이후엔 불교가 쇠퇴하면서 아잔타석굴
전체가 자연으로. 1,000년 이상 흐르며 밀림이 되면서 호랑이 굴로 변한 것이다. 호

랑이 사냥 중 눈앞에서 사라진 호랑이를 쫓다가 석굴을 발견했다. 동인도 회사 소속의 영국 군인에 의해 우연 찮게 맹고나무로 뒤덮인 밀림 속에서다. 그는 한 인도인 목동의 길 안내를 받아, 그곳에 가서 몇몇 호랑이 굴을 살펴보았다. 그러다가 이 호랑이 굴이 원래는 석벽 위에 불상을 새기고 벽화를 그린 인공 동굴이라는 것을 알게 되었다. 그래서 그는 10번 굴 오른쪽 13번째 기둥에다 "John Smith cavalry. 28th April 1819"라고 새겨 놓았다. 그 후 1839년 상세한 조사보고서와 수많은 고고학자들의 노력으로 1893년 세상에 알려지고 1983년 유네스코에 의해 세계문화유산으로 등재되었다.

## 2) 벽화와 조각 내용

인도에서는 성자나 영웅에 관한 전생 이야기를 좋아한다. 현생에서 깨달음을 얻은 것은 전생의 덕행과 자비의 결과라는 자업자득을 인과응보로 알리기 위해서였다. 그래서 부처에게도 사람으로, 들짐승으로, 날짐승으로, 물짐승으로 살았던 547편의 전생이 BCE 4세기경부터 고대 인도의 불교설화집 속에 팔리어로 전해오고 있다. 〈자타카(Jataka, 본생담)〉라는 이름으로. 〈자타카〉는 이렇게 여러 생명체로 태어난 삶속에서도 보살의 덕행을 실천한 부처의 전생을 보여준다. 이 아잔타 석굴에 나타나 있는 벽화나 조각에는 돈황 석굴이나 보로부두르 등 다른 유적에 비해 여러 〈대장경〉·〈불전도〉·〈비유경〉 등이 거의 표현되지 못했다.

초기 불교 시대여서 아직 교리가 발달하지 못했고, 스토리텔링이 많이 생겨나기 전이었기에. 그래서 어느 그림보다 부처의 전생 이야기인 〈자타카〉 내용이 많다. 그 것은 아잔타 석굴을 설명하면서 현장법사가 "정사의 사방 주위 석벽에 아로새겨, 여래께서 옛날 전생 시 보살행을 닦으시던 여러 인연의 일을 만들어 놓았다"라고 쓴 『대당서역기』에서도 알 수 있다.

〈자타카〉 이야기는 부처가 살아본 모든 생명체는 평등하다는 가장 보편적인 내용을 담고 있다. 바로 생태 드라마를 보여준다. 그 수많은 전생에서 모두 실천한 보살 공덕으로 석가족의 왕자 싯다르타로 태어나게 되었다는 결론이다. 그래서 불교는 삶의 보편적인 상식을 진리로 깨닫게 해준다. 따라서 아잔타 석굴에 그려진 벽화를 감상하기 위해서는 그 석굴에 묘사된 다양한 〈자타카〉의 내용을 당시 그린 화가와 이심전심으로 해서 보면 감상의 묘미가 더해진다. 547편 중 25편이 여러 그림과 함께 많이 그려져 있다. 그중 16번 석굴의 〈자타카〉에 나타나 있는 덕행을 대표적으로 보자. 제목은 〈진실을 밝히는 어린 소년 마하소다〉다. 하진희 지음,『아잔타 미술로 떠나는 불교여행』, 인문산책(2013), 121~122쪽을 인용한다.

한번은 부처가 마하소다라는 소년으로 태어난 적이 있었다. 마하소다가 겨우 7살일 때, 소년이 사는 마을의 법정에서 한 아기를 두고 두 여인이 서로 친엄마라고 주장하는 사건이 생겼다. 재판관조차 올바른 판결을 내릴 수 없어 고심하고 있었다. 두 여인 가운데 아기의 친엄마가 있는 것은 확실한데 가려낼 방법을 찾기가 쉽지 않다. 아기가 자라서 두 여인 가운데 누구를 닮았는지 확인하는 방법 외에는 다른 방법이 없었다.

그때 어린 마하소다가 법정으로 찾아와서 자신이 아기의 친엄마를 찾아내겠노라고 했다. 하지만 모여든 많은 사람들은 그 어린 소년이 아기의 친엄마를 찾아낼 거라는 기대는 전혀 하지 않았다. 그래도 소년의 확신이 하도 신기해서 기회를 주기로 했다.

그러자 소년은 두 여인에게 아기를 잡아당겨 반씩 나눠 가지라고 했다. 이 말에 한 여인은 아기가 당할 고통을 생각하여 잡아당길 생각을 하지 못하고 눈물을 흘리기만 했다. 하지만 다른 여인은 아기의 고통을 거들떠보지도 않고 있는 힘껏 아기를 잡아당겼다.

이때 마하소다 소년은 사람들에게 물었다. 자 이제 아시겠지요. 이 두 여인 가운데 누가 아기의 친엄마인지를….

지금이야 DNA 검사로 금방 밝혀낼 수 있지만. 그런데 이 내용은『성경』(열왕기상 3:16-28)에 나오는 그 유명한 솔로몬 왕(BCE 10~9세기 경)의 지혜로운 재판과 같다.

다르다면, 전생의 부처가 아이를 서로 잡아당기게 해서 모정을 판단했다면, 솔로몬 왕은 칼로 아이를 반으로 나누게 겁주어 모정이 드러나게 했다는 차이다. 솔로몬 왕이 이 사실을 알았다면, 자신의 판례가 동양에서도 활용되고 있다고 좋아했을 것이다. 어쨌든 같은 내용이 있다는 것은 문화 차이를 넘어 인류 공동관심사였음을 알려주는 것이 아닐까. 나머지 546편의 내용도 오늘날처럼 법당에서 기다리다 예불하러 오면 해결해주는 그와 같은 소극적인 보살이 아니라 현장에 직접 찾아가서 해결해주는 적극적인 보살로서 역할 즉 〈즉문즉설〉의 성격이었을 것이다.

## 3) 벽화 제작 방법

아잔타 석굴 벽화는 가장 유명한 고대 불교 그림이다. 이 바위는 화산활동 후 식을 때 공기가 빠져나가면서 만들어졌기에 암질이 무르고 표면이 거칠 뿐만 아니라 기공이 많다. 그래서 제작방법은 먼저 진흙에 건초, 쌀겨, 쇠똥 등을 혼합한 모르타르를 암석의 거친 부분과 구멍에 채우기 위해 두껍게 덮어씌웠다. 다음에 진흙에 고은 잔모래를 섞어 입히고, 마지막에 백색 석회를 얇게 한 층 더 발라 벽화의 바탕을 고르게 만든 후, 그 위에다 그림을 그렸다.

안료는 주로 현지의 화산석 광물질을 곱게 빻아 만든 돌가루와 자연에서 얻은 꽃가루, 황토, 숯, 조개껍질 등을 갈아 사용했다. 이 안료에 통상 나무의 진이나 아교를 섞어 만드는데, 인도 석회는 함수성(含水性)이 높아서 비교적 오랫동안 촉촉하게 유지할 수 있었다. 그래서 아잔타 벽화의 제작 기법은 주로 프레스코다. 붓은 탄력성과 길이가 서로 다른 짐승의 털들을 사용했다. 채색이 끝나고 마르고 나면 표면에 매끈한 돌로 채색된 부분을 문질러 마무리했다. 광택 내기와 일종의 코팅 효과를 위해서였다. 색채는 감정을 표현하는 수단으로 그 강도에 따라 감정의 고저와 강약을 나타냈다. 주로 흰색은 유머를, 노랑은 놀라움을, 빨강은 격앙된 감정을, 검정은 두려움을, 초록은 평안을, 파랑은 에로틱한 감정을 상징했다. 색깔마다 이같은 감정은 인류 보편적이다. 중요한 벽화는 석굴 입구 마주보이는 정면에 주로 그렸으며,

**도판 6** 16번 석굴의 천장 그림: 입구 회랑의 천장에는 중앙의 원안에 육판형의 큰 꽃잎 속마다 6보살이 방사선 방향으로 앉아 있고, 그 주위에는 다양한 식물도안이 화려한 색상으로 그려져 아름답기가 그지없다. 극락정토를 나타내고 있다.

어떤 곳은 하나의 벽에 몇 개의 〈자타카〉가 위·아래로 또는 좌·우로 묘사되어 있기도 하다.

대상의 크기와 비례 각도만으로도 성과 속의 대비를 극명하게 보여주는 것은 물론 그림을 그릴 때 산(=生) 그림을 나타내기 위해 〈푸라나(purana, 숨결)〉를 불어 넣었다. 이는 동양화에서 〈기운생동〉과 같은, 기독교에서는 〈데우스 프로핀퀴오르〉같은 의미다. 그러니 온 정성을 바친 화공들의 그림을 통한 신앙고백이기도 하다. 이 그림들이 재발견될 때까지 천 년 이상 사람들의 발길이 닿지 않아 벽화에는 먼지 층이 두텁게 쌓여있었다. 그러나 그림은 화려한 색깔이 원색대로 잘 보존되어 있었다고 한다. 그런데 발견 후 정리하는 과정에서 먼지를 털어낼 때 벽화가 많이 손상되었고, 얼치기로 복원하면서 더 망가지기도 했다. 게다가 잘못된 관리로 처음의 아름다웠던 그림들이 많이 손상되기도. 그래서 지금은 아깝게도 거친 가공으로 된 원래의 돌 표면이 [도판 9]처럼 드러나 있는 것이 많다. 어쨌든 아잔타 석굴은 〈건축·조각·그림〉의 복합체였음을 알 수 있다. 더구나 아잔타는 암석을 뚫고 깎아서 만든 것이므로 지상에서 돌을 하나하나 쌓아서 만든 보로부두르나 앙코르와트보다 더 조성하기가 힘들었다고 보게 된다.

## 4) 벽화와 조각 수준

아잔타 석굴은 중국의 현장법사가 저술한 『대당서역기』 11권에도 나온다. 그는 3번째 나라 "마가자차국(摩訶刺侘國: 현재, 인도의 마하라슈트라 주)"의 "아절라가람(阿折羅伽藍)"에 대해 다음과 같이 기록하고 있다.

(…) 伽藍門外 南北左右 各一石象 聞之土俗曰 此象時大聲 地爲震動 …

(깊은 골짜기에 터를 잡고 있는데, 높은 건물과 큰 집들은 벼랑을 깔고 봉우리를 베고 있으며, 여러 층을 이룬 건물과 대(臺)는 바위를 등진 채 골짜기를 향하고 있으며, 정사의 사방 주위 석벽에 아로새겨, 여래께서 옛날 보살행을 닦으시던 여러 인연의 일들

**도판 7** 제16번 굴 입구에 새겨진 코끼리상: 석굴 입구 좌·우에 코끼리가 앞다리를 구부린 채 사원으로 들어가는 신도들을 환영하는 자세로 조각되어 있다.

1부 사찰과 성당의 발달

을 만들어 놓았다. 성과(聖果)를 증득하려는 경사스럽고 복스러운 조짐, 적멸(寂滅)에 드는 영묘한 감응, 크고 작은 것들을 남김없이, 마음과 힘을 다하여 모두 부조로 새겨 놓았다.)

가람 문밖의 남북 좌우로 각각 하나씩 돌로 새긴 코끼리가 있다. 듣건데 그 지역 사람들은, 이 코끼리가 때때로 큰 소리로 울부짖으면, 땅이 진동한다고들 말한다….(『대당서역기』 권제 11)

이같은 현장법사의 기록은 아잔타 석굴의 조각과 벽화를 보고 쓴 글이다. 조각과 벽화는 "여래께서 옛날 전생 시에 보살행을 닦으시던 여러 인연의 일들을 만들어 놓았다. 성과(聖果)를 증득하려는 경사스럽고 복스러운 조짐, 적멸(寂滅)에 드는 영묘한 감응" 등을 "마음과 힘을 다하여" 나타냈다고 했다. 그런데 이 글은 그중에서도 16번 굴에 그려진 부처의 전생도인 〈자타카〉 중 마하소다의 명 재판 에피소드에 대한 설명도 들어 있음을 알 수 있다. 그것은 문밖 입구 좌우에 각각 돌로 새긴 코끼리가 이 16번 굴에만 조각되어 있으니[도판 7]. 이 때문에 "아절라가람(阿折羅伽藍)"이 아잔타 석굴이라는 것을 분명히 알 수 있다.

현장법사가 아잔타 석굴에서 16번 굴을 강조했으니 이 굴에 대해 좀 더 알아보자. 이 굴은 550년을 전후한 가장 전성기에 조성되었는데, 아주 큰 편에 속한다. 위치도 아잔타 석굴 29개 중 가장 중앙에 그리고 말굽모양의 가장 선두에 위치해 있다[도판 4참조] 더구나 이 굴에는 다음

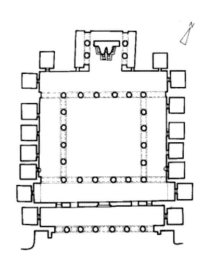

**도판 8** 아잔타 16번 굴 평면도: 대승불교 시대의 대표적인 비하라 굴이다. 중앙의 넓은 홀을 20개의 팔각열주로 해서 신랑과 측랑으로 나누었다. 측랑 둘레(=동서)에는 14개의 승방이 있다. 안(=북)쪽 중앙에는 불감을 만들어 좌불을 조각하여 봉안하였다. 비하라에 차이티아가 합해진 것이다. 내부 벽면에는 아잔타에서 가장 아름다운 벽화들이 [도판 6]처럼 남아 있다. ※네이버 지식백과 아잔타 석굴군 (인도의 건축, 2002. 12. 25., 윤장섭)

과 같은 내용이 새겨져 있다. "위대한 스님들이 거주하는 이 석굴에 들어오는 이는 누구든 모든 죄가 사해지고 고요한 성스러움의 세계와 하나가 되어 집착·슬픔·고통으로부터 자유로워질 것이다." 당시의 벽화와 조각 수준을 자신 있게 드러낸 조성자의 선언이다. 이 굴을 순례하는 것만으로도 위대한 깨달음의 세계에 있다는 믿음을 전하고 있다. 그래서 현장법사도 이 굴을 대표적으로 소개한 모양이다. 또 이 16번 굴에 있는 벽화를 현장법사는 인용 글에서 "성과(聖果)를 증득하려는", "적멸(寂滅)에 드는 영묘한 감응"이란 표현을 했다. 해탈에 이르기 위한 심오한 사유적 명상을 나타 낸 높은 수준의 그림으

**도판 9** 찬란했던 색채가 천년의 세월 속에서 퇴색되고 잘못된 관리로 벗겨지면서 원래의 기공이 많은 거친 바위가 드러나 있다. 나뭇가지 아래의 삼굴식의 모습은 [도판 59]의 약시와 연결된다.

로 알려지고 있는 것이다. 무소유를 통해 해탈을, 니르바나로 안내하는 아름다운 푸라나를 영혼으로 호흡하라고. 이것은 경건하고 장엄한 석굴분위기 속에 극락정토의 분위기를 연출한 그림들이 뒷받침해 준다[도판 6의 천장화 참조].

종교와 예술이 하나된 그림으로 나타내면서. 그래서 파낸 정교성과 치장한 예술성이 뛰어난 석굴이다. 이처럼 자유롭게 매혹적으로 그려진 벽화는 아잔타 석굴만의 특징이다. 화가들은 여인의 아름다움을 종교적으로 묘사할 때에는 신체의 볼륨을 통해 생명력을 푸라나로 불어 넣었다. 특히 그 표현의 특징으로 트리방가(Tribanga=三屈式)라고 해서 〈가슴·허리·엉덩이〉를 각기 반대의 방향으로 꺾어 나타냈다. 아름다움을 종교적인 다산과 풍요의 상징으로 나타낸 이같은 특징은 산치대탑에 나타난 약시상에서 시작된 것으로 본다[도판 59 참조].

[도판 9]에서 보듯이 비록 색깔은 많이 벗겨졌어도 율동적인 삼굴식에 신체의 선

이 유려하고, 손동작은 힘이 있고, 눈빛은 살아 있다. 그리고 산뜻하고 아름다운 색채는 풍부하고 다양하다. 그것은 특히 아프가니스탄에서 수입된 귀중한 천람석으로 만든 코발트색 안료를 사용하면서부터다. 또 각종 계층과 직업을 가진 인물들의 생로병사가 등장하는데, 그 그림들은 극과 극의 세상을 잘 보여주고 있다. 즉 천국과 속세가 잇닿아 있고, 환상과 현실이 동시에 있으며, 정신과 육체가 함께 중시되고, 종교와 세속이 한데 어우러져, 신기하고 풍요로우면서도 매우 아름답고 심원해 보인다.

이렇게 속세에 대한 미련과 종교에 귀의라는 상반된 정감이 한데 뒤엉켜 있어, 아잔타 후기 벽화의 독특한 매력을 이루고 있다. 석굴은 입구의 형태나 내부 구조, 조각, 벽면 장식 등에서 석굴마다 독특한 특징이 있다. 거의 1,000년간의 계속된 시대적 문화 차이, 시주자의 시주 능력, 조각가의 수준 차이에서다. 그러나 석굴마다 내재한 영적 숭고함, 종교적 미감에서 풍기는 초연한 심미성과 부처에 대한 절대적 귀의에서는 차이가 없다. 모두 공간 속에서 종교적으로는 긴장감을 유발하고 심리적으로는 긴장감을 이완시켜 신앙적 자세를 쫄깃하게 촉진시키려 한 점에서는 조성자마다 최선을 다했다.

## 5) 무불상에서 불상으로의 변천

동쪽에서 서쪽으로 배열된 굴의 번호는 개착된 연대와는 무관하다. 그런데 석굴을 전기와 후기로 나누면, 그 나눔이 시대적 차이이면서 무불상에서 불상으로의 변천을 구분하는 것이기도 하다. 소승불교에서 대승불교로의 변화이니까. 〈전기 석굴〉은 소승 불교 시기로 8·9·10·12·13번 굴이 여기에 속한다. 이들은 대략 BCE 2세기부터 AD 2세기 사이에 개착된 것으로, 초기 사타바하나 즉 안드라 왕조시대에 해당한다. 구조는 간단하고 장식도 단순하며 앞에서 본 동시대에 개착된 바자 석굴처럼 고풍의 분위기를 보여준다. 그 중에서도 차이티아로 된 제9·10, 두 굴이 유명하다. 특히 존 스미스가 발견한 제 10번 굴은 아잔타 최초의 굴에 속한다. 그러므로 그 벽

**도판 10** 아잔타 26번굴: 차이티아 내부. 초기 인도의 목조건축 양식을 알 수 있다. 탑 속에는 불상이 새겨져 있어 신앙의 대상이 탑에서 불상으로 넘어가는 과도기의 모습을 대표적으로 보여준다. 이 도판의 평면도가 [도판 11]이다.

에 그려진 벽화는 세계 최초의 불교 그림이 되겠다. 대략 BCE 2세기 초엽에 개착되었는데, 그 양식과 구조는 초기 안드라 왕조 시기의 바위에 개착한 여타 차이티아 굴들과 같다[도판 2]. 즉 정면에는 차이티아 예불용 법당을 알리는 스투파를 세웠고, 굴 안에는 길게 목조 구조 형태로 나타낸 두 줄의 열주가 아치형 천장을 떠받치고 있다. 무불상시대였기에 불상은 보이지 않는다.

〈후기 석굴〉은 대승불교시기에 속하는데, 전기 굴(5개) 외의 모든 굴이 여기에 포함된다. 역사적으로 여래는 석가모니불 혼자지만, 진리를 깨달은 자는 얼마든지 있을 수 있다. 그래서 과거칠불과 함께 현재불·미래불 사상이 발달하게 되었고, 이런 사상은 〈자타카〉의 수많은 구도자 상과 연결되면서 훗날 대승불교의 사상적 연원이 되었다.

이 후기 굴들은 대략 450~650년 기간에 개착되었는데, 굽타 시대에 해당한다. 애초에는 〈차이티아〉·〈비하라〉이 두 구조가 기본 양식이었는데, 이때 와서는 변화가 나타났다. 간다라 미술의 영향으로 불상이 만들어지면서 승방인 비하라에도 불상을 안치하게 되면서다. 무불상에서 불상이 생겨나면서 승방, 강당, 법당이 함께 구비된 〈차이티아〉와 〈비하라〉가 합쳐진 석굴이. 그중 제 1·2·16·17번 굴 등 후기 〈비하라〉굴의 형상과 구조에 이같은 변화가 있다. 대표적인 곳이 16번 굴. [도판 8] 설명글 참조. 그렇게 되면서 비하라 굴은 승방뿐 아니라 예불의 기능도 겸하게 되었다. 이 16번 굴은 전실의 왼쪽 벽에 새겨져 있는 명문에 따르면, 바카타카국(250~500)의 하리세나 국왕(475~500)의 대신이었던 바라하데바가 부모의 명복을 빌

1부 사찰과 성당의 발달

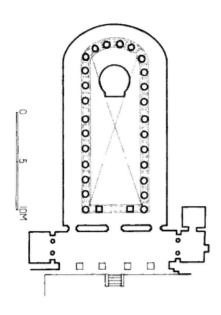

기 위해 봉헌한 것으로 나타나 있다. 〈후기 석굴〉에서는 19·26번 굴이 가장 아름답다. 둘 다 〈차이티아〉다. 19번 굴은 대략 500~550년 사이에 개착되었는데, 이는 후기 차이티아 굴의 전형으로, 정면과 내부의 장식과 조각이 화려하고 웅장하다. 26번 굴은 마지막 시기인 대략 625~642년경에 개착되었다[도판 10, 11]. 그래서 26번 굴을 마무리로 설명한다. 20m가 넘는 전방후원형의 내부에서, 천장은 서까래 모양을 유연한 곡선으로 듬직하게 나타냈고, 그 아래와 이를 받는 28개의 화려한 주두 사이에 있는 상인방에는 보로부두르 대벽화에 영향을 준 듯한 조각들이 판넬을 이루며

**도판 11** 아잔타 26번 굴의 평면도: 이 굴은 최후에 개착된 큰 규모의 차이티아 굴이다. 난숙한 형태를 나타내고 있으며 [도판 12]처럼 측랑의 조각장식이 한층 더 아름답고 밀도 있게 되어 있다. ※네이버 지식백과 아잔타 석굴군 (인도의 건축, 2002. 12. 25. 윤장섭)

**도판 12** 26굴에는 아일(aisle)의 벽 둘레 따라 수많은 불·보살들이 부조되어 있는데, 규모는 작지만 유럽의 성당 못지않게 화려하다.

힘있게 연결되어 있다[도판 10 중간과 205 참조].

정면 중앙에 있는 스투파에는 법당형 벽감을 만들어 그 안에 굽타 시대 사르나트 양식의 불좌상을 코끼리와 사자가 떠받치고 있는 보좌 위에 모셔놓았다. 바로 무불상에서 불상으로의 변천을 보여주는 대표적인 예이다. 탑 속 진신사리에서 불상의 잉태를 상징하면서. 그러면서 앞으로 탑보다 더 예불의 대상이 된다는 것을 예시해 주니. 측랑의 벽을 따라서도 많은 불상을 새겨놓았다[도판 12]. 굴 전체가 인도 건축의 정수를 보여준다. 왼쪽 측랑벽에는 길이가 7.27m에 달하는 열반상이 있다. 쿠시나가라 사라쌍수의 평상 위에 누워있는 모습인데, 머리는 긴 베개를 베고 있고, 온화한 얼굴에 법열에서 우러나오는 미소를 엷게 띠고, 오른손은 턱을 괴고 왼손은 허벅지 위에 올리고서 눈을 감은 열반상이다.

위로는 천상의 신들이 부처를 맞아들이는 기쁜 모습이고, 평상 아래에는 제자들이 오열하는 모습인데, 특히 오랫동안 부처님을 받든 조카이자 제자인 아난다가 어쩔 줄 몰라 안달하는 모습으로 따로 크게 새겨져 있다.

부처가 평생 사용한 지팡이, 물통, 바리때도 보인다. 이 열반상은 세계적인 걸작으로 꼽힌다. 이렇게 26번 굴은 불상의 잉태에서부터 열반상까지 모두 새겨져 있다. 이처럼 26번 석굴은 가운데의 탑속에 잉태되는 불상을 봉안하고, 벽면에 교리 내용을 조각으로 엄숙하고 장엄하게 나타냈고[도판 12], 예불자가 조각상 따라 돌 수 있게 했다. 이같은 석굴 양식은 불교가 히말라야를 넘어 서역·중국, 나아가 신라까지도 전해지게 되었다. 그것은 석굴이라는 의미의 석굴암에서, 구조상 본존불을 중심으로 해서 10대 제자·천·보살을 그 둘레에 배치하고 예불자가 본존불을 중심으로 해서 조각상 따라 돌 수 있게 한 구조에서 알 수 있다[도판 341 참조]. 이처럼 아잔타는 실크로드를 따라 각 나라 석굴 양식의 못자리판이 된 대표적인 석굴사원이다. 이 굴들은 7세기 후반(650년)부터 다시 황폐해져 1819년 4월 28일 존 스미스가 발견할 때까지 천년 이상 자연 굴로 호랑이 집이 되어있었다.

혜초(704~787) 스님은 당시 남천축국(南天竺國)을 여행하면서 다음과 같은 글을 『왕오천축국전』(727년 경)에 남겼다.

1부 사찰과 성당의 발달

…王及首領百姓等 極敬三寶 足寺足僧 大小乘俱行. 於彼山中 有一大寺 是龍樹菩
薩 使夜叉神造 非人所作. 岦礐山爲柱 三重作樓 四面方圓三百餘步. 龍樹在日 寺
有三千僧 獨供養以十五石米 每日供三千僧 其米不竭 取却還生 元不減少. 然今此
寺廢 無僧也.…

…왕과 수령과 백성들이 삼보를 지극히 공경하여 절도 많고 스님도 많으며, 대승
과 소승이 함께 행해지고 있다. 그 곳 산 속에 큰 절이 하나 있는데, 나가르주나[龍樹,
Nagarjuna]보살이 야차신을 보내서 지은 절로 사람이 만든 것이 아니다. 모두 산을
파고 들어가 기둥을 만들고 3층으로 누각을 지었는데, 사방의 둘레가 3백여 보나 된
다. 용수보살이 살아 있을 때 절에 3천 명의 스님이 있어서 공양미만 해도 15섯 섬이
나 되었는데, 매일 3천 명의 스님에게 공양하는데도 쌀이 바닥나지 않고 쌀을 퍼내면
다시 생겨, 원래의 양에서 조금도 줄어들지 않았다. 그러나 지금 이 절은 황폐해져 스
님이 없다.…

여행하다 남천축국에 들렀을 때 쓴 글이다.

남천축국은 나르마다강 유역의 남부 인도를 지배한 찰루키야 왕조(525~753)를
말한다. 혜초스님이 방문했을 때의 왕은 나시크에 있던 비자야디티야(696~733)였다.

내용에서 "岦礐山爲柱"(모두 산을 파고들어가 기둥을 만들고)라는 표현에서 석굴사원이
었음을 인지할 수 있다. 혜초스님이 기록한 나시크 일대에 건설된 엘로라 석굴에서
기록한 대로 3층 누각형태의 석굴을 찾아 볼 수 있다. 그래서 혜초스님이 인용한 글
은 엘로라 12번 굴로 추정한다[도판 13]

스님이 3,000명이나 있었던 엘로라의 석굴이 갑자기 황폐화되었다니. 당시는
아잔타도 마찬가지. 현장법사가 630년 경 여행했을 때만 해도 번성했던 엘로라와
아잔타 석굴이었는데. 100년 후 혜초스님 때에는 이미 황폐화되었다는 얘기다. 그
러니 분명 700년 대를 전후로 해서 그 지역 일대에 어떤 역사적 폭풍우가 겁란으로
몰아친 것을 예측할 수 있다. 어떤 사건이었는지 그 내용이 없어 아쉽지만. 이『왕오

천축국전』은 돈황 석굴 17번 굴(=장경동)에서 1908년 3월 3일 펠리오에 의해 발견되었다. 1909년 중국 학자 나진옥(羅振玉)이 『왕오천축국전』임을 내용에서 확인했고, 1915년 일본인 다카쿠스다로우(高楠順次郎)에 의해 그것이 신라 출신 승려로 확인되었다.

**도판 13** 엘로라 석굴 12번인데 혜초의 여행기에 3층이 나오는데, 그 석굴일 가능성이 높다.

　1938년 독일 학자 푹스(W. Fuchs)에 의해 독일어 번역이 나왔고, 1943년에는 최남선이 원문에 해제를 붙임으로서 국내에 알려지게 되었다. 8대탑(카필라바스투, 보드가야, 사르나트, 슈라버스티, 상카시야, 라즈기르, 바이샬리, 쿠시나가라) 순례를 목적으로 여행을 갔다 왔다는데, 애초에 발견된 것은 앞뒤가 다 떨어져 나갔다. 그래서 누가 쓴 글인지 몰랐다. 227행에 약 6,000여 자가 남아 있는데, 그 내용이 초고본인지, 요약본인지, 완성본인지 판명을 못하고 있다. 당시는 모두 필사였다.

## 2. 서역, 〈바미안〉 석굴

### 1) 바미안 석굴의 위치적 함의

　중앙아시아 즉 서역에도 석굴이 많다. 그중에서도 이 바미안(Bamiyan) 석굴은 현재 아프가니스탄의 수도 카불에서 129km 떨어진 곳에 있다. 북서쪽 히말라야 산맥이 점차 낮아지는 힌두쿠시 산맥의 식스브리지마운틴 고개를 돌아 해발 2,590m의 바미안강 북쪽 바위의 절벽 한 면을 파서 조성했다.이곳은 당시 중계무역이 이루어지면서 동·서 문명이 만나던 오아시스 도시국가였다. 그래서 BCE 3세기 때부터 아소카 왕에 의해 불교가 전파되었고, 2세기 카니슈카 왕 때에 이르러서는 전성기를 이루었다. 바미안 지역은 현장법사가 지은 『대당서역기』(630)에는 '범연나국(梵衍那國)'으로 나온다. 현장법사는 『대당서역기』에서 범연나국에 대해 다음과 같이 설명하고 있다.

> 바미안국은 동서 2천여 리이며 남북 3백여 리로 설산 안에 있다. 사람은 산이나 골짜기를 이용하여 지세대로 살고 있다. 나라의 대도성은 낭떠러지에 의거하여 골짜기를 걸터타고 있다. 길이는 6~7리이며, 북쪽은 높은 산을 배경으로 하고 있다. 콩 보리는 있으나 꽃과 과일은 없다. 목축에 좋아 양과 말이 많고 기후는 차며 풍속은 야만스럽다. … 신앙이 이웃나라보다 두텁다. 위로 삼보로부터 아래로 백신(百神)에 이르기까지 진심을 다하지 않음이 없고, 마음으로써 공경하고 있다. 가람은 수십 군데, 승려는 수천 명으로 소승의 설출세부(說出世部)를 학습하고 있다.

혜초 스님의 『왕오천축국전』(±727)에서는 범인국(犯引國)으로 나온다. 그는 『왕오천축국전』에서 바미안에 대해 다음과 같이 썼다.

> 또 자불리스탄국에서 북쪽으로 7일을 가면 바미안(=犯引國)에 도착한다. 이 나라 왕은 호인(胡人)이다. 다른 나라에 복속되지 않았으며, 군대가 강하고 많아서 여러 나라가 감히 침략하지 못한다. 의복은 면직물 상의와 가죽 외투와 모직물 상의 등을 입는다. 이 지방 산물로는 양, 말, 면직물 등이 있고 포도가 매우 많다.
> 기후는 눈이 오고 매우 춥다. 고원이어서 거의 산속 분지에서 산다. 왕과 수령과 백성들이 삼보를 크게 공경하여 절도 많고 스님도 많으며 대승법과 소승법이 함께 행해지고 있다.

두 법사의 글에서 바미안국이 무엇보다 신앙이 두터워 삼보를 크게 공양한다는 것을 공통으로 보여주고 있다. 당시 이곳에 "신앙이 이웃나라보다 두텁다… 소승의

도판 14 바미안 석굴의 파노라마: 이 석굴은 아프카니스탄의 수도 카불에서 북서쪽으로 129km 떨어진 힌두쿠시 산맥의 해발 2,590m 지점의 바미안 강 북쪽 면에 조성되어 있다. 길이가 1,600m가 넘고 높이가 70-100m가량 된다. ㉠은 서대불[=도판15], ㉡은 동대불[=도판16]이었다.

〈설출세부〉를 학습하고 있다'라는 현장법사의 글에서, 그리고 "왕과 수령과 백성들이 삼보를 크게 공경하여 절도 많고 스님도 많으며 대승법과 소승법이 함께 행해지고 있다"는 혜초 스님의 내용에서 황폐해진 인도의 엘로라와 아잔타와는 다르게 불교가 전성기였음을 알 수 있다. 더군다나 현장법사가 방문시에는 소승불교였는데, 100년 후 혜초스님에 이르러서는 더 흥하여 소승불교와 대승불교가 함께 행해지고 있다는 사실이다.

이 석굴군은 3세기경부터 6세기 인도의 쿠샨왕조 때까지 조성되었다. 이곳 석굴은 천연 그대로의 바위를 깎아 조성한 뒤 고운 석회로 마무리한 아잔타에 비하면 거칠고 굴의 길이도 깊지 않고, 벽화도 간단하고, 불상도 심플하게 조성한 사암 석불이다. 그러나 동·서의 두 대불은 예외였다. 그래서 파괴되기 전까지 바미안석굴을 상징했다. 간다라와 가까워 그런지 벽화는 그리스 조형미술의 영향을 받아 간다라 양식을 기조로 하면서도 이란과 인도의 양식이 가미된, 특히 이란풍의 독특한 불교미술로 보고 있다. 그런데 이 석굴에서 구조의 특색은 크게 방형·팔각형·원형, 이렇게 3가지가 있다. 이 양식은 동양·서양의 종교 건축에도 영향을 미쳤다. 바미안은 이처럼 동서 문화의 십자로 역할을 했다. 건조한 고원국에 사는 사람들이어서 그런지 석굴은 단순하지만 스케일은 크다. 특히 동·서 양쪽 끝에 있던 초대형의 입불상이 그랬다. 서쪽 끝의 불상은 55m로 입불상으로서는 세계에서 가장 컸다[도판 15].

1부 사찰과 성당의 발달

동쪽 끝의 불상은 키가 38m였고[도판 16]. 이란 사산 왕조(3~7세기)의 영향을 받았다. 당시 이 대석불 때문에 이곳이 승려들은 물론 모든 신도에게도 순례지로 인기가 높았다. 크다는 것은 그만큼 영험성의 비례를 나타낸다고 보았기 때문이다.

630년 현장법사가, 아니 727년경 혜초스님이 다녀갔을 당시만 해도 불상은 금과 아름다운 보석 등으로 화려하게 장식되어 숭앙받았다. 더구나 불상의 콧구멍을 통해 울려 퍼지는 공명이 가미된 신비한 강론은 웅장함과 함께 외경심을 불러일으켰다고. 이같은 과장법은 유명한 유적지마다 비슷하다. 아잔타 석굴에서도 현장법사는 16번 굴 앞의 코끼리가 "때때로 큰 소리로 울부짖으면 땅이 울린다"라고 썼으니. 당시는 이같은 표현이 종교적 수사학으로는 먹혔던 모양이다. 선사시대에 암벽에 그린 그림은 주술적 행위를 통해 잡은 것으로 생각했던 것처럼, 현장법사는 『대당서역기』에서 이 [도판 15]의 불상을 "황금이 번쩍이며 장식이 화려한 불상"이라고 극찬했고, [도판 16]의 불상에 대해서는 "몸체를 부분으로 나누어 만들어 짜 맞춘 것"이라고 했다. 그런데 오늘날은 탈레반에 의해 다이너마이트로 폭파당해 흔적도 없이 사라져버렸다. 같은 인간이 같은 지구상에서 만들었는데 어느 종교는 거대하게 조각한 후 황금으로 정성껏 치장하고, 어느 종교는 다이너마이트로 무자비하게 폭파했다.

종교라는 이름에서는 같은데, 미래에는 서로 소통하는 종교로 변해가게 되겠지만. 이 외에도 서역에는 천산남북로 지역에 석굴들이 많이 조성되어 있다. 특히 미

도판 15(=14-㉠) 이제는 볼 수 없게 된 서쪽 끝의 대석불 모습 (55m)

도판 16(=14-㉡) 파괴되기 전의 동대불 모습(38m)

란·호탄·투르판 등의 석굴이 독자적인 특징을 만들어가면서 발전해 간 것을 볼 수 있다.

대부분 3~8세기의 그림들인데, 서역적인 바탕 위에 중국적인 요소를 받아들여 자기들의 미학을 만들어 냈다. 그 외에도 네스토리우스교·마니교·조로아스터교 등의 영향도 흔적으로 남아 있다. 이 지역의 그림은 서역식과 중국식이 상호 소통하면서 형성된 양식이 대부분이다. 따라서 이들 석굴 벽화를 통해 당시 실크로드는 세계화의 전위지역이었음을 보여준다. 그런데 8세기경 이슬람 세력이 이 지역을 차지해 파괴를. 1221년 칭기즈칸의 몽골군에 점령되면서 보다 더 크게 파괴되었다. 이후 해양 실크로드가 활성화되면서 수백 년 동안 역사적으로 묻혀 있었다. 그러다가 서구 제국주의의 탐험대에 의해 널리 알려지게 된 것이 19세기 말부터다.

## 2) 석불이 파괴된 함의

이렇게 시대가 바뀌고 오랜 세월이 흐르면서 얼마 전까지만 해도 불상에서 얼굴이 칼로 도려지고 두 팔과 장딴지 그리고 무릎 등이 부분적으로 파손되긴 했지만, 그래도 오랫동안 거대하게 남아 있었다[도판 15]. 그리고 암반을 파 조각으로 드러낸 불상은 진흙을 바르고 그 위에 도료를 덧칠한 흔적도 그나마 확실하게 보였다. 그뿐 아니라 거대 석불의 재질도 역암을 깎아 그 위에 회칠하였고 옷주름도 말뚝을 박고 여러 줄들을 이어 걸면서 만들었다는 것도 알 수 있었다. 이처럼 줄과 매듭은 푸라나를 통해 영혼의 실타래를, 부처님의 숨결을 상징하기도 했다. 그러니 콧구멍을 통해 공명이 가미된 신비한 강론을 할 때면 부처님의 숨결을 상징한 옷 주름들은 기운생동하여 이 거대한 석불을 생불로 느끼게 했을 것이다. 그런데, 금세기에 들어오자마자 세계에서 가장 컸던 두 불상이 흔적도 없이 사라졌다.

2001년 3월 10일 아프가니스탄을 장악하고 있던, 당시 근본주의 회교단체인 탈레반의 모하마드 오자르정권이 로켓포와 다이너마이트를 사용하여 완전히 파괴한 것이다[도판 17]. 그뿐 아니라 탈레반 정권은 사람 모양으로 생긴 모든 조형물과 그림

1부 사찰과 성당의 발달

**도판 17** 2001년 3월 10일 서대불을 탈레반 정권이 다이너마이트로 파괴하는 장면

을 아프가니스탄에서 없애려고 하였다. 전쟁 직전인 2000년 한 해만 해도 탈레반 정권은 카불 국립박물관에 소장된 미술 작품의 70% 이상을 파괴했다. 그것을 보호하고 아끼는 데 앞장 서야 할 소위 정보문화부 장관이라는 사람이 선두에서 지휘했다. 처음엔 돌로, 다음에는 도끼로, 나중에는 탈레반 병사들이 큰 망치로 박물관에 나타나 파괴했다. 당시 그 장관은 "불상은 중요한 문제가 아니다. 흙과 돌로 만든 오브제에 불과하다"라고 말했다. 그래서 그런지 유네스코의 특사도 협상을 거절당했고, 심지어 두 초대형 석불을 구입하겠다는 미국 메트로폴리탄 박물관의 제의도 거부당했다. 아깝게도 인류가 만든 거대한 세계문화유산 두 개가 [도판 18]처럼 사라졌다.

대불 파괴의 이유는 파괴를 통해 지금까지 없던, 무함마드 시대 같은 세상을 만들겠다는 종교적 퍼포먼스의 성격도 있었다고 한다. 이 불상만큼 세계적으로 정치적 문화적 함의를 지니면서 최후를 마친 유물은 없을 것이다.

그런데 대불 파괴와 관련하여 또 다른 파괴 장면이 연상된다. 대불 파괴 6개월 후인 2001년 9월 11일에 뉴욕 맨해튼에 있던 쌍둥이 세계무역센터 빌딩을 오사마 빈 라덴이 이끄는 무장 테러 단체가 비행기로 영화처럼 폭파한 사건이다. 쌍둥이 세계무역센터 빌딩이 세계 최대의 무역도시인 뉴욕항에 들어올 때 자본주의를 상징하던 대표 건물이었다면, 바미안 대불은 그곳이 당대 오늘날의 뉴욕처럼 동서양 최고의 상업지역이었음을 종교로 상징하던 불상이었다. 이슬람 정권은 배타적인 종교심으로 이런 세계적인 문화유산을 같은 해에 불한당처럼 폭파하고 정치적 원리주의로 영화처럼 파폭한 것이다.

문제는 이같은 파괴가 탈레반 정권에만 있는 게 아니라는 데 있다. 석굴이 파괴

**도판 18** 세계에서 가장 컸던 서대불의 파괴 후 모습. 정말 썰렁하다.

된, 쌍둥이 빌딩이 폭파된 그해(2001), 미국에 의해 즉시 아프가니스탄 전쟁이 발발하면서 더욱 심각해졌다.

미국의 최첨단 미사일이나 무인 폭탄이 아프간을 벌집 쑤시듯 폭격을 가했다. 그로 인해 오래된 성곽이나 고대인의 집단 거주터 등이 흔적도 없이 사라지기도 했다. 카불박물관도 오판으로 폭파되었다. 이 박물관은 탈레반 육군 본부의 옆에 있다는 위치 때문에, 건물은 파괴되고 유물은 제대로 수습도 하지 못했다. 수천 수백 년 동안 이어온 유물들이 사라진 것이다.

한 방만 맞아도 마을 전체가 날아가는 토마호크 미사일의 폭격은 탈레반 정권이 파괴할 때 사용한 원시적인 도끼나 망치는 물론, 전근대적인 무기가 된 로켓포나 다이너마이트에 비할 바가 아니다. 탈레반 정권은 종교적 관점에서 석불이 우상이라 파괴하였고, 미국 등 선진국들은 정치적 차원에서 세계 제패를 위해 파괴한 것이다.

배타적 종교심은 잔인하고, 배타적 정치는 잔인에 한계가 없다. 아프가니스탄은 소련의 군사·경제 지원을 통해 소련식 사회주의를 근대화의 목표로 삼았다. 그래서 1978년 때늦게 공산혁명이 발발했다. 1989년 소련군 철수 후 1992년 무자 헤딘 정권이 수립되는 와중에 탈레반이 성장했다. 이들은 당시 아프가니스탄 난민촌 출신의 청소년들이 주축을 이루었다. 이 지역의 역사를 모르는 오직 극렬한 이슬람 교리 정도만 아는 그들은 파키스탄과 사우디아라비아의 지원 하에 승승장구하며 1996년 9월에 카불을 점령하여 정권을 장악했다. 그러면서 2001년 3월 10일 동·서 대불을 폭파한 것이다. 이슬람은 지나치게 배타적이고, 사회주의는 종교를 인정하지 않는다. 그런데 당시 탈레반 정권은 2가지 요소를 다 가지고 있었다.

현재 바미안의 인구는 15만이 사는 산속 분지의 오아시스다. 힌두쿠시 산맥의 만

년설이 녹아 풍족한 물이 강이 되어 흐르고 있다. 군데군데 백양나무 숲이 우거져 있고, 경치는 물론 휴식처로서 물과 공기도 좋다. 3~8세기경 무역 중계지로 발전해 저렇게 큰 대불까지 조각하게 된 것을 이해하게 된다. 그런데 오늘날은 정치적 혼란을 겪고 있다. 같은 이슬람국가 터키에서는 기독교 유적인 카파도키아로 짭짤한 수입을 아니 대박을 터트리고 있는데, 앞으로 이곳 바미안 석굴은 어떻게 변해갈까?

## 3. 중국, 〈돈황〉 석굴 – 막고굴을 중심으로

### 1) 중국 석굴 개요

인도에서 탄생한 불교는 한(漢) 대에 중국으로 전해진 후 많은 신도가 생겨났다. 위진남북조(5~6세기) 시기에는 중국의 문화와 융합되면서 전성기를 이루더니, 당나라에 이르러서는 중국적 특색을 나타내면서 절정기를 이루었다.

실크로드란 이름은 페르디난트 폰 리히트호펜이라는 독일 지리학자가 1877년 붙였다. 이 실크로드를 따라 들어온 불교여서 중국 초기의 석굴사원 역시 그 주변에 조성되었다. 현재까지 발견된 석굴 중 최초의 것은 3세기 말 또는 4세기 초에 조성된 것으로 추정하는 신강의 키질(Kizil=커츠얼) 석굴이다[도판 19].

이 석굴은 9세기까지 조성되었다. 차이티아 형식을 취한 이 석굴은 중앙에 탑을 세우고 아잔타 풍의 불상이 벽에 그려져 전체적으로는 인도 불교의 영향을 드러내고 있다[주1]. 그림 기법은 쿠차식 마름모꼴 무늬의 벽화와 옷이 몸에 달라붙는 형태인 조의출수 기법이 돋보인다. 이 석굴은 돈황·운강·용문과 함께 중국의 4대 석굴에 속한다. 그러나 중국을 대표하는 석굴은 실크로드의 출발지이자 종착지였던 돈황의 막고굴이다. 지형적으로 감숙성 하서주랑의 서쪽 끝에 위치한 돈황은 당시 서역으로 향하는 중국의 관문이자 실크로드의 남로와 북로가 만나는 요충지였다. 끝없이 펼쳐진 죽음의 사막이므로 이곳을 오가는 사람들이 부처님에게 가호를 빌던 마음은 따

도판 19 키질 석굴벽화: 석굴 조성은 3세기부터 9세기의 약 600여 년의 역사를 가지고 있는데, 3세기는 시기상 중국에서는 가장 이른 시기의 석굴에 속한다. 독일, 영국, 러시아 등에서 온 도굴꾼에 의해 그림처럼 훼손을 많이 당했다.

뜻하고 싱그러운 초원을 오가던 아잔타 사람들보다 더 간절했을 것이다.

경제적 여유에 종교적 욕구가 더해지면서 4세기부터 14세기 원대에 이르기까지 다양한 기원을 향한 크고 작은 석굴들이 끊임없이 조성되었다. 아잔타나 바미안처럼 하나의 거대한 석굴군인 막고굴(莫高窟)을 형성하게 된 것이다. 이후 병령사·맥적산·운강·천룡산·용문·공현·향당산 석굴로 이어져 갔다. 그러다 당말 무종의 폐불 정책(845)으로 중원지역의 불교는 커다란 타격을 입었다. 이로 인해 석굴 건설 역시 남쪽으로 터를 옮겨 사천 지구에 집중되었다. 광원의 천불애 석굴, 대족의 북산 석

도판 20 돈황석굴 전경: 명사산 서쪽 끝, 높이 50m의 절벽에 남북으로 약 1,600여 m에 걸쳐 있다. 인도와 서역에서 성행하던 석굴 양식이 전래된 것이다. (↓)표시는 본황석굴에서 가장 큰 96호의 대불전을 가리킨다.

굴과 보정산 석굴 등으로 이어지면서 남방의 석굴 건설은 명대에 이르기까지 계속되었다. 인도 못지않게 중국에서도 석굴사원이 유행되면서 지상에 건축하는 사찰보다 더 광대하게 집중적으로 조성되었다.

돈황에서 사천까지 북에서 남으로 이어지는 이같은 광활한 석굴은 중국 불교의 발전사를 보여주는 산 현장이다. 서로 다른 시기에 이곳에 들어온 그림과 조각들이 중국의 문화와 서서히 융합해 가는 거대한 광맥을 살펴볼 수 있으니.

## 2) 막고굴의 특징과 조성자들

돈황 석굴 중 막고굴에 대해서 살펴보자.

"돈황은 중국에 있으나 돈황학은 전 세계에 있다"라고 한다. 이 말은 중국이 100여 년 전 불법으로 반출된 문화재에 대해 가졌던 수치스러움에 대해, 이제는 오히려 자부심으로 삼는 표어가 되었음을 알려준다. 자료들이 타의로 세계 각국에 흩어지게 된 것을 오히려 돈황학이 세계적인 학문으로 성립되는 계기로 삼고 있으니. 또다른 만만디다. 동서 문화가 결합된 바미안처럼, 돈황석굴도 중국의 전통문화가 외래문화와 결합하여 당대 세계화 속에서 만들어진 산물이다.

처음 실크로드는 천산 남로와 북로로 두 갈래 길이었으나 그 이후 하나 더 늘어 3가지 길이 되었다. 〈북로〉는 천산산맥 북쪽 따라 중앙아시아에 이르는 초원길이고 [도판 21-①], 〈중로〉는 천산산맥 남쪽, 즉 타클라마칸 사막 북쪽을 따라가는 길이고 [도판 21-②], 〈남로〉는 타클라마칸 사막 남쪽을 따라가는 길이다[도판 21-③]. 그만큼 교류의 폭이 커졌고, 커진 만큼 더 많은 상인·사절·승려들이 돈황을 거쳐야 했다.

돈황 석굴은 돈황 관내의 모든 석굴을 말하는데, 막고굴·유림굴·서천불동굴·동천불동굴·묘석굴 등 총 550여 개의 굴이 있다. 이 석굴들은 원대(14세기) 이후 19세기까지 500여 년 이상 자연과 인간에 의해 파괴되었다. 하지만 그 대표적 유적인 막고굴은 지금도 동굴이 492개, 조각상이 2,300여 개에, 벽화가 4만 5천㎡에 이른다. 이를 나열하면 100리가 넘는 45km나 된다. 시대도 5호 16국에서 원대에까지 이른다.

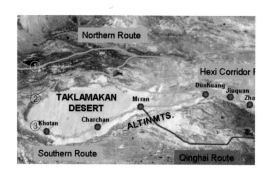

**도판 21** 천산 〈남로 · 중로 · 북로〉의 세 길: ① 천산 북로(=
초원길) ② 천산 중로(=돈황-투르판-우루무치-카슈카르) ③
천산 남로(=돈황-미란-호탄-카슈카르)

세계에서 현존하는 가장 위대한 불교예술의 보물창고다. 막고굴에 매긴 번호는 6가지를 들 수 있다. 그중 펠리오 번호(P로 표시), 장대천 번호(C로 표시), 돈황문물연구소 번호('A'로 표시)가 영향력이 크다. 이 글에서는 그중 A번호다.

무주(武周) 성력(聖曆) 원년(698) 5월 14일에 세워진 성력비(聖曆碑)에 다음과 같은 기록이 있다[주2]. "막고굴은 전진 건원 2년(366)에 짓기 시작하였다. 낙준이라는 승려가 일찍이 사방을 주유하다가 명사산이 태양빛을 받아 금빛으로 눈부셨는데, 그 눈부심이 마치 수많은 부처님이 금빛 속에서 반짝이는 것처럼 보였다. 낙준 법사는 이 기이한 광경에 이끌려 그곳이 성지라 믿고 불상을 새겨 절을 짓겠다고 다짐했다." 그래서 탁발과 시주로 돈을 모아 바위를 뚫어 굴을 만들었다는 것. 그 굴이 돈황 막고굴의 시작이다. 이처럼 황량한 사막이 태양에 의해 아침저녁으로 위대한 종교적 분위기를 신비한 가운데 엄숙하게 만들어 주고 있으니 낙준을 비롯하여 당시 불심이 깊었던 사람들은 반할 수밖에 없다. 그 장소에다 굴을 파 법당을 만들지 않을 수 없었던 이유를 충분히 이해할 수 있다. 2011년 1월 KBS-TV에서 3회에 걸쳐 특집 방영한, 중국이 만든 〈둔황 다큐〉에서는 낙준 법사가 처음 조성한 굴로 268호 굴을 추정했다. 굴 구조가 예배용이 아니라 초기의 좌선용이며, 가장 초기형태이기 때문이라는 것이다.

과학적인 관점에서 보면 금빛 천불은 일종의 착각이다. 그러나 종교적인 면에서는 사실주의적 상징이다. 이러한 광경은 오늘날에도 막고굴에서 볼 수 있다. 사막의 암석은 담홍색을 띠며 석영·운모 등 광물질을 함유하고 있다. 그래서 일출에 반사되면 금빛가루처럼 찬란하게 보인다. 낙준 법사는 이러한 신비한 자연현상을 과학적으로 이해할 수 없었다. 백마사를 세우게 된 명제의 꿈처럼 금인(金人)으로 보였던

1부 사찰과 성당의 발달

것이다.

 그 후 불교 신도들이 많아지면서 승려뿐만 아니라 왕, 귀족, 지방의 관리, 부유한 상인, 일반 시민, 수공업자에서 탈적한 기녀들에 이르기까지 이곳에 크고 작은 굴들을 만들었다. 어떤 석굴은 한 가족이, 친족들이, 각종 단체에서 조성했다. 그들은 각자의 정치적·경제적·문화적 조건에 따라 보시했고, 그 끊임없는 조성은 막고굴의 종교적·예술적 가치를 층위별로 수준에 따라 다양하게 증가시켰다. 이후 천 년 이상 유구한 석굴을 이루다 보니, 낙준이 처음 신기루처럼 본 수많은 금빛 부처가 현실이 되었다. 그래서 이름도 많다는 의미의 천(千), 무수한 부처가 빛나는 동네, 천불동(千佛洞)이 되었다. 굴은 조성한 사람들 신앙의 눈높이와 발원 목적, 시대적 풍조, 예술적 안목 그리고 경제적 능력에 따라 그 수준이 다 다르다. 모든 석굴마다 조성자의 근기에 따라, 안목에 따라, 능력에 따라, 개성에 따라 특색 있게 조성한 것이다.

 수천, 수만 개의 도서 및 자료가 나온 돈황 막고굴의 장경동(17번 굴)에서는 사람들이 굴을 만들면서 빌린 경제와 관련된 문서들도 많이 발견되었다. 그 내용을 보면 직·간접적으로 석굴을 만드는 데 들어간 비용이 만만치 않았음을 알려 준다. 이렇게 막대한 비용이 들었으므로 석굴 조성은 일반 개개 서민들로서는 도저히 감당할 수 없는 것. 그래서 때때로 서민들이 십시일반으로 힘을 합쳐 조성한 것이 있기는 하지만, 대부분의 굴 조성자들은 아잔타 석굴처럼 당대 왕족, 신하, 유명한 가문, 일반 귀족을 비롯해서 그 지역의 고급 관원들일 수밖에 없었다.

 현존하는 돈황 석굴군의 60%가 당나라 대에 조성한 것. 이 시기의 부처·제자·보살 등은 초기 인도와 서역적 형상에서 벗어나 당대 특유의 풍만하고 수려하고 생기 넘치는 전성기의 모습으로 바뀌었다. 중국 귀인들의 승화된 모습으로 그리고 극락정토 역시 새 지저귀고 꽃향기 어우러진 실제 중국의 현실을 이상화한 것으로 말이다.

## 3) 막고굴에서 제국주의자들의 행태

그 후 돈황은 명나라 때 이 지역의 정세 불안으로 1372년 가욕관이 설치되고 실크로드를 통한 물류의 흐름이 해상으로 옮겨지면서 막고굴도 오랫동안 사막 가운데 버림받았다. 그러면서 내팽겨진 채 사막에서 불어오는 모래바람과 바위의 풍화 작용으로 퇴락되어갔다. 그런 가운데 인접 국가들의 내란과 외란에서 패잔병들이 은신처로 삼으며 벽에 낙서로, 밥짓는 연기로 벽화가 검게 그을리기도 한다.

20세기 초에 이르러서는 제국주의 탐험대들이 몰려왔다. 영국의 스타인(M. A. Stein, 1862~1943)이 1900년부터, 독일의 그룬베델과 르코그가 1902년부터, 프랑스의 펠리오(P. Pelliot, 1878~1945)가 1906년부터, 그 외 일본·러시아 등의 탐험대들이 본격적으로, 학술 조사한다는 미명이었다. 그런 가운데 이 돈황 석굴은 영국의 스타인과 프랑스의 펠리오에 의해 유명해 졌다. 경전과 역사적 기록물 등 엄청난 인류문화의 보물급 자료들이 17번 굴인 '장경동'에서 쏟아져 나오면서, 이들의 불법 반출에 의해 세상에 알려지면서다. 그러면서 이 모든 자료가 걸러지고 추려지는 것은 물론 벽화마저 멋대로 절취되면서 제국주의 국가들로 빠져나갔다. 대영박물관, 프랑스의 기메박물관 등으로. 그 외에도 여러 국가에 사장되어 있다. 그런데 대영박물관 관장은 장경동의 자료를 불법으로 반출한 스타인을 〈비단길 고고학〉을 개척한 선구자 중한 사람으로 소개하고 있다. 그렇게 소개할 수 있는가?

펠리오가 비밀을 엄수한다는 약속하에 왕원록 석굴 관리인은 거래에 동의하였다. 그 대가는 단지 백은(白銀) 500냥(약 90파운드≒약 136,617원[2020. 7. 20.])을 왕도사에게 지급한 것뿐이었다. 지금과는 시세 차이가 많이 난다해도, 그 푼돈을 주고 펠리오는 1908년 3월 3일 새벽에 장경동 17번 굴에 들어갈 수 있었다. 펠리오는『돈황석실방서기(敦煌石室訪書記)』에다 이렇게 썼다.

놀란 나머지 얼빠진 사람처럼 멍하니 서 있었다. 동굴 내의 필사본은 약 1만 5000권에서 2만 권 정도였다. 만일 낱낱의 두루마리를 모두 풀어본다면 적당히 봐도 최소한

6개월 가량의 시간이 걸릴 것이다.

펠리오가 탈취해 간 돈황 문서는 총 약 7,000 두루마리인데, 비록 영국의 스타인보다는 일 년 정도 늦었지만, 그는 29살임에도 중국어·러시아어·티베트어·돌궐어 등 13개 어를 해득하고 있었다. 그래서 돈황 문서 가운데 130파운드를 주고 스타인이 비슷하게 가져간 것보다 더 중요한, 아니 가장 귀중한 것만 골라서 가져갔다. 그 가운데에는 유일본도 적지 않다. 뒤늦게 정신 차린 청나라는 1910년 군대를 보내 장경동에 남아 있던 모든 고서를 베이징으로 실어 갔다. 그러나 알맹이는 영국, 프랑스 등 제국주의 국가들이 가져가고 난 찌꺼기에 불과했다. "그 누구가 알아주나 기막힌 이 사연을 울어라. 열풍아 밤이 새도록"이다. 그런데 "돈황은 중국에 있으나 돈황학은 전 세계에 있다"고 하니. 이 17번 굴은 우연히 정말 우연히 알게 되었다는데, 그 사연도 여러 가지다. 그중 한 가지는 담배 연기에 의해 발견하게 되었다는 설.

**도판 22** 관리인 왕원록(王圓錄)을 회유하여 장경동 석굴에서 촛불을 밝히며 쌓여있는 고문서를 하나하나 뒤지며 조사하는 펠리오. 그는 3주 동안 조사 후 혜초의 《왕오천축국전》 외 7,000여 점에 달하는 자료들을 29상자에 담아 프랑스로 몰래 가져갔다. 90파운드 주고.

1900년 6월 22일, 당시 석굴 관리인이었던 왕원록(王圓錄, 1851~1931) 도사가 친구 얘기를 듣고 담배를 피우는데, 정말 그 내뿜는 연기가 금이 간 벽 사이로 빨려 들어가는 것이다. 그래서 벽 뒤에 공간이 숨어있다는 것을 알게 되었다.

4세기에서 11세기에 다양한 분야에 이르는 엄청난 이 자료들은 서하(西夏)의 경종(1038~1048)이 쳐들어오기 직전에 돈황 스님들이 장경동에 급히 보관하고 봉한 것이라 전해온다. 그 때문에 오늘날 〈돈황학〉이란 이름으로 세계적인 차원에서 재조명되고 있다. 이같은 보물 자료가 나온 예는 어느 석굴에도 없다. 세계사적으로 돈황석굴을 가장 유명하게 가치 있게 만든 것이다. 담배연기가.

## 4) 여행자들의 기록들

돈황에서 실크로드로, 실크로드에서 돈황으로 들락거린 시대적 기록이 몇 개가 있다. 먼저, 가장 오래된 기록은 64년 명제의 뜻(=夢命)을 받들어 인도에 간 채음과 진경이 "산을 넘고 물을 건너 갖은 고생을 다 겪은 후에 천축에 도착했다"는 내용이다. 이들 채음과 진경의 요청에 따라 불경을 백마에 싣고 중국에 온 인도승 가섭마등과 축법란이 있다. 그들의 공덕으로 최초의 절 백마사(白馬寺)가 세워졌다. 그런데 그들이 실크로드를 넘어오며 쓴 기록은 남아 있지 않다.

다음으로 오래된 기록은, 동진시대 13년 4개월 동안 인도 및 27개국을 순례하고 (399~410) 그 여행을 간단하면서도 정확하게『불국기(佛國記)』(413)에다 쓴 법현스님 (法顯, ?~418?)의 글이다. 그는 실크로드에 대해 다음과 같이 썼다.

> 위로는 나는 새도, 아래로는 달리는 짐승도 없다. 아무리 둘러보아도 망망하여 가야 할 길을 찾으려 해도 어디로 가야 할지 알 수 없고, 오직 언제 죽었는지 모르는 사람들의 흰 뼈다귀들만이 길을 가리키는 이정표가 되어준다.

당시 종교적 삶이 흰 뼈다귀보다 더 희었음을 문학적으로 승화시켜 잘 적었다. 그리고 역사적인 내용을 가장 많이 남긴 현장 법사의『대당서역기』가 있다. 법사는 당 태종 3년(629), 28세에 장안을 떠나 17년간 여행을 하다 태종 19년(645)에 귀환했다. 오래 여행했는데, 그렇지만 법사의 글에서는 인간적인 어려움을 표현한 내용은 보이질 않는다. 오히려 외지에 나갔기 때문에 험난한 길도 평지를 가는 것과 같았으며, 위험에 닥쳤어도 신불의 도움으로 무사히 통과할 수 있었다고 초인처럼 썼다. (왕의 신임장을 갖고 다녔으니) 그래서 "손오공이 제 아무리 까불어도 내 손안에 있다"는 얘기가 나온 모양이다. 신라사람 혜초 스님도 727년 전후로 순례여행을 하면서『왕오천축국전』에 〈여수(旅愁)〉라는 제목에 다음과 같은 고향을 그리워한 시를 남겼다.

달밝은 밤에 고향길을 바라보니 뜬구름은 너울너울 고향으로 돌아가네

그 편에 편지 한 장 보내려 하나 거센 바람은 돌아보지 않네

내 나라는 하늘 끝 북쪽에 있고 나는 남의 나라 서쪽 끝에 있네

해 뜨거운 남쪽에는 기러기마저 없으니 누가 소식 전하러 계림으로 날아가리

(박재금 역)


과거 얼마나 많은 사람이 정치적 안전, 경제적 이윤 그리고 문화 전파를 위해 실
크로드를 오갔는지를 이 돈황석굴의 그림을 통해 그리고 장경동의 자료를 통해 짐
작할 수 있다. 당대 세계화는 이 실크로드를 통해 역동적으로 이루어졌음을 알 수
있다. 이후 실크로드 끝물에 돈황 석굴의 융성함을 세상에 소개한 사람은 서양인
마르코 폴로(1254~1324)다. 그는 13세기 말 [도판 23]의 코스대로 동방을 다녀온 후,
『동방견문록』에다 번창했던 돈황의 법당에 대해 다음과 같이 썼다.


… 그들은(돈황 주민) 많은 사원과 수도원을 갖추고 그 안에 안치된 '우상을 숭배'하며
공양을 드린다.…


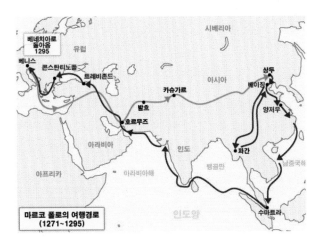

도판 23 마르코 폴로가 24년간(1271~1295) 여행한 『동방견문록』의 여행
코스

근대에 들어와 마르코 폴로보다 약 700년 후인 1907년, 돈황 막고굴을 방문한 영국의 탐험가 스타인은 3회에 걸쳐 중앙아시아를 답사하고 폐허가 된 그 법당에 대해 다음과 같이 적었다.

> … 비록 외관이 몹시 붕괴되어 있음에도, 나는 이 동굴사원이 진정한 '살아 있는 예배 소'라는 것을 알았다.…

비록 시대는 달라도 같은 기독교 문화권의 백인이 서로 같은 장소를, 그것도 전성기와 폐허기에 각각 보았는데, 대조적으로 나타내고 있다. 전성기에 본 누구는 "우상 숭배"라고 평한 반면에, 폐허가 된 때에 본 누구는 오히려 "살아 있는 예배소"라고 표현하고 있는 것이다. 같은 유럽인이라도 종교에 대한 친소관계가 살아온 경험에 따라 이렇게 극과 극으로 다르다. 그러니 종교가 다르면 더 극단적일 수밖에 없다. 그것은 [도판 15]에서 보듯이 개인은 물론 어느 문명권은 정성 들여 조성하고, [도판 17]에서 보듯이 어느 문명권은 무자비하게 파괴하는 역사가 오늘날까지 되풀이 되는 것이다. 이렇게 채음·진경·가섭마등·축법란·법현·현장·혜초·마르코 폴로·스타인·펠리오라는 역사적인 인물에서 보듯이 돈황은 지형학적으로 가장 많은 민족이 오고 가는 통로가 되어, 그 어느 지역보다 세계 각 나라의 유명인이 들락거렸음을 알 수 있다.

그 외에도 이름 모를 수많은 순례자, 학자, 정치인 그리고 온갖 사람들이 쓴, 그래서 오늘날 돈황석굴의 학문적·예술적 가치는 말로 표현할 수가 없다. 정치·종교·역사·지리·언어·문화·예술 및 동·서 교류사 등 모든 분야의 학문에서 국제사회가 공동으로 폭넓게 연구해야 할 흥미로운 과제가 되었다.

장경동에서 나온 자료가 인류문화의 역사적 보고가 된 것. 그것은 당시 돈황이 지리적·정치적으로 교류의 요충지였다는 점과 〈한족·티베트족·흉노족·위구르족·탕구트족〉 등 다양한 정주 및 유목민족들의 이동 및 거주처였기에. 그리고 각종 언어가 사용되면서 수 세기 동안 세계의 시대정신을 지니고 있을 뿐만 아니라 그 잡다한 문화가 1천여 년에 걸쳐 다양한 양상으로 전개된 모습을 담고 있기 때문이다. 자료는 모두 5만 건에 달하는데 문서의 80%는 한문, 90%는 불교와 관련된 내용이다. 그리고 소승과 대승, 선종에서 밀교까지 교리적으로도 다양할 뿐만 아니라 지배층 불교에서부터 서민층 불교를 망라해 여러 계층 및 수많은 민족의 신앙이 보이기 때문이기도 하다.

당대 이곳에서 주류를 이룬 서민층 불교는 〈변문〉과 〈강경문〉이라는 독특한 형식의 불교 문화학을 형성했다. 〈변문(變文)〉은 돈황 벽화의 과반수를 차지하는《경전변상도(經典變相圖)》를 알기 쉽게 해설한 세속화된 불경 참고서라 할 수 있고, 〈강경문(講經文)〉은 그 시대에 승려였던 누군가가 대중들에게 경전을 쉽게 강론했던 실제의 〈원고〉를 말한다.

현재 우리가 사는 세상은 〈코로나19〉에서 보듯, 단순한 동·서 교류의 단계가 아니다. 세계화가 이미 분업 속에서 일체가 된 시대에 살고 있다. 그래서 공동번영하거나 함께 패닉에 빠지는 시대가. 따라서 세계화를 향한 각 나라의 역사와 정체성의 흐름을 정리하기 위해서라도 과거부터 오늘날까지 '동·서양 문명 비교'가 필요하다. 그 역사적 교훈을 휴머니즘적 관점에서 되새겨봐야 한다. 그동안 이에 대한 비교 연구는 관심권 밖이었다. 그러나 요즈음 한국과 함께 중국이 경제적 굴기에 이어 문화에서도 기지개를 크게 켜고 있다. 동서양의 수준이 이제는 서로 비교할 만큼 되었기 때문이다. 특히 장경동은 그 기지개의 원천이다. 그러니 이 자료를 통해 당시 실크로드 주변 국가들과 그리고 그들과 관계했던 나라들의 잊혀진 역사적 위상이 객관적으로 드러나게 될 것이다.

## 5) 돈황석굴 중 〈측천무후〉 이야기

돈황석굴은 석굴마다 조성하게 된 사연들이 있다. 그중 대표적으로 흥미를 끄는 굴이 있다. 측천무후와 관련된 굴이다. 그녀는 중국 최초이자 최후의 여제였다. 690년 당(唐)을 멸하고 새 왕조인 주(周)를 세워 황제로 등극하려는 대담한 음모를 계획

**도판 24** 돈황석굴(=96호). 북대불전: [도판 20]]의 화살표(↓) : 측천무후가 690년에 조성한 40m 높이의 7층 누각인데, 그 안에 돈황석굴에서 가장 큰 미륵부처(33m)가 있다. 이 석굴이 돈황의 492개 굴 중 가장 크다.

하고 실행하는 데 불교를 유용하게 이용한 것, 그 석굴이 96호와 321호다.

먼저 그녀를 미륵으로 언급하고 있는 96호 굴을 보자. 그녀는 주나라 창건에 대비해 『대운경』을 해설한 『대운경소(大雲經疏)』에 시나리오를 넣어 설회의 등을 통해 쓰게 했다. 경전에 등장하는 여왕이야기가 주목받도록 하기 위해서이다. 그 각본상의 내용은 다음과 같다.

부처는 자신의 열반으로부터 700년 뒤 정광천녀(淨光天女)라는 여신이 남인도의 공주로 태어날 것이라는 예언을 한다. 그녀는 뛰어난 미모와 불법에 대한 믿음으로 여왕의 자리에 오르며, 자신의 왕국을 극락세계로 만들고, 이웃 왕국들로부터 항복을 받을 것이다[주3] 84.

이 이야기를 삽입한 후 측천무후와 연관시켜 그녀를 미래의 왕으로, 그래서 자신의 왕국을 극락세계로 이끌 미륵으로 언급하고 있다. 그렇게 해서 조성된 것이 96호 석굴이다[도판 24]. 이 석굴은 돈황의 모든 석굴 중 가장 크다. 약 40m의 높이로 7층 누각인데, 모든 굴 중 누각형은 이것 하나뿐이다. 너무 커서 특별히 〈북대불전〉이라 부른다. 그래서 막고굴을 대표한다.

이 〈북대불전〉은 측천무후가 조성한 것으로, 그 안에 높이 33m의 석태소상(石胎塑像)으로 된 미륵대불이 봉안되어 있다[도판 25]. 석태소상이란 바위로 형태의 본

1부 사찰과 성당의 발달

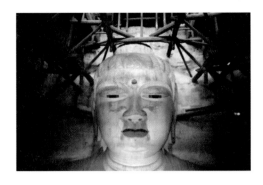

도판 25 돈황석굴 96호의 미륵대불: 측천무후가 조성한 미륵이다. 그녀를 닮았다는 [도판 29]와 닮았다. 한나라의 왕비였으니 그 미모와 지략은 말할 것도 없다. 그러니 경국지색이 아니라 건국지색

을 잡고 그 위에 진흙을 덧붙여 모습을 다듬어 나타내는 기법이다. 그렇게 하지 않고서는 모래뿐인 이곳에서 그렇게 큰 불상을 만들 수가 없기 때문이다. 그런데 그 모습이 요염을 죽인 다소곳한 측천무후를 닮았다고 본다. 그렇게 크게 만들 수 없는 크기의 미륵불이 만들어져 현실에서 바로 자신이 『대운경소』대로 미륵이 되었다는 상징이다.

『대운경소(大雲經疏)』다음, 정치적 도구로 사용한 경전은 『보우경(寶雨經)』이다. 693년 보리유지(菩提留志)의 책임 아래 31명이 참여하여 새로 번역했는데, 여기서 주목할 만한 것은 『대운경소』와 관련된 여왕의 이야기를 『보우경』에서는 그 첫 권에 삽입시켰다는 것이다[주 3].

도판 26 돈황석굴 321호 남벽의 《보우경변》: 주존 주위에는 천인과 승려, 인간으로 구성된 청중이 다양한 자세를 취한 채 부처를 둘러싸고 있는데, 그중 측천무후도 주인공으로 있다. 석가모니와 청중 뒤로는 산봉우리들이 병풍처럼 늘어서 있는데, 이는 부처가 『보우경』을 설하는 가야산을 나타낸다. ※ [주3] 72쪽 참고

이때 삽입한 이야기는 앞에서 인용한『대운경소』와 약간의 차이가 아니 큰 변화를 보인다. 즉『대운경소』에서는 정광천녀(淨光天女)라는 여신이 남인도의 공주로, 그런데 이곳『보우경』에서는 일월광천자(日月光天子)라는 남자아이가 대중국 마하지나(摩訶支那)에서 여왕으로 태어날 것이라 각색한 것이다.『경』의 제목 순서대로 큰 구름으로 모이더니, 보배로운 비가 되어 내리는 것처럼. 이렇게『대운경소』에서는 그녀의 등장을 불교의 출발지인 인도에서부터 여왕으로 암시하고,『보우경』에서는 중국에서 태어난 그녀가 주나라의 보위에 오를 필연성을 노골적으로 상징해 드러내고 있다. 그것도 남자아이가 트랜스젠더되면서 여왕이 됐다. 여자로서 보위에 오른다는 시비까지 미리 감안해 준비한 시나리오다. 그래서 그려진 그림이 돈황석굴 321호 남벽의《보우경변(寶雨經變)》이다[도판 26]. 이 그림이 등장하게 된 배경을 알았으니, 이제는 이 그림의 도상을 살펴보자.

이《보우경변》에는 당대 변상도 중 전형적인 구도를 지니면서 측천무후가 여제가 될 것을 사전에 부처가 허락한 것으로 짜 맞춘 도상들이 노골적인 상징으로 곳곳에 들어있다. 그림의 중앙에는 주존불인 부처가 있으며, 주존불의 대좌와 그 위의 보개는 모두 꽃으로 장식되어 있다. 주존불의 주위에는 천인과 승려, 신도들이 끼리끼리 그룹을 이루며 다양한 자세를 취한 채 부처를 둘러싸고 예불드리고 있는데, 그중 측천무후도 들어 있다. 석가모니 뒤로는 높은 산봉우리들이 병풍처럼 늘어서 있는데, 이는 부처가『보우경』을 설하는 가야산을 나타낸다.

노골적인 상징으로 가장 주목을 끄는 부분은 벽화 윗부분에 위치하고 있는 수평의 띠로, 그 안을 채우고 있는 구름 사이로 해와 달을 든 두 손이 나타나 있다. 측천무후는 이 장면을 자기화하기 위해 689년 자신의 이름 조(照)자를 새로 만든 측천문자인 '조(曌)'자로 바꾸었다. 이 글자의 아랫부분인 공(空)은 하늘을, 윗부분인 명(明)은 해와 달을 표현한 것. 이는『보우경』에 나오는 즉 "일월광천자라는 남자 아이가 마하지나국에서 여왕으로 태어날 것이라"는 내용에서 그 주인공인 '일월광천자(日月光天子)'를 한 글자로 압축한 것. 그녀가 하늘에 나타난 해와 달같은 위인인 것처럼. 이 같은 조작은 오늘날도 비슷하다. moon sun 明을 보라.

321굴에는 남벽의《보우경변》외에도 북
벽에는《아미타경변》이 있고, 그 서쪽 감실
천장에는《아미타여래내영도》가 있다[도판
27]. 이 아미타세계의 주존불이 하강하는 천
장 그림에는 구름을 탄 아미타여래 주변에
비천들이 춤추고 있다. 측천무후에 의해 주
(周)나라가 현실에서 서방정토로 변하고 있
다는 진행형을 비천으로 강조하기 위해 그
렸다. 비천은 불교미술에서 건달바와 긴나
라를 합하여 부르는 이름이다. 이들은 우주
에서 가장 활발하게 춤추고 노래 하는데, 부
처님을 위해 몸에서 향내까지 내 뿜기 때문
에 향음신(香音神)이라고도 부른다.

비천의 발달도 흥·성·쇠로 나타나는데,
이 321호굴의 비천은 돈황 석굴의 모든 비
천 중에서도 가장 세련되고 아름다운 성(盛)

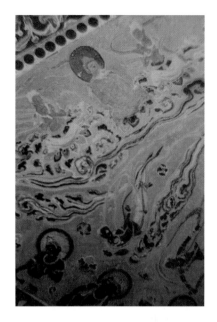

**도판 27** 돈황석굴 321호굴 서쪽 감실 천장에 있
는《아미타여래내영도》: 아래는 천녀, 중간에 비
천이 나르고 위에는 아미타여래가 내영하는 모
습이다. 돈황 석굴 비천 중에서 이 비천이 가장
아름답다. ※ 타카와 준조/박도화,『돈황석굴』,개
마고원(1999),126.

중의 흥(興)을 보이고 있다. 어쨌든 이 남벽의《보우경변》그림은 321호 석굴 내 모
든 그림보다 그 중요성을 노골적인 도상을 통해 효과적으로 전달하고 있다. 돈황석
굴은 아니지만 측천무후와 관련해서 지나칠 수 없는 석굴이 또 하나 있다. 용문석굴
이다. 그중에서 가장 규모가 큰 봉선사동도 왕실의 발원으로 조성한 것[도판 28]. 이
름에서 알 수 있다. 봉선사(奉先寺)란 선조를 받든다는 의미이니. 높이 17.14m, 머리
부분만 4m나 되는 비로자나불을 중심으로 해서 그 좌우에 나한·보살·천왕·금강역
사가 배치된 조각상이다. 당나라 불교 조각의 백미로 이상적 사실주의의 극치를 보
여준다. 그런데 이 여래의 얼굴이 "여황무측천적형상(女皇武則天的形像)"이라고 전해
온다[도판 29]. 이렇게 17.14m에 달하는 용문석굴에서 가장 큰 〈비로자나불상〉도,
33m에 달하는 돈황 석굴에서 가장 큰 〈미륵불상〉도, 같은 석굴 321호굴의 '조(彫)'자

**도판 28** 봉선사동: 황가사원을 의미하는 이름이다. 그래서 그런지 용문석굴 중 타 석굴과는 비교가 안되게 크다. 관광객과 비교해 보면 얼마나 큰지 비교가 된다. 우러러 보지 않을 수가 없다. 본존불의 높이는 17.14m, 머리만 4m나 되는 비로자나여래를 중심으로, 나한 · 보살 · 천왕 · 금강역사가 배치되어 있다. 비로자나여래의 모습은 측천무후를 닮았다고 전해온다.

**도판 29** 용문석굴 봉선사동의 측천무후가 세우게 해 조성한 그녀의 얼굴을 닮았다는 [도판 28]의 비로자나불

를 위한 〈보우경변〉도, 현실이 서방정토가 되고 있다는 의미의 〈아미타여래내영도〉도, 다 측천무후가 여제로서 정치적 능력과 그 한없는 뒷받침을 위해 조성한 것을 알 수 있다. 가장 능력 있는 여제라는 의미로 모든 여래를 다 자신으로 오버랩시켜 조성했다. 그것도 중국에 존재하는 수천 개나 되는 모든 석굴 중 가장 크게, 가장 아름답게, 가장 세련되게, 모든 정성을 다해, 〈법신-비로자나여래〉·〈보신-아미타여래〉·〈화신-석가여래〉 그리고 미래불인 〈미륵여래〉까지. 전지전능한 능력이 있는 여제임을 보여주기 위해서였다. 당시 자신이 절대자라는 것을 모든 불(佛)로 오버랩시켜 〈왕즉불〉로 나타낸 것이다.

## 6) 측천무후에 대한 재조명

측천무후는 690년 자신이 당(唐)을 멸하고 새 왕조인 주(周)를 세워 황제로 등극하려는 대담한 음모를 성공시키기 위해서 불교를 정치적으로 잘 활용한 것이다. 그런데 이같은 돈황 321호 굴의 남쪽·북쪽·서쪽 그림 및 96호 굴의 대불 그리고 용문 석굴 봉선사동의 거대한 조각에서 그녀의 안타까운 몸부림을 느끼게 된다. 그렇게 할 수밖에 없는 이유가 있기에. 여성이었기 때문이다.

역사에 전례 없는 여자로서 황제에 오르기 위해서 중국의 정치 아닌 통치 지배 이데올로기였던 유교에서는 전통적으로 여성의 정치 참여를 금했다. 그래서 후대의 사가들에게 측천무후의 명칭을 어떻게 처리할 것인가 하는 것은 중요한 논쟁거리였다. 11세기 사마광(1019~1086)은 『자치통감』에서 그녀를 황제가 아닌 왕위 찬탈자로, 그녀가 세운 주(周)나라 역시 헤프닝 격의 사건으로 취급하였다. 측천무후 그녀는 재능이 출중한 인물에 대해서는 농민·서민·천민 등 신분을 안 따지고 적재적소에 임명했다. 그 대표가 되는 인물이 재상 적인걸(630~700). 그는 측천무후에게 두려움없이 직간하여 정치의 기강을 세우고 민생을 안정시켰다. 그리고 측천무후가 아들과 조카 중 누구로 후계를 삼을까 고민할 때에도 아들을 예종으로 선택하게 해 당 왕조를 부활케 했다.

측전무후시대에 좋은 평가는 적인걸 때문이라고 해도 과언이 아니다. <무주의치>를 이끈 인물이다. 만일 왕위를 아들이 아닌 조카에게 물려주었더라면 어떻게 평가를 했을까? 그녀는 대단한 미모에 무서운 카리스마와 대담한 통치술 그리고 탁월한 정치력, 뜨거운 모성애를 겸비했다. 그래서 아들 예종은 어머니를 성후(聖后)로, 손자인 현종은 측천순성황후(則天順聖皇后)로 추숭했다. 하늘처럼 받들겠다는 뜻이다. 그러니 거대한 불사가 끝까지 잘 마무리될 수 있었다. 측천무후는 모든 여래를 자기화하여 자신이 황제가 됨을 합리화하고, 태산에서 거행된 봉선 의식에 적극적으로 참여함으로써 여성으로서 황제 위치를 역사 속에 각인시키려고 끔찍이도 똬리를 틀었다. 봉선 의식이란 왕이 즉위를 하늘과 땅에 고하고 천하가 태평함을 감사하는 의식이다. 무엇보다 왕이 된 것을 공개적으로 확인받는 의식이었다.

　하지만 여성이란 한계는 극복할 수 없었다. 개인의 능력은 위대하더라도 그리고 아무리 부처님의 힘을 빌리더라도 역사의 거대한 대세는 거스를 수가 없었다. 그래서 그녀가 보위에 올랐음은 역사적 사실이지만 인정하기 싫어서 호칭만은 황제가 아니라 황후로 기록하였다. 『구당서』 권6 본기 제6에 "측천황후(則天皇后)"라고. 어쨌든 왕실에 대한 유교적 관점과 그 이데올로기는 역사의 흐름을 최근까지 남성 위주로 해서 폐쇄적으로 흐르게 한 것만은 사실이다. 이처럼 끈질긴 전통은 간접적으로 지난 2019년 5월 1일 아키히토 일본 천황 양위식에서 여성 참여가 배제된 예에서도 알 수 있다. 부정적인 평가는 지금까지도 그렇다. 그 비난은 그녀가 두 명의 황제(=태종과 고종)를 섬겼다는 점, 미신적 신앙과 불교에 심취했다는 점, 권력을 유지하기 위해 친족을 비롯한 수많은 사람을 학살했다는 점 등이다. 다시 말해, 여성의 정조 관념, 외래 종교인 불교에 대한 배타적 사고방식, 가부장적 사회에서 상하 체계를 거슬렀다는 점을 지적하면서. 이제 역사의 해석을 개방하여 남성 위주에서 양성으로 옮겨갈 때 그녀에 대한 시각을 재조명해 볼 수 있다. 폐쇄적인 관점에서 기술된 기존의 역사관에서 벗어날 때 여성을 비롯한 비특권 계층을 새로운 시각에서 서술할 수 있다. 그렇게 될 때, 남존여비 속에서 박제화되었던 다양한 돈황의 벽화들이 현재화되어 부활하게 된다. 그것이 돈황학을 오늘에 맞게 업그레이드시키는 역할이고, 미술사를 통해 역사를 새롭게 해석하는 길이며, 거대한 대세를 바로 잡는 위대함이며 또 다른 미투(#Me Too)를 향한 휴머니즘적 재해석이다.

　이렇게 인도에서 시작된 석굴 문화는 이곳 돈황 막고굴에서 당대에 이미 동양·서양을 아우르는 가장 크고 아름다운 국제적인 문화의 꽃을 피웠다. 그 꽃의 향기는 반출된 자료에 대한 분석·비교·해석 그리고 재조명을 통해 온 세상에 발산하게 될 것이다. 그런데 이 모든 그림이 학문적으로 미개척, 아니 사장되어 있다. 세계에서 이같은 상황은 돈황뿐만이 아니다. 〈외규장각고문서〉 등 우리나라는 물론이고 과거 제3 세계였던 나라들은 거의 비슷하다. 그 자료들이 역사적으로 하등 관련 없는 당시 열강들에 의해 불법으로 뿔뿔이 흩어졌기 때문이다. 오로지 대외비로 기한

없이. 어쨌든 중국 석굴에 그려진 헤일 수 없이 많은 그림과 자료들은 물론 인도 및 중앙아시아의 수많은 석굴에 그리고 동남·동북아의 사원에 있는 부지기수의 조각과 그림들 그리고 서양의 종교 미술들, 나아가 지구촌 각지에 남아 있는 모든 역사적 미술품들을 합치면 지구상의 그림과 자료는 "8억나유타항하사유순"일 것이다. 그러니 세계사적 관점에서 볼 때, 앞으로의 역사 연구는 그 어느 분야보다도 미술사가 대세일 수밖에 없다.

자체 그림 연구, 그림 간의 시대별·분야별 그리고 그 비교 연구, 나라·종교 간의 비교 연구 등등 첩첩산중에 점입가경이 되니 말이다. 그러니 앞으로 역사학에서 최고로 인기 있는 장르는 〈비교미술사〉가 될 것이다. 〈비교미술사〉를 통한 과거와 현재와의 대화는 실증사의 틈새 속에서 풍부한 상상력과 창의성이 요구될 수밖에. 그러니 인문학이 침체된 것이 아니다. 실증사를 넘어 시대에 맞는 새로운 안목으로 헤쳐나가지 못하고 있기 때문이다. 세계미술사의 흐름에서 시대마다 시대정신을 역사적으로 감각화하고 도형화한 구도와 양식이 정리되면 인류문화의 위대성과 특징이 그 한계와 함께 전망도 열리게 될 것이다. 실증사가 정치사 위주라면 아무래도 미술사는 문화사 위주가 될테니. 지금까지 인류의 모든 그림을 총 정리한 미래의 〈지구촌 미술사〉가 기대된다.


# 4. 한국, 〈석불사〉를 중심으로

우리나라에는 아잔타·바미안·돈황 같은 거대한 석굴사원이 없다. 모두 이 전형적인 석굴사원 형태를 우리 자연환경에 맞게 주체화하여 마애불 앞에 세운 전실법당뿐이다. 우리의 암질은 용암이 굳어서 된 응회암이나 모래가 다져져서 된 부드러운 사암이 아니라 주로 단단한 화강암이기에. 그래서 당시의 연장 수준으로는 인도·서역·중국처럼 바위를 쉽게 팔 수 없었다. 그러니 석굴을 흉내 낸 소규모 사원이 발달할 수밖에 없었다. 우리나라에서 석굴이라 치부하는 소규모 수준의 사원 총수는 전국적으로 180여 개나 된다. 화강암에 작은 국토치고는 중국의 3,500여 굴(窟), 인도의 1,200여 굴에 비해서 결코 뒤지지 않는 숫자다[주 4]. 돌의 영원성을 불상화하기 위해서였다.

지역적으로는 동쪽으로 치우친 부산의 금정산, 양산의 영축산, 경주의 남산, 그리고 팔공산, 속리산, 태백산, 금강산 등에 집중 분포되어 있다. 이같은 지역적 분포로 봐서 석굴이라 치부하는 사원은 백제보다 산지가 많은 신라에서 성행된 것을 알 수 있다. 고구려에서는 보이지 않고, 백제에서는 공주를 중심으로 자연 상태의 굴을 그대로 사용한 혈사(穴寺)의 흔적이 더러 있다. 6세기 중엽 경에는 불·보살을 부조한 바위 앞에 목조 전실을 설치한 태안 마애석불이 조성되었고, 서산에는 "백제의 미소"라 부르는 마애불에 흔적이 있으나 더이상 발전하지 못하고 망했다.

그래서 신라를 중심으로 설명한다. 우리나라에서, 석굴 또는 석굴형식의 법당은 본격적으로 2가지 종류로 발달했다. 그 하나는 〈목조 전실법당〉이고, 다른 하나는 〈인공 석굴법당〉이다. 〈전자〉는 자연 마애바위 면에 불상을 부조하고 그 앞에 석굴형식을 위해 목조 전실을 법당으로 덧붙인 것이고, 〈후자〉는 바위를 인공으로 판 감실정도의 작은 굴 수준이거나 돌을 다듬어 굴의 형식으로 만든 것이다. 그런데 〈목조 전실법당〉은 남아 있는 것이 없다. 목조로 된 전실이 숭유억불의 세월 속에서 썩거나 파괴되어 부서져 없어졌기에. 그래서 어떤 양식, 어떤 구조였는지 알 수 없다. 단지 추측한다면 [도판 31]과 유사할 것이다. 그러나 〈인공 석굴법당〉은 남아 있는 곳이 몇 개 있어, 구조와 양식을 감 잡을 수 있다. 그럼 두 가지를 간단히 살펴보자.

## 1) 목조 전실법당

마애 바위 면을 얇게 파 감(龕)의 흉내를 낸 뒤, 그 곳에 불상을 부조로 조각하거나 따로 봉안했다. 그리고 그 앞에 전(殿)으로서 목조전실을 덧붙여 설치하고, 그 건물(=室)을 굴(窟)이라 여긴 것이다. 목조로 석굴형식의 법당을 덧댄 것. 그런 것이

180여 개가 있다. 즉 외국에서 발달한 석굴양식을 신라 환경에 맞게 주체적으로 변형시킨, 굴 아닌 굴형식이다. 그러니 그 규모는 작을 수밖에 없고 내용도 단순할 수밖에 없다. 이렇게 신라는 석굴 형식을 국토의 단단한 암질과 조화시켜 새로운 '양식'으로 창안하여 정착시켰다. 우리나라에 존재하는 석굴형식의 법당에서 석굴암 등 손가락으로 꼽을 수 있는 몇 개의 〈인공석굴법당〉을 제외하면 모두가 다 이 〈목조 전실법당〉이다. 신라도 인도의 아잔타, 아프가니스탄의 바미안, 중국의 돈황 같은 전형적인 석굴을 거대하고 화려하게 조성하고 싶었을 것이다. 하지만 단단한 화강암이기 때문에 그 석굴 양식에서 분위기와 형식만 갖춘 법당을 주체적으로 신라지형에 맞춰 조성할 수밖에 없었다.

대표가 되는 곳이 당시 17만 8,936호(戶)가 있었다는 그래서 100만이 넘었을 서라벌, 그 중심에 솟아있던 남산일 수밖에 없다. 더구나 당시 남산은 신령스러운 장소로 인식되어 신앙의 중심지이기도 하였다. 그러니 100만 인구는 지금 1,000만의 서울처럼 남산을 중심으로 살았었을 것이다. 그래서 그런지 능선과 계곡마다 탑과 불·보살상이 널려 있다. 천년이 넘게 지난 현재에도 절터가 112군데, 석불이 80구, 석탑이 61기, 석등이 22개 등 총 694개 이상이 확인되고 있다. 가장 다양하게, 가장 수준 차이 나게. 그러니 당시에는 [도판209] 같은 인공산이 아니라 자연산으로서의 만불산이었을 것이다. 이렇게 산 전체가 유적으로 가득하고 조각 수준에서도 보듯이 신앙수준이 다양하니 신라 사람의 뜨거웠던 신앙의 실체를 알 수 있다. 만약 남산도 응회암이나 사암이었다면 신라의 돈황, 아잔타, 바미안이 되었을 것이다. 화강암임에도 불구하고 바위마다 불·보살이 새겨져 〈노천박물관〉이라 부르는 데에서 알 수 있다. 그래서 유네스코에 세계문화유산으로 등재되었다. 그중 먼저 눈에 띠

**도판 31** 석불사 앞의 목조 전실: 마애불에서는 이같은 전실을 설치하여 굴의 형태를 나타냈다.

는 것이 감실부처다[도판 30]. 이 감실 부처가 우리나라에서는 초기 석굴형식으로써 법당을 가장 귀엽게 흉내 내고 있다.

이 감실 부처는 바위에서 안으로 1m 정도나 그것도 단단한 화강암에다 쫓기 힘든 허리높이 아래 위치에다 앉거나 눕거나 엎드려 쪼아 감실같은 굴을 만들고 그 안에 불상을 볼륨있게 고부조하였다. 그런 후 그 바위 앞에 [도판 31] 같은 목조전실을 설치해 그 전실로 굴을 흉내 냈다. 그것은 앞·뒤·옆으로 들보나 도리 그리고 기둥을 박았던 인공의 바위 구멍에서 알 수 있다. 한편 이 감실부처에서는 1m나 파고 들어간 분위기에서 석굴 양식의 단초도 나타나 있음을 귀엽게 보게 된다.

위치도 경주 남산의 동쪽 낮은 산릉 계곡의 길목 어귀에 있다. 그래서 격식과 형식에 부담 없이 예불드리던 민중들의 생활속 신앙 터로 생각된다. 그 조각도 파격적이다. 고귀하거나 숭엄하거나 권위적인 부처가 아니라 바로 신라 당대에 살던 선조의 모습이다. 그것도 이웃집 아저씨보다는 아줌마 같은 다소곳한 친근성을 보여준다. 크기도 등신불 정도. 어디에서도 볼 수 없는 전형적인 서민의 대표상징으로 해 모성애를 자비심으로 보편화시키고, 신라인으로 주체화시켜 조성했다. 이후 신라는 [도판 30]같은 1m 길이의 감실형식에서도 한계를 느껴서인지 깊이를 나타낸 석조형식은 보이지 않는다.

앞에서의 설명처럼 그저 마애바위에 단순한 릴리프로 불·보살을 옅게 새기고 그 바위 앞에 목조전실을 덧된 〈목조 전실법당〉 형식이 석굴인양 인기리에 수용되어 토착화되었다. 이같은 〈수준·규모·위치·분포〉 등을 감안할때 이 형식은 주로 민중들의 신앙처로 보게 된다. 그러면서 전국의 명산으로 퍼지면서 180여 개나. 그런데 오늘날 답사시 우리들 눈에는 마애 바위에 부조로 새긴 마애불·보살만 많이 보

1부 사찰과 성당의 발달

인다. 이는 조선시대 불교가 억불정책으로 쇠퇴하면서 굴의 형식을 나타내던 [도판 31]같은 목조 전실이 썩거나 어떤 사유로 부서지고 파괴되었기 때문이다.

## 2) 인공 석굴법당

돌을 인공으로 다듬어 만든 법당인데, '석굴암'을 아니 〈석불사〉를 정점으로 하고 있다. (앞으로 이글에서는 석굴암 대신 김대성이 조성했을 당시의 이름인 '석불사'로 사용한다.) 감실부처에서 그 단초를 보게 되지만 본격적인 발달과정을 보자. 먼저, 경주 남산의 삼화령에 있던 생의사 〈인공 석굴법당〉을 들 수 있다[도판 32]. 이 법당은 능선의 땅을 파고 둘레에 인공으로 벽돌처럼 다듬은 돌을 쌓아 굴의 구조로 만든 법당이다.

이 생의사《발굴보고서》에 따르면 인공법당은 "한 변이 약 2m나 되는 사각형 모양의 후실 본당과 남쪽으로 열린 비도로 구성되어 있었고, 벽은 신라 고분에서 흔히 사용되던 일정한 규격으로 다듬은 돌로 쌓아 올렸는데, 조사 당시에는 약 1.5m 정도의 높이 밖에는 남아 있지 않았고 그 이상은 무너져 있었다. 축조석굴의 시원이 되는 셈이다"라고 쓰여 있다[주4 논문 126쪽]. 선덕여

도판 32 경주 남산의 장창곡(長倉谷) 생의사(生義寺) 인공석실법당 발견 당시의 모습 ※도판-[주4] 참고

도판 33 생의사 삼존불: 미륵불은 편안한 얼굴에 의자에 앉은 특이한 자세에 여원시무외 수인을 한 여성적인 분위기다. 협시보살은 귀여운 동자인데 동심의 미소를 짓고 있다. 그런데 오른쪽이 키가 약간 커서 형님으로 보인다. 그래서 성 가족으로서 다정한 엄마와 두 아들 같다. 우리나라에서 이같은 모습은 오직 이 삼존불뿐이다. 그러므로 일반적인 성격의 삼존불이 아니라 선덕여왕 시대 왕자(?)를 바라던 성격의 삼존불로 생각된다. 그런데 두 협시보살이 이 미륵불과 관련이 없다는 주장도 있다. 『삼국유사』에도 협시에 대한 언급은 없다. 발굴 당시의 사진인 [도판 32]에서도 보이지 않는다. 그리고 미륵불에 협시보살은 생소하다. 어쨌든 경주박물관 신라미술실에 삼존불로 전시되어 있다.

도판 34 군위삼존석굴: 석불사보다 한 세기 정도 앞서 조성되었다고 본다. 인공을 가한 기본구조가 거의 같아 제2의 석굴암이라 불린다.

도판 35 경주 남산의 칠불암 〈인공 석실법당〉: 700년대 전기에 조성한 것으로 추정한다. 〈목조 전실법당〉이라는 주장도 있으나 석불사와 비슷한 8부 능선의 위치와 방향, 그리고 석불사 본존불에 버금가는 조각 수준과 특히 그 앞에 사방불이 새겨진 바위가 있어 목조 전실을 놓기에는 부적당하다. 타원형 바위구조도 그렇다. 그리고 이같은 배치구조는 석불사의 배치구조와 교리적으로나 요잡순서에서도 좋은 비교가 된다. 그러므로 석불사 전단계의 돔형으로 된 〈인공 석굴법당〉이었다고. 즉 생의사 → 군위삼존석굴 → 칠불암 → 석불사의 흐름으로. ※ 국보 312

왕시대에 조성한 분황사 모전석탑처럼 돌을 판석이나 벽돌로 가공하여 굴처럼 축조한 '법당'이 아니었나 생각된다. 이 석굴법당도 선덕여왕대에 조성한 것으로 『삼국유사』에 기록되어 있으니까. 이곳에 있던 불상은 경주박물관에 전시되어 있다[도판 33]. 발굴 당시에 보이지 않던 4등신의 귀여운 협시보살과 함께. 그래서 당시 평화롭게 사는 어느 가정의 가족관계를 보는 듯하다. 『삼국유사』에 따르면, 이 인공 석굴법당의 생의사 존상은 미륵불로 선덕여왕 13년(644)에 조성되었다.

좌우 협시보살의 얼굴은 4등신으로 귀엽고 맑은 웃음을 짓고 있어 '삼화령 아기보살'이라는 별칭이 붙어 있다. 이는 6세기 중국의 북제양식을 신라가 특유하게 발전시킨 대표적인 보살상으로 보고 있다. 현세적 인간미에 동자보살의 해맑은 정신과 엷은 미소 속에 동심 같은 자비가 천진난만하게 녹아 있다. 선재동자 같은 이 같은 도상은 이후엔 그림으로든 조각으로든, 협시보살이든 아니든 간에 보이지 않는다. 그 이유가 인공석실 축조와 함께 궁금하다. 이 미륵불은 같은 여왕시대에 같은 미륵불을 조성한 돈황 96호의 미륵불과 그 〈규모·성격·기법〉에서 〈극·극·극〉으로 대비된다.

신라가 삼국을 통일한 후에는 각국의 석조미술이 종합됨으로써 한 차원 높은 감실형식에 가까운 석굴이 이루어졌다. 그 대표적인 것이 [도판 34]의 군위 팔공산 마애석굴이다. 이는 [도판 28]의 용문석굴에서 보듯이 예외적으로 화강암을 파고 들어가 중국적인 석굴방식과 신라의 불상양식을 초보적으로 종합하여 이룬 것으로 보인다. 그런데 이 감실 수준의 석굴은 동쪽 방향에다 궁륭(=dome)형 천장이고, 광배는 머리와 분리되어 있다. 바닥은 네모반듯한 편이고, 평탄하게 쪼아낸 바닥에는 문을 여닫을 때 중심축 역할을 했던 문지도리 홈같은 구멍(20×15cm)이 있다. 이 같은 구조는 바로 석불사 양식과 같다. 그래서 이 팔공산 마애석굴을 〈제2 석굴암〉이라고도 부른다.

이 〈인공 석굴법당〉이 새로운 차원으로 발전하여 완벽하게 수준 높게 나타난 것이 토함산의 〈석불사〉다. 이 〈석불사〉는 아잔타·바미안·돈황같이 자연 바위를 파고 들어가 만든 일반적인 석굴이 아니다. 점지한 위치에 맞게 설계하고 먼저 본존불을 세운 후, 다듬은 바위마다 〈신장·제자·천·보살〉 등을 부조로 새긴 뒤 석굴처럼 조립한 기법이다. 이같은 기법은 세계에서 전무후무하다. 그러니 응회암이나 사암이기에 바위를 쉽게 파고 들어가 거대하게 조성한 인도·서역·중국의 석굴에 비해 그 규모는 작을 수밖에 없다. 하지만 그 수준은 세상의 그 어느 석굴도 따라올 수가 없다. 자연 석굴이란 한계에서 벗어나 석굴 형태를 설계도대로 선택하면서 위치·장소·방향·크기·구조·배치를 자유롭게 주변과 조화되게 마음껏, 그것도 최고·최상·최미의 수준으로 구사하여 조립한 인공석굴이니까.

특히 섬세하고 완벽한 형태는 우리의 자연환경에 맞게 주체화하고[주5], 감실(龕室)[주6]같은 석굴로, 그리고 일반 사찰에서 천단(天壇)[주7]으로 업그레이드시켜 불교 교리를 예술적·과학적·생태적으로 완성한 것이다. 석불사가 있는

도판 36 석불사 전경: 입구에 문이 있었다[도판 37-㉠ 참조]. 좌우 8각연화주 위의 홍예석(=㉠)은 처음 사진에는 없었다[도판 211]. 그리고 본존불 대좌에서 8개의 5각돌기둥이 특이하다[=도판 ㉢]. 또 좌우 인력왕상 아래에 있는 6면체의 방형돌은 본존불 앞·뒤에 놓였던 소탑의 대석이었다고 한다.

곳은 경주 박물관에서 차로 토함산 산길을 타고 굽이굽이 1시간 가까이 걸리는 높고 험한 장소다[도판 39-③]. 그러니 자동차가 없던 당시는 걸었으니 얼마나 걸렸을까? 원래의 길인 매표소 뒤로 올랐겠지만[도판 39-ⓒ], 시내에서부터이니 당일로서는 불가능한 왕복 코스다. 그래서 표훈대사도 불국사에서 하루를 지내고 올랐다. 그러니 당시 석불사는 일반 중생들의 예불처가 아니었다. 그러면 왜 이같이 멀고도 높은 험한 장소에다 최고의 정성을 들여 조성했을까?

경덕왕 대에 그곳에다 그렇게 조성하지 않으면 안 될 어떤 특별한 사정이 있었기 때문이다. 그 특별성이 석불사 조성의 존재 이유임이 분명하다. 석불사에 대해서는 좋은 글들이 많으니 일반적인 설명은 생략하고, 그 '특별성'을 위해 〈옥경설화〉를 소개한다. 그 〈설화〉속에 모든 답이 힌트로 들어 있기에. 〈옥경설화〉 내용은 『삼국유사』 「권 제2, 경덕왕·충담사·표훈대덕」조 뒷부분에 다음과 같이 전해온다.

경덕왕은 옥경(玉莖)의 길이가 여덟 치(8촌)나 되었다. 아들이 없어 왕비를 폐하고 사량부인에 봉했다. 후비 만월부인(滿月夫人)의 시호는 경수태후다. 의충각간의 딸이었다. 어느 날 왕은 표훈대덕(表訓大德)에게 명하였다. "내가 복이 없어 아들을 두지 못했으니 바라건대 대덕은 상제(上帝)께 청하여 아들을 두게 해 주시오"

표훈은 명령을 받아 천제(天帝)에게 올라가 고하고 돌아와 왕에게 아뢰었다. "천제께서 말씀하시기를, 딸을 구한다면 될 수 있지만 아들은 될 수 없다고 하셨습니다."

왕은 다시 말했다. "원컨대 딸을 바꾸어 아들로 만들어 주시오."

표훈이 다시 하늘로 올라가 천제에게 간청하자 천제가 말했다. "될 수는 있지만 그러나 아들이면 나라가 위태로워질 것이다." 표훈이 내려오려고 하자 천제는 다시 불러 말했다. "하늘과 사람사이를 어지럽게 할 수는 없는 법이다. 그런데 지금 대사는 마치 이웃 마을 왕래하듯이 하면서 천기를 누설했으니 이제부터는 아예 다니지 말도록 하라"

표훈은 돌아와서 천제의 말대로 왕에게 말했지만 왕은 다시 말했다. "나라는 비록 위태롭더라도 아들을 얻어서 대를 잇게 하면 만족하겠소" 이리하여 만월왕후가 태자를 낳자 왕은 무척 기뻐했다. 8세 때에 왕이 죽어 태자가 왕위에 올랐다. 이 왕이 혜공

1부 사찰과 성당의 발달

대왕이다. 나이가 매우 어리기 때문에 태후가 섭정하여 조정을 관여했다. 그러나 정사가 다스려지지 못하고 오히려 도적이 벌떼처럼 일어나 이를 막을 수가 없게 되었다. 표훈대사의 말이 맞은 것이다.

어린 왕은 이미 여자로서 남자가 되었기 때문에 돌날부터 왕위에 오르는 날까지 항상 여자의 놀이를 하고 자랐다. 비단 주머니 차기를 좋아하고 도사들의 무리와 어울려 희롱하고 놀았다. 그러므로 나라가 크게 어지러워져 마침내 선덕왕과 김양상(金良相)에게 죽임을 당하였다.

표훈 이후에는 신라에 성인이 나타나지 않았다고 한다(이민수 역).

※ 37대 선덕왕의 본 이름이 김양상이다. 함께 반란군을 평정한 이가 김경신으로, 그는 후에 38대 원성왕이 되었다. 그러므로 『삼국유사』 인용문에서의 김양상은 김경신의 오기로 보게 된다.

이 〈전설〉 속에 전성기 신라가 후진국으로 전락하게 된 역사가 들어있다.

〈옥경 설화〉에서 (표훈에게는 천상에 계시는) 천제(=왕에게는 선조로서 상제)가 있는 곳이 왕자 점지와 관련되어 있다. 그런데 석불사의 구조가 바로 점지구조다. 즉 석불사에서는 자연의 진리인 태양을 양(=정자)으로[도판 345], 종교의 진리인 부처를 음(=난자)으로[도판 37-⑥], 각각 상징해서 나타냈다. 그리고 11면관음보살 아래에서 배란처럼 용출되어 본존불 대좌 아래로 흐르는 물이 있어[=도판 37-④] 생명잉태인 가르바(garbha) 구조, 바로 자궁이다. 게다가 석불사가 자리 잡은 외부 형태의 모양이 "비너스의 언덕" 즉 여근곡과 같은 불두덩 지형이어서 분명히 뒷받침 된다[도판 38]. 그리하여 잉태된 생명이 토함산의 옥녀봉(694.7m)으로[주8], 이곳 옥녀봉 정상에 생명잉태를 부조로 상징하는 바위가 천단터로 남아 있다[도판 40]. 이후 배란처럼 용출되어 생명을 잉태한 그 물은 불국사쪽 옥녀봉 능선의 좌(=음)·우(=양) 계곡으로 흐르는 물을 생명의 탯줄로 삼아[=도판 39-㉠], 그 음과 양의 계곡물이 만나는 곳에다[=도판 295] 불국사를 조성하고[도판 39-①], 옥경을 상징하는 그 수구를 통해 출산하도록[도판 292]. 그것은 수구의 모습과 그 조각형태를 보면 바로 이해하

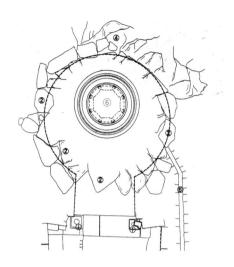

도판 37 신영훈/『석굴암』/조선일보사(2003년)/90쪽 도판 및 설명 인용. ① 기둥 아래 주초석의 문지도리 홈. 문이 밖에서 열리도록 다듬었다. ② 법당바닥의 거대한 석재들이 배설된 모습. ③ 그림 및 설명 (잘림으로) 생략. ④ 11면관음보살의 아래에서 용출하는 샘. ⑤ 배수용 암거 [일본인들이 설치]
※ ⑥ 본존불의 대좌가 바로 난자모양이다. 그 위에 본존불을 좌정시켰다. ④ 11면관음보살 밑에서 배란처럼 용출된 샘물은 본존불 대좌 아래로 흐르면서 양수 역할과 함께 습기조절을 하였으나 일제 치하 때 복원공사하면서 시멘트를 천장 위에 발라 습기가 차게 되자 ⑤를 설치하여 바로 물을 빼내 버리게 했다. 그 물이 지금 우리가 석불사로 오르는 계단 입구에서 마시는 요내정 감로수다.
※ 필자의 설명

도판 38 석불사 전경(해방 이전) : "비너스의 언덕"이 연상되는 지형에 천궁(天宮=하늘의 자궁)의 구조로 조성되어 있다. 설화적으로 표현하면 옥녀봉의 여근곡이며, 풍수적으로 얘기하면 생명의 지성소로, 지형과 가장 어울리는 크기다. 인간적으로는 귀스타브 쿠르베의 그림인 〈세상의 기원〉과 같다.

게 된다. 바로 남성의 성기형태다. 경덕왕의 옥경이라는 그 8촌의 모습으로. 그리하여 그 물이 생명의 근원을 상징하면서 영지에 모이게 했다[도판 29③]. 그러므로 불국사에서의 영지는 석불사에서 태양과 부처와의 만남에 의해 어머니같은 11면관음보살 아래에서 용출된 생명수의 확대에 해당한다. 생명잉태의 상징과 함께 깨달음을 품은 감로수다. 그런데 이 물은 『삼국유사』에 스토리텔링으로 나오는 "요내정(遙乃井)"이라 보게 된다.

이 용출하는 샘물은 "토함산에서 유일한 약수(=東岳中有一井)"로, 4대 탈해왕이 왕위에 오르기 전에 마시기 위해 아랫사람(=白衣)을 데리고 올랐던 곳으로 나온다. 그 유일한 약수 위에다 세운 것. 이같은 이야기들은 종교에서 상징적인 연결은 실재를 직접 인지하지는 못하나 상징에 의해 주관이 객관적인 인식을 얻게 되는 연결을 보여주고 있다. 정말 놀라운 판타지를 교리 시스템으로 각색했다. 그런데 알고 보면, 석불사와 불국사의 관계는 종교적 상징을 넘어 여러 가지 구체적인 사실로 연결되어 있다.

역사적인 사실로는 경덕왕의 왕자 점지

**도판 39** 불국사[=①]와 석불사[=③]가 토함산의 옥녀봉(694.7m)[=②]을 축으로 해서 연결되어 있다. ㉠은 석불사와 불국사가 연결된 능선 중 그 좌우의 계곡물이 불국사에서 만나는 곳[=도판 295]. ㉡은 불국사에서 석불사로 걸어서 오르는 길. ㉢은 불국사에서 석불사로 오르는 자동차길. ㉣은 석불사쪽 주차장. 국립경주박물관과 경주시에서 1998년 발행한 1/1만 축적의 『경주유적 지도』 60-61.

요청으로 불국사에서 천제를 만나기 위해 석불사로 올라간 표훈 스님의 행동에서, 점지적 사실에서는 경덕왕의 "아들을 두게 해주시오"라는 요청과 그에 대한 천제의 응답에서, 풍수지리적으로는 두 사찰을 정상[=39-②]을 통해 이어 주면서 생명잉태를 부조로 비보하여 나타내고 있는 옥녀봉 천단의 탄생 바위[도판 40, 41] 그리고 석불사와 불국사가 유기적인 한 몸 관계임은 〈교리적·양식적·혈연적〉으로 나타낸 데에서 알 수 있다[주9]. 석불사와 불국사가 한몸 관계임을 상징적 연결을 넘어 〈역사적·교리적·혈연적·풍수적·양식적〉으로 알려주고 있는 것이다.

정리하면 석불사가 생명 잉태 원리라는 것을 여성의 자궁구조로 나타내 옥녀봉 정상에서 탄생바위로 알리고, 불국사가 생명 출산 구조라는 것을 현왕(=경덕왕)의 옥경으로 나타내 영지로 마무리했다. 그러면서 해발 575m인 석불사에서 697m인 옥녀봉을 넘어 해발 200여m에 이르는 불국사까지 연결시켰다. 석불사에서 불국사간의 그 거리는 지름길이라도 꽤 멀다. 그 표고 차는 300m가 넘고, 옥녀봉 정상에서는

**도판 40** 694.7m 옥녀봉 정상[=도판 39-②]에 제단터처럼 부조된 바위가 설치되어 있다. 뒤에 체육대회시 봉화를 채화하는 연화대가 보인다.

**도판 41** [도판 40]을 확대한 사진: 어린 아기가 양수같은 구름 속에서 빛을 발하며 잉태되고 있다(단대에 그친 역사적인 결과로 본다면 이는 혜공왕을 상징한다). 그리고 좌우 기둥 같은 탱주 위가 파인 것으로 보아 어떤 설치물이 있어 이 부조를 보호했던 것으로 보인다. 따라서 이 부조는 석불사·불국사에서 그 하이라이트다.

거의 450m나 된다. 이만큼 높고 먼거리에 있는 각각의 사찰을 한 몸처럼 연결시킨 유구는 세계 그 어느 곳에서도 없다. 결론적으로 이같은 한몸 관계는 진평왕이 진종설을 유포시켜 만든 후천적 성골계급이 끊어지자 새로 왕위에 오른 무열왕계에서 경덕왕이 새롭게 태생적 성골로 계급화하기 위한 방편에서였다고 보게 된다. 진평왕처럼 자기 족보가 왕실에서 가장 우수한 태생적 성골족보라는 것을 내세워 왕위계승권의 선점을 위해서다.

〈김대성 설화〉에 나타나 있듯이, 〈전세야양(前世爺孃)〉인 석불사에서 표훈 성인이 선왕의 상징인 상제를 천제로 만나고, 〈현생이친(現生二親)〉인 불국사에서는 현생이친의 당사자인 경덕왕 부부가 직접 예불 드리면서다. 역사적으로도 그렇지만 자기가 실제로 경험한 골치 아픈 왕위계승 문제를 원천적으로 해결하기 위한 목적이었다. 그러므로 다른 목적도 있었겠지만 석불사는 내밀한 왕자 점지 장소로, 불국사는 만백성과 함께 그 기쁜 소식을 불국정토에서 축하하는 장소로 조성한 것. 당시 왕위계승과 관련해서 골품 간의 갈등이 얼마나 심각했었나 하는 것을 알 수 있다. 그것은 혜공왕 이후 신라가 망할 때까지 끊임없이 계속된 왕위 계승을 위한 골육상쟁의 역사에서 증명되었다. 그래서 석불사와 불국사를 그렇게 꾸민 것이다. 새로운 진종설을 위해. 그것은 무속신앙 시대에 건국의 시조들이 하늘이나 땅의 기운을 받아 백마 등 기이한 동물을 통해 알로 태어났다는 판타지 설화와 같은 의미다. 이같은 판타지를 불교 전성기였던 경덕왕대 당시 왕자가 우주의 상징인 태양의 기운을 받은 부처님으로부터 씨를 받아 태어났다는 또다른 진종의 의미로 만들기 위해서. 즉 태생적 성골로 혈통을 신비화하려 한 것이다.

당시는 이렇게 왕을 신비로운 존재로 만들면 그만큼 왕의 힘이 강해지고, 강력해진 그 힘으로 나라를 잘 통치할 수 있다고 믿었으니 말이다. 그 옛날 왕조시대의 왕들은 조종의 위엄을 칭송하고 덕을 사모하면서 선왕들의 유훈을 치세의 근본으로 삼았다. 선왕은 그리움과 추억의 대상이 될 때는 상제가 되고 환란을 극복할 수 있는 힘이 필요할 때는 천제가 되었다. 따라서 선왕은 신인가 하면 인간이고, 인간인가 하면 신인 것. 그래서 왕들은 자신의 권위를 선왕들이 신인동체의 판타지로 뒷바라지하면서 현실정치에 정신적인 성육신으로 관여하는 것으로 여겼다.

무속신앙시대에 나라를 건국한 VIP들이 숲속의 나무나 신비한 우물을 무대로 해서 판타지를 만들었던 것처럼, 불교 시대 중국에서는 측천무후가 교리까지 조작해 자신을 여래로 오버랩 시켜 보위에 오른 것처럼, 신라에서는 선왕을 교리 내용과 결부시켜 왕위 계승 판타지를 만들어 냈다. 그 단초는 감은사(感恩寺)라는 절 이름에서 알 수 있듯이 통일을 이룬 아버지 문무왕을 칭송한 아들 신문왕에서 처음 나타나, 경덕왕 대에 아버지 성덕대왕을 인간처럼 "전세야양"으로 해 상제로, 신처럼 천제로 해 석불사의 본존불로 업그레이드해서 그 정점을 이루었다고 보게 된다. 즉 죽은 후 용이 되어 나라를 수호하겠다는 아버지의 유언대로 신문왕은 전무후무하고 유일무이한 수중릉을 동해바다 섬 위에 조성했다. 그 바위의 이름을 대왕암이라. 그리고 감은사를 조성하고 금당아래에 구멍을 터서 수중릉에서 용이 된 아버지가 나라를 지키다 피곤할 때 부처님의 품안에서 편히 쉴 수 있도록 배려했다. 그러면서 용의 끊임없는 조화에 따라 〈대왕암(=해용) → 이견대(=황룡) → 감은사 금당(=법용) → 기림사 용연(=옥용)〉으로 이어지는 (이채경이 작명한) 미르길(=드래곤 로드)을 통해 형성된 만파식적으로 신라전성기를 열 수 있었다.

　이 〈용〉 시리즈를 김대성 아니 김대정[주63 참조]은 백성을 대표해서 〈전세야양·현생이친〉 시리즈로 왕실을 홀리패밀리로 업그레이드해 오버랩시켰다. 즉 경덕왕의 아버지를 천제로 조성한 석불사에서 〈태양(=정자) → 본존불(=난자) → 천단(=잉태) → 계곡물(=탯줄) → 불국사(=출산)〉로의 삼신길(=라이프 로드)을 동해 바다 위 토함산 동악(東岳)에다 전무후무하고 유일무이하게 조성했다.

　선왕에 대한 이같은 흐름은 〈석불사·불국사〉를 정점으로 해서 고려시대에는 경령전(慶靈展)을 설치하여 선왕의 어진과 신위를 5조(祖)씩 순환 봉안했고, 조선시대에는 전주의 경기전(慶基殿) 같은 작은 궁궐 수준을 전국 6지역에 세워 어진을 봉안하는 것으로 해서 또 다르게 변해갔다고 보게 된다. 이렇게 경덕왕과 김대정은 부처님이 우주와 교감하는 무대를 꾸미며 구름이 머무르고 토하는 동악의 천단 구름 속에서 판타지가 [도판 41]처럼 '펑'하고 태생적으로 생성되게 만들었던 것. 불교신앙을 바탕으로 한, 세계사에서 유례없는 종교문화의 수준높은 자신감에서 나온 탁월한 기획력과 추진력을 알 수 있다. 그것은 삼신길인 〈석불사·불국사〉는 물론 아버지 〈성덕대왕릉〉을 부처님의 무덤인 산치대탑처럼 꾸미고[도판 299], 에밀레종으로도 알려진 〈성덕대왕신종〉을 부처님의 일승원음으로 오버랩시켜 신라 전성기를, 아니 세계 최고의 문화를 이끈 그 수준에서다. 그러니 당시 이곳 석불사는 거리·위치·높이 그리고 구조에서 볼 때 일반인들은 물론 왕 자신도 가지 못하는 곳이었다. 아니 어떤 그림자도 감히 얼씬거리지 못하는 신성지역으로서, 상제가 천제로 계시는 천단이었다. 그러면서 세계 불교문화의 열매를 이곳 석굴에서 최고의 예술로 맺은 것이다.

　정치 아닌 통치체제 유지가 극에 달하여 불안해지면 VIP들은 그 극을 고르바초프처럼 연착륙시키지 못하고, 이처럼 개인화·특수화시키면서 종교나 이념의 순수성을 무너트린다. 그러면서 역사에서 재앙을 키우는 것이다. 그 단말마적인 트랜스젠더는 오늘날 극한의 독재정치에서도 나타났다. 우선, 종신 대통령을 희망하며 '한국적' 민주주의라 강변한 유신헌법이 그랬고, 과학의 시대인 오늘날에도 〈성골〉같은 〈백두혈통〉이라 강변하면서 '주체적' 공산주의라는 미명으로 북한을 이끌고 있는 주인공도 시간문제다.

석불사에서도 그 징조는 이미 조성 중 천개석에 금이 가면서 예시되어 있었다[도판 343]. 예시된 대로 그 결과는 〈옥경설화〉가 알려주듯 천제의 섭리까지 "나라는 비록 위태롭더라도 아들을 얻어서 대를 잇게 하면 만족하겠소"라는 명분으로 꺾으면서 트랜스젠더로 태어난 혜공왕대에 와서 엄청난 비극으로 끝나게 된 것이다. 그것도 단대에. 성골이란 진종설을 유포시켜 여자로서 왕위에 오른 선덕, 진덕여왕의 전례가 있는데. 어쨌든 그러면서 신라는 골육상쟁으로 이어지다 기진맥진 힘빠져 마지막에는 나라를 고려에 상납하는 처지가 되었다.

석불사는 모든 면에서 국내 〈석굴법당〉의 완성이며 나아가 세계의 석굴 및 석실 사원 중에서도 그 정점을 차지하는 법당이었다. 하지만 그 구조와 의미가 당대 트랜스젠더를 고집한 후, 천기를 누설했다는 천제의 감정 어린 분노에 의해 존재가치가 사라지게 되었다. 그 이후부터 세계적 위상의 〈위치적·교리적·구조적·예술적·과학적·생태적〉 수준이 너저분하게 변형되면서 오늘에 이른 것이 안타까울 뿐이다. 그래도 우리 문화재로서는 1995년 12월에 불국사와 함께 첫 번째로 세계유산에 등재되었다. 이곳 관리인에 따르면, 지금까지 170개국의 관광객들이 방문했다고 한다.

**도판 42** 월악산 미륵리(彌勒里) 인공석굴법당(보물 제96호): 고려 초기에 인공으로 돌을 다듬어 석실을 만들고 그 위에 목조 지붕을 얹어 천장을 만들었던 것으로 알려져 왔다. 미륵입상은 보기보다 큰 10.6m다. 지금 해체보수(2014-2020) 중이니 곧 자세한 내용이 밝혀질 것이다. 석벽 중간 높이에는 석불사처럼 작은 감실을 만들고, 보살들을 부조하여 그 안에 봉안하였다.

그런데 출입통제가 엄격하다. 그들은 석불사를 얼마나 보고 느끼고 알고 갔을까? 세계문화유산이 되었으니 보호하면서 공개하는 방법을 강구해야 한다. 이같이 놀라운 인공석실 법당인 석불사가 아무런 발달과정을 거치지 않고 경덕왕 대에 들어와서 갑자기 만들어졌다고는 볼 수 없다. 그렇지만 국내 인공석굴 법당의 발달과정에서, 그 발생사적 계보를 교리

**도판 43** 경남사천 다솔사 보안암(普安庵) 인공 석굴법당: 이 석굴의 특징은 크기가 다른 사암질의 자연 모전돌을 되는 대로 쌓아 조성한 것이다. 석불사에서는 그 건축 형태가 국가적 차원에서 최고의 지성과 수준으로 교리에 맞게 완벽하게 배치되어 있다면, 미륵리 절터에서는 지방 호족들이 그들 수준에 맞게 조성한 것이다. 이에 반해, 이 보안암 석굴은 민초들이 생활신앙에서 우러나오는 마음에 따라 자연스럽게 조성한 분위기를 느낄 수 있다.

적인 역사적인 뒷받침을 보여주며 미술사적으로 풀어주는 글은 아직 없다.

지금까지 나타난 유적을 시대적으로 추정하면서 건축수법과 조각 수준으로 살펴보면, 우리 〈인공 석굴법당〉의 발전과정은 다음과 같이 정리된다. 먼저 가장 작으면서 〈인공 석굴법당〉 형식을 단초로 보여주는 ① 〈남산 감실 부처〉[=도판 30]를 시작으로 ② 〈생의사 인공석굴〉[=도판 32]로, 이후 자연암벽을 인공으로 뚫어 다듬고 불상을 안치한 제2석굴암이라고도 하는 ③ 팔공산 〈군위삼존석굴〉[=도판 34]로, 이어 규모가 커지고 양식이 인공돔형으로 변한 ④ 〈남산 칠불암법당〉[=도판 35]으로 발전한 후, 드디어 교리·건축·예술 등에서 완벽하게 완성을 이룬, ⑤ 〈토함산 석불사〉[=도판 36] 인공돔형 석굴 법당이 조성되었다. 그러면서 세계 불교미술사에서 그 정점을 이루었다.

반대로 그 퇴화 과정으로는, 고려 초기에 조성된 것으로 보고 있는 보물 96호인 충청북도 괴산 월악산에 있는 석굴식 법당인 미륵리 석불입상[=도판 42]과 신라시대부터 있었다하나 현재의 건축양식은 1947년도에 조성한 경상남도 사천의 이명산에 있는 다솔사 보안암 석굴[=도판 43]이 있다.

미륵리 석굴은 이상정토인 석불사의 원형 건축구조를 그대로 현실정토인 방형으로 변형시켜 용화수 아래로 나타낸 구조이다. 현실 개벽을 상징하는 미륵여래이다. 보안암 석굴은 원래 서봉사에 딸린 암자였으나 서봉사가 폐지됨에 따라 다솔사에 귀속되었다. 창건연대는 전해지지 않으나 1336년 이곡이 쓴 기록에 "서봉사 남쪽 천령(天嶺) 위에 석굴을 만들어 미륵석상을 봉안한 것은 신라 신문왕 때의 두 왕자에 의해서였다"라고 서술되어 있다. 이렇게 〈인공 석굴법당〉들의 공통점은 위치가 본 사찰에서 따로 멀리 떨어진, 그리고 당시로서는 오르기 힘든 높고 외진 곳에 조성되어 있다는 사실이다. 석불사는 불국사를 아래로, 미륵리 석불입상은 덕주사를 바라보며 사천의 보안암은 다솔사를 아래로 해서이다. 이것은 〈인공 석굴법당〉이 일반 사찰의 성격에서 벗어나 어떤 특별한 기원을 위해 조성했던 것이라 생각된다. 모세가 성막에서 십계명을 받으러 올라간 호렙산처럼 성소 위에 있는 지성소의 개념으로 말이다. 그런데 이 같은 상·하의 사찰을 연결시킨 유구는 〈석불사·불국사〉에서 갑자기 나타난 것은 아니라고 본다. 그 전 단계를 용장사나 칠불암처럼 남산에서 먼저 나타났다고 본다. 즉 용장사에서는 서방정토를 기원하며 하늘을 향한 탑을 위로해서, 반대로 칠불암에서는 개벽된 세상을 기원하며 하생하는 미륵을 위로해서. 이외에도 여러 곳에 있을 것이다.

이같은 천상에서 지상으로, 지상에서 천상으로 두 세계를 연결시켜 가시화한 신앙은 신라 통일을 전후로 한 불교 전성기에 상류층에서는 꽤 유행했던 것으로 추정하게 된다. 『삼국유사』「생의사 석미륵」조에 다음과 같이 기록되어 있다.

신라 선덕여왕 13년(644) 석생의(釋生義)는 도중사(道中寺)에 살고 있었다. 어느 날 꿈에 한 스님이 그를 데리고 남산으로 올라가 풀을 매어 표를 해놓게 하고는 말했다. "내가 이곳에 묻혀 있으니 스님은 이곳을 파 고개 위에 편안하게 묻어주시오." 꿈에서 깨어나자 그는 친구와 함께 표를 해 놓은 곳을 찾아가 그 골짜기에 동굴(洞掘)을 파보니 거기에서 돌미륵이 나오게 되었다. 그래서 돌미륵을 삼화령(三花嶺) 위로 옮겨 놓고 그곳에 절을 세우고 살았다. 사람들은 뒤에 이 절의 이름을 생의사(生義寺)라고 했다.

석생의가 사는 지상의 도중사(道中寺)와 꿈에 나타난 천상의 삼화령 생의사(生義寺)를 미륵으로 연결시킨 것을 그 시작으로 해, 지상과 천상을 상·하로 연결시킨 신앙이 유행되면서 용장사와 칠불암 등을 거쳐 〈석불사·불국사〉를 정점으로 해 〈보안암·다솔사〉까지 이어진 것으로 생각한다.

# II. 기독교 - 동굴 교회

　지금까지의 설명처럼 초창기에 불교에서는 석굴사원이 눈에 띄는 목이 좋은 길지에서 자랑스럽게 최고의 수준으로 조성되었다. 그에 비해 서양의 기독교에서는 눈에 보이지 않는 동굴교회가 그것도 지하에서 발달했다. 비호 속에 자랑스럽게 조성한 불교와 달리 기독교에서는 박해 속에서 살아남기 위해 피신하다 보니 그럴 수밖에 없었다. 대표적으로는 이탈리아의 카타콤(Catacomb)과 터키의 카파도키아(Cappadocia)를 들 수 있다. 이 동굴교회를 간단하게 살펴보자.

## 1. 이탈리아 - 카타콤

　지하 동굴은 박해시대에는 피난의 장소이면서 동시에 예배당으로도 사용되었다. 그러면서 역대의 교황이나 성직자 그리고 신자들이 묘소로도 사용했다. 소아시아, 북아프리카의 각지에도 기독교도의 카타콤이 발견되고 있는데, 대부분은 로마 및 그 근교에 집중되어 있다. 당시 로마제국의 크기와 신도들의 분포를 가늠하게 해준

**도판 44** 도미틸라 카타콤의 바실리카 대성당: 카타콤 중 가장 오래된 것으로 길이는 15km에 이른다. 들어서면 처음 만나게 되는 것이 지하에서 유일한 바실리카 대성당이다.

다. 카타콤은 1578년에 재발견될 때까지 오랫동안 잊혀 있었다. 최근에도 1955년에 로마 교외의 라티나가 길을 따라서 하나가 더 발견되었다. 현재 로마 근교에는 39개의 카타콤이 알려져 있다. 모두 고대 로마 성벽 밖의 주요 가도 따라 위치한다. 39개 중 관광객이 많이 가는 곳은 마르케리누스의 카타콤, 성 카리스투스의 카타콤, 도미틸라의 카타콤 등이 있다. 아직 미발견된 굴도 있겠지만, 지하에 수백m 통로로 연결된 무수한 묘실이 대개 3층·4층을 이루면서 요소마다 통기공과 채광공이 설치되어 있다. 묘실의 넓은 통로나 광장에는 프레스코 벽화가 장식되어 있고, 부유층의 석관 부조에는 초기 기독교의 귀중한 그림이 그려져 있기도 하다. 죽은 후 시신에 대한 매장 문제는 교회 건축과 함께 기독교 교리에 요구된 2대 중요사항이었다. 특히 부활 사상은 태우는 화장보다 모습 그대로의 매장을 장려했다. 그래서 지하 매장이 유행되었는데, 그것은 장례비용이 덜 들었을 뿐만 아니라 박해받던 당대에서는 시신을 보관하면서 숨기기에도 좋았기 때문이다. 카타콤이란 원래의 의미는 카타(Cata), '아래'라는 뜻과 콤(Comb), '구멍'이라는 뜻이 합쳐져서 '아래에 있는 구멍', 또는 '지하의 빈 공간'이라는 뜻이다. 그런데 처음에는 이곳이 당시 로마제국에서 성행했던 미트라교의 지하 매장 관습을 받아들이면서 무덤으로 채워지기 시작했다. 광명의 신인 미트라의 탄생지 페르시아에서 미트라교가 그리스를 거쳐 로마로 인기리에 전파되면서 지하 장례시설이 유행했기 때문이다. 그러므로 카타콤에는 미트라교 신자들의 무덤도 많았음은 당연하다. 당시 로마정부는 장례지를 신성

도판 45 사도 베드로와 바울이 갇혔던 반지하 감옥. 로마에 있다. 베드로가 64년에 십자가에 거꾸로, 바울은 67년 네로황제에게 목이 잘려 순교하면서 기독교 역사의 카타콤이 생겨나는 데 기원 역할을 했다.

불가침의 장소로 법률화했기 때문에 카타콤은 기독교가 박해 당하던 시기에 아주 좋은 피난처였다. 치외법권의 장소였으니. 그래서 무덤의 의미를 넘어 [도판 44]처럼 지하 교회로서 카타콤까지 생겨났다.

이 카타콤은 베드로와 바울이 기독교 전파를 위해 로마에 들어

간 64년부터 탄압과 박해를 이기고 기독교가 로마의 국교가 되던 313년 사이에 유행했던 지하 공동묘지 겸 교회였다. 순교자가 늘던 2~3세기에 발달하였다. 특히 유행된 3세기는 기독교가 탄압 속에서도 팽창하던 시기였지만, 아직 순교자들의 무

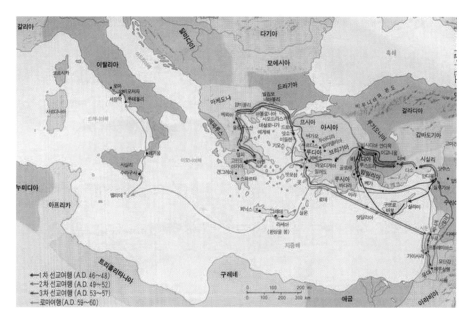

도판 46 예루살렘에서 소아시아를 거쳐 로마까지 사도바울의 전도 여행 코스: 기독교의 세계화를 이해하는 데 도움이 되는 자료. 소아시아는 기독교가 성장하면서 나타났던 교리의 갈등을, 타 종교와의 마찰을, 이슬람에 의해 멸망당한 아픔을 잘 설명해 주는 살아있는 박물관이다. 로마에서는 기독교가 카타콤에서 국교를 통해 세계화를 다진 곳이다.

1부 사찰과 성당의 발달

**도판 47** 카타콤 내부중의 일부. 중앙통로를 중심으로 좌우 벽면에 벽감을 파거나 묘실을 두었다.

덤을 지상에 축조할 만한 경제적인 여유가 없었고, 또한 이 시기가 극심한 인플레이션으로 땅값이 급속히 상승해서 로마인들조차도 지상에 무덤을 조성하는 일이 부담스럽던 상황이었다. 4C 초 정점에 이른 후 국교가 되면서 5세기에 사라졌다. 게다가 순교자가 늘던 이 시기(2~3세기)는 로마문명의 쇠퇴기였다. 그래서 규모가 작은 카타콤은 새로 조성되기도 하였지만 큰 카타콤은 기존의 지하무덤을 확장하거나 증·개축해서 만들어졌다. 때로는 기존의 지하무덤을 사거나 임대하기도 하고 간혹 무단으로 점거하는 경우도 생겨났다.

카타콤은 나폴리와 시칠리아에도 있지만 로마 근교에 가장 많다. 이 지역의 지질이 주로 화산암으로 이루어져서 땅을 파기에 유리하다는 이유와 함께 기존 미트라교인들의 지하무덤이 많았고, 그 어느 지역보다 로마에서 순교자가 많이 생겨났기 때문이다. 카타콤의 구조는 [도판 47]처럼 중앙 통로를 중심으로 양옆의 벽면에 벽감을 파거나 묘실을 두는 형식이 일반적이었다.

카타콤에서 굴의 폭은 평균 1m 내외이고 높이는 2m 정도이며, 가장 깊은 부분은 지하 7층으로 그 깊이는 25m에 달한다. 카타콤의 땅 속 총길이는 900km에 달하며 매장자는 600여만 명에 이른다고 한다. 벽감에는 석관이나 옹관이 안치되었고, 묘실에는 방바닥에 테이블을 설치하고 그 위에 관을 올려놓았다. 때로는 벽감과 부속실 등을 한 번 더 파서 그 속에 관을 나란히 안치하기도 한다. 묘실은 사각형이 기본 형태이지만 취향에 따라 육각형·팔각형·비정형 등 다양한 형태로 만들어졌다. 무덤이 작은 것은 어린이의 무덤이고, 넓은 공간은 가족 무덤이다. 일부 부유층은 석관을

**도판 48** 어느 카타콤의 묘실에 간단하게 그려진 그림이다.

사용했는데, 그 석관에는 제작한 회사 이름이 낙관처럼 새겨져 있기도. 넓은 통로·묘실·광장 등에는 벽화가 그려졌다. 벽화는 예수나 성인들의 행적, 순교, 성경 내용을 소재로 삼았다. 그림 수준은 소박한 편이다. 이것은 당시 기독교가 소수였고, 경제적인 여유도 없었으므로 당대의 제도권에 속하는 프로 화가들이 참여하지 않았기 때문이기도 하다[도판 48]. 그러나 이런 수준에도 카타콤의 벽화들은 기독교 초기 신앙의 전반에 관한 예술문화의 지표로서 중요한 자료가 되고 있다. 핍박과 고난에 대한 영성일기이며 그림으로 나타낸 신앙의 증언이기에. 마치 "이곳에 잠든 사람은 노아처럼 믿었고, 다니엘처럼 믿음을 지켰으며 아브라함처럼 순종했다"라고. 영혼 구원에 대한 기도를 시각화한 것이라고 보게 된다. 그런데 어떤 여행객은 블로그에 이런 글도 남겼다. "도대체 믿음이란? 신앙이란? 어둠이란 어둠이 다 모여 있는 캄캄 아니 깜깜한 공간에서 자신의 종교를 이렇게도 이어갈 수 있는 것일까? 어릴 때라면 그것을 신념이니 믿음이니 하는 이야기에 감동받았겠지만, 지금은 그 맹목과 처절함에 조금은 섬뜩한 기분이 든다"라고 한다.

이곳에 잠든 자와 그 관광객과의 마음은 극과 극이다. 신앙과 이성의 차이일까? 어쨌든 글을 남긴 여행자는 당대 그리스도의 사랑과 부활에 대한 간절한 영성을 이해하지 못하기, 아니 반발하기 때문이다. 영성을 믿음으로 마음에 품는 것이 종교인데, 맹목이라 치부하니. 지능지수와 감성지수의 최고 밸런스가 영성지수가 아닐까? 카타콤의 내부는 환기통이 있다고는 해도 습기가 많고 순환이 잘 안되어 탁탁한 공기는 사람들의 폐를 상하게 했고, 채광공이 있어도 어두운 미로를 밝히는 횃불에 의한 연기는 사람들에게 호흡 불편과 눈까지 상하게 했다. 그러나 이 같은 불편을 극복할 수 있었던 것은 그리스도의 사랑과 부활에 대한 간절한 소망의 힘이었다.

카타콤 내의 생활은 낮에는 순교자에 대해 애도하며 서로 위로와 격려의 말을 나누었고, 밤에는 점조직으로 지상의 소식을 알아 오고 죽은 신자들의 시체를 옮겨왔다. 이 당시의 신도들은 이렇게 예수에 대한 신앙과 신도들 간의 사랑을 실천하고 증언한 진정한 기독교인들이었다. 이같은 카타콤 지하교회를 생각하면 오늘날 호화 대형교회에서 이루어지고 있는 기복 중심의 신앙행태가 부끄러워지고, 목회자 세습과 나쁜 뉴스가 기가 막힌다. 이곳 카타콤에서는 제3자라도 당대 순교의 의미와 그 시대적 가치를 새삼 숭고한 마음으로 느끼게 된다.

지하무덤 교회에서 단련된 이같은 불굴의 신앙은 로마제국의 모든 박해를 극복하고 기독교를 더 전파하면서 확대시킬 수 있는 힘이 되었다. 그래서 카타콤에서 단련된 신앙이 지상으로 부활하여 드디어 로마제국의 국교가 된 것. 지하 무덤에서 단련된 신앙을 누가 꺾을 수 있을까? 그것은 운동선수들이나 특수부대의 지옥훈련보다 더 내공이 있을 테니. 결국 기독교가 거대한 로마제국을 이기고 승리할 수밖에. 그런데 순교를 통해 단련된 이 카타콤의 역사가 지금은 하향화 박제화되어 가는 듯하여 아쉽다는 느낌이 든다.


## 2. 터키 – 카파도키아

터키는 선조인 히타이트족이 BCE 20세기 중앙아시아에서 이동하면서 역사에 등장했다. 카파도키아(Cappadocia) 지역은 300만 년 전 거대한 화산폭발로 생긴 화산암 지대다. 그 뜻은 "친절하고도 사랑스러운 땅"으로 아주 먼 옛날, BCE 15~12세기 당시 히타이트 왕국이 적을 피해 은거지로 처음 사용했던 곳이라 한다. 그런데 기독교인들이 다시 사용하게 되면서 리모델링을 하거나 확장하거나 새로 뚫으면서 대규모로 커졌다. 현재까지 발견된 36개 지하도시의 평균 규모는 3~4층이다.

그중 가장 큰 지하도시는 1963년에 발견된, 지하 20층으로 60m나 내려간다. 그래서 '깊은 우물'이란 뜻을 가진 "데린구유"라고 부르기도 하는데, 현재는 일반인들

**도판 49** 카파도키아 전경 중 일부. 신비하고도 이상한 모습이어서 지구가 아닌 딴 세상으로 보인다. 그래서 이곳에서 외계와 관련된 영화 촬영도 많이 한다.

에게 지하 8층까지만 공개하고 있다. 미로여서 전체를 공개하기에는 위험한 곳이 많아 아직까지 준비가 덜 된 모양이다. 깊은 곳이 지하 7층에 25m라는 카타콤하고는 비교가 안된다. 카타콤이 비밀 외출 장소였다면 카파도키아는 생활근거지였으니 그런 차이가 있다. 어쨌든 대단하다. 터키의 수도 앙카라에서 동남쪽으로 약 320km 떨어진 곳으로 소아시아 반도의 중앙에 위치해 있다. 그런데 그 지형이 진풍경으로 딴 세상이다.

부드러운 사암 위에 화산 폭발로 덧씌워진 응회암 지형이 세월이 흐름에 따라 비바람에 의한 서로 다른 침식작용으로, 버섯모양 촛불모양의 신비하고도 기기묘묘한 대 걸작품이 된 것[도판 49]. 특히 일몰시 붉은 태양빛을 받은 암석들이 제각기 황금빛, 붉은 빛, 회색빛 등 고유의 빛을 발산할 때의 신기한 암석의 색깔은 돈황석굴의 모래 빛보다 더, 그래서 지구가 아닌 딴별에 와있는 듯한 기분을 갖게 된다.

카파도키아 지하도시의 특징은 응회암이기 때문에 간단한 도구로 쉽게 팔 수 있었다. 그런데 파고나면 공기와 접촉되면서 더 단단하게 굳어지는 지질적 특성에 많은 사람이 모여들 수 있었다고 한다. 그래서 지하도시에서 주로 1, 2층은 방·부엌·곡물저장소·포도주창고·동물사육장 등 공동체 생활을 바탕으로 한 개인 생활의 장소였음은 물론, 신학교·교회·성찬 및 세례를 베풀던 장소였다. 아니 교도소·공동묘지는 물론 동굴사회의 질서유지를 위한 시설 및 환기장치까지도 남아 있다. 이같은 시설의 형태를 통해 자율적 통치시스템이 작동되었음을 알 수 있다. 특히 동굴 앞·뒤의 중간지점과 위·아래의 중간

**도판 50** 기둥을 십자가 비슷한 형태로 만들어 교회를 상징했다.

층에 교회를 만들어 예배에 쉽게 참석할 수 있도록 설계했다[도판 50]. 그 사이사이에 소모임을 위한 넓은 공간도 만들어 놓았다. 교회와 관련된 시설을 우선 신경써서 배치한 것이다. 이 지하도시에서 가장 특이한 시설물은 둥근 맷돌 모양의 돌문이다[도판 51].

이 돌문은 동굴이 외적으로부터 침입당할 때, 침입을 저지하기 위해서였다. 각 층으로 연결되는 동굴의 입구마다 설치했는데, 약간 경사지게 만들어 열 때는 위로 힘들게, 막을 때는 아래로 쉽게 굴러가게 했다. 신앙의 자유를 위해 마치 개미굴 같은 동굴 속을 다녔으니 신앙이 뭔지 놀랍다. 순난(殉難)이란 그 아픈 트라우마까지 신앙으로 감내하며 살았으니 말이다. 그러면서도 오순절이 되면 그 먼 예루살렘까지 순례 방문하는 것을 잊지 않았다고 한다. 이들의 삶 자세를 그 누가 꺾을 수 있을까? 이 굴이 세상에 알려진 것은 18세기 프랑스인이 동굴교회를 발견한 후 널리 알려지면서부터였다. 지상에 드러나 있음에도 불구하고

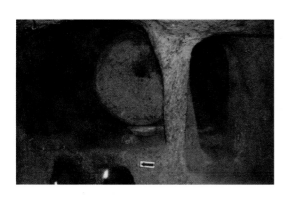

**도판 51** 맷돌형 돌문: 적의 침입시 지하도시 방어를 위해 동굴을 차단하던 둥근 맷돌모양의 돌문으로, 중요한 곳마다 설치했었다. 자세히 보면 약간 경사지게 만들어 열 때는 위로 힘들게, 막을 때는 아래로 쉽게 굴러가게 했음을 알 수 있다.

카타콤보다 늦게 알려진 것은 이 지역이 이슬람국가가 된 이유가 컸을 것이다.

동굴 내부는 세월이 많이 흘러 마모되고 어떤 성상은 파괴되었지만 예수의 행적을 담은 프레스코 벽화들이 오랜 풍상을 견디고 지금도 고색창연하게 남아 있다[도판 52]. 그래서 순례자들은 그들 삶의 체취와 숨결을 느끼며 진정한 신앙이란 무엇인가에 대해 보다 깊게 생각하게 되면서 숙연해지는 곳이다. 종교의 진정한 가치는 믿는 사람들에게 순난을 견디게, 나아가 죽음까지도 순교로 이기게 해주는 신념을 절두산에서처럼 영성으로 품게 해주기 때문이다. 그런데 오늘날은 '만들어진 종교'라느니, '대상화된 신'이라느니 하는 비판이 대두되고 있다. 70억 인류의 성향이 다양하다 보니, 이해해야 한다.

소아시아의 터키 지역, 로마로 가는 길목에 기독교의 선교 역사상 이정표가 되는 에베소교회가 있다. 에베소는 이즈미르의 남서쪽 약 50㎞ 지점에 있는 당시 이오니아의 고대도시로, 양항을 끼고 있어 상업의 중심지로 번영했던 곳. 사도 바울이 전

도판 52 카파도키아교회 내의 천장화: 12제자들과 성인들이 예수를 받들어 모시는 모습을 천장을 중심으로 해서 그린 프레스코화다. [최후의 심판] 도상의 단편을 처음으로 암시해 주는 듯하다.

도 여행 중에 이곳을 방문해 선교를 목적으로 교회를 세우면서 이스라엘을 벗어나 이방인을 위한 외지 선교가 본격적으로 시작되었다. 그 대표적인 장소가 에베소 교회였다. 37~42년에 기독교 교인들이 박해를 받아 예루살렘에서 추방되자 바울은 3회에 걸쳐 소아시아 지역으로 전도 여행을 하였는데, 54~59년의 3차 전도 여행 때 교회를 세웠다고 전해진다. 당시 에베소에는 유대인과 그리스인들이 살고 있었다. 사도바울은 이 에베소 교회 외에 서모나·버가모·두아디라·사르디스·필라델피아·라오디게아 교회를 세웠는데, 이들 일곱 교회를 〈소아시아 7교회〉라 한다. 이 가운데 에베소 교회가 가장 먼저 세워졌다. 이 지역

소아시아는 예수가 태어난 베들레헴에서 로마로 기독교가 전파되는 중간과정의 모습을 잘 보여준다[도판 46].

64년 바울이 죽은 뒤에는 사도 요한(John)이 뒤를 이어 이 지역에서 선교하면서 복음 전파에 힘썼으나, 갈수록 초대교회의 모습을 잃어버리면서 극우적으로 흘렀다는 기록이 신약성경《에베소서》와《요한계시록》등에 보인다. 이 지역에는 에베소 교회 등 여러 유적이 많이 남아 있는데, 지금도 계속 발굴되고 있다.

한편 이곳은 아데미 우상 숭배의 본거지였다. 그래서 바울의 복음 전파에 대해 아데미 숭배자들이 반대 시위를 하기도 했다(행 19:23-41). 이 소동 끝에 바울은 에베소를 떠나면서 믿음의 아들 디모데를 남겨 두고 그곳 교회를 목양하게 했다. 그뒤 바울이 디모데에게 보낸 편지를 통해 에베소 교회가 지속 성장했음을 알 수 있다(딤전 1:3). 하지만, 사도 요한은 훗날 그곳 교인들의 식어버린 처음 사랑과 니골라당에 대한 행위를 지적하며 에베소교회를 엄히 책망했다. 그 내용은 다음과 같다(계 2:2-4).

나는 네가 한 일과 네 수고와 인내를 잘 알고 있다. 또 네가 악한 자들을 용납할 수 없었으며 사도가 아니면서 사도를 사칭하는 자들을 시험하여 그들의 허위를 가려 낸 일도 잘 알고 있다. 너는 잘 참고 내 이름을 위해서 견디어 냈으며 낙심하는 일이 없었다. 그러나 너에게 나무랄 것이 한 가지 있다. 그것은 네가 처음에 지녔던 사랑을 버린 것이다.

에베소 교인들은 옳고 그른 싸움에서 무엇이 진리인지 알았다. 그리고 잘못한 자들을 교회 안에서 몰아내었다. 이러한 과정에서 사랑을 잃었다. 진리를 지키는 싸움에서 원칙을 고수한 것은 옳다. 그러나 원칙을 지나치게 고수하다가 그보다 더 중요한 사랑의 능력과 용서가 사라졌다는 것이 사도 요한의 책망이었다. 그렇기에 신앙이란 위대하면서도 관리하기 힘든 것. 이 같은 현상은 오늘날 우리들에게는 〈역사청산〉에서 보게 된다. 그에 비하면 얼마 전 남아프리카에서 아파르트헤이트를 철폐하고 백인 정치에서 흑인 정치로 연착륙시킨 투투 주교와 넬슨 만델라 대통령의 정의의 능력과 사랑의 용서는 대단하다. 바리데기 정신은 언제나 감동을 준다. 그런데 이곳 카파도키아는 당시 로마로 가는 길목에서 벗어나 있다. 그래서 은신처로 삼으면서 교리를 체계적으로 발전시켜 소아시아 수도원 운동에 큰 영향을 끼쳤고, 기독교 전통신앙의 초석을 마련하였다. 7세기 이후에는 이슬람에 의한 탄압을 받게 되면서 피신자들이 더욱 늘어나 11세기까지 300~400년 동안 전성기를 이루었다. 하지만 결국은 이슬람의 탄압 속에서 사라졌다. 오늘날은 박제화된 가운데 세계적인 관광지가 되었다.

이스라엘이 예수의 성육신으로 공생애 통한 복음서 이해에 중요한 곳이라면, 이곳 소아시아는 예수가 부활 승천한 이후 제자들을 향해 "땅 끝까지 전파하라"는 지상명령의 첫 실천무대였다는 데에 의미가 있다. 그것을 일곱 교회가 잘 알려주고 있다. 그리고 소아시아 이곳은 기독교의 근원적인 모습을, 기독교가 성장하면서 나타났던 교리의 갈등을, 기독교와 타종교간의 마찰을 그리고 이슬람에 의해 멸망 당한 아픔을 잘 설명해 주는 살아있는 땅속 기독교 박물관이다.

## 비교

두 동굴을 역사적 의미에서 비교해 보자. 〈카타콤〉은 로마제국의 본거지에서 기독교를 전파하고 확장시키기 위해 죽음을 불사하고 적극 만들어낸 전략적인 거점이었다. 그래서 기독교가 순교를 통해 지하무덤에서 로마제국의 국교로 부활하게. 그리하여 세계종교로 확산시킨 신앙의 못자리판이 되었다. 이에 비해, 〈카파도키아〉는 동굴에서 명상을 통해 초기 기독교 교리를 만들고 체계화시킨 신앙 공간이었고, 후에는 이슬람의 박해를 피해 숨으면서 만들어진 안전 가옥같은 의미의 생활공간이 되었으며, 더 나아가 자율적 통치시스템이 작동된 일종의 지하 기독교 카파도키아 국가였다. 그래서 그 이름의 뜻도 외부의 박해를 피해 자유롭게 살 수 있다는 의미에서 "친절하고도 사랑스러운 땅"이라 부르게 된 것이 아닐까?

두 동굴을 〈종교사적·생활사적〉으로 비교해 보자. 종교사적으로는 〈카타콤〉이

로마제국을 통해 기독교를 널리 전파하며 세계화하는 데 게릴라같은 기동성으로 큰 역할을 했다면, 〈카파도키아〉는 삼위일체를 정립한 니케아 종교회의에서 보듯 기독교가 세계화를 이루는데 교리적으로 크게 뒷받침했다고 보게 된다. 생활사적으로는 〈카타콤〉이 순수한 그러면서 그 의미는 순교를 각오한 순명적 삶으로서 초기 신앙공동체였다면, 〈카파도키아〉는 모든 생활이 자율적 통치 속에서 순종으로 이룬 중기 기독교 신앙공동체였다.

불교의 〈석굴사원〉과 기독교의 〈동굴교회〉에서 차이점을 보자. 불교에서 '석굴'이 된 것은 그 지역이 공통적으로 모래가, 화산재가 바위로 굳어진 절벽이어서 옆으로 파내기 쉬운데다가 성스럽게 느껴지는 목좋은 위치에서 기원처를 찬란한 예술로 자랑스럽게 영원히 알리기 위해서였다. 인도의 아잔타, 아프가니스탄의 바미안, 중국의 돈황 그리고 우리나라 〈인공 석굴사원〉의 독보적인 석불사도 불교의 최고 전성기에 VIP 등이 국가적인 최고의 비원을 위해 최고의 위치와 장소에다 최고의 수준으로 조성한 것에서 알 수 있다.

기독교에서 '동굴'이 된 것은 그 지역이 공통적으로 화산재가 깊이로 굳어진 땅이어서 파내기 쉬운 것은 물론 지하에 빈공간까지 있어 절박한 박해시대에 살아남기에 좋은 조건이었다. 그래서 남들이 접근하기 두려워하는 폐쇄된 외진 곳에, 그것도 공동묘지의 땅속에다 가장 안전한 동굴 형태로, 그마저도 불안해 미로의 비밀구조에다 비상시 굴려서 여닫을 수 있는 원형의 방어용 돌문까지 만들었다. 인간의 역사가 살기 위해서라면 극한 상황까지도 안전한 장소로 만들어낸다는 것을 알 수 있다. 그랬기에 불교의 〈석굴〉에서는 불화나 조각들이 교리 시스템에 따라 완벽하게 다양하게 화려하게 최고의 수준으로 조성된 반면에[도판 10, 15, 28참조], 기독교의 〈동굴〉에서는 대체로 부활이나 기적을 기원하는 핵심 내용만 강조하여 급하게 그것도 엉성하게 그린 그림이 대부분이다[도판 48, 52 참조]. 조각은 언감생심이었다.

# 2장. 건축에서의 발달 과정

# I. 사찰의 발달과정

## 1. 인도 - 산치대탑

### 1) 〈초전법륜〉, 사찰의 '모태'

고타마 싯다르타(Gotoma Siddhartha)는 가피라바스트의 왕이었던 슈도다나(=정반왕)의 자녀로 태어나 29세에 출가, 35세에 깨달음을 얻고, 대략 BCE 500~450년 사이에 활동하다 80세에 사라쌍수 아래에서 열반하였다.

보리수 아래에서 도를 깨우친 부처는 녹야원으로 가는 도중에, 발타라사나와 발타라나라는 두 상인을 만났다. 이들은 부처님의 모습에서 위의(威儀)를 느끼게 되면서 저절로 존경심을 갖게 됐다. 그래서 당시 최고 보양식인 꿀에 잰 볶은 밀을 공양하고 부처님께 귀의하였다. 최초의 귀의자가 된 것이다. 이 스토리텔링은 미얀마의 두 상인이 부처님께 최고 보양식을 공양한 뒤 부처님으로부터 머리카락 8개를 얻어와 미얀마의 수도 양곤에다 셰다곤 스투파를 지었다는 내용과 저찌된 일인지 똑같다. 녹야원에 도착하자, 부처는 한때 수행의 도반이었던 다섯 비구를 만나게 되었다. 그런데 다섯 비

**도판 53 초전법륜상:** 부처의 손 모습이 설법을 상징하고 가부좌 아래의 법륜이 설법 내용을 상징한다. 수미단 아래에 도반이었던 5비구와 이 불상의 시주자가 조각되어 있다. 부처의 옷에 주름이 없다. 사르나트 양식의 특징이다. 인도 사르나트 박물관 소장

구가 보기에 부처에게서 풍기는 격이 예전과 달랐다. 사람을 압도하는 가운데 몸에서 나는 위의에 저절로 이끌려 윗자리를 권하게 되었다. 그러면서 그들은 반가워하며 "고타마여, 멀리서 오느라 고단하겠네"라고 정답게 말을 건넸다. 그러자 부처는 앞으로 "나를 고타마라 부르지 말게, '여래'라 부르게"라고 말했다 한다. 도를 깨달으면 자연스럽게 유아독존이 되는 모양이다. 부러운 유아독존이다.

부처는 이 다섯 비구에게 맨 처음 깨달음의 원리를 전했다. 그래서 이를 〈초전법륜(初轉法輪)〉이라 한다. 그 내용은 수행법으로 다음과 같이 일러주었다. "수행에는 육체의 요구대로 자신을 맡기는 쾌락의 길이 있고, 육체를 너무 지나치게 학대하는 고행의 길이 있는데, 사문이라면 이 두 가지 극단을 버리고 중도(中道)를 택하게"라고. 이들이 수행법의 잘못으로 득도하지 못했으니 좋은 충고다. 이어 부처는 사성체를 설파했다. 〈고(苦)·집(集)·멸(滅)·도(道)〉를. ① 사람이란 살다 보면 누구나 괴로움을 당한다(=苦). ② 그 괴로움은 탐(貪)·진(瞋)·치(痴)에 집착하기 때문이다(=集). ③ 그 집착을 진리로 없앨 수 있음을 인식하면(=滅). ④ 진리를 터득하게 된다(=道)는 내용이다. 다음으로 팔정도(八正道)를 제시했다. 즉 ① 정견(正見=바르게 보자). ② 정사(正思=바르게 생각하자). ③ 정어(正語=바르게 말하자). ④ 정업(正業=바르게 일하자). ⑤ 정명(正命=바르게 처신하자). ⑥ 정진(正進=바르게 나아가자). ⑦ 정념(正念=바르게 분별하자). ⑧ 정정(正定=바르게 근본을 유지하자). 이 실천을 통해 도(道)를 얻으라고 했다. 부처는 이렇게 자연 속에서 〈중도〉의 자세로, 〈사성체〉를 통해 〈팔정도〉를 실천해야 한다고 강조했다. 그 내용이 〈초전법륜〉의 핵심이다.

여래가 된 부처(=佛)의 〈초전법륜〉을 통해 불(佛)·법(法)·승(僧)이란 《3보(寶)》가 이

루어지게 되면서 불교가 태동되고 승가 즉 사찰의 모태가 형성되게 된 것이다. 화합을 뜻하는 불교의 원어가 상가(Sangha)인데, 이 말을 원음대로 옮긴 것이 승가(僧伽)다. 서로 개성을 살려 제삼의 결과를 이룰 때, 합(合)이 되어 화합(和合)이 된다. 사찰의 모태인 상가란 화(和)의 시너지에서 나왔음을. 그 시너지가 바로 신앙이다. 이 〈초전법륜〉 이야기는 기독교에서 예수가 12명의 제자를 만들고 뭇사람들에게 팔복을 전한 성서 중의 성서라는 산상수훈(마태복음 5-7장)과 비교된다.

## 2) 〈기원정사〉, 사찰의 '시원'

당시 교살라국의 갑부 상인이었던 급고독 장자는 부처님께 귀의한 후 〈초전법륜〉을 설한 지역에다 역사적인 기념으로 부처님을 위한 정사를 세우고자 했다. 여러 곳을 둘러보던 그는 좋은 터를 발견했는데, 그 땅 주인이 사위성의 기타(祇陀) 왕자였던 것. 사위성은 교살라국의 도성이다. 급고독 장자는 기타 왕자에게 땅을 사겠다는 의사를 전달했다. 팔 마음이 없는 왕자는 그래서 도저히 받아들일 수 없는 조건을 제시했다. 땅에다 황금을 깔라고. 그러면 그만큼 팔겠다는 것. 왕자다운 거만한 조건이었다. 급고독 장자에서 급고독(給孤獨)이란 별명이고, 장자(長者)란 "백만장자"라는 용어에서 알 수 있듯이 CEO의 존칭이다.

그의 본 이름은 수달다(須達多). 그런데 그는 별명으로 더 유명했다. 급고독 장자가 그 조건대로 황금 동전을 땅에 깔자, 이 소식을 들은 왕자는 깜짝 놀라 급고독 장자를 만났다. 그런데 땅이 필요한 이유가 자신의 호화로운 별장을 지으려는 것이 아니라 부처님을 위한 법당을 짓겠다는 것을 알게 되자, 기타 왕자는 부처가 어떤 사람인지 궁금해졌다. 왕자도 부처를 만나 법문을 듣고 불교에 귀의하게 되면서 급고독장자가 매입한 나머지 땅과 숲을 전부 보시했다고. 그래서 그 크고 넓은 땅에 사찰이 처음 생겨나게 되었다. 이름도 두 사람의 이름을 합친 〈기타림급고독원〉이다. 여기서 기타림(祇陀林)은 기타 왕자의 땅과 숲을 의미하고, 급고독원(給孤獨園)은 급고독장자가 구매한 원지를 의미한다. 이를 줄여서 〈기원정사(祇園精舍)〉가 되

도판 54 현재 폐허로 남아 있는 기원정사 터. 당시 3,000명이 수행했다는데, 지금도 많은 스님과 신도들이 찾아와서 당시의 구도 상황을 나름대로 재현한다. 당시 3,000명이란 표현은 숫자상이 아니라 전성기를 나타내는 관용구로 쓰였던 것 같다.

었다는 것이다. 부처님은 생전에 이곳 여래향실(如來香室)에서 24차례 안거하였고, 『금강경』을 설했으며, 가장 악한 살인자 앙굴리말라를 개종시켜 깨달음의 수준인 나한과에 오르게 했다. 하품하생에서 상품상생이 되게 한 것이다. 부처님은 "자등명(自燈明) 법등명(法燈明)"이란 유훈을 남기고 입적했다. 자신의 심지를 밝힌 후 진리의 등을 밝히라는 얘기. 부처님 오신 날 등을 다는 것도 그 유훈을 받들기 위해서다. 한때 이 정사는 수행자가 3,000명이 넘었다는데, 오늘날은 [도판 54]처럼 남아 있지 않다. 그래서 본격적인 불교 건축의 역사는 〈산치대탑〉에서 시작한다.

## 3) 〈산치대탑〉의 역사

스투파(Stupa)란 산스크리스트어다. 그 용어 사용의 시작은 BCE 15~10세기에 저술된 『리그베다』에서인데, 그 의미는 우주목 즉 "하늘과 땅을 연결하는 중심축"의 상징이다. 한문으로는 '탑파(塔婆)'인데, 줄여서 탑(塔). 그 개념은 누적(累積), 적취(積聚)로, 그와 유사한 것에는 크게는 이집트의 피라미드, 작게는 독일의 케넌, 몽골의 오보, 한국의 서낭당 등이 있다. 따라서 누적식 조탑은 "하늘과 땅을 연결하는" 전 세계적인 묘제 형식으로 고대에서 현대에 이르기까지 조영되어 온 보편적인 것. 과거의 신전들은 그래서 모두 누적식 조탑이었다. 영어식 표현인 파고다(Pagoda)는 포르투갈의 파고데(Pagode)에서 유래한 말이다.

15세기 이후 신대륙 발견과 동양으로 그 세력을 진출하는 가운데 동남아에서 본 독특한 스투파를 보고 그렇게 불렀다. 인도 고대 스투파와 유사함을 보이는 선구적인 형식은 BCE 6세기경 레바논 산맥과 지중해 사이에 있는 페니키아 유적에서 찾

1부 사찰과 성당의 발달

을 수 있다[주10]. 〈산치대탑〉은 부처의 열반 후 사리를 모신 묘제 형식이다.

BCE 3세기경부터 조성되었다 하나 지속적인 개·보수와 확장으로 최초의 형식은 알지 못한다. BCE 327년경, 마케도니아 왕국의 알렉산드로스 대왕은 페르시아 제국을 멸망시킨 후, 계속 동진하여 인도 서북부를 정복하였다. 이로 인해 그리스 문화가 인도에 들어오는 문이 열렸다.

마우리아 왕조(BCE 321~185)는 인도 역사상 첫 통일제국이었다. 그 주인공은 북인도에 있던 마가다국의 마우리아족 왕자인 찬드라굽타. 그는 인도 서북부의 그리스 세력을 제거한 후 마우리아 왕조를 세우고, 파탈리푸트라에 도읍하였다. 이 찬드라 굽타의 손자가 아소카 왕(BCE 268~232)이다. 그는 사실인지 모르지만 보위에 오르기 위해 형제 99명을 살해했고, 전쟁에서는 야만적이고 잔혹하기가 이를 데 없었다고 한다. 특히 카링가 왕국을 점령할 때에는 엄청난 사람을 죽이고 유형 보내고 살해했다고. 이처럼 그는 불교를 믿기 전에는 경박하고 잔인했다.

그가 불교에 귀의하게 된 계기가 스토리텔링으로 전한다. 어느 날 이상한 탁발승이 궁에 들어왔길래, 망나니 역할의 궁인들이 궁의 물을 흐린다며 그를 잡아 화형에 처했다. 그런데 놀랍게도 그는 타지 않고, 불꽃을 마술처럼 한송이의 연꽃으로 만들어 그 꽃 위에 정좌하는 것이다. 궁인들이 놀라 이를 아소카왕에게 보고했다. 왕이 즉시 달려와 이 희한한 광경을 보자, 탁발승은 연꽃대좌 위에서 왕에게 자비로 백성을 다스리고 전 지역에 부처님을 위한 탑을 세우라고 하였다. 아소카왕은 이 모습에 충격적인 감동을 받고 독실한 신자가 되었고, 전국에 석주를 세웠다는 얘기다. 이후 왕은 힘에 의한 정치를 버리고, 법(=진리)에 의한 정치를 하기 위해 전쟁의 북소리를 법륜의 법소리로 바꿨다. 그리하여 당시 페르시아 그리스 그리고 인도의 하라파 미술들이 섞이면서 불교 미술이 형성되어 활기를 띠게 되었다. 아소카왕이 죽은 뒤, 마우리아 왕조에 굴복하여 지내던 남인도의 안드라인들이 데칸 지역에서 들고 일어나 안드라(Andhra) 왕조(BCE 1세기~CE 3세기)를 건국했는데, 이를 사타바하나 왕조라고도 부른다. 이 시대에 완성된 〈산치대탑〉은 인도 초기 불교 예술의 최고 수준을 상징한다. 당대 신앙의 힘과 예술 수준이 함께 시너지로 상승하면

**도판 55** 산치대탑(=제1호탑): 불교문화의 원조이다. 이 탑은 부처의 무덤을 상징하면서 동시에 탑·사찰·만다라· 수미산을 상징하지만 불상은 없다. 당시는 부처를 인간으로 표현하는 것이 금기시되던 무불상 시대였기에. 대신 그 상징으로 보리수·대좌·불족·법륜 등으로 나타냈다. 그런데 신라는 '왕즉불' 사상에 따라 산치대탑의 구조를 사찰은 물론 왕릉에까지 도입하기도 하였다[도판 299 및 인용글 참조].

서 불교 예술의 전범을 이룬 것[도판 55]. BCE 1세기 말부터 CE 1세기 초엽에 걸친 초기 안드라 왕조시대, 그중 사타카르니 1세(BCE 75~BCE 20)의 통치기간에는 대탑의 아래층 울타리의 사방에 4개의 탑문이 건립되었다.

〈산치대탑〉은 흔히 우주 도식으로 해석되곤 한다. 이는 바간 · 앙코르와트 · 보로부두르 · 불국사 등과 함께 인간의 차원을 넘어 불국 세계를 동경하던 이념에서 나온 공통적인 모습이다. 산치에는 스투파가 3개 있다. 전하는 이야기에 따르면 이 대탑들은 아소카왕 시대에 처음 세워지기 시작하면서 이후 점차 그 건축구조가 양식화되어 갔다. 그 중 현존하는 가장 완벽한 불탑의 전형은 〈산치대탑〉(1호)이다. 2(호)탑의 건립은 〈산치대탑〉보다 빠르다. 탑문은 없고 단지 울타리만 있다. 부조 인물들의 치졸하면서도 예스럽고 소박한 조형은 조각의 초기 실례로서, 순수한 고풍식에 속한다. 산치대탑에서 조금 떨어져 있다. 산치대탑 옆에 있는 3(호)탑은 시대가 〈산치대탑〉보다 늦다. 단지 동쪽에 하나의 탑문만 있는데, 구조는 산치대탑 서문과 유사하다.

1부 사찰과 성당의 발달

근대에 들어와 이 세 곳의 스투파를 1·2·3탑으로 구분했다. 원래 〈산치대탑〉은 인도에서 불교의 쇠망과 함께 폐허가 된 것을 1818년 작전차 나갔던 영국군 대위 에드워드 펠에 의해 처음 세상에 알려졌다. 그 후 비전문가들에 의해 마구잡이로 발굴되어 수많은 산치의 유물들이 없어지고 손상을 입었다. 1851년에는 커닝험이 마이세이와 함께 본격적으로 조사하면서 2탑과 3탑을 발굴해 그 안에서 사리장치를 찾아냈다. 1881년이 되어서야 코레에 의하여 불탑 보존에 관심을 갖기 시작하였다. 그는 초목을 제거하고 붕괴된 대탑은 보수하였지만, 대부분의 조형물은 그대로 방치했다. 이처럼 발굴 조사라는 명목으로 심하게 훼손시킨 것을 1912년부터 1919년까지 영국의 고고학자 존 마샬 경에 의해 현재의 형태로 복원되어 오늘에 이르게 되었으며, 유물을 보관하기 위해 박물관도 세웠다.

불교문화의 시원을 나타내는 〈산치대탑〉을 기독교를 믿는 영국의 고고학자들이 전문가라고 건드렸다. 게다가 그 복원은 당시 제국주의 역할을 앞장서서 하던 영국이 〈식민지 고고학〉적 관점에서 복구한 것이 될 수밖에 없다. 당시는 제국주의자들 모두가 탐험의 경쟁을 끝내고 탐험으로 발견한 산치대탑, 아잔타, 보로부두르, 앙코르와트, 돈황석굴 등의 유물들을 경쟁적으로 발굴·조사·복원하던 시기였다. 이들 제국주의자들의 복구는 땅따먹기와 수탈에 이은 문화 침략의 일환에서였으니. 이 대탑의 현재 크기는 직경이 약 36.6m, 높이는 약 16.5m이다. 대탑의 중심인 반구형 복발은 아소카왕 시대에 처음 지어졌을 것으로 추측하는데, 당시 그 크기는 지금 크기의 1/2에 지나지 않았을 것으로 본다. 이처럼 처음 조성할 때는 무덤과 같은 반원형에 그리 크지 않은 모습이었다. 그 후 안드라 왕조시대에 '난순(欄楯: vedika)'이란 신성한 곳을 상징하고 보호하는 울타리와 동서남북마다 탑문(=torana)을 세웠다. 그 건축 순서는 남아 있는 명문을 통해 남문을 시작으로 해서 북문·동문·서문 순서로 조성되었음을 알 수 있다[주11]. 남문의 명문에 안드라 왕조(=사타바하나)의 사타카르니 1세(BCE 75~BCE 20)를 위해 부처님께 봉헌했다는 기록이 있다. 그래서 이 대탑이 마우리야 왕조부터 안드라왕조에 걸쳐 오랜 기간 확장하면서 조성되었음을 알 수 있다. 즉 BCE 3세기 경에는 중심부를 완성하고, BCE 1세기에는 확장했으며, 0~1세기에는 탑문을 세웠다는 것을 알 수 있다. 이 남문은 산치 고고학 박물관에 소장되어 있다가 최근에 복원되었다. 특히 남문과 북문 근처에 아소카 석주가 세워져 있어 이 남문의 최초 조영 시기를 아소카 왕까지 보고 있다. 그중 북문은 네 개의 문 가운데 가장 잘 보존되어 있다[도판 57, 58].

꼭대기에 자리하고 있는 법륜이 깨져 있어 아쉬움이 남지만. 이 대탑은 주변의 적사암 돌을 하나하나 고지식하도록 정성을 들여 벽돌처럼 다듬어 능의 흙 위에 쌓았다. 그래서 겉으로는 돌로 쌓은 모전석능탑이다.

## 4) 산치대탑의 구조와 의미

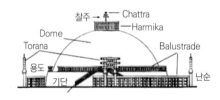

**도판 56** 산치대탑의 구조 명칭

산치대탑의 구조는 입구를 알리는 〈탑문=torana〉, 울타리인 난순(Vedika), 〈기단〉인 메디(medhi), 그 위는 돔(Dome) 모양인 〈복발〉, 복발 둘레 따라 설치한 보도로서 〈용도〉, 그 용도에 설치한 〈난간=balustrade〉, 복발 위의 〈하르미카(harmika)〉, 하르미카 가운데에 있는 〈찰주(=yasti)〉, 그 찰주를 장식한 〈산개(=chattra)〉로 되어 있다[도판 56]. 먼저 이들의 의미를 보자.

〈탑문〉인 토라나는 스투파의 출입문인데, 동서남북마다 있다. 이곳 토라나에는 두 수직기둥과 3개의 상·중·하 수평횡량엔 수없이 많은 불법(佛法) 장면들이 부조로 포갠 듯이 빽곡하게 새겨져 있다. [도판 57]처럼 탑돌이 전에 입구에서 탑문의 릴리프를 보고 부처님의 법문을 명상하면서 먼저 마음을 추스르라는 의미다. 〈난순〉은 산치대탑을 보호하는 울타리 역할을 한다. 〈기단〉은 성소인 복발을 보호하고 받들기 위해 설치한 단이다. 〈용도〉는 예불자가 예불의 대상인 복발을 돌 수 있게 즉 탑돌이용으로 설치한 보도이다. 〈난간〉은 순례자의 프라이버시를 보장하고 복발을 따라 예불하며 돌 때 안전도모를 위해 용도에 설치한 울타리다. 〈복발〉은

1부 사찰과 성당의 발달

안다 또는 자궁을 상징하는 가르바(garbha)라고 하는데 반구형의 돔을 가리킨다. 이 속에 부처님 사리를 보관했다. 그러니 이곳이 탑신으로 가장 중요한 신앙의 대상이다. 그 모양이 마치 사발을 엎어놓은 것 같다고 하여 한자로는 복발(覆鉢)이라 한다. 〈하르미카〉는 복발의 정상부 위에 있는 것으로 서방 정토 같은 천계를 의미한다. 생김새는 입방형이다. 〈찰주〉는 탑에서 지하·지상·천상을 연결하는 우주의 축을 상징한다.

도판 57 산치대탑 북문 앞쪽: 현존하는 산치대탑은 후대에 개·보수되어 원형이라 할 수 없다. 탑문은 약 10m 정도의 높이인데, 세 개의 상·중·하 횡량을 좌·우 두 개의 기둥에 끼워 넣어 짜 놓았다. 이 탑문에 남아 있는 릴리프는 당시의 시대적 조각양식과 이후 불교 교리의 변천 과정을 연구하고 파악하는데 중요한 자료다.

하르미카 중심부에 세운 기둥으로 이후 불탑에서 상륜부로 발전하였다. 〈산개〉는 찰주에 부착된 장식적인 부재로, 하늘을 지향하며 상륜부를 아름답게 꾸미는 역할이다. 미얀마의 세다곤 스투파로 비유하면 탑 꼭대기에 각종 보석으로 꾸민 것과 같다[도판 162와 설명글]. 우리나라에서는 아래에서 위로 〈노반·복발·앙화·보륜·보개·수연·용차·보주〉로 구성되어 있다[도판 301 참조].

인도 예술의 가장 뚜렷한 특징은 〈산치대탑〉의 구조에서 보았듯이 상징주의다[주12]. 이 상징주의는 신비한 모습을 나타낸다. 예를 들면, 신들의 초인적인 능력을 표현해내기 위해 얼굴과 팔이 여러 개인 형상으로 또는 반은 사람이고 반은 짐승인 기이하고 괴상한 모습이다. 이는 우주 생명의 각기 다른 능력을 융화시켜 초인을 상징하는 것으로, 그 대표적인 예가 아수라 및 천수천안관음보살이나 11면관음보살[=도판 339]이다. 스투파는 불교 이전에는 영웅이나 성인에 해당하는 사람들의 유골이나 사리를 매장하는 기념비적인 묘제였다. 그런데 부처의 사리를 봉안한 후부터는 예배의 대상으로 널리 확산되었다.

스투파는 대체로 [도판 55]처럼 기단 위에 반구형 복발을 탑신으로 조성하고, 그 안쪽으로는 금·동·수정·유리 등 귀중한 재료로 만든 사리 용기를 돌함에 넣고 왕릉 처럼 흙을 채우고, 바깥쪽으로는 벽돌을 쌓았다. 아소카왕 시대에 비로소 불교 건축 의 기본적인 형태와 구조가 처음으로 형성되었다.

탑으로서 〈스투파〉와 법당으로서 〈차이티아〉 그리고 승방으로서 〈비하라〉다. 그 것이 초기에는 대부분 지상의 건축물로 세워졌다. 〈차이티아〉는 스투파를 안치해 놓은 예배장소였고, 〈비하라〉는 쉬면서 안거하던 숲이나 정원이었는데, 불교에 편 입되면서 건물이 세워지고 출가한 승려들이 모여 거주하게 되면서 정사로서 수련 및 생활공간을 의미하게 되었다. 그런데 '정사'로서 〈비하라〉 건축은 지금은 [도판 54]처럼 남아 있는 것이 없다. 그 모습은 단지 목조구조의 형태를 모방하여 만든 석 굴에서 감잡아 볼 수 있다. 그래서 당시 기원정사 같은 지상건축은 상상으로만, [도 판 10]처럼 말이다.

부처가 열반에 들자 다비하여 나온 사리를 인도 내 여러 종족이 나누기 위해 8군 데에 수투파가 세워졌다. 그 후 200년 뒤, 아소카대왕이 스투파를 열고 다시 사리 를 팔만 사천 개로 나누어 제대로 된 스투파를 인도 각지에 세웠다고 한다. 초기에 는 이처럼 머리카락이나 부처를 다비하면서 나온 진신사리를 모신 스투파가 즉 '탑' 이 예불의 중심이었다. 그 대표가 《산치대탑》이다. 이 대탑은 부처의 분신인 사리를 봉안하기 위한 목적이었으므로 능탑 즉 일종의 무덤이었다. 이후 사람들이 이곳에 모여 부처님을 존경하기 시작하더니 예배의 대상물로 변해가면서 법당이 되었다.

오늘날의 이 《산치대탑》은 아소카대왕(BCE 268~232)이 세운 것을 안드라 시대 (BCE 2세기)에 두 배로 크게 만든 것. 이 대탑의 형상은 오늘날 불교문화의 원조로 〈건축·조각·탑〉의 시원이 된 것은 물론, 이후 응용되면서 사찰의 건축에까지 전범 으로 영향을 끼쳤다. 원래 이 산치의 자연 구릉(90m)에는 8개의 스투파가 있었다 하 나 지금은 3개가, 그 외 부러진 석주, 승방의 흔적들이 역사의 그루터기로 남아 있 다. 특히 탑문과 울타리의 부조에서는 불교문화 최고(最古)·최고(最高)의 원조미를 느끼게 된다.

## 5) 불교문화의 전범,《산치대탑》

산치(Sanchi) 유적군은 인도 보팔에서 42km 떨어진, 너른 평야를 굽어보는 야트막한 둔덕 위 꽤 넓은 지대에 있다. 아소카석주·사원·수도원 등 여러 불교 기념물을 군집으로 이루면서. 이들은 보존 상태가 저마다 다르며 가장 오래된 유물은 기원전 3세기까지 거슬러 올라간다.

이곳은 현존하는 불교 성지 가운데 가장 오래된 곳 중의 하나로 12세기까지 인도 불교문화의 중심지였다. 부처님과 직접적인 연관이 없는 산치지역에 인도 최고의 스투파와 사원이 건립될 수 있었던 것은 아소카 왕과 비디샤 출신의 공주가 결혼하게 된 계기와 산치 유적지에서 10km 정도 떨어진 비디샤라는 도시에 급고독 장자 못지않은 경제력을 갖춘 독실한 상인들이 있었기 때문이다.

지금은 평범한 작은 도시이지만, 당시 이 비디샤는 위치가 좋고 도로도 잘 만들어져 있어서 기원전부터 상업 도시로 발달한 곳이다. 그래서 산치 유적지는 BCE 2세기 중엽 비디샤 상인들의 기부금으로 세워졌다.

인도 전역을 오가며 물건을 거래하던 상인들이 번영과 안전을 위해 하나 둘 씩 스투파와 사원을 세웠고, 그 결과 산치 유적군이 만들어진 것. 그러므로 이곳 탑문인 토라나[=도판 57]에 부조된 수많은 〈자타카〉에는 비디샤 상인들의 당시 일상생활과 신앙심이 고스란히 반영되어 있다.

비디샤의 부유한 상인으로부터 자금을 지원받은 승려 단체가 〈산치대탑〉을 확장하고 완성했다. 왕릉같은 흙더미로 된 복발의 외부

**도판 58** 산치대탑 북문 뒤쪽: 탑문의 전·후면과 측면은 물론 기둥 및 주두에 이르기까지 빼곡하게 부조되어 가장 완전하게 남아 있다. 아쉽게도 맨 위의 법륜이 반쯤 깨져 있다. 이 부조들은 부처의 전생담과 생존시의 장면 그리고 각종 동식물 등이 조각되어 있다.

에 돌을 다듬어 벽돌처럼 쌓아 올리고, 은백색과 황금색 접착제인 모르타르를 발라 장식했다. 그리고 복발의 꼭대기(=上)에는 네모난 평대(=하르미카)와 3층 모양의 산개(=챠트라)로 장식했고, 기단 위(=中) 복발 둘레에는 용도를 만들어 요잡을 위해 우요하게 했으며, 기단아래(=下)에는 기단으로 오르는 계단을 만들었다. 그것이 오늘의 모습이다.

용도(甬道)란 바닥에 돌이나 전돌을 깔고, 양 옆에는 담이나 난간을 설치한 보도를, 우요(右繞)란 보도 위를 신도들이 경전을 외우면서 오른쪽으로 도는 예불행위 즉 탑돌이를, 요잡(繞匝)이란 예배의 대상에 경배하는 것을 말한다. 스투파는 애초부터 부처를 기념하고 공양하는 예불대상의 하나였다. 그 대표가 되는 〈산치대탑〉의 탑문들은 약 10m의 높이인데, 세 개의 〈상·중·하〉 횡량을 〈좌·우〉 두 개의 기둥에 끼워 짜 놓았다. 그 횡량과 기둥마다 정교하고 섬세하게 부처의 다양한 삶의 내용인 〈전생도〉와 〈불전도〉를 부조나 환조로 빼곡히 채워 놓아, 장식이 아름답고 풍부하며 화려하다. 그런데 이 탑문 부조에 부처 본인의 모습은 없다. 당시는 무불상 시대였으므로 상징으로 표현했다.

경전은 별로다. 아직 교리가 체계화되기 전이었다.《본생도》란《자타카》, 즉 아잔타 16석굴에서의 〈마하소다〉처럼 석가모니로 태어나기 전의 삶 곧 전생의 갖가지 내용이다. 왕·장사꾼·훈장·장자·평민·귀족·화공·도둑, 나아가 코끼리·사슴·말·원숭이·사자·공작·물고기 등 〈사람·들짐승·날짐승·물짐승〉같은 세상의 모든 생명체의 삶을 살아보면서 보살행을 한 547편이 나온다.

《불전도》는 석가모니 부처로서 삶 이야기다. 이곳에는 네 가지 큰 사건이 강조되어 있다. 즉 〈탄생·성도·설법·열반〉. 그 중 〈탄생〉은 새끼 코끼리가 연꽃 위에 앉아 있는 마야 부인에게 물을 뿜는 상징으로, 〈성도〉는 한그루의 보리수와 하나의 빈 대좌가 있고 주위에 수많은 마귀가 난무하는 모습으로, 〈설법〉은 중간에 하나의 법륜이 있고 양옆에 사슴무리가 있는 장면으로, 〈열반〉은 하나의 스투파로 표현했다. 산치대탑의 탑문 부조는 그 자체가 인도 초기 불교 예술의 정수가 집중된 돌로 된『불경』이다. 그 조각들은 산치대탑의 건축양식과 함께 후세 불교미술의 전범이 되었다. 이 대탑의 탑문 조각은 페르시아·헬레니즘 등 외국의 영향을 받았을 뿐만 아니라 인도 전통의 민간 예술 특히 상아 조각에서의 공예 같은 전통 기법이 크게 영향을 미쳤다. 간다라 미술이 뒷받침하듯이 당시 이 〈산치대탑〉에서도 유럽과 인도의 문화가 서로 영향을 주고받았음을 나타내 준다. 그러면서 이 탑문의 릴리프들은 후대에 각 지역에 크게 영향을 끼쳤다. 그 대표적으로는 보로부두르의 6km나 된다는 회랑 대벽화에서 알 수 있다[도판 205]. 세계 불교문화에서 그 못자리 역할을 한 것이다.

## 6) 간다라 미술 등장

특히 탑문에서 주두와 횡량이 교차하는 모서리에는 약시(yakshi)를 환조로 새겨놓았다[도판 59]. 이 약시상은 그리스에서 대리석으로 조각된 〈키레네의 아프로디테〉와 비교가 된다[주13]. 그 유사한 점은, 이들 두 조각상이 생식 숭배에 속한다는 것. 즉 아프로디테는 그리스에서 사랑과 미의 여신으로 애정·결혼·출산을 관장하고, 약시는 인도에서 생식의 정령으로 인류의 번영을 관장했다. 다른 점은, 확연히 상반되는 조각 기법을 사용하여 표현했다는 점이다.

즉 아프로디테의 대리석 조각은 사실주의적 이상화 기법을 채용했다. 그래서 여성 인체의 질감과 우아함을 인체 해부학적으로도 정확하게 나타냈다. 반면에 약시의 조각은 비사

도판 59 약시상: 나무 아래에 새긴 약시의 조각법은 비사실적 상징기법으로, 여성의 성적 특징과 육감적 매력을 과장했다. 풍만한 유방과 넓적한 엉덩이, 심지어는 성기까지 과장해서 적나라하게 새겼다. 보편적인 여성의 생식능력을 두드러지게 강조해 보인 것이다. 아잔타 석굴의 [도판 9]와 연결된다.

실적 상징기법으로 여성의 성적 특징과 육감적 매력을 과장했다. 그 형태는 머리는

오른쪽을 향해 옆으로 기울이고 있고, 가슴은 왼쪽으로 비틀었으며, 엉덩이는 다시 오른쪽으로 당겨 몸 전체가 율동감으로 풍부한 S자형 곡선을 이룬다.

이같은 자세를 트리방가(tri-banga), 즉 삼굴식(三屈式) 또는 삼곡식(三曲式)이라 부른다. 삼곡의 상징인 〈가슴·허리·엉덩이〉에서 그 〈형상·비례·동태〉가 여성에게 들어있는 생명성의 탄력과 장력이 내재적으로 요동치는 의미를 나타내기에 아주 적합한 기법이었기에. 그러므로 이곳에 조각된 약시의 삼곡식 조형기법은 다산과 풍요를 나타내는 생식 여성으로서 본질을 잘 보여주고 있다. 〈산치 약시〉에서 창시해낸 이 양식은 점차 [도판 59]에서 보듯 인도의 여성 인체미를 형상화하는 규범으로 발전하다가, 이후 불교 문화권의 모든 나라에 역삼곡으로까지 신앙적으로 응용되면서 크게 널리 영향을 끼쳤다.

**도판 60** 간다라 불상: 헬레니즘 예술의 사실적인 인체에 인도 불교의 상징적인 징표를 더한 것. 즉 그리스의 태양신인 아폴론의 머리에, 로마시대의 긴 두루마기인 토가를 걸친 몸 그리고 인도에서 부처를 상징하는 용모의 특징인 〈32상 80종호〉가 혼합되어 이루어져 있다.

이처럼 〈산치대탑〉의 탑문 조각은 인도 초기 예술의 이정표를 나타냄은 물론 그리스의 이질적인 문화까지 수용하여 동양과 서양의 문화가 뒤섞인 간다라 예술을 넓게 퍼트렸다. 간다라 미술은 동양과 서양의 문화가 뒤섞인 최초의 사례로, 주로 인도의 불교와 그리스의 헬레니즘 미술에 의한 산물이다. 헬레니즘 미술이란 알렉산더 대왕이 세상을 떠난 뒤부터 로마의 아우구스투스 황제가 즉위하기까지의 시기를, 즉 BCE 323년~BCE 30년. 일반적으로 이 300년간의 미술을 말한다.

간다라(Gandhara)는 고대 인도의 서북부에 위치해 있다. 지금의 파키스탄 페샤와르 일대인데, 인더스강과 카불강 사이에 끼어 넓게는 페샤와르를 넘어 인더스강 동쪽의 탁실라, 북쪽으로는 스왓계곡, 서쪽으로는 아프가니스탄의 카불강 유역인

1부 사찰과 성당의 발달

하다까지 포괄한다. 간다라는 예로부터 인도의 서북쪽 문호여서, 타민족이 이동할 때 반드시 지나치는 길목이었다. 인도·중앙아시아·서아시아·지중해를 이어 주는 연결고리이자, 동양과 서양의 문화가 합류하는 교차지였다. 당시 간다라는 옛 인도의 16개 열국(列國) 중의 하나였다. 그런데 BCE 326년, 당시 마케도니아 왕국의 알렉산더 대왕에게 정복되었으며, 그 이후 대왕의 부하였던 셀레우코스 장군의 관할 하에 놓였었다. 불상의 출현은 1세기경 인도의 대승불교 발흥과 관련이 있다.

원시불교에서 부처는 이미 열반에 들었고, 윤회에서 영원히 해탈하면서, 적멸하여 형체가 사라져 나타나지 않는다고 했다. 부처는 인간적이고 현세적 차원에서는 상상할 수 없는, 완전히 공(空)된 것이다. 그래서 더이상 인간적 형상으로는 재현할 수 없는 존재로 여겼다. 이 때문에 부처의 얼굴 숭배를 금지했다. 그래서 사람 모습의 부처는 묘사하지 않았다. 단지 상징으로 보리수·대좌·법륜·발자국 등 상징부호로 부처의 존재를 암시했을 뿐. 쿠샨 시대는 바로 이런 무불상 부파불교에서 불상을 믿게 되는 대승불교로 변화하는 단계에 놓여있던 때였다[도판 10 스투파 속의 불상 참조].

부파불교 중 대중부 지파가 발전해 이룬 대승불교는 자아 해탈의 추구를 넘어 모든 중생 제도를 표방했다. 그러면서 원시불교를 고수하는 지파를 소승이라 불렀다. 당시 대승불교는 이미 원시불교의 무신론을 무시하고 브라만교의 유신론 사상을 흡수한 우주론을 형성하였다. 이는 유대교에서 기독교로의 변화와 비슷하다. 그러면서 더이상 부처를 인간적인 모습으로 재현할 수 없다는 이같은 절대적 논리를 깬 것이 〈간다라 미술〉이다. 그리하여 우주 유일의 실재이자 최고의 본체인 여래로 형상화하여 지고무상(至高無上)의 신으로 숭배하게 되었다. 불교의 창시자인 석가모니도 그 수많은 여래 중 하나로, 중생을 구제하기 위하여 사람의 모습으로 나타난 구세주이자, 신격화된 초인 혹은 신이라고 여기게 된 것이다. 이는 신이 인간으로 나타났다는 성육신(Incarnation)을 강조하는 기독교의 교리와 비슷하다. 불교에서도 이 논리를 받아들인다면 진리(=깨달음)가 인간으로 나타났다는 진육신(Intrunation)의 의미가 되겠다.

대승불교가 이처럼 부처를 신격화하면서 동시에 인격화한 관념은 간다라 지역에서 유행한 헬레니즘 문화의 신인동형(神人同形) 전통과 부합된다. 그것은 그리스의 신들이 모두 인격화한 데에서 알 수 있다. 그리하여 그리스·로마 신상의 견본을 모방하여 직접 사람의 모습을 한 부처를 형상으로 조각해 냈다. 헬레니즘 풍의 간다라 불상이 탄생하게 된 것이다. 간다라 불상은 헬레니즘 예술의 사실적인 인체에 인도 불교의 상징적인 징표를 더한 것. 즉 간다라 불상을 전체적으로 보면, 그리스의 태양신인 아폴론의 얼굴에, 로마 시대의 긴 두루마기인 토가를 걸친 몸 그리고 부처를 상징하는 용모로서 인도 위인(偉人)의 특징인 〈32상 80종호〉가 혼합되어 이루어져 있다. 간다라 미술은 동·서양의 문화가 최초로 융합된 특히 불상의 기원에 있어서는 그 선두에 섰으나, 인도의 마투라 불상도 거의 동시에 나타난 것으로 세계미술사학계에서도 근래 받아들이고 있다.

쿠샨왕조 전성기에 통치자였던 카니슈카(대략 129~152) 왕이 동인도의 갠지스강 중류 유역을 정복하고는 통치 중심을 중앙아시아에서 간다라 지역으로 옮겨, 푸루샤푸라(Purushapura: 지금의 페샤와르)를 수도로 정했다. 카시슈카 왕이 중앙아시아를, 오늘날 카불에서 이슬라바마드까지 제패하고, 인도 북부에 군림함으로써 쿠샨 제국은 중국·로마·파르티아와 함께 당시 세계 4대 강국의 하나가 되었다. 당시 간다라는 중국과 로마 간에 통상하던 실크로드의 환승지로, 동서 무역 및 문화 교류의 중심지였다. 카니슈카 왕은 쿠샨 제국의 광대한 영토에서 다양한 문화를 가진 수많은 민족을 통치하기 위해, 종교도 개방정책을 펼쳤다. 그래서 카니슈카 왕은 '제2의 아소카 왕'이라는 찬사를 받았다. 이런 시기에 간다라 미술이 널리 퍼지게 된 것이다. 이후 카니슈카 스투파 등 탑이 많이 조성되면서 사방으로 확산되어 나가게 되었다. 그러자 진신사리가 양의 제한 때문에 어느 시기에서부터는 그 대용물을 탑 안에 봉안하게 되었다. 이때부터 탑(塔)은 사찰에서 부처의 실제 분신물이 아니라 상징물로 변해갔다. 그 영향에 따라 불상이 빠르게 파급되면서 예배의 중심이 탑에서 불상으로 바뀌게 되었다. [도판 10]에서 보듯이.

# 2. 동북아시아(중국·한국·일본) - 사찰

마투라 양식의 불상은 주로 동북아시아에 받아 들였다면, 사르나트 양식은 주로 동남아시아 여러 나라에 영향을 미쳤다. 이렇게 외래문화를 각각 다르게 받아들이고 흡수했다. 그것은 크게 대륙성과 해양성이란 지역성에 의해서 나누어졌다. 동남아시아 여러 나라가 〈산치대탑〉을 거의 같은 양식의 스투파로, 동북아시아에서는 판이하게 다른 다층누각의 양식으로 받아들인 것도 그런 차이에서다. 그러나 이웃 나라 간에는 서로 다른 문화적 주체성 및 정서적 심미관의 차이가 외래문화를 자기화하는 방식을 결정한다. 같은 양식이면서 재료나 구조나 뉘앙스가 다른 것은 자기화 성격의 차이에서이다.

인도의 스투파가 복발을 중시하며 발달하였다면, 그 북부에 있는 간다라에서는 상륜부 부분을 현저하게 강조하는 경향을 보였다. 중국에서는 이 간다라식 스투파가 수입되어 벽돌과 혼합되면서 중국형의 다층누각 〈전탑〉이, 한국은 그 영향으로 다층누각의 〈석탑〉이, 일본도 〈목탑〉이 주조를 이루게 되었다. 불교는 여러 경전을 통해 확산되었다. 처음 인도에서 중국에 들어와 한역된『대장경』이 한국·일본 등으로 전파되면서 동북아 불교 문화권이 형성하게 되었다. 불법(佛法)을 글자로 기록한 『대장경』은《경(經)·율(律)·논(論)·소(疏)》로 구분된다.

《경》은 부처님의 말씀을,《율》은 교단에 필요한 계율을,《논》은 고승들의 논술을, 《소》는『대운경 '소'』에서 보았듯이『경』에 대한 고승들의 해설이다. 부처에 대한 그림에는 석가모니로 태어나기 이전의 이야기인 〈자타카〉 즉 〈본생도(本生圖)〉와 석가모니의 출가에서 성도와 설법 그리고 열반에 이르기까지의 행적을 다룬 〈불전도(佛傳圖)〉가 있다. 그중 동남아의 미술에서는 〈본생도〉의 비중이 큰 반면, 〈중국·한국·일본〉같은 동북아에서는 〈불전도〉의 비중이 크다. 예불공간은 〈기원정사〉에서 시작되었다. 하지만 인도에서는 자연환경이 다습한 기후 때문인지, 힌두교의 성행 때문인지는 몰라도 오늘날에는 지상의 정사보다 석굴사원이 많이 남아 있다. 그리고 외국으로, 그중 실크로드 쪽으로의 전파는 앞에서 언급했듯이 각 나라의 기후와 지형 및 암반의 성격에 맞게 석굴사원이 주체적으로 변해갔다. 그러나 동남아에서는 별로 존재하지 않는다. 지상의 스투파를 중심으로 해서 발달했다. 동북아에서도 불교 건축의 주류는 석굴이 아닌 정사 즉 사찰에서다. 특히 한국과 일본에서는 그렇다. 먼저 중국에서부터 알아보자. 석굴사원이 발달한 중국에서도 가장 먼저 조성된 건축물은 지상의 사찰인 〈백마사(白馬寺)〉다.

## 1) 중국 – 백마사(白馬寺)

### (1) 창건과 역사

중국 속담에, "중국 역사 100년을 보려면 상하이로, 1,000년을 보려면 베이징으로, 3,000년을 보려면 시안으로, 5,000년을 보려면 하남(뤄양)으로 가라"는 말이 있다. 이 속담처럼 하남은 유구한 역사의 출발지이다. 사찰도 마찬가지. 중국에서 불교사원의 시작은 뤄양에 있는 백마사(白馬寺, 바이마스)에서부터다. 그래서 중국에서는 백마사를 중국 불교의 발원지라는 의미에서 '석원(釋源)' 혹은 '조정(祖庭)' 또는 '요람(搖籃)'으로도 부른다. 백마사는 68년[후한, 명제(영평 11년)]에 당시의 수도였던 뤄양에서 동쪽으로 12km 지점에 건립되었다. 그 이후 동북아시아에 큰 영향을 미쳤다.

백마사 건물 기둥에 다음과 같은 주련이 있다. "金人入夢白馬馱經(금인입몽백마타경)" 즉 "꿈에 금빛나는 사람이 나타나 백마에 경전을 싣고 왔다"는 뜻이다. 이 절에서는 그 〈금인(金人) 전설〉이 전해오는데, 그 내용은 이렇다.

위서(魏書) 『석노지(釋老志)』와 『낙양가람기(洛陽伽藍記)』에 기록되기를 영평 7년(64년) 정월 15일에 명제(明帝)는 괴상한 꿈을 꾸었다. 장육척 크기의 금빛 나는 사람이 서방에서 날아오더니 궁궐 위를 몇 바퀴 돌고는 다시 하늘로 높이 올라가 서쪽으로 사라지는 꿈이었다. 꿈이 하도 이상해서 이튿날 명제는 대신들에게 그 금빛 사람에 대해

물어보았다. 그러자 부의(傅毅)라고
하는 박사가 이렇게 아뢰었다. "천축
(天竺)이라는 곳에 부처라는 분이 있
사옵니다. 폐하의 꿈에 나타난, 머리
에서 광채가 나는 금빛 사람은 부처
가 틀림없사옵니다."

명제(明帝)는 부의의 말을 주의 깊게
듣고 나서, 채음(蔡愔)과 진경(秦景)
등 18명을 천축으로 보내어 알아보게 했다. 채음과 진경은 산을 넘고 물을 건너 갖은
고생을 다 겪은 후에 천축에 도착했다. 천축 사람들은 매우 기뻐하면서 그들을 반갑게
맞아주었다. 특히 범승인 가섭마등(迦攝摩騰)과 축법란(竺法蘭)은 그들에게 불교의
교리를 가르쳐 주었으며, 나중에는 그들의 청을 받고 중국에 갈 결심을 했다.

후한(後漢) 때인 CE 64년에 인도의 승려 가섭마등·축법란 등이 명제의 사신 채음의
간청으로 불상과 『42장경(四十二章經)』을 흰 말에 싣고 뤄양에 들어왔다. 명제는 비
록 불경을 모르고 불교의 교리도 잘 몰랐지만 천축국에서 온 두 범승을 매우 존중했
다. 그래서 홍려시(鴻臚寺)에 머물게 했다. 중국에서는 당시 '시(=寺)'는 손님을 접대
하는 객사, 오늘날 호텔이었다. 이후 불교를 신봉한 그는 후에 이곳에 절을 세워 백마
사라 하고, 그들을 거기 살게 하였다. 그 후 이 시(=寺)가 사(寺)가 되면서 불교의 사
원을 의미하는 사찰이 되었다. 이 백마사는 지금도 낙양시의 동쪽에 있다.

『42장경』은 각 장마다 부처님의 말씀을 듣고 그 개요를 풀이하는 형식으로 꾸며
져 있다. 〈법구경〉처럼 교훈적인 내용이다. 가섭마등과 축법란 이후 중국 불교 역사
에 한 획을 그은 또 다른 사람으로는 후한 환제 시대(146~167)의 안세고도 있다. 그
는 안식국(=우즈베키스탄 부하라)의 왕자로 태어났으나 왕위를 버리고 출가. 중국의 강
남에 들어와 불교를 확산시키는 데 큰 공을 세웠다.

처음에 이들의 노력으로 불교가 빠르게 확산되자 수요가 공급을 감당하지 못했

다고 한다. 뱁새가 황새 따라가는 격처럼. 그래서 새로 믿게 된 많은 관리와 부호들이 자신들의 주택을 사찰로 기부했는데 이를 '사사위사(捨舍爲寺)'라고 한다. 이 사사위사는 대개 합원식(合院式) 건축이어서 서원 건축 구조에서 보듯 전청(前廳)은 불상을 모시는 법당으로, 후청은 불경을 학습하는 경당으로, 즉 전사후학(前寺後學)의 건물 배치였다. 이는 유교의 영향이다. 그리고 곁채와 후원은 승려들이 생활하는 공간으로 쓰면서 전사후학은 초기에 중국 사찰의 임시 형식이었다. 이후 불교가 발전함에 따라 사찰 규모가 거듭 확장되었다. 그러면서 산문·천왕문·경루·법당 등을 교리에 따라 사찰의 축선상 위에 차례로 놓게 되면서 건물 배치 체계가 주체적으로 자리 잡게 되었다[도판 62]. 그러면서 불교는 수도 낙양에서 뜨거운 열풍 속에 정치와 긴밀한 관계로 이어졌다.

주(周)나라를 선포한 당(唐)의 측천무후는 자신이 총애하던 승려 설회의(薛懷義)를 백마사의 주지로 삼아, 대대적으로 웅대하게 증축하게 하고 주변 국가들로부터 오는 불교도들을 모아 백마사에서 조회하기도 했다.

설회의가 있을 당시 승려의 수가 3,000명이 넘었다고 하니, 최고 전성기였다. 당시 이곳 본존불은 앞에서의 예로 보아 측천무후로 오버랩시켰을 가능성이 높다. 왜냐하면 백마사의 주지인 설회의는 측천무후가 여제가 되기 전 그녀가 미륵불이라고 『대운경』에 소(疏)까지 써서 아부했고, 돈황석굴과 용문석굴에는 측천무후를 닮은 거대한 불상까지 조성된 것에서다. 그러다 당 천보 14년(755) 안사의 난으로 백마사가 전소되었다. 이후 중국 불교는 당 무종(회창 5년)에 의해 멸불론(845)이 시작되고 송대에 이르러 신유학에게 사상의 주도권을 넘겨주면서 쇠퇴일로에 들었다. 이렇게 몇 차례의 중흥과 쇠락을 겪었지만, 다행히 명(明) 가정(嘉靖) 34년(1555)과 청(淸) 강희(康熙) 52년(1713) 두 차례에 걸쳐 대대적인 중수가 있었다. 그러다 1949년에 공산화되면서 무시당하다가 문화혁명 때에는 철퇴를 맞았다. 중국 역사상 불교는 4차례의 법난(法難)을 겪었다.

역사학계에서는 이를 〈삼무일종(三武一宗)의 멸불(滅佛)〉이라고. 즉 북위 태무제(太武帝, 423~452)와 당 무종(武宗, 841~846)은 모두 도교를 일으키고자 불교의 소멸을 실시했고, 북주의 무제(武帝, 543~578)는 유교를 존중하고 숭상하기 위해 불교·도교의 소멸을 함께 실시했다. 그리고 후주의 세종(世宗, 921~959)은 불상을 녹여 돈을 만들기 위해 불교를 탄압했고. 그러나 유교와 도교는 건드리지 않았다. 그런데 현대에 들어와 공산당은 〈도교·유교·불교〉를 모두 소멸시키려 하였다. 5번째 법란인 셈이다. 그것도 역사상 가장 심하게. 사회주의 국가 건설에 방해가 된다고 생각한 모든 것을 타파하기 위해 '공산주의를 지키는 군인'이란 〈홍위병(紅衛兵)〉까지 조직하여 질풍노도의 법난을 감행한 것이다. 이때 백마사에 있던 원나라 시대에 희귀한 협저(夾苧) 방법으로 만든 18나한상이 훼손되었고, 2,000년 전 인도 고승이 가져왔다는 『패엽경(貝葉經)』이 불에 타고, 희귀한 보물인 옥마(玉馬)가 산산조각났다. 그나마 18나한상은 불행 중 다행히 대웅전에 남아 있다. 알고 보면 바미안대불을 폭파한 아프가니스탄의 탈레반 정권보다 더 철저하게 수 년간 전국적으로 실시했다.

백마사에 다섯 가지 최초(最初)가 있다는 역사적 가치도 인정받지 못했다. 즉 중국 최초의 절-백마사, 최초의 탑-제운탑, 최초의 비구니도량-제운탑원, 최초의 경전 번역 장소-청양대, 최초의 스님이 계를 받은 장소란 의미도 이 풍진 세상에 묻히고 만 것이다. 이 풍진 공산주의의 역사적 실험은 지금도 안착시키려고 노력하고 있다. 그러나 공산주의는 기본 전제에서 두 가지가 크게 잘못되었다. 첫째는 각 개인의 능력에 따른 형평성을 무시한 것이고, 두 번째는 홍콩사태에서 보듯이 자기 이념을 폐쇄적으로 절대화하는 오만에서다. 지금 공산주의라는 국가에서 모든 국민이 평등하게 잘사는 나라가 어디에 있는가? 오히려 영화 〈기생충〉에 나오는 자본주의 국가들보다 극과 극이 더하지 않은가! 그리고 문화적으로 종교나 이념을 강제로 훼철한 폐해는 얼마나 큰가? 어쨌든 중국은 공산정권을 안착시키려고 연착륙을 향한 역사적 실험을 계속하고 있다. 좌우지간 자본주의와 인류 복지를 향한 선의의 체제 경쟁은 좋은 일이다.

그후 백마사는 1961년에 중화인민공화국의 전국중점문물보호단위(全国重点文物保護単位)로 지정되고, 1973년 주은래의 주도로 수복되고, 1983년에는 한족지구불교전국중점사원(汉族地区佛教全国重点寺院)으로 공포되고, 1984년부터는 오늘날처럼 스님들의 관리하에 신도들이 수행하는 공간으로 개방하기에 이르렀다. 그러면서 중국의 불교는 오늘날 백마사를 통해 중국 문화의 세계화에 기여하기 위해 기지개를 국제적으로 크게 켜고 있다.

## (2) 백마사, 건물 배치

백마사는 건축이 위엄이 있고 전형적인 중국 불교사원으로서 특징을 가지고 있다. 산문에 〈5대전〉 즉 천왕전·대불전·대웅전·접인전·청량대, 그 위에 비로각이 축선상에서 중축성을 이루며 통불교를 나타내고 있다[도판 62. 63]. 그 특징을 살펴보자[주14].

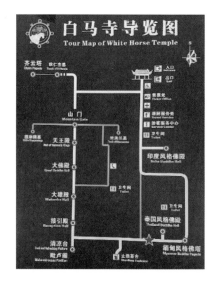

도판 62 백마사 건물 배치도: 〈산문 → 천왕전 → 대불전 → 대웅전 → 접인전 → 청량대 → 비로각〉이 축선상을 이루고 있다.

### 산문

처음 백마사에 가게 되면 입구에 세 개의 아치문으로 된 패방(牌坊)식 건물이 나타난다. 산문이라 하는데, 우리나라로 말하면 일주문에 해당한다. 불교사원들이 대부분 산속에 있어 산문이라 부르게 되었다. 중앙의 문은 높이가 3.08m, 폭이 2.35m, 길이가 3.6m이다. 산문에는 "백마사(白馬寺)"라는 현판이 붙어 있다[도판 61]. 명 가정 35년(1556)에 사례대감(司禮大監) 황면이 중건한 것이다.

산문 앞 좌우 양편에는 실제 말의 크기와 비슷하게 만들어진 석마 두 마리가 있다. 높이는 1.8m이고, 길이는 2.2m. 이 석마는 송나라 때의 것이다. 원래는 송 영경 공주의 남편인 우위장군 위함신의 묘 앞에 있던 것인데, 1935년을 전후하여 백마사의 주지가 이곳으로 옮겨온 것. 백마사란 이름은 인도에서 불교 경문을 운반해

1부 사찰과 성당의 발달

온 백마를 기념해서 붙였으니 석마도 그런 의미에서 갖다 놓았을 것이다. 산문 안쪽 좌우에는 종루(鐘樓)와 고루(鼓樓)가 있다.

### ① 천왕전

원나라 때에 짓고, 명대에 중건한 단층의 헐산식(歇山式) 건물이다. 헐산식이란 우리의 팔작지붕 건물이다. 중국에서는 하나의 용마루에 4개의 내림마루와 4개의 추녀마루로 이루어져 있어 이를 구척전(九脊殿)이라고도 한다. 웅장하고 수려한 느낌을 주므로 궁전 등 주로 중심 건물에 사용한다. 명나라 때의 산문전(山門殿)을 개축한 것으로 지붕의 앞뒤로 "풍조우순(風調雨順)", "국태민안(國泰民安)"이란 글이 쓰여 있다. 건물 내부 양측에는 흙으로 만든 4천왕상이 있다.

중앙의 천개 같은 불감에는 명대에 만든 어느 주류회사 상표가 연상되는 미륵상이 있다. 미륵은 미래불이지만, 백마사의 미륵불은 오대시기에 살았던 계차(契此)라는 스님이다. 그는 오른손엔 염주를 들고, 왼손엔 포대를 쥐고 있다. 언제나 포대자루를 메고 다녔기 때문에 사람들은 그를 포대화상(布袋和尚)이라고 불렀다. 그는 죽음이 다가오자 "미륵의 분신은 너무 많기에 사람들이 못 알아볼 뿐이다"라고 말했다. 그제야 사람들은 그가 미륵이었음을 알고, 그의 모습대로 미륵불상을 만들어 천왕전에 모시게 되었다는 스토리텔링이 전해온다. 미래불이므로 그 형상을 알 수 없으니 계차 스님의 형상을 차용한 것이라고 보게 된다. 그러니 스님은 미륵의 분신이라 믿을 만큼 존경받았던 모양이다. 천왕전내 동서남북으로는 방향에 따라 동방지국천, 서방광목천, 남방증장천, 북방다문천이 배치되어 있다.

### ② 대불전

원대에 세우고 명나라 때 중건했다. 1m 높이의 석대 위에 건설되었다. 헐산식 건물로 가로 5칸에, 세로는 보통 건물보다 한 칸이 넓은 4칸이다. 내부에는 '석가영산회설법상'을 보여주는 주존불이 있고, 그 좌우에 3명씩의 협시를 거느리고 있다. 이 모습은 영산회상에서 석가가 아무 말 없이 웃으며 손으로 꽃을 들어 보

**도판 63** 백마사 건물 배치 전경: 일주문에 해당하는 산문에서부터 기와지붕이 [도판 62]처럼 중축성에 따라 좌우대칭을 이루며 배치되어 있다. 한국·일본의 사찰에서도 그렇다. 이는 동북아 사찰의 특징이다.

이자, 오직 가섭(迦攝) 존자만이 그 뜻을 알아차리고 미소로 답했다는 염화시중을 알리는 장면이다. 부처의 제자였던 가섭은 선종의 전승자로서 숭배받고 있다.

백마사를 세우는 데 큰 역할을 한 가섭마등도 이름을 보니 가섭을 좋아했던 모양이다. 이 건물에서 주존불은 당연히 석가여래이며, 그 좌우에는 제자인 가섭과 아난이, 그 옆에는 각각 산개를 쓴 문수보살과 보현보살이 그리고 그 양 끝에는 여성을 연상시키는 늘씬하고 세련된 나한상이 각각 그 협시보살 옆에 있다.

### ③ 대웅전

백마사에서 가장 큰 건물이다. 당나라 시대에 세웠고, 원나라 때 중건했다. 이후 원래 헐산(歇山)식이었던 지붕을 명대에 현산(懸山)식으로 개축하였다. 현산식이란 두 지붕면과 용마루 및 4개의 내림마루로 이어진 지붕이다. 도리가 측면 벽을 뚫고 나와 지붕이 도리 위 공중에 걸려 있다 하여 현산식이라 하는데, 우리의 맞배지붕에 해당한다. 건물 내에는 화려한 무늬를 조각해 넣은 천개가 있고, 그 아래에 삼세불(三世佛)이 있다. 중앙은 석가여래이며, 그 좌·우로는 약사불과 아미타불이다. 천개를 보개 또는 닫집이라고도 한다. 거의 모든 닫집이 간단한 지붕 형태인데, 이곳은 삼세불이어서 그런지 특별하게도 이중으로 되어 있다. 현실정토·극락정토·이상정토를 강조한 의미다. 이들 앞쪽으로 사천왕의 호법신인 위태(韋馱)와 위력(韋力), 두 신상(神像)이 있다. 우리로 말하면 금강역사가 된다. 닫집 좌우로는 원(元)대에 만들어진 18나한상이 있다. 모시를 본(=틀)에다 대고 옷칠을 한 협저간칠(夾苧幹漆) 방법으로 만들었는데, 중국에서 이 방법으로 제작된 상은 이것이 유일하다. 그래서 이 나한상들은 모두 속이 비어 있어 한 손으로도 들만큼 가볍다. 문화 혁명시 훼손은 되었으나 파괴는 겨우 면했다. 나한상 뒤쪽의 벽면은 만불벽(萬佛壁)이라고 하는데, 무수히 많은 불상들이 상감되어 있다.

### ④ 접인전

백마사에서 가장 작은 건물이다. 이전 건물은 명대에 세웠으나, 청 동치 원년(1862)에 소실되어 지금 건물은 청 광서 9년(1884)에 다시 지은 것이다. 전 내부의 주존불은 청대에 점토로 만든 서방정토를 관장하시는 아미타불이다. 접인(接引) 즉 아미타불이 중생들의 서방정토를 받아들이는 여원시무외 수인을 하고 있다. 왼쪽에는 관세음보살이 손에 정병을 들고, 오른쪽에는 대세지보살이 연꽃을 쥐고 있다. 중국에서는 이 인물들을 서방정토를 주관하는 자라고 하여 〈서방삼성(西方三聖)〉이라고 한다. 모두 청나라 때 만든 불상들이다.

### ⑤ 청량대·비로각

접인전 뒤로 돌아가면 청량대가 나타난다. 청량대에서 불교 경전인『42장경』을 최초로 번역했다. 한나라 명제가 휴식을 취하며, 책을 읽기도 했던 곳이기도 하다. 백마사 가장 안쪽에 위치해 있다. 접인전 뒷쪽으로 연결된 계단을 따라 청량대 위로 올라가면 비로각이 등장한다. 비로각은 두 겹의 지붕을 얹은 헐산식 건물이다.

당나라 때 청량대(淸凉臺) 위에다 정원식으로 세웠다. 비로각 내부에는 벽돌을 쌓아 만든 불단이 있고, 그 위에는 목제 불감이 있다. 불감 안에는 불상이 있는데, 가운데 것은 비로자나불이며, 좌우의 것은 각각 문수보살과 보현보살이다. 중국에서는 이들 세 인물을 〈화엄삼성(華嚴三聖)〉이라 부른다. 여기까지가 〈5대전〉으로 신앙의 대상인 불·보살을 모신 건물들이다.

[도판 63]에서 알 수 있듯이 이같은 축선상을 따라 좌우대칭으로 건물을 배치하는 것은 한국과 일본에서도 그 영향을 받아 그것을 주체적으로 소화시켜 나갔다. 이렇게 백마사는 중국 불교의 석원(釋源)인 것은 물론 동북아 사찰의 조정(祖庭)이기도 하다. 그러나 중축성 및 좌우대칭으로 건물 배치는 했지만, 그 건물의 배치체계가 우리와는 사뭇 다르다. 법당 안에 봉안된 불보살도 마찬가지. 그리고 부석사에서

알 수 있듯이 진입과정에서 〈기·승·전·결〉 등 다양한 푸라나 같은 생태적 리듬은 심미적으로 보여주지 못하고 있다.

### 법보각 · 장경각

법보각은 청량대(淸涼臺)의 좌측에 있고, 장경각은 우측에 있다. 이 두 건물은 모두 헐산식이다. 벽돌을 쌓아 만든 높은 대(臺)위에 지어졌다. 1995년에 착공하고 완공하였다. 법보각에는 인도에서 보내온 동제 불상과 십여 종의 법물이 보관되어 있고, 장경각에는 『용장(龍藏)』, 『중화대장경(中華大藏經)』등 십여 종의 『경(經)』이 보관되어 있다. 이처럼 백마사에서의 공간적 특성은 건축이 중국다운 웅휘한 모습을 하고서 중국 사찰의 특징을 전형적으로 보여주고 있다. 북쪽에 자리 잡아 남쪽을 향한 사찰의 부지 및 건축 자체가 장방형을 나타내고 있으며, 하나의 축선상에 5대전이 좌우대칭으로 해서 순서대로 지세에 따라 세웠다.

### 제운탑

백마사 산문 밖 동쪽 200m 지점에 위치한 석탑이다. 사서에 따르면 동한 영평 12년(69년), 백마사를 방문한 명제는 가섭마등과 축법란 두 고승으로부터 신기한 이야기를 들었다. 사원 동남쪽에 갑작스럽게 솟아오른 언덕이 있는데, 그 속에서 광채가 난다는 것. 고승을 대동하고 찾아간 명제는 직접 눈으로 그 빛을 확인하고는 고승들에게 명하여 그 자리에 탑을 쌓도록 했다. 지시에 따라 지어진 제운탑(齊雲塔)은 9층 목탑으로 믿지 못할 높이인 500여 척에 달했다고 전한다.

같은 층인 황룡사 목탑보다 배 이상 높

도판 64 제운탑: 백마사가 최초의 절이니 이곳에 세워진 목탑도 중국 최초의 탑이었다. 조형미가 일품이었다고 하나 금나라의 침입으로 소실되어 금 세종이 1175년 다시 13층 전탑으로 복원하였다. 탑 높이를 곡선미로 보여주는 보기 드문 양식이다.

다. 제운이란 어둠을 빛으로 밝힌다는 뜻이다. 이는 탑이 솟아오른 언덕에서 광채가 난대로 불법의 등대 역할을 한다는 것을 상징한 이름이다. 수차례 수리되어 오다가 북송 말 금나라의 침입으로 불탔다. 그래서 지금은 1175년 금 세종이 다시 벽돌로 쌓은 전탑이다. 높이는 35m, 13층으로 그 옥개석과 몸돌의 가로·세로의 길이는 정사각형으로 되어 있다. 탑의 형태는 기단부에서 상륜부로 올라가면서 옥개석의 크기가 곡선으로 점점 커지게, 반대로 상륜부에서 기단부로 내려오면서도 옥개석의 크기가 곡선 모양을 이루며 점점 커지다가 7층에서 만난다. 그래서 탑 전체의 모양이 가운데인 7층에서 부드러운 포물선으로 가장 크게 되게 한 색다른 조형미다. 탑 모양을 등대처럼 새롭게 창출하였다. 금나라 때 지어졌다고 해서 금방탑(金方塔)이라 부르기도 한다. 백마사와 제운탑이 세워진 것은 두 인도 법사 덕택이다. 그래서 훗날 송 휘종 2년(1103년)에 가섭마등을 계도원통대법사에, 축법란은 개교총지대법사에 추봉했다. 그리고 이들의 무덤을 백마사 경내에다 썼다. 그러니 모양은 무덤이지만 의미는 우리나라에서 부도라고 부르는 승탑에 해당하겠다.

백마사는 이처럼 탑은 물론 대장경과 법신불인 비로자나여래, 화신불인 석가여래, 보신불인 아미타여래 그리고 미래불인 미륵여래, 이렇게 모든 부처를 모시고 있어 통불교적 성격의 사찰이다. 건물마다 뒷문이 있다. 그래서 앞문으로 들어가서 부처님의 뒤로 가 뒷문으로 나오게 된다. 우리나라는 옆문은 있어도 뒷문은 없다. 왜 이런 차이가? 우리의 사찰은 마루다. 그러니 법당에 들어가기 위해서는 신발을 벗고 마루에 올라서야 한다. 그러니 나올 때는 신을 벗은 자리로 다시 나와야 하기에 뒷문이 있을 수 없다. 그런데 중국은 다르다. 그들은 서양인들처럼 입식생활이다. 신발을 신고 집안에 들어가서 생활한다. 이는 사찰의 진입동선에서도 마찬가지. 그러니 뒷문으로 나오도록 동선을 설계하는 것이 편하고 자연스럽다. 이렇게 일상생활의 차이가 사찰에서 예불 동선도 다르게 나타나게 되었다.

절 마당의 놋쇠 향로가 묵직하고 큼직하다. 향로 안에서는 참배객들이 꽂아 놓은 향불이 타오르는데, 다발 단위다. 그래서 우리나라에서는 향나무로 만든 가느다란 2, 3의 향에서 연기가 희망을 염원하듯 가냘픈 파란색으로 피어오르지만 중국에서는 굴

뚝에서처럼 꺼멓게 피어오른다. 그러니 우리는 향내라면 그들은 연기 수준이다.

## 〈백마사〉에 들어서는 외국의 불전들

백마사는 1990년대에 접어들면서부터는 규모가 새롭게 확장되고 있다. 많은 건축물이 들어섰고, 국외에서 보내온 불상들이 각각의 전당에 모셔졌다. 그런데 주목해야 할 점은 여러 나라 불전들이 다른 곳이 아닌 백마사에 세워지고 있다는 사실이다. 이는 가장 전성기였던 측천무후가 자신이 총애하던 승려 설회의를 백마사의 주지로 삼아, 자기가 보위에 오른 690년에 백마사를 대대적으로 웅대하게 증축하였다. 그리하여 주변 국가들로부터 오는 불교도들을 모아 백마사에서 조회하기도 했다는데, 그 상황을 중국이 오늘날 또 다르게 재현해보고자 하는 의도로 보인다. 종교 자체를 인정하지 않는 사회주의 국가에서. 그것도 자연스러운 민간차원에서의 교류가 아닌 정치적 차원에서의 연착륙을 위해서다. 종교를 인정하기보다는 체제 내에서 길들이기 위한 의미다. 인정은 좀 더 자리를 잡은 후에 가능할는지 모르겠다. 가장 먼저 세워진 것은 태국의 불전이다. 1991년에 태국의 내무부 장관이 백마사를 방문했을 때, 중국과 태국 불교계의 우의를 증진하고자 백마사에 태국 불전을 설립하기로 하였다. 그래

도판 65 가장 먼저 세워진 것은 태국의 불전이다. 1991년에 태국 내무부 장관이 백마사를 방문했을 때, 중국과 태국 불교계의 우의를 증진하고자 백마사에 태국 불전을 설립하기로 조인식을 하면서다.

도판 66 인도의 산치대탑: 2005년 4월 중국의 원자바오 총리와 인도의 만모한 싱 총리가 국교 수교 60주년을 맞이하여 2009년 완성했다. 대탑 안에는 초전법륜상이 있다[도판 53].

서 이듬해에 태국 불교계는 8톤이나 나가는 도금 청동불상을 백마사에 보냈다. 이 불상을 모실 태국 불전 역시 같은 해에 착공하여 1997년에 낙성식을 했다. 2010년에는 여러 부속건물이 세워지는 등 규모가 확장되었다. 태국 불전에 이어 인도 불전이 백마사에 들어섰다. 인

**도판 67** 불전 위에 미얀마 셰다곤 파고다를 본 떠 3대 1로 축소한 탑을 세웠다.

도 불전은 2004년에 인도 총리가 백마사에 들러 섭마등과 축법란의 묘를 참배한 것을 계기로 설립이 추진되었다. 그러나 2005년에 원자바오 총리가 인도를 방문했을 때, 백마사에 인도 불전을 설립하기로 조인식을 가진 뒤 2006년 착공해 2010년에 산치대탑을 완공했다[도판 66].

이 모조 산치대탑의 높이는 오리지널 산치대탑(16.5m)보다 높은 21m이며, 원통형 몸체에 돔형 지붕을 가지고 있다. 인도산 황사암을 사용하였으며, 이 모조 산치대탑 속에 내불전을 만들어 불상도 모시고 있는데, 그 불상은 인도에서 기증한 모조 초전법륜상이다. 그 상은 [도판 53]과 같다. 미얀마 불전은 태국 불전보다 안쪽에, 만달레이 양식을 본떠 세웠다[도판 67].

2010년부터 미얀마 주중 공사와 뤄양 시장이 미얀마 불전 설립과 관련된 의견을 주고받다가 2012년에 건설하기 시작해 2014년 낙성식을 했다. 미얀마 불전 위에는 셰다곤 파고다를 3대 1로 축소한 탑이 세워져 있다. 2000년 역사를 지닌 그 오랜 세월 동안 백마사는 수없이 파괴되었지만 거듭해서 세워졌다. 그러다 오늘날은 새로운 차원으로 세워지면서 백마사는 국제적 사찰로 발돋움하고 있다. 이제 몇 나라의 사원이 더 세워지면 통불교는 물론 통세계적인 사찰이 되겠다. 백마사가 세계 불교사원사에서 차지하고 있는 위상과 동북아 사찰에 미친 영향은 심대하다. 앞으로는 존재가치가 정치성에서 벗어나 자유로운 분위기 속에서 자율적으로 발전하는 모습을 보여주길 바란다.

## 2) 한국 – 황룡사·부석사·통도사

우리는 사찰건축을 대하면 왜 서양과 같이 양식상의 다양함을 추구하지 못하고 수천 년을 같은 형태로 일관했을까 하는 의문을 갖게 된다. 신라시대부터 최근까지 지어진 사찰의 구조만 보더라도 큰 흐름은 예나 제나 거의 같다. 같은 재료와 비슷한 양식으로 해서 〈일주문 → 중문 → 법당〉을 진입공간의 기본 축으로 해서 지었다. 그러므로 그런 질문이 나올만하다. 아니 당연하다. 그런데 그 이유는 전통건축의 가구법이 자연의 순환을, 생명의 원리를, 기의 흐름을 최대한 반영하기 때문이다.

즉 깨달음이란 DNA를 향한 건축이지 형태라는 양식을 위한 건축이 아니기에. 따라서 자연 자체가 변하지 않는 한 그러한 재료와 구조와 형태가 달라질 이유가 없다. 질료의 자연 성질과 그 DNA의 가구법에 그대로 맡기기 때문에. 이같은 건축을 '기(氣)'의 건축이라 한다[주15]. 그래서 우리의 사찰 건축은 지금까지 그 같은 모습으로 천 년 이상을 유지했고, 앞으로도 계속 그렇게 이어갈 것이다. 기의 건축은 서양처럼 형태의 변화가 아니라 형태에서 기의 변화를 온전하게 유도해 내는 것이다.

이는 뒤에 나오는 부석사의 진입공간에서 자세히 이해할 수 있다. 따라서 그 같은 잘못된 질문은 우리가 서양문화에 길들여져 부끄럽게도 서양 건축의 관점에서 우리 건축의 의미와 가치를 판단하려 하기 때문이다. 이는 우리 문화에 대한 왜곡된 열등감을 피식민지 시대에 우리를 '빠가야로'로 취급하며 주입시킨 〈식민사관〉을 통해 배웠고, 그것을 아직까지 걸러내지 못한 잘못된 교육과 이해에서 생겨나온 빠가야로같은 질문이다. 우리 문화를 사랑했던 에카르트 신부(1884~1974)까지도 그의 책『조선미술사』22쪽에다 다음과 같이 썼다.

… 동양 미술은 우리(서양인들)가 의미하는 바의 문제를 알지 못한다. 과제가 주어지면 그것을 전통 속에서 해결하며, 고작해야 장식을 약간 변형시키는 정도가 타당한 범위이다. 유럽미술은 끊임없이 새로운 표현양식을 좇는데 시종(始終)을 다하고

있어서 이미 존재하고 있는 것에는 누구도 만족하지 않는다. 기독교 미술사에서도 마찬가지로 늘 양식이 다른 것과 교체되고 있다. 동아시아 미술에서 몇백 년은 아무 것도 아니다. 오랜 세월 동안 흘러 내려온 것을 유지하는 전통을 최고의 덕목으로 여긴다. 전통을 포기하거나 새로운 것을 추구하는 것은 쇠약(衰弱)의 시작이라고 생각한다. 이 사고방식은 이미 필연적으로 예술적 붕괴를 자기 내부에 갖고 있었던 것이다(권영필 역).

이 글에서 알 수 있듯이 서양인들은 제국주의의 팽창과 함께 그 의식에 몸이 밴 오리엔탈리즘으로 제삼세계와 식민지 국가를 이해했다. 최초로 우리 역사를 미술사로 쓴 에카르트 신부도 우리의 깊은 생태건축을 이해하지 못했다.

오늘날 서양은 정치 및 경제적 제국주의를 넘어 문화적 제국주의를 앞세우고 세계화를 이끌고 있다. 이 영향을 의식적·무의식적으로 받고 있는 우리는 그 때문에 우리 문화가 가진 이같은 훌륭한 생태 철학을 건축으로 갖고 있으면서도 "개발의 편자"처럼 그 깊고도 높은 의미를 모르고 있다. 오늘날까지도 우리는 우리 문화를 서양의 사고틀에서 해석하면서 '빠가야로' 열등의식을 지니고 있기 때문이다.

알고 보면 기(氣)가 만물의 근본이며, 눈에 보이는 형(形)은 단지 기의 동선에 맞춤따라 드러난 모습일 뿐이다. 모든 생명체의 집이 그렇다. 제비집과 벌집과 개미집이 생명적 우주질서(=氣)에 따른 형이 듯이, 같은 생명체인 사람의 집도 생명적 우주질서인 '기(氣)에 따른 형'이어야 한다. 한옥이 그렇다. 그런데 우리가 거주하는 전국의 집들은 어느새 거의 다 기(氣)를 무시한 아파트로, '형(形)을 위한 기'의 구조가 되어 버렸다. 생명(生命)이란 글의 뜻을 풀어보면, '땅(=地)의 생(生)과 하늘(=天)의 명(命)이 기(氣)로 합친 것'이다. 다시 말하면 생명이란 '천지(天地)의 기(氣)'가 생태적 생명의 구성을 각각의 형태로 이루고 있는 것. 사람은 사람의 모습으로, 호랑이는 호랑이의 모습으로, 무궁화는 무궁화의 모습으로. 즉 지구상의 모든 생명은 같되, 그 생김새가 다를 뿐이다. 그러므로 모든 생명체는 동등하다. 그러니 부처의 〈자타카〉 얘기가 생태적일 수밖에 없다. 이렇게 모든 생명은 생김 그 자체가 우주를 자기 모습으로 압축한 모델이다. 자기 나름대로 소우주다. 그러니 벌집은 벌집처럼, 개미집은 개미집처럼, 모든 집은 각각 자기 생명 형태에 맞는 구조로서 모습이어야 한다. 이렇게 모든 생명은 우주 자연의 관점에서 표현하면 기(氣)이고, 이 기의 변화를 아는 것이 불교에서의 깨달음이다. 생태건축은 결국 기(=깨달음)의 세계관을 건축적으로 드러낸 것이므로 이는 자연스럽게 사찰건축이 된다. 사찰에서는 이렇게 자연에 최대한 순응하면서 그 원리에 따라 건축을 교리로 다듬어 나갔다. 그것은 불교에 내재된 자연생태학인 풍수지리를 통해 최대한 자연에 순응하고 동화하면서다.

그뿐 아니라 풍수지리는 여기서 한 걸음 더 나아가 비보의 정신까지 갖추었다. 비보란 산과 들에서 어딘가 허전한, 썰렁한, 옹색한 곳에 정서적으로 안정감을 주는 탑·솟대·서낭당 등을 세워 자연과 인간의 감정을 상생적으로 윈윈시켜 소통하게 하는 것이다. 토함산 옥녀봉의 탄생바위, 월악산 미륵리 3층탑(충북 유형문화제 제33호), 진주 청곡사의 3층 석탑처럼. 그것은 정신도 마찬가지다. 마음 어딘가에 허전한, 불안한, 두려운, 그 1%의 마음이 들면 정서적으로 안정감을 위해 종교를 찾게 되고 예배를 통해 신과 인간 간의 감정을 상생적으로 소통시켜 안정감을 도모하는 것처럼. 우리나라에서 이같은 건축은 통일신라시대에 가장 아름답게 꽃피웠다. 고려시대까지 이어가기는 했지만. 조선시대에 들어와서는 〈억불정책〉에 따라 부서지고 파괴되면서도 찍소리조차 못하고 죽은 듯이 숨어서 존재했다. 이 글에서는 그 건축을 대표하는 신라 전성기의 사찰을 중심으로 설명한다. 신라(新羅)라는 이름은 "덕업일신(德業日新) 망라사방(網羅四方)"에서 따왔다.

『삼국사기』 지증왕 4년(503)에, "신(臣)들이 생각하건데 신(新)은 덕업이 날로

도판 68 아프라시압의 궁전벽화: 아프라시압은 '강국'(康國)의 '소그디아나' 수도였다. 이 벽화는 바르후만 왕 재위 시절인 7세기경에 제작한 것으로 바르후만왕이 각국의 사신을 접견하는 장면이다. 신라사람으로 추정되는 인물 2명이 끝줄에서 있다. 당시 천축사람들은 "신라인은 닭을 신성히 여겨 날개깃을 머리에 장식했다"는 『삼국유사』의 기록대로 우관을 머리에 쓰고 환두대도를 허리에 찼다.

1부 사찰과 성당의 발달

새로워진다는 뜻이고, 라(羅)는 사방을 망라한다는 뜻이므로 신라(新羅)를 나라 이름으로 삼는 것이 마땅하다고 여겨집니다"라는 건의에서다. 곧 새로운 생태적인 에너지가 사방으로 널리 뻗어나간다는 의미다.

도판 69 괘능으로 더 많이 알려진 38대 원성왕릉의 모습이다. 서역의 모습을 한 무인상이 있는데, 이를 헤라클레스가 사자와 함께 불교에 편입되면서 인력왕상이 되었다고 보기도 한다.

신라는 천 년간 이어졌다. 한 왕조가 천년을 이어 간 나라는 세계사에서 동로마제국과 함께 두 나라뿐이다. 그러면서 세계사에 참여했고[도판 68], 서쪽 사람들이 신라에 오기도 하였다. 그것은 괘릉이라 부르는 원성왕릉 앞에 배치된 인물상이 뒷받침한다[도판 69]. 그리고 로만 글라스와 함께 경주시 계림로 14호 묘에서 1973년 5월 하수도 공사 중 출토된 황금보검이 증명한다[도판 70]. 그런데 이 보검을 찬 주인공이 DNA

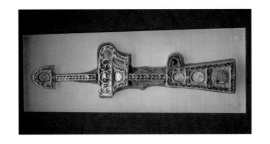

도판 70 황금보검(보물 635호): 경주시 계림로 14의 하수구 공사를 하던 중 알 수 없는 무덤에서 발견된 서역인들이 장식용으로 사용하던 보검. 이와 유사한 보검이 키질석굴과 카자흐스탄에서 발견된 것에서 중앙아시아 산임을 알 수 있다. 국립경주박물관 전시

검사를 해봐도 치아가 부식이 너무 심해 어느 인종인지 밝히지 못하고 있다.

〈역사스페셜 (26회)〉의 보도에 따르면 이 보검의 소용돌이 문양 속에 박힌 보석은 석류석 중에서도 노덜라이트로 밝혀졌다. 이 보석은 그 어느 보석보다 강하고 굴절률도 좋은 희귀한 석류석이라고 한다. 상감하려면 적어도 원석이 3캐럿 이상은 되었을 것이라 추정하기도 한다. 이 보검은 키질 석굴 69호 벽화에 그려진 인물이 허리에 찬 보검 장식과 유사하다. 카자흐스탄의 보로보에 단검과도 비슷하기도 하고. 이같은 모양의 황금보검은 지금까지 세계에서 세 개밖에 없다. 어쨌든 이 황금보검과 환두대도를 통해 신라가 전 세계와 소통했던 기상을 알 수 있다. 신라가 유라시아 대륙을 가로 지르는 초원문화의 한 축이었음을 알리는 단적인 증거이기도 하다.

더 나아가 페르시아 문헌 속에서도 신라가 발견된다. 김혁의 강의 자료에 따르면, 이곳에서는 신라가 이상향으로 그려져 있다. 즉 이슬람 이전에는 직접적인 언급보다는 극동 지역에 위치한 유토피아로 나온다. 조로아스터교 경전인『아베스타』에 근거한 종교사적 사고와 해석에 바탕을 둔 이상정토인데, 그곳 이름이 〈캉데즈(Kang Dej)〉로 나온다. 우리의 〈서방정토〉같은 말이다.

페르시아의 시인 페르도시(Fersdowsi, 940~1019)가 33년간 집필한 그 나라 최고의 서사시『샤나메(Shahnameh)』에서는, 그곳을 중국 동부에 위치한 지리적으로 현재의 한반도와 유사하며 산과 바다의 경치가 아름다운 땅으로, 병도 고통도 악행도 없는, 물이 가득한 축복을 받은 녹지로 나온다. 고대 페르시아의 역사적 상상 속 유토피아처럼.

이슬람 이후에는 구체적으로 나온다. 즉 지리적 역사적 문헌에 지구상에서 가장 먼 동쪽을 〈신라(Silla)〉·〈바실라(Basilla)〉·〈고신라(Gosilla)〉라고 불렀다.

가장 동쪽에 있는 나라를 이상세계로 대상화하면서. 이후 페르시아 문헌에 신라의 실제 모습을 구체적으로 묘사한 문헌이 많이 생겨났다. 그중 13세기 역사가이며 지리학자인 카즈위니(Qazvini)가 지은『도시와 시민(Asar-ol Belad va Akhbar-ol Ebad)』에서는 다음과 같이 소개하고 있다.

> 신라는 중국의 가장 먼 곳에 있는 지역으로 지극히 우아하고 완벽한 곳이다. 맑은 날씨와 비옥한 땅으로 궁핍이 없으며, 그곳에 사는 주민들은 매우 아름답고 질병이 없다. 그곳은 병, 벌레, 파리, 해충이 없으며 다른 곳에서 병에 걸린 사람도 신라로 옮겨지면 치유될 것이다./김혁의 강의 자료 – 페르시아 문헌 속 신라의 모습 (국립경주박물관, 2019. 5. 30.)

여러 시대적 문헌을 통해서 "신라"라는 나라를 이슬람 지리학자들은 이슬람 이전에는 막연히 조로아스터교에서 이상향의 대명사인 〈캉데즈〉로, 이슬람 이후에

는 역사서에서 〈신라〉라는 구체적인 나라로 겹쳐 알리는 것이다. 어쨌든 지구 동쪽
에 사는 우리는 서방정토를 그리워했듯이, 서쪽에 사는 그들은 동방 정토를 그리워
했다는 사실이 재미있다. 그 어디엔가 있을 이상정토를 서로 반대쪽의 머나먼 곳을
그리워하며 살았다는 얘기다. 신라가 천년을 이어갔으니 이런 글도 나올 수 있었다.
그런데 상상으로 그리워할 때가 좋다. 구체적인 나라로 알려지고 갈 수 있는 현실
이 되면 실망하게 된다.

　　고구려는 소수림왕 2년(372)에 중국 전진의 순도가 불경과 불상을 들고 들어와
초문사와 이불란사를 창건한 것이 시초다. 백제는 침류왕 1년(384)에 인도의 승려
마라난타가 중국을 경유해 법성포로 들어와 왕의 대접을 받고 궁중에 머물다 이듬
해 영광에다 불갑사를 짓고 포교하기 시작했다. 이렇게 고구려와 백제는 불교가 들
어오자 바로 공인했다.

　　하지만 신라는 두 나라에 비해 거의 150년이나 늦었다. 눌지 마립간(訥祇 麻立干,
417~458) 때 묵호자가 고구려에서 와 일선군에 사는 동네 사람 모례가 굴을 만들어
오늘날 〈도리사〉에 머물게 한 것이 첫 시작이었지만, 공인은 법흥왕 14년(527)에 이

**도판 71** 이차돈 순교 석당기(818년): 순교사
건(527년)을 나타낸 6각형석당 부조. 백률사
지 출토. 국립 경주박물관 전시(높이 106cm)

차돈의 순교 사건[=도판 71]을 계기로 되었으
니까. 화백회의란 만장일치 제도인 것에서 알
수 있듯이, 당시 왕권(王權)보다 신권(臣權)이
더 강했기 때문에 이미 전래는 되었지만 바로
공인을 하지 못했던 것. 그래서 〈순교석당기〉
의 내용을 보면 공인받기 위한 시나리오가 있
다. 공인 이후 신라 왕실은 출신성분까지 성골
이니 진골이니 하며 불교를 중심으로 신라식
신분을 만들어내면서 선발주자인 고구려·백
제에 뒤지지 않기 위해 불사 조성에 적극적으
로 앞장섰다. 고대국가 당시 불교는 최고급 통
치 이념이었다. 그 극을 추구한 것이 〈석불사·

불국사〉였다.

우리나라의 국토는 70% 이상이 산이다. 예부터 산은 신성지역을 상징했다. 그 산 개념에 불교의 수미산이 오버랩되면서 우리의 목조사찰은 대부분이 산치대탑의 건축구조를 〈배산〉의 구릉지에다 융통성 있게 변화시켜 세웠다고 보게 된다. 그래서 기능적으로 협소한 목조건축의 내부공간보다는 실제 수미산을 오르듯 넓은 외부의 자연공간을 교리에 따라 체계적으로 가공하면서 건축했다.

예불자들이 오르내리는 만다라 수미산 진입공간이 사찰에서 깨달음을 향한 아기자기한 동선이 되면서 보다 발전된 교리를 나타내는 배치구조가 된 것이다. 그것을 〈전불칠처가람지허〉에다 통일을 염원하며 권위있게 나타낸 것이 [황룡사]이며, 교리를 체계적·생태적으로 가장 잘 나타낸 사찰이 [부석사]이다. 그리고 왕자 점지와 출산을 종교적으로 상징화하여 나타낸 것이 [석불사·불국사]이며, 불교 건축을 하나의 사찰에 종합하여 통불교적 성격으로 나타낸 것이 [통도사]이다.

이렇게 신라는 목조사찰의 진입공간에다 생태적 흐름과 만다라적인 건축 설계로 열정을 다해 양껏, 질껏 쏟아낸 것이다. 바위를 천착해 거대하게 석굴사원을 조성한 인도·서역·중국을 부러워하며, 그 이루지 못한 신앙적인 한(恨)을 풀기 위해서다. 그 대표적인 사찰을 간단하게 살펴보자. 여기서 [황룡사]는 불교 수용이후 웅비를 향한 상징적인 사찰로, [부석사]는 전성기로 접어드는 대표적인 사찰로, [통도사]는 통불교의 대단원을 이룬 사찰로 자리매김하고 썼다.

## (1) 황룡사(黃龍寺, 553년)

### 〈전불칠처가람지허〉의 대표 사찰

초기의 불교 수용 및 전개는 고구려·백제·신라 모두가 왕실을 주축으로 이루어졌다. 그 이유는 국가의 발전 과정에서 최신의 불교 이념을 통치의 바탕으로 삼아 왕권을 강화하기 위해서였다. 따라서 불교가 정치와 연결되어 왕경 중심부의 신성한 토착 신앙 공간에 세워지게 된 것은 왕권 신장과 그에 따른 정치적 기반 강화 수단으로서는 당연한 것. 그 강화 수단으로 인연설을 만들었다.

과거칠불 인연설 즉 〈전불칠처가람지허(前佛七處伽藍地墟)〉를 주장하며. 이 7곳은 국가 성립 이전인 6부 촌장 사회체제 이전부터 자연신에 제사지내던 성스러운 장소였다. 그 장소가 신라 건국 이전부터 토박이들이 천신·용신·수목신·토지신 등 토착신을 섬기던 곳. 그런데 그 장소에 토착신보다 먼저 사찰이

도판 72 경주박물관에 전시된 황룡사 모형 복원도. 황룡사의 크기는 그동안의 발굴조사에 의하면 담장 내 경역이 동서 288m, 남북 281m, 총면적이 80,928평방미터로 약 2만 5천 평이었다.

있었다는 것이다. 그러니 그 자리를 불교에 양보해야 한다는 주장. 좋게 말하면 정치적인 텃세인연설이다. 이 텃세 인연설은 토착 신앙의 성지에다 그대로 7개의 사찰, 즉 천경림에 흥륜사, 삼천기에 영흥사, 용궁 남쪽에 황룡사, 용궁 북쪽에 분황사, 사천의 끝에 영묘사, 신유림에 사천왕사, 서청전에 담엄사를 세우는 데 지대한 공헌을 했다. 불교신앙이 이렇게 자연신을 모시던 장소에 자리 잡으면서 토착신앙과 마찰을 일으키게 된다. 하지만, 결과적으로는 산신각 등 토착신앙까지 포용하여 독특한 한국가람을 형성하게 되었다. 〈전불칠처가람지허〉라는 텃세 인연설은 이렇게 신령한 지역의 민간신앙까지 가람화하는 데 전략적으로 중요한 역할을 하였다.

신라 사찰은 불교가 공인되기 전에 묵호자가 숨어 불공드리던 굴이 일선군의 모례네 집에 비공식적으로 있었지만, 공인된(527) 법흥왕 이후 본격적으로 건립되기 시작하였다. 그중 가장 먼저 세워진 사찰이 흥륜사. 이 절은 법흥왕 22년(535)에 착공하여 진흥왕 5년(544)에 완공하였다. 『삼국사기』에 의하면 금당 안에는 신라 10성(聖)의 조각상이 있었다고. 그동안 그 터를 알지 못했으나 얼마 전 지금의 경주공고 운동장 터에서 흥륜이란 글이 새겨진 기와가 출토되었다. 그래서 그곳을 천경림에 지었다는 흥륜사로 그리고 현재의 흥륜사는 천년미소 기와가 출토된 영묘사 터로 추정하고 있다. 그다음에 거론되는 대표적인 거대 사찰이 용궁 남쪽에 지었다는 황

룡사다.

　왕권 강화를 위해 외래 종교인 불교를 적극적으로 수용하려던 왕실에서 궁궐을 짓다 그곳에서 불법을 수호하는 황룡이 나타나자 사찰로 바꾸었다는 스토리텔링이 있다. 궁궐보다 사찰을 더 중요시 여긴 것인데, 이는 이차돈 순교시나리오처럼 황룡사를 짓기 위해 미리 만들어 낸 이야기로 생각된다. 지배층들이 지금까지 신앙하던 토착적인 잡다한 제신들을, 불교라는 고급 종교를 받아들임으로써 새롭고도 놀라운 〈경전·언어·교리〉가 들어오게 되고, 이어 비교할 수 없는(가시적인) 〈미술·조각·건축〉이 따라 들어오면서 거대하게 형성되는 총체적 불교문화로 쇄신하려 한 것이다. 토착 신앙은 이같은 놀랍고도 탁월한 불교문화에는 잽도 되지 못했다. 한 마디로 불교라는 대단위 최신 고급 이데올로기를 통한 왕권 강화였다. 그래서 전략적으로 〈전불칠처가람지허〉를 주장했고, 그 중 대표적인 사찰이 〈황룡사〉다. 오늘날 아날로그 문화를 대체하는 디지털 문화와 같다.

　진흥왕 14년(553)에 착공하여 27년(566)년 완공했을 때, 황룡사는 남북으로 백마사처럼 축선상에 따라 배치된 사찰이었다. 이어 같은 왕 35년(574)에는 인도의 아소카왕마저 만들려다 실패한, 그래서 인연 있는 나라로 보냈다는 철과 황금으로 1장 6척(약 5m)에 이르는 장륙존상을 조성했다. 아소카왕과 진흥왕과의 시대적 차이는 거의 800년이나 된다. 그러니까 이는 불교가 인도보다 한국과 더 인연이 있다는 의미를 강조한 스토리텔링이다. 진평왕 6년(584)에는 이 존상을 안치하기 위해 대불전을 세웠다. 높이 약 5m에 이른다는 존상의 크기를 통해, 법당 지붕 용마루 끝에 장식했던 높이가 182cm에 이르는 치미의 크기를 통해 그리고 법당을 〈대불전〉이라 별칭으로 부른 것에서 그 규모를 짐작할 수 있다. 당시 단일 목조 건물로는 가장 크고 웅대했다.

## 〈9층 목탑〉, 서라벌의 랜드마크

　선덕여왕 14년(645)에는 이 사찰의 랜드마크, 아니 나라의 랜드마크인 9층 목탑을 조성했다[도판 72]. 자장율사의 권유에 의해, 백제 기술자인 아비지(阿非知)의 설계와 훗날 무열왕의 아버지가 되는 용춘(龍春)이 200명의 소장(小匠)을 거느리고 완성했다는데, 이 거대한 9층 목탑은 그 기단부터가 다르다. 금당과 달리 땅을 깊숙이 판 후, 바닥에서부터 사람 머리 크기의 냇돌을 한 벌 깔고 그 위에 적갈색 점토를 넣어 물을 부은 후 다졌다.

같은 방법을 무려 20여회나 계속. 이같은 방법으로 하면 오늘날의 콘크리트보다 튼튼하다고 한다. 굴광(堀壙)의 넓이는 동서 32.4m, 남북 30.6m이며, 깊이는 초석의 상면 높이에서 3.7m, 그 초석 위에 적심석을 놓았다. 이러한 기단구축법은 우리 건축사에서 처음 확인된 방법으로 아직 다른 건물지나 탑지에서는 찾아볼 수 없다 [주16]. 콘크리트보다 더 단단한 이 기단 위에 150평 크기인 22.2m×22.2m의 면적에 64개의 초석을 놓고[도판 73], 9층까지의 탑 높이 183자, 상륜부 높이가 42자나 되는, 그래서 225자 높이의 9층 목탑을 세웠다. 이를 오늘날 미터법으로 환산하면 총 높이가 78.75m에 이른다. 이 계산은 고구려척(1척=35센치)을 사용했다고 봤을 때다. 그런데 아비지는 백제인으로 백제는 수·당척(1척=29센치)을 사용했다고 봐야 하므로 전체 높이가 65.25m라는 주장도 있다. 금당도 3개가 되었다. 중앙의 대불전 금당 좌·우에도 각각 협시 형태의 금당이 추가 배치되어 1탑 3금당으로 바뀐 것. 중앙 금당 앞에는 9층 목탑을 세우고, 목탑 좌·우로는 종루와 경루를 대칭으로 배치해 세웠다. 가람의 동·서·남·북의 둘레는 궁궐처럼 권위 있게 회랑으로 둘러싸는 가람배치를 했다. 이렇게 황룡사가 조성될 때만 해도 탑이 교리적으로 중요한 역할을. 당시까지만 해도 탑이 불상보다 더 신앙의 중심 대상이었다는 얘기. 그것은 자장율사와 관련되어 전해오는 역사적 〈전설〉과 그 전설 따라 탑을 조성하자고 여왕에게 권유한 것에서 그리고 황룡사에서 차지하고 있는 탑의 위치와 그 규모에서 알수 있다.

이처럼 〈황룡사 9층 목탑〉을 거대하게 조성하게 된 이유는 불력으로 영토의 확장과 나라의 안녕 그리고 백성의 평안을 위한 호국적 성격, 위세의 과시 통한 왕실의 권위를 강화하기 위해서였다. 그런데 선덕여왕(632~647) 당대에 이같은 상식 이상의 거대한 9층 목탑을 조성한 것은 후에, 같은 여성으로 중국 여제 측천무후

**도판 73** 황룡사 구층목탑지 중심에 있는 심초석과 64개의 주춧돌 모습. 150평 크기로 22.2m×22.2m의 정방형.

(690~705)가 조성한 돈황 96호 대불과 용문석굴 봉선사동의 불사가 연상된다. 같은 여자로서 생래적인 나약성을 절대무비의 불력으로 보완하기 위함이었으니 말이다. 신라 불교는 '호국'이라는 의미를 지녔다.

목탑에서 심초석은 탑의 중심 기둥을 받치는 돌이다. 가로 4m, 세로 3m, 무게는 30톤[도판 73]. 이 위로 9층 목탑이 80m 높이로 우뚝 솟았던 것이니. 하지만 보다 더 놀라운 점은 이 건축물을 세우는데 못을 사용치 않고, 나무와 나무로만 일일이 끼워 맞춰 올렸다는 점이다. 선덕여왕이 왕위에 올랐을 당시 외부 상황은 좋지 않았다. 쿠데타를 통해 권력을 잡은 고구려의 연개소문과 나름대로 카리스마를 지닌 백제의 의자왕은 끊임없이 신라를 겁박해 왔다. 심지어 신하들마저 무시를 했다. 선덕여왕은 과감한 정치적 결단이 필요했다. 바로 깜짝 놀랄만한 탑을 세워 위축된 자신의 권위를 중심으로 신라인들의 마음을 하나로 모아 삼국통일을 이루겠다는 결단이었다. 그래서 여왕은 여자이지만 부처와 비견되는 위세있는 성골로서 백제의 장인 '아비지'를 초빙해 9층 목탑을 지었다. 그리고 신라를 괴롭히고 무시하던 주변국들의 이름을 층마다 앙칼지게 새겼다.

1층부터 차례로 일본, 2층 당, 3층 오월, 4층 탐라, 5층 응유(=백제), 6층 말갈, 7층 단국(=거란), 8층 여진, 9층 예맥(=고구려)이라고. 왕 14년(645) 3월이었다. 한마디로 이들을 언젠가는 신라 밑에 무릎 꿇리겠단 의지였다. 백성들의 불력이 탑에 모였기 때문일까. 아니면 이 대단한 탑을 지어낸 선덕여왕의 결단력에 공신력이 생겼던 것일까. 결국 신라는 660년 백제를 제압하고, 668년 고구려까지 물리치면서 삼국통일이란 숙원사업을 마침내 이뤄냈다. 황룡사 9층 목탑은 그녀의 지혜로운 〈지기삼사(知機三事)〉를 넘어 삼국통일까지 예언한 셈. 그러니 〈지기사사(知機四事)〉다. 불가

1부 사찰과 성당의 발달

능한 꿈을 가능으로 가슴에 품고, 황룡사에 9층 목탑을 올리고, 김춘추와 김유신이란 유능한 문·무의 인재를 기용해 삼국 통일을 향해 나아갔으니.

## 통일 염원과 〈7층 · 9층탑〉 신앙

그런데 삼국통일에 대해서는 황룡사 9층탑 그 자체로서 이해하기보다 분황사의 7층 모전석탑과 함께 생각해야 한다는 얘기가 있다. 7층과 9층탑이 쌍으로 함께 가지는 의미가 『고려사』 최응(崔凝) 열전 중 고려 태조 왕건의 언질에서 추론할 수 있다고 노중국(계명대 명예교수)이 주장하면서다.

즉 태조가 최응에게 "옛날에 신라가 9층탑을 조성해 일통의 위업을 달성하였다. 이제 개경에 7층탑을, 서경에 9층탑을 세워 현묘한 공덕을 빌어 여러 악당을 제거하고 삼한을 합하여 일가를 이루려한다"라는 언질에서다. 하지만 왜 7층탑과 9층탑이어야 하는지에 대한 설명이 없어 아쉽다. 그런데 그 수의 의미를 나름대로 알아보니, 7은 불교에서 지고천(至高天)에 도달하는 상승의 수(='만다')로, 9는 양의 완성된 수로 성취, 달성, 전체를 의미(='라')하는 수로. 그러니 그 의미는 〈만다라〉 즉 '지고한 하늘에 올라 목적을 달성한다'는 뜻이 된다.

노중국은 이 〈7층·9층〉 쌍탑 조성에 대한 역사적 배경도 다음과 같이 언급한다. "백제의 무령왕은 521년 양나라에 사신을 보내 '갱위강국(更爲强國)'을 선언하였다. 이 이념은 성왕대로 무왕대로 이어지면서 일통삼한의 식으로 발전하였다. 그래서 무왕에 의해 익산에 왕실사찰인 제석사에 7층목탑을, 국가사찰인 미륵사에 9층목탑을 세웠다." 그런데 이 의미는 신라에도 이어진다. 지증왕 → 법

**도판 74** 남산 탑골 부처바위(보물201호): 북쪽 면, 폭 5.7m, 높이 10m 되는 절벽바위의 (향) 왼쪽엔 9층탑이, 오른쪽엔 7층탑이, 그 사이에 부처님이 새로운 정토를 열기위해 지상으로 내려오는 그림이 새겨져 있다.

흥왕 → 진흥왕대를 거치면서 〈신라(新羅)〉라는 이름대로 "덕업을 일신하고 사방을 망라한" 선왕들의 업적 위에서 선덕여왕대에 일통삼한의식이 형성된 것. 그 구체적인 예가 분황사(芬皇寺) 즉 향기 나는 왕실사찰에 7층 모전석탑을(634)을, 국가사찰인 황룡사에 9층목탑(645)을 조성한 것이다.

그런데 이같은 염원을 당시 민중들의 조각 수준에서 한눈에 보여주는 곳이 있다. [보물 201]로 지정된 경주남산 탑곡바위 북면전체에서다[도판 74]. 7층 9층 두 탑과 그 사이로 새로운 정토를 알리는 아미타여래의 내영 장면이 뒷받침한다. 이 부처바위는 민중신앙·통일염원·현실정토라는 역사관에서는 보물이 아니라 국보감이다. 어쨌든 백제 무왕은 꿈을 이루지 못했지만, 선덕여왕은 지혜로운 정책으로 통일의 초석을 분황사 7층탑과 황룡사 9층탑을 통해 다졌다. 그것은 다음의 내용이 뒷받침한다. 즉 백제의 장인 아비지가 황룡사탑의 찰주를 세우는 날 본국 백제가 망하는 꿈을 꾸었다는 얘기다. 그리고 자장율사가 당나라 유학시 태화지에 신인이 나타나 황룡사에 9층탑을 세우면 이웃나라가 항복하게 된다는 전언 그리고 각 층마다 이웃나라 이름을 지칭해 대응한 점 등에서다.

그런데 이 별개 사찰로서 〈7층·9층탑〉 신앙이 삼국통일을 이루면서부터 국찰에서는 3층 쌍탑으로 바뀌게 되었다고 보게 된다. 그것은 사천왕사지 쌍탑에서 시작해 감은사지 쌍탑을 거쳐 양식의 대단원을 이룬 불국사의 석가탑·다보탑에서 알 수 있다[도판 301]. 이는 통일을 염원해 세운 7층·9층으로 층(層)이 다르고, 형(形)이 다르고, 물(物)이 다르고, 식(式)이 다른 탑에서 통일 후에는 3층이란 층이 같은 탑을 통해 통일된 신라가 불교의 진리처럼 영원하기를 염원하며 나타낸 것으로. 일통삼한의 영향이 후세까지 대단하게 봤다. 어쨌든 황룡사 9층탑은 그 자체로도 위대한 건축이지만, 우리나라 최초의 여왕이었던 선덕여왕에 대해서도 다시 음미해 볼 기회를 주는 유물이기도 하다. 무측천 아니 측천무후로서 재조명과 함께.

그녀처럼 스케일이 크고 역동적인 여왕이 없었듯이, 〈지기사사〉 같은 지혜로 차분히 미래를 현실로 마련한 여왕도 없었다. 그런데 중국에서 측천무후를 평가절하한 것처럼 후대까지 선덕여왕에 대해서도 부정적이었다. 천년이 더 지난 조선시대

안정복은『동사강목』(1756)에서 "왕이 황룡사에 탑을 구축하였는데, 참으로 많은 돈을 썼다. 이러한데도 나라가 망하지 않았으니, 어찌 다행이 아니겠는가?" 하면서 폄하까지 했다. 중국과 조선 모두 유교적 관점이었으니. 오늘날은 1238년 겨울 원의 침입으로 불에 탄 이후 지금까지 주춧돌만이 [도판 73]처럼 절터를 알리며 덩그러니 스산하게 남아 있다.

왕권이 통일을 염원하면서 조성한 〈분황사 7층 모전석탑·황룡사 9층 목탑〉과 민중들이 염원한 남산의 〈부처바위 7·9층 쌍탑〉에서처럼, 우리도 만일 복원한다면 정치권과 재야권이 모두 냉전의 마무리로 남북통일을 염원하는 마음을 담고, 나아가 UN에서 평화 국가를 지향하는 영세 중립의 정치적 선언과 함께 지구촌 휴머니즘의 창달을 향한 문화 올림픽도 개최해보는 것이 좋겠다는 희망을 담아본다.

## (2) 부석사(浮石寺, 676년)

화엄십찰(華嚴十刹)은 전국에 화엄사상을 선양하기 위해 의상과 그 문하(門下)에서 주도하여 세운 절들이다. 삼국통일 후 676년에 창건된 부석사를 시작으로 해서. 삼국통일 전·후까지도 여전히 토착 민간신앙이 있었다. 따라서 국교가 된 불교가 토착 민간신앙을 불교화하려는 의도는 당연하다.

그것은 "새로 편입한 지역의 백성을 교화하는데 승려가 힘썼다"는 내용이 북한산 〈진흥왕 순수비〉에 있는 것에서 알 수 있다. 더구나 통일 직후 혼란한 심리적, 정치적 상황을 하나로 묶어 원융무애한 세계로 이끄는 것이 절실히 필요한 시기였다. 화엄사상의 핵심이 "전체가 하나이고 하나가 전체"이니. 그래서 이후 100여 년 이상 화엄종 계열의 사찰이 건립되었다. 그러면서 통일된 신라를 전성기로 이끄는 시동을 걸었다.

이 화엄계 사찰은 포스트 "전불칠처가람지허"의 분위기로 삼산과 오악의 영지에 세웠다. 그 지역은 대부분 영토의 끝에 위치한 국경지대나 큰 산들로 산악과 국토를 주재하는 토착신에게 제사를 거행하던 마지막 거점들이었다. 그것은 부석사에

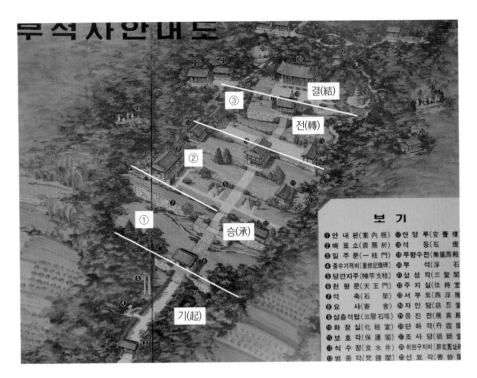

**도판 75** 현장 안내도에 설명된 부석사 전경: 진입공간을 〈기·승·전·결〉로, 〈명암순서〉 기법으로, 〈액자 시각 줌 인 소실점〉 기법으로, 〈구품만다라=①, ②, ③〉 기법으로, 〈착시·율동 결구미〉 기법으로, 〈음향〉 기법 등으로 꾸 며 깨달음(=氣)을 심미적으로 느끼게 했다.

전해오는 〈부석(浮石) 전설〉을 통해서도 알 수 있다. 그런데 어떻게 사찰의 이름이 불교와 관계없는 '부석사(浮石寺)'가 되었을까? 이름이란 그 사찰의 특징을 상징하는 데. 따라서 부석사와 관련된 선묘낭자의 〈설화〉 이야기는 〈설화〉 이상의 의미가 담겨 있음을 알 수 있다. 그 스토리텔링은 『삼국유사』에 다음과 같이 전해 온다.

의상이 당나라에 가서 공부할 때 양주성에 있는 어느 신도의 집에 머물게 되었는데, 집주인의 딸 선묘가 의상을 사모하였다. 그러나 의상은 의연하게 대하였다. 선묘는 의상의 굳은 의지에 '영원히 스님의 제자가 되어 공부·교화·불사에 도움을 드리겠다'는 원(願)을 세웠다. 공부를 마친 의상은 그 신도의 집에 들러 인사하고 귀국길에 올랐다. 뒤늦게 소식을 들은 선묘는 미리 준비한 용품을 함에 담아 해안으로 달려갔다. 그러나 의상이 탄 배는 멀리 떠나 이미 사라져가고 있었다. 선묘는 가져온 함을 바다로 던지며 배에 닿기를 기원하고, 용으로 변하여 대사를 모시고 불도를 이루게 해달라는 주문을 외웠다.

신라에 귀국한 의상은 중생을 교화하던 중 문무왕 16년(676) 태백산의 한 줄기에서 좋은 절터를 발견하였다. 사람들은 산적이 들끓는 곳이라 하여 만류했으나 의상은 직접 산적들을 만나 선하게 살 것을 당부하고 절을 짓게 해 달라고 하였다. 산적들은 화를 내며 의상을 죽이려 하였다. 이때 갑자기 선묘룡과 봉황이 나타나 번갯불을 일으키고 큰 바위를 세 차례나 산적들 머리 위에다 들었다 놓았다 하니, 이 기괴한 공포분위기에 놀란 산적들이 굴복하고 모두 의상의 제자가 되어 불사를 도왔다. 돌이 공중에 떴다고 해서 절 이름을 부석사(浮石寺)라 짓고 봉황이 나타났다 해서 산 이름을 봉황산이라 불렀다.

부석사는 하늘을 난 선묘용이 아니었더라면 세워질 수 없었음을. 그래서 그런지 무량수전 뒤, 좌·우에 부석사 창건 설화와 관련된 부석바위와 선묘각이 각각 있다.[도판 75-⑳.㉙] 부석사라는 절의 명칭이 붙게 된 것은 이 절에 관한 중요한 것이 모두 〈부석 전설〉에 중점을 두고 있기에. 〈착시적·율동적〉 건축 수법으로 날아갈 듯 나타낸 무색계 무량수전의 동적 자태부터 그렇다[도판 84].

"번개불을 일으키고 큰 바위를 산적들 머리 위에다 들었다 놓았다" 한 선묘 낭자를 상징하는 것이기도 하다. 그러나 보다 더 부석의 이미지를 나타낸 건물은 정토계인 안양루에서다.

이 건물은 부석처럼 아예 공중에 떠 있는 듯하다[도판 91 참조]. 그래서 불교세계의 이상정토를 상징하는 전방의 소백산맥을 향해 반야부석이 되어 날아가는 듯하다. 그것은 소백산맥에서 대표적인 높은 산봉우리 이름을 신앙의 대상과 대상지인 비로(자나여래)봉·(묘법)연화(경)봉·(수미산)도솔(천)봉이라 부르는 데에서 알 수 있다. 이처럼 부석은 선묘에 의해 교리화되면서 극락정토를 향해 날아가는 '뜬(=浮) 바위(=石) 절(=寺)'이 된 것이다. 특히 부석사에는 진입공간 속에 기(氣)의 흐름을 건축으로 작곡한 리듬이 다양하게 들어 있다. 그 리듬은 봉황산에다 수미산을 겹치게 만들어 〈욕계·색계·무색계·정토계〉로 분절해 재배치한 의미로 보게 된다. 주변의 생긴 땅대로 비정형적으로 건물을 배치하는 극좌표체계[주17]는 우리의 불교 건축만이 지니는 특징이다. 그러면서 각 건물 간에 큰 건물은 작은 건물을 감싸 안으려는, 작은 건물은 큰 건물과 잘 어울리려는 리듬이 나름대로 조화를 이루며 서로 엮여 있다. 서로가 교리에 따른 시스템으로 배치되어 있기 때문이다. 그래서 크고 작은 건물들이 독립적이면서도 서로 잘 어울리는 아름다운 공간을 화이부동(和而不同)으로 알고 있다. 사찰이란 기(氣=깨달음)의 건축이므로 기와의 교감, 즉 기감(氣感)을 최고의 수준으로 만든 건물이다. 따라서 건축의 형태가 기감을 온전하게 다루지 못한다면 사찰로서 의미가 없다. 사찰 건축은 기감의 온전한 형태인 기형(氣形)을 떠날 수는 없기 때문이다.

사찰의 건축 시스템인 일주문에서 법당까지의 진입공간에서, 형(形)에 들어있는 기(氣)의 변화과정은 불교 교리가 자연에 따른 전개임을 신도들에게 생태적으로 나타내는 것이다. 바로 깨달음의 DNA를 향한 기의 건축으로서다. 그래서 우리나라의 사찰 특히 부석사에서는 진입공간에서 축선상을 따라 걸으면 그 속에 들어있는 기의 변화를 다양한 자연교리의 리듬으로 즉 〈위치·지형·명암·크기·넓이·방위·음양·액자 시각·착시·율동·청아〉로 치환하여 건축적으로 나타낸 것을 오감을 통해 심미적(心美的)으로 느끼게 된다. 이는 우리 민족 고유의 자연관을 기의 건축 리듬인 비정형적으로 작곡하여 깨달음의 과정을 단계적으로 나타낸 것이다. 따라서 오감 속에 자연의 생명이 모여 조화를 이루면서 생태 리듬체계로 깨달음을 느끼게 해준다. 진입축선에서 혈(穴) 위에 놓인 무량수전이 그 생태 리듬체계에서 앵커역할을 하며 깨달음을 향해 점점 줌인으로 이끌면서다. 아마도 이같은 리듬체계를 조성한 불교건축은 동·서양 어디에서도 보기 드물, 아니 없을 것이다. 건축문화에서 세계적인 보배이다. 다행히 이 절이 얼마 전(2018년) 유네스코에 등재되었다.

## 〈기·승·전·결〉이 리듬으로 들어 있다

계단을 기본축으로 해서 교리화하고 있
다. 즉 계단 전체의 높이, 단(하나)의 높이, 단
의 넓이, 단의 폭, 단의 수 그리고 계단의 방
향과 각도 등을 때때로 바꿔가면서 다양하
게 놓여 있어 올라가는데 지루하지 않고 힘
들지 않다. 특히 계단의 축이 끊임없이 그러
나 급하지 않게 틀기도 하면서 예불자를 이
끌고 간다. 그 리듬은 "…소매는 길어서 / 하
늘은 넓고 / 돌아설 듯 날아가며 / 사뿐히 접

도판 76 일주문: 부석사는 일주문이 있는 해발
약 400m에서 시작되어 오른쪽으로 보이는 무
량수전 기와지붕까지 해발 약 500m로, 표고
차가 100m 정도에 이른다.

어 올린 외씨버선이여…"같다. 〈승무(僧舞)〉같은 전통 춤사위에 나타나는 절묘한 속
도 조절같은 "나빌레라"의 느낌을 느끼게 한다. 그 과정에서 긴장과 이완이 적절히
교대하며 나타나고 주변에 펼쳐지는 공간 역시 리듬감있는 완급의 느낌을 격려해
준다. 부석사의 진입공간 속에는 이처럼 속세에서 성역으로 들어가는 교리적인 위
계 순서가 예불자의 심리와 어우러지면서 자연스럽게 형성되어 있다. 전체적인 진
입공간을 〈기(起)·승(承)·전(轉)·결(結)〉로 나누어 기의 리듬을 심미적으로 느끼게 했
다[도판 75 참조].

기(起): 일주문에서 천왕문까지[도판 75-기].

이 길은 호박돌이 깔린 계단 없는 계단 즉 오르막으로, 은행나무 따라 보기 좋게 휘
어지는 완만하지도 가파르지도 않은 적당한 경사길이다. 천왕문에 이르기까지 참배
자가 자신에게 맞는 보행 속도로 기의 리듬을 타며 마음 만들기를 하면서 속진을 벗
겨내라는 이야기를 한다. 그래서 이 길을 걸으면 무엇보다 먼저 가슴이 평온해지고
일상사에서 생긴 옹졸한 생각이 사라지고, 마음이 열리면서 생각이 넓어지게 된다. 분
노·증오·슬픔·상처·옹졸·집착의 탐진치를 내려놓게 하는 것이다.

승(承): 천왕문에서 회전문을 거쳐 범종각까지[도판 75-승].

이곳부터는 계단으로 오르게 되어 있다. 따라서 여러 가지의 계단이 높이·넓이·

모양에 따라 다양한 리듬으로 전개된다. 그 계단은 예불자의 마음을 조금 긴장시키기기도 하고, 때로는 계단 참에서 이완시키기도 한다. 이렇게 계단은 예불자의 마음을 조절하고 시선의 방향을 환기시키면서 법당으로 이끈다. 참배자의 보행이 그래서 경쾌하게 리듬을 타게 된다. 다양한 석축에 맞게 조성된 계단에 의해 보행 리듬이 앞의 기(起)와 다르게 기(氣)의 속도가 경사의 완과 급, 계단의 장과 단에 맞춰 다양한 변주곡으로 고조되어 가게 된다.

전(轉): 범종각 위의 계단에서 누하진입으로 된 안양문의 계단까지[도판 75-전].

지금까지는 직선의 방향에 경사도 완만한 축선상이었다. 그런데 여기서부터는 흐름의 방향을 오른쪽으로 30도 정도 심하게 꺾은 후 경사가 급하고 상대적으로 긴 계단을 오르도록 요구하고 있다. 지금까지 비슷했던 진입과정에서의 계단과는 다르다. 축선을 꺾는 파격과 함께 난간도 없는 급하고 긴 계단을 통해 경건하고 공손하게 예불공간으로 진입하라는 예시다. 예불자에게 《전(轉)》이 갖고 있는 긴장과 파격의 맛을 불국사에서 대석단을 통해 화려하고 웅장하게 보여주는 [도판 302]와는 달리 이곳 부석사에서는 은은하고 담백하게 보여주고 있다.

결(結): 예불자가 누하로 안양문 계단을 통과하면 맑고 밝은 무량수전의 앞마당이 나온다[도판 75-결].

이 마당법당이 영원한 불국정토임을 사다리꼴로 알려주고 있다[주18].[도판 83 참조]. 이렇게 무량수전이 있는 아미타 극락정토는 파격과 긴장의 통과의례를 거친 후 도달하게 되는 세계이다. 이곳 마당법당은 극락정토이므로 불국사의 마당법당처럼 기가 종횡무진으로 팽창하는 곳[도판 308, 309 참조]. 그러니 〈정중동〉, 아니 〈적정중역동(寂靜中力動)〉의 세계이다. 그래서 안양루의 앉은 자세가 무량수전과 평행하지 않은, 약 4도 가량 비스듬한 사다리꼴이다. 사다리꼴의 공간은 정사각형의 만다라 공간처럼 기의 팽창이 동심방원형(同心方圓形)이 아니라 상상방원형(想像方圓形)이란 자유변형으로 확대되는 것을 상징한다. 그러므로 여기서 저 멀리 시선으로 연결되는 소백산맥의 변화무쌍한 전경 그 너머에까지 기가 자유변형의 $1:\sqrt{2}$ 중중무진으로 퍼지게 하여 역동적인 이상정토로, 생동하는 현실의 수미산으로 만들었다. 이처럼 부석사의 진입공간은 평지 호박돌 경사길을 시작으로 해서 산속 경사진 높은 곳을 향하여 끊임없이 번뇌를 상징하는 108 계단을 극복하며 오르게 했기에 지루하지 않다. 그 극복의 추체험을 계단의 높이·폭·길이·단의 수·방향·각도 등을 〈승무〉의 춤사위처럼 바꿔가며 다양하게 처리했기 때문이다. 특히 참배자가 법당으로 가까이 가면 갈수록 경사길이나 계단의 축이 끊임없이 더 빠르게, 더 급하게, 더 긴장되게 조성되어 있다. 점점 높아지고 급해지는 산세의 지형을 교리로 해서 클라이맥스로 이용했다. 그러다가 무량수전 법당에 들러 예불하고 나와 안양루에 올라 하계를 내려다볼 때에는 다르게. 소백산맥이 오르기 힘든 속세가 아닌 아름다운 정토임을 깨달은 호연지기의 마음으로 되돌아보게 했다.

마찬가지로 살아온 삶을 되돌아보게 되면, 살 당시에는 힘들었어도 지나고 나면 그 자체가 아름다운 결을 삶의 나이테로 갖추고 있다는, 즉 삶 자체가 깨달음을 향한 의미의 과정이라는 것을 〈기·승·전·결〉의 리듬으로 깨닫게 한 것. 이같이 우주를 상징하는 불교문화의 원조격인 산치대탑 스투파의 높이에 따른 단계 개념을 부석사에다 오버랩시켜 산 능선의 높이에 따라 분절해 축선상

**도판 77** 천왕문: 밝은 화창한 날이지만 천왕문 안은 아귀들이 벌 받고 있는 어두운 지옥이다. 하지만 그 앞으로는 깨달음으로 가는 희망의 길을 맑은 빛으로 밝게 보여주고 있다. 하품이 시작되는 기점

**도판 78** 부석사 사천왕의 발밑에 깔린 아귀의 모습. 사천왕의 그 강력한 힘에는 그 어떤 범털도 참회하지 않을 수가 없다.

**도판 79** 회전문: 저 멀리 부처님의 원음을 상징하는 범종각이 소실점으로 부각되면서 법문이 되어 들려온다. 중품이 시작되는 곳이기도 하다.

**도판 80** 범종각 누 밑 시작점: 누밑으로 지날 때의 명암이 도판 79보다는 밝고 82보다는 어둡다.

**도판 81** 범종각 누밑 출구 저 멀리 30도 비스듬한 방향으로 튼 곳에 안양루와 무량수전과 탑이 눈앞에 들어온다. 넓은 풍광에서 특정한 구도를 액자 속 그림같이 고정시켜 그 목표물을 강조하는 액자 시각(vista) 기법의 전형적인 예이다. 상품이 시작되는 기점

**도판 82** 안양문 누하진입 입구: 아래에서 보이는 왼쪽으로 치우친 석등과 무량수전

화했다.

### 〈명암〉이 단계적 리듬으로 들어 있다

밝고 어두움(=明暗)의 변화를 단계적으로 하여 기의 리듬을 심희적(心喜的)으로 느끼게 했다. 중문(中門=천왕문·회전문·범종각·안양문)을 통과하면서 나타나는 밝고 어두움의 체계적인 변화를 통해 긴장감과 이완감의 리듬을 강화하면서 심미적으로 깨닫게 한 것이다. 예불자가 경건한 마음으로 천왕문으로 진입하면[도판 77], 아귀들이 사천왕에게 벌 받는 모습을 보게 된다[도판 78]. 그러면서 심리적으로 현실의 뒷골목에서 욕심부리며 살아 온 자신에 대해 부끄러움과 함께 참회하게 된다. 그래서 천왕문을 나올 때 '용서'받은 마음이 든다. 그 마음으로 회전문을 들어서면 눈앞에 보이는 범종각의 원음을 통해 마음이 경건하게 '회전'하게 된다[도판 79]. 그러다 다시 범종각의 누 밑으로 들어가게 되면[도판 80], 그곳에서 범종의 은은하고 부드러운 원음에 회전된 마음으로 아미타정토 안양루를 보게 된다[도판 81]. 그러면서 이제는 '깨달음'을 향해 나아가게 된다. 그 마음으로 범종각 누 밑에서 나와 마지막 결절점인 안양루 밑 안양문에 이르게 되면[도판 82], 부처님을 상징하는 석등과 무량수전

1부 사찰과 성당의 발달

을 보게 되면서 '정토'에 이르게 된 기쁨을 느끼게 되는 것이다. 그런데 이 중문인 〈천왕문·회전문〉 속과 〈범종각·안양루〉 밑에 나타나는 밝고 어둡기가 각각 다르다. 첫 번째인 천왕문 안은 폐쇄된 곳이어서 아주 어둡고[도판 77], 두 번째인 회전문은 천왕문과 같은 구조이나 건물 폭이 넓어 조금 어둡고[도판 79], 세 번째인 범종각은 터져 있으나 큰 건물의 누 밑이므로 어두운 편이고[도판 80], 네 번째인 안양루 밑은 터져 있으나 건물이 작아 밝은 어두움이다[도판 82]. 이제 안양문을 통과해 안양루에 오르면 장쾌함과 호쾌함이 마음을 티없이 밝게 비추면서 소백산맥이 이상정토로 전개된다. 즉 〈아주 어두움 → 어두움 → 어두운 편 → 밝은 어두움 → 티 없이 밝음〉으로 해서. 속세에서 정토로 다가갈수록 어두움에서 밝음으로 점차 변하게 하면서 명암에 기의 리듬을 심미적인 순서로 준 것을 알 수 있다. '용서(容恕)'받고 '깨달은(=正覺)' 마음으로 '정토(淨土)'에 도달하여 '참나(=如來)'가 되는 과정, 즉 욕계(欲界)에서 색계(色界)를 통해 무색계(無色界)에 이른 후 정토계(淨土界)에 도달하는 흐름을 그렇게 단계적인 "a place in the sun"으로 나타낸 것이다.

### 〈액자 시각 줌인 소실점〉이 단계적인 리듬으로 들어 있다

중문을 통과할 때마다 목표물을 〈액자 시각(=Vista) 줌인(Zoom-in) 소실점〉 기법으로 기의 리듬을 심미적으로 부각시켜 나갔다.

**도판 83** 안양루에서 본 무량수전과 앞마당: 무량수전의 지붕은 수평인데, 안양루의 지붕은 왼쪽으로 4도 기울어져 있다. 무량수전의 지붕선(수평)과 안양루의 지붕선(사선)이 앞마당을 사다리꼴로 알리면서.

먼저 예불자가 첫째 중문인 천왕문에 섰을 때 앞쪽 뚫린 액자 시각 속에는 그어떤 목표물도 없다[도판 77]. 그저 깨달음을 향한 희망의 길만 액자 속에 맑고 밝게 끝없는 여정을 상징하는 빈 계단이 예시하고 있을 뿐이다. 그러나 그 맑고 밝게 예시된 계단길을 따라 오르게 되면 얼마 전에 복원한 두번 째 중문인 회전

문이 나타난다. 이 회전문에서 전경을
보게 되면 뚫린 액자 시각 속에 멀리
부처님의 말씀을 원음으로 상징하는
범종각이 줌인 되면서 액자 속의 소실
점처럼 정중앙에 부각되면서 들어온
다[도판 79]. 이어 회심한 마음으로 범
종각에서 울려오는 부처님의 원음을
들으며 세 번째 중문인 범종각 누각
밑으로 가게 된다.

그곳에서 깨달음이 원음처럼 '딩~' 울리는 마음으로 전경을 보게 되면, 저 멀리 정
면이 아니라 오른쪽 30도 정도 비스듬한 사선 방향으로 가야 할 목적지인 안양루와
무량수전이 어느새 액자 시각 정가운데에 목표물로 신기루처럼 나타나게 하였다[도
판 81]. 그런데 네 번째 액자 시각이 나타나는 안양문 아래에 이르면[도판 82], 국보
17호로 지정된 석등이 중심축선에서 50cm 정도 왼(서)쪽으로 비켜 서있고, 공민왕이
홍건적의 난을 피해왔을 때 썼다는 무량수전의 '혼(魂)'을 상징하는 편액(扁額)은 그 석
등 뒤에 숨겼다. (공민왕은 1361년 12월에 지금의 안동인 복주(福州)에 몽진와 70일 정도 머물다 홍건
적이 격퇴되자 이듬해 2월에 개경으로 돌아갔다.)

상식적으로 생각하면, 국보로까지 지정된 훌륭한 이 석등은 당연히 불국사 대웅
전 앞의 석등처럼 축선상의 중심에 있어야 하고, 무량수전이라는 편액도 불국사의
대웅전 편액처럼 법당 정면 중앙에 높게 당당하게 나타나야 옳다[도판 305]. 그런
데 석등은 옆으로, 편액은 석등 뒤에다 숨기는 파격을 준 것이다. 이 현상은 앞에서
도 언급했지만 극락정토가 4도 기운 사다리꼴이기에 나타난 것으로[도판 83], 이를
오히려 활용한 자연스러운 파격이다. 이는 또한 석등의 오른쪽으로 해서 무량수전
의 출입구가 있는 측면으로 돌아가라는 무언의 이정표이기도 하다.

이 파격의 의미는 4도 꺾어 안양문에서 무량수전 마당법당에 올라서서 볼 때 정
면이 되는 것을 깨닫게 된다[도판 84]. 아니 석등 앞 배례석의 연꽃자리에 올라 예

1부 사찰과 성당의 발달

불드리며 볼 때 편액의 글씨가 예불자의 마음
속에 선명하게 각인되게 한 절묘한 기법이다.
즉 마음속 내면의 등불을 밝히고 주체적으로
줌인하여 바라볼 때, 정토의 목표물인《無量
壽殿》이라는 4글자가 '꽉찬소실점'으로 보이게
[도판 85].

도판 85 석등창: 마음의 줌으로 당긴 꽉찬
'응축소실점'의 모습

　무량수전을 다른 절에서처럼 횡(橫)이나 종
(從)으로 쓰지 않고 방형(方形)으로 석등창 크기
에 맞춰서 쓴 이유도 소실점에 있음을 알 수 있다. 이렇게 액자 시각 기법에서 처음
에는 마음의 무명(無明=탐진치) 때문에 안 보이던 목표물이 나타면서 점차 부각되다
가 마지막에 마음의 유명(有明=불성)을 통해 석등창속에 꽉 차게, 눈 속에 가득 들어
오게 했다.

　첫 번째(=起) 천왕문 액자 시각[=도판 77]에서는 목표물 없는 '희망소실점'으로 줌
인되다가, 다음(=承) 회전문[=도판 79]에서는 범종각 목표물이 '원음소실점'으로 그
리고 범종각 누밑[=도판 81]에서는 정토세계가 신기루처럼 드러나는 '정토소실점'
으로, 그 다음(=轉) 안양루 밑[=도판 82]에서는 비킴과 숨김이란 '파격소실점'으로,
마지막(=結)에 4도 꺾은 석등 밑[=도판 83]에서 마음의 등불을 밝히고 배례하면서
볼 때, 비로소《무량수전》이란 서방정토의 기가 '응축소실점'으로 석등창 속 편액에
다 촛점으로 꽉차게 한 것이다[도판 85].

　욕계에서 색계를 거쳐 무색계로 가는 길을 오른쪽으로 멀리 30도 사선으로, 다음
으로는 왼쪽으로 가까이 4도 꺾는 변화의 과정을 넣어 〈보이게·느끼게·깨닫게〉 했
다. 그 이후 석등창에서 모든 것이 초점으로 하나 되어 마음이 공(空)을 향해 응축되
게 한 것이다. 이 '응축소실점'을 같은 기법으로 나타낸 것은 불국사에서도 마찬가지
다. 불국사 대웅전의 마당법당에 있는 석등의 배례석에서 석등의 창을 통해 보이게
한 본존불의 존안 방식이 그렇다[도판 306]. 또 다른 기법으로는 일본 나라에 있는
세계에서 가장 큰 목조 건축이라는 동대사에서 볼 수 있다. 대불전의 창을 통해 보

이게 한 대불의 존안에서다[도판 123].

## 〈구품만다라〉가 리듬으로 들어 있다

진입공간을 〈3품(品) 3생(生)〉 곧 〈구품만다라(九品曼茶羅)〉 교리로 만들어 기의 리듬을 심미적으로 깨닫게 하였다. 진입 과정을 계단이 시작되는 천왕문에서부터 무량수전까지[도판 75-①, ②, ③] 3개의 큰 석축을 품(品)으로, 다시 9개로 나눈 계단을 생(生)으로 구성한 것. 이는『관무량수경』에 설명되어 있는, 속세에서 극락에 이르는 과정에 따라 108 번뇌가 단계적으로 사라지는 〈구품만다라〉의 내용을 건축으로 나타낸 예이다. 그 구조를 보면, 천왕문에서부터 계단이 시작되어 석축 위에 있는 회전문까지의 3계단(삼생=하생·중생·상생)이 하품(下品)이고[도판 75-①], 여기서 다시 범종각 뒤의 석축이 있는 곳까지의 3계단(삼생=하생·중생·상생)이 중품(中品)이고[도판 75-②], 이곳에서 또다시 안양문 누하진입 석축까지의 3계단(삼생=하생·중생·상생)이 상품(上品)이 된다[도판 75-③]. 그러면 왜 이렇게 〈3품3생〉인 〈9품만다라〉로 배치했을까? 그것은 사람의 인격을, 9품(品)으로 나누어, 가장 아래인 '하품하생(下品下生)'에서 가장 위인 '상품상생(上品上生)'까지의 단계를 계단으로 거친 후 극락정토에 이르게 하기 위해서였다. 부석사를 오르면서 자신의 품(品=人格)이 가장 비인간적인 무명(無明=탐진치)에서 가장 인간적인 유명(有明=깨달음)으로 업그레이드되어 가는 깨달음의 기쁨을 단계적으로 추체험하게 하기 위해서다.

〈구품만다라〉의 삶을 단계적으로 보면, 먼저《하품(下品)》에서, ⑨ 하생(下生)은 온갖 못된 짓을 다하여 지옥에 떨어져 고통받아야 마땅한 가장 나쁜 사람, 〈탐·진·치〉 즉 무명(無明)의 인생이다. ⑧ 중생(中生)은 명예와 이익을 위해 수단과 방법을 가리지 않으면서도 부끄러운 줄을 모르는 〈진·치〉의 사람, ⑦ 상생(上生)은 온갖 나쁜 짓을 하면서도 부끄러운 줄은 아는 〈치〉의 삶이다. 하품에 속하는 이들의 인격은 오늘날 좋지 않은 사건을 일으키며 나쁜 뉴스에 모자이크처리를 하거나 모자를 깊이 눌러 쓰고 마스크를 하고 나오는 사람들이 되겠다.《중품(中品)》에서, ⑥ 하생(下生)은 부모에게 효도하고 스위트 홈을 유지하려는 사람이고, ⑤ 중생(中生)은 하루하루 계를

도판 86 하품(下品=도판 75-①)이 시작되는 천왕문

도판 87 중품이 시작되는 회전문: 여기서 앞에 보이는 범종각까지가 중품(中品=도판 75-②) 전경

도판 88 범종각을 나오면 30도 정도 오른쪽으로 꺾어야 보이는 상품(上品=도판 75-③) 전경

빠짐없이 지키며 살려는 삶이며, ④ 상생(上生)은 계행(戒行)을 닦으면서 열린 마음으로 이웃과도 사이좋게 지내려는 사람이다. 이렇게 중품의 인격들은 보통사람들의 도덕심과 행복감 수준으로 살려는 사람들 즉 '착한뉴스'를 만들어내고는 겸손해하면서도 수줍어하는 주인공들이다. 《상품(上品)》에서, ③ 하생(下生)은 불혹(不惑)이 무엇인지를 알고 사는 인생이고, ② 중생(中生)은 인과법칙의 순리대로 사는 삶이며, 마지막 ① 상생(上生)은 뜻대로 행해도 도에 어긋나지 않으면서 자신의 모든 선근(善根)을 이웃과 사회에 회향(回向)하는 장기려 박사 같은 유명(有明)인들. 즉 상품은 생태적인 삶을 사는 영성지수가 높은 사람을 의미한다. 그러니 이들은 영성이 체득되어 존경심을 본으로 보여주는 주인공들이다. 간단하게 요약한 이 〈9품만다라〉의 전개 과정은 보로부두르에서 1,460개의 릴리프 패널화로 구성하여 보여주는 대벽화의 전개 내용과 같다[도판 204, 205, 206]. 그러면서도 보로부두르보다 간단하게, 명확하게, 교리로 추체험하며 깨닫게 한 것이다.

앞으로는 뉴스가 하품 위주의 〈나쁜 뉴스〉 중심이 아니라 중품 위주의 〈착한 뉴스〉를 중심으로 해서 상품 인생을 지향하도록 편성하면 좋겠다. 〈나쁜 뉴스〉에서는 그 사건에 대한 평가도 필요하지만 치유를 향한 따뜻한 언급과 해결책 제시가 더 아쉽다. 그래서 매일의 뉴스가 〈구품만다라〉 향상을 위한 역할을 생활 속에서 하도록. 그래서 뉴스가 단순한 보도가 아니라 문화 선진국을 향한 평생 교육이 되게 했으면 좋겠다. 연말에는 10대 착한 뉴스를 선정해 그 주인공들에게는 〈국민 대상〉으로 시상도 하고. 어쨌든 이를 오늘의 관점에서 보면, 《상품》은 보살의 삶을 사는 이타적인 사람들을, 《중품》은 매일 선하게 살아가려고 노력하는 보통사람을, 《하품》은 욕심에 눈이 뒤집혀 악착같이 살아가는 탐진치의 전형적인 사람들을 상징한다. 오를 때, 나의 품(品)이 가장 아래인 ⑨〈하품하생〉에서 최고 수준인 ①〈상품상생〉으로 점차 업그레이드되어가는 과정을 추체험으로 음미하며 오른다면 부석사를 오르는 맛도 '어찌 기쁘지 아니한가!'일 것이다.

## 〈착시·율동의 결구미〉가 리듬으로 있다

이렇게 단계적으로 〈9품만다라〉를 거쳐 극락정토에 이르면, 무량수전 법당의 여러 가지 굵기·크기의 나무들이 다양한 결구 방식으로 종합되어 기의 리듬을 심미적으로 나타내고 있음을 보게 된다. 그 법당 건물이 국보 18호인 무량수전이다. 이

**도판 89** 무량수전 연등천장. 법당은 소리를 잘 흡수하는 목재이고, 천장도 높지 않고, 공간의 부피도 적은 편이어서 발생한 소리에 비해 줄어드는 시간이 짧기에 청아한 소리가 된다.

건물은 외부도 멋지지만 내부도 아름답다. 고려 우왕 2년(1376)에 중창된 건물로 현재 남아 있는 우리나라 팔작지붕으로서는 가장 오래되었다.

먼저, 외부를 보자[도판 84]. 사뿐히 고개를 쳐든 지붕의 추녀 곡선, 그 추녀와 기둥의 조화, 그 기둥에서 간결하게 절제된 주심포가 눈에 띈다. 특히 건물 가운데보다 귀퉁이의 처마 끝을 더 튀어 오르게 서

　　　　　　　　　　　　1부 사찰과 성당의 발달

까래를 처리한 안허리곡 기법과 귀퉁이
쪽 기둥을 가운데보다 높게 처리한 귀솟
음 기법이 마음에 들어온다. 더구나 이
활주 기둥을 안으로 약간 쏠리게 하여 시
각적인 효과를 더 높였다. 그래서 이 처
마 곡선은 살아있는 듯 끊임없이 움직이
는 활성 에너지로 느껴지게까지 한다. 한
가지 의문이 드는 것은 화려하고 찬란한

**도판 90** 천왕문에서 법당까지 소실점 과정을 모두
생태시각으로 연결시켰다. 부처님까지 〈태내 소실
점〉으로 해서 연결한 것

서방정토를 상징하는데, 왜 다포에 다출목으로 화려하게 위엄있게 나타내지 않고
절제하고 또 절제했을까? 기법은 다양하게 썼으면서.

　어쨌든 안허리곡 기법과 귀솟음 기법으로 절묘하게 곡선을 만들어 건물의 앞면
이 마치 오목거울처럼 안으로 휘어져 보이는데, 그 곡선이 살아 움직이듯 한다. 이
같은 환상적인 율동은 직선의 목재가 착시기법의 결구방식에 의해 창출된 것으로,
마치 새가 공중에 떠서 날개 짓하고 있는 춤사위 같다. 또 기둥 중간부분이 약간 부
른(지름 49cm) 배흘림기둥은 기둥머리(지름 34cm)가 넓어 보이는 착시현상을 막아준
다. 그리고 지붕이 기둥 위에 살짝 얹힌 듯한 느낌을 주어 건물이 가뿐하고 산뜻하
여 날아갈 듯한 감을 더 보태어준다. 마치 정토를 향해 떠가는 부석뿐만 아니라 건
물의 무게가 기둥의 중간에 집중된다는 구조적인 역학까지도 과학적으로 고려한
것이다.

　다음, 내부를 보자[도판 89]. 천장이 그대로 훤히 드러나 있다. 그래서 내부가 건
물에 비해 생각보다 더 크게 보인다. 길고·짧고·굵고·가는 다양하고 아기자기한 나
무들이 저대로의 절제 속에서 정갈한 조화를 이루면서 그대로 기둥·종보·들보·종
도리·도리·서까래를 견실하게 이루고 있는데, 그 모습이 건축적 강약과 다양한 결
구를 리듬으로 보여주면서 고저장단의 율동을 이루고 있다. 또 입면과 평면이 휴머
니즘적 황금비율로 구성되어 있어 법당치고는 아늑하다.

　이렇게 무량수전은 삼매(三昧)에 들어서 살펴보면 살아있는 건축이다. 무량수전

에 나타나 있는 이같은 외부의 착시적 생명력과 내부의 율동적 아름다움 속에 국내 최대 최고의 진흙으로 만든 소조 아미타여래가 봉안되어 있다. 그런데 그 방향이 진입공간의 축선상에 위치한 것이 아니라 오른쪽으로 돌아 무량수전 동쪽 측면을 정면으로 하여, 즉 음(陰=서쪽)에서 양(陽=동쪽)을 향해 빛나는 금빛으로 좌정해 계신다. 이와 유사한 곳은 백제에 처음으로 불교가 전해진 불갑사 대웅전이 그렇다. 불상 앞에 늘어선 열주가 예불자의 시선을 본존불 쪽으로 모아주면서 다른 법당과 여래에서는 느낄 수 없는 깊이감과 중후함을 나타내 주고 있다[도판 90].

이처럼 내·외부의 건축에 다양한 기법을 활용한 것은 타 사찰에서는 보기 드물다. 규모와 자재에서는 다르지만 이같은 무량수전에 내재된 프라나는 그리스의 파르테논 신전과 비교된다.

### 〈청아한 마이크〉가 들어 있다

이 착시적·율동적인 아름다운 법당 안에서 행하는 독경소리에도 청아한 기의 리듬이 심미적으로 들어 있다. 기(氣)를 〈기·승·전·결〉의 계단으로, 점점 밝아지는 〈명암 순서〉 기법으로, 〈액자 시각 줌인 소실점〉 전경으로, 〈9품만다라〉 품(品)·생(生)의 변화로, 〈착시·율동의 결구미〉 건축으로 작곡한 심미적인 리듬을 타고 법당에 들어서면, 속세에서는 들을 수 없는 청아한 독경소리와 공명화된 목탁소리가 맑은 리듬을 타면서 맞이해 준다.

부처님의 원음(圓音)과 스님의 득음(得音)으로 무량수전 법당이 이상정토임을 이중창으로 확인시켜 주는 것이다. 그것은 같은 구조인 통도사 주전법당에서 스님들의 합송(合誦)과 대금연주가 함께 하며 전율을 자아내는「반야바라밀다심경」을 CD로 들어보면 알 수 있고, 200명에 가까운 운문사 비구니들이 대웅보전에서 이「반야심경」을 청아하게 합송하는 음률을 땅거미가 지는 저녁 시간에 직접 들어보아도 느낄 수 있다. 음향을 증폭시키는 마이크가 아니라 청아하게 여과시키는 마이크 역할이다. 이같은 효과는 득음한 독경소리와 공명화된 목탁소리에도 있지만, 보다 큰 역할은 법당의 구조에 있다. 즉 법당이 거의 모든 주파수대의 소리를 잘 흡수하는 목재로 지어졌고,

　　　　　　　　　　　　1부 사찰과 성당의 발달

천장도 그리 높지 않은 데다 서까래가 그대로 드러나 있고, 실내 공간의 부피도 적은 편이어서 소리의 잔향시간이 짧다. 그래서 발생한 소리가 심플하게 법당 밖으로 자연스럽게 여과되며 빨리 사라지기 때문이다[주19]. 법당구조 자체가 나무여서, 돌로 된 성당처럼 소리를 반향시키는 것이 아니라 반대로 여과시키면서 청아한 마이크 역할을 하는 것. 그러므로 음향을 통해서도 상쾌한 심미적 리듬을 청각으로 느낄 수가 있다. 예불자는 이같은 청아한 원음과 득음으로 들려주는 스님의 독경 속에서 부처님과 대면하게 된다. 깊은 공명과 잔향을 길게 이끄는 서양의 성당과는 대비된다.

### 〈깨달음과의 만남〉이 들어 있다

사찰의 진입공간 동선 속에 들어 있는 이러한 기(氣)의 리듬들(=Ⓐ-Ⓔ)은 예불자에게 깨달음의 추체험을 극대로 이끌어주는 뛰어난 기법들이다. 그래서 예불자가 자신도 모르게 깨달음 속으로 동화되면서 목표물인 아미타 무량수불을 향해 기쁜 마음으로 빨려 들어가게 된다. 이 기법에 따라 진리가 잉태되는 무량수전 태내 법당에 들어가면 여래가 어둠(=陰)에서 밝음(=陽)을 향해 〈'태내' 소실점〉으로 해서 좌정해 계신다. 그것은 방향을 음지인 서쪽에서 양지인 동쪽으로 하여 깨달음이 열리게 한 오묘한 발상이다. 진리라는 깨달음은 빛을 받으면서 생명을 잉태하고 자라기 때문이다. 그리하여 깨달음의 태내인 법당에 봉안된 《여래》와 〈구품만다라〉 등을 거치면서 《상품상생》이 된 예불자가 만나게 된다.

진리가 잉태되는 법당에서 〈'태내' 소실점〉으로 존재하는 금빛 찬란한 아미타여래(=陽)를 예불자(=陰)가 만나게 되면서 마음속에 꽉 차 터질 듯 참았던 그 유명(=상품상생)이 자신도 모르게 태내 법당에서 고요한 스파클로 터지며 마음이 깨달은 금빛 인간으로 태어나게 되는 것이다. 깨달음이란 음(陰=진리를 향한 마음)이 양(陽=생태자연의 진리)을 통해서 또 다른 여래(=찰나)의 탄생임을 돈오점수의 추체험으로 터득하게 했다. 이렇게 깨달음을 생명 탄생의 원리에 따라 〈생태화·질서화·단계화·유형화·가시화〉했으니 그저 놀라울 뿐이다. 그 탄생 원리는 석불사와 불국사 간의 한 몸 관계와도 같다.

## 〈깨달은 마음〉이 우주로 퍼지게 했다

참 나가 된 후, 무량수전에서 나와 이상정토에 부석처럼 떠 있는 듯한 안양루[=도판 91]로 가게 된다. 여기서는 내 마음의 무한소인 깨달음의 내공이 오를 때와는 반대로 무한대의 메아리가 되어 우주정토를 향해 1 : $\sqrt{2}$ 상상방원의 중중무진으로 퍼져 나간다. 그러면서 우주가 나에게 에코(echo)로 화답하는 것을 느끼게 된다.

바로 〈유쾌·상쾌·호쾌·통쾌〉가 모든 스트레스의 뿌리(=원죄)까지 뽑아주는 장쾌한 호연지기다. 우주 진리가 공(空)을 향해 응축되면서 〈무량수전〉이란 편액 속으로 모였다가 법당에서 소실점의 정점을 이루고 있는 아미타불처럼, 예불자의 마음도 다양한 기의 리듬을 통해 깨달음의 소실점을 이루었다가 아미타불과 만나면서

**도판 91** 안양루가 이상 정토 위에 부석(浮石)처럼 두둥실 떠 있는 듯한 모습이다.

스파클을 통해 참나(=如我)를 이룬 후, 안양루에서 깨달은 마음이 〈쾌쾌쾌쾌〉가 되어 다시 무한대로 퍼져나가면서 우주가 되는 것이다. 통도사에서 〈삼로전〉 바랑 여행길처럼, 석불사에서 〈원의 조화〉처럼. 우주가 참나이며 내가 곧 우주임을. 내 안에 우주가, 우주 안에 내가 있음을 깨닫게 했다.

## 정리

부석사처럼 정서적으로 울림이 큰 감동을 진입공간 속에 나타내려면 이처럼 다각적인 교리감각이 있어야. 즉 보이지 않는 세세한 요소까지 건물 형태와 구조적 연결은 물론 그 속에 예불자의 〈생각·청각·촉각〉은 물론 〈족각(足覺)〉 나아가 〈심각(心覺)〉의 질까지 고려할 수 있어야 한다. 그럼으로써 진입공간에 들어온 예불자는 업그레이드되는 교리의 균형을 잡기 위해 계속해서 끊임없이 자세를 긴장시키게 된다. 이렇게 사찰은 예불자가 부처님에 귀의하도록 신앙의식을 강화시켜 삶의 질을 높이는 기여를. 이렇게 삶의 질을 풍성하게 업그레이드시키는 사찰구조는 삶

에서 자신을 객관적으로 보게 하는 메타인지를 통해 휴머니즘의 완성을 위한 촉매역할을 하는 것이다. 안양루 안에는 많은 신앙 고백이 편액에 걸린 내용으로 전해주고 있다. 이 게송들은 진입 공간의 축선상을 거친 후 무량수전에서 참나를 이룬 사람들이 이곳 안양루에서 용처럼 살아 꿈틀대는 이상정토 소백산맥의 연봉을 보고 감동으로 느낀 삼매의 호연지기들이다.

도판 92 안양루 처마에 걸린 편액중의 하나로 방랑시인 김삿갓의 글이다.

 이 삶에 대한 고백의 오도송들이 우리에게 감동을 주면서 참나와 함께 소리 없는 메아리가 되어 우주를 향해 퍼져 나가고 있다. 우리가 김삿갓으로 잘 아는 김병연(金炳淵, 1807~1863) 선생도 다음과 같은 깨달음의 호연지기 게송을 이곳 안양루에다 동천원(同天圓)으로 남겼다[도판 92].


-浮石寺-

平生未暇踏名區 白首今登安養樓

江山似畵東南列 天地如萍日夜浮

風塵萬事忽忽馬 宇宙一身泛泛鴨

百年幾得看勝景 歲月無情老丈夫


평생에 여가 없어 이름 난 곳 못 왔더니

백수가 된 오늘에야 안양루에 올랐구나

그림같은 강산은 동남으로 벌려 있고

천지는 부평같아 밤낮으로 떠 있구나

지나간 모든 일이 말타고 달려온 듯

우주 간에 내 한 몸이 오리마냥 헤엄치네

백년동안 몇 번이나 이런 경치 구경할까

세월은 무정하다 나는 벌써 늙어 있네


전국 방방곡곡을 떠돌아다니며 당대 사회의 부조리와 같잖은 모습을 풍자와 해학으로 폐부를 찌르고 폭소를 자아내게 하던 그가, 여기서는 그답지 않게 자신을 낮추고 겸손하게 고백하며 회고하고 있다. 또 다른 모습을 보여준다. 이처럼 이곳은 모든 사람에게 참나를 깨닫게 하는 메타인지가 있다.

안양루에서 이 시를 아니 게송을 읽으며, 지나온 모든 일을 말타고 달려온 듯 생각해 보니, 나도 한가지 느낌이 온다. 역사(歷史)는 "사필귀정(事必歸正)"이고, 인간사(人間事)는 '사필귀정(事必歸定)'이다라는. 즉 역사에서 정(正)은 늦더라도 반드시 자동사가 된다. 반면에 인간사에서의 정(定)은 주체적인 선택에서는 자동사나, 어쩔 수 없는 선택 시에는 운명이란 타동사가 된다. 그러면서 그 정(定)들이 모이고 모여 민중이란 대하를 이루며 정(正)이란 역사가 되는 것이다. 성공한 쿠데타가 정죄 받고, 미완의 혁명이 완수되고, 식민지 시대의 역사가 청산되어 가고, 분단된 조국이 통일의 흐름으로 가는 것은 정(正)이 이끌고 있기 때문이다. 그러니 민도(民度)란 주체적인 선택으로 살아가는 사람의 수와 비례한다. 이를 종교적으로 표현하면, 신(神)은 정(正)으로 이끄는 보이지 않는 힘이고, 신앙은 정(正=깨달음)을 염원하는 정(定=업보)의 에너지다. 그러면서 자동사일 경우에는 주체적인 신앙이 되고, 타동사일 경우에는 기복적인 신앙이 된다. 부석사의 백미는 법당을 향해 오르면서 여러 가지 심미적인 리듬을 깨달은 예불자가 '부석'이 된 안양루 반야용선을 타고 '서방소실점'으로 꿈틀대는 소백산맥의 그 아스라

도판 93 안양루 기둥병풍을 통해 보이는 장쾌하게 뻗은 소백산맥 수미산 정토 세계, 그 꿈틀대는 능선들의 호연지기

한 연봉과 겹겹의 능선들을 향해, 나아가 삼천대천의 우주로 이륙하며 날아가는 듯한 바로 그 장쾌한 맛에 있다[도판 93]. 마치 비행기에서 차창으로 하계를 내려다보는 기분처럼. 그래서 부(浮)·석(石)·사(寺)라는 이름이다.

이 같은 진입공간의 리듬 짜임새는 다른 사찰에 적용시켜 보면, 수준 차이는 있을지언정 그 기본정신에서는 별 차이 없다. 세계의 모든 스투파·사원·사찰의 구조는 어떤 형태이든, 어떤 양식이든 깨달음을 지향하는 만다라 짜임새이기 때문이다. 지금까지 부석사에 나타낸 장치와 기법들은 알고보면 깨달음이 대우주에서 줌인소실점 단계를 순(順)으로 하여 소우주인 초점(=空)으로 모였다가, 다시 역(逆)으로 하여 대우주로 퍼져나가는(=散) 흐름임을 깨닫게 하였다. 즉 소우주인 찰나와 삼천대천 대우주인 서방정토가 우주 구조의 원리인 1: $\sqrt{2}$ 인드라망으로 연결되어 있다는 것을 부처님을 통해 깨닫게 하기 위함이다. 그 흐름을 부석사에서는《'점경' 소실점[=우주·지구·신라·봉황산·부석사] → '희망' 소실점 → '원음' 소실점 → '정토' 소실점 → '응축' 소실점 → '태내' 소실점》이었다가 다시 대우주 '서방' 소실점으로, 또 다시 점경 소실점으로 무한히 순환하는 공심(空心)으로 나타냈음을 알 수 있다. 그러니 부석사의 진입공간에 내재된 여러 가지 깨달음의 원리를 알게 되면 세계의 모든 탑과 사원에 내재된 구조를 만능키처럼 감잡을 수 있다.

## (3) 통도사(通度寺, 646~1305)

### 건축 개요

통도사, 이 사찰이 자리잡은 산의 이름은 영축산이다. 원래 석가모니 당시 인도 마가다국 왕사성의 동쪽에 있던 산의 이름과 같다. 통도사라는 이름도 〈…此山之形通於印度靈鷲山形…〉이라는 내용에서. 즉 "…이 산 모습이 (부처가 불법으로 중생을 제도하신) 인도의 영축산과 통한다…" 그래서 이름도 '通度寺'라 했다는. 산 이름이 통하면서 절이 세워져 불법(佛法)까지 통하는 이름으로 일치시켰다는 얘기다. 통도사는 부처님의 진신사리와 가사를 〈금강계단〉에 봉안하고 있다. 그래서 〈불보(佛寶)〉 사찰이라 부처님의 형상이 없다. 그러면서 통도사의 앵커 역할을 하고 있다. 승려들은 이 곳 금강계단에서 수계(受戒)를 받아 스님이 된다. 부처님으로부터 직접 계율을 받는 다는 의미를 갖기 위해서다. 오늘날도 여전히 승가의 정통을 잇는 살아 있는 장소다.

　통도사는 한국사찰에서 규모가 큰 사찰일 뿐만 아니라 교리도 가장 다양한 내용을 품고 있는 사찰 중의 대표다. 그 안에는 다양한 신앙체계가, 천오백 년 건축의 역사가, 논리적으로 설명하기 어려운 상징과 기법들이 들어있다. 한국 사찰의 총체적인 축도를. 따라서 통도사를 이해하면 한국 가람 건축의 배치 이념과 교리체계를 통불교적으로 이해할 수가 있다. 통도사 경내에 현존하는 50여 동의 크고 작은 건물들은 선덕여왕 15년(646) 창건 때부터 현재까지 1,400여 년 가까이 끊임없이 세우고 또 세우고 고치고 또 고친 결과다. 현재 가람의 기본 구성은 18세기에 완성된

도판 94 통도사 전경: 〈하로전(③, ④, ⑤, ⑥)〉·〈중로전(⑧, ⑨, ⑩, ⑪)〉·〈상로전(⑫, ⑬)〉의 영역들이 연결되어 통합된 모습이다[도판 95 설명글 참조]. ① 일주문 ② 천왕문 ③ 극락보전 ④ 영산전 ⑤ 약사전 ⑥ 만세루 ⓐ 삼층석탑 ⑦ 불이문 ⑧ 관음전 ⑨ 용화전 ⑩ 대광명전 ⑪ 세존비각 ⑫ 대웅전 ⑬ 금강계단 ※ [주20] 논문 289쪽 참조

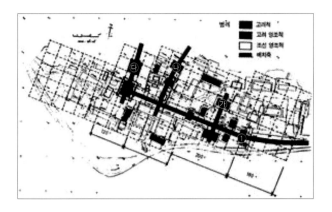

**도판 95** 진입 축선으로 본 통도사 전경: 동서 주(主) 축선(=①)에 남북 부(副) 축선 3개(=㉮, ㉯, ㉰)가 골격을 이루는 배치형식이다. 즉 진입공간 전체를 꿰는 중앙 축선(=①)과 이 주축선과 연결된 ㉮ 하로전·㉯ 중로전·㉰ 상로전으로의 부축선을 나타내고 있다. 하로전에서 중로전 상로전으로 가면서 면적의 크기가 200 → 160 → 120으로 줄어들고 있다. ※ [주 20] 논문 269쪽 도판 및 설명글 참조

것으로 보고 있다. 따라서 그 건축에는 긴 시간 동안 끊임없이 세워졌다가 없어지고 또다시 세워지면서 변화해온 내용이 다 들어 있다. 즉 창건·중창·중건·보수하면서 당시의 정치적 상황, 교단적 여건, 교리와 의례의 변화에 따른 건축적 변화는 물론 서로 다른 측량 척도들도 암호처럼 숨어 있다. 이에 따라 연대기적으로 각 전각을 분류하면 특정한 시기별로 나타나는 특징을 파악할 수 있다.

현재의 통도사는 [도판 95]에서 보듯이 지역적으로는 일주문 입구에서부터 〈㉮ 하로전·㉯ 중로전·㉰ 상로전〉으로 구분되면서 전개된다[도판 96 참조]. 이 글은 김봉렬의 논문[주 20]을 참고하며 나의 견해를 덧붙였다.

통도사는 《삼로전》으로 되어 있다. 그중 맨처음 생긴 곳이 〈상로전〉이다. 〈상로전〉 주전법당은 [도판 94-⑫. 99]이고, 그 앵커가 되는 〈금강계단〉은 그 뒤(=북쪽)에 있다[도판 94-⑬. 100]. 이후 〈중로전〉이 추가되었다.

그곳에서도 뒤(=북쪽)의 〈대광명전〉이 중심 법당이고[도판 94-⑩], 또다시 추가된 〈하로전〉에서도 뒤(=북쪽)의 〈영산전〉이 그렇다[도판 94-④]. 이렇게 상·중·하로전의 중심법당들이 모두 북쪽에서 궤를 같이 하고 있다. 그러면서 고려말기에 대사찰로서 형태를 이루었다.

1305년 사찰의 입구를 상징하는 일주문[=도판 94-①]이 창건되고, 〈중로전〉과 〈하로전〉을 구분하는 불이문[=도판 94-⑦, 97]이 세워지면서다. 그러면서 이들 〈상로전·중로전·하로전〉의 경계가 지역적으로 나뉘면서 동시에 유기적인 영역으로 연결되었다[도판 96]. 각종 신앙체계를 종합한 사찰로 나아가게 된 것이다.

현재 보이는 통도사 가람의 구성적 특징들은 이때 기틀이 완성되면서 대단원을 이루었다. 그러니 통도사가 646년 세워지고 1305년 통불교로 완성되기까지는 650년이 걸린 셈이다. 그러나 1392년 유교 국가를 지향했던 조선의 개국과 함께 불교계는 숭유억불정책으로 시련의 길을 걷게 된다. 태종은 1406년 당시 불교의 11개 종파를 7개로 통합하고, 전국의 사찰을 242개만 남긴 채 모두 철폐령을, 이어 세종은 1424년 7개 종파마저 선·교 양종으로 정리하면서 사찰도 36곳으로 축소시켰다. 폐사시킨 곳은 후에 서원이나 실력자의 별장, 마을의 공회당이 되었다. 불상은 물론 파괴되고, 기막힌 사연이다. 오늘날 공산주의보다 더했다. 그래서 임진전쟁(1592년)이 일어나기 전까지 거의 200년간은 '꼼짝마'였다. 그것은 건축에서 뿐만이 아니었다.

〈영산회상〉이란 음악도 원래는 성악곡이었는데, 부처를 칭송하지 못하게 해 불교와 관련 없는 기악곡처럼 된 것에서. 그러다 일본의 야욕으로 임진왜란이 일어나자 전쟁에 참여한 승병들의 활약이 대단했다. 관군이나 유림 의병들에 비할 바가 아니었다. 그것은 사명대사가 의병을 일으키며 "우리는 죽더라도 백성은 보호해야한다"는 선언에서 알 수 있다. 당시 누가 이렇게 백성을 사랑했는가? 이 전쟁으로 일본군에 의해 전국 사찰이 불에 타는 피해를 입게 되었지만, 조정은 더이상 불교를 탄압할 수가 없는 처지가 되었다. 전국 사찰에서 활발하게 중창·보수·재건되는 움직임을 묵인하게 되면서 조선 불교계는 재건기를 맞게 된다. 그래서 통도사도 18세기 초까지 여러 건물이 창건되거나 중건 또는 중수되었다

이 기간의 재건축에서 통도사는 입구인 일주문에서부터 다시 〈하로전〉·〈중로전〉·〈상로전〉으로 중창할 수 있었다. 그러면서 오늘날에는 단위 사찰로서 박물관을 가장 먼저 모범적으로 짓는 등 새로운 중흥기를 맞으며 한류를 향해 용트림하고 있다. 그 영역을 자세히 보자.

## 통도사 영역 구분 – 〈하로전〉·〈중로전〉·〈상로전〉

[도판 96] 통도사 안내 인쇄물을 보면, 삼로전인 〈하로전〉·〈중로전〉·〈상로전〉에 대해서는 색깔로 영역 구분과 함께 이름만 나타나 있지, 설명은 없다. 그래서 오히려 궁금증을 일으킨다. 그 구분의 의미를 알아야 통도사의 진수를 이해할 수 있는데. 통도사의 교리적 핵심을 배치로 보여주는 것이다.

먼저, 현실의 여래세계인 〈하로전〉 지역은 사천왕문을 들어서면 드러난다. [도판 94]에서는 ① 일주문을 지나 ② 천왕문과 ⑦ 불이문 사이의 〈③, ④, ⑤, ⑥〉이 〈하로전〉 영역이다. 그중에서 주 영역은 북쪽의 ④ 영산전을 중심으로 ③ 극락보전, ⑤ 약사전 ⑥ 만세루 이렇게 네 건물이 중정마당을 'ㅁ'자로 방형을 형성하고 있다[도판 96 참조]. 그

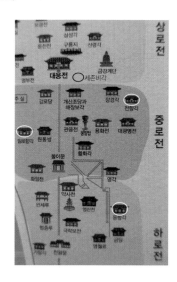

**도판 96** 통도사 전경: 통도사 안내 팜플렛에 소개된 〈상로전·중로전·하로전〉 세존비각이 빠져있다.

마당 가운데엔 3층석탑이 있고[도판 94-Ⓐ]. 이처럼 마당을 네 개의 건물로 에워싼 배치방식은 〈동(청룡)·서(백호)·남(주작)·북(현무)〉의 풍수지리에 맞춘 건축 양식이다.

영산전은 부처님이 영축산에서 설법한 장소를 현실의 이상정토로 오버랩시킨 불전이므로 그 장소가 바로 〈지금·여기〉로서 불국토다. 이에 반해 극락보전은 〈지금·여기〉에서, 〈지금〉은 맞지만 〈여기〉는 아닌, 머나 먼 서방정토다. 약사전도 동방의 어느 곳에 있다는 유리광정토를 상징하는 법당이다. 그러니 자연스럽게 〈지금·여기〉로서 필요충분조건을 다 갖춘 영

**도판 97** 불이문: 하로전에서 불이문 기둥을 액자 시각으로 해서 본 중·상로전 모습. 불이문은 하로전과 중로전을 구분하는 역할을 한다.

산전이 중심 법당이 된다. 따라서 이곳은 〈지금·여기〉에 계시는 석가여래를 중심으로 해서 그와 관련된 보신불(報身佛) 세계이다[※ 542쪽 도표 참조].

이곳을 기독교적으로 표현하면 예수 및 성령이 상징하는 세계들이다. 〈하로전〉 다음으로 가게 되는 곳이 미래의 진리 세계인 〈중로전〉 즉 미륵의 세계다. 56억 7천만 년 후에, 아니 어쩌면 "내일모레 동동"으로 나타날지도 모른다는 신세계 용화수 아래다. 이 중로전은 [도판 94]에서는 ⑦ 불이문[=도판 97]부터 개산조당까지의 일곽이다[도판 96참조]. 그중 가장 핵심이 되는 위치는 [도판 94]에서 보듯이 《⑧ 관음전 – ⑨ 용화전 – ⑩ 대광명전》으로 건물을 중축성으로 나타내고 있는 곳이다.

〈관음전〉의 보살이 〈용화전〉에 여래로 내려와 부처로부터 인수인계를 (봉발탑으로 배턴 터치 해서) 받는 것을 우주에 편만한 비로자나여래가 〈대광명전〉에서 인정하는 것으로. 즉 보살에서 여래에 맞게 관음전 뒤에 용화전으로 해 중축성으로 건물을 배치한 것. 그래서 여래를 모신 뒤쪽 건물들이 보살을 모신 앞쪽 건물보다 중요한 법당이 된다. 그러니 뒤로 갈수록 규모가 커지고 지붕도 높아지는 건물군이다. 그만큼 뒤쪽 건물이 신앙의 중심처라는 의미다. 즉 〈하로전〉이 영역성의 상징을 'ㅁ자 마당'으로 해서 북쪽에 위치한 영산전을 대표 건물로 나타냈다면, 〈중로전〉은 영역성의 상징을 건물과 건물을 꿰는 '축선상의 건물'로 배치해서 북쪽에 위치한 대광명전을 대표 건물로 나타냈다. 중심건물이 되는 대광명전은 통도사 개창 당시인 646년 신라시대에 창건된 건물로 알려져 있고, 용화전은 고려시대인 1369년, 관음전은 이보다 훨씬 뒤인 1725년 조선시대에 창건된 건물이라고 한다. 모두 이어오면서 재건되고 중수되었다. 이곳을 기독교적으로 말하면 예수가 최후의 심판을 통해 재림한 세상이 된다. 마지막으로 가게 되는 〈상로전〉은 영겁의 적멸세계다.

[도판 94]에서는 ⑪ 세존비각에서 ⑫ 대웅전과 ⑬ 금강계단 영역이다[도판 96 참조]. 1706년에 세운 세존비각의 정식 명칭은「사바교주 석가여래 영골사리 부도비」로 금강계단의 진신사리탑 내력을 설명한 비이다. 다른 절 같으면 중심이 되는 곳이 대웅전이 되겠지만, 이곳에서는 부처님의 진신사리를 모신 금강계단이다. 그래서 공(空)을 상징하는《금강계단》이 통도사에서 적멸로 모든 부처를 아우르며 위치

지우는 보궁 역할을 한다. 불사리를 봉안하기 위한 목적으로 통도사를 창건했기에. 그래서 그 모든 권위도 이곳 금강계단[=도판 100]에 있다. 그러므로 〈상로전〉에서 영역성의 상징은 금강계단이다.

　통도사에서 모든 건물을 신앙적으로 이끄는 중심점이기도 하다. 이곳을 기독교적으로 표현하면 영겁의 하늘나라 천상의 예루살렘이 되겠다. 그런데 〈하 → 중 → 상로전〉에 이르는 길을 보면, 예불자가 초입의 천왕문부터 높이를 느끼지 못하는 낮은 계단을 통해 〈하로전〉을 거치게. 그리고 〈중로전〉에서는 마당을 2단으로 계단같지 않은 계단으로 계단화[=도판 98]하여 〈상로전〉의 주전법당에 이르게 했다. 이렇게 〈하·중·상〉의 3로전의 뜰을 평지인 듯 계단인 듯 교묘하게 이었다. 위계가 아니라 단지 구별을 위함이다. 〈하·중·상〉의 세계가 모두 독자적인 시간과 공간 속에서 같은 진리의 세상이니. 그것은 삼로전의 구성배치에서 알 수 있다. 각 노전마다 의미에 맞는 주전 법당이 독자적으로 북쪽으로 있고, 성격에 맞는 탑도 각각 독립적으로 가지고 있으니. 즉 〈하로전〉에서는 영산전과 3층 석탑이, 〈중로전〉에서는 용화전과 봉발탑이, 〈상로전〉에서는 대웅전과 진신사리탑인 금강계단이. 그러면서 생기는 이층(異層)의 영역을 금강계단이 끄는 앵커에 의해 이끌려 올라가듯 지층을 주름처럼 계단화해서 돋은 것이다. 구별 아닌 구분을 위함이다.

　불교의 우주관은 〈욕계·색계·무색계〉로 이루어져 있다. 그 중 무색계는 진리라

도판 98 예불자가 계단같지 않은 2단의 마당계단을 거쳐 높은 상로전에 이르게 했다. 저 멀리 주전법당 중 동쪽면의 〈대웅전〉과 만나게 했다.

는 개념마저 적멸(寂滅)로 승화된 공(空)의 세계다. 사찰에서 〈하로전·중로전·상로전〉이란 명칭을 쓴 것은 예불자가 노전의 영역을 알리기 위한 방편일 뿐, 차이나는 세상이 아니다.

　모두 진리의 세계, 여래의 세계, 우주의 세계이기에. 단지 〈현재·미래·영겁〉이란 시간과 공간이 다른 진리의 세상일뿐. 그러므로 여기서는 그

위치가 〈아래·중간·위〉라는 표시일 뿐이다. 진리가 되는 여래세계에서는 〈위치·시간·공간·영역〉에 구분 없이 서로 상즉상입(相卽相入)하여 〈법신불·화신불·보신불·미래불〉이 정각 → 원융 → 변용 → 정각 → 변용 → 원융 → 정각 → ∞ 로 한없이 회통(會通)하기에.

### 〈주전 법당〉

주전법당은 하나의 건물인데, 동서남북 4면의 명칭이 각각 다르다. 즉《동-대웅전, 서-대방광전, 남-금강계단, 북-적멸보궁》으로. 이 주전법당은 위치가 통도사에서 가장 위에 있다. 그래서 〈상로전〉이다. 여기서 예불자들의 발걸음은 진입 동선상의 입구인 동쪽 〈대웅전〉[=도판 99]으로 해서 전 안으로 들어가 남쪽에서 북쪽인 창밖의 〈금강계단〉을 향하여 예불을 한 후, 서쪽 〈대방광전〉으로 해서 전 밖으로 나오게. 그런 후 〈적멸보궁〉인《금강계단》으로 들어가게 했다.

도판 99 주전법당: 방향 따라 이름이 다르다. 동쪽은 〈대웅전(大雄殿)〉, 남쪽은 〈금강계단(金剛戒壇)〉, 서쪽은 〈대방광전(大方廣殿)〉, 북쪽은 〈적멸보궁(寂滅寶宮)〉이다. 모두 4글자이니 대웅전도 대웅보전(大雄寶殿)으로 해야 어울릴 것 같다. 도판은 진입공간따라 축선상에 있는 동쪽의 대웅전 모습이다. 그런데 용마루 전체가 보이지 않는다. 정면이 아니라는 의미다. 금강계단과 함께 국보 290호다.

이같은 공간 구성의 형태를 원처럼 돌면서 꺾는다고 해서 '만자형(卍字形) 회절 공간'이라고 한다. 이 법당 뒤에 있는 진신사리를 비장한 금강계단은 진입공간의 종착지답게 〈적멸보궁〉으로서 '승화된 공간'을 통해 공(空)을 알려주고 있다. 예불자들이 주전법당에서 상품상생이 된 후 이

도판 100 금강계단 전경: 통도사에서 앵커 역할을 하는 중심점이다. 이곳에서는 대웅전 용마루가 합각 없이 그대로 드러나 있다.

1부 사찰과 성당의 발달

곳에서 적멸한 부처님처럼 승화되면서 공되라는 의미다. 그런데 이 주전 법당의 지붕에서 〈동: 대웅전, 남: 금강계단, 서: 대방광전〉 세 면은 모두 용마루 전체를 보여 주지 않는다. 정면성을 없앤 합각지붕 꼴이다. 정면성이 없다는 것은 측면이라는 얘기. 그런데 〈북: 적멸보궁〉만은 합각이 아닌 용마루 전체가 위엄 있게 보이는 정면성으로서 지붕이다[도판 100]. 그러므로 이곳이 정면이면서 공간적인 중심점일 뿐만 아니라 형태적인 것까지 중심처라는 증명이다. 따라서 동·서·남은 모두 북쪽을 향해, 즉《금강계단》이 있는 〈적멸보궁〉을 위

**도판 101** 조선왕릉 중 13대 명종과 인순왕후가 묻힌 강릉(康陵) 전경: 왕릉과 정자각의 배치구도가 통도사의 금강계단과 주전법당의 배치구도와 같다. 특히 왕릉의 정자각과 금강계단에서 주전법당의 그 건축구조가 같은 T자 형이다. 조선왕릉은 다 이같은 배치이다.

해 존재하는 것을 알 수 있다. 교리뿐만 아니라 건축적으로도 금강계단이 지존 중의 지존임을 나타내고 있다. 이같은 주전 법당의 건축구조는 어쩌면 조선시대에 유교에 비위를 맞추기 위한 방편이었는지도 모른다. 그것은 스님들이 양반들에게 노비 같은 부역의 역사에서 알 수 있다. 1719년 범어사 낭백 선사의 기록에 따르면 승려들에게 부여된 부역만 해도 40종이 넘었다고 한다. 그래서 이 잡역 저 노동에 동원되기에 정신이 없었다는 것. 그러니 면벽 수도는 언감생심이었다.

조선시대에 양반들은 불교를 "인륜을 끊고 세상 밖에서 허무하고 괴이한 윤회설로 사람을 기만"하고, 승려들은 "일하지도 않고 백성들의 노동에 기생충처럼 붙어 살면서 교화를 핑계로 혹세무민하는 존재"라고 하대하며 핍박하였다. 기 죽이고 소외시킨 것이다. 마찬가지로 일제 강점기에 일본은 우리 국민을 그들의 하등 국민으로 만들기 위해 바보 만드는 '빠가야로' 교육정책을 썼다.이같은 흐름은 오늘날에도 계속된다. 독재시대에는 3S(=스크린·스포츠·섹스) 정책과 블랙리스트 통한 차별 정책을, 민주화된 지금은 소수의 언론과 유튜브들이 왜곡과 가짜 뉴스를 만들어 국민을

희롱하며 속이고 있다. 이렇게 비위의 방편으로 보게 되는 것은 《금강계단》과 〈주전법당〉의 관계를 이와 비슷한 유교에서 최고 존엄처인 《왕릉》과 〈정자각〉의 배치 구조를 따랐기 때문이다[도판 101 참조]. 《금강계단》을 《왕릉》처럼 〈주전법당〉을 〈정자각〉처럼 했다. 왕릉 앞에 세우는 제사 장소인 정자각에서 그 지붕은 합각 형태이나 왕릉 쪽에서 정자각을 보게 되면 적멸보궁에서 처럼 용마루가 그대로 드러나는 정면성으로 해서 주전법당을 나타냈기 때문이다. 그런데 이같은 정자각 법당은 금강계단이 있는 다른 사찰에서는 없다. 다른 불교권 국가서도 볼 수 없다. 숭유억불 시대에 유교에 비위를 맞추려 했던 것인지, 아니면 대웅전 법당 방위마다 불교적 명칭을 부여한 것에서 보면 유교권 문화를 불교화하려 했던 것인지 그 사유는 알 수 없지만. 그러나 당시의 대세는 전자였다고 본다. 어쨌든 열반을 상징하며 진신사리를 모신 이곳 금강계단이 부처님이 성도 후 설법을 마무리하고 열반에 든 곳이다. 그래서 열반을 적멸로 해서 성(聖)의 절정공간을 공(空)으로 승화시켰다. 이곳을 기독교로 비교하면 〈주전법당〉은 예배자가 예배드리는 〈성소〉에 해당하고, 진신사리를 모신 《금강계단》은 하느님이 현존하는 《지성소》에 해당된다. 모든 계(界)가 무색계로 승화되는 적멸 공간이다. 그리고 〈상로전〉 영역에다 산령각을 세움으로써 통도사는 민속신앙까지 포용하면서 통불교의 대미를 이루었다[도판 96].

## 통도사의 존재 이유

이렇게 통도사는 병렬로 된 3개의 노전으로 구성되어 있다. 그중 삼로전 전체의 진입과정을 통합하면서 관통하는 것은 동·서의 구성축이고[=도판 95-①], 〈상·중·하로전〉으로 각각 세 영역으로 나누어 구분하고 있는 것은 남·북의 구성축이다[도판 95-㉮, ㉯, ㉰]. 이 세 개의 영역은 면적에서도 그 크기의 변화를 보이는데, 하로전은 200척, 중로전은 160척, 상로전은 120척으로 점차 줄어들게 했다[도판 95]. 즉 진입순서에 따라 5 → 4 → 3의 비례로 점차 공간의 부피를 줄여 신앙심을 긴장감으로 보이지 않게 고조시키기 위한 의도에서다. 부석사에서 마지막에 계단의 경사와 방향을 통해 신앙의 긴장감을 고조시킨 것처럼 말이다.

　　　　　　　　　　　　　　　　　　　　　　　　1부 사찰과 성당의 발달

중심건물 수에서도 상·중·하, 각 노전마다 4개 → 3개 → 2개로 줄어들게 했다. 김봉렬은 1757년에 〈응향각(凝香閣) - 전향각(篆香閣) - 일로향각(一爐香閣)〉이 세워지면서 통도사가 삼원(三院)의 노전(爐殿)으로서 〈상로전(上爐殿) - 중로전(中爐殿) - 하로전(下爐殿)〉이 구성되었다고 한다. 여기서 향각(香閣)이란 법당을 맡아 수행하고 관리하는 스님의 숙소이니, 이 향각에 〈상로전 - 중로전 - 하로전〉의 참된 의미가 함의되어 있음을 알 수 있다. 그 함의를 통해 나는 삼로전(三爐殿)이란 이름을 삼로전(三路殿)이란 의미로 해석한다. 즉 〈하로전(下路殿)〉·〈중로전(中路殿)〉·〈상로전(上路殿)〉으로. 이 길을 마음으로 수행하며 순례하다 날이 저물면 숙박하는 곳이 향각이니. 그래서 그런지 이 향각들은 [도판 96]에서 보듯 건물배치에서도 수행자처럼 모두 진입공간의 이면에, 구석에 있다. 이 건물들은 세속적으로 표현하면 부산에서 대전 찍고 서울로 가는 여행길에서 주막(酒幕) 역할이다. 여기서는 〈하로전 → 중로전 → 상로전〉으로 가는 여정에서의 불막(佛幕)이 되겠다.

　종교적인 면에서 인생길이란 속세에서 몸과 마음을 추슬러 일주문을 넘어 들어와 천왕문에서 탐진치를 내려놓고, 불계인 하로전(=현실의 부처 세계)에서 부처님을 만나 설법을 들으며 꽃비 내리는 정토를 심희로 체험한 후, 마찬가지로 아미타여래를, 약사여래를 반갑게 만난 후 〈응향각〉에서 순례의 여장을 풀게 된다. 다음 코스인 중로전(=미래의 부처 세계)으로 가, 그곳 용화세계에서 미륵부처님을 만나 상전벽해같은 미래의 개벽된 별천지 세상을 관광하다가 〈전향각〉에서 여장을. 그리곤 다음 코스인 상로전(=적멸의 세계)으로 간다. 상로전의 〈일로향각〉에서는 몸과 마음을 상품상생으로 추스른 후 금강계단에서 마음(=心)이 적멸을 통해 공(空)되면서 등신불처럼 영원한 해탈로 승화되어간다는 의미다. 인생길의 의미를 종교적인 순례길을 통해 더 깊이를 심화시켜주고 정화시켜 준다. 스스로 자정능력을 발휘하게 하는 것이니, 선재동자의 53선지식 순례하고는 또 다르다.

　백마사가 보여주는 통불교적 성격과는 차원이 다르다. 이 얼마나 극적이며 시적인 삼천대천의 우주 순례길인가. 건축으로 쓴 선시(禪詩)다. 이 길을 걸으면 저절로 마음이 터지고 깨지고 열리면서 스스로 삼천대천의 자세를 갖게 되지 않을 수가 없겠다. 세계의 순례길 중 실질적으로는 가장 짧은 거리이면서 의미로는 가장 긴 길이다. 100m 정도 되는 거리지만 의미적으로는 ∞이니까. 부석사에서도 그렇지만 그리고 뒤에 불국사에서도 밝혀지지만, 정말 교리미를 웅혼하게 보여주고 있다. 객체미가 아니라 주체미를. 즉 How미(美)가 아니라 Why미(美)다. 객체미란 겉으로 보여지는 미라면, 주체미란 스스로 보여주는 내면의 미이니. 불교건축에 대한 그동안의 설명은 미의 겉모습을 How로 설명했다면, 이제부터는 부처님이 선시로 보여주는 미의 원리를 Why로 설명해야 한다. 통불교로서 삼로전에다 〈응향각 – 전향각 – 일로향각〉이란 건물을 세운 것도 이같은 삼천대천을 꿰는 심원한 인생길을 불교의 주체적 선시미로 알려주기 위해서다. 어느 절보다 불교에서 모든 시간과 공간에 있는 법과 제도인 도(度)를 통(通)으로 품고 있는 통도사(通度寺)다. 통도사의 드높은 존재가치가 바로 여기에 있다. 따라서 앞으로 불교는 주체적인 깨달음을 터득하기 위해서 〈법당〉의 의미 못지않게 〈응향각 – 전향각 – 일로향각〉에 대한 수행과 중생들을 위한 그 순례적 중요성을 강조해야 하지 않을까? 부처의 관점을 바탕으로 해 나의 관점에서. 어쨌든 그 〈삼로길〉을 높지 않은 높이로 편안하게 그러면서 공간부피를 보이지 않게 줄이며 긴장감을 유도하면서, 어느 절에서도 볼 수 없는 삼천대천의 깊고도 넓은 인생길을 우주로 해서 하염없이 나타냈다.

## 에피소드

1975년 8월 초순, 대학원 시절, 그 어느 무더웠던 여름날이었다. 갑자기 연락이 와 지현 스님과 함께 양산의 통도사 삼로전을 거쳐 극락암에 계시던 경봉선사를 만난 적이 있다. 아니 친견이라 할 수 있다. 불교에서는 신앙의 대상이 아니더라도 존경하는 큰 스님을 만날 때는 친견이라는 용어를 쓴다. 사실 만나 뵈러 가면서도 경봉선사라 하는데, 어떤 스님인지 전혀 몰랐다. 지현 스님이 마당에서 경봉선사를 모시고 방으로 들어가더니, 나더러 안경을 벗으란다. 그리고는 돌아가신 분에게 2배를 하는데, 산 사람에게 3배를 하자는 것이다. 지금까지 그 삼배는 내 생애 처음이며 마지막이다. 그리고는 무릎을 꿇었다.

경봉스님 할, (내심으로 무슨 좋은 소식을 갖고 왔는지 기대하며) "그래 자네 왜 왔나?" 저승사자가 보기 좋게 낀 동안의 얼굴에 웃음 띤 카랑카랑한 가벼운 목소리로 농담 속 진담의 일갈이었다.

"네, 제가 『선으로 가는 길』이라는 책을 썼습니다."

말이 떨어지자마자 목소리가 빠른 템포로 높아지면서,

"자네, 선으로 가는 길이 어디에 있나?" 꾸중하듯 내뱉자.

"네, 없지만 가고 싶어 하는 사람들에게 조금이나마 도움이 되게 하기 위해서…"

말이 끝나기도 전에, "그럼, '추천사'를 써 달란 말인가? 못써주겠네."

"불러만 주십시오. 받아 적겠습니다."

갈등이 될 만한 얘기가 이상 정토에서 보듯 경쾌하게 선문답처럼 오갔다.

그후 큰 스님이 궁금한 웃음을 지으며 나를 보자, 지현 스님이 "제 친굽니다" 했다.

"자네는 무얼 좋아하는가?"라는 질문에, 대학에서 산악부 활동과 전국대학산악연맹 회장을 지낸 것을 아는 친구가 대신 대답하기를, "산을 좋아합니다."

그러자 "산이 왜 좋은가?" 하신다.

그 질문에 내가 "말로는 설명할 수 없습니다" 하자.

"그럼 행동으로 해보게". " …(%$#@&*%+=?!)… ", 흐름이 멘붕으로 끊어졌다. 나는 시작부터 한계를 드러내고 말았다.

"자네는 건강하군, 재주가 있어, '그런데 도가 없네'" 하신다.

그 외 몇 가지 얘기가 오고 간 후, 공양 시간이 되어 그것으로 친견은 끝났다

우리는 큰 스님과 공양을 따로 했다. 내가 지현 스님에게 "방안에서 산이 좋다는 것을 어떻게 행동으로 표현해?" 하고 물으니, 지현 스님은 "큰 스님에게 다가가서 귀에 대고 '야호'를 외친다든가, 기쁜 표정을 지으며 '박수'를 치는 것도 한 방법이지" 한다. 그렇게 못한 것은 처음 뵙는 큰 어른 앞이라 쫄아 있는 마음에다 모태신앙으로서 기독교 문화권에 젖어온 소통방식의 차이 즉 기독교에서는 논리적인, 불교에서는 논리를 감각화한 곧 직관에 따른 성향의 차이도 컸다고 본다. 헤어질 때, "그럼

어떻게 하면 도를 구할 수 있겠습니까?"하고 무식하게 질문하려고 마음 먹었다.

그런데 대나무 발을 친 채 선풍기를 켜놓고 오수를 선으로 즐기셔서 다음에 찾아오는 명분으로 남기고 혼자 먼저 하산했다. 그 이후 그 친구와도 이래저래 환경이 변하면서 만나지 못했다. 잊지 못할 친견 경험으로 아련한 추억이 되었다. 물론 친구의 발간된 책에는 경봉선사의 추천사가 있었다. 몇 년 후(1982. 7. 17.) 경봉 스님이 입적했다는 소식을 0.7평의 다른 세상에서 들었다. 그 후, "그런데 자네는 도가 없네"라는 큰 스님의 그 한마디는 나에게 평생 알게 모르게 삶에서 해결해야 할 잠재된 화두가 되었다. 잠재된 그 힘이 오늘 이 글을 쓰는데도 보이지 않는 뒷배경이 되었다고도 볼 수 있다. 친견이란 멀리 있는 것이 아니다. 깨치는 수준이 달라서 그렇지 사람들은 매일 친견을 경험한다. "같이 걷는 세 사람 중에 스승이 있다"는 격언이 있지 않은가.

대학 시절 영락교회에 나갔다. 교회 계단 첫 번째 참 위에서 성경책을 가슴에 성모가 아기 예수를 안듯 품고서 올라오는 신자마다 보살처럼 부드러운 미소로 주일마다 맞이해주시던 한경직 목사님을 만나는 것도, 방학이면 월드비전 대학생 연수회에서 당시 존경하던 분들에게서 〈돌체 스틸 노보〉의 신학 강의를, 특히 한경직 목사로부터는 기독교인으로서 품성을, 서남동 목사로부터는 의식을, 안병무 목사로부터는 역사를, 변선환 목사로부터는 바탕을 깨달았다. 기타 연수회에서 참신하고 상큼한 강의를 들은 것도 지금 생각하니 콩나물이 물을 먹지 않는 것 같지만 성큼성큼 자라듯 나를 이끌어 준 친견들이었다. 그러나 무엇보다 더 나에게 멘붕의 멘붕으로 거듭난 깨우침을 준 것은 사람이 아니라《부림 보살》친견이었다! 친견이란 이렇게 삶에 신선한 정신을 거듭남을 통해 주거나, 즐거운 마음으로 새롭게 삶을 다짐하게 하거나, 또 다른 차원의 아름다움을 깨닫게 해준다. 성경에서 핵심 지역인 아골에 쌓인 수많은 마른 뼈다귀가 그 골짜기에 성령의 바람이 불자, 서로 짝을 맞추고 살이 붙고 피가 돌고 마지막으로 숨 쉬게 되면서 모든 뼈다귀가 살아나 거듭난 인재가 되는데, 그것도 친견이 가진 신기한 바람의 힘이다. 때때로 통도사에 가게 되면 마지막 순서로 빠지지 않고 경봉선사의 부도탑을 둘러보게 된다. "그런데

도가 없네" 하시며 주신 화두에, 도란 〈삼로전〉 순례처럼 '생태순환에 따른 힐링'이라 나름대로 뒤늦게 웃음으로 대답하면서….

## 정리

통도사 건축사에서 창건기인 7세기, 중창기인 14세기 그리고 재건기·보완기인 18세기의 활동에 특히 주목할 필요가 있다. 이를 통해 통도사 건축은 시간으로는 삼로전에서 보듯 교리가 틀이 잡히고 체계화되고 보완되는 궤에 따라, 공간적으로는 정자각처럼 생긴 주전법당에서 보듯 정치적인 정세에 따라 탄력적으로 변천해 왔음을 알 수 있다. 화엄사상의 핵심은 "하나가 전체이고, 전체가 곧 하나다." 그런데 통도사가 그렇다. 삼로전으로서 ⑻중정성·⑹중축성·⑽중심성'이란 특성이 유기적인 조화를 이루며, 통불교로서 〈현실–정토신앙〉·〈미래–미륵신앙〉·〈적멸–공심신앙〉은 물론 별도의 〈민속신앙〉까지 아우르면서다. 지금까지의 내용에서 신라 사찰의 성격을 다음과 같이 정리할 수 있다.

인도에서 서역과 중국을 거쳐 들어온 불교가 초기엔 황룡사에서 보듯 왕권과 결탁하여 수용되면서 우리나라 사찰 양식의 모델을 이루며 권위 있게 '정착'하였다. 이후 부석사에서는 사찰의 건축 배치가 깨달음의 흐름을 순수 생태 리듬으로 교리화하여 신라 주체적으로 '토착화'시키더니, 불국사에서는 석불사와 한몸을 이루며 통일신라 특유의 신앙으로 주체화하여 화려하게 만다라 건축물로 '응용'하면서 '완성'하였다. [순서, "사찰의 건축적 특징–불국사를 중심으로" 참조] 그러면서 통도사에서 보듯 통불교의 대단원을 이루었다. 각 사찰은 이렇게 각 사찰마다 가진 그 조성 목적을 나름대로 특성있게 나타냈다. 사찰에서 이같은 건축의 특성은 보이지 않는 깨달음의 원리를 당시의 신앙 성격과 현지의 지형에 맞춰 생태적으로 건축한 구조이기 때문이다.

## 3) 일본 – 법륭사 · 동대사

일본은 중국의 영향도 받기는 했지만, 애초에는 그들의 표현대로 백제를 중심으로 해서 '도래인'들이 건너가 문화발전에 기여했다. 이후 아스카(飛鳥) 시대(538~710)에 쇼토쿠(聖德) 태자(574~622)의 장려정책으로 불교가 공식으로 인정받게 되었으며, 나라(奈良) 시대(710~794)부터는 여러 종파를 직접 수용하였다. 헤이안(平安) 시대(794~1185)에는 천태종과 밀교인 진언종이 성립되었다. 가마쿠라(鎌倉) 시대(1185~1336)에는 무사 계급이 주도하면서 정토종이 확산되었고, 무로마치(室町) 시대(1336~1573) 이후에는 점차 쇠퇴하더니 오늘날에는 신도(神道)에 밀려 명맥만 유지하는 분위기다. 그중 일본이 자랑하며 세계적으로 알려진 〈법륭사〉와 〈동대사〉를 중심으로 살펴보되, 먼저 간단히 일본 불교문화의 DNA인 아스카 문화를 알아보자.

### 일본 문화의 고향, 아스카(飛鳥)

불교의 전래와 함께 고분(古墳) 시대가 막을 내리고 아스카 시대가 열렸다. 일본 천황가의 조상이라고 믿는 야마토(大和) 정권이 형성된 때다. 아스카 문화는 불교가 수용된 6세기 중엽(552)부터 대화개신(大化改新)이 일어난 7세기 중엽(645)까지를 말한다. 그 중심지도 야요이시대 이래 중심지였던 규슈에서 혼슈 나라현의 야마토 지역으로 바뀌면서다. 일본은 나라 분지의 남단을 아스카(飛鳥)라 칭하고 〈일본 고대 국가의 중심지〉, 〈일본 문화의 고향〉, 〈일본 불교의 발상지〉 등 여러 가지 의미를 붙이고 있다. 그러면서 일본의 학교들은 이곳을 수학여행지의 베이스로 삼고 있다. 그러나 아스카 지역이 왜 일본 역사와 문화

도판 102 아스카데라 입구: 백제계 양식으로 소가(蘇我) 씨의 씨사(氏寺) 즉 원당(願堂)에서 시작되었다. 그 후 도읍을 평성경(平城京, 헤이조쿄)으로 옮기면서 개축되었고, 이름도 법흥사(法興寺, 호코지)에서 원흥사(元興寺, 간코지)로 개칭되었다가 비조사(飛鳥寺, 아스카데라)로 바뀌었다.

의 시원지라고 하는지에 대해서는 설명하지 않고 있다. 그들이 말하는 도래인들의 고향 한반도에서의 학술과 사상 그리고 기예들이 일본으로 전파된 것을 공식으로 알리고 싶지 않아서다. 그러나 도래인의 영향은 숨길 수 없다.

남아 있는 수많은 유물이 증거이지만 그래도 그 무엇보다 분명하게 뒷받침하는 것은 일본 천황의 족보가 백제계라는 것에서 알 수 있다. 지난해 5월 1일 천황을 양위한 아키히토가 기자회견(2001년 12월 23일)에서 스스로 백제 왕족의 혈통임을 밝힌 것에서. 그보다 더 역사적으로, 현실적으로, 공식으로 분명하고 확실한 선언이 어디에 있는가? 일본의 정치에서 특히 자민당 우익계에서는 정치를 일본 천황의 마음과 다르게 이끌고 있다. 천황은 친한으로 이끌고 싶은데 정치계는 반한으로, 당시 천황이 자기의 족보까지 고백을 한 기자회견은 그 절절한 희망사항이지 않은가.

특히 제33대 스이코(推古: 593~628) 여황은 불교의 합법화 이후 백제불교를 바탕으로 '아스카 문화'를 일으킨 주인공이기도 하다. 그녀는 백제의 관륵(觀勒) 스님을 모셔다가 천문지리학을 일으켰고, 백제 음악가 미마지(味摩之)를 모셔다가 한반도의 사자 춤과 아악(雅樂)을 전수시켰다. 또 고구려의 담징 스님을 모셔서는 법륭사(法隆寺, 호오류 우지)의 금당 벽화를 비롯한 미술 중흥을 일으켰고, 신라 불교도 도입을 했다[주21]. 이처럼 스이코 천황은 한반도 3국(고구려·백제·신라)의 학문·사상·예술의 힘으로 야마토의 아스카 문화를 아름답게 꽃피웠다. 그 근거는 〈아스카(飛鳥)〉라는 지명의 뜻에서도 알 수 있다. 그 설명을 이영희 씨의 해설을 추려서 소개한다[주22].

일본 옛 문헌에 따르면 '아사', '아스', '아시'는 '아침', '내일'인 동시에 '맨 처음', '맨 끝', '맨 위', '최고', '최고 권력자(=특히 여성 권력자)' 등을 뜻하는 낱말로 고대 한국어인 동시에 고대 일본어이다. 왜의 옛 도읍지 아스카(あすか)도 아사달과 흡사한 뜻의 지명이다. '아스(あす)'라는 일본말은 '내일'을 칭한다. 그러나 고대엔 '(다음 날) 아침'을 의미했다. '아침'을 뜻하는 일본말 '아사(あさ)'와 비슷한 낱말이다. 한편 '카(か)'는 '곳'의 옛 일본말이다. 그러니 '아스카'는 '아침의 땅', '최초·최고의 고장'을 뜻하는 지명이었음을 알 수 있다. 한자로는 '명일향(明日香)', '비조(飛鳥)'의 두 갈래 표기법이 있다. 지명은 하나인데 한자 표기가 둘이다. '내일' 즉 '명일'은 일본말로 '아스(あす)'다. 그리고 '향(香)'의 일본식 새김은 '카(か)'다. 따라서 '아스카'라 읽히는 한자는 '명일향(明日香)'으로 '아스카'라는 지명을 나타낸 것이다. 여기까지는 알 수 있다. 그러나 '飛鳥'를 '아스카'라 읽는 것은 아무래도 이해하기 어렵다. 일본식 한자의 음독·훈독을 총동원해도 '飛鳥'는 '아스카'라고 읽을 수가 없기 때문이다. 이것은 '아스카'를 에워싼 최대의 수수께끼다.… 그래서 이 수수께끼를 둘러싸고 많은 학설이 난무해 있다. 그것은 일본어로 해석하기 때문이다. '비조(飛鳥)'를 우리 이두식으로 읽어보자. '비(飛)'라는 한자의 새김은 '날'이다. 그리고 '조(鳥)'의 새김은 '새', 두 자 합하면 '날새', 밤이 가고 날이 새는 것을 말하는 낱말이다. 날이 새면 대지는 아침을 맞이한다. 그러니 '날새' 즉 '비조(飛鳥)'와 '아침의 땅' 즉 '명일향(明日香)'은 같은 뜻의 낱말임을 알 수 있다. '비조(飛鳥)'도 '아스카', '명일향(明日香)'도 '아스카'로 읽는 연유가 이것이다. 우리말을 모르고는 도저히 지을 수도 풀 수도 없는 문학적인 이름이다. 이것은 무엇을 의미하는가. 아스카 마을을 최초로 개척한 집단이 우리나라에서 건너간 우리 조상들이었다는 사실을 의미한다.

이렇게 해서 아스카의 역사가 시간이 점점 흐르면서 일본 고대 국가 성립의 첫발을 내딛게 되었다. 이른바 아스카 시대의 개막이 시작된 것이다. 보다 분명한 아스카시대는 불교가 수용된(552) 이후 중앙집권 체제인 대화개신(大化改新, 645)을 완성하기까지의 약 1세기를 말한다. 이 시대구분의 용어는 1900년 전후에 건축·미술사 개념에서 세키노 다다시(關野貞, 1867~1935)가 처음 사용했다.

일제 시대 도쿄대학 건축사학 교수로서 우리 역사를 〈식민 사관〉으로 이끈, 대표적 어용사학자였던 그도 아스카 시대는 한반도의 영향을 받았다고 규정한 것이다. 이 문화의 주인공들은 스이코 천황, 특히 쇼토쿠(聖德) 태자를 중심으로 해서 포진된 소가(蘇我) 씨 등 한반도 출신의 도래인들이었다. 그 이후 〈일본 고대국가의 중심지〉, 〈일본 문화의 고향〉, 〈일본 불교의 발상지〉라 불리게 되는 건축·불상·회화 등이 발달하였다. 아스카 지역을 중심으로 하여 불교문화가 꽃 피게 된 것이다. 이 아스카 문화가 화려하고 다양하게 국제성을 가지게 되면서 일본열도는 국제무대로 편입하게 되었다. 아스카 문화는 일본이란 고대 국가가 질적으로 성숙되고 비약하기 위해서는 반드시 거쳐야 할 단계를 압축시켜 업그레이드시켜준 문화였다.

그 문화의 센터가 바로 비조사(飛鳥寺, 아스카데라). 비조사(飛鳥寺)는 백제계 양식으로 소가(蘇我) 씨의 씨사(氏寺), 즉 원당(願堂)에서 시작되었다. 그 후 도읍을 평성경(平城京, 헤이조쿄)로 옮기면서 개축되었고, 이름도 법흥사(法興寺, 호코지)에서 원흥사(元興寺, 간코지)로 개칭되었다가 비조사(飛鳥寺, 아스카데라)로 바뀌었다. 『일본서기』에 의하면 588년에 착수하여 593년에 금당과 보탑을 조성하고, 596년에 완공한 것으로 되어 있다. 일본에서 최초로, 그래서 가장 오래된 사찰이다.

한국이 일본에 문화를 전파했다는 사실은 사료와 유물·유적을 통해서도 알 수 있지만, 보다 직접적인 사실은 그들의 역사에서 백제를 조국으로 고백하고 있는 사료에서 더 증명된다. 남아 있는 사료가 없어서 전투가 어떻게 벌어졌는지 구체적인 정황은 알 수 없으나, 네 번에 걸친 백(춘)강 해전에서 〈백제·야마토〉 연합군은 〈나·당〉 연합군에게 처참하게 패배하고 만다. 663년 음력 8월 27일과 28일 이틀의 역사로 동아시아에서 벌어진 최초의 국제해전이었다. 백제 회복을 위해 노력하던 중, 부여풍과 복신의 의견이 갈리고 최후의 거점이던 주류성(州柔城)이 실함되었다는 소식을 듣자 일본열도에 있던 백제 사람들의 울부짖음이 온 땅에 가득했다고 한다. 그 한탄을 『일본서기』는 663년 9월 7일에 전하고 있는데, 그 내용은 다음과 같다[주23].

天智天皇二年 國人相謂之曰, 州柔降矣. 事无奈何. 百濟之名, 絶于今日, 丘墓之所, 豈能復往
천지천황2년 국인상위지왈, 주류항의. 사무나하. 백제지명, 절우금일, 구묘지소, 개능복왕
천지천황 2년(663)에 나라 사람들은 서로 울부짖었다. 주유성이 함락됐구나. 이를 어떻게 해야 좋단 말인가? 오늘로 백제의 이름은 사라지고 말았구나. 이제 조상들의 무덤이 있는 그 곳을 어찌 다시 찾아갈 수 있으랴!

일본 열도에 있던 사람들은 백제가 망했다고 왜 이렇게도 비통해했는가? 열도 사람은 조상의 무덤이 어찌 백제 땅에 있다고 했는가? "이제 조상들의 무덤이 있는 그곳을 어찌 다시 찾아갈 수 있으랴!"라고 한탄하는 이유는 무엇 때문인가? 도읍을 옮기면서까지 백제를 구원하려던 당시 일본 열도인은 과연 어떤 사람들인가? 이 비통해하는 글에서 적어도 7세기 전반까지 일본은 백제의 해외영토나 마찬가지였음을 알 수 있다.

『일본서기』는 이 백(마)강[白(馬)江] 전투를 하쿠스키노에(白村江) 전투라 한다. 흥미 있는 점은 이 전투에서의 패전을 백제의 멸망으로 보고 있다는 점이다. 이는 그들이 백제의 마지막 왕을 의자왕이 아니라 풍왕으로, 백제의 멸망을 우리가 아는 660년 7월 18일이 아니라, 663년 8월 28일로 인정하고 있음을 알 수 있다. 사실 이긴 나라는 패한 나라의 부흥운동을 역사로 인정하지 않는다. 그러나 패한 나라는 마지막 온 힘을 다해 싸운 잔사(殘史)까지 기록하고 싶어 한다.어쨌든 그 아쉬움을 우리보다 더하고 있는 것이다. 그러니 그들 문화의 고향이 아스카를 넘어 있다. 일본의 역사는 여기서 백제와 끊어지면서 오늘날의 독립된 일본으로 즉 한반도와 종속적 영향권에서 벗어나는 계기가 되었다. 지형적으로 섬나라인 것은 물론 역사적으로도 독자적인 섬나라가 되었다. 일본에서도 6세기에서 7세기에 걸쳐 조선반도의 고구려·백제·신라를 경유해 불교미술이 전해졌다는 사실 정도는 표피적으로 인정하고 있다.

## (1) 법륭사(法隆寺, 607)

### 법륭사 건물 배치, 〈서원 · 동원〉

법륭사(法隆寺, 호류지)는 부지만도 56,500평이나 된다. 현재 여기에 세계에서 가장 오래된 목조 건물이 있다. 그 건물이 〈금당〉과 〈오층탑〉이다. 이 사찰은 제31대 요우메이(用明: 586~592) 천황이 588년에 자신의 병을 치유하기 위하여 약사여래상을 봉안하려다가 이루지 못하고 죽자, 그의 유지를 받들어 여동생인 33대 스이코(推古:

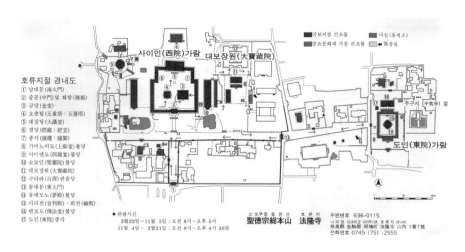

호류지절 경내도
① 남대문(南大門)
② 중문(中門) 및 회랑(廻廊)
③ 금당(金堂)
④ 오층탑(五層塔)
⑤ 대강당(大講堂)
⑥ 경당(經堂)
⑦ 종각(鐘樓)
⑧ 가미노미도(上御堂)불당
⑨ 사이엔도(西圓堂)불당
⑩ 쇼인(聖靈院)불당
⑪ 대보장원(大寶藏院)
⑫ 구다라(百濟)관음당
⑬ 동대문(東大門)
⑭ 유메도노(夢殿)불당
⑮ 사리전(舍利殿)·회전(繪殿)
⑯ 덴포도(傳法堂)불당
⑰ 도인(東院)종각

● 관람시간
2월22일~11월 3일 : 오전 8시~오후 5시
11월 4일~ 2월21일 : 오전 8시~오후 4시 30분

소토쿠종 총본산  호류지  우편번호  636-0115
聖德宗総本山 法隆寺  나라현 이코마군 이카루가쵸 호류지 산나이
                  奈良県 生駒郡 斑鳩町 法隆寺 山(内) 1番1號
                  전화번호 0745 (75) -2555

**도판 103** 법륭사 가람 배치 전경: 보는 방향에서 왼쪽이 서원(西院)이고, 오른쪽이 동원(東院)이다. ※ 조선일보, 『일본속의 한민족사』 참고

593~628) 천황과 요우메이 천황의 아들인 성덕(聖德, 쇼토쿠) 태자가 607년에 창건한 절이다. 창건 연대에 대해서는 여러 가지 주장이 있지만, 622년 성덕태자가 죽은 후 반구사(斑鳩寺, 이카루사)가 되었다가 후에 또 다시 법륭사라 부르게 되었다[주24]. 그 후 670년에 소실되었고, 현재의 가람은 686년

**도판 104** 법륭사 금당(=법당) 전경: 법륭사 금당은 세계 최고(最古)의 목조건물로, 그 균정(均整)된 자세는 고대 건축 중에서도 뛰어난 아름다움을 나타내고 있다.

에 완성되었다는 설[주25]과 708년에 조성되었다는 설이 있다.

현재 법륭사 가람은 〈서원(西院)·동원(東院)〉으로 나누어져 있다[도판 103]. 그중에서도 중심이 되는 곳은 서원이다. 서원은 왼쪽엔 〈법당〉[도판 103-③, 도판 104]을, 오른쪽엔 〈5층 목탑〉[도판 103-④, 도판 110]을 배치한 이 사찰에서 가장 핵심이 되는 곳이다. 도판처럼 금당과 탑을 나란히 배치했으니 불상과 탑을 동격의 신앙대상으로 삼고, 그 주변을 회랑으로 감싼 구조이다. 금당과 오층탑, 이 두 건축물은 산뜻하면서도 웅건하게 지어졌다. 금당은 높이가 5층탑의 절반인 16m이고, 2중 기단 위에서 우아한 위용을 잘 나타내고 있다.

높이 32m의 5층탑은 상륜이 전체 높이의 3분의 1이다. 1층부터 각 층은 부드럽 게 긴 곡선의 지붕선과 첨차따라 깊숙히 들어간 공포의 처마가 서로 조화된 자태를 보여준다. 그리고 동대사도 마찬가지이지만, 법륭사를 둘러싼 회랑의 건축구성이 〈1: √2〉의 비례수법이다. 즉, 남북(=세로)으로 놓인 회랑은 동서(=가로)로 놓인 회랑 의 √2배의 크기(=정사각형의 대각선 길이)로 되어 있다[주26]. 이것은 석불사·불국사에 서 보이고 있는 비례와 같은 원리다[도판 308. 309]. 동원은 성덕태자를 존경했던 행신(行信)스님이 739년 반구궁(斑鳩宮) 동쪽에 별원으로 세운 것이다.

이곳에서 대표적인 건물은 구세관음을 모신 8각원당형의 몽전(夢殿, 유메도노)이다 [도판 103-⑭=도판 112]. 이 건물은 739년에 세운 이후 수 차례 수리되었지만 지 금까지 원형이 지붕의 물매만 변형된 채 그런 대로 잘 남아있다. 이 건물의 기본적 인 구조가 신라시대 팔각 승탑(=부도) 형식이라는 점이 주목된다. 그 후 법륭사를 여 러 번 수리했다. 특히 가마쿠라(鎌倉) 시대(1185~1336)에 들어서 가람 전체를 대수리 하여 오늘에 이른다. 일본에서는 성덕태자와 관계 있는 사찰이 많은데, 그 중에서도 법륭사가 그 중심이 된다. 그래서 법륭사를 "성덕종(聖德宗) 총본산(總本山)"이라고까 지 하고 있다[도판 103].

### 〈금당〉

『일본서기』에는 쇼토쿠 태자가 건립 한 후 천지 천황 9년(670)에 소실되어, 현 재 건물은 686년에 재건했다, 아니다 708 년에 했다고 각기 주장하며 논쟁 중이다. 이 사찰에서 앵커가 되는 금당 안을 보자. 많은 불·보살·천이 배치되어 있다[도판 105]. 먼저 금당 중앙에는 이 사찰의 주존

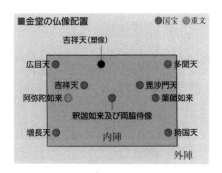

도판 105 금당의 불상 배치도: 일본의 『國寶の旅』 講談社 183.

불로써 쇼토쿠 태자를 위해 조성한 금동석가삼존상이 있다[도판 106]. 그 오른쪽으로는 태자의 아버지 요우메이 천황을 위한 금동약사여래좌상과 왼쪽으로는 자당(慈堂)인 아나호베하시히토(穴穗部間人) 황후를 위한 금동아미타여래좌상이 있다. 그중 약사여래좌상은 광배의 명문에 애초 법륭사가 완성된 스이코 천황 15년(607)에 만들어진 것으로 명기되어 있어 일본에서는 현재 최고 오래된 불상으로 되어 있다. 원래 이 사찰은 요우메이 천황이 자신의 병을 치유하기 위해 약사여래를 봉안하려 했다. 그런데 이루지 못하고 죽자 그 유지를 받들어 여동생인 스이코 천황과 아들인 쇼토쿠 태자가 세웠다. 그런데 불상배치에서는 그 아들인 태자를 위해 조성한 불상이 중앙에 배치되어 있다[도판 105, 106]. 쇼토쿠 즉 성덕태자의 역사적 위상을 알려준다.

천황으로 계승하지 못했는데도. 궁금하기 짝이 없는 인물이다. 그리고 이 불상들을 수호하듯 위엄을 갖춘 사천왕상이 있는데, 이는 하쿠오 시대(7세기 중기~8세기 초기)에 녹나무(=樟木)로 만든, 일본에서 가장 오래된 사천왕상이다. 금당에 있는 이 모든 상이 다 국보다.

금동아미타여래좌상만 중요 문화재이고. 법륭사 금당의 위상을 말해준다. 본존

도판 106 금동석가삼존상: 법륭사 금당의 주존불인 이 불상의 미소는 성덕태자에게 자비로움을 나타내 구원에 대한 확신을 신앙으로 깨닫게 의도했다. 따라서 이 불상은 성덕 태자의 분신이라고도 볼 수 있다.

불 위에는 비천과 봉황이 비상하는 모습을 한 닫집이 있다. 그리고 사방의 벽에는 12개의 (금당)벽화가 그려져 있다. 이 중 4개의 벽화는 크게, 8개의 벽화는 작게 그려져 있는데, 특히 서쪽 벽에 크게 그려진 아미타여래상은 고구려사람 담징이 그린 것으로 알려져 있다[도판 107].

### 금동석가삼존상 도판 106

금당의 주존불로써 〈금동석가삼존상〉이 정중앙에 봉안되어 있다[도판 105. 106]. 일본 불상의 아버지로 불리는 백제에서 건너온 조각가 구라스쿠리노 도리[鞍作 鳥(=止利)]가 스이코 여왕이 당부하여 아스카사 불상에 이어 제작하였다.

이 삼존상은 현재까지 원상태 그대로 보존되어 있는 만큼 매우 귀중한 유물이다. 광배 뒷면에는 병져 누워 있는 성덕태자의 완치를 염원하여 조성했으나 죽은 다음 해(623)에 이루어졌다는 명문(銘文)이 있다. 성덕태자의 완치 효험을 위해 그와 크기가 같은 87.5cm의 등신불로 조성했으나 결과적으로 치유가 아니라 천도를 비는 불상이 되고 말았다. 제작연대, 제작자를 명확하게 알 수 있어 일본의 불상양식과 그 외 불상 연구의 기준이 된다[주27]. 이 본존상의 구도적 특징은, 정면의 부처를 중심으로 두 협시보살이 역삼곡(逆三曲)의 좌우 대칭으로 되어 있다는 점이다.

소수 중생을 위한 예각으로서 삼곡(三曲) 형태보다 다수 중생의 자비를 배려한 광각으로써 역삼곡 구도다. 그렇게 폭넓게 예불자들을 바라보면서 서로 유기적으로 통일되어 안정감을 주고 있다. 삼존을 감싸는 듯한 크고 넓은 신광은 화염 무늬를 통해 깨달음이 불꽃처럼 타오르는 듯 강조하였다. 보살의 머리 뒤에는 각각 특색 있는 독립된 두광을 설치하고, 부처를 중심으로한 커다란 배광으로 삼존의 광배·신체·대좌를 하나로 연결시켜 전체를 통일되게 하였다.

이렇게 법륭사 석가여래 삼존상은 안정감·정면관·엄격성·역삼곡으로 여원시 무외 수인을 하고 부드러운 웃음을 짓고 있다. 그러면서 수인대로 "네 소원이 무엇이냐? 두려워하지 말고 어서 일러보아라"라고 말하며 치유는 물론 서방정토 왕생까지 허용하겠다고 성덕태자에게 말하는 듯하다. 그런데 불상이 조성되기 1년 전에 먼저 갔다. 비록 백제의 완벽한 문화 예술품은 백제의 패망과 함께 조국인 한국에서는 사라졌지만 일본에서는 지금까지 그 본색을 자랑하고 있는 것. 법륭사는 불교미술의 보고임과 동시에 고대 우리 문화의 원류가 고스란히 숨쉬고 있는 곳이다.

### 금당 벽화 도판 107, 108

금당의 벽은 흙에 모래와 스사를 섞어 바르고 그 위에 다시 아마나 풀을 발랐다. 그 다음에 백토를 칠한 프레스코 벽에다 홍·녹·황의 천연 안료인 석채(石彩)로 각 정토의 그림을 그렸다.

즉 사방의 큰 벽면, 곧 남쪽 벽에는 석가여래의 영산정토를, 동쪽 벽에는 약사여래의 보광정토를, 북쪽 벽에는 미륵여래의 용화정토를, 서쪽 벽에는 아미타여래의 서방정토를 나타냈다. 그 가운데에서도 가장 우수하고 대표적인 그림이 담징이 그렸다는 서쪽 벽의 아미타삼존상이다. 이 그림은 가로 313cm×세로 260cm나 된다[도판 107]. 특히 왼쪽 협시의 [도판 108] 관음보살상의 형상은 풍만하면서도 매우 우아하고 부드럽게 묘사되어 내면의 정신을 잘 나타내준다. 풍만하면서도 둔중하지 않게 균형이 잡힌 몸매 위에 휘감은 얇은 옷의 부드러운 흐름, 보주를 가볍게 쥔 손의 생동감은 매우 섬세하여 육체의 미를 한결 돋우고 있

**도판 107** 서쪽 벽의 아미타삼존상: 이 벽화가 고구려의 담징(579~631) 스님이 그린 것으로 전해지는 그림

**도판 108** 서쪽 벽의 아미타삼존상 중에서 왼쪽의 관음보살

다. 그리고 풍만한 얼굴은 무한한 자비를 나타내고 조용히 다문 입술과 반개하여 약간 내리뜬 눈은 대자대비의 비원을 나타내고 있다. 교리를 보살의 아름다운 생동감으로 훌륭히 내면화했다.

[도판 105]처럼 일본에서 국보 중의 국보들이 모여있는 법당이 1949년 1월 26일 아침에 불이 났다. 이때가 7시 30분쯤, 8시 전에 소방차가 오고 9시에 진화되었으나 벽화는 내진 위쪽 작은 벽에 그려진 비천상을 제외하고는 모두 타 버린 뒤였다. 화재 원인은 금당벽화를 모사하던 중, 화가가 사용하고 있던 전기 담뇨의 스위치를 끄지 않아 과열로 발생한 것이다. 현재의 벽화는 소실되기 전에 찍어 둔 사진을 토대로 같은 크기의 패널 위에 1968년 일본 최고 화가 14명이 1년에 걸쳐 심혈을 기울여 모사해서 복원한 것이다[주28].

비록 고고학적 가치가 상실되기는 했지만 본래의 실상을 충분히 짐작케 하는 귀중한 자료다.그런데 금당벽화가 불에 타버린 이후부터 일본의 불교미술사가들은 고구려와 담징의 이름을 일부러 빼고 있다.인도와 중앙아시아 미술의 영향을 주로 받았다고 언급하면서다[주29]. 법륭사 금당 벽화를 그린 화가가 고구려 스님 담징이라는 것을 입증한 것은 1888년 6월 8일부터 나라 등 여러 지방에서 실시한 문화재 학술 특별연구조사의 결과에서였다.

정부 차원에서 실시한 이 문화재 학술 특별조사단은 일본 근대미술의 태두인 도쿄미술학교의 오카쿠라 텐신(岡倉天心, 1862~1913) 교수, 일본미술의 근대화를 위해 큰 영향을 끼친 궁내성 촉탁인 페놀로사(E. F. Fenollosa: 1853~1908) 교수, 그 외 수십 명의 궁내성·문부성 관계 문화재 조사관 등 당대 최고의 미술문화재 전문가들로 구성되어 있었다. 그 결과 법륭사 금당 벽화는 '담징식'이라는 결론이 났다. "법륭사 금당 벽화는 조선의 승 담징의 붓에 의하여 그려졌다는 것이 전해 왔기에, 이를 취하여 '담징식'이라고 부른다"고 공표하였다(「郵便報知新聞」, 1888. 5. 11.)[주30]. 그 후부터는 해마다 역사 교과서에서는 담징이 금당벽화를 그렸다는 사실로, 1924년의 일본 문부성이 발행한 역사 교과서에서는 그 내용을 다음과 같이 더 구체적으로 기술하였다[주31].

고구려의 스님 담징은 종이·먹·그림물감의 제법을 전해 주었으며, 회화가 매우 발달함에 따라 벽에다 불화를 그리게 되었다(『高等小學 日本歷史』卷一, 문부성 저작겸 발행, 다이쇼우 13년[1924] 1월 23일 발행).

그런데 담징이 그렸다는 1차 자료는 없다. 그래서 속설로 전해오는 것을 역사적 사실처럼 주장한다는 얘기도 있다. 어쨌든 사용된 요철법과 채색법이 고구려의 고분벽화와도 상통하므로 고구려와 관계가 깊다는 것은 맞다고도 한다. 오늘날 일본의 유물 보존 공법 기술은 눈에 띄게 발달했다. 세계 최고 수준이다. 그래서 법륭사 측은 이 획기적인 새 공법을 활용하여 1989년부터 대대적인 보수와 조사를 벌여왔다. 모든 유물을 해체하고 기왓장 하나, 못 한 개에 이르기까지 그 만듦새와 재질 등을 철저히 조사한 다음 다시 원형대로 복원하는 작업이었다. 그런데 그 해체과정에서 1990년 3월 14일, 신문과 텔레비전 등 일본의 매스컴은 온통 난리가 났다.

법륭사에서 가장 오래된, 붓으로 쓴 열두 자의 글씨와 함께 그림이 발견됐기 때문이다. 금당의 본존불인 석가삼존상 좌대 안쪽 나무판에 쓰여진 붓글씨와 그림이다[도판 109]. 조사 결과에 따르면 이 글씨는 서기 620년대 초의 낙서로 밝혀졌다.

법륭사가 건축될 때의 시기와 비슷하다. 그렇다면 천지 천황 9년(670) 화재 시에 이 법당은 타지 않았다는 얘기가 된다. 『일본서기』에 따르면, 낙서한 때는 제33대 스이코 여황 31년(623)이다. 어쩌면 담징의 낙서일지도 모른다. 686년과 논쟁 중이지만 지금의 법륭사는 708년에 중건된 것으로 보고 있다. 그 이후 이루어진 수리에서부터 점차 원형을 잃어버리기 시작했다. 특히 1600년부터 1606년까지 도요토미 히데요시(豊臣秀吉)의 아들 도요토미 히데요리(秀賴)가 화주(化主)가 되어 대대적인 수리를 할 때 전통을 무시하여 여러 건물의 원형이 크게 손상되었다. 1696년부

**도판 109** 법륭사 법당 좌대 안쪽에서 발견된 그림과 그에 대한 12자의 설명글 낙서 [주 22]

터 1698년까지 다시 "경장(慶長)의 수리"를 했다. 이때 몽전 등의 지붕을 개조하면서 물매를 변경시켰다. 몽전도 다분히 일본화한 개조가 되었다.

### 〈오층탑〉 도판 103-④. 110

**도판 110(=103-④):** 법륭사 5층목탑
세계에서 가장 오래된 목조 건축물이다.

**도판 111** 5층목탑 북쪽에 감(龕) 형식의 무대로 하여 나타낸 부처님의 열반 와불 소상(塑像)

7세기 후반~8세기 초에 건립된 일본에서 현존하는 가장 오래된 아니 세계에서 가장 오래된 목탑이다. 건축양식은 금당과 거의 같다. 1층의 내부 사방에는 정토의 풍경들을 진흙을 빚어 나타낸 소상(塑像)들이 안치되어 있다.

불교 설화의 네장면을 파노라마 풍으로 나타냈는데, 이 같은 진흙을 이겨 만든 소상은 일본에서도 여기뿐이다. 거의 완전하게 남아 있다. 이 소상군(塑像群)은 텐표(天平: 710~800) 초기(711)에 제작되었다. 동·서·남·북 각 면을 감 형식의 무대로 하여, 동쪽에는 유마와 문수의 문답 논쟁과 그 모습을 보고 듣는 청중을, 서쪽에는 사리를 나누는 광경을, 남쪽에는 미륵과 그 권속을, 북쪽에는 와불을 중심으로 석가의 열반 광경을 [도판 111]처럼 조성해 놓았다[주32]. 이들 군상은 만들기 쉬운 소상이기 때문에 사실성이 한층 더해져, 인물의 표정을 넘어 감정과 옷의 주름까지 묘하게 잘 표현했다. 2001년 2월에 나라문화연구소에서 연륜연대법으로 이 탑의 기둥을 측정한 후 594년에 벌채된 나무라고 발표했다[주33].

연륜연대법(dendrochronology)은 나무의 나이테를 이용하여 유적이나 출토품, 건

1부  사찰과 성당의 발달

조물 등의 연대를 조사하는 방법이다. 지금 이 기둥의 일부가 교토 대학 목질과학 연구소에 표본으로 보관되어 있다. 그런데 『일본서기』에 법륭사는 607년에 창건되었다고 되어 있다. 2001년 2월 2일, 〔산케이 신문〕은 "기둥의 벌채 연대는 100% 변하지 않는다"는 보도를 나라문화연구소(奈良文化研究所) 연구실장의 말을 인용하여 했다. 그러니 이 나무는 594년에 벌채한 것이 아니라 그 해에 태풍·지진·홍수 등의 어떤 자연 재해에 의해 쓰러진 것을 찾아내어 607년에 탑의 기둥으로 사용한 것으로 본다.

이 탑과 금당을 백제인 건축가들이 지었다는 것은 일본 미술사학자와 건축사학자 등이 입증한 바 있다. 우리에겐 대표적 어용학자였던 세키노 다다시마저 이 건축물들은 '고구려자'(高麗尺)로 백제인 건축가들이 지었음을 실측해서 논증했다.(이 주장을 따른다면 황룡사 9층탑도 높이가 78.75m가 된다.)

### 몽전의 〈구세관음상〉 도판 113

법륭사의 동원은 원래 성덕태자가 살던 반구궁(斑鳩宮)의 옛 터였다. 이곳에 팔각 원당형의 몽전(夢殿, 유메도노)이 있는데[도판 112], 이 몽전은 쇼오토쿠태자의 유덕(遺德)을 기리기 위해 739년 세웠다. 이곳에 봉안해 왔던 본존이 〈구세관음상〉이다[도판 113]. 사(寺)의 기록에 상궁왕(上宮王=성덕태자)과 실제 모습을 같게 하기 위해 그의 초상을 보고, 크기도 그와 같은 등신으로 조성한 관세음보살이라고 했다. 광배는 녹나무에 당초 무늬와 화염 무늬를 조각으로 나타냈고, 보관은 동판을 투각으로 조각하여 도금하였다. 손에는 관음보살의 자비를 상징하는 마니 보주를 쥐고 있다. 매년 봄마다 4월 11일에서 5월 18일까

도판 112(=103-⑭) 몽전(夢殿): 이 몽전이 세워지게 된 것은 쇼토쿠 태자의 영을 위무하기 위해 조성된 승탑이라고 볼 수 있다.

지, 가을엔 10월 22일~11월 22일까지 공개한다. 성덕 태자를 성인으로 모시고 있는 법륭사에 『성예초(聖譽抄)』(15세기)라는 책이 전해온다. 그곳에 〈구세관음상〉에 대해 다음과 같은 기록이 있다[주34].

백제의 성왕(523-554)이 붕어하시자 태자인 여창(餘昌)이 즉위하여 위덕왕(554-598)이 되었다. 위덕왕은 동생인 혜(惠) 왕자를 왜 나라에 사신으로 보내 성왕의 서거를 알렸다. 또 위덕왕은 부왕을 흠모하여 불상을 만들게 되었는데, 그것이 구세관음상(救世觀音像)이다. 구세관음상은 옛날 백제에 있던 것이며, 성덕태자의 전신(前身)이 곧 백제 성왕의 유상(遺像)이다. 옛날 돌아가신 성왕이 지금의 성덕태자(上宮)이다.

위의 내용에서 "옛날 돌아가신 성왕이 지금의 성덕태자"라는 것은 성왕이 서거한 후에 왜나라의 성덕 태자로 환생했음을, 즉 성덕태자가 성왕의 신앙적 분신임을 불교의 윤회론으로 상징하는 것. 그러면서 전설이 된 것이다.

야마토 왕족이 백제 왕족의 이념적·신앙적 핏줄임을 뒷받침하는 것이다. 또 이름 성왕(聖王)에서 '성(聖)'이 성덕태자(聖德太子)라는 이름에 성(姓)으로 붙여진데에서, 그리고 그를 성인(聖人)으로 모시는 데에서도 연결되는 것은 아닌가?

"성왕이 성덕태자"다, "성덕태자의 전신이 성왕의 유상"이라 한다. 이 같은 옛 문헌의 내용은 6세기의 야마토 왕실이 본국인 백제 왕실에 의해 지배되고 있었음을 불교를 통해 간접적으로 알려주고 있는 증거다.

이는 아키히토 천황의 기자회견(2001. 12. 23.)이 뒷받침한다. 그러니 하쿠스키노에(=백촌강) 전투가 나올 수밖에 없었다. 쇼오토쿠태자(574~622)의 족보는 복잡하다. 백제계 소가 씨의 외손자와 외손녀의 혈통을 안팎으로 이어받아 태어났다고 하니. 그러나 간단하게 얘기하면 요우메이천황과 아나호베하시히토 사이에서 난 아들이란다. 한 가지 의문점은 성덕 태자가 요우메이 천황의 아들인데, 천황이 죽자 아들인 태자가 왕위에 오르지 않고 천황의 유지를 받들어 여동생이 계승하여 33대 스이코 천황이 되었다는 점이다. 그 유지란 어떤 내용인지? 스토리텔링 같은 신앙적 분신을 넘어 백제의 성왕과는 실제 역사에서는 어떤 관계였는지? 일본 역사에는 우리나라와 관련된 호기심 나는 수수께끼가 많다. 많아도 너무 많다. 이 몽전의 〈구세관음〉은 오랫동안 비불(秘佛)로 전해져 본 사람이 아무도 없었다. 단지 무명 천으로 감겨진 커다란 짐 보따리가 스님들도 모르게 소중하게 몽전에 보관되어 왔다. 이 짐 보따리의 천을 손수 풀어낸 사람은 일본의 근대미술을 일으킨 미국인 동양미술사학자 페놀로사(1853~1908)였다.

**도판 113** 몽전의 구세관음상: 구세관음상이 1884년 법륭사의 몽전 안에서 발견되던 당시, 이 불상은 길고 긴 무명천으로 수백 번 감겨 있었다.

1884년 페놀로사는 불교미술학자 오카쿠라텐신 등이 입회한 가운데 불상을 감은 흰 천을 벗겨냈다. 때마침 하늘이 어두워지며 금새 천둥이라도 칠 것 같아 스님들은 두려워하여 모두 물러난 가운데, 당시의 광경을 페놀로사는 그가 지은『동아미술사강(東亞美術史綱)』(有賀長雄譯, 1912)에서 다음과 같이 밝히고 있다[주35].

무명천으로 조심스럽게 감은 훌륭하기 그지없는 물건 위에는 오랜 세월의 먼지가 쌓여 있었다. 무명천은 풀기가 쉽지 않았다. 휘날리는 먼지에 질식할 것 같은 위험을 무릅쓰고 거의 5백 야드(약 457m)의 무명천을 모두 풀었다고 여겼을 때였다. 마지막으로 감싼 천이 떨어지면서, 이 경탄해 마지않을 세계 유일무이한 조각상은 대뜸 본인의 눈앞에 나타났다. 모습은 인체보다 조금 컸고, 어떤 단단한 나무로 매우 면밀하게 조각했으며 금박을 입혔다. 머리에는 경탄스러운 조선식(朝鮮式) 금동 조각으로 된 관(冠)과, 보석을 흩뿌린 것 같은 여러 줄의 긴 영락들이 늘어져 있었다.… 우리는 일견 이 불상이 조선에서 만든 최상의 걸작이며, 스이코 시대(593-628)의 예술가, 특히 성덕태자에게 있어서 강력한 모델이 된 것이 틀림없다고 인식했다.

이 몽전의 구세관음상은 높이가 179.9cm이며 녹나무(樟木)로 조각하여 금박을 입힌 목조불상으로 드러났다. 불상은 공개적으로 예불드리는 대상인데, 왜 흰천으로 두텁게 감아 비불로 보관해왔는지? 필시 특별한 곡절이 있을 것이다. 성덕태자를 보고 크기도 등신으로 조성했다니까. [도판 106]도 그렇다니, 성덕태자의 신장은 179.9cm이고, 앉은키는 87.5cm가 된다. 당시로서는 대단한 거인이다. 그러니 이 관음상은 의미상은 물론 신체상으로도 바로 성덕태자다. 따라서 태자가 죽자 이 관음상도 무명천으로 감싸 태자의 사리를 상징하는 비불로 보관했던 것은 아니었을까. 몽전의 건축 구조까지도 부도의 양식이니까 그런 생각이 든다. 어쨌든 페놀로사도 이와 같이 구세관음상이 백제에서 만들어, 스이코 여왕시대에 야마토 왕실에 보낸 것으로 인정하고 있다. 하버드 대학에서 철학을 공부한 페놀로사는 스페인계 미국인으로서, 메이지유신 이후 1878년에 일본에 건너와 도쿄 미술학교 창설에 참여하는 등 일본 미술을 근대화시키는데 크게 기여하였다. 그는 1890년에 귀국해서 보스턴미술관의 동양부장이 되어 한·중·일의 미술연구에 힘쓴 것으로 알려져 있다.

### 〈백제관음상〉 도판 114

법륭사 서원의 대보장원(大寶藏院)[도판 103-⑫]에 봉안되어 있다. 장소는 같은데, 일본『國宝の 旅』책에서는 〈대법장원(大法藏院) 백제관음당(百濟觀音堂)〉으로 명기되어 있다. 백제 아니 동양의 비너스라 불리우는 이 나무로 된 관음보살입상은 고대 백제에서 만들어져서 왜로 보내졌다. 이 같은 사실은 이 관음상을 보존하고 있는 법륭사의 옛 문서(『諸堂佛體數量記·金堂之內』)에 있음을 홍윤기가 『일본문화사』에서 고증한 바 있다. 법륭사의 이 옛 문서는 겐로쿠(元祿) 11년(1698)에 쓰여진 것으로 백제관음상과 관련하여 다음과 같은 내용이 있다.

백제관음의 본래 명칭은 허공장보살(虛空藏菩薩)이며, 백제에서 보내주었다는 데서 백제관음(百濟觀音)으로 속칭해 오고 있다(吉田東伍, 『大日本地名辭典』, 富山房, 1900).

이 불상은 아스카 시대는 물론 그 이후에도 일본에서 찾아 볼 수 없는 독특한 형식을 갖추고 있다. 기존의 도리(止利) 양식과는 풍기는 상(像)의 분위기가 전혀 다르다. 팔에 드리운 천의(天衣)가 도리의 불상처럼 정적이지 않다. 또한 일본 조각의 보편적인 형상을 벗어나 유달리 큰 키와 늘씬한 몸매를 가졌음에도 불구하고 사실적이고 우아한 감을 보여준다. 인용문에 나오는 허공장보살은 밀교의 태장계 만다라에서 허공장원(虛空藏院)의 주존보살이다. 허공장이란 이 보살의 지혜와 자비가 광대무변하므로 붙여진 이름이다. 특히 밀교계통이기 때문에 기존의 양식과는 다르게 동적이고 사실적이며 멋을 부린 혁신적인 모습이다. 이는 허공장의 의미인 광대무변한 새로운 신세계의 주인공들을 상징한다. 이렇게 허공장보살이라 전해오다 명치시대에 들어와 아미타여래의 화불이 투각된 보관이 발견되면서 관음보살이라 부르게 되었다. 당시 나무로 된 보살에서 보관은 동판에 투각한 것이 유행했던 모양이다. 몽전의 구세관음상도 그러니까 살구씨 모양의 눈과 뾰족한 코, 양끝이 약

도판 114 법륭사 백제관음상: 늘씬한 키에 8등신이다. 율동적인 자세로 곡선미가 강조되어 있다. 대좌가 진귀한 5각형이다.

간 올라가고 갸름하게 웃는 초생달 모양의 입술, 윗 부분은 곡선이고 아래는 직선으로 예불자를 부드럽게 대해주는 자비스러운 눈동자, 곡선으로 어깨에 자연스럽게 걸린 머리칼 등은 매우 아름답고 부드럽다. 모든 것이 종합되어 얼굴에 나타난 조용한 미소가 자비의 의미를 고귀하게 보여주고 있다. 또 가늘고 긴 몸매에 나타낸 율동적인 곡선미와 정병의 입구 테두리 부분을 엄지와 중지 두 손가락으로 가볍게 그러면서 약간 비스듬하게 잡고 나머지 손가락은 끝을 살짝 들어 올린 그 표현은 신앙으로서 자비심을 예성적(藝聖的)으로 보여주고 있다.

토함산 석불사에서 대범천이 든 정병[=도판 336]의 손가락과는 다른 신앙으로서 자비심을, 11면관음보살이 가슴에 안은 정병[=도판 340]과는 또 다른 구원의 의

**도판 115 법륭사 백제관음상 얼굴:** 강호시대까지 허공장보살이라 전해오다 명치시대에 들어와 아미타여래의 화불이 투각된 보관이 발견되면서 관음보살이라 부르게 되었다.

미를 보여주는 듯 하다. 그리고 사바세계의 고통을 들어준다는 뜻으로 오른손의 바닥을 오목하게 하고서 고통받는 중생들에게 어서 오라고 앞으로 내민 여원(與願)의 손길과 구원의 상징인 정병을 쥔 왼손과의 긴밀한 관계가 보여주는 비원(悲願)의 자세는 자비의 극치이다.

중생들을 구원하기 위해 이렇게 두 손을 자비의 모습으로 나타낸 손끝과 영성이 표정에 맴도는 얼굴은 영혼의 숭고함과 함께 삶의 체온이 따뜻한 생명으로 살아있는 듯하다[도판 115]. 그리고 머리에 쓴 보관과 가슴 장식, 팔찌 등 복잡한 옷차림, 5색으로 된 찬란한 영락들, 긴 대나무 마디 형식의 지지대에 연결된 보주 모양의 광배 등은 그 기법이 매우 세련되고 우아하다. 또 아랫도리에서 곡선을 그리면서 부드럽게 흐르는 옷자락과 몸매에 맞춘 얇은 옷주름은 무릎 위에서 X자형으로 우아하게 교차되고 있다. 이렇듯 얼굴 표정과 양손 끝, 몸매, 장식 등 조각의 전반적 형상은 아름다운 여인의 육감적인 자태를 종교적인 분위기로 승화시킨 모습이다.

하쿠호(白鳳) 시대(650~700)의 조각 수준은 여기서 대단원을 이루었다고 평하고 있다. 법륭사를 대표하는 〈석가삼존불〉·〈구세관음〉·〈백제관음〉 등 일본에 있는 유명한 불상들이 고구려나 백제의 이주민, 그들의 용어로 도래인이 만들었거나 백제에서 건너간 불상이란 데서 또 다른 감흥을 느끼게 한다.

### 보완 – 〈일본 국보 1호〉 도판 116

독일의 실존철학자였던 야스퍼스(Karl. Jaspers, 1883~1969)는 이 일본 국보 1호인 〈보관미륵보살반가상〉에 대해 다음과 같은 글을 남겼다[주36].

나는 철학자로서 인간 존재의 최고로 완성된 모습을 상징하는 여러 모델을 접해 왔습니다. 고대 그리스 신들의 조상도 보아왔고, 로마 시대에 만들어진 많은 뛰어난 조각도 보았습니다. 그러나 그 어떤 것에도 완전히 극복되지 않은 지상적이고 인간적인 냄새가 남아 있었습니다. 이지와 미의 이상을 표현하는 고대 그리스 신들의 조상에도 지상의 때와 인간적인 감정이 어딘가에 남아 있었습니다. 그리스도교적인 사랑을 표현한 로마 시대의 종교적인 조상에도 인간 존재의 참으로 완벽하게 정화된 기쁨이란 것이 완전히 표현되지는 못했습니다. 어떤 것이든 정도의 차이는 있지만, 아직도 지상 감정의 때를 남기고 있는 인간의 표현으로, 참으로 인간실존의 가장 깊은 곳까지 도달할 수 있었던 자의 모습은 아니었습니다. 그러나 이 광융사의 미륵상에는 참으로 완성된 인간 실존의 최고 이념이 조금도 남김없이 표현되어 있습니다. 그것은 지상의 시간적인 모든 것, 속박을 넘어 도달할 수 있는 인간 존재의 가장 청정한, 가장 원만한, 가장 영원한 자태의 상징이라고 생각됩니다. 나는 지금까지 수십 년 간 철학자로 지내면서 이렇게도 인간 실존의 참된 평화의 자태를 구현한 예술작품을 본 일이 없습니다. 이 불상은 우리 인간이 지니는 마음의 영원한 평화라는 이상을 참으로 남김없이 최고도로 표현하고 있습니다.

이같은 글은 이상(理想)에 대한 동양과 서양의 관점 차이에서 나온 것이다. 서양은 인체의 이상미를 추구했다면, 동양에서는 정신의 영혼미를 추구했기에. 이 반가상과 비슷한 가운데 가장 비교되는 것이 로댕의 〈생각하는 사람〉이다.

이것은 건축에서 서양은 이(理)의 건축을, 동양은 기(氣)의 건축을 추구한 것과 마찬가지다. 이 〈보관미륵보살반가상〉은 세계적인 걸작으로 일본 문화의 심장이며 영혼 그 자체다. 일본의 어떤 젊은이가 이 보살의 아름다운 미소에 매료되어, 아무도 모르는 사이에 껴안고 볼에 입맞춤을 하려다가 보살의 새끼손가락을 부러뜨린 일이 있었다. 이 청년은 떨어진 새끼손가락을 주머니에 넣고 나와 고민하다가 영보전 앞뜰에 가만히 놓고 도망을 갔다. 덕분에 이 미륵보살상은 완전하게 복구될 수 있었다고 한다.

목조로 된 일본의 3대 국보 불상은 앞에서 본 호류지(法隆寺)의 〈구세관음상〉과

**도판 116** 일본 국보 1호. 보관미륵보살 반가상: 높이 123.3cm. 아스카 백봉시 대(7C)

**도판 117** 삼산관 미륵보살반가사유 상(국보 83호): 신라 7세기 전반. 높이 93.5Cm. 국립 중앙박물관 소장

〈백제관음상〉그리고 국보 1호인 코류지(廣隆寺)의 〈보관미륵보살반가상〉이다. 그런데 이 국보 1호 〈반가상〉은 백제계 불상이 보여주는 부드러운 분 위기와는 사뭇 다르다. 야스퍼스의 표현대로 "인간 실존의 최고 이념"을 엄격하면서도 심오한 깊이로 보여준다. 이 〈반가상〉은 1951년 6월 9일(소화 26 년) 일본 문화재위원회에서 〈국보 1호〉로 지정한, 일본이 세계에 자랑하는 불상이다. 하지만 이 불상 이 언제 어떻게 만들어진 것인지에 대해서는 설명 이 없다. 그런데 616년 신라 진평왕이 나말죽세사 (奈末竹世士)를 통해 일본 제33대 스이코(592~628) 천황에게 보내준 불상이 623년 조『일본서기』외 에 또 있다. 13세기에 쓰여진『일대요기(一代要記)』 인데, 그곳에 다음과 같이 기록되어 있다[주37].

스이코 천황 24년 5월 3일, 여왕이 병석에 누우셨다. 쇼토쿠태자는 여왕의 쾌유를 부처님께 빌기 위해 여러 곳에 가람 건축과 성스러운 불상을 소원했다. 그랬더 니 신라왕께서 높이 2척의 금불상을 보내주시어 하치 오카지(峰岡寺)에다 모셨다.

이 불상은 현재 교토의 광융사(廣隆寺, 코류지)에 모셔져 있다.『일본서기』에는 광융사의 전신이었 던 봉강사(峰岡寺, 하치오카지)에 7세기 전반에 신라 의 불상이 안치되었던 적이 있었다고 기록되어 있 다. 그런데 이 기록이 이 불상과 시대와 장소에서

**도판 118** 보관미륵보살반가
사유상(국보 78호): 신라 ±7
세기. 높이 80cm

부합된다. 오늘날 일본이 국내외에 자랑하는 이 불상은
등신불보다 조금 큰 크기다.

진평왕이 왜로 보낼 당시에는 도금되어 있었지만,
1400여 년 세월이 흐른 오늘날은 도금했던 흔적만 남아
있을 뿐 붉은 소나무 본체의 결만 역사의 결과 함께 그 깊
이를 보여주고 있다. 일본 학자들도 이 불상이 신라의 것
임을 인정하고 있다. 더구나 부러진 새끼 손가락을 복원
하는 과정에서 적송(赤松)이라는 것이 밝혀졌다. 그외 이
〈국보 1호〉 불상이 신라에서 만들어졌다는 것을 뒷받침
하는 여러 내용들이 있다.

첫째, 이 〈보관미륵보살반가상〉과 거의 100% 같은 불
상이 우리나라에 있다는 점이다. 우리 국보 83호인 〈삼산
관미륵보살반가사유상〉이다[도판 117]. 이렇게 같은 불상이 있다는 것은 같은 조
성지에서 나타났을 가능성을 뒷받침한다. 다르다면 목조와 금동이라는 차이일 뿐
이다.

둘째, 전반적인 형상이 신라의 품위 있는 화랑(花郞)을 연상시킨다는 점이다. 『삼국
유사』 권3 「미륵선화·미시랑·진자사」 조에, 흥륜사 승려 진자가 본존인 미륵상 앞에
서 맹세하며 "미륵이시여 화랑으로 변하여 이 세상에 나타나 주소서"에서 보듯, 당시
미륵하생을 화랑과 연결시켰다. 그 신앙의 대상 중 하나가 우리 국보 78호인 미륵보
살반가사유상[=도판 118]과 연결된다. 이 반가상이 당시 화랑의 모습이라고. 입고 있
는 옷이 화랑의 유니폼같이 어깨부분에 힘이 들어간 갑옷같은 옷을 입고 있다. 그런
데 일본 국보 1호가 보여주는 비슷한 또래의 얼굴, 반가사유의 자세 그리고 심오한 품
격에서 우리 국보 78호와 비슷함을 보여주고 있다. 시대는 물론이다.

셋째, 두 나라 국보 간에 조성한 시대가 같다는 점이다.

신라 26대 진평왕대(579~632)를 전후로 하여 신라에서는 화랑을 흥륜사 승려 진
자의 기원처럼 미륵의 하생(下生)으로 상징한 반가사유미륵보살 신앙이 성행했다.

**도판 119** 석조 미륵보살반가사유상(보물 997호): 이 상은 봉화군 물야면 북지리의 마애여래좌상 발굴과정에서 출토되었다. 하반신(높이 1.6m)과 연꽃무늬 받침대만 발견되었다. 경북대학교박물관 소장

그 예불대상이었던 반가사유상이 신라 진평왕대에 만들어져 일본에 전해졌다는 기록이 앞에서의 언급처럼 있다.

넷째, 조각 기법이 나이테 중심 부분(木心)에서 조각을 시작하였다는 점이다. 일본의 목각에서는 이 같은 예는 보이지 않는다고 한다.

다섯째, 재료가 적송(赤松)이라는 점이다. 당시 일본에는 적송이 없어서 녹나무나 전나무로 불상을 만들었다. 그렇다면 일본의 국보 1호인 〈보관미륵보살반가상〉의 재질인 적송에 대해서 알아보자. 적송은 신라지역의 태백산과 소백산 사이인 '양백' 지방이 질 좋은 산지로 유명하다. 지금도 그렇다. 얼마 전에 울진군 서면 소광리에서 황장금표(黃腸禁標)가 발견되었다. 여기서 황장(黃腸)이란 나무 몸통 속의 심재 부분이 누런 소나무다. 그래서 이런 나무를 황장목(黃腸木) 곧 금강송(金剛松)이라 한다. 금표(禁標)란 조선시대 조정에서 황장 소나무 숲에 대한 무분별한 벌채를 예방하기 위해 경고문을 새긴 자연석의 표지비를 말한다. 이 나무가 그만큼 귀하다는 증거다.

이 금강송은 몸통 가운데의 황장 부분인 심재율이 87%다. 일반 소나무는 52%인데, 이렇게 수관이 죽은 세포로 구성된 황장의 심재율이 높으니 부피에 비해 가볍다. 수관이 있는 변재보다 단단하여 나무의 척추기능을 한다. 또 수관이 죽어 수분을 잃었기 때문에 건조가 쉽다. 그래서 뒤틀림이 적다. 잘 썩지도 않는다. 이렇게 양백 지방의 금강송은 조각재로써 갖추어야 할 좋은 조건을 모두 보유하고 있다. 지금까지 일본 국보 1호가 온전한 모양을 유지하고 있는 것은 이같은 재질이기 때문이다.

여섯째, 적송으로 유명한 양백 지방의 지리 역사적 상황에서다. 신라의 북쪽 경

계였던 소백산맥의 조령과 죽령을 중심으로 문경이나 봉화 일대는 일찍부터 고구려의 영향력이 미치던 길목이었다. 그래서 금동 및 석조 반가사유상이 부조(浮彫) 또는 환조(丸彫)로 심심치 않게 최근까지 출토되고 발견되고 있다. 국보 78호 금동반가사유상과 그리고 그 어느 지역보다 영주·봉화의 암벽에서 마애미륵보살반가상이 발견된다는 것이 그 좋은 예들이다. 특히 경북대학교 박물관에 소장 중인 봉화 북지리에서 출토된 현존 세계 최대의 석조 반가사유상은 정말 아름다운 조각상인데 상체가 없는 것이 너무 아쉽다[도판 119]. 이렇게 우리나라에서는 나무보다 만들기 힘든 금동과 석조까지 남아 있다. 이같은 유물이 다양하게 있다는 것은 우리나라에서 반가사유상의 대단원을 이루었다는 증거이기도 하다. 따라서 적송으로 제작된 반가사유상 역시 금강송의 산지인 이 지방에서 많이 만들어졌을 것이라는 추정이 자연스럽게 도출된다. 그런데 나무이기 때문에 외침에 불타버렸거나 숭유억불정책, 천재지변에 의한 파손, 기타 오랜 세월에 이러저러한 이유로 인해 남아 있는 것이 없게 되었다고 볼 수 있다. 석조도 [도판 119]처럼 파손되었을 정도이니까 말이다.

이같은 근거에 따라 요약하면, 일본 국보 1호는 신라 진평왕시대에 양백 지방에서 가장 질 좋은 소나무로 조성된 최고 수준의 불상이다. 이 불상을 (616년 5월 3일) 진평왕이 일본 스이코 천황의 완쾌와 국가 친선의 표시로 일본에 선물한 것임을 『일본서기』와 『일대요기』의 내용 그리고 앞에서 예시한 6가지 분석에 따라 유력하게 추정한다. 아니더라도 또 다른 어떤 사연에 따라 신라에서 만들어져 일본으로 가게 된 것만은 위의 근거에 따라 강하게 주장할 수 있다.

이 반가상은 국보 1호로 지정된 데에서 알 수 있듯이 일본의 불상 가운데서 가장 눈에 띈다. 반가사유상이라는 이름으로 오른발을 왼쪽 무릎 위에 올려놓고 왼손은 오른 발목에 살짝 얹었다. 그리고 오른 팔꿈치를 무릎 위에 대고서 손가락 중 중지를 가볍게 볼에 댈 듯 대고 조용히 사색하는 모습이다. 날카롭게 긴 눈썹과 거기서 이어지는 콧날의 예리하게 곧고 높은 선, 길고 가는 눈, 부드러우면서도 다부지게 다문 작은 입과 둥근 뺨은 맑고 강한 의지를 느끼게 한다. 나신의 상반신은 완만

**도판 120** 일본 국보 1호의 미소: 웃음은 내면에서 나온다. 심오한 삼매에서 깨달음의 원리를 터득하는 순간 번지는 이지적이면서 범접하기 어려운 숭고한 미소다.

하며, 둥근 맛이 나는 날씬하고 가는 팔, 특히 오른손의 손가락은 섬세하다. 그래서 새끼손가락이 쉽게 부러졌다. 다만 가슴이 빈약한 데 비해 하반신의 볼륨이 강한 편이다.

이 모든 미의 극치와 내재된 심오함·숭고함·청순함은 깨달음으로 인도하는 방편이다. 〈미륵보살〉이란 '도리천(忉利天) 하늘에서 "앞으로 인간 세상을 '어떻게' 구원할까"하는 구상에 몰두하고 있는 보살을 말한다고 하니, 그 '어떻게'가 열리는 순간을 알리는 미소다.

이지적인 얼굴에 특이한 삼화(三花)의 보관을 썼다. 이 미륵보살의 모자를 일본에서는 일반적인 용어인 '보관(寶冠)'이라고, 우리는 '삼산관(三山冠)'이라 표현하고 있다. 그런데 앞에서 언급한『삼국유사』「생의사 석미륵」조에 "… 돌미륵을 삼화령(三花嶺) 위에 올려놓고…"라는 내용이 나온다. 그에 따라 삼화령을 천상의 도리천으로 보게 된다. 그렇게 보니 그 령(嶺)이 미륵보살의 관(冠)과 연관된다. 그러니 미륵보살이 쓰고 있는 모자는 삼산관(三山冠)이라기보다는 삼화령 즉 도리천에 있다는 표시로서 삼화관(三花冠)이라 보게 된다.

삼산관은 미륵보살이 쓴 모자의 모양이 산 같다 생각해서 붙인 것으로 보이나 그렇게 보이지 않는다. 그리고 그 교리적 근거도 제시하지 않고 있다. [도판 118]의 관은 승려 진자가 흥륜사에서 맹세한 기원대로 미륵보살이 세상에 화랑으로 하생한 것을 상징하는 모자로 보게 된다. 용화정토를 상징하는 일월이 표시된 화려한 보관을 쓰고 있으니 말이다.

웃음은 내면에서 나온다. 인류를 구원할 최고의 기쁜 소식을 품고 수태고지를 전하러 가는 천사의 미소[=도판 238]처럼, 도리천에서 인간 세상을 어떻게 구원할까 고민하던 그 심오한 삼매에서 터득하는 순간의 미소이다. 그러나 전하러 가는 천사의 미소는 부드러우면서도 친근한 고졸미를 보여주는데, 이 불상만은 이지적이면서 범접하기 어려운 숭고한 미소다. 전하러 가는 심부름꾼의 미소가 아니라 인류를 직접 구원하려는 주인공의 미소이니, 미소 중 가장 고귀하고 성스러운 미소가 되겠다. 그래서 그런지 보고 또 보고 다시 보아도 좋다.

도판 121 광융사 경내 성덕태자 위패를 모신 건물 앞에 사찰의 내력을 적은 돌비석이다. 이 비석을 세울 때에는 창건자가 신라사람 진하승(秦河勝)이었다는 문구가 있었는데, 언젠가 □부분처럼 깎아냈다. 2001.12월 촬영

실존주의자였던 야스퍼스는 "진실로 완성된 인간 실존의 최고 '이념'이 남김없이 표현되었다"고 감탄했지만, "인간 실존의 최고인 '영혼'까지 남김없이 표현되었다"고 봐야한다. 실존적 차원이 아니라 영성적 차원이니 말이다. 광융사(廣融寺)는 성덕 태자가 신라출신 진하승(秦河勝, 하다노 가와가츠)에게 이 불상을 모실 절을 경영하도록 부탁하여, 622년에 진씨가 조성한 씨사(氏寺=원당)이다.

당시 진씨는 양잠, 직물, 치수에 뛰어나 풍부한 경제력을 배경으로 국가토목사업에도 공헌하였다. 그는 당대의 재벌이었으며 독실한 불교신자였다. 또 성덕 태자의 재정, 군사, 외교의 자문을 맡기도 했다. 이 씨사는 교오토에서 가장 오래된 절로서 처음 이름은 봉강사(蜂岡寺) 또는 진공사(秦公寺)라고 불렀다. 818년 대화재로 소실된 후, 재건되었지만 1150년에 또 다시 불탔다. 1165년 천황의 지시를 받아 재건된 후 태진사(太秦寺) 등으로 이름이 바뀌다가 지금의 광융사(廣融寺)가 되었다. 광륭사에 새로 지은 영보전(靈寶殿)에 들어가면 국보 제1호가 중앙에 모셔져 있다. 그 주위에는 텐표(天平), 고우닌(弘仁), 조우간(貞觀), 후지와라(藤原), 가마쿠라(鎌倉) 시대의 국보들이 있다.

이 영보전 내부의 벽은 이 같은 국보급들, 특히 이 〈국보 1호〉의 보호를 위하여 습기와 벌레를 방지한다는 오동나무로 판을 댔다. 그리고 감상에서 그 시대의 신앙을 그대로 유도해 내기 위해서 (당시는 조명이 없었으므로) 조명등도 설치하지 않았다.

조명으로 겉모습을 화려하게 강조하기보다 내면의 의미를 깨닫게 분위기를 조성하기 위한 배려에서다. 인공조명은 감상 대상을 화려하게 치장하여 아름답게 현혹하지만, 자연조명은 감상 대상을 스푸마토(sfumato)처럼 현실과 깨달음의 경계를 신비하게 넘나들 듯하여 감상자를 경건하게 한다.

이렇게 일본의 사찰이나 박물관, 유적지 등을 두루 돌아보면 일본이 국보는 물론 그들이 자랑삼는 고대시대 그 대부분의 수준 높은 문화재들이 고구려·백제·신라에서 만들어 보내준, 아니면 건너간 도래인들이 만든 것들임을 알게 된다. 그런데 문화재를 설명하는 어떤 글에도 한반도의 영향을 언급한 적이 없다. 오히려 은폐하거나 왜곡하고 있는 것이 오늘의 일본이 견지하고 있는 도덕적 문화 수준이다. 아니 있는 것도 지우고 없애는 현실이다[도판 121].

더욱 놀라운 사실은 이 불상을 우리나라와 연결되는 시비를 없애기 위해 변형을 가했다는 것[주38]. 즉 이 〈반가사유상〉이 명치 38(1905)년에 일본 미술원의 유명한 조각가 신납충지개(新納忠之介)에 의해 의도적으로 얼굴을 제외하고는 섬세하게 수정됐다는 것이다. 그래서 칠목시(漆木屎, 나무가루를 옻으로 으깨어 만든 것) 두께가 앞가슴과 등 부분이 다르게 되었다고. 흉부도 무릎의 풍부한 양감에 비해 지나치게 빈약하고 편평하며, 손가락도 이상할 정도로 가늘게 되어버렸다고 한다. 사학자 미즈노 아키요시(水野明善)는 다음과 같이 지적했다.

광융사의 이른바 보관미륵보살 반가상이 신라로부터 건너온 불상이라고 하는 것은 이미 정설로 되어 있는 실정이다. 미즈자와스미오(水澤澄夫)도 지적하기를, "재질은 적송(赤松), 그 제작 방법과 소재 또한 거기에 결정적인 또 한가지 이유가 있다. 즉 일본에는 이 불상과 유사한 작품이 없으나, 한국에는 옛날 이왕가 박물관에 있는 신라시대에 만든 금동미륵상과 꼭 닮은 불상이 있으므로 해서 나는 이 불상이 조선에서 건너온 불상임을 단정한다. '아스카(飛鳥)불상'이라고 칭해온 것은 적당하지 않다"(『광룡사』, 中央公論美術出版, 24쪽).

1부  사찰과 성당의 발달

## (2) 동대사(東大寺, 745)

〈대불전〉 도판 123

### 대불전의 건축 목적

일본 역사는 43대 겐메이(元明: 708~715) 천황에서 제 50대 칸무(桓武: 781~806) 천황까지 약 80년 간을 텐표(天平) 시대라고 한다. 나라시 평성경(平城京)에서 교토시의 평안경(平安京)으로 천도(794)하기까지다. 이 시대에 일본은 사원도 많이 조성하여 '단청이 빛나는 도시'라고 일컬을 만큼 불교적인 경관을 보였다. 특히 동대사는 대륙으로부터 진기한 문물이 전해져 텐표문화 융성의 거점 역할을 하였다. 동대사의 대불(大佛)이 상징하는 웅대함과 정창원에 보관된 다양한 국제적인 물건들이 오늘날은 역사의 보물이 되어 당대의 문화를 온세계에 알리고 있다.

45대 쇼무(聖武) 천황(724~749)은 당시 최고의 사상체계를 가진 불교의 힘으로 국가를 구하고, 왕권을 강화하기 위해 일본 역사상 유례 없는 국가 프로젝트를 세웠다. 어쩌면 그것은 통일이후 신라에서 삼산오악의 영지에 〈화엄십찰〉을 세워 전성기를 이룬 데에서 자극을 받아 더 강화시킨 것이라 보게 된다. 즉 쇼무천황은 삼국을 통일한 신라가 《화엄종》으로 고구려·백제의 유민을 회유한 통치술을 배워, 일본에서도 태평시대를 만들어 보려고 한 것이다. 천재지변과 기근 그리고 역질의 유행에 따라 이완된 정치적 기반을 더욱 공고히 하기 위함이었다.

당시 천황은 국민을 단합시킬 수 있는 최고 최대의 불사로 불교를 업시켜 정치를 이끌려 했다. 그래서 전국의 지역마다 절을 조성했다. 불교 교리 중 국가의 요구와 가장 잘 맞는 교리는 《화엄종》이었으며[도판 126 설명글], 743년 쇼무 천

도판 122 동대사 정문인 남대문 전경: 남대문은 5종류의 부품이 전체의 80%를 차지한다. 기둥은 상층과 하층 지붕을 같게 하기 위해 큰 나무로 1·2층을 관통시켰다. 이것이 '대불양(大佛樣)' 양식의 큰 특징이다.

황은『화엄경』의 종파로 호국사찰인 국분사(國分寺)와 중생구원의 사찰인 국분니사(國分尼寺)를 전국의 쿠니(=지방 정부)마다 하나씩 세워, 연중 지정된 날 또는 국가의 비상시에 호국경전을 나라 전체가 한마음 한 목소리로 읽게 하였다. 이것은 백성들의 종교적인 기원과 지배자들의 정치적인 목적이 서로 합치되었음을 나타내는 것이다. 그런데 전국의 국분사와 국분니사를 총 관리하는 사원이 필요하게 되었다. 그래서 원래 이곳에 있던 금종사(金鐘寺)와 복수사(福壽寺)를 합한 금광명사(金光明寺)를 동대사로 해 일본 최대의 사원으로, 즉 화엄종의 본산을 이루는 총국(분)사[總國(分)寺]로 만들었다. 그래서 당시 동대사 입구를 나타내는 남대문에는 도다이지(東大寺)가 아니라, '다이게곤지(大華嚴寺)'라는 이름의 현판이 걸려 있었다. 그리하여 통치 이데올로기의 총본산이었다. 총본산인 대불전(大佛殿)의 설계와 건설과정에는 이나베노모로요(猪名部百世)라는 신라계통 이주민의 후손이 도편수로 책임졌고, 고구려·백제·신라 이주민의 후손들이 중요한 역할을 하였다.

일본의 이름에서 〈베(部)〉란 전문기술자 집단을 의미한다. 따라서 〈이나베(猪名部)〉란 한반도 출신의 건축 전문 기술자가 일본에 가서 구성한 집단이다. 이들 집단은 대(代)를 이어 가며 살았다. 불교 전래 200주년을 맞이한 752년 4월 9일, (원래 예정일은 4월 초파일이었으나 비바람으로 인해 하루 연기) 대불전 준공식과 청동대불 개안(開眼) 의식을 성대하게 거행하였다. 한편 경내에 두 기의 목조 7층탑을, 서탑은 754년에 조성하고 동탑은 764년에 완공하였다.

이와 같이 동대사의 건물 배치는 대불전 금당을 중심으로, 수많은 부속건물과 동·서탑을 세움으로써 그 웅대한 규모가 완성되었다. 그런데 오늘날 두 탑은 없다. 이렇듯 신라가 일본에 끼친 문화는 동대사 건설에서 절정을 이룬 후 헤이안(平安) 후반기인 후지와라(藤原, 894~1185) 시대에 이르면서부터 서서히 달라지게 되었다. 신라가 망하면서부터다.

### 대불전에 등장한 〈가라하후〉

천평(天平) 말기인 치승(治承) 4년(1180)에 일어난 겐(源) 씨와 타이라(平) 씨와의 내란인 겐페이(源平) 전쟁에서 타이라(平) 씨에 의해 대불전이 불에 홀라당 다 탔다. 그러나 1199년에 대불전이 재건되었다. 재건 시 크게 활약했던 순조보오 초겐(俊乘房重源)은 송에 다녀온 승려라서 자연히 송의 건축형식인 천축 양식을 참고하였다. 이 천축 양식은 남송 당시 복건성 지방에서 유행했던 양식인데, 일본에서도 이를 받아들이게 되었다. 그러면서 초겐은 단기간에 대규모의 가람을 완성하기 위하여 송의 이 천축 양식을 연구하여 〈대불양(大佛樣)〉이라는 새로운 일본적 건축기법을 고안해 냈다. 현재 이 양식이 그런대로 남아 있는 건물이 [도판 122]의 남대문이다. 5×3칸의 누문인데, 지붕 양식은 우리나라의 팔작지붕과 같다. 이 〈대불양〉 양식은 송나라로부터 도입된 건축양식과 일본 양식이 융합해 가는 새로운 건축문화의 모습을 보여준다.

　동대사 재건에 이 새로운 양식이 사용된 것은 가마쿠라 시대(1185~1336) 초기의 혁신적 풍조가 반영된 것으로 보고 있다. 이 시대에는 운케이(運慶)와 카이케이(快慶)라는 두 천재 조각가가 등장했다. 그 대표가 되는 작품이 운케이의 금강역사상과 카이케이의 지장보살상이다. 특히 남대문의 좌우 끝간에 조성한 금강역사가 두 눈을 무섭게 부릅뜨고 서 있다[도판 124]. 이 같은 공포 분위기 조성은 나쁜 마음을 품은 사람은 얼씬도 하지 말라는 뜻이다. 문의 왼쪽은 입을 무섭게 벌린 '아(阿)' 형을, 오른쪽은 입을 다부지게 다문 '우(吽)' 형이다. 방어의 처음과 끝을 상징한다. 지금도 동대사 남대문을 지나는 사람들이 이 역사상에서 눈을 떼지 못한다.

　이렇게 대불전도, 남대문도 재건축되었다. 그러면서 건축양식이 바뀌게

도판 123 대불전 전경과 대불 존안: 애초의 이 법당은 752년 4월 초파일에 완공하였다. 현재 이 건물의 규모는 전면의 길이가 57.01m, 측면의 길이가 50.48m, 건물의 높이가 48.74m. 요즘은 아파트의 16층 높이다. 그러나 창건 당시의 규모는 대불전 비문에 전면 327척(=97.1m)×측면 206척(=61.1m)으로 쓰여 있다. 그래서 지금은 애초보다 40%나 축소되었지만 그래도 단일 목조 건축물로서는 세계 최대를 자랑하고 있다. 정중앙에 있는 가라하후 아래에는 잔당호가 설치되어 있다. 만등회날 이 문을 열면 대불이 도판처럼 꽉찬 소실점으로 드러난다.

**도판 124** 동대사 남대문 오른쪽의 '아'금강역사상: 8m가 넘는 '아'와 '우'형의 거대한 두 역사상을 운케이는 18명의 제자과 함께 불과 69일 만에 완성했다.

되었다. 10세기 이후 후지와라 시대부터 국풍(國風) 분위기에 따라 차츰 일본적인 건축이 농후해지기 시작하면서 창건 당시 한반도의 건축양식에서 멀어지게 되었다. 무로마치 말기인 영록(永祿, 에이로구) 10년(1567)에 일어난 병화로 다시 불탔다. 그래서 현재의 대불전은 1705년 도쿠가와 시대에 지은 것. 일본 양식으로 완전히 주체화되어 원래의 옛 우리 건축의 모습은 볼 수 없게 되었다.

1980년에도 큰 수리를 했다. 그래서 지금은 말쑥하다[도판 123]. 우리나라 건축에서 처마는 둥근 서까래(=椽)를 쓰지만 일본에서는 네모난 각목을 쓴다. 그런 서까래를 각(桷)이라 한다. 무량수전에서처럼 둥근 서까래인 연(椽)을 사용하면 처마에 곡선을 만드는 일이 쉽다. 그러나 네모난 서까래인 각은 모양상 끝을 들어 올리도록 곡을 준다든지 하는 일이 어렵다. 각을 쓰면 처마선이 수평선으로 될 수밖에 없다[주39]. [도판 84]와 비교해서 봐라.

현재 동대사 대불전의 처마가 수평선이다. 그 단조로운 수평선에 변화를 통한 의미를 주기 위해 정면 중심부에 반구형으로 솟아 오른 가장 일본적인 홍예형 처마 양식이 생겨났다. 이 일본적 건축양식이 모모야마(桃山) 시대부터 유행했는데, 이를 〈가라하후(からはふ=唐破風)〉라고 한다. 여기에 대불전 조성의 키포인트를 구현시켰음을 알 수 있다. 부처님이 가라하후 모자를 쓴 듯 보이게 했으니, 대불전 건축양식을 주체적으로 일본화한 것이다. 임진왜란을 일으킨 도요토미 히데요시 시대에 창안된 이 가라하후는 오직 일본에서만 볼 수 있는 건축적 특징이다. 일본의 주체성을 상징하는 건축양식이 새롭게 만들어진 것으로, 수평의 처마 중앙에 솟아오른 이 투구모양의 유연한 곡선은 뭔가 모르게 긴장감을 준다. 멀리서 장대한 대불전을 바라볼 때, 예불자의 경건한 신앙적 시선을 유도하여 부처님의 정신적 권위와 깨달음의 위대함에 감복해야 한다는 자발적인 강요가 들어 있다.

그 자발적인 강요 때문인지 임진왜란 때 썼던 가등청정 등 장군의 투구로 발전한 것 같이 느껴지기도 한다. 토함산 석불사에도 가라하후가 있다[도판 36-㉠]. 이는 석불사를 일본화하기 위해 일제 시대에 자의적으로 얹은 것이 분명하다. 식민지 지배가 아닌 옛날부터 한국이 일본의 땅이었다는 것을 합리화하기 위해서. 그래서 임나일본부설 등 역사의 왜곡을 시도한 것. 그것은 과거 서구제국주의자들이 자행했던 〈식민지 고고학〉에서 배워 〈식민 사관〉을 만들어낸 대표적인 잔재이다.

## 〈청동비로자나대불〉에 대해서
### 대불전에 봉안된 주존불

신라인이 저술한 불경 주석서 사경(寫經) 작업의 진척도와 동대사의 주불인 청동비로자나대불 조성 작업의 진척도를 비교하면 서로 밀접한 관련이 있음을 알게 된다. 일본에서 불경 주석서의 사경은 서기 740년, 신라 도래인들에 의해 본격적으로 행해지기 시작했다. 이때 소국 중의 한나라인 가와치국(河內國)의 지식사(智識寺)에 행차하여 비로자나불을 참배한 쇼무 천황은 3년 간 행해진 신라 심상(審祥) 스님의 『화엄경』강설을 들으면서 깊은 감명을 받았다. 그래서 그의 강설이 끝난 743년 10월에 천황은 전국에 국분사와 국분니사를 조성케 하고 그 총국(摠)사로서 동대사를, 거기에 봉안할 청동대불 조성을 발원했다.

**도판 125** 청동비로자나 대불: 무게가 380톤이다. 이 불상을 만드는 데는 동 499톤, 주석 4.5톤, 도금에 0.5톤, 수은이 2.5톤이 들었고, 동을 녹이는데 1만 8656섬의 숯 등 실로 막대한 양의 자재가 들었다. 28개의 대좌 연판마다 [도판 126]의 그림이 선각되어 있다.

쇼무 천왕의 발원으로 이 청동 비로자나대불은 백제 이주민의 후손인 구니나카노무라지기미마로(國中連公麻呂)가 불모장(佛母匠)으로 총책임지고 제작하였다. 비로자나불이란 『화엄경』의 주불로서 '우주에 편만한 진리를 상징'한다. 그 수인은 천지가 하나의 진리로 이루어져 있다는 의미의 지권인(智拳印)인데, 이 청동 비로자나대불에서는 다르다. 오른손은 두려워하지 말라는 의미로 위로 쳐든 시무외인(施無畏印)이고, 왼손은 앞으로 내밀면서 원하는 모든 것을 아뢰어라는 의미의 여원인(與願印)이다. 우주의 진리를 상징하는 지권인이 아니라 현실에서는 만사형통을, 내세에서는 백성들을 서방정토로 이끌어 준다는 기복적인 여원시무외인으로 나타냈다. 그것은 쇼무 천황이 불교 절정기의 시대적 분위기를 잘 이용하여 천재지변과 역질의 유행에 따라 이완된 정치적 기반을 더욱 공고히 중앙집권화하기 위하여 절묘한 타이밍에 맞춰 주조한 불상이기 때문이다. 지금은 도금이 벗겨져 청동이 되었지만. 이 대불은 금속으로는 세계에서 가장 크다. 그 크기는 다음과 같다 [주 40].

| 명칭부분 | 크기(cm) | 명칭부분 | 크기(cm) |
|---|---|---|---|
| 좌상의 총 높이 | 1,486.82 | 손바닥의 길이(좌) | 301.48 |
| 얼굴의 높이 | 321.10 | 손바닥의 길이(우) | 299.97 |
| 무릎의 높이 | 258.45 | 가운데 손가락 길이(우) | 110.98 |
| 어깨의 너비 | 984.75 | 발의 길이(좌) | 389.35 |
| 귀의 길이 | 269.67 | 눈 길이 | 102.00 |
| 입술의 길이 | 112.11 | | |

오늘날은 석제대좌가 없지만, 주조시에는 석제 연꽃대좌가 있고, 그 위에 동제 연꽃대좌가 놓여있었다. 대좌는 지름 150척(=44.6m), 높이 8척(=2.4m)의 28변 연꽃대좌다. 현재 남아 있는 동제 대좌는 대부분 처음 그대로의 것이다. 대불전의 내부 기둥 중 1곳에 청동비로자나대불의 콧구멍 크기와 같은 구멍이 아래에 뚫려 있다. 그래서 그 구멍 크기를 체험하며 대불이 숨쉬는 것을 상징하듯 웃으며 장난삼아 들어갔다가 나오는 일본 아이들이 많고, 외국 관광객들도 더러 있다.

이 방대한 불상과 대불전을 위해서 동원된 목재 및 금속 관련 기술자와 노동자, 협력한 불교신자의 수는 무려 260만 명이 넘는다는 기록이 남아 있다. 조성 기간 당시 일본 국민의 반에 가까운 숫자가 동원된 것만 보아도 어느 정도의 공사 규모

도판 126 청동대불 대좌 연판마다 선각으로 새겨진 석가여래의 영산회상도: 우주의 연화장 세계를 일본의 국토라 보면, 비로자나본존대불은 천황이고 본존대불의 대좌연잎 위에 도판처럼 선각으로 새겨진 무수한 부조는 문무백관과 지방정부의 책임자 및 일반백성에 해당된다. 이는 천황을 중심으로 한 통일국가의 이념과 구조를 상징한 것이다.

였는지 충분히 짐작할 수 있다. 따라서 오늘날로 비교하면 4~5년이면 준공되는 올림픽 종합경기장 건설보다 상대적으로 더 거대한 공사였다. 이 청동대불은 743년부터 시작하여 749년까지 근 7년에 걸쳐 막대한 노력과 자재를 들여 8차례의 주조 접합 끝에 완공되었다. 이 대불은 앞에서 언급한 대로, 불교가 일본에 전래된지 2백 년이 되는 해(752년), 초파일에 대불개안 공양의식을 하였다.

그 공양의식은 인도 스님의 책임아래 성대히 진행되었다. 개안(開眼) 의식이란 깨달음의 눈을 화룡점정으로 뜨게 한다는 의미이다. 이 의식에는 일본의 〈천황〉과 호족세력 그리고 스님들은 물론 동방의 여러 나라에서 축하사절단으로 온 사람들과 기타 등등 당시 무려 1만여 명이 참가한 가운데 거행되었다. 신라에서도 김태렴(金泰廉) 왕자가 이끄는 700여 명에 이르는 대규모의 축하사절단이 참석하였다.

1부에서는 엄숙한 예불 의식을, 2부에서는 악무가 웅장하게 진행된 호화로운 축제였다. 동대사 대불의 조각적 의미를 교리로 음미해 보자. 즉 비로자나불의 대좌 연판마다 [도판 126]처럼 소석가(小釋迦) 군상(群像)이 선각되어 있다. 이것은 청동비로자나대불이 연화장 세계의 교주로 우주 전체의 통일자고, 그 청동대불의 대좌 연판마다 선각되어 있는 이 소 석가군상들은 현실의 사바세계 중 작은 하나의 나라(= 小國)라는 『범망경』의 가르침을 보여주는 것이다(주41). 즉 청동대불은 중앙정부이고, 그 대좌연판마다 선각된 소 석가군상들은 지방정부와 백성을 의미하는 것이다. 이렇게 완성된 대불은 얼마 지나지 않아 파손되기 시작했다.

786년에는 불상의 머리가 기울더니 떨어져 나가 다시 수리해야 했고, 1180년에는 겐페이(源平) 전란으로 머리와 손 등이 불에 녹은 것을 1195년에 보완하였다. 그

후 1567년 에이로쿠(永祿) 병화에 다시 화재를 입어 1705년에야 복원하였다. 따라서 현재의 대불상은 원래의 모습과는 다소 차이가 있고, 수리차원이었기 때문에 전체적으로 조화를 이루지 못하고 있다. 그러나 입체감이 대단하면서도 풍만하다. 또한 청동으로 주조했지만 거칠고 딱딱하기보다는 부드럽고 웅장한 조각 솜씨를 잘 보여주고 있다. 동대사는 일본의 국분사인 동시에 모든 국분사의 우두머리(=총국사)이기도 하였다. 그러므로 천황의 수복(壽福)과 국가의 수호를 기원하는 등 국가적인 종교 행사를 집행하는 중심사찰이었다. 쇼무 천황이 스스로를 비로자나불이라고 칭할 수 있었던 것은 비로자나불이 우주를 주재하듯 쇼무천황은 국가를 주재했기 때문이다.

### 〈정창원(正倉院, 쇼오소인)〉에 대해서

정창원은 동대사 창건과 함께 8세기에 세워진 창고 건물이다. 대불전 뒤쪽, 보호 경찰의 감시 속에 동대사와 격리된 높은 담장 뒤에 있다. 정창원 창고에 물건이 소장되기는 쇼무(聖武: 724~749) 천황 사망 후 왕후 고메이(光明)가 남편의 명복을 기원하기 위해 청동비로자나불에 공양한 물품에서 시작되었다. 이는 쇼무 천황이 생전에 애용하던 물건들이었다. 9천 점 이상의 유물은 일본 장인들의 기예를 나타내줄 뿐만 아니라 시대에 따른 당시 일본의 국제관계도 보여주고 있다.

이 창고에는 한국은 물론 중국·인도·페르시아의 것까지도 소장되어 있다. 돈황 장경동에서 발견된 자료에 버금가는 또 다른 실크로드의 산물이다. 장경동이 문서 위주라면 정창원은 물품 위주다. 그래서 국보보다 더 특별하게 취급을 받는다. 현재는 그 엄청난 가치 때문에 황실의 보물 창고가 되었지만, 원래는 동대사에 속했던 보물들이었다. 즉 이토오히로부미가 궁내경(宮內卿)이던 1884년(명치 17)에 동대

**도판 127** 정창원 전경: 황실의 유물창고다. 756년 쇼무 천황이 죽자 고메이 왕비는 그의 명복을 비로자나 대불에게 빌기 위하여 숟가락을 비롯한 칼·거울·무기·목칠공예품·악기 등 600여 종의 애장품을 49재(齋)에 맞춰 헌납하였다. 이 헌물을 계기로 일본문화를 전하는 수많은 유품과 한국·중국·인도의 고대 유물에 이르기까지 9천여 점이 소장되어 있다. 그래서 오늘날 세계 제일의 보고 중 하나다.

1부 사찰과 성당의 발달

**도판 128** 정창원에 보관되어 있는 신라시대의 밥그릇: 752년 동대사 대불 개안 의식에 축하 사절로 일본에 간 신라 사절로부터 받은 당시의 악기, 밥그릇, 수저 등이 지금도 그대로 소장되어 있다.
※ 조선일보 간행/『일본속의 한민족사』

사 관할에서 국가소유로 만들어 궁내성 직할 관리유물로 이행시켰다. 이로부터 문화재 중 치외법권적 성격으로, 즉 '감추어진(=秘匿化) 보물'이 되었다[주42]. 그래서 소장품은 일반에게 공개하지 않는다. 단지 매년 10월 하순부터 11월 상순에 걸쳐 약 20일 정도 걸리는 포쇄(曝麗)기간 동안만 나라 박물관에서 약 70종의 물품만을 특별전 형식으로 공개하고 있을 뿐이다.

고대 일본의 사찰 문화는 목조임에도 불구하고 잘 보존되어 있다. 동북아시아의 동쪽 가장 끝에 있어 중심 국가의 문화가 동심원처럼 퍼져 나가다 마지막으로 물결이 머무르고 그 결이 그대로 고이던 섬이었기 때문이다. 따라서 일본문화는 고대 동북아시아 문화의 특징을 잘 보존하고 있는 보물창고다.

텐표시대 이후 헤이안 후반기부터는 일본이 주체적인 문화를 형성하면서 발전하더니 임진왜란이후부터 근대에 이르면서는 침략적 야욕을 나타냈다. 식민지 시대부터는 역사를 〈조작·왜곡·변형〉하기 시작하더니 오늘날에는 그 반성도 없이 독도 시비 등 〈신식민사관〉으로 새로운 시비를 조장하고 있다. 어쨌든 일본의 〈비조사·법륭사·광융사·동대사〉는 한국의 옛 〈고구려·백제·신라〉라는 삼국 문화와 얽힌 설킨 모습을 지니고 있다. 앞으로 이 얽히고 설킨 것을 학문적으로 진실되게 풀어나갈 때 오늘의 한·일 관계도 우호적이 될 수 있다.

# 3. 동남아시아(미얀마·라오스·캄보디아·인도네시아) - 사찰

## 1) 동남아의 역사

대한민국 역사를 세계 각 나라는 얼마나 제대로 알고 있을까? 세계 각 나라의 중·고등학교 교과서에 소개된 한국의 역사를 보면 제대로 기술된 내용이 별로다. 모두 근거도 관점도 없다. 잘못되고 왜곡된 내용도 무시하지 못할 정도다. 한류를 자랑하면서도 정부가 우리 역사를 제대로 한류한 적이 없기 때문이다. 동남아의 역사도 오십보백보다. 참고할만한 책도, 믿을만한 참고서도, 인터넷도 신뢰할만한 수준이 아니다. 세계가 지구촌으로 가는 시대임에도 불구하고. 그래서 이 글도 관점은 물론이고 잘못된 내용이 있을지 모른다. 앞으로 세계문화유산 등재의 역할을 넘어 지구촌 시대에 어울리는 내용의 통합된 세계사책이 유네스코의 이름으로 나오기를 기대한다. 여기서는 불교문화 이해에 도움이 될 정도의 동남아 역사를 초록 수준으로 적어본다. 동남아는 광의적으로 〈인도-차이나〉로 불렸다.

지리적으로 인도와 중국 대륙 사이에 위치하기 때문이다. 이 말은 이 지역의 역사·문화·정치·경제·사회 등 거의 모든 분야에서 두 대륙의 영향을 받았다는 의미다. 그중에서도 인도의 영향이 압도적이었다. 힌두교와 불교 문화가 성하고 인도언어의 바탕인 산스크리스트어가 여러 나라 언어의 뿌리를 이루고 있으니까.

이후 7세기에 아라비아 상선이 말라카해협을 거쳐 중국에 내항하게 됨에 따라 말레이반도의 케다, 수마트라의 팔렘방이 기항지로서 중요해졌고, 이 두 지점을 중심으로 스리위자야 왕국이 성립되었다. 이 무렵 스리위자야 왕국 이웃에 자바인 국가로서 사일렌드라 왕국이 있었는데, 이 왕국이 8세기 말에 기념비적인 보로부두르를 남겼다. 9세기에 접어들어 국제 정세가 변하면서 인도차이나 반도에도 큰 변화가 생겼다. 오랫동안 중국의 지배를 받던 북부 베트남이 독립하여 딘보린(丁部領, 924~979)이 968년에 딘[丁] 왕조를 세웠다. 그래서 베트남 최초의 독립 국가를 이루었다. 크메르도 9세기에 일어나 11세기 이후부터 발전하여 앙코르 제국을 건설하였다. 그러면서 거대한 앙코르 유적군 즉 앙코르와트와 앙코르 톰 등을 구축하고 지배 범위를 현재의 태국을 넘어 미얀마 국경 근처까지 넓혔다. 거의 같은 시대 미얀마에서는 바간 왕조가 성립되었다. 타톤 왕국을 정복하고 그 문화를 기초로 해 탑들의 나라를 만들었고, 오늘날의 미얀마 문화를 다졌다.

13세기 말에는 원나라의 침입으로 이 지역에 큰 변화가 생겼다. 원은 베트남을 일시적으로 지배했고, 미얀마의 바간 왕조를 멸망시켰다. 연이어 자바까지 원정함대를 파견했다. 이러한 혼란과 앙코르 제국의 쇠퇴를 틈타 그동안 이 지역의 주변부에 움츠리고 있던 타이인들이 발흥했다. 그러면서 그들은 수코타이 왕조(1238)를 세웠고, 이어 아유타야 왕조(1350)로 이어졌다. 1353년에는 라오스의 루앙프라방을 중심으로 란쌍 왕국이 세워졌다. 그 전후로 해서 이슬람교가 전해져 15세기에 말라카 왕국은 이슬람교를 국교로 채택하면서 이슬람교는 이후 말레이까지 확산되었다. 한편 이 무렵부터 동남아에 화교의 이주가 시작되면서 전체적으로 도시 인구가 늘어났다.

## 16세기가 되면서는 역사의 판도가 바뀌었다

포르투갈·스페인·네덜란드·영국·프랑스 등 서양 제국주의 국가들이 동남아에 진출하면서다. 1509년 포르투갈 함대가 말라카에 진출해 1511년 말라카 왕국을 점령하고 동남아의 전초기지로 삼았다. 스페인도 진출해, 1571년에 마닐라를 점령하고 중국과 무역을 시작했다. 1596년에는 네덜란드, 1600년에는 영국 함대가 오기 시작했고, 유럽 각국은 제국주의가 되어 그들끼리 시장 장악을 위한 패권 경쟁을 했다. 이렇게 그들이 오게 된 것을 사르데사이는 "3G를 찾아서"라고 표현했다. 그 3G는 〈Glory·Gospel·Gold〉. 즉 〈왕실의 영광·기독교 전파·부의 획득〉을 위해서. 이같은 경쟁상황은 18세기 말~19세기 초에 이르자 더욱 심해져 아예 식민지 쟁탈로 나타났다. 영국은 인도와 미얀마 그리고 페낭과 싱가포르를 획득했으며, 프랑스는 라오스, 캄보디아, 베트남에 개입하였고, 네덜란드는 수마트라와 자바에, 스페인은 필리핀에서 점차 세력을 확대했다. 유일하게 영국과 프랑스의 중간지대인 태국만이 완충지대가 되면서 가까스로 독립을 유지할 수 있었다.

## 제국주의의 지배에 항거하는 민족운동이 일어났다

그러면서 19C 말부터는 적극적으로 서구 문화를 흡수하면서 독립하려는 개량주의적 민족운동이 시작되었다. 그 가운데 1898년 〈미국-스페인〉 전쟁을 틈타 일어난 필리핀 혁명은 동남아에서 민족혁명을 처음으로 일으킨 사건이 되었다. 제1차 세계대전과 그 후 이어진 베르사유 조약, 러시아 혁명 등은 큰 충격을 주었다. 미국 대통령 윌슨이 주창한 민족자결주의 원칙은 피식민지 국가들에게 큰 기대를 걸게 했으나 독립으로 이어지진 못했다. 그런 틈에 러시아의 프롤레타리아 공산혁명은 그 대안이 되면서 세계에 공산혁명을 전파시켜 나갔다.

1939년 제2차 세계대전이 시작되면서 1941년 일본이 프랑스령 인도차이나에 진격해 들어가자 동남아도 전쟁에 휘말렸다. 당시 일본은 태국과 동맹을 맺어 이곳을 교두보로 이용했다. 전반적으로 중국계 주민은 일본에게 격렬히 저항했고, 인도계 주민은 반영 활동을 목적으로 일본군에게 협력하는 편이었다. 일본은 필리핀에 괴뢰정부를 세웠으나(1943) 곧 미국에 넘기게 되었고, 미얀마는 일본군에 대항하며 독립투쟁을 일으켰다. 베트남에서는 1945년 8월 16일에 호찌민[=胡志明]을 대표로 하는 베트남 민주공화국 임시정부가 결성되더니 그 여파는 그 후 동남아 각국의 독립운동에 영향을 크게 끼쳤다. 일본의 패배와 함께 태평양전쟁이 끝나자 유럽 제국주의 국가들은 식민지 지배를 다시 하고자 탐했다. 하지만 시대는 변화하고 있었다. 인도네시아는 일본의 패망을 계기로 1945년 8월 17일 독립을 선언하고 그후 4년간 네덜란드와 무력투쟁을 하여 1950년 8월에 완전히 독립하였다.

필리핀은 미국으로부터(1946), 미얀마와 말레이시아도 영국으로부터 1948년 독립하면서 제국주의시대는 종말을 고하게 되었다. 세계사의 성격이 질적으로 달라지기 시작한 것이다. 이 변화에 따라 1955년에 열린 반둥회의는 동남아 각국이 오랜 식민 지배를 청산하고 독립한 것을 기념하면서 미래의 방향을 함께 도

모하고자 모인 집회였다. 그러나 동남아의 정치는 더이상 이상적인 방향으로 나아가지 못했다.

## 2) 동남아의 종교 상황

스리랑카라는 나라 이름은 '찬란하게 빛나는 섬'이라는 뜻. 동남아 초기 불교의 종주국 역할을 했다. 이렇게 "찬란하게 빛나는 섬"으로 알려진 배경에 대해서는 불교와 관련하여 몇 가지 뒷받침되는 기록이 있다. 안재원의 강의 자료 [서양 문헌에 나타난 신라와 신라에 남아 있는 서양 문명의 흔적-신라문화원(2019. 5. 29.)]에 따르면, 법현 스님이 4세기에 지은『불국기』에서 "그곳 절에서는 청옥상(靑玉像)이 있는데, 높이가 3장 정도다. 이 청옥상의 오른쪽 손바닥에는 값을 매길 수 없는 보배로운 구슬이 하나 있다"라고 쓰여 있다. 그리고 동로마 제국 시대에 활동했던 코스마스가 6C에 로마 제국과 인도 사이의 무역로를 직접 여행하고 기록한 책인『기독교 지명록(Topographia Christiana)』에 다음과 같은 글이 있다. "이 섬에는 많은 절이 있는데, 유명한 한 곳에 거대한 솔방울만한 커다란 보석(히야신스석)이 있다. 붉은 색을 띠고 있으며, 먼 거리에서도 보이는데, 태양광선이 비칠 때면 무엇과도 비교할 수 없는 광경이 펼쳐진다." 마르코 폴로도 13세기에 쓴『동방견문록』에서 "이 섬의 국왕은 세상에서 발견된 것 가운데 가장 아름다운 한 뼘 길이에 두께가 남자의 팔뚝 만한 휘황찬란한 보석을 가지고 있다. 이 보석은 흠집도 없이 불타는 듯한 붉은 색이다. 대카안(=원 황제)이 사신을 보내 그것을 사고 싶다고 하자 조상들의 것이므로 세상 그 무엇과도 바꿀 수 없는 것이라고 대답했다."

이들 기록에서처럼 나라 이름이 '찬란하게 빛나는 보석같은 섬'이란 〈스리랑카〉가 되면서 동남아 초기 불교의 종주국 역할을 후광으로 했다. 이 나라의 불교는 BCE 247년 인도의 아소카 왕이 그의 아들을 파견함으로써 전수되었다. 아들 마힌다 왕자는 상좌부 불교의 장로였다. 스리랑카의 왕은 그에게 감화되어 바로 불교에 귀의했고, 그를 위해 큰 절을 지어주었다. 당시 아누라다푸라에 있는 절중에 대표적인

**도판 129** 스리랑카 아누라다푸라에 있는 루완웰리세야 스투파: 동남아시아 스투파 양식의 모델이다.

'황금으로 채색된 대탑'이란 뜻인 루완웰리세야 불탑도 그 중의 하나다[도판 129]. 아누라다푸라는 '오래된 도시'라는 이름에 걸맞게 BCE 4세기~CE 11세기까지 1400여 년간 스리랑카의 수도였다.

훗날 이곳의 절은 동남아 남방 상좌부 불교의 기원이 되었다. 바꾸어 말하면 스리랑카는 인도에서 사라지게 된 불교문화를 굳건히 지키고, 크게 발전시키면서 동남아의 여러 나라로 전파하는 데 플랫폼이 된 것. 옛날부터 동서양과 동남아를 이어주는 중계지의 센타였다. 지역적 분포 면에서 동남아시아의 종교를 보면, 대체로 불교였다. 힌두교는 인도네시아의 발리 지역에서, 이슬람교는 도서 지역에서, 유교와 도교는 화교들을 중심으로 해서 부분적으로 전개되었을 뿐이다. 한편, 이들 종교의 흐름과는 별개로 지역 고유의 샤머니즘과 애니미즘도 동남아 전역에 걸쳐 이어지고 있다. 이 지역에 가장 늦게 전파된 기독교는 필리핀과 인도네시아의 일부 그리고 베트남의 몇 지역에서만에서다. 동남아에서 전개된 종교는, 타 문화권과 마찬가지로 정치·사회를 이끄는 이데올로기로 작용했으며, 무엇보다 문화와 예술을 이루어내는 DNA였다. 그래서 종교는 시대와 지역에 따라 건축에서 개성 있는 DNA 성격을 드러낸다. 그러므로 각 종교가 드러낸 여러 유형의 건축에는 해당 종교관에 맞는 공간 체계와 시각 형식이 구축되어 있다.

일상생활의 건축과는 다른 차원의 건축을, 즉 쉽게 변할 수 없는 영속성과 절대성을 보여준다. 그리고 각 나라마다 종교 건축에는 그 민족정서에 맞는 건축 형식이 양식으로 특색있게 나타나 있기 마련이다. 서양이 기독교를 통해 문화의 보편성을 드러낸 것처럼, 아시아에서 불교 또한 그러했다. 그 역할도 마찬가지로 불교에서도 건축양식이 두 가지 성격으로 전개되었다. 하나는 불교문화의 기본을 이룬 인도 불교의 건축 양식이고, 다른 하나는 인도에서 스리랑카를 거쳐 동남아로 파급되면서 나라마다 지역화된 양식이다. 기본 양식에서 대표적인 것은 〈산치대탑〉이 되겠고[도판 55], 지역화된 양식은 산치대탑에서 [도판 129]를 거쳐 비슷하면서도 다르게 그리고 아주 색다르게 변한 각 나라들의 〈스투파〉를 들 수 있다[도판 131, 146, 161, 180, 194 참조]. 이렇게 지역화된 양식은 〈산치대탑〉에서 대탑을 감쌌던 울타리와 탑문은 사라지고 복발은 눈에 띄게 커졌으며 상륜은 크게 발달하며 하나의 높고 긴 우주목을 상징하면서 다양한 교리들이 화려하게 덧붙여졌다. 그리고 대탑 주위에는 대탑과 형상이나 구조가 비슷한, 왕이나 신도들이 바친 소형 봉헌탑(奉獻塔)들이 많이 세워졌다[도판 132]. 그 봉헌탑 벽감에도 불·보살들을 모셨다. 이같은 〈스투파〉의 모습이 〈산치대탑〉에서 스리랑카를 거쳐 범동남아적으로 지역화된 것이다. 그러면서 오늘에 이르렀다. 초창기 불교는 이후 교리에 따라 인간의 평등과 성불을 참된 불교라고 주장한 마하야나(Mahayana) 대승불교와 개인 해탈에 주력한

**도판 130** 크메르 제국 시대 앙코르 톰내 바이욘 사원에 새겨진 자야바르만 7세(1181-1220)의 웃는 54개의 얼굴: 현재는 37개 남아 있다. 미소 짓는 얼굴로서는 세계에서 가장 크고 많다. 오늘날 캄보디아의 아이콘이 되었다 [도판 183 참조].

테라바다(Theravada) 소승불교로 나누어졌다.

 그중에서 동남아에 크게 영향을 끼친 것은 테라바다. 초기 동남아에 유입된 소승불교는 스투파를 중심으로 광범위하게 전개되었다. 인도 남부의 크리슈나강 동쪽 해안 지역에서 융성했던 그리고 [도판 129]처럼 스리랑카에서 유행했던 건축 양식의 영향을 많이 받았다. 이는, 인도 북부 지역에서 실크로드를 따라 중국 한국 일본 등 동북아시아로 전개된 것과는 아주 다른 양식적 특성을 지닌 것으로, 웅장한 스투파에 다양한 장식성이 특징이다. 이렇게 하여 동남아에서 불교 문화와 그 예술의 발전은 2~3세기에 들어와 15세기까지 약 1,300년 동안에 걸쳐 세 단계로 나누어 진행되었다[주43]. 첫 번째 단계에서는 대략 2~7세기 동안에 걸쳐 약 500년 동안 몬(Mon) 종족이 다스렸던 시기다. 이 때에 이 지역의 정치적 판도가 형성되고 불교가 수용되기 시작하였다. 그 형성은 남동해안을 따라 거대한 해상활동을 하면서 그 일부가 오늘날 베트남이 된 참(Charm) 종족, 메콩강 지역에서 후난(Funan)으로 알려진 라오스종족, 첸라(Chenla)로 알려진 캄보디아 종족, 메남평원의 태국 종족과 이라와디강 계곡을 다스렸던 미얀마 종족, 이들이 오늘날 동남아 각 국가의 민족이 되었다. 두 번째 단계인 7~10세기 동안은 동남아 지역에서 불교가 체계적으로 성립되던 시기다. 인도차이나 중앙 지역을 근거지로 해서 몬 종족이 불교를 바탕으로 드바라바티(7~12C) 왕국을 이루었던 시기다. 이때 인도네시아에서는 사일렌드라 왕국(750?~856)이 나타났다. 그들은 위대한 불교 기념비를 조성했는데, 그것이 보로부두르[도판 194]. 세 번째 마지막 시기는 10~15세기 동안에 불교예술이 절정을 이루었던 때다. 이 시기에 미얀마의 바간에서 수천 개의 탑들이 조성되었고[도판 145], 캄보디아에서는 앙코르 와트[도판 180]를 비롯한 바이욘[도판 130]·바프온[도판 300] 등 '신들의 제국'이 이루어졌다. 또 이 무렵, 타이 종족이 수코타이 왕국을 창건한 후, 그 통치기반으로 불교를 강력히 내세웠다. 그러면서 불교 건축은 동남아적인 독특한 모습을 대단위로 이루며 아유타야왕국으로 발전하였다.

1부 사찰과 성당의 발달

## 3) 동남아의 불교 건축

불교 건축은 동남아의 여러 나라 중에서도 불교를 통치이념으로 삼았던 미얀마·태국·라오스·캄보디아에서 크게 융성했다. 전통적으로 이들 나라의 불교 건축은 크게 사원과 스투파, 두 영역으로 전개되었다. 그런데 사원과 스투파의 건축적인 기원은 다르다. 그 역사적 흐름 또한 상이한 궤적을 보여준다. 스투파는 형태적 기원과 의미를 고대 인도 산치대탑의 영향을 받은 스리랑카의 스투파를 모델로. 반면에 사원은 처음부터 동남아 각 나라의 전통적인 건축양식에서 시작되었다. 그 이유는 초창기에 건립된 기원 정사 같은 사원이 인도에서는 대부분 소실되었고, 이후 불교가 약화되면서 더이상 사원으로서 건축적 진화를 국제적으로 보여주지 못했다. 이후 사원은 중국과 교류가 활발해짐에 따라 중국 이주민의 수가 증가하면서 중국적 장식이 가미되는 양상을 보이게 되었다. 한편 석굴은 지형과 지질상 동남아에서는 크게 발달하지 못하였다.

### 스투파(=탑)

차이티아 성격으로서 스투파는 비하라 성격의 사원에 비해, 비교적 내구성이 강한 벽돌이나 석재로 거대하게 건립되었다. 그래서 기원정사같은 사원은 남아 있지 않으나 〈산치대탑〉은 불교가 사라진 인도에서 지금까지 굳건히 남아 불교 건축문화의 초창기 모습을 잘 보여주고 있다. 그 때문에 동남아에서도 스투파가 불교문화의 대표가 되는 데 크게 영향을 미쳤다.

이렇게 스투파 건축의 양식적 전개는 처음에는 인도와 스리랑카의 영향을 받았으나 이후에는 나라마다 토착 양식을 주체적으로 만들어 나갔다. 범 동남아적 공통점 위에 나라마다 특색을 갖고 독자적으로 전개했다. 그 형식에는 두 가지로 전개되었다. 하나는 기단 위에 복발형의 탑신이 있고 그 위에 상륜부가 짧고 단순하게 올라간 것. 다른 하나는 기단 위에 복발형의 탑신이 똑같이 있으나 그 위의 상륜부는 높게, 그래서 여러 가지 산개를 다양하게 포갠 형식이다. 이 형식의 상륜부는 나

**도판 131** 탓 루앙 스투파: 라오스의 비엔티안에 있는 이 스투파는 산치대탑에서 보듯 반원형 돔에 상륜은 유연한 곡선미를 가진 원추형을 각진 입방체로 변형시킨 것이다.

라에 따라 보다 크게, 높게, 화려하게, 주체적으로 바로크 양식처럼 장식화하면서 변해갔다. 동남아 스투파에서 양식의 차이는 이렇게 상륜부의 크기 여부와 장식성에서 비롯된다. 상륜부가 짧고 장식이 단순한 〈전자〉의 예로는, 라오스의 비엔티안에 있는 탓 루앙(That Luang)을 들 수 있다. 이 스투파는 방형기단 따라 소탑들이 나란히 돔을 둘러싸 호위하면서 복발형의 대탑을 치장하고 있다. 복발위의 상륜은 유연한 곡선미를 가진 원추형을 특이하게 입방체로 해 짧고 단순하게 변형시켜, 전체 높이를 45m로 나타냈다[도판 131]. 장식이 화려하고 높게 나타낸 〈후자〉의 대표적인 예로는, 미얀마의 양곤에 있는 셰다곤을 들 수 있다[도판 163].

이 원추형 탑은 주위에 여러 작은 봉헌탑을 거느리고[도판 132], 상륜은 유연한 곡선미를 가진 안테나 같은 높이로 99m까지 높였고[도판 162], 그 꼭대기의 산개 장식도 설명글에서 보듯이 화려하게 치장했다. 즉 탑신부는 크게, 그 둘레는 갖가지 봉헌탑으로 치장했고, 상륜부는 하늘을 향해 높게 그러면서 온갖 보석으로 화려하게 장식했다. 이렇게 〈탓루앙〉과 〈셰다곤〉은 분위기가 대조적이다.

대표적인 이 2가지 예는 동남아 스투파의 일반적인 경향을 따르면서도, 나라마

도판 132 미얀마 양곤의 셰다곤 스투파는 하나의 거대한 스투파가 홀로 서 있는 것이 아니라 여러 작은 봉헌탑을 화려하게 거느리고 있다. 그것도 모자라 상륜부에는 수천 개의 다이아몬드와 루비 등 온갖 보석으로 치장했다.

다 스투파 형식을 주체적으로 창안하여 서로 다른 정체성을 보여주는 것이다. 이처럼 동남아에서 전개된 스투파 건축은 인도와 스리랑카 형식에서 지역화된 것으로, 동북아에서 전개된 다층누각형의 파고다(=탑)와는 판이하게 다른 양식을 보여준다[도판 64, 110, 301 참조].

## 사원

일찍부터 하나의 건축물로 발달한 대형의 스투파에 비해, 사원은 우리의 사찰처럼 법당·강당·승방·요사체·부속시설 등 여러 건축물로 구성되었다. 주민들이 사는 동네의 한 가운데에서. 따라서 이 사원은 자연스럽게 동네의 전통 주거 건축 양식을 차용하게 되면서 종교성과 주거성이 혼합되어 있다. 즉 전통주거 성격인 비하라 영역에 차이티아가 법당형식으로 삽입된 성격이다. 그래서 사원의 수준과 규모에 따라 배치의 양상이 다양하게 이루어졌다. 이를 라오스 루앙프라방의 시엥통 사원에서 보면, 중요한 위치에 불상을 안치한 차이티아로서 법당[=도판 133]을 중심으로 해 그 주변에 소탑, 마차고[=도판 172], 요사체, 교육시설, 창고, 화장터 그리고 사원을 관리하기 위해 고용된 일반인들의 편익시설이 배치되어 있다. 건축 형식

도판 133 라오스 루앙프라방에 있는 시엥통 사원의 법당: 지붕이 3단으로 분절되어 있고, 그 물매가 급하면서도 우아하다. 루앙프라방의 수많은 사원 중 이 사원의 법당이 가장 아름다운 외관을 자랑한다. 1560년 전통적인 라오스건축 기법으로 지은 사원이다.

면에서, 법당은 주로 궁전 양식에 가까운 규모가 크고 화려함을 드러내는 반면, 주변은 일반 주거 건축에 준하여 이루어진 경향이다. 그같은 배치는 법당을 중심점으로 한 만다라 형상에 따른 것으로 모든 나라가 유사하다. 모든 사원은 불교의 진리 도형인 만다라를 지향하는 형태를 따르기 때문이다. 그리고 형태적 측면에서 법당은 지붕과 기단 장식에서 법당으로서 뚜렷한 특성을 나타냈다. 특히 지붕은 동남아 사원 건축의 시각적 이미지를 독특한 양식으로 집중시키는 형태를 지니고 있다. 예로 [도판 133]에서 보듯, 지붕을 3단으로 분절하고 그 틈새를 통해 환기를 가능케 했다. 이같은 방식은 종교적인 의미와 지역적 기후 조건을 결합시킨 지혜로운 건축적 처리다. 3단은 불교에서 가장 중요한 세 가지 개념인 〈불·법·승〉을 은유적으로 반영하는 것이기도 하고. 원나라의 침략 이후부터는 중국 이주민들의 규모가 늘어나고 커지면서 그들의 사회적 역할과 문화 예술적 활동이 증대되었다. 그러면서 동남아의 불교건축도 그 영향을. 동남아의 기존 문화와 중국 문화가 절충적으로 혼합된 건축 양식이 새롭게 하나의 흐름으로 나타나기 시작했다. 이는 인도에 바탕을 두고 전개되었던 이전의 분위기와는 다른 성격을 띠었다. 이들 이주민은 주로 중국 남부 출신들로, 도교와 불교 및 민간신앙을 복합적으로 응용한 건축 양식을 드러냈기 때문이다. 얼마 후에는 지리상의 발견을 통해 유럽의 건축양식까지 들어오면서 혼합되는 변화를 보여주었다.

### 장식

건물 외부에 꾸민 것을 '장식'으로, 내부에 꾸민 것을 '치장'이란 용어를 썼다. 원나라의 침략 이후부터 나타난 중국의 영향은 불교 건축의 근간이 되는 형태적 차원이라기보다는 주로 사원을 꾸미는 장식적인 차원에 불과했다. 하지만 그 시각적 효과는 매우 컸다. 불교사원이 마치 중국화한 것처럼 느껴지게 만들었다. 예로 지붕에서는 정교하고 화려한 장식이 강조되어 있다. 지붕의 용마루 양 끝에는 제비·용·봉황 같은 종교적 상징을 지닌 장식물들이 설치되었으며, 기둥에는 일반적으로 동물·식물 등이 정교하게 조각되었다. 동남아 불교 건축에서 이같은 장식은 중국의

1부 사찰과 성당의 발달

도판 134 시엥통 사원 법당 지붕 용마루: 우주의 중심을 상징하는 피뢰침 같은 독소파(Dok So Fa)가 장식되어 있다.

도판 135 밀양 표충사 대광전 용마루 중심에 설치된 독소파 장엄

도판 136 중국 낙양 백마사 대불전의 용마루 중앙에 설치된 독소파

영향이 크다. 태국의 푸라캐오 법당과 라오스의 시엥통 법당 지붕 용마루의 장식은 그 대표적인 예이다[도판 134]. 이들 장식 요소를 동남아에서는 독소파(Dok So Fa)라고 하는데, 이는 단순히 외부를 장식하거나 지붕을 보호하는 일차적 기능을 넘어 건물 전체의 위상과 위엄을 나타내는 장식이다.

불교 건축에서는 우주의 중심을 상징하며, 나아가 토착 신앙의 주술적 의미를 강화시키는 데도 기여한다. 아니 교리로 법당을 탑처럼 보이게까지도 한다. 부처님의 진신사리를 모신 사리탑이 처음에는 불교 신앙의 중심이었다. 그런 만큼 불상을 모신 법당의 지붕 위를 독소파로 장엄하여 법당을 탑처럼 의미한 것은 자연스러운 일이다. 우리나라에서 그 대표적인 장치로는 통도사 대웅전 법당 지붕에서 그리고 밀양 표충사에서 볼 수 있고[도판 135], 중국에서는 백마사에서 볼 수 있다[도판 136]. 이같은 용마루 장엄은 건물의 위의와 신성성을 높이는 기능이다.

우리나라에서 법당 지붕의 용마루 양끝에 있는 동물 형상의 기와를 치미(鴟尾)라 부른다. 솔개 꼬리로 직역되지만 문헌에 따라 그 이름이 여러 가지다. 원래는 기와의 흘러내림과 빗물이 스며들지 못하게 하는 실용적인 장치로 창안되었으나, 점차 장식성과 길상은 물론 벽

도판 137 탓루앙의 계단 소맷돌이 용이다. 이는 우리나라에서 법당을 반야용선의 의미로 용을 조각한 것과 같다.

도판 138 설악산 신흥사 극락보전의 계단 소맷돌. 통돌인데, 정면으로 용의 얼굴이 조각되어 있다.

사의 의미까지 나타내게 되었다. 그러니 건물의 위엄과 품격을 높이는 것은 물론이다. 그런데 동남아 법당에서는 동북아와 달리 치미같은 위엄성보다는 제비같은 날렵한 새 모양이다[도판 133]. 종교 건물에서 계단은 속계에서 성계로 오르내리는 통로를 말한다. 그러므로 한계를 뛰어넘는 의미가 있다. 그것을 상징하며 계단의 측면을 막아 댄 돌이 소매돌이다. 라오스의 탓루앙 소매돌에는 용이 아주 크게 사실적인 환조로 조각되어 있다[도판 137]. [도판 138]은 설악산 신흥사 극락보전의 계단 소매돌에 나타난 용의 모습이다.

## 치장

창문에서 창호는 기본적으로 좌·우, 상·하 대칭을 기조로 하고 있다. 그러면서 변화와 균제의 미가 가미된 공간 분할, 창호지의 맑고 은근한 질감, 여기에 밴 광선의 효과, 이런 것들이 조화를 이루고 있다. 창호는 짜임새에 따라 그 이름이 다르다. 우리가 사찰에서 흔히 볼 수 있는 것만 보아도 띠살문, 격자살문, 빗살문, 용자살문, 만자살문, 꽃살문 등 종류가 대략 30여 종이나 된다. 그중에서도 연꽃을 상징하는 꽃살문이 화려하고 정교한 특징을 보인다. 색채는 물론 조각 수법까지 변화의 극치이다. 꽃봉우리에서 꽃이 피어나듯이 불성에서 깨달음이 피어나는 것을 비유한 것이다. 따라서 꽃은 부처님의 설법 모습을 상징하는 것이다.

1부 사찰과 성당의 발달

도판 139 라오스 탓루앙 법당의 창살문: 무늬가 우리 사찰의 꽃 창살과 같은 의미의 새와 아기 부처가 가득 들어있다.

이렇게 보면 법당문에 새겨진 꽃들은 그하나하나가 부처님의 상(像)을 은유한 것이며, 한편으로는 부처님을 향한 뭇 중생들의 환희심이 담긴 공양화이기도 하다. 이같은 모습은 라오스의 탓루앙 내에 있는 법당 창살문에서도 볼 수 있다[도판 139]. 그런데 여기서는 무늬가 가릉빈가 같은 극락조와 화불 같은 아기 부처다.

치장에서는 하늘을 상징하는 법당의 천장이 가장 화려하다. 부처님이 영산회상에서 설법하며 삼매에 들 때 하늘에서 축복의 꽃비가 내린 것을 〈우화서(雨花瑞)〉라고 한다. 그러니 법당 천장의 꽃은『묘법연화경』,「서품」에 나오는 대로 하늘에서 만다라·마하만다라, 만수사·마하만수사꽃 등 갖가지의 천화(天花)를 〈우화서〉로 치장한 셈이다. 루앙프라방에 있는 시엥통 사원의 법당 천장에 있는 우화서 무늬도 화려하지만[도판 140], 우리나라의 법당 천장 무늬도 화려하다.

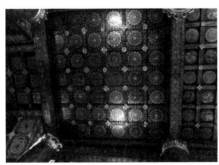

도판 140 라오스의 루앙프라방 시엥통 사원 법당의 천개와 천장: 우화서 무늬가 우물반자마다 화려하게 천개(가운데 기둥 속)와 천장 구분 없이 비슷한 수준으로 그려져 있다.

도판 141 백흥암 극락전의 천개와 천장: 이곳의 천장에도 우물반자 무늬마다 우화서가 화려하게 새겨져 있다. 특히 아미타여래의 머리 위에 있는 천개 속 용들은 천장과는 차원이 다르게 입체적으로 마치 살아 움직이는 듯 조각되어 있다.

대표적으로 영천 은해사 백흥암 극락전의 법당 천장에서 그 비슷하게 화려한 것을 볼 수 있다[도판 141]. 부처님을 높이 모시기 위해 만든 단을 수미단이라 한다. 수미산 위에 계신다는 의미다. 불교의 세계관에 존재하는 상상의 산인 수미산은 각종 보배로 되어 있다. 그러니 수미단도 부처를 높이 받들어 모시는 곳인 만큼 각종 보배로 모든 정성을 다해 초현실로 꾸민다. 현존하는 수미단 중에서 문양의 다양성과 조형미, 조각 기법 등 여러 방면에서 뛰어난 작품으로 평가받는 것은 백흥암 극락전의 수미단이다[도판 142]. 우리나라의 수미단 중 가장 수작이다.

그 모습을 보면, 1단인 불단 기저에는 귀면과 용을 조각하였고, 맨 위 5단에는 안상을 조각하였다. 그리고 그 사이인 2~4단의 전면과 좌우 양 측면에는 각양각색의 문양들이 가득 새겨져 있는데, 이 문양들 대다수는 상상을 초월하는 신비로운 동·식물들이다. 즉 연꽃 봉오리를 손에 들고 있는 인두조신의 가릉빈가, 당초를 입에 문 귀면, 모란꽃 사이를 나는 봉황, 박쥐 날개를 단 비룡(飛龍), 인두어신의 물고기, 괴인, 천마 등 모두가 초현실이다. 초현실에서 살아가는 귀한 동·식물들이 다 모여서 부처님을 받들고 있다. 이렇게 수미단에는 수미산의 초월적이고 환상적인 세계와 부처님의 신통과 위신력에 의해 나타나는 상서로운 동·식물들이 묘사되어 있다. 부처님에 대한 한없는 환희심과 외경심을 다양한 형태의 문양 속에다 담은 것

도판 142 백흥암 극락전의 수미단 모습: 5단 중 아래인 1단 양끝에는 도깨비, 가운데는 용을, 2단에는 코끼리, 사자, 사슴 등을 꽃잎과 함께 조각했다. 3단에는 용, 어린이, 물고기, 개구리 등을 가장 섬세하게, 4단에는 봉황, 공작, 학, 꿩 등을, 가장 위인 5단에는 안상문을 도드라지게 새겼다. 보물 제486호

이다. 그런데 동남아시아 사원에 봉안된 불상은 좌대 앞에 수많은 소불과 소탑 그리고 꽃공양으로 치장하는 편이다[도판 143]. 그러니 치장을 다양하게 바꿀 수 있는 장점이 있다.

수미단(下)[=도판 142]과 상·하로 세트를 이루고 있는 장식물이 불상의 머리 위에 설치된 천개(上)다. 이곳에서 가장 많이 볼 수 있는 것

1부 사찰과 성당의 발달

**도판 143** 시엥통 사원 법당에 봉안된 여래상: 이곳엔 수미단을 4기둥 안으로 해서 불상 앞에다 온갖 소불·소탑·꽃으로 장식해 꾸몄다.

이 우리나라에서는 용과 구름. 앞에서 언급한 은해사 백흥암 극락전에도 그렇게 나타나 있다[도판 141]. 용은 천개 속 구름에 몸을 숨기기도 하고 나타내기도 하면서 신령스러운 분위기를 조성한다. 신비롭고 환상적인 분위기에서 충만한 세계가 연출되고 있다. 이처럼, 우리나라에서의 천개는 살아 있는 듯 꿈틀거리는 쌍용이 서기(瑞氣)로 여래의 능력을 대변하고 있다. 그런데 동남아에서는 백흥암 극락전처럼 천개를 〈용〉으로, 천장을 〈우화서〉로 나누어 구분되어 있지 않다. 천개가 그냥 천장 비슷한 수준이다. 단지 격자무늬가 없을 뿐이다. [도판 140]에서 가운데 4개의 기둥 속에 있는 천장이 천개에 해당된다.

동남아 사원에서 설명은 세계 3대 불교사원인 미얀마의 〈바간〉, 캄보디아의 〈앙코르와트〉, 인도네시아의 〈보로부두르〉를 중심으로 그리고 일반 사찰에서는 라오스의 〈시엥통〉 사원을 뽑았다. 내용이 세계문화유산에 대한 글이므로 세계 3대 사원은 뺄 수 없고, 루앙프라방의 시엥통 사원은 우리의 일반 사찰과 비슷해 비교하는데 도움이 되겠다는 취지에서다. 그런데 세계 3대 사원은 아직 의문이 많고, 게다가 지금까지 우리가 관심을 둔 나라에 비해 너무나 먼 나라였다. 진정한 세계화를 위해서는 이제부터라도 깊은 관심을 가져야 한다.

얼마 전부터 관광은 많이 가지만 잘 모르고 가는 사람이 대부분이다. 필자도 역부족이어서 기행문 수준정도로 쓸 수밖에 없었다. 어쨌든 3대 사원과 시엥통 사원 설명 정도면 동남아의 나머지 나라들은 큰 맥락에서 설명이 없어도 어느 정도 커버가 되겠다고 생각한다.

## (1) 미얀마 - 바간

미얀마는 열대 몬순기후로 연평균 섭씨 30
도 내외이며, 5월 하순부터 10월까지는 우기
다. 건기인 11~2월이 그런대로 시원하다. 이
무렵은 우리나라 늦여름 초가을 날씨와 비슷
하기 때문에 여행하기에도 적합하다. 아침저
녁으로는 다소 쌀쌀하니 여행시엔 긴팔 옷도
준비해야 한다.

도판 144 13세기 당시 동남아 국가 분포: 스리
위자야 왕조가 오늘날 수마트라·자바·보르네
오 등을 아우르며 해양대제국을 이루고 있다.

탑의 나라 미얀마, 그중에서도 바간은 대표
적인 탑의 도시다. 이 도시는 미얀마의 두 번
째 도시인 만달레이에서 남서쪽으로 193㎞
떨어져 있다. 요즘은 수도 양곤에서 가는 비행기 편이 있다. 아나야타(Anawrahta) 왕
(1044~1077)에 의해 건설된 고대 미얀마의 수도로, 당시 중국과 인도를 잇는 교통의
요지였다.

이곳에 바간 왕조의 황금기였던 11~13세기에 조성된 수많은 불탑이 솟아있다.
당시는 4,446개가 있었다는데, 1975년과 2016년의 지진으로 절반가량이 피해를
입어 현재는 2,227개가 남아 있다.

바간은 크게 유적지가 있는 〈올드 바간〉과 유적지에서 1990년 이주한 주민들이
정착해 사는 〈뉴 바간〉 그리고 바간의 관문인 공항과 터미널이 있는 〈냥우〉 지역으
로 나누어져 있다. 바간의 이 스투파군(群)은 캄보디아의 앙코르 유적군, 인도네시
아의 보로부두르와 더불어 세계 3대 불교 유적지로 꼽히며, 유네스코 세계유산으
로 등재되어 있다.

미얀마의 역사를 보면, 티베트·버마족 계통의 인종이 티베트산맥을 넘어 이라와
디강을 따라와 북부지방에 〈퓨족왕국〉을 세웠다. 그중 트가웅은 최초의 왕조로 부
처님 같은 샤카족의 후손이라고 한다.

1부 사찰과 성당의 발달

이어 남쪽 지역에서 와 미얀마 최초의 정착 종족이 되어 고대 도시국가 투원나부미라는 〈몬족왕국〉을 타톤지역을 중심으로 세웠다. 이 왕국은 미얀마의 상징인 양곤의 셰다곤 탑을 2500년 전에 건립하였으며 미얀마 최초로 불교를 도입하였다.

서쪽에서는 리카인족이 건국한 〈외탈리왕국〉이 있었다. 외탈리란 명칭은 부처님의 유적이 남아 있는 인도의 대표적 불교 도시인 바이샬리의 영향이라고 한다.

1044년 주종족인 버마족의 아나야타왕이 이들을 아울러 지금 이 글에서 얘기하려는 최초의 통일국가인 〈바간왕조〉(1044~1287)를 세웠다. 바간왕조가 멸망한 후 샨족에 의한 〈잉와왕조〉(1364~1555)와 몬족에 의한 〈바고왕조〉(1287~1539)로 나뉘어 250여 년간 대립 경쟁했다. 이 대립 경쟁의 틈바구니에서 주도권을 행사하며 버인나웅왕에 의해 통일되면서 〈타웅우왕조〉(1280~1752)가 크게 나타났다. 이어 부처가 될 왕이란 의미의 알라웅폐야가 〈콘바웅왕조〉(1752~1885)를 세우고, 수도 이름을 전쟁의 종식이란 의미인 양곤이라 바꾼 다음 셰다곤스투파 앞에서 승리의 행진을 했다. 하지만, 그 의지도 잠깐, 서양 제국주의의 침탈 경쟁 속에서 어쩔 수 없이 영국의 식민지가 되었다(1885).

이후 아웅산의 노력으로 1947년 1월 27일 독립했으나 사회주의 군사정권에 오랫동안 휘말리다 2010년 11월 7일 총선거 통해 민간정부가 들어섰다. 지금은 개혁·개방 정책을 추진하고 있다.

**도판 145** 바간 박물관에 그려진 바간의 수투파 전경: 〈사사성장탑탑안행(寺寺星張塔塔雁行)〉의 모습을 보여준다. 왼쪽 멀리 가장 높은 스투파가 탓빈유 사원이다.

바간은 우리나라로 비교하면 경주에 해당한다. 이곳에 있는 수천 개의 스투파는 돈황의 막고굴과 같은 의미다. 바간도 돈황 같은 지형이었다면 포원타웅 석굴사원에서 보듯 돈황보다 더 많은 석굴을 조성했을 것이다. 천년세월에 걸쳐 조성된 돈황석굴보다 짧은 200~300년 동안에 돈황석굴의 10배나 되는 4,000여 개의 탑을 조성했으니 말이다. 그러므로 바간의 불탑은 아잔타 같은 석굴 양식을 미얀마식 탑으로 주체화하여 조성한 것으로 보게 된다. 신라시대에 마애암벽 앞에 목조 전실을 덧대어 세우고, 그 실내를 석굴인양 신라 자기식으로 주체화하여 변형시켰던 것처럼.

어쨌든 바간의 불탑들은 하늘에서 보면 수천 마리의 기러기가 열을 지어 솟아오르는 듯 하다[도판 145].『삼국유사』에 "절들이 밤하늘의 별처럼 퍼져 있고, 탑들은 기러기 날 듯 솟아 있다"라는 표현은 바간에 가면 실감할 수 있다.

그러니 서라벌도 유사했다는 생각이다. 아닌데 "사사성장 탑탑안행(寺寺星張 塔塔雁行)"이란 말이 나올 수 없으니. 신라 수도 서라벌에서 500년간 조성되었던 찬란한 불교문화들이 고려시대 500년 동안에 변방이 되었다가, 이후 조선 500년 동안의 억불정책 속에서 버림받는 가운데 외침 등으로 깨끗하게 싹 쓰리 된 것이다.

당시 바간의 인구가 150만 명이었다고 한다. 숯으로 밥을 짓고, 기와가 줄을 이으면서 가구 수가 17만 8,936호(戶=가구)라는 끝자리 수까지 정확하게 나타낸, 그런데도 믿어지지 않는다는 서라벌의 추정 인구 100만 명보다도 많았다. 서라벌의 크기를 도성을 넘어 방의 끝이라는 지금의 말방(末方) 지역까지 확대하면 충분한 넓이다.

바간 왕조(1044~1287)는 버마족에 의한 최초의 통일 왕조다. 1885년 영국 식민지가 되면서 바간(Bagan)이 영국식 발음으로 해서 파간(Pagan)이 되기도 하였다.

당시 바간은 중국에서 포감(蒲甘) 또는 면(緬)으로 알려져 있었다. 창건자 아나야타는 1044년 이라와디강 중·상류 유역에 있는 바간에 도읍하여 나라를 세웠다.

이후 몬족 출신 승려 신 아라한의 건의에 따라 상좌부 불교를 도입하려던 중, 몬족의 타톤국왕이 앙코르 왕국의 위협을 받자 아나야타왕에게 도움을 청하게 되었다. 이에 서로 연합하여 1057년 앙코르 군대를 물리쳤다. 이후 아나야타왕은 타톤

**도판 146** 아난다 스투파: 부처의 조카이자 애제자 아난다의 이름을 붙인 탑이면서 사원이다. 인도의 석굴사원을 본따 응용한 스투파로 조형미가 뛰어나다. 정사각형 기본 구조에 사방의 입구가 돌출된 십자 형태로 건축적으로 완벽한 균형미를 갖추고 있다. 우아하고 화려한 내부에, 정교한 조각과 상륜부에 설치된 소탑과 그 위 대탑으로 마무리한 외부의 아름다움이 독보적이다.

국에서 코끼리 30마리에 불경과 승려와 장인 그리고 고급 엘리트들을 데려와 그들로부터 다양한 문화를 수용해서 획기적인 문화 발전을 이루었다. 또 그들과 힘을 합쳐 관개 설비를 정비해 풍요로운 곡창지대를 만들어 나라를 윤택하게 하였음은 물론 바다를 통해 다른 나라와도 직접 접촉하였다. 독자적인 기록을 비문(碑文=도판 155) 형태로 남기기도 하여 미얀마 사상 최초로 역사로 증명하는 왕조가 되었다.

제3대 찬지타왕(1084~1111)의 치세까지 반 세기동안은 종교·문학·미술 등 몬 문화의 영향을 받으면서 독자적인 문화를 형성하여 미얀마 문화의 요람기 역할을 하였다. 그러면서 이 무렵 몬 문자를 기초로 버마 문자를 만들었다. 스리랑카와의 접촉으로 들어 온 상좌부 불교도 국가적인 보호를 받아 번성하게 되었다.

그 번성에 대해서는 13세기에 방문한 마르코 폴로가 '가장 아름다운 건축물이 있는 도시'라고 쓴 그의 여행기 『동방견문록』에서 알 수 있다. 불교국가가 되면서 이처럼 불교문화가 화려하게 꽃피었지만 1277년부터 10년간 네 번에 걸쳐 원나라의 침공을 받으면서 결국 샨족에 의해 1287년 무너졌다.

바간왕국을 세운 아나야타왕은 중앙집권체제 구축이 급했다. 그래서 무엇보다 종교가 중요했다. 통치 이데올로기의 매력적인 역할을 했기에. 그런데 당시는 불교·힌두교·정령신앙·민속 종교 등 각종 종교가 있었으나 앵커 역할을 하는 종교는 없었다. 그때 승려 신아라한의 건의와 타톤국 마누하왕의 협조로 상좌부 불교를 국교로 삼았다. 그때부터 불교가 앵커 역할을 하면서 불교문화가 이루어졌다. 그후에 몬족의 팔리어 문자를 들여왔고, 바간을 문화국가로 탈바꿈시키는데 앞에서의 언급처럼 타톤국의 인재들을 활용하였다. 그러면서 스리랑카와의 관계도 정립하였다.

이후 바간은 12세기와 13세기에 불교 연구의 중심지가 되었고, 인도·스리랑카·태국·크메르 등으로부터 많은 승려와 학자 및 학생들이 찾아왔다. 바간에는 4,000개가 넘는 탑과 사원이 들어서면서 바간 왕조의 전성기를 이루었던 것이다.

히말라야에서 발원해 미얀마 최남단까지 이어지는 이라와디강 중부에 위치한 바간은 그리하여 오늘날 세계 3대 불교 유적지가 되었다. 42km²의 면적에 현재 인류가 조성한 불교의 모든 건축양식을 알리는 2,227개의 다양한 탑과 사원이 보존된 '탑의 도시'로 유명해지면서 미얀마 최고의 세계적인 관광지가 되어가고 있다.

바간에서 파야(Paya=사원)는 제디(Zedi)와 파토(Pahto)로 나누어진다. 그중 제디는 사람들이 내부로 들어갈 수 없는 사원이고, 파토는 들어갈 수 있는 사원을 칭한다. 제디는 사리 역할의 성물을 안치했고, 파야에는 불상을 모셨으니. 사원은 불교도들의 자발적인 힘으로 지은 사원이 적지 않다. 그래서 '서민들의 사원'이라고 불리우는 탑들도 많다. 만든 재료는 돌·사암·진흙·시멘트 등을 벽돌로 만들어 세웠다. 그러니 모두 벽돌탑이다.

벽돌은 한 장 한 장 헌신과 희생의 척도였다. 이라와디강 주변에 재료가 많고 물이 풍부하고 운송이 수월했으며 가마 만들기에도 적격지였다. 벽돌에는 주문자나 기증자의 이름, 제작된 도시 이름도 찍혀있다. 벽돌 크기는 대체로 36×18×6센치였다. 이들을 진흙 모르타르 접착제를 사용해 쌓았다. 그래서 외관은 미려하나 견고성에서는 문제가 있었다. 그래서 지진에 많이 무너졌다. 외부는 스투코로 화려하게 아름답게 장식했고 내부는 프레스코화로 불화를 그렸다.

도판 147-① ①.②.③.④는 아난다 사원 동·서·남·북에 봉안된 불상들이다.

도판 147-② 티크나무를 깎아 만든 9.5m 높이의 목조도금불입상이다.

도판 147-③ 봉안된 각 불상들의 크기 생김생김 등이 비슷하면서 다르다.

도판 147-④ 미얀마에서 이들 아난다 불상만큼 아름다운 불상도 없다.

도판 148 난 파야(Nan paya): 전탑으로 이루어진 바간의 다른 사원과 달리 단단한 돌로 쌓은 모전석탑 사원이다. 고대 양식의 사원으로 마누하왕이 포로로 잡혀있을 때 감옥으로 사용했던 곳이라 한다.

도판 149 마누하 파야(Manuha paya): 마누하왕이 세운 사원이다. 그는 아나야타에게 멸망 당한 미얀마 남부 몬족 타톤 국가의 마지막 왕이었다. 바간에 끌려와 난 파야에 갖혀있다 소승불교를 전파해준 공로로 풀려나 1059년 이 사원을 지었다.

돌로 된 모전석탑은 셰지곤과 난파야 2개뿐이다. 채취하고 운반하고 가공하기에 힘들었고 경비도 많이 들었기 때문이다.

바간왕조는 스투파와 사원을 너무 많이 건립하여 왕조 말기에는 국력을 소진하였다. 이런 상황에서 1287년 조공을 요구한 원(元)나라의 침공을 받아 수도 바간이 점령당하였다. 몽골의 기마병을 바간의 코끼리부대가 감당하지 못하면서다. 이같은 바간 왕조의 붕괴는 샨족의 지역 장악에 결정적인 계기를 마련해 주었다.

이후 샨족은 힘을 합쳐 권력을 장악한 후 몽골 원정군을 차욱세 평원에서 몰아내고 새 지배자로 부상했다. 그러다가 또 다시 네 집단 즉 샨족·버마족·몬족·여카잉족으로 갈라지더니 이들 집단 간의 알력으로 잉와왕조와 바고왕조로 2세기 이상 분열되었다.

그 후부터 20세기 전반까지 바간은 경주처럼 잊혀진 도시가 된 가운데 도굴꾼들의 소굴이 되면서 수많은 탑이 폐허가 되었다. 그러다 1975년에 발생한 진도 6.5의 지진으로 거의 반이 피해를 입었다. 설상가상으로 2016년에도 진도 6.8의 지진이 또다시 강타하여 큰 피해를 입었다.

오늘날에도 그 탑들은 매혹적인 자태를 잃지 않고 있다. 벼들이 자라는 논 사이로, 붉은 황토 들판 위로, 사반나 풍경의 관목 사이로, 먼지가 피어오르는 메마르고 황량한 도로변에 여전히 탑과 사원들이 역사를 지탱하며 서 있다.

지금은 아난다나 셰지곤처럼 미얀마 국민이 찾아와 예불드리고 수많은 관광객

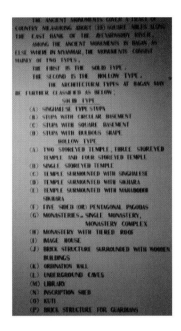

THE ANCIENT MONUMENTS COVER A SPACE OF COUNTRY MEASURING ABOUT (16) SQUARE MILES ALONG THE EAST BANK OF THE AYEYARWADDY RIVER.

AMONG THE ANCIENT MONUMENTS IN BAGAN AS ELSE WHERE IN MYANMAR, THE MONUMENTS CONSIST MAINLY OF TWO TYPES.

THE FIRST IS THE SOLID TYPE.

THE SECOND IS THE HOLLOW TYPE.

THE ARCHITECTURAL TYPES AT BAGAN MAY BE FURTHER CLASSIFIED AS BELOW:

SOLID TYPE

(A) SINGHALESE TYPE STUPA

(B) STUPA WITH CIRCULAR BASEMENT

(C) STUPA WITH SQUARE BASEMENT

(D) STUPA WITH BULBOUS SHAPE

HOLLOW TYPE

(A) TWO STOREYED TEMPLE, THREE STOREYED TEMPLE AND FOUR STOREYED TEMPLE

(B) SINGLE STOREYED TEMPLE

(C) TEMPLE SURMOUNTED WITH SINGHALESE

(D) TEMPLE SURMOUNTED WITH SIKHARA

(E) TEMPLE SURMOUNTED WITH MAHABODHI SIKHARA

(F) FIVE SIDED (OR) PENTAGONAL PAGODAS

(G) MONASTERIES - SINGLE MONASTERY, MONASTERY COMPLEX

(H) MONASTERY WITH TIERED ROOF

(I) IMAGE HOUSE

(J) BRICK STRUCTURE SURROUNDED WITH WOODEN BUILDINGS

(K) ORDINATION HALL

(L) UNDERGROUND CAVES

(M) LIBRARY

(N) INSCRIPTION SHED

(O) KUTI

(P) BRICK STRUCTURE FOR GUARDIANS

도판 150 탑의 도시 바간에는 아직도 탑이 2,227개가 있다. 이 탑들에 대해 바간 박물관은 탑 양식을 크게 솔리드(Solid) 양식과 홀로우(Hollow) 양식으로 구분하고 있다. 그중 솔리드 양식에는 4가지가 홀로우 양식에는 16가지가 있다.

이 카메라를 들고 찍어대는 거대한 규모에 멋드러진 사원도 있지만, 신도들과 관광객이 외면하여 실내엔 새들의 집이 되어 오물이 쌓여 있는 탑들도 한두 개가 아니다. 그리고 무너져가는 작고 단순한 붉은 흙벽돌 탑도 무수히 많다.

이처럼 바간의 동서남북 어디를 보아도 탑과 사원들뿐이다. 천 년 전 불국토를 꿈꾸며 만들어진 신의 땅에는 황금 지붕과 기러기 날 듯 뾰족 탑을 가진 사원들이 켜켜이 서 있다. 언덕에서 보면 끝이 보이지 않을 정도로 넓은 들판 사이에 탑들이 뜨거운 열기 속에서 파도처럼 끝없이 일렁이는 듯하다. 그러니 열기구를 타고 보면 "사사성장 탑탑안행"이 실감날 것이다.

이곳 동남아에서는 탑의 명칭도 스투파·탑파·파야·파토·제디·차이티아·비하라 더구나 파고다·템플 등 영어까지 섞여 있어 더 복잡하다. 그만큼 용어가 형태와 구조에 따라 나라에 따라 그리고 사용자에 따라 기준 없이 다양하게 혼용되어 쓰이고 있기 때문이다.

지금도 2,227개가 남아 있으니 그 유명한 돈황의 492개 석굴보다 많다. 그 2,227개의 스투파 형태가 다 다르니 조사해보면 지구상의 불교 건축에 나타난 모든 양식을 다 알게 될 수도 있겠다. 그런데 바간 박물관의 설명을 보니 탑 양식에는 크게 솔리드(Solid) 양식과 홀로우(Hollow) 양식으로 구분했다. 그 중 솔리드 양식에는 4가지, 홀로우 양식에는 16가지가 있다고[도판 150]. 여기에 시대적인, 계층적인, 용도적인 관점에서 보다 학술로, 과학으로, 교리로 자세히 조사해서 체계 있게 분류해본다면 재미있는, 멋진, 놀라운 내용도 많을 것 같다.

어쨌든 탑의 건축양식은 지역적으로는 퓨양식·바간양식·샨양식·만달레이양식

**도판 151** 셰산도 파고다: 남동쪽에 세워져 있어 석양을 가장 아름답게 볼 수 있는 탑이다.

이 있다. 〈퓨양식〉은 인도의 복발형에서 변형된 종형이다[도판 156]. 〈바간양식〉은 원추형이다[도판 153]. 그 구조는 3층의 기단부에 탑신은 원추형 본체이고, 상륜부는 우산 또는 왕관 모양의 티(Hti) 장식으로 되어 있다[도판 162].

〈샨양식〉은 바간양식을 변형한 가늘고 긴 지팡이 같은 양식이다. 평야지대에 잘 어울리는 바간양식을 산지에 잘 어울리는 양식으로 바꾼 것. 〈만달레이양식〉은 꼰바웅왕조시기에 유행했는데 피아타트(Pyattat)라 부르는 위로 올라갈수록 크기가 줄어드는 4각 뿔형태로 된 7~9층이다. 나무로 만들어 각 층은 처마 끝이 위로 향해 있다. 바간에는 이 〈샨양식〉과 〈만달레이양식〉이 없다.

일반적인 면에서 탑의 전기양식은 안정감을 주었다면, 중기양식은 상승감을 강조했고, 후기양식은 전기와 후기 양식의 균형과 비례를 조화시켰다.

〈전기양식〉은 아난다처럼 동굴식으로 만들어 내부에 2중 3중의 통로를 만드는 등 실용성을 강조했다. 즉 수직보다 수평에 치중하면서 안정감을 부각시켰다[도판 146]. 〈중기양식〉은 탓빈유 사원처럼 2층 이상의 구조를 만들어 높이 즉 수직적인 면을 강조하였다. 탑의 높이를 가능한 높게 하여 상승감을 느낄 수 있게 했다[도판 152]. 〈후기양식〉은 이 양자를 보완하는 안정과 상승의 조화를 추구하였다[도판 157]. 마르코 폴로는 『동방견문록』에다 미엔(=바간)에 대해 다음과 같은 글을 남겼다 (김호동 역주,『동방견문록』, 사계절 발행 333~334.).

옛날에 이 도시에는 강력하고 부유한 국왕이 살았는데 그는 죽음에 임박해서 다음과 같이 명령했다. 즉 "자신을 기념하는 무덤 위에 두 개의 탑을 짓되 하나는 금으로 또 하나는 은으로 만들어라. 그 하나는 아름다운 돌을 깎아 만든 뒤 그 위를 손가락 하나

　　　　　　　　　　　　　　　　　　　　1부 사찰과 성당의 발달

두께의 금으로 덮어서, 탑 전체가 온통 금으로만 되어 있는 것처럼 보이도록 하고, 높이는 족히 10보가 되고 폭은 그 높이에 적당하게 하라."

위는 둥글고 그 둥근 부분 주위에는 금으로 도금된 종들이 잔뜩 달려 있어 바람이 불 때마다 소리를 낸다. 은으로 된 또 다른 탑도 금으로 된 것과 똑같은 형식으로, 즉 그 크기나 형태가 동일하게 만들어졌다. 그 왕은 이 탑들을 자신의 영광과 영혼을 기리기 위하여 만들도록 한 것이다. 여러분에게 말해 두지만 이것은 세상에서 가장 아름다운 탑이며 값으로 따져도 엄청날 것이다.

마르코 폴로의 글은 바로 그 당시 그 장소에 가서 보고 들은 내용이다[도판 23]. 위 인용글에서 (아닌 것도 있겠지만) 규모가 큰 탑은 지배층의 죽은 자를 위한 무덤 용도인 원찰 성격으로, 그 양식은 죽은 자가 원했던 모양으로 건축한 것을 알 수 있다. 그러면서 탑의 도시가 된 것이다. 이어서 글은 이어진다.

**도판 152** 탓빈유 사원: 바간에서 가장 높은 63m 파고다다. 탓빈뉴의 뜻은 과거·현재·미래의 모든 것을 알고 계신다는 '전지전능(全知全能)'의 뜻이다.

그곳의 국왕이 자기가 죽은 뒤에 자신을 기념하고, 또 자신의 영혼을 위해 지은 것이라는 사실을 알게 된 대카안(=원나라 칸)은 절대 그것을 허물지 말라고 하면서 국왕이 계획하여 만든 그곳에 그대로 세워져 있도록 하라고 말했다. 이것은 놀라운 일이 아니다. 타타르들은 죽은 사람의 물건에는 결코 손을 대지 않기 때문이다.

그래서 훌륭한 탑들이 그대로 많이 남아 있게 되었는지도 모른다. 우리의 황룡사 9층탑이 그 당시 파괴된 것이 아쉽다. 위의 내용에 따르면 죽은 왕의 영혼을 위해 조성한 탑이 아니어서인 모양이다. 신라를 괴롭히고 무시한 주변 국가들을 신라 밑에 무릎을 꿇리겠다는 정복의지로 세웠으니. 더구나 층마다 주변국들을 1인칭으로 나타냈고 〈6층·7층·8층〉은 〈말갈·거란·여진〉으로 북방의 국가들을 상징했으니. 당시 유럽에서는 몽골족을 타타르라고 불렀다.

### 대표적인 스투파

먼저 《아난다 파토》는 빼어난 건축으로 유명하다. 사원의 구조, 불상의 배치, 조각 등에서 최고의 건축이면서 최고의 조각품을 가장 교리에 맞게 조성하였다. 찬지타왕이 셰지곤을 완성한 후에 조성하였다. 눈부신 흰색과 황금빛과의 조화 그리고 높이와 넓이의 비율이 완벽한 건축으로 중기 양식의 시작이다. 남성적인 장중함과 여성적인 화려함이 돋보이는 최고의 사원이다. 지금 남아 있는 스투파 중 가장 큰 규모에 완벽한 균형미와 함께 제일 잘 보존되어 있다[도판 146].

1090년에 시각해 1105년에 완공하였다. 동·서·남·북마다 입구가 있는데, 그 입구마다 들어가면 비슷하면서도 다른 거대한 황금 불상이 서 있다. 동쪽은 구나함모니불, 서쪽은 석가모니불, 남쪽은 가섭불, 북쪽은 구류손불이다[도판 147-①, ②, ③, ④]. 이것은 우리로 비유하면 사방불이 된다.

동남아에서처럼 소승불교에서 부처상은 시간개념으로 구분하는데, 우리나라 같은 대승불교에서는 공간개념으로 구분한다. 공간상의 부처상은 사바세계를 관장하는 석가모니불, 서방정토를 관장하는 아미타불, 연화장세계를 관장하는 비로자나불, 유리광세계를 관장하는 약사불, 그리고 미래세계를 준비하는 미륵불 등이다.

시간상의 부처상은 과거불 28불과 미래불인 미륵불이 존재한다. 그중 아난다사원의 네 부처는 과거 28불 중 22, 23, 24, 25불이다.

특히 이곳 아난다 사원은 내부 둘레가 세 겹의 회랑으로 되어 있다. 부처님과 가장 가까운 안쪽은 승려들의 통로이고, 중간은 왕의, 바깥쪽은 서민들의 통로다. 불상을 서민들의 통로에서 보면 미소 띤 얼굴인데, 가까이 다가갈수록 미소가 엷어지면서 근엄하게 보인다고 한다. 이는 중생들에게는 무한한 자비를[도판 147-④], 왕에게는 절제된 책임을[도판 147-③], 승려들에게는 엄격한 계를 묻는 부처님의 표정이다[도판 147-②].

잘 모르고 봤는데 일본 동대사 대불을 보니 그렇다. [도판 125]처럼 앞에서 볼 때는 엄격하게 보이는데, [도판 123]에서 보니 정말 자애롭게 보인다. 위치와 거리 차이에서 생기는 착시현상을 이용해 그렇게 표현했다.

실내는 인도의 석굴사원을 본떠 세워서 그런지 회랑을 동굴처럼, 그 회랑벽에는 550개의 감실을 만들어 불상을 봉안했다. 그리고 부처님의 생애를 묘사한 〈불전도〉가 80개, 전생을 묘사한 〈자타카〉의 547편이 정교하게 새겨져 있다.

그래서 그런지 사원에서 회랑을 경건하게 한 바퀴 돌면 부처님의 4대 성지를 참배한 것과 같다고 한다. 이는 성당 입구에서 진입공간을 다 걸어 제단 앞에 이르면 산티아고데콤포스텔라 카미노를 걸은 것과 같다고 비유한 것과 같다. 내부는 신비하고 경건한 분위기를 위해 조명을 어둡게 하고 자연광은 아치형 격자창을 통해 제한된 양만 들어오게 했다. 그래서 자연 속 동굴처럼 느껴진다.

석굴사원을 본떠 지상에 탑으로 건축했다고 하니, 신라도 미처 생각하지 못한 그 응용의 건축술이 놀랍다. 〈석굴+스투파+사원〉 형식이 하나로 조합된 건축으로 나타난 귀한 인류문화유산이다. 역사 속에 숨어 있던 불교의 귀한 건축을 엿본 것 같다. 이 같은 탑들은 불경을 가르치는 학교 역할로 문맹자까지 퇴치했다.

아난다 사원을 나와 600m 남짓 걸어가면 남동쪽에 가장 높게 있어 해넘이 포인트로 유명한 《셰산도 파야》가 있다[도판 151]. 이탑도 아나야타왕이 타톤왕국을 정복한 후 미얀마를 통일하고 불교를 국교로 정한 다음 세웠다. 이 탑은 양곤의 셰다곤과 연결되어 있다.

셰다곤에는 미얀마의 두 상인이 부처님께 먹을 것을 봉양하고 받아온 8개의 머리카락이 봉안되어 있다. 셰산도는 그중 그 머리카락 1개를 모시기 위해 1057년 이곳에 세웠다니까. 그래서 이름이 "황금의 불발(佛髮)"이란 뜻의 셰산도가 되었다.

테라스 4면 중앙에는 계단이 있어 올라가면서 층마다 탑돌이를 할 수가 있다. 그런데 계단이 가파르다. 부처님 앞에서 겸손한 마음을 갖도록 하기 위해서다. 수천 개 되는 탑 중에서도 석양을 가장 아름답게 볼 수 있는 탑이다. 정말 지는 햇살은 부

도판 153 셰지곤 탑: 이 탑은 황금색의 웅장한 파고다로 바간의 많은 탑 중 제1호로 지정되었다. 3층의 기단 위에 종 모양이 있는 모습으로 도금하였다. 승리의 땅이라는 뜻의 셰지곤 파고다는 미얀마 파고다의 '어머니'와 같은 존재이다.

드럽게 대지로 스며들면서 첨탑과 그 뒤로 흐르는 이라와디강을 아름답게 빛내고 있다. 그 파노라마를 보고싶은데 올라가지 못하게 하니 더오르고 싶다. 다시 500m 남짓 직진하면 탑 중에서 가장 높은 《탓빈뉴 사원》이 있다[도판 152]. 바간에서 가장 높다. 63m에 이른다. 초기 사원 건축은 수평적인 면을 강조했다면, 중기 사원 건축에서는 2층 이상의 구조로 하여 수직적인 면을 강조하였다. 사원 내부의 실용성보다는 위엄있고 장중한 높이를 중시여겼기 때문이다.

높이를 지향한 것을 보면 천국을 지향한 기독교나 수미산을 지향한 불교나 그 지향하는 신앙은 "50보 100보"다. 문은 사방으로 나 있지만, 동쪽으로 가장 긴 돌출 현관을 내어 정문으로 사용하고 있다. 테라스 벽면에는 539개의 부처님 전생담이 새겨져 있으며, 중앙에는 우리나라의 밀첨식 석탑양식에 비견되는 시카라(sikhara) 형태의 첨탑을 세웠다.

가장 높기에 바간 전체를 한눈에 볼 수 있는 최고의 전망 장소였으나, 보호를 이유로 올라가 볼 수 없게 되었다. 꼭대기까지 올라가는 길은 상당히 복잡한 미로처럼 되어 있다고. 이 사원은 1144년에 찬지타 왕의 손자인 제4대 알라웅시투 왕(1111~1167) 때 건립되었다. 그는 내세에 부처가 되기를 소망했다. 그래서 알라웅시투란 그의 이름도 '미래의 부처'라는 의미다.

탓빈뉴 파고다를 지을 때, 만 번째 벽돌마다 모은 벽돌로 작은 파고다를 만들었는데 그 탑이 정문 북동쪽에 있는 《가요초(gayocho)》라는 귀엽고 작은 파고다. 그러니 이 탑은 예불용 탑이 아니라 탓빈뉴 사원에 들어간 전체 벽돌에 대한 공덕비 성격으로서 일종의 기념탑이다.

겉은 크지만 내부는 비좁고 빛이 희미하게만 들어오는 다른 파고다와는 달리, 이 스투파는 내부 공간이 넓게 만들어져 있다. 1, 2층에는 승려들이 차이티아·비하라로 사용하고, 3층에는 유물을 보관하고, 4층은 도서관으로 이용하도록 설계되었다. 사원으로서 필요한 모든 것이 한 건물 속에 다 완비되어 있다.

탓빈뉴의 뜻은 〈과거·현재·미래〉의 모든 것을 알고 계신다는 '전지전능(全知全能)'의 뜻이다. 도서관의 기능을 가진 수도원으로 사용했다니, 그래서 탓빈뉴라는 이름이 된 모양이다. 책 속에 모든 지식이 전지전능으로 담겨 있으니. 이 사원은 벽돌쌓기 공사를 수평과 수직으로 번갈아가며 가장 튼튼하게 잘 쌓았다. 그 벽돌의 수와 쌓은 기법을 알리기 위해서 가요초탑을 세

도판 154 미야 제디가 보수공사 중이다. 비석이 세계문화유산으로 2015년 등재됐다는 글과 비석 내용에 대한 안내글이 뒤에 보인다.

도판 155 미야제디 석비: 동서남북 각 면으로 4개의 언어가 새겨져 있다.

웠나보다. 이 부근에 탑과 사원들이 집중적으로 모여 있다[도판 145 참조].

이라와디 강변 북동쪽으로 가면《셰지곤 파야》가 있다[도판 153]. 이 탑은 규모와 화려함에서 타의 추종을 불허한다. 타톤을 정복하고 미얀마를 통일하여 바간 왕조의 창건자가 된 아나야타왕이 1059년 짓기 시작해 3대 찬지타왕 때인 1085년에 완성하였다. 부처님의 치아 사리를 등에 싣고 돌아다니던 코끼리가 멈춰선 자리에 지었다. 그래서 부처님의 머리뼈와 앞니의 사리가 봉안되어 있다. 이 파고다는 몬 건축양식에서 미얀마 건축양식으로 바뀌는 과정에서 나타난 최초의 불탑이어서 이후 조성되는 탑들의 모델이 되었다.

특히 이 탑은 산치대탑을 모방했기에 벽돌이 아니라 돌을 벽돌처럼 일일이 다듬어 만들었다. 아소카왕 이후 여러 왕대에 걸쳐 산치대탑을 그렇게 세웠듯이 아나야타왕도 셰지곤 탑을 그렇게 조성하였다. 그래서 미얀마에서 모든 파고다의 모델로 즉 파고다의 '어머니'와 같은 존재로 인정되어 오늘날 바간의 그 많은 스투파 중 제1호로 지정되었다. 유럽의 대성당들이 도시 중심에 있으면서 영혼의 축 역할을 상징했듯이 이 탑도 바간의 중심에서 그 역할을 상징하고 있다.

1975년의 대지진 때 돔의 윗부분이 크게 손상을 입어 대대적인 수리가 불가피했다. 그러나 사원의 기반과 테라스는 비교적 손상이 적어 원형을 잘 유지하고 있다. 손상이 심했던 돔 윗부분은 잘 수리하여 일반인들도 볼 수 있다. 종 모양으로 곡선이 부드러워 탑이 우아하기 그지없다. 덕분에 평소에도 미얀마 시민들의 발길이 끊이지 않는다. 특히 미얀마의 나다우축제가 열리게 되면 전국에서 순례자들이 이곳으로 모여든다.

《난 파야》와《마누하 파야》의 사연을 알아보자[도판 148, 149 설명글].

두 사원의 관계는 마누하왕으로 서로 연결되어 있다. 마누하는 아나야타왕에게 정복당한 타톤왕국의 마지막 왕의 이름이다. 아나야타왕이 마누하왕에게 불교 경전을 보내주기를 요청했으나 거절했다. 그러자 1057년 무력으로 타톤왕국을 침입해 정복했다. 그러면서 타톤에서 데려온 수많은 승려 학자 예술가 등의 지식인들이 바간에 와 불교문화를 전성기로 이끌었고, 마누하왕은 왕비와 함께 포로 신세가 되

**도판 156 부파야:** 부(bu)는 호리병을 의미한다. 호리병처럼 생겼다. 이라와디 강변에 있어 석양 시 아름답다.

어 이곳 난 파야에서 감옥 같은 갇힌 생활을 하였다.

도중 바간에 불교 전파에 협조하여 석방되었다. 그러면서 감옥에서 생활한 참담한 심정을 소회하는 뜻에서 조성한 사원이 마누하사원이다. 그 소회를 꽉 끼는 답답한 구조로 나타냈다. 그래서 부처님을 옴짝달싹 못하는 불편한 신세가 되게 해 자신이 경험했던 불편함과 스트레스를 부처님의 심정으로 겹쳐서 나타낸 것이다. 이렇게 난 파야에서의 감옥생활을 마누하 파야의 부처님으로 알려 패망한 국가의 마지막 왕의 슬픔과 울분을 신앙으로 삭여 담았다. 미얀마 사람들도 정부에 불만이 있을 때마다 이 사원에 시주함으로써 자기들도 마누하왕처럼 답답한 생활을 하고 있음을 시주로 표현한다고 한다. 그래서인지 이곳엔 사다리를 타고 올라가야하는 높고 커다란 시주단지가 있다. 난파야와 마누하 파야는 미얀마의 역사와 정서를 재미있게 잘 담고 있다.

미야제디 경내[=도판 154]에는 유명한 비석이 하나 있다[도판 155]. 비석을 보호하는 비각 벽면에 그 안내판이 붙어 있는데, 이 비석을 경내의 파고다 이름을 따서 《미야제디 비석》이라고. 이 비석은 1113년에 세운 것인데, 비문은 4각의 면마다 퓨(Pyu)·몬(Mon)·버마(Burma)·팔리(Pali), 이렇게 4개 언어로 새겨져 있다.

바간왕국의 3대 찬지타왕과 그의 아들 야자쿠마의 사적을 담았는데, 이 비문은 학술적 가치뿐 아니라 문화재적 가치도 대단히 높다. 현재 남아 있는 미얀마 비석 중 가장 오래된 것이다.

내용은 아버지 찬지타왕에 대한 아들의 효심을 담았다. 이 비문이 해독됨으로써 버마족의 선조였던 퓨족의 문자를 해독할 수 있게 되었다. 그래서 이 비석을 미얀마판 로제타석이라고도 한다.

항아리를 이고 가는 여인들 사이를 지나, 붉은 먼지 날리는 흙길을 북쪽으로

1km 남짓 가면 이라와디강변을 끼고《부 파야》가 있다. 바간왕조가 세워지기 전인 850년경에 버마족의 선조였던 퓨족이 세운 바간에서 가장 오래된 탑이다. 종형으로 된 퓨양식이다[도판 156].

북쪽 5,881m의 카카보라지산에서 발원한 이라와디강은 바간에서 곳을 이루며 감싸 돈다. 부파야는 강물이 휘도는 안쪽 절벽 위에 자리하고 있다. 그러면서 뱃사공들의 안전과 위치를 알려주는 이정표 역할을 했다.

또 이 탑은 부처님이 출가하여 레란자라강의 고행림 보리수 아래에서 6년간 수행한 의미를 담았다. 즉 이라와디강은 레란자라강이며 부파야가 있는 숲은 고행림이며 탑은 강가 보리수 나무 아래를 나타낸다. 1975년에 발생한 지진에 의해 강으로 떨어져 파괴되었다. 1976~1978년에 똑같이 복원하였다. 본 것 중 가장 작다. 하지만 햇빛과 달빛을 받아 등대역할을 하면서, 역사적으로는 가장 오래되었고, 의미적으로는 부처님의 성도를 빛 속에서 부처님인양 똘똘하게 상징한다. 미적으로도 단순한 형태가 진한 색상과 함께 꽤 아름답다.

다시 남서쪽으로 가면, "행운의 탑"이란 뜻을 가진 〈밍갈라 제디(Mingala Zedi)〉가 있다[도판 157]. 나라티하파테왕(1256~1287) 때인 1268년 착공하였다. 그런데 탑

**도판 157** 밍갈라 제디: 나라티하파테왕 때인 1274년 착공하여 1277년 완공했다. 완공한 그해에 원이 침입했다. 그 후 3차례 더, 그러면서 바간 왕조는 샨족에 의해 1287년 무너졌다. 그래서 이 탑은 바간 왕조가 세운 수많은 탑 중 마지막 탑이 되었다.

1부 사찰과 성당의 발달

을 건설하는 동안 백성 사이에서 "페야피 피피엣" 즉 완공되면 나라가 망한다는 괴담이 퍼졌다. 왕은 두려움에 탑 건설을 중지했다. 공사가 중단된 지 6년이 경과했을 무렵, 국사인 판타구 승려가 왕에게 "운명은 어쩔 수 없는 것입니다. 탑 건설은 자비와 공덕을 쌓는 것으로 나라의 멸망과 관계가 없습니다"라는 조언에 1277년 완공했다. 그리고 순금으로 주조한 과거 28불을 안치했다. 완공한 그해에 괴담이 예언되어 원나라가 쳐들어왔다. 이후 3차례나 더 당하면서 바간왕조는 혼란에 빠지더니 원이 아닌 샨족에 의해 1287년에 무너졌다. 그래서 이 탑은 바간왕조가 세운 마지막 탑. 승려 판타구의 말대로 나라는 망하고 왕도 죽었지만 불심은 오늘날까지 밍갈라제디에 남아 있다.

여기서 마르코 폴로는 그의 책에서 이렇게 말했다[주44]. "당시 국왕은 1274년 금으로 도금된 화려한 망갈라탑(Mangala Chatiya)을 완성시켜 그 안에 불교의 갖가지 성물(聖物)을 비롯하여 자신과 직계 조상들의 초상을 안치했다."

[도판 157]의 〈밍갈라〉와 마르코 폴로의 〈망갈라〉는 같은 탑이 분명하다. 사원 용어도 〈제디〉와 〈차이티아〉로 다르지만 혼용으로 쓰이고 있다. 명복을 비는 원찰적 성격이기에 일반사람들이 내부에 들어갈 수 있는 파토 양식이 아닌, 오직 예불을 직계만이 드릴 수 있는 차이티야 성격인 제디 양식으로 세웠다. 밍갈라제디는 셰지곤에서 시작된 종탑 양식의 전통을 끝까지 보여주고 있다. 그 스투파 건물 천장과 테라스 주위의 외벽에는 부처님의 전생담을 릴리프로 담아 유약을 바른 아름답고 고급스러운 〈자타카〉 타일이 있다. 이 타일이 외벽장식에서 키포인트임을 알려준다.

이같은 〈자타카〉에 대한 비중은 아잔타 벽화에서는 물론 보로부두르 탑신부에다 부조로 거대하게 새긴 대벽화에서, 아난다 스투파에서는 547편 모두를 그린 것에서, 그리고 밍갈라제디에서는 고급스러운 타일에 부조로 유약을 발라 굽은 그 위상에서 알 수 있다. 부처님이 전생에서 모든 생명체로 살면서 공덕을 쌓았다는 강조다. 그러니 생명체라면 누구라도 공덕을 쌓으라는 뜻이다. 1,061개의 타일 가운데 상당수가 훼손되거나 도난당해 현재는 561개란다.

**도판 158** 일출과 일몰의 탑을 보기 위해 관광객들이 타고 오고 가는 마차들의 모습. 일출과 일몰에는 모든 관광객이 한두 곳에 모두 몰린다.

**도판 159** 바간의 탑을 꽃으로 장식된 흰소가 끄는 수레를 타고 심우도의 주인공이 되어 관광, 아니 순례하듯 구경하는 관광객들도 있다. 청교도들처럼 경건하게 보인다. 새로운 관광 분위기를 시도한 참신한 풍경이다.

마르코 폴로는 상륜부를 "손가락 하나 두께의 금으로 덮은" 화려한 탑이라고 했고, "세상에서 가장 아름다운 탑이며 값으로 따져도 엄청날 것"이라고 했는데, 지금은 퇴락한 가운데 보수공사 중이다. 마르코 폴로가 자랑한 그 표현대로 복구될까 궁금해진다.

무너져버린 밍갈라제디는 바간에서 가장 서쪽에 있다. 그래서 일출과 일몰이 아름다운 탑이다. 일출 때에는 모든 탑과 탑 사이사이로 떠오르는 태양과 그 몽환적인 햇살이 환상적이다. 또한 강가에 있어 일몰 때에는 서쪽으로 강가를 붉게 물들이며 떨어지는 해에서 남다른 감회를 느끼게 한다. 그러면서 불국토의 꿈을 이제는 신앙에서 관광으로 세계화시키는 그 꿈틀대는 새로운 환생의 역사를 느끼게 된다.

누구는 그랬다. "역사는 과거와 현재의 대화"라고. 그렇다면 '종교는 현재를 미래에 투영시키는 것'이 되겠다. 여행의 마무리를 바간왕조의 마지막 탑을 바라보며 철학적 이성과 종교적 감성에 젖으니 마음에도 노을이 붉게 물들어 간다.

바간의 수천 개 불탑 중 알 수 있는 것만 몇 개 대표적으로 살펴보았다. 이렇게 도시 전체에 광대하게 퍼져 있는 바간의 탑을 그런대로 둘러보려면 일주일도 부족하다. 그러니 연구자가 아니라면 인연이 닿는 대로, 발길 가는 대로, 마치 타임머신을 타고 800년 전의 올드 바간으로 되돌아간 듯 생각하면서 적당히 옛 고도의 숨결을 느껴보면 족하다. 아직까지 관광 정책이 완비되어 있지 않아 역사 그대로 퇴색되어 그 아스라한 풍경이 더 역사의 깊이를 느끼게 한다.

경주도 대능원이 있는 시내는 물론 건천을 향해 가면 금척이란 곳에도 꽤 많은 이름 모를 무덤이 평원에 총총총총 있다. 이는 바간의 못다 본, 사연을 알 수 없는 스투파의 모습을 하염없이 바라보는 기분이다.

여유롭고 평화로운 풍경이 여과 없이 느껴지는 순간이다. 벌거벗은 아이들과 빨래하는 아낙네들, 너른 모래톱 위에 타작이 한창인 농부들의 모습까지 수십 년 우리의 세월을 거슬러 올라간 듯한 어린 시절의 향수가 아련히 떠오른다. 할 일 없이 한가하게 어슬렁거리는 개들도 정겹고 마을로 돌아오는 소 떼와 물동이를 지고 가는 어린 형제의 뒷모습도 오래전 우리 풍경 같아 눈길을 뗄 수가 없다.

요즈음 바간은 개발되면서 새로 생긴 호텔들과 여행사, 레스토랑들이 거칠게 밀집하여 마치 서부영화에 나오는 황량한 미국의 어느 거친 마을을 방문한 듯한 착각에 빠지게 한다. 더구나 그렇게 느껴지는 것은 100명에 가까운 서양인들이 서부 개척시대 같은 분위기로 마차 대신 꽃우차를 이끌고 청교도처럼 평화롭게 여유 있게 조용히 관광하는 모습에서 더 그렇다. 새로운 관광문화의 시작을 알리는 기획 상품처럼 보인다[도판 159].

새로운 관광문화는 교통과 통신의 발달로 지구가 촌이 되면서 디지털화되고 있다. 우리나라에서 그 단초는 서울의 경리단길에서 나타나, 그 변화는 전주의 객리단길에서 시작되더니 최근에는 경주의 황리단길이 생기면서 본격적으로 뜨고 있다[도판 160].

"금강산도 식후경"이란 속담에서 아날로그 시대에는 관광의 대상인 '금강산'이 중요했는데, 디지

**도판 160** 황리단길 중의 한 곳: 인파를 중심으로 좌로는 기와집이, 우로는 대능원의 무덤이 천년전의 신라문화 분위기를 대표적으로 알리고 있다.

털 시대에 이르러서는 속담처럼 '식후경'이 더 인기가 있다. 금강산은 검색어의 설명 수준에서 읽어보고 만족해하는 데에 비해, 식후경은 맛과 멋과 향을 직접 체험해야 만족할 수 있기 때문이다.

어쨌든 검색어 풍조 속에서 관광대상에 대한 설명은 인스턴트화하고, 그 수준은 믹스커피처럼 획일화되어 가고 있다. 그런데 이같은 관광의 유행은 지구촌에서 앞으로 보편화되는 듯한다. 내리는 커피 마시듯 자기만의 〈맛·멋·향〉을 찾아 관광 수준을 높여나갈 때 세계의 정신사도 〈맛·멋·향〉이 시너지를 이루면서 보다 깊어지고 우러나게 될텐데, 아쉽기만 하다.

바간에서 본 꽃우차 관광은 이런 획일화에 쐐기를 박는 것 같아 신선한 의미를 느꼈다. 〈심우도〉를 보는 듯한다. 세계 각지에서 사람들이 오면 자동으로 음식이 세계화되고 이어 음악 미술 등이 모여 축제가 되면서 〈맛·멋·향〉들이 지구촌을 향해 계속 업되어 가기 마련이다.

어쨌든 뜨고 있는 황리단길 관광을 새로운 것으로 갱신시켜 나갈 때 경주가 새로운 신라상스로, 한국의 피렌체로, 나아가 세계의 경주로 만들어나갈 수 있다.

### 보강 – 셰다곤 파고다

수도 양곤에서 미얀마를 대표하는 《셰다곤(shwedagon)》 파고다는 그야말로 황금의 산이다. 도시에서 가장 높은 58m의 싱구타라 언덕의 정상부에 99m의 높이로 세워져 양곤 시민이 어느 곳에서도 바라볼 수 있다. 그러므로 그곳은 부처가 양곤 시민 모두에게 축복해주기 위해 계시는 수미산이 된다[도판 161].

정상의 거대하고 휘황찬란한 황금 파고다는 그 자체가 장엄한 부처의 세계를 연출한다. 〈탑신부〉는 종 모양으로 우아한 곡선을 이루다가, 〈상륜부〉에서 마치 안테나처럼 하늘로 솟구쳤다. 우주의 섭리자와 교신하는 모습이다. 크기를 가늠하기 어려운 기단부에는 끊임없이 순회하는 신자들의 탑돌이를 위한 긴 줄이 종일 줄지 않고 있다. 더구나 미얀마 사람들은 자신이 태어난 날을 중시 여겨 그날이 오면 태어난 것을 의미하는 불상과 탑, 그리고 동물에게 꽃을 바치고 소원을 빌고 나이만큼

**도판 161** 양곤의 셰다곤 파고다 야경: 상인 형제는 돌아와 부처님께 보시한 선물로 받은 머리카락 8개를 왕에게 바쳤다. 그 순간 땅이 갈라지고 폭풍이 불고, 나무들이 꽃피고 하늘에서는 꽃비가 쏟아져 내렸다. 이에 왕은 백성들이 예불 드릴 수 있게 수미산을 상징하는 싱구라타 언덕에 탑을 세우고 부처님의 머리카락을 사리로 모시게 되었다는 스토리텔링이 전해오고 있다. 조명이 도시 어디에서도 셰다곤 파고다를 수미산 정상으로 빛나게 만들어 주고 있다.

관욕 의식을 행하기 때문이다.

셰다곤 파고다는 미얀마에서 가장 규모가 크고 화려한 불교 유적지로, 미얀마 불교를 상징한다. 미얀마 불교의 수준과 그 신앙의 힘을 한눈에 볼 수 있는 곳이다. 부처 생존 시, 미얀마 상인 타퓨샤와 발리카 형제가 부처님을 만나 꿀떡을 보시했다. 그 답례로 8개의 부처님 머리카락을 얻어 고국에 와 이곳에 안치한 후 불탑을 건립하였다고 한다. 이 스토리 텔링은 최초의 귀의자가 된 발타라사나와 발타라니 형제의 이야기와 같다. 그러나 그 원조 얘기에서는 8개의 머리카락 얘기는 없다. 고향에 돌아와 왕에게 부처님 머리카락이 든 상자를 바쳤다. 왕이 상자를 열자 [도판 161]의 내용처럼 세상이 변했다. 이에 왕은 머리카락을 성스러운 언덕에 묻고 9m 높이의 탑을 세웠다. 이후 아소카왕이 파견한 불교 포교단이 주관해 탑을 재건축했다. 그러면서 오늘의 탑으로 커졌다.

대개 경이로운 오래된 기념물에는 바위에 이끼가 끼듯 이렇게 〈전설〉이 입혀진다. 부처님에게 꿀떡을 보시하고 답례품으로 받은 부처님의 머리카락을 모시기 위

도판 162 셰다곤 탑 상륜부: 아래에 보이는 연꽃잎 장식띠부터 상륜부다. 가운데는 티라고 부르는 왕관 또는 우산 형식이 있고 맨 위는 창끝처럼 뾰족하다. 탑을 황금으로 입히는데 7톤이 들었다. 76캐럿의 다이아몬드를 중심으로 수천 개의 다이아몬드와 루비, 사파이어, 에머럴드가 박혀있다. 그 갯수는 설명하는 곳마다 일정치가 않다.

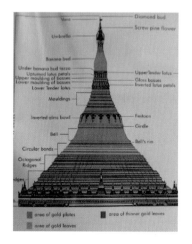

도판 163 셰다곤 불탑 각 부분의 명칭: 셰다곤 사찰에서 발행한 도판의 설명서로부터

해 만들었다는 이같은 이야기는 셰다곤이 세계에서 가장 오래된 파고다임을 자랑하기 위한 또 다른 이야기라 보게 된다.

고고학적으로는 몬족에 의해 6~10세기에 건립한 것으로 추정한다. 11세기에 아나야타왕이 타톤을 정복한 후 되돌아갈 때 셰다곤에 들려 경배했다고 한다.

1353년 바고왕조의 빈냐우가 재건하고, 전성기를 이룬 신소부 여왕이 사원 주위를 크게 만평으로 확장하여 현재의 모습이 되었으며 (1455~1462년), 파고다 하단에서 상단까지 자신의 몸무게만큼의 금박을 입혔다. 신소부 여왕의 오빠인 빈냐기안은 파고다의 높이를 90m로 증축하였다. 그러다 1755년 지진으로 붕괴된 것을 1779년 현재의 높이로 세웠다. 현재의 높이는 326피트로 99m에, 둘레는 426m에 이른다.

1871년에는 영국통치하에서 민돈왕이 미얀마의 상징인 이 탑 상륜부에 천개장식인 티 7개를 헌납하면서 미얀마에 대한 독립 의지를 신호로 보여주었다. 20세기에 들어서면서 이 탑은 독립운동의 장소가 되었고, 군부 독재 시대에는 우리의 명동성당처럼 민주화운동의 성지가 되기도 하였다.

원래는 금판(金板)이 붙지 않았다. 그런데 신소부 여왕 이후 미얀마 역대 왕들과 불교도들이 기증한 금판으로 외벽을 장식하면서 화려해지기 시작했다. 그후 1990년대부터 관리위원회에서 일반인들에게도 금판 기증을 허락하고 권유하게 되었다. 지금은 각종 보석과 황금으로 뒤덮인 세계적인 스투파로 자리 잡았다. 그래서 해 뜨는 아침과 석양 무렵에는, 아니 밤에도 조명 빛으로 온통 반짝인다[도판 161]. 하루종일 금빛이다. 셰다곤이란 이름 그대로 "황금의 언덕"이다. 그래서 미얀마 신앙의 상징물이자 세계 불자들의 성지 순례지가 되었다.

탑의 둘레에는 64개의 작은 봉헌탑이 대탑을 화려하게 치장하며 에워싸고 있다[도판 132]. 사람들은 부처라는 위대한 인물에게는 지남철같은 신비한 힘이 있는 것으로 여겼다. 그래서 가까이하게 되면 사후세계인 극락정토에 더불어 왕생할 수 있다고 여겼기 때문이다. 봉헌탑들은 작지만 모양은 신비한 힘에 다가가기 위해서인지 대탑과 비슷하다. 그 작은 불탑에는 불탑마다 봉헌자가 부처와 닮기 위해 바친 수많은 불상이 안치되어 있다. 이렇게 국민 각 사람의 염원을 상징하니, 그야말로 탑 전체가 보물이다. 그러니 국보 중의 국보일 수밖에 없다. 물론 이 거대한 불사는 왕실의 후원으로 이루어진 것이지만, 인구의 90%가 불교 신자인 국민의 헌신이 없었다면 불가능했을 것이다. 이 사원은 매일 오전 5시부터 오후 9시까지 개방하며, 맨발로 걸을 수 있게 사원 전체를 대리석으로 보도를 깔았다.

불자들이 셰다곤 파고다에 모여 신년 맞이를 한다. 매년 1월 초에 진행되는 이 행사에는 1만 8,000여 전국의 모든 스님이 함께한다고 한다. 미얀마 정부 책임자를 비롯해 정·재계 인사들과 불교계 인사들은 물론 일반 불자들까지 모두 참여하는 유례없는 행사라고 한다. 오늘날 미얀마 스님들의 지도력과 국민들의 신앙심, 그리고 셰다곤 파고다의 불력을 보여주는 것이기도 하다. 그 외 양곤에서 볼만한 곳은 〈차욱타지〉 불상이 있다[도판 164].

부처님은 사라쌍수 사이에서 머리는 북쪽으로, 얼굴은 서쪽으로 바라보며 옆으로 누워서 열반하셨다. 열반상인 차욱타지 불상은 길이 67m, 높이 18m 규모로 양곤 최대이자 미얀마에서는 두 번째로 큰 와불이다. 대개 와불은 열반상인데, 이 와불은 눈을 뜨고 발바닥으로 설법하고 있다. 미얀마 전 국민들의 소원이 이루어져 온 나라가 번창하기를 기원하는 의미를 담아 조성했다.

한 손으로 머리를 괴고 옆으로 여유있게 누워있는 이 거대한 와불은 정면에서 바라보면 눈과 입술이 곱게 치장돼 있어 마치 어여쁜 여인네를 보는 듯하다. 그런데 발이 있는 곳에서 바라보면 인자한 남성의 모습이다. 부처님 마음속에는 인간의 모든 희노애락은 물론 생태계의 모든 감정까지도 들어 있어 그것을 바라보는 사람의 마음에 따라 각기 다른 모습으로 나타내는 것을 상징했다.

벽돌로 골격을 만든 다음 회반죽으로 외부를 조각하고 유약을 발라 마무리하였다고 한다. 그래서 피부가 아주 곱다. 와불 중에서 아름다움은 단연 최고로 꼽힌다. 1971년 일반 신도들의 시주로 10년 만에 완공했단다.

이 와불의 가장 큰 특징은 일반적인 신체비율보다 크게 제작된 발에 있다. 거대한 발바닥에 금색 부조로 무늬와 글을 새겨 놓았다. 도판에 보이는 이 와불의 발바닥에는 28계의 욕계, 21계의 색계, 59개의 무색계가 그래서 모두 108계가 새겨져 있다. 이는 불교의 세계관인 삼계(욕계·색계·무색계)를 표현한 것이다.

동북아시아 지역에서는 크고 아름다운 와불은 보기가 쉽지 않은데 동남아시아에서는 많다. 그것도 아주 큰 와불들이다. 이렇게 와불을 모시는 것은 생의 마지막

**도판 164** 차욱타지 불상: 이 와불의 가장 큰 특징은 일반적인 신체비율보다 크게 제작된 발에 있다. 거대한 발바닥에 금색 부조로 무늬와 글을 새겨 놓았다. 이는 불교의 세계관인 삼계(욕계, 색계, 무색계)를 표현한 것으로 108 법수를 의미한다.

1부 사찰과 성당의 발달

을 보내신 곳이 곧 부처님의 영원한 안식처가 되기 때문이란다.

와불에는 와불마다 이처럼 부처님의 행적을 발바닥으로 강조하고 있다. 신도들이 부처님의 행적을 상징하는 발바닥을 볼 수 있는 유일한 불상이니까. 그러면서 부처님의 행적을 영원히 닮으라는 뜻. 그래서 와불을 적지 않게 조성하는가 보다.

## (2) 라오스 - 루앙프라방

루앙프라방은 1995년 유네스코 세계문화유산으로 지정되었으며, 뉴욕타임즈에서는 죽기 전에 꼭 가봐야 할 여행지로 선정한 도시다. 감상하기 전에 먼저 루앙프라방을 중심으로 라오스의 근·현대사를 주마간산으로 감 잡아보자. 세계사의 관점에서는 주변 국가와는 물론 우리나라의 역사와도 비슷하다.

### 라오스의 근·현대 정치 상황

14세기 초까지 라오족은 통일된 왕조를 이루지 못하고 여러 개의 도시국가를 형성하고 있었다. 그러다 루앙프라방을 중심으로 파응움(Fangum)이 코끼리의 힘을 이용해 1353년 란쌍(Lan Xang) 왕국을 건국하였다. 이후 란쌍 왕국은 18세기 초 왕위 계승 문제로 왕실간의 다툼이 발생하여 결국엔 비엔티안, 루앙프라방, 참빠싹으로 분열되었다. 프랑스의 식민통치가 시작되면서 오늘날의 라오스 국경이 정해졌다. 프랑스는 중국으로 진출하기 위해 지정학적으로 중요한 위치에 있는 라오스를 병합하였는데 그 과정에서 루앙프라방의 왕을 라오스의 국왕으로 승격시키고, 다른 지역의 왕은 주지사급으로 강등시켰다. 제국주의자들의 통치방법이 달라진 것이다. 라틴아메리카에서 직접 통치하던 방식에서 간접통치방식으로 바꾸기 시작한 것. 통치의 효율성을 높이기 위해서 더욱 세련되고 교묘해진 것이다.

즉 '주권 폭행'에서 '주권 추행'으로. 지금은 세계 각 나라가 2대 패권국가에 의해 눈에 보이게, 보이지 않게 '주권희롱' 당하면서 나뉘어져 있다. 앞으로는 어떻게 재편될지? 어쨌든 이후 라오스가 내륙국에다 인구가 적고 경제적으로도 도움이 되지 않으면서 중국 진출 교두보 역할에도 한계를 깨닫게 되자 프랑스 제국주의는 라오스 개발을 등한시 했다. 제2차 세계대전이 발발하면서는 일시적으로 라오스를 점령했던 일본이 패망하자 지하에서 활동하던 라오스인들의 사회주의 혁명을 통한 독립 운동이 수면 위로 떠올랐다.

루앙프라방의 펫싸랏(Phetsarat)은 1945년 9월 15일 "자유 라오스"라는 라오 이싸라(Lao Issara)를 결성하고, 같은 해 10월 12일 라오스 임시인민정부를 수립하고 잠정 헌법을 채택하였다. 일본이 패망하자, 프랑스는 라오스의 재식민통치 욕심으로 잔존 일본군을 무장해제시키고, 중국 국민당(KMT) 세력을 철수시키면서 라오 이싸라 운동을 방해하였다. 그러면서 프랑스군이 위양짠까지 진격하자 라오 이싸라 정부는 방콕으로 망명하였고, 국제사회에서 독립을 인정받지 못하자 베트남의 베트민(Viet Minh)과 연대를 모색하였다. 한편, 프랑스는 위양짠과 루앙프라방을 점령하여 재식민지화에 성공하였다. 그러나 1953년 7월 프랑스가 디엔 비엔 푸(Dien Bien Phu) 전쟁에서 베트남에게 패하자 라오스도 자연스럽게 독립이 거론되더니 1953년 10월, 드디어 입헌군주제의 왕립 라오정부를 탄생시키며 주권국가가 되었다.

왕립정부로 독립 후 22년간 라오스는 냉전이란 국제정치의 소용돌이에 휘말렸다. 베트남, 중국, 소련은 라오스에서 자국의 영향력을 확산시키고 고착화시키기 위해 국내 공산주의 세력인 〈라오인민혁명당(LPRP)〉과 〈파텟 라오(Pathet Lao: 라오인의 땅)〉를 지원한 반면, 미국과 태국은 왕립 라오정부를 지원했다.

북베트남이 남베트남을 공산화시키기 위해 지원한 군수품 보급로가 라오스 동부를 경유하게 되자 미군은 이 지역을 무차별적으로 폭격하였다. 그 와중에서도 파텟 라오는 전 국토의 2/3를 장악하였다. 더구나 우익 지도부의 부패를 목격한 민중들의 지지와 북베트남이 사이공을 함락시키고 베트남을 통일하자 그 전세 속에서 파텟 라오는 왕립 정부를 총공격하여 1975년 8월 마침내 정권을 장악하였다. 혁명군은 즉시 입헌군주제를 폐기하고 공산정권을 수립하였다. 19세기가 사상의 격돌 시대였다면 20세기는 1, 2차 세계대전을 통해 체제간의 제로·섬을 이룬 분수령이었고, 제삼세계 국가들의 전쟁과 내전은 그 잔불 끄기였다. 우리만 아직 잔불을 끄지 못하고 세계 유일의 휴전선을 70년이나 지니고 있다. 세계사를 오늘의 관점에서

1부 사찰과 성당의 발달

볼때 기독교는 십자군의 명분을 부여한 잘못에서 반성하고 유럽의 각 국가들은 침략에 대한 과오에 대해 배상을 해야 한다. 그것이 교회의 결정은 "성령의 도움으로 과오가 없다"는 허구로 예수를 십자가에 못박은 기독교를 살리는 길이며, 골을 메워 평탄케한다는 평등사상을 실천하는 길이다. 진정한 기독교국가라면.

1991년 성문화된 헌법은 중국과 베트남처럼 〈라오인민혁명당(LPRP)〉이 정치 권력을 완전히 독점한 폐쇄적 사회주의다. 그래서 법적으로도 〈LPRP〉를 제외한 어떤 정당도 인정되지 않을뿐더러 조직할 수도 없다. 그래서 공산주의는 뒤쳐지게 되었다. 이는 모든 공산정권의 공통점이다.

증명이 안된 환상적인 이론에 매몰되어 〈코로나 19〉처럼 퍼져나간 공산주의도 서구 제국주의의 침략에 따른 후유증에서 나온것이다. 침략당한 한을 환상적 이론에 기대게 만들었으니까. 특히 같은 민족으로 북한을 보니 그 도도했던 자긍심이 어디로 갔는지 씁쓰름하고 안타깝다.

오늘날 라오스는 1997년 미얀마와 함께 아세안에 가입하여 조심스럽게 국제사회로 나서고 있다. 그래서 인민혁명당은 '친타나칸 마이'(신사고)와 '라봅푸 마이'(신제도)라 불리는 개혁·개방 노선에 의거하여 신경제정책을 적극적으로 추진하기 시작했다. 이 정책의 결과 2,000년대 연평균 6.5% 가량의 경제성장률을 기록하였다. 이 신경제정책의 특징은 중국 덩샤오핑의 그 유명한 〈흑묘백묘(黑猫白猫)〉 이론에서 뻗어 나와 각 나라에 맞게 수용된 것에서 유래한다. 베트남의 도이모이(doimoi) 개혁과 상당히 유사한 것으로 사회주의 체제인 자급자족적인 중앙 통제적 계획경제에서 시장경제로 전환한 것을 의미한다.

오늘날 공산주의란 아름다운 이름은 서방정토처럼 이론에서만 존재하는 이상향일 뿐이다. 그것은 소련·중국과 함께 이들을 따르던 나라들이 시장경제를 향한 개혁·개방정책의 실시에서 증명되고 있다. 여기에는 고정가격제의 폐지를 비롯하여 일부 국영 기업을 해체하고 사기업의 참여를 확대하며 활발한 대외무역을 장려하는 정책이 포함되었다. 그리고 1998년 외국인 투자법을 공포하여 외국인의 직접투자와 해외 자본 유치를 성공적으로 이룰 수 있었고, 세계은행, IMF와 같은 국제금

융기관의 지원 아래 경제 구조 조정을. 이렇게 사회주의를 역사에 연착륙시키기 위해 수정을 통한 안간힘을 쓰고 있다. 그러나 최근까지 라오스의 경제 규모는 동남아 국가 중 가장 낮다. 경제발전이 미진한 이유는 장기간의 내전으로 피폐해진 국내 상황도 있지만, 국토의 대부분이 산악지대로 교통망이 극히 미비하고, 인구 밀도가 희박하기 때문이다. 이같은 역사적 흐름의 성격은 동남아 국가 전체는 서로 엇비슷하다. 차이라면 "춘란추국"이다.

라오스 문화의 바탕은 소승불교다. 란쌍 왕국이 건국되면서부터 불교는 국가 종교이면서 왕조의 통치 이념으로 작용했다. 그러면서 불교는 라오스인의 정신세계를 지배할 정도로 강력한 영향력을 행사하고 있다. 수적으로도 국민의 97%가 불교 신자니 말이다. 각 마을마다 세워진 사찰은 전통적으로 문화의 원천이기도 하며 민간적 차원에서 주민들의 교육을 담당하는 평생교육기관이기도 하다. 이러한 이유로 승려는 사회에서 존경받는 신분 중의 하나다. 그러나 1975년 라오스가 공산화되면서 공산당은 마르크스-레닌 사상에 입각한 활동만 지원했다.

다른 공산국가와 마찬가지로 종교 활동에 제한을 가함으로써 불교가 많이 위축되기도 했으나 1991년 신헌법에서부터는 종교의 자유를 인정했다.세계사에서 정치체제를 만든 수많은 이데올로기는 무너졌어도 종교가 사라진 예는 없다. 자발적 대의제 휴머니즘이니까. 1980년대 후반 개방화와 함께 공산당은 승단 및 불교협회를 당과 연계시켜 나갔다. 그래서 아직까지 승려가 되기 위해서는 지방행정기관과 라오스인민혁명당 청년동맹의 허가를 얻어야 한다. 인정은 했어도 관리를 하니 이는 중국처럼 완전한 자유는 아니다. 공산주의는 경제적으로 시장경제를 받아들였지만 정치적으로는 그 정착을 위해 계속 실험하고 있다.

### 루앙프라방

라오스는 동남아시아에서 생태환경이 가장 잘 보존된 곳이다. 국토의 75퍼센트가 푸른 숲으로 덮여 있고, 북부의 산과 남부의 평원을 넉넉히 적시며 메콩강이 흘러간다. 특히 라오스 북부지역은 오염되지 않은 자연환경과 다양한 소수 부족들이

도판 165 루앙프라방 안내도: 루앙프라방이 칸강과 메콩강이 합류하는 양 지점에 걸터앉은 모습을 보여준다.

살고 있어 관광지로서는 매력적인 곳이다. 그중에서도 루앙프라방은 여행자들에게 '영혼의 강장제'로 불린다. 칸강과 메콩강이 합류하는 양 지점에 걸터앉은 루앙프라방은 과거 라오스의 수도였기에 황금 지붕을 인 오래된 사원들과 오늘날 프랑스풍의 주택들이 독특한 조화를 이루는 옛 도시다. 동양에서 이처럼 낙원같은 도시는 맛보기 드물다.

루앙프라방의 〈역사〉는 1353년 파응움이 세운 란쌍 왕국에서부터 시작한다. 그러나 〈야사〉에서는 698년 라오스 전설 속의 인물 쿤 보롬(Khun Borom)의 장자인 쿤 로(Khun Lo)가 세운 무앙 수아(Muang Sua)에 그 기원을 둔다. 하지만 8세기 들어 중국 운남의 난차오 왕국이 무앙수아를 속국으로 만들었고, 이어 크메르 왕국이 지역까지 영토를 확장했다. 그리하여 크메르 왕국의 지배를 받다 1353년 비로소 파응움에 의해 라오스 최초의 통일국가인 란쌍 왕국이 들어서면서 수도가 된 것이다. 왕국의 수도가 된 이래 종교 및 상업 중심지로 번성했으며, 근대화의 폭풍이 휩쓸고 간 아시아에서 그래도 과거의 모습을 가장 잘 보존하고 있는 도시로 꼽힌다. 1975년 라오스인민혁명당(LPRP) 공산정권이 들어서면서 왕정이 폐지될 때까지 라오스 왕이 머물렀던 유서 깊은 도시다.

루앙프라방은 많은 전통 건축물과 유적들을 가지고 있어 도시 전체가 관광지다. 또한 19~20세기에 프랑스의 식민지배를 받았던 흔적을 라오스의 전통 건축물과 식민지 시대의 건축물이 조화를 이루는 분위기를 볼 수 있어 흥미롭다. 정말 지상천국은 아니어도 살고 싶은 동네다. 북부 라오스의 중심에 위치한 루앙프라방은 인구 63,000명의 작은 도시다. 인간이 살기에 가장 좋다는 해발 고도 700m로 앞으로는 강이 흐르고 뒤로는 산에 둘러싸여 있다.

**도판 166** 루앙프라방은 꽃동네다. 그 깨끗하고 잘 정돈된 풍경은 어느 유럽의 작은 마을 같다.

라오스 최초의 통일국가 란쌍왕국의 수도였던 루앙프라방은 그래서 도시 곳곳에 불교사원이 옛 모습 그대로 남아 있고, 식민지시대에 지어진 프랑스풍의 집집마다 꽃나무가 프랑스의 산간집처럼 색색으로 피어 있다 [도판 166]. 황금색 지붕을 인 사원들과 친절하고 소박한 품성의 주민들, 저렴하면서 쾌적한 숙소와 값싸고 맛있는 음식이 여행자들의 발목을 잡는 곳이다. 작은 도시라 걸어서 둘러보기에도 부담이 없다.

루앙프라방을 걷는 길은 동양과 서양의 조화 속으로 추억을 만드는 일이다. 해가 뜨기 전인 이른 아침부터 걷기를 시작하자. 그러면 매일 새벽마다 탁발하는 스님들과 공양하는 중생들간의 경건한 기브 앤 테이크 광경을 구경하게 된다. 스님들 20~30명 정도가 나서는데 앞에는 나이든 스님이 뒤에는 동자승들이 따른다. 일반 중생들은 승려보다 낮은 위치에서 반듯하게 앉아 공손히 공양드린다. 가장 중요한 것은 예의다. 특히 눈을 마주쳐서는 안 된다고 한다. 공양물은 주로 음식물, 꽃 그리고 돈이다. 시주를 받으면서 스님들은 시주자들에게 팔리어로 축복을 내린다. 팔리어는 산스크리스트어의 방언 중 하나. 그래서 일반인들은 잘 알아듣지 못한다. 그래도 지금 동남아에서 스님들이 축원으로 사용하는 언어다. 그것은 서양에서 라틴어로 미사드리는 것과 같고, 우리에게는 법당에서 《반야바라밀다심경》의 염불 소리를 듣는 것과 같다.

시주받은 돈은 받은 공양물 중 부족한 음식물을 보충하는 데 사용한다고 한다. 보는 우리도 신성한 마음이 되니 바치는 사람들은 어떨까. 구경만 해도 하루를 시작하는 삶의 자세가 저절로 추슬러지게 된다. 경건하게 추슬러진 마음으로 루앙프라방의 상업적 중심지라 할 수 있는 시장의 아침 활기를 온몸으로 들이마셔 보자. 오감을 자극하는 냄새와 풍경에 몸을 맡기고 걸어보자. 이어 시장을 나와 동남쪽으

1부 사찰과 성당의 발달

로 뻗은 타논 세타티랏(Thanon Setthathirath) 거리를 따라가 보자.

강변의 노점상을 기웃거리며 계속 강을 따라 올라가면 [도판 165]에서 보듯 칸 강이 메콩강과 합류하는 지점을 지나게 된다. 강을 따라 서쪽으로 이어지는 강변길을 걸어도 좋다. 정말 노자가 이상향으로 강조한 '소요유' 같다. 걷다 보면 루앙프라방의 문화유적들 중에 가장 화려하고 매력적인 것은 곳곳에 자리 잡고 있는 사찰들이라는 것을 알게 된다. 여러 곳에 달한다. 루앙프라방에 있는 사원 중 가장 오래된 사원으로 1531년에 지어졌다는 와트 위수나랏도 볼 수 있고, 바로 옆 근사하게 늙은 용화수라고 부르는 두 그루의 반얀 나무가 있는 와트 아함도 볼 수 있다.

와트(Wat)는 라오스어로 사원이다. 하지만 가장 유명한 사원은 메콩강과 칸강이 만나는 지점에서 500m정도에 위치한 와트 시엥통(Wat XiengThong)이다. 전통적인 라오스 건축기법의 걸작품으로 꼽힌다. 1560년에 세워졌는데 색유리와 금색칠로 장식되어 화려하고도 아름답다. 이곳은 루앙프라방에서 대표적인 사원이므로 대표적으로 살피지 않을 수가 없다.

도판 167 시엥통 사원을 알리는 입구의 문: 우리의 일주문에 해당한다.

### 시엥통 사원

시엥통 사원은 단연 돋보인다. 입구부터 그렇다. 하얀색의 우리의 일주문과 같은 탑문이 우아하고 기품이 있다[도판 167]. 우리나라는 물론 여타 아시아권의 사찰 중에서도 간단하면서도 세련된 사원이다. 건물을 장식하고 있는 부조나 화려한 벽화가 루앙프라방의 찬란했던 옛 영화를 잘 알게 해준다. 역사와 문화재의 수준에 비해 아직까지는 조용하면서도 아담한 편이다. 게다가 가장 마음에 드는 것은 다른 나라의 사원에 비해 들어가고 싶은 곳, 가까이 가 보고 싶은 곳, 만져보고 싶은 곳, 사진 찍고 싶은 곳을 마음껏 구애받지 않고 할 수 있다는 것이다. 그래서 이곳을 쓰게 되었다. 이 절 시엥통은 앞에서 언급했듯이 세타티랏 왕이 당시 루앙프라방 건국 시조인 전설 속의 인물 쿤 보름과 쿤 로를 기리기 위해 세운 유서 깊은 사원이다. 우리로 비유하면 단군 같은 신화 같은 인물이다. 왕은 이 사원을 창건한 지 얼마 되지 않아 수도를 비엔티안으로 옮기게 됐으나 사원은 1975년 왕정이 끝날 때까지 왕실의 후원을 받아 잘 보존되어 지금에 이르고 있다. 시엥통 사원은 생명의 기운이 넘치는 곳으로 여겨 루앙프라방 사람들이 가장 사랑한다.

법당·불탑·경판고·요사채·마차고 등 우리의 사찰처럼 복합 건물로 이루어져 있다. 그런데 이러한 건물들의 배치가 만다라 원리에 입각했겠지만, 부석사에서 보았듯이 기의 리듬으로 배치되어 있지는 않다. 그래서 이곳을 비롯한 동남아 사찰에서는 그런 축에 따른 배치 모습을 보고 느낄 수가 없다는 점은 아쉽다. 그저 사원 내 자기 위치에서 가장 자기답게 꾸미고 뽐내고 있는 정도이다. 1887년 중국 흑기군이 루앙프라방 침공 시, 대부분 약탈하면서도 이 사찰만은 다행히 보호했다. 흑기군 지도자 캄 오운이 어렸을 때 이 사원에서 수행한 적이 있어서 이곳을 파괴하지 않고 흑기군의 본부로 사용하면서란다.

먼저, 사원에서 가장 중심이 되는 법당을 보자[도판 133]. 크기는 캄보디아의 앙코르 와트처럼 거대하거나 태국의 왓 푸라깨오 왕궁사원처럼 화려하지도 않다. 은은히 현란하고 적당히 화려하다. 사람들을 압도하는 사원이 아니라 말 없이 끄떡이게 하는 사원이다. 라오스 전통기법의 정수가 곱게 녹아 있는 건축양식으로 지어졌다. 외벽의 알록달록한 유리 모자이크와 건물 내외부의 벽화가 매우 인상적이다. 화려하거나 거대한 극락이 아니라 소박한 이상 정토를 기리는 라오스의 국민성을 느끼

**도판 168** 법당 외부벽화: 건물 외부를 장식하고 있는 벽화의 모자이크가 보통이 아니다. 당대 풍속도를 종교적으로 보여준다.

게 된다.

　법당을 한 바퀴 둘러보자. 좌우의 벽면을 보자. 그러면 외부의 벽들은 다양한 유리 모자이크로 장식되어 있음을 알 수 있다. 사자 등의 연꽃대좌 위에 보살이 자비의 자세를 취하고 있고, 그 위에는 비천이 날고 주위에는 불공을 드리는 사람들의 모습들이 가득 그려져 있는 곳도 있고, [도판 168]처럼 풍속도를 종교적으로 보여주는 곳도 있다.

　비천은 고대 인도 신화에 나오는 건달바, 긴나라를 원형으로 한다. 건달바는 노래를 잘 부르는 천가신(天歌神)으로, 긴나라는 악기를 잘 타는 천락신(天樂神)으로, 모두 스스로 몸에서 향기를 발산하므로 향음신(香音神)이라고도 한다. 이 비천은 상반신은 배꼽을 드러낸 나체이고, 하반신은 비단처럼 부드러운 속옷차림이며, 표정은 경건하고, 손동작은 유연하다. 중국에 들어와서는 불교와 결합하여 돈황 석굴에서 보듯이 우아하고 아름다운 천녀의 모습으로 탈바꿈했다[도판 27]. 우리나라 비천의 도상적 특징은 에밀레종 아니 성덕대왕신종에서 보듯이 몸에 표대(飄帶)라고 하는 긴 띠를 날개로 하고 원음 소리가 퍼지는 허공에 대기하고 있다[도판 169]. 이 표대가 허공을 날거나 이동하는 날개 역할을 한다. 표대는 머리 위에서 원형을 그리기도 하고, 이동할 때는

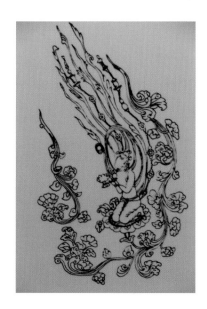

도판 169 성덕대왕신종(=에밀레종)의 비천: 종에 부조된 비천을 탁본한 것

도판 170 법당 뒷면: 벽면 가득 커다란 생명의 나무가 모자이크되어 있다. 이 나무는 우주의 기원과 만물의 탄생을 상징하며 신이 사람들에게 은혜와 삶의 지혜를 주는 우주목으로 존재한다.

바람결을 타고 아름답게 흐르기도 한다. 다양한 날갯짓을 인간적인 관점에서 형상화했다. [도판 168]처럼 건물 외부를 장식하고 있는 화려한 벽화와 모자이크가 보통이 아님을 알 수 있다. 붉은 벽면에 다양한 색깔의 유리 조각으로 장식된 모자이크 벽화이지만 그 모습은 화려함이 절제되어 은은하면서도 몽환적인 느낌을 준다. 뒷면을 보자[도판 170].

벽에는 생명의 나무라 불리는 모자이크 벽화를 보게 된다. 생명의 나무는 우주목으로 우주의 기원과 만물의 탄생을 상징하며 신이 사람들에게 지혜를 주는 매개적 존재로 등장한다. 스투파의 상륜부에서 찰주와 비슷하다. 찰주에 여러 가지 보개를 장식하듯이 이 우주목은 생명의 나무이니 이곳에 날아드는 새들은 보통 새가 아님을 예상할 수 있다. 나무를 중심으로 양 옆에는 커다란 봉황이, 나뭇가지에는 부엉이 닮은 새가 좌·우에 부각되어 있다. 그리고 각종 새가 나뭇가지에 앉아 노래하고. 봉황은 우리나라만의 새가 아니다. 동남아의 나라에도 해당되는 길조이다. 특히 봉황은 몸과 날개에 오색빛이 찬란하며, 울 때는 다섯 가지 묘음을 낸다.

좁쌀 따위는 먹지 않고 대나무 열매를 먹으며, 오동나무에 깃을 틀고, 예천의 맑은 물을 마신다. 이 새가 세상에 나타나면 천하가 태평할 징조여서 성천자(聖天子)의 상징이 되기도 했다. 봉황은 수명을 다하면 스스로 불 속에 날아들어 생을 마감하는데, 이것을 봉황열반이라고 한다. 봉황이 타면서 열반한 따뜻한 재에서 알이 생겨나고, 알에서 다시 봉황이 부화한다. 이처럼 영생의 생명력을 가진 봉황은 더욱 신화적으로 가공되어 최고의 상서와 길상의 화신이 되었다. 그래서 그런지 우리나라에서는 대통령 문장으로 사용하고 있다.가장 높은 좌·우 모서리에는 가릉빈가가 날아와 노래하며 앉으려는 듯한 자세다. 가릉빈가는 태평시대의 도래를 알리는 길조로 받아들이고 있다. 이 가릉빈가는 원래 인도 신화에 나오는 상상의 새로서 극락정토의 설산(雪山)에 살며, 머리는 사람 모양이고, 하반신은 새를 닮은 인수조신(人首鳥身)이다. 최고의 길조를 상징하는 새로 인식되기 때문에 가릉빈가의 출현은 경사 속의 겹경사로 해석했다.『능엄경』이나『대지도론』에 나오는 가릉빈가에 관한 이야기는 이렇다. 그 소리가 시방세계에 두루 미치는데, 지극히 신묘하여 음악신인 긴나라

　　　　　　　　　　　　　　　　　　1부 사찰과 성당의 발달

**도판 171** 루앙프라방에 있는 시엥통 사원 법당 안에 그려진 지옥 장면: 죄지은 사람들이 펄펄 끓는 가마솥 화탕 지옥에서 벌받는 모습[=앙코르와트 32지옥에서 9번째]. 몸이 톱에 썰리는 장면[=11번째 지옥] 등 지옥에서 벌받는 각종 장면들이 만화처럼 묘사되어 있다. 검정과 붉은 색의 옻칠 위에 금박으로 장식된 그림이 우아하고 화려하다.

까지도 흉내 낼 수 없다. 그 노랫소리가 너무도 아름답고 곱기 때문에 범음이라고도 한다. 그러므로 범음을 내는 가릉빈가를 부처의 화현(化現)으로 보는 것이다. 불상의 광배나 지붕의 암막새 마감재에 부조로 나타나는 것도 이 때문이다. 이렇게 비천·봉황·가릉빈가 모두가 자연의 새가 아니라 인간의 역사와 신화 그리고 종교 속에서 그 분위기를 장엄하기 위해 전설의 수준에 맞춰 만들어 진 새임을 알 수 있다. 맨 아래에는 호랑이와 사슴이 보이는데, 이들 모두는 보는 각도에 따라 색상이 달라지는 유리 모자이크이어서 그 달라짐이 무한한 정기와 생명의 기운을 품고 있는 것처럼 보인다. 모자이크 벽화는 유리 조각을 손톱만한 크기로 잘라 칼라로 붙여 만들어서 섬세하다. 그래서 다채로운 색감으로 회화적 아름다움 돋보이게 하는 것은 물론 엷은 햇살에서도 영롱하게 반짝여서 마치 이곳이 천상세계임을 느끼게 해준다. 이제는 지붕을 보자[도판 133].

다소곳하게 얹어 부담스럽지 않은 느낌을 주는 중첩된 지붕선은 세련된 아름다움을 보여준다. 별도의 3층으로 접합된 지붕은 지상 약 2m 높이까지 아름다운 선을 이루며 물매가 미끄러지듯 내려오는데, 그러한 건축기법은 동남아 다른 국가의 사원들과는 확연하게 다른 모양새를 보여준다. 그 고고하고 우아한 자태가 보는 이의 마음을 상쾌하게 만든다. 날렵하게 내려오는 지붕과 사원 내·외부의 섬세한 장식은 루앙프라방 전통 건축물의 전형이다. 지붕에서 용마루 중앙에 마치 작은 불탑처럼 세워진 장식물이 있다. 언뜻보기에는 피뢰침처럼 보인다[도판 134].이를 앞에서 언급한 것처럼 독소파(DokSoFa)라고 한다. 이는 우주의 중심을 상징한다. 우리로 치면 법당 지붕 위 용마루에 장식된 상륜부다[도판 135]. 법당도 탑으로 여겼다는 의미. 건물이란 탑신 속에 불상이란 큰 사리를 봉안하고 있으니, 법당이 탑신 속에 사리를 넣은 것과 무엇이 다르랴. 그러니 법당은 탑에서 발전한 역사적 의미를 새롭게 알려준다. 어쨌든 탑은 제디, 법당은 파토의 개념이다.

독소파에 장식된 침이 개수가 10개 이상이면 왕실에서 후원하는 사원임을 의미한다는데, 이 법당 지붕에는 17개나 된다. 많으면 많을수록 중요한 사원이라고 하니 당시 루앙프라방의 모든 사원 중에서도 이 시엥통이 가장 으뜸되는 사원이었음을 알 수 있다. 용마루 좌우 끝단의 새[=도판 133]는 우리의 치미와 같은 역할이다. 그런데 그 치미가 맹조류같은 권위적인 새가 아니라 제비처럼 날렵하게 또는 브라흐마가 타고 다닌다는 백조처럼 지붕을 날개로 해 하늘을 향해 치솟아 오를 듯한 폼을 커다란 곡선미로 우아하게 보여주는 듯하다. 은유적인 무량수전보다 직유적이다. 라오스 건축의 백미다. 그래서 "뛰어나게 보기 좋은 명품"이라고 현지 관광 안내판에다 자신 있게 자랑하며 소개하고 있나보다.

법당 내부를 보자. 내부는 숙연한 분위기에 옷 매무새를 고치고 엄숙한 자세를 갖게 한다. 본존상은 머리 위의 육계가 원추형으로 높게 올라가면서 송곳보다 뾰족하다[도판 143]. 우리나라같은 동북아에서는 육계가 상투 크기 정도인데 동남아 불상은 이렇게 다르다. 그래서 탑에서 상륜부같은 모양이다. 법당 건축구조는 물론 부처님의 신체까지도 탑으로 표상화했다는 느낌이다. 하체를 기단부, 상체를 탑신부,

도판 172 법당 맞은편에 있는 마차고: 벽에 보이는 황금색 그림은 힌두교의 대서사시 〈라마야나〉 설화를 나타냈다.

머리를 상륜부로 해서. 그런데 추상적이지만 불국사의 석가탑이 그렇다[도판 296의 본문 설명글. 301]. 법당도 부처님도 모두 탑으로 상징했다.

실내 벽은 검정과 붉은 색의 옻칠 위에 금박으로 장식된 그림이 우아하고 화려하다. 그려진 벽화는 불교의 우주관과 부처의 전생에 관한 설화 내용은 물론 천당과 지옥[=도판 171]에서의 장면도 자세하게 그려놓았다. 검은색이 금빛의 화려함이 지나치게 현란하지 않도록 중화시키면서 중심을 잡아주고 있다. 천장은 청람색 우물반자마다 비슷하면서도 다른 아니 같기도 한 연꽃들이 귀티나는 그림으로 장식되어 있다. 하늘에서 꽃비가 내리는 것으로 상징화했다[도판 140].

지역의 불교는 태국의 메남강 하류 유역을 중심으로 7~8세기 번창한 드바라 바티(Dvara vati) 왕조에 의해 비의적 성격의 탄트라(Tantra) 불교가 최초로 유입되었다고 전한다. 파응움은 란쌍왕국 건국 과정에서 피폐해지고 흩어진 민심을 수습하기 위해 당시 인접국에 널리 퍼져있던 이 소승불교를 국교로 삼아 곳곳에 많은 사원을 건립했다. 루앙프라방의 사원 건축 양식은 이웃 국가인 크메르의 웅장함과 태국의 화려함을 절제해서 나타냈다. 그래서 부담스러움이 없는 친근감 속에서 무게감을 주고 있다. 법당 맞은편에 있는 마차고로 가 보자[도판 172]. 앞면 벽에는 가득 황금색 그림이 찬란하다.

**도판 173** 왕의 유물을 황금합에 담아 7개의 머리를 지닌 나가(=용)가 극락을 향해 이끌었던 반야용선이다.

힌두교의 대서사시 〈라마야나(Ramayana)〉 설화를 조각으로 나타냈다고 한다. 그러니 이 벽화는 앙코르와트에 새겨진 대벽화와 유사한 내용이 되겠다. 규모는 비교도 할 수 없지만 이곳은 투조(透彫)로, 그곳은 부조(浮彫)로 되어 있다. 그러니 보통 마차고가 아님을 알려준다. 모두 왕실에서 조성한 것이다. 산스크리스트어인 〈라마 야나〉는 라오스에서는 〈프라락 프라람〉, 태국에서는 〈라마 미엔〉, 캄보디아에서는 〈라마 케르티〉라고 한다. 각 나라마다 각 나라 말로 되어 있다. 동남아 지역에서 각 나라마다 주체화되어 대중적으로 크게 영향을 끼치고 있는 설화임을 알 수 있다.

재미있는 것은 불교사원의 벽화를 힌두교 〈라마야나〉 전설로 치장하고 있다는 점이다. 부처가 힌두교에서는 비슈누 신의 아바타라(=화신) 중의 하나라고 하니 불교사원에 〈라마야나〉로 치장한 배경에 대해 이해가 간다. 안에는 황금빛으로 찬란하게 치장된 마차가 보관되어 있다[도판 173]. 왕의 시신을 운반했던 장례용 마차였다는데 자동차 바퀴다. 그런데 모양은 금박으로 치장한 배이고 끄는 동물은 말이 아니라 나가다. 나가(Naga)는 산스크리스트어로 용(龍). 뱀이 많은 동남아에서는 뱀을 경건히 수용하여 동북아에서 이무기들의 소원인 용과 같은 의미의 나가를 창조해 냈다. 동북아에서는 발가락 5개를 가장 권위 있는 용으로 여겼듯이, 동남아에서는 7개의 머리를 가진 나가를 최고의 신성함으로 나타냈다. 중앙 기둥 위에는 섬세하게 장식된 붉은 천개를 두어 그 위용이 더욱 돋보인다. 이 장례용 차를 끄는 나가는 서방정토를 향해 달리는, 우리의 문화권에서는 〈반야용선〉에 해당하겠다. 배 위에는 황금색으로 된 3개의 유골함이 있는데, 마차와 마찬가지로 정교한 조각과 화려한 금박으로 장식되어 있다. 이 마차는 1961년 4월 시사방봉(Sisavang vong) 왕의

1부 사찰과 성당의 발달

장례식 때 왕의 유골을 서방정토로 운구하면서 마지막으로 사용했다. 시사방봉 왕의 장례식 후 왕실의 장례용 운구마차 보존을 위해 1962년에 이 창고건물을 세웠다. 그리고 마지막 보완 수리는 2015년에 했다. 루앙프라방에서 가장 유명한 인간문화재인 팃탄(Thit Tanh)을 위시한 지역 공예가들이 제작했다는데, 앞면은 〈라마야나〉 투조에서 보듯 대단히 정교하다. 이곳 마차고에는 왕실의 소유로 종교의식에 사용되었던 모든 물품을 보관하고 있다.

　법당은 산자를 위해 길상으로, 마차고는 죽은 자를 위해 천도로 존재하고 있다. 산 자와 죽은 자를 위한 곳, 이 두 군데가 볼만 하다.

　이제는 국립 왕궁 박물관을 보자. 푸시산 끝자락, 메콩강가 여행자의 거리에 있는 국립왕궁박물관 하우캄(HawKham)은 원래 시사방봉 왕의 궁전이었다. 프랑스 식민시절인 1904년 시공하여 1909년 완공했다. 그래서 전통 라오스 양식과 프랑스 스타일이 조화를 이루고 있다. 왕조의 마지막 왕인 시사왕 왓타나 일가가 이곳에서 지내다가 1975년 공산혁명으로 왕정이 폐지되자 추방되었다. 그후 박물관으로 개조하여 1976년 일반에게 공개한 것이다. 건축적으로는 다르지만, 역사적으로는 우리나라 덕수궁의 석조전을 생각하게 한다. 화려한 왕관을 비롯한 란쌍 왕조의 유물과 종교 유물 등 볼만한 것은 있지만 언어가 통하지 않아 몇가지는 봐도 이해하기 힘들다. 공산화되기 전 미국의 닉슨 대통령 등 과거 세계 각 나라 수반들과 주고받은 선물 등도 전시하고 있다. 이곳에서는 촬영이 금지다.

**도판 174 호파방:** 왕궁박물관 입구 오른쪽 옆 계단위에 위치하고 있다. 황금불상이 보관되어 있다.

　다음은 호파방이 볼만하다[도판 174]. 국립 왕궁박물관 입구 오른쪽 계단 위에 있다. 이 화려한 건물은 이 도시 이름의 근원이기도 한 황금 불상을 안치하기 위해 지었다. 건립은 라오스의 마지막 왕인 시사왕 왓타나에 의해 1963년에 시작되어 전 라오스 국민의 성금으로 건축이 진행되었다. 그러다 1975년 공산혁명으로 왕정이 무너지면서 공사가 중단되었다. 이후 정권을 장악한 파테트라오가 민심의 이반을 염려해 1993년 불교와 민속 종교를 허용하는 정책으로 다시 전환함에 따라 호파방의 건축이 재개되어 2005년에 완공되었다고 한다.

1563년 침공한 미얀마군을 피하기 위해 세타티랏 왕이 비엔티안으로 천도했을 때 이 (황금)불상의 수난이 시작되었다. 루앙프라방을 떠나 왕과 함께 새 수도로 옮겨지면서부터다. 이 황금불상

도판 175 황금불상: 국립박물관 경내 호파방 법당에 봉안되어 있다.

은 처음 스리랑카에서 만들었다. 그 후 인도-차이나 반도 최대 왕국이었던 크메르 왕이 1353년 란쌍 왕국을 세운 자신의 사위 라오스의 파응움 왕에게 에메럴드 불상과 함께 선물하면서부터 두 불상은 라오스의 수호 불상이 되었다. 장인이 준 불상이니. 그러니 라오스와 캄보디아는 사돈관계다. 그런데 19세기에 비엔티안의 탓 루앙에 보관한 에메럴드 불상을 태국이 탈취해 갔다. 그래서 그 소유권에 대해서는 지금도 라오스가 태국에게 반환 요청 중이다. 태국의 입장은 어떤지 궁금하다.

이 황금불상의 조성 내력이 〈전설〉로 내려온다. 그 내용은 이렇다. "11세기경 스리랑카에 신성한 힘을 가진 고승이 살았다. 그 고승은 신의 대리인으로 추앙받았다. 고승은 불교가 온 나라에 퍼져 전쟁이 사라지고 평화가 깃들기를 염원하면서 신의 힘을 빌려 불상을 만들기로 했다. 그래서 왕에게 이 사실을 말한 뒤 도움을 요청했다. 왕의 후원과 불법의 수호신인 인드라(Indra)의 도움으로 높이 83cm, 무게 50kg, 순도 90%의 금에 은과 구리를 합금한 재질로 만들었다.

고승은 이 황금불상을 통해 불교가 널리 전파될 것을 염원했다. 그래서 이 불상에 신성한 힘을 불어넣기 위해 왕과 백성들이 지켜보는 가운데 불상에 장식할 5개

의 수정에 신성한 기를 주입했다. 그 순간 찬란한 빛이 사원을 물들이기 시작하고, 5개의 수정이 스스로 날아가 황금불상의 이마·턱·양손·가슴에 박혔다. 그래서 그 불상의 이름이 루앙(Luang, 위대한) 파방(Phabang, 황금불상)이 되었다는 스토리텔링이 다. 루앙프라방이란 도시의 이름도 이 황금불상에서 유래되었다.

### 〈라마 야나〉 공연

호파방 구경을 마치면, 도심에서 볼만한 곳은 다 본 셈이 된다. 더위에 지쳤다면 서늘한 그늘을 드리운 고목나무 아래서 더위를 식힌 후 라오스의 전통 연극을 구경 해보자. 공연장은 왕궁박물관의 부속 건물로 이름은 〈프라락 프라람〉 극장이다. 여 기에서는 주로 대서사시인 〈라마 야나〉를 라오스 판본으로 공연하고 있다. 고대 인 도의 대서사시인 〈라마 야나〉는 동남아시아에서는 국가마다 자기 나라 버전으로 공연하고 있는 아주 인기 있는 전통공연의 소재다. 그것은 극장 이름에서 알 수 있 다. 〈프라락 프라람〉이 라오스어로 '라마왕의 현신'을 의미한다. '라마왕의 일대기' 라는 뜻을 지닌 〈라마 야나〉는 제2의 고타마 싯달타 일대기로 여겨진다. 태국에서

도판 176 루앙프라방 국립박물관 내 프라락프라람 공연장에서 공연하는 라마야나 공연 중 원숭이들의 전통춤이 다. 라오스의 문학 역시 종교적인 색채가 강하다. 특히 불교 전설에 관한 것을 많이 다루고, 대중적인 시나 노래는 풍자적이다. 음악은 악보 없이 기억에 의해 연주된다고 한다.

는 왕의 이름을 라마 1세, 2세, 3세 등으로 붙이는데 그 이름의 연원도 여기서 나왔다. 동남아에서 〈라마야나〉의 위상을 알려주는 핵심이다. 〈라마야나〉는 BCE 3세기에 7편 24,000의 시절(詩節)로 이루어진 일종의 부처에게 헌정된 송(頌)이다. 너무나 내용이 방대해서 학자들은 저자를 시인 발미키(Valmiki) 혼자로 보기보다는 편저로 본다. 이야기는 코살라국의 왕자인 라마의 파란만장한 무용담이다. 라마는 체제 유지의 신인 비슈누의 아바타로 설정되어 있다. 그러니 비슈누의 화신이 바로 부처다. 그는 크샤트리아 계급으로서 주어진, 일종의 노블리스 오블리주로 의무인 악신을 무찌른다. 힌두교의 3대 신중, 창조의 신인 브라만과 파괴의 신인 시바에 비해 비슈누 신은 국가를 잘 이끌어야 한다는 체제 유지 사명감을 갖고 있다. 그러니 왕을 비롯한 정치 지도자들은 브라만이나 시바보다 비슈누를 더 숭배한다. 바로 왕 자신의 수호신이니. 그러니 〈라마=비슈누=부처=왕〉의 등식이 성립된다.

이 이야기는 역사적 성격에 종교적 윤리가 덧붙여져 동남아 모든 지역으로 그 나라와 지역에 맞는 버전으로 바뀌면서 인기리에 확산되었다. 그리하여 민족·종교·언어·풍습, 오늘날에는 게임·영화까지도 크게 영향을 미치고 있다. 아니 이 이야기는 얼마나 인기가 있는지 오늘날도 드라마를 하게 되면 시청률이 90%가 넘는다고 한다. 그래서 방영대에 근무하는 사람들은 방송국에다 왜 근무시간에 방영하느냐고 항의가 빗발친다고 하니 시청률이 100%에 가깝다는 얘기다. 불교국가에서 힌두교의 〈라마야나〉가 그렇게 인기인 것을 여행에서 알게 되었다. 루앙푸라방은 부처의 도시답게 불교냄새가 고소하고 설법이 감미롭다. 이 느낌은 부담을 주는 세계 3대 불교사원이 있는 나라의 신앙분위기와 다르다.

### 야시장

극장에서 나오면 바로 저녁의 관광 메뉴와 연결되는 시사방봉(Sisavangvong) 거리다. 이 거리의 야시장 개장시간이 어중간하면 발길을 잠시 루앙프라방 중앙에 위치한 푸시 언덕으로 향해도 좋다. 바로 위니까. 도심에서 100m도 안 되는 동산수준지만, 이 도시에서 가장 높다. 328개의 계단 위에 떨어진 프랜지파니 꽃잎을 심심

**도판 177** 루앙프라방 야시장은 전통적인 수공예품과 라오스의 개성이 담긴 값이 저렴한 물건들이 많다.

치 않게 밟으며 정상에 오르면 1804년에 건립된 탓 촘 푸시라는 사원이 있다. 금으로 장식된 첨탑이 인상적이다. 탓(That)은 탑을 의미한다.

탁 트인 전망을 자랑하는 루앙프라방의 랜드마크다. 여기서 볼만한 한 가지, 그것은 곧 있을 노을이 내려앉기를 기다리는 일. 오랜 세월 이곳 주민들의 젖줄이 되어준 메콩강과 칸강, 그 너머 아늑한 터전을 만들어 준 낮은 산들의 어깨를 붉게 물들이며 내려앉는 노을을 보며 관광을 마무리하는 것도 추억에 남길 만하다. 시사방봉 거리는 제법 세련된 카페며 빵집들이 즐비하게 늘어선 품격있는 루앙프라방 최고의 번화가다. 이 거리는 짙은 꽃향내가 나는데, 날이 어두워지면 야시장이 열리고 길목마다 들어선 식당은 아시아의 풍미가 듬뿍 담긴 요리를 선보이고, 전통 고급 프랑스식도 선보이는데 한번쯤은 먹어 볼만한 가격이다. 오후 5시가 되면 바리케이드를 치고 차량 출입을 막은 후 노천 야시장이 길바닥에 들어선다[도판 177].

이곳에서는 주변 산에서 내려온 소수 부족들이 펼쳐놓은 수공예품들이 여행자를 유혹하며 지갑을 열게 만든다. 여행객을 유혹하는 휘파리가 없어 여유롭게 이것저것 새롭고 신기한 물건들을 구경하며 어슬렁거리는 재미가 쏠쏠하다. 새벽부터 관광을 나섰더니 하루가 꽤 길다. 좀 피곤하긴 해도 시내에서 볼만한 곳은 다 본 알찬 하루다.

## 보강-탓 루앙 That Luang

이름 그대로 위대한(=루앙) 탑(=탓)을 뜻하는 탓 루앙은 미얀마의 수도 양곤에 있는 셰다곤처럼 수도 비엔티안에 있는 라오스의 대표적인 사원이다. 여기서도 부처님의 머리카락과 가슴뼈를 모신 곳으로 전해진다. 라오스 지폐에는 물론 국장에도 새겨진 불탑으로 라오스의 상징 같은 곳이다.

탓 루앙은 미얀마의 위협을 피해 루앙프라방에서 1563년 비엔티안으로 수도를 옮긴 세타티랏 왕이 불심을 모으기 위해 세운 스투파다[도판 131]. 이 스투파는 사방으로 신도들이 올라갈 수 있도록 단의 가운데마다 계단이 설치되어 있다. 이같은 양식은 규모와 대벽화에서는 차이가 나지만 보로부두르 스투파와 비슷하다. 하지만 평소에는 통행 금지인지 기단 중간에 있는 위병소같은 건물의 문에 자물쇠로 잠가 놓아 올라가 볼 수가 없어 아쉬웠다. 대낮인데도 관광하는 사람은 이상할 정도로 우리 외 몇 명밖에 없다. 그래서 재래시장처럼 복닥거리는 미얀마의 셰다곤 스투파와는 여러 가지 면에서 대조가 된다.

부처의 가르침을 기호화한 것들이 층마다 다른 기호 양식으로 만들어져 있다. 그리고 다른 나라 스투파와도 양식이 비슷하면서도 다르다. 전설에 따르면, 탓루앙은 BCE 3세기에 마우리아 왕조의 아소카 왕이 파견한 사람들이 처음 세웠다고 한다. 그것을 13세기에 크메르 형식으로 세운 것을 16세기에 다시 세타티랏 왕이 현재와 같이 세웠다는 것. 그런데 셰다곤처럼 부처가 아니라 아소카 왕과 관련되었다는 내용이 이색적이다. 그래서 더 신뢰성이 간다. 탓루앙의 전체 모습은 3층으로 이뤄져 있다. 세 개의 층은 〈욕계·색계·무색계〉로 신자들이 그곳을 한층 한층 오르면서 각 층마다 여러 가지 형태로 조각돼 있는 부처의 상과 불교 교리를 음미할 수 있도록 구성된 매력적인 스투파다. 높이는 45m에 달하며 탑 중앙을 작은 탑들이 방형으로 둘러싸고 있다.

하르미카 부근의 상륜부에는 형태를 원추형의 유연한 곡선미로 변형시킨 후 네 곳에 각을 주어 방형이 되게 하였다. 이 탓루앙의 건축양식은 전통 문화의 영향을 받은 것으로 불교와 라오스 독립에 상징적인 의미가 담긴, 그래서 라오스에서 가장

도판 178 탓루앙의 법당: 건축양식이 산뜻하고 화사하다. 특히 지붕이 분절이라기보다는 3단을 겹겹으로 멋스럽게 응용하여 동적인 분위기를 다양하게 보여준다. 루앙프라방의 시엥통 법당에 비하면 외벽도 깨끗하며 지붕과 함께 대조적이다.

중요한 국가 기념물로 여긴다. 미얀마나 태국의 탑에 비하면 심플하면서 우아하다. 이 스투파는 라오스인들이 신성하게 여기는 것으로 자존심의 상징이다. 라오스 사람들의 심성을 신앙의 형태로 나타낸 것. 그래서인지 라오스의 다른 지역에 사는 국민들도 이곳 탓루앙 사원에서 공양드리는 것을 영광으로 생각한다.

크로바 비슷한 작은 꽃창 무늬의 구멍이 뚫린 두텁고 높은 담이 탑을 둘러싸고 있으며 사원의 입구에는 탑을 건축한 세타티랏 왕의 동상이 있다. 그는 란쌍 왕국의 번영을 이룩한 왕이어서, 추모하고 기리기 위해 동상을 건립했다는 설명이다. 이 탓루앙은 19세기 태국의 침략으로 파괴되면서 이곳에 있던 에메럴드 불상도 약탈당했다고 한다. 그래서 탑을 다시 1935년 복원하였다.

탑을 보고 나와 법당쪽으로 가다보면 와불상이 있다[도판 179]. 열반한 모습의 거대한 황금색 와불상이다. 동남아시아에서는 거대한 불상은 거의 다 열반한 모습의 와불이다. 그런데 근처에 사라쌍수도 없고 가림막도 없는 자연 노천의 황금색 열반상이다. 그래서 더 반짝인다. 아쉽게도 이 와불의 발바닥은 지나쳤다. 이곳 법당에는 루앙프라방의 시엥통 법당과 달리 외벽에는 아무런 장식이 없다. 깨끗하다[도판 178]. 그러나 내부에서의 장식은 심플한 듯 다양하고 화사하다. 특히 창문의 창살 무늬가 눈에 띈다.

우리의 꽃창살 같은 최고의 수준이다. 단지 채색이 단색의 황금색일 뿐[도판 139]. 매년 11월 대보름이면 이곳에서 축제가 성대하게 열린다. 루앙프라방에서 비엔티안으로 수도를 옮긴 것을 기념하고, 한 해의 마지막을 즐겁게 보내기 위해 '탓루앙 축제'가 일주일간이나 열린다. 이 축제는 라오스 사람이라면 평생에 한 번은

**도판 179** 탓루앙 경내의 와불상: 특이하게도 노천에 누워있어 따뜻한 햇살과 황금빛이 유별나게 반짝인다.

반드시 참가해야 한다고 한다. 전국의 스님과 모든 사람들이 전통 옷을 입고 참석해 촛불 또는 꽃을 들고 탑돌이를 하며 가족의 건강과 국가의 안녕을 간절히 비는 축제다. 일주일동안 삶 자체를 축제로 삼아 야시장, 불꽃놀이 등 즐거운 행사가 벌어진다.

사원의 위치와 탑의 형태는 물론이지만 축제도 미얀마의 셰다곤에서 행해지는 새해맞이 행사와 비견된다. 그런데 이 탑을 자세히 보면 셰다곤과 그 형태가 비슷하면서도 확연히 다르다. 높이도, 상륜부에 치장된 모습도, 대탑 주변에 봉헌된 소탑들도, 그래서 셰다곤이 동적이며 현란한 바로크적 분위기라면 이곳 탓 루앙은 적적하면서 묵직한, 그래서 로마네스크적인 분위기다. 그리고 셰다곤은 불공드리는 사람들로 재래시장보다 더 벅적이며 붐비는데, 이곳은 한적하다 못해 고요하다. 어쨌든 동남아시아에서는 사원보다는 스투파를 더 중시 여기고 있음을 탓 루앙 및 셰다곤의 〈위치·규모·역사·스토리텔링〉 그리고 〈축제〉를 통해서 이해하게 된다.

## (3) 캄보디아 - 앙코르와트

1. 사람들은 얼마 멀지 않은 주변에 계속 살아왔는데, 발견되기 전까지 어떻게 이렇게 큰 유적이 있다는 걸 왜 몰랐을까?
2. 주변이 밀림인데 수백만 개나 되는 저 돌들을 도대체 어디서 가져왔으며, 그리

고 어떻게 호수를 건너 운반했을까?

처음 보면 이런 질문이 든다는데, 나도 그렇다.

## 앙코르와트, 발견되기까지

1992년 유네스코가 세계문화유산으로 지정한 불교의 3대 성지이자 세계 최대 규모의 사원인 앙코르와트는 씨엠립에서 북쪽으로 약 6km 정도의 위치에 있다. 앙코르(Angkor)는 크메르어로 왕조를, 와트(Wat)는 사원을 뜻하니 '왕조의 사원'이 되겠다. 이 사원은 수많은 사원 중에서도 앙코르인의 역량이 시간과 공간 속에서 총집결된 결정판이다.

캄보디아 역사는 1세기경 인도의 승려가 건설한, 중국 역사에서는 부남국(扶南國)이라 부르는 푸난(1~6세기)에서 시작되었다. 그 후 첸라왕국(6~9세기)이 되었다가 자야바르만 1세가 죽으면서 왕위계승에서 갈등으로 나라가 갈라졌다. 육진랍(오늘날 상부 라오스쪽 산림지역)과 수진랍(톤레삽을 포함한 오늘날 하부 캄보디아지역)이다.

10세기 아랍인 술레이만의 기록에 따르면, "수진랍(하부 첸라)의 어린 왕자가 자바에 볼모로 잡혀 와 사일렌드라에서 성장했다. 그는 그 나라 공주와 결혼하고 신임을 얻은 후 첸라로 돌아와 사일렌드라의 대리인 역할을 하다 사일렌드라로 부터 독립했다. 그 후 그는 갈라진 육진랍(상부 첸라)과 합하여 802년 톤레삽 부근, 지금의 씨엠립에서 앙코르왕국을 세웠다. 그가 자야바르만 2세(802~835)다"라고. 그에 의해 〈캄부자데샤(Kambujadesha)〉라는 나라가 세워졌다. 캄부자는 캄부의 후예들이란 뜻이니, 캄부자데샤는 '캄부자 후예의 땅'이란 뜻이다.

**도판 180** 경내 호수에서 본 앙코르 와트 전경: 주변에 사람들이 계속 살았는데, 발견되기 전까지 어떻게 이렇게 큰 유적을 아무도 몰랐을까? 주변이 밀림인데 돌들은 어디서 가져 왔을까? 수백만 개가 넘는 저 돌을 어떻게 호수 건너 운반했을까? 처음 보고 나면 이런 질문이 든다.

그런데 이 국가 이름보다는 〈앙코르 왕조〉라는 이름으로 더 잘 알려지는 나라가 되었다.

앙코르의 역대 왕들은 왕권 신성화를 위해 시바·비슈누·부처에 봉헌하는 사원들을 많이 건축했다. 이들 신전은 의례 공간이 아니라 왕 개인의 장례 공간으로 즉 그 신전에서 차크바르틴(=전륜성왕) 같은 존재로 영원하기를 원했다.

그 신성화는 왕의 이름에서도 알 수 있다. 〈인드라바르만〉에서 〈인드라〉는 '제석천'을 〈바르만〉은 '보호자'를 뜻하니 '제석천이 보호해주는 자'가 된다. 그리고 〈수리야바르만〉에서 〈수리야〉는 '태양'을 상징하니 '태양이 보호해주는 자'가 된다.

특히 이 앙코르와트 사원은 수리야바르만 2세가 1113년 즉위하자 건축하기 시작해 매일 25,000명을 동원하여 그가 죽은 1150년에 완성했다니 37년 걸린 셈이다. 애초에는 힌두교신 중 비슈누(Vishnu) 신에게 바친 신전이었다. 이 나라는 힌두교를 왕조의 기초로 다졌다.

언제부터인지는 모르겠지만, 앞에서의 언급처럼 크메르족은 왕이 죽으면 그가 믿던 수호신과 합일하게 된다는 신앙을 가졌다. 그러니 앙코르와트 사원도 수리야바르만 2세 자신이 비슈누 신과 하나가 되기 위한 염원 속에서 조성한 것이 된다. 그런데 이같은 신앙은 당시 힌두교나 불교를 믿는 모든 나라 왕실에서는 보편적이었던 것으로 보인다. 인도네시아, 미얀마는 물론 우리나라도 마찬가지였다. 우리에게서는 원찰이란 이름이다.

앙리 무오(Henri Mouhot, 1826~1861)는 1855년 어느 날, 원나라의 주달관(1266~1346)이 지은 캄보디아 왕도 여행기인 『진랍 풍토기』를 우연히 읽게 되었다. 이 책은 주달관이 원 황제 성종(=테무르 칸)의 사신으로 조공을 받아내기 위해 1296년 4월 크메르에 갔다가 1297년 7월 귀국 후 쓴 여행기다. 앙코르왕조 600년 역사를 전설이 아닌 사실로 쓴 유일본으로 남아 있다. 그러니 믿을 만 했다. 그는 읽다가 다음과 같은 글을 발견했다.

캄보디아는 200년 전에 세워진 나라로 899년에 크게 번성했다. 나라 이름은 진랍(眞

　　　　　　　　　　　　1부 사찰과 성당의 발달

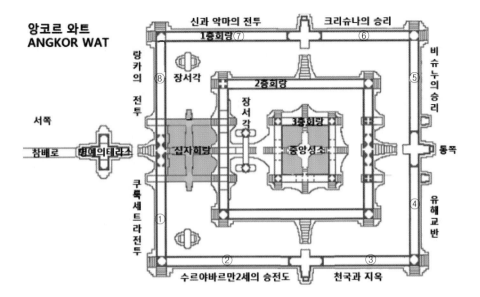

앙코르 와트
ANGKOR WAT

서쪽
참배로

신과 악마의 전투
크리슈나의 승리
1중회랑 ⑦
⑥
랑카의 전투
⑧ 장서각
2중회랑
비슈누의 승리
⑤
장서각
3중회랑
십자회랑
중앙성소
동쪽
쿠룩세트라전투
①
④
유해교반
②
③
수르야바르만2세의 승전도
천국과 지옥

**도판 181** 앙코르와트 평면도: 이 도판을 보면 사원의 방향감각과 대벽화의 제목 그리고 위치를 알 수 있다. 그냥 가면 방향감각을 상실하기 십상이다.

臘, Chenla)이었고 크메르족이 살았다. 진랍 왕국은 타이랜드, 미얀마, 라오스 등 인도차이나 대부분을 지배한 큰 나라였다. 이후 진랍 왕국은 12세기 앙코르 왕국으로 발전하였다. 중국과 맞먹을 정도로 강한 나라였으나 13세기부터 쇠하기 시작하다 어느덧 사라졌다.

"사라졌다!?" 이 글을 읽는 순간 앙리 무오는 소문으로만 전해오던 에밀 뷰요 신부가 경험했던 캄보디아 밀림 속의 사건이 문득 떠올랐다.

프랑스 신부인 에밀 뷰요는 1850년 6월 어느 날, 캄보디아 가톨릭 신자 몇 명과 함께 전도를 위해 나갔다가 밀림 속에서 길을 잃고 헤메게 되었다. 울창한 나무 사이로 동물들이 울부짖는 소리도 들리고 어디가 어딘지 전혀 알 수가 없었다.

지칠 대로 지친 탈진 상태에 이르렀을 그때, 밀림에 묻힌 거대한 유적지를 발견하고는 깜짝 놀랐다. 사람 키보다 무려 몇 배 이상 큰 부처상과 하늘을 찌를 듯 솟구친 탑들과 왕궁이 드넓은 밀림 속에 묻혀 널부러져 있었다.

거대한 유적을 발견한 신부 일행은 눈으로 보고도 믿어지지 않았다. 나중에 무사히 마을로 돌아온 후 신부는 보고 온 놀라운 사실을 주변 사람들에게 알렸으나 누구도 믿으려 하지 않았다. 오히려 신부가 너무 지친 탓에 헛것을 본 것이라고 '쯧쯧쯧'했다.

유달리 호기심이 컸던 앙리 무오는 6년간의 준비를 거쳐 마침내 1861년 탐험대를 구성, 캄보디아의 거친 밀림 지대를 답사하기 시작했다. 주민들은 악마의 저주가 있는 곳이니 절대로 가까이 가지 말라고 충고했다. 천신만고의 3주간 답사 끝에 11년 전에 신부가 보았던 그 엄청나게 장려한 유적군을 앙리 무오 탐험대는 찾았다. 그후 앙리 무오의 〈탐험 보고서〉가 1863년 프랑스의 신문과 1864년 영국의 학술잡지에 게재되자 세계의 많은 학자와 탐험가들이 찾아왔고 앙코르 유적은 차츰 신비의 베일을 벗는 듯 세상에 내용이 하나둘 알려지게 되더니 오늘날에는 '와와와'하는 세계문화유산이 되었다.

앙리 무오는 이 사원을 발견하고는 느낀 감격을 〈보고서〉에 다음과 같이 썼다.

"우리는 건축예술이 창조한 가장 아름다운 것을 보고 있다. 그 건축물은 숲속 깊은 곳에 있으며 세계에서 가장 뒤떨어진 나라에서 그리고 가장 야만적이며 잘 알려지지 않고 황폐한 나라에서 발견했다. 그곳에는 인간이 남긴 흔적들이 야생동물의 보금자리가 되어 지워지고 호랑이들의 포효와 코끼리들의 목쉰 절규와 사슴들의 비명과 울음소리만 울려 퍼진다. 우리는 이 장소를 하루종일 돌아다녔고, 더 커져가기만 하는 황홀한 경이감 속을 흥분된 경이감으로 걸었다."

### 미스테리, 앙코르와트

"머리가 일곱 개 달린 뱀이 다스리고 거인들이 커다란 돌로 수없이 많은 탑을 쌓았다. 그곳에는 밤이면 수십만에 이르는 좀비들이 오가므로 함부로 들어간 사람들은 으레히 죽는다"라고 말했던 현지 주민들의 말대로 앙리 무오는 35살이란 젊은 나이에 탐험에서 돌아온 후 얼마 안되어 죽었다.

과연 유령의 저주로 떨다 죽게 된 것인지? 그의 죽음은 사람들에게 풀리지 않은

**도판 182** 석양에 물들었을 때의 앙코르 와트 전경

수수께끼를 남겼다. 그런데 후에 말라리아 병으로 죽었다고 밝혀졌다. 함부로 "탐험에 들어간 사람들은 으레 죽는다"는 설은 모기에 따른 당시로서는 치료할 수 없었던 부들부들 떨다가 죽게 된다는 이 풍토병을 가리켰던 모양이다. "이렇게 큰 유적이 있다는 것을 왜 몰랐을까?" 하는 첫 번째 질문에 대한 답의 하나일 것 같다.

앙코르와트의 수수께끼는 많이 밝혀졌지만 그 조성 목적과 구조의 의미, 담긴 내용 등은 아직까지 미스테리로 "장님 코끼리 만지기" 수준이다. 수수께끼가 더 호기심을 발동시키며 흥미를 다에달루스 라비린스의 미로처럼 아직 미로 속에서 호기심을 일으키고 있다.

애초에는 힌두교 신전으로 지었으나 대승불교를 받아들인 자야바르만 7세 이후에는 불교사원으로 바뀌었다. 그러나 건축구조·장식·부조들은 힌두교 양식 그대로다. 단지 예배 대상의 주인공만 힌두교신 비슈누에서 부처로 바뀌었을 뿐이다. 그러므로 엄격하게 말하면 앙코르와트는 불교 사원이라기보다는 힌두교 성지로 봐야 한다고 한다. 그러니 관광객들은 혼란 속에서 미스테리로 느끼게 된다. 어쨌든 부처가 비슈누의 화신이고 비슈누가 왕의 수호신이니, 이현령비현령이다.

거대하고 방대한 앙코르 유적군 중에는 파괴된 곳이 많다. 그래도 그중 앙코르와트는 가장 잘 보존되어 있는 편이다. 특히 앙코르와트의 장엄한 규모·균형·조화·섬세함은 앙코르 유적군 중 그야말로 단연 압권이다. 그래서 세계에서 이곳을 찾아오는 관광객이 넘쳐난다. 캄보디아 경제를 앙코르와트 유적군이 책임지는 듯한 느낌이 들 정도이다.

앙코르 유적군이 대부분 동쪽을 향해 있는데, 이 앙코르와트만 서쪽을 향해 있다. 그래서 석양이 지는 저녁 무렵 황금빛으로 불타오르는 앙코르와트의 모습은 말

**도판 183** 자야바르만 7세 두상: 그는 정복자보다는 자애로운 보살로 기억되기를 원해 바이욘 사원을 조성하고 그곳에다 그의 미소 띤 얼굴을 새겼다. 프놈펜 국립박물관 소장

로는 표현하지 못할 진한 감동으로 다가온다. 그런데 유럽의 성당들이 대부분 그렇다. 그래서 석양이 물들 때는 예배시간이 천국으로 변하는 것처럼 느끼게 되는데, 이 앙코르와트에서도 서쪽으로 넘어가는 태양을 아쉬워하며 [도판 182]같은 아름다운 세계를 염원한 것으로 생각된다. 더구나 이 앙코르와트는 12세기 초 크메르 제국(802~1432)의 왕인 수리야바르만 2세(1113~1150)가 자기가 죽은 후 사원에 묻히면 믿는 신과 함께 아름다운 정토에서 하나가 된다는 믿음으로 건축했다니까. 그렇다면 사원인가 무덤인가, 아니면? 결국 앙코르와트는 비슈누 신을 모신 사원인 동시에 비슈누 신의 구체적 화신인 국왕 수리야바르만 2세의 무덤이기도 하다.

수리야바르만 2세의 죽음 후 후계자 다툼으로 혼란에 빠진 틈을 타 참파국이 침입하여 이 나라의 지배를 잠시 받기도 했다. 그러나 이 나라를 물리친 크메르 제국의 가장 위대한 통치자가 제22대 왕, 자야바르만 7세(1181~1219)다. 그는 참파국의 공격으로 볼모로 잡혀 왔다 귀국 후 저항군을 이끌고 톤레삽 해전에서 참파국을 격퇴하고 대승을 거두었다. 그 승리한 기쁨의 흐뭇한 미소[=도판 183]를 바이욘 사원에 부조로 점잖게 묘사했다[도판 130]. 원래 54개였다. 그런데 지금은 37개가 남아 있다. 그런데 그 미소가 관음보살의 얼굴이다, 아니 자야바르만 7세의 얼굴이다. 노우 관음보살의 얼굴에 자야바르만 7세의 얼굴을 겹친 것이다는 등의 이야기가 오간다. 같아 보이는 이 37개의 미소 띤 얼굴도 자세히 보면 넓은 이마, 지그시 감은 눈매, 쌍거풀, 선이 굵고 두툼한 입술, 잔잔한 미소 등등이 다 다르다. 조각한 사람마다 자신이 이상형으로 생각한 최고의 얼굴을 새겼기 때문이다. 얼굴 모습은 시간에 따라 해의 위치에 따라 달라진다. 물론 보는 각도에 따라서도 그렇다. 이렇게 자야바르만 7세는 캄보디아 역사에서는 영웅으로, 바이욘 사원에서는 보살로, 그 미소는 오늘날 캄보디아의 아이콘이 되어 세계 속에서 미소의 제왕이 되었다. 바이욘이란 방이란 뜻. 그러니 자야바르만 7세와 그 가족들이 모셔진 무덤이라는 뜻이 된다. 자야바르만 7세는 이곳 바이욘 사원에서 앙코르를 수호하며 영원히 살아 있다.

그는 38년 재임 기간 동안 오늘날 베트남의 해안에서부터 말레이시아 반도와 멀리 미얀마까지 최대의 영토를 구축했다. 그래서 주달관의 표현대로 중국과 맞먹는 크메르 왕조 최고의 전성기를 누렸다.

크메르 왕국은 600년간 약 300km² 지역에 도성, 왕국, 사원을 세우고, 앙코르 도성 반경 50~100km 이내에 5대 지방 도시를 만들어 제국의 틀을 형성하였다. 그러면서 건국기의 사원으로 프레아코·바콩·롤레이를, 산의 사원으로는 프놈바켕·프놈보그·프놈크롬을, 물의 사원으로 동메본·서메본·닉포안·스리스랑을, 국왕사원으로는 프레룹·타케오·앙코르와트를, 조상의 사원으로는 타솜·타프롬·프레아칸을, 문중사원으로는 반테이스레이·프라삿크라반을, 도성과 국가사원으로는 앙코르톰·바푸온·바이욘을, 왕궁과 왕실사원으로는 왕궁·왕실 광장·피메아나카스를 세웠다. 진짜 신이 만든 영혼의 도시, 인간이 만든 신의 나라가 된 것이다.

그러다 1300년경 메콩강 홍수로 앙코르와트 주변의 논밭을 모두 휩쓸어버려 굶주리다 못해 다른 곳으로 떠나가게 되면서 크메르 왕국은 쇠락의 길을 걷게 된다. 그러다가 1432년 마침내 샴족(=태국)의 아유타야에 의해 역사의 조연급으로 흐르다 뒤안길로, 그러면서 앙코르와트는 정글 속에 파묻히게 되었다. 그러다가 캄보디아가 프랑스제국의 식민 지배를 받을 때 앞에서 언급했듯이 1861년 앙리 무오가 발견하게 되면서 세상에 알려졌다.

당시 유럽에선 미개한 동남아인들이 이렇게 위대한 건축물을 지었을 리 없다며 고대 로마의 후예들이 남겼다느니 심지어는 알렉산드로스 대왕 시절에 마케도니아 병사의 후예들이 만들었다는 등 별별 어거지 주장들을 다 해댔다.

이런 류의 억지는 라틴아메리카에서 형성된 제국주의적 야욕과 오리엔탈리즘에 입각한 백인 우월적인 〈식민지 고고학〉에서 시작된 것이다. 얼마 전까지 있었던

〈아파르트헤이트〉 제도나 〈KKK단〉의 폭력은 그 오만의 후유증이었으며, 요즈음도 미국에서는 공권력에 의한 흑인들의 억울한 죽음이 산발적으로 계속되고 있지 않은가?

앙리 무오의 발견 이후 프랑스는 나폴레옹의 이집트 원정 때처럼 수많은 고고학자, 문헌학자들을 대동하고 광범위하게 이 유적을 탐사했다. 〈식민지 고고학〉적 관점에서다. 그러나 획기적인 내용은 없었다. 미스테리만 더 증폭시켰을 뿐이었다. 그러면서 이집트에서처럼 이곳 문화재들을 약탈해 가 루브르 박물관에 갖다 놓았다.

국가는 물론 개인들도 그랬다. 프랑스의 유명한 소설가 앙드레 말로는 1930년, 소설 《왕도로 가는 길》을 발표하였다. 그 내용은 20세기 초 인도차이나 원시림 속으로 찾아 떠나는 젊은 고고학자의 이야기다. 이 소설에서 그는 밀림에서 찾아낸 압사라 등을 밀거래하는 장면을 사실적으로 써놓기도 했다. 그의 경험담이다.

그는 식민지에 유적반출에 관한 법률이 없음을 확인하고 1923년 10월 마르세유를 출발해 앙코르로 갔다. 당시 22살이던 갓 젊은 나이에 벌써 그는 톱·끌·지렛대를 이용해 문중사원인 반테이스레이의 석상 7점과 압사라를 밀반출하여 프놈펜에 도착했으나 프랑스 식민당국에 의해 실패했다. 6개월 후 재판에서 동료 2명은 구금됐으나 그는 석방되어 프랑스로 돌아왔다. 그 도굴 경험으로 쓴 소설이다.

1951년에 쓴 《침묵의 소리》에서는 아프리카와 마야 유물뿐만 아니라 다양한 문화를 포괄하는 박물관의 필요성을 주장하기도 했다. 서양 중심적 관점에서 그 외 다른 문명을 파괴하려는 속성을 계속 나타내 씁쓸하다. 더욱 아이러니한 것은 그런 그가 프랑스 드골 전 대통령 당시 문화부 장관이 되었다는 것이다.

## 건축 구조

앙코르와트는 동남아시아 최대의 석조 건축물이다. 먼저 건축 재료는 나무·라테라이트·사암을 사용했다. 나무는 썩어서 없어졌고, 라테라이트는 철과 알루미늄이 섞인 붉은 돌이고, 사암은 퇴적된 모래로 생각보다 재질이 강하고 색상도 다양하다.

입구에서 250m에 이르는 해자다리인 나가(Naga=용)로 인간계와 신계를 구분했다. 다리 건너 앙코르와트에 가까이 가면 방형 기단 네 모서리와 중앙에, 그러니까 모두 5개의 방추형으로 된 높다란 탑을 세우고[도판 180], 그 탑들을 3중의 방형 회랑과 연결시키면서 점점 중앙부가 높아지도록 설계한 것을 알 수 있다[도판 181].

힌두교 경전인『리그베다』에 "최고의 신 비슈누가 세 걸음을 내딛으면 그 세 걸음 속에 모든 존재가 거하게 된다"고 했다는데, 그 세 걸음을 내디디면서 세상이 각 걸음마다 〈지하계·인간계·천상계〉로 구분되었다고 쓰여 있다. 따라서 인간의 힘을 빌려 비슈누 신이 만든 것이 된다. 그러므로 앙코르와트를 만다라 구조를 입체화해 건축한 것으로 본다.

힌두교에서 12·54·108·365·432 같은 특정 숫자는 시간을 상징한다. 이 사원은 비슈누가 432만 년마다 우주를 새롭게 창조한다는 순환론적 시간개념을 표현했다고 한다. 그 예로 사원의 다리 회랑 등의 길이를 4,320큐빗(1큐빗은 약 0.43m)으로 건축했다는 것이다. 앙코르와트는 이렇게 우주의 시간을 사원 배치에 연결시켰다는 데 그 큰 의미가 있다. 그 숫자를 이 건축 속에 나타냈다는 것은 〈왕=신〉 사상을 건축 공간 속에 나타내고자 의도한 것이 되겠다.

이 앙코르 유적군 전체에는 1.5톤의 돌, 천만 개가 사용되었다고 한다. 그중 200만 개 정도가 사용되었다는 앙코르와트는 중앙탑 꼭대기에서 1·2·3 회랑의 사각탑 꼭대기를 선으로 이어보면 사각추의 피라미드 모양이 된다.

그 건축구조에서 회랑의 높이를 보면, 바깥의 제1 회랑이 지상에서 4m 높이로, 중간의 제2 회랑은 12m 높이로, 안쪽의 제3 회랑은 더 높여 25m다. 제3 회랑 가운데에 십자형의 열주랑이 있고, 그 중심에 중앙탑을 가장 높게 65m로 구축하였다. 이 탑은 세계의 중심이며 신의 자리를 뜻하는 메루산을 의미한다. 이는 그리스 신화에서 우주의 중심으로 나오는 옴파로스로 생각한 델리 신전과 같은 의미다.

회랑의 길이도 보면, 제일 회랑의 전체 길이는 대략 804m(=215×187m)이고, 제이 회랑은 457m(=북쪽면 114.24m×남쪽면 114.22m)이며, 제삼 회랑은 190m(=북쪽면 47.75m ×남쪽면 47.79m)이다. 〈사이언스〉지에 발표된 논문을 따르면 이처럼 북면과 남면을 0.01% 미만의 차이로 건축했다는 것은 경악할 오차라고 한다. 그렇게 정성을 드려 건설했다면, 65m 높이와 함께 당시 이같은 경악할 정도로 정밀하고 치밀한 계산으로 건축한 것은 분명히 어떤 의미가 있을 것이다. 힌두교와 우주 세계를 평면적으로 도식화한 것이 〈만다라〉 그림이라면, 그것을 건축으로 입체화한 것이 〈앙코르와트〉다. 그러니 앙코르와트는 힌두교의 우주세계를 나타낸 것이 된다. 〈만다라〉의 의미는 불교에서도 같다. 불교의 이상세계인 〈수미산〉도 힌두교의 〈메루산〉과 같다.

우주에는 메루산을 중심으로 사방에 4개의 산이 있다. 앙코르와트는 해자·회랑·연꽃봉우리(5개)로 구성되어 있다. 그중 해자는 우주의 근원인 바다를 상징하면서 인간세계와 구분하는 경계 역할이고, 회랑은 우주의 담장인 히말라야산맥을 상징하며, 연꽃 봉우리는 중앙의 메루산과 그 주위를 감싸는 4개의 봉우리를 상징하는데, 창건 당시에는 그 봉우리에 금칠이 되어있었다고 한다.

기독교로 말하면 천상의 예루살렘 크기처럼이다. 그 규격과 모양이 요한계시록 21장 10~27절 중에 나온다. 그 길이와 넓이를 천사의 자로 재어보니 똑같은 만 이천 스타디온이라고. 1 스타디온은 185m라고 하니 도성의 크기는 4,444,000m²이다. 쉽게 135만 평이다. 또 성벽을 재어보니 사람의 자로 144척이라고 쓰여 있다. 1척을 33cm로 잡으면 약 48m의 높이가 된다. 그 모양에는 의문이 제기되고 그 크기도 어떤 근거에서 그런지 궁금하지만, 어쨌든 그 크기가 정확하게 나타나 있다는 게 재미있다. 이 입방체는 산치대탑에서 천계를 나타내는 하르미카의 모양과 같다. 앙코르와트도 우주의 중심인 메루산의 규격과 모양을 축척으로 줄여 세운 것이 아닐까.

크메르는 원래 힌두교를 믿었다. 그런데 자야바르만 7세 이후 대승불교로 바뀌면서 중앙 제단의 힌두교 비슈누 신이 부처로 바뀌었다[도판 184]. 왕조가 바뀐 것

**도판 185** 1층은 물론 2층에도 춤추는 압사라가 1,737명이란다. 화려한 보관, 목걸이, 팔찌, 발찌로 장식하고 미소 짓는 얼굴, 가능할까 싶은 풍만한 유방에 개미허리다. 상반신은 나신에 하반신은 비치는 패션이다. 그런데 이들의 이 모든 것이 도판에서처럼 같은 춤 자세가 하나도 없다.

도 아닌데, 왜 도중에 힌두교에서 불교로 바뀌게 되었는지 의문이다.

자야바르만7세는 정통 왕위 계승자가 아닌 참파국을 물리친 공으로 보위에 올랐다. 그래서 카스트라는 신분제도를 바탕으로 정통을 강조하는 힌두교가 부담스러웠다. 반면에 불교는 평등을 주장하며 신분적으로 자유로웠다. 그래서 종교를 바꾸어 대승불교에서 진종설 같은 교리로 자신의 왕위 계승을 새로운 적통으로 정당화하고자 한 의도라고 한다. 어쨌든 지금도 크메르에서는 힌두교에 대해서 거부감이 없다. 〈비슈누≒부처≒왕〉의 등식이니까.

층에 대한 특징을 보자. 1층에서 회랑의 벽은 얇은 부조로 해 힌두교 신화를 8개의 주제로 해서 높이 2.4m, 총연장 520m로 나타냈다. 그래서 세계에서 가장 긴 〈대벽화〉다. 표현방식은 릴리프이지만 장식적 차원에서는 그림 같다[도판 188]. 이 8개의 주제에 들어있는 〈대벽화〉마다의 의미와 그 배치 순서가 앙코르와트의 건축과 어떤 관계가 있는지가 궁금하다.

2층에는 1,737체의 춤추는 압사라 릴리프가 압권이다. 원래의 이름은 〈데바타〉인데 영어권 학자들이 〈압사라〉라고 부르면서 그렇게 되었다. 압사라에서 압

(ap)은 물이나 바다를 의미하는 명사이고, 스르(sr)는 움직이다는 동사인데, 이 두 단어가 합성되면서 즉 바다가 요동치면서 생겼다는 주장도 있다. 인드라의 하늘에 사는 천녀인 압사라는 불교에서는 비천, 기독교에서는 천사에 해당된다. 그러니 이들이 있다는 것은 이곳이 이상정토라는 것을 알리는 것이다. 그런데 같은 모습이 하나도 없다. 얼굴, 의상, 몸동작이 다 다르다[도판 185]. 허리에 걸친 치마에서 그 형태와 주름과 장식 그리고 그 표현 양식, 머리에서 다양한 장식과 티아라 그리고 손과 발의 모양과 발찌 팔찌, 손에 든 다양한 꽃, 목걸이, 귀걸이 등등. 그러니 표정도 당연히 다를 수밖에. 천상의 아름다움을 수천 가지의 자유로운 춤으로 나타낸 것이 된다.

회랑, 동·서에서 창의 수와 위치는 달과 관계가 있다. 남·북에서 창의 수와 위치는 별을 상징하고. 이처럼 2층 회랑은 달과 별이 있는 어둠의 세계를 상징한다. 이곳 2층부터는 일반인은 오르지 못하고 왕족과 승려들만 오를 수 있었다고 한다. 왕권 신성화를 위해 세운 신전이지 일반 중생들의 의례 공간을 위해 조성한 것이 아니다.

3층의 중앙회랑에는 4개의 탑과 그 탑에 둘러싸인 중앙탑이 나온다. 그곳에 오르는 길은 경사 70도에 가파른 30여 개의 계단으로 되어 있다. 기어서 4발로 올라가게. 신 앞에 겸손함과 신에 대한 경외감과 복종심을 최고조로 갖추게 한 의도이다. 이곳 신전 중앙에 있는 탑은 우주의 중심인 메루산이다. 비슈누 신이 사는 동시에 수리야바르만 2세의 유골이 탑 중심에 있는 깊이 22m의 커다란 동굴 속에 사리처럼 안치되어 있었다. 지금은 3개의 불입상과 열반상으로 바뀌었다. 이처럼 영원한 삶을 꿈꾸었던 수리야바르만 2세도 떨어지는 해가 만들어내는 붉은 노을처럼 그렇게 왔다가 갔다.

어쨌든 12세기를 전후해 인도차이나반도의 지배자로 군림했던 크메르 제국의 앙코르 유적을 보면 "나는 신을 대신해 인간을 통치하는 지배자"라는 자신감을 득의양양하게 나타냈다. 앙코르 유적군은 당대의 통치를 넘어 21세를 사는 우리까지 압도한다.

## 하늘을 닮은 앙코르 유적군

앙코르와트와 함께 어마어마한 규모의 앙코르 유적군에 대한 연구가 아직 미스테리에서 맴돌고 있다. 그러니 맴도는 얘기를 넘어 다른 여러 가지 파격적인 관점의 얘기들도 돌파구로 제시되고 있다. 그중 특이한 주장 하나를 소개한다.

이 글은 앙코르 유적군의 조형이 하늘의 어떤 별자리와 닮았다는 주장이다. 이렇게 '하늘을 닮은 전당'이란 주장은 고대 이집트와 멕시코의 피라미드, 이스터섬의 거석, 페루의 나스카 그림에서도 그렇다. 그러고 보니 이들은 모두 지구 곳곳에 있는 불가사의하면서도 거대한 건축물과 자취들이다.

12세기에 앙코르 톰과 바이욘 사원 등을 세운 크메르 왕 자야바르만 7세가 왕궁에 세운 현존하는 석비 속에 다음과 같은 구절이 수수께끼처럼 들어 있다고 『신의 거울』을 지은 그레이엄 핸콕은 168쪽에서 얘기한다. "캄부(자)의 땅(=캄보디아)은 '하

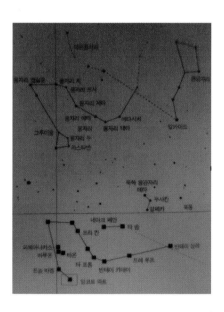

도판 186 도판에서 위(上)엔 북쪽 하늘의 용자리 별을, 아래(下)엔 앙코르 유적군의 위치를 나타내는데, 그레이엄 핸콕은 아래의 유적군 조형이 위의 별자리를 복제한 것처럼 위치하고 있다는 주장이다.※ 그레이험 핸콕 지음/김정환 옮김, 『신의 거울』, 김영사(2000), 168.

도판 187 우유바다 젓기: 힌두교의 천지창조 신화로 선한 데바가 악한 아수라와 함께 불로장생인 암리타(=감로수)를 찾아가는 과정을 신화의 원리로 설명하고 있는 대벽화다. 비슈누신은 통상 4개의 손을 가지고 세상을 의미하는 〈원반·곤봉·소라·연꽃〉을 들고 선과 악의 균형을 잡아주고 있는 모습이다.

늘과 유사하다".

"하늘과 유사하다"는 이 석비의 선언을 그는 옛사람들이 하늘의 특정한 별자리들을 신전 건축의 "비율 모델" 또는 "복제물"로 생각해 지상에 세우는 관행이 있었던 것은 아니었을까? 라고 의문을 제기하면서 그 답도 스스로 나타내고 있다.

파라오가 죽어 미라가 되면 영생불사 속에서 오리온좌 별들의 도움으로 내세에서도 여러 신들과 축복 속에서 영원히 사귀게 된다는 것이다. 피라미드 축조는 왕의 미라를 보호하기 위해서 쌓은 것이다. 이같은 내세관은 타 문명권에서는 없는 독특한 내세관이다.

그는 이집트의 기자에 있는 세 거대한 피라미드가 남쪽 하늘 오리온자리의 허리띠 별을 모델로 하여 쌓은 것처럼, 앙코르 유적군들도 이같은 목적과 유사한 내세관으로 북쪽 용자리의 별들을 모델로 삼았다는 것이다. 어쨌든 건축구조에 우주의 순환론적 시간개념을 내포시켰다는 데에서는 재미가 있다.

그렇다면 예수 탄생을 가리키는 별을 따라 동방박사가 찾아왔다는 그 별도 이 신앙에서 나온 고대인들의 믿음이 아니었을까. 당시 동방박사는 조로아스터교 성직자로서 점성술을 하는 천문학자였다고 한다. 이들의 후예들이 동쪽의 땅을 이상정토인 〈캉데즈〉라고 여기기도. 재미있는 것은 이같은 주장은 중국과 우리의 자미성 이론과도 간접적으로 또 다르게 연결된다.

[도판 186]을 보면, 용자리에 있는 별들의 구도와 앙코르 유적군의 건축 구도가 서로 비슷하게 위치한 것 같기는 하다. 핸콕은 "만일 그것이 우연이라면 놀라운 우연이다.… 이 모든 것을 긍정적으로 고려하면, 용자리의 별들이야말로 앙코르 유적군의 거푸집(template)일 가능성이 더 높아진다"라고 주장하고 있다.

그러면서 그는 앙코르 유적군을 용자리의 '하늘을 닮은 궁전'으로 결론을 내리고 있다. 그렇다면 앙코르 유적군에서 만다라는 교리에 있는 상상의 도형이 아닌 하늘에 실제로 있는 별자리를 도형으로 나타낸 것이 된다. 이것이 맞다면 이런 상징성은 신앙이란 무형의 한없는 염원을 끝없이 높은 곳에 있는 별이란 유형의 객체로 대상화시켜 놓음으로써 인간이 스스로 위안을 얻으려는, 즉 고대인들이 종교적 정

　　　　　　　　　　　　　　　　　1부　사찰과 성당의 발달

신세계를 영겁의 별자리에서 느끼려 했던 것은 아닐까.

이는 통도사 삼로전의 의미와 또 다른 차원에서 연결되기도. 또한 고인돌에서 하늘을 상징하는 덮개돌 위에 당시 가장 신성시 여겼던 별자리를 성혈로 그려놓은 것과 연결되기도 한다.

오늘날은 과학적으로 세차운동에 따른 계산을 통해, 그 신전들이 정확히 어떤 별자리를 복제했는가를 찾을 수 있다. 그래서 그는 지상의 앙코르 유적군과 천상의 용자리가 정확하게 일치하는 것이 언제인지 추적했다. 그랬더니 그 별자리와 일치하는 것이 "BCE 10,500년 춘분시 일출의 정확한 순간에 용자리가 하늘 한 복판의 정북 방향에, 정말 수평선 위로 자오선을 걸터앉고 앙코르 주요 신전들이 지상에 복사해 낸 바로 그 형태 그대로 놓여 있었다"라고 써놓았다. 『신의 거울』 175쪽에다 [도판 186]과 함께. 왜 그 연대로 조성했는지 등등 그 주장에 대해 생기는 모든 의문은 생략한다. 이 글에서는 단지 우주의 시간을 담아 〈하늘을 닮은 궁전〉으로 조성했다는 주장만 제3의 관점에서 피라미드, 거석, 나스카와 함께 참고하자.

## 대벽화 중 〈32지옥도〉

앙코르 와트 제1 회랑 〈동·서·남·북〉 각 면에 좌·우로 두 화면씩 각각의 주제가,

**도판 188** 《수리야바르만 2세의 승전도》와 함께 《천국과 지옥》이 부조된 남쪽 회랑 대벽화 전경: 그림 같은 릴리프다.

모두 8개의 〈대벽화〉가 [도판 188]처럼 그림 같은 엷은 부조로 거대하게 새겨져 있다. 각 화면에서 그 주제들은 모두 힌두교 신화를 표현한 것으로, 서쪽 면 아래에서 시계의 반대 방향으로 [도판 181]의 ① 〈쿠룩세트라의 전투〉, 남쪽 면으로는 ② 〈수리야바르만2세의 승전도〉와 ③ 〈천

**도판 189** 왕의 군대를 이끌고 전쟁터로 출정하는 앙코르와트를 건설한 수리야바르만 2세: 남쪽의 왼쪽 회랑에는 그의 역사적 기록이 ≪수리야바르만 2세의 승전도≫로 새겨져 있다[도판 181 참조].

국과 지옥〉, 동쪽 면으로는 ④〈유해교반〉과 ⑤〈비슈누의 승리〉, 북쪽 면으로는 ⑥〈크리슈나의 승리〉와 ⑦〈신과 악마의 전투〉, 다시 서쪽 면 위에서는 ⑧〈랑카의 전투〉 장면이 묘사되어 있다.

앙코르와트는 사원이면서 수리야바르만 2세의 능묘이므로 감상은 시계방향의 반대로, 위의 번호순서대로 돌면서 해야 된다고 한다. 왜 그런지는 설명이 없다. 그런데 〈대벽화〉의 내용은 BCE 5세기경에 쓰여진 서사시 〈마하바라타〉와 BCE 3세기의 작품인 〈라마야나〉의 내용에서 따왔는데, 그 주제들끼리는 서로 연결되지 않은 것 같다.

단지 공통적인 주제는 수리야바르만 2세의 통치행위에 대한 정당성과 충성서약이다. 충성하면 〈37 천국〉으로 올라가지만, 불충하면 〈32 지옥〉으로 떨어질 것이라는 내용이고, 유해교반에서는 자신의 통치 시대의 개막을 알려주는 상징이다. 그러니 앙코르와트는 일반적인 사원이 아니라 수리야바르만 2세 개인의 원찰임을 알 수 있다.

⑤번과 ⑥번 벽화는 수리야바르만 2세 생존 시에는 미완성이었다. 그것을 16세기에 들어서 크메르 왕국을 일시적으로 부흥시킨 앙찬왕(1529~1546)이 시작하여 그 아들 대에 완성했다. 그래서 그림의 인물들이 앙코르인이 아니다. 중국인의 모습이고, 구름·불꽃 모양도 중국식이다. 이는 이 부조가 중국인 장인들에 의해서 완성되었기 때문이다.

이와 비슷한 전쟁, 종교의식, 왕의 일상 등이 부조된 〈대벽화〉는 다른 나라의 옛 유적에서도 적지 않게 남아 있다. 아시리아 제국의 사르곤 2세(BCE 722~705)가 BCE 706년에 세운 두르샤르킨(지금 이라크의 코르사바드) 왕궁에서도 볼 수 있다.

도판 190 〈32지옥도〉의 장면 중 시작부분: 이 〈32지옥도〉는 처음에는 3단으로 구성되다가 중간 이후부터는 상하 이단을 보인다. 옆으로는 긴 띠가 처음부터 끝까지 표현되어 있다. 이 띠를 중심으로 위는 천국의 장면이, 아래는 지옥의 장면이 나타나 있다. 모두 32장면으로 구성되었는데, 다행스럽게도 이 띠 부분에 산스크리스트어로 새긴 각문이 남아 있어서 각각 어떤 지옥을 표현하고 있는지 판명할 수 있다. 이 부조의 중심에는 야마(Yama,염라대왕)가 있다.

그 외 페르세폴리스 궁전 등 여러 곳에서도 나온다. 이같은 거대한 부조벽화의 목적은 세계의 어느 나라 어느 시대이든 출중한 왕들은 자신이야말로 신처럼 전지전능하다는 것을 자랑하기 위해서였다.

부처가 비슈누신의 화신 중 하나라고 하니 〈대벽화〉에서 불교적인 요소가 없을 수는 없다. 그 중 가장 불교문화와 연관되는 것이 남쪽 벽면 오른쪽에 부조된 ③ 〈천국과 지옥〉이다. 그곳에 〈32지옥도〉가 있다. 전체 길이가 66m, 높이는 240cm이다.

이 〈32지옥도〉는 [도판 190]에서 보듯이 처음에는 3단으로 구성되다가 중간 이후부터는 상하 이단을 보인다. 옆으로는 긴 띠가 처음부터 끝까지 표현되어 있다. 이 띠를 중심으로 해서 위로는 천국의 장면이 37개, 아래로는 지옥의 장면이 32개가 있다. 다행스럽게도 이 띠 부분에 산스크리스트어로 바위에 새긴 각문이 남아있어 자세한 내용은 몰라도 어떤 제목의 지옥인지는 알 수 있다. 이점과 관련해서 앙코르와트의 건립자인 수리야바르만 2세와 관계가 있는 〈프레아 비히어(Preah Vihear)〉 사원의 비문에 다음과 같은 내용이 있다. "… 이 기초를 영구히 보호하는 사람들은 천국으로의 재생과 구제가 있을 것이다. 또 이 비문을 파괴하는 자들은 해와 달이 영원히 지속되는 한 〈32지옥〉으로 떨어질 것이다"라는 내용이다. 이 〈32지옥〉은 우리나라 지장신앙의 지옥보다 자세하고, 단테의 『신곡』에 나오는 서양에서의 지옥보다도 훨씬 더 구체적이다.

어쨌든 〈32지옥〉이 앙코르와트 1층 회랑에 거대한 릴리프로 부조되어 있다는 것과 이에 대한 〈뿌레아 비히어 비문〉이 있다는 것은 이 사원의 영원한 보존을 향한 왕의 지극한 염원을 나타낸 것으로 보게 된다. 〈32지옥도〉의 염라세계를 살펴보자.

이 〈지옥도〉에 대해서는 고정은의 논문을 전적으로 의지해서 설명한다[주45]. 앙코르와트의 설명이 모두 흥미를 느끼게 하는 "장님 코끼리 만지기식" 주장이 많은데, 이 논문은 그래도 원 자료를 바탕으로 해서 근거 있게 설명하고 있다.

제(1) 지옥도는 산스크리스트어로 아비치(Avici), 우리의 의미로는 무간지옥(無間地獄)이란 뜻이고, (2)는 크리미니차야(Kriminicaya)로 벌레지옥이란 뜻이다.

(3)은 바이타라니나디(Vaitaraninadi)인데, 나디(nadi)는 강을 의미하니, 바이타라니 강이란 뜻이다. 그런데 이 강의 이름은 초기 불교경전인 숫다니파타(Suttanipata)의 코카리야편에 나타난다. 즉 "면도날처럼 날카로운 칼날이 강위에 나있어 건너가기 어려운 바이타라니강에 이른다"는 기록이다.

(4)는 쿠타살마리(Kutasalmali)로 몽둥이 지옥이고, (5)는 유그마파르바타(Yugmaparvata)로, 유그마는 쌍을, 파르바타는 산을 의미한다니 쌍산지옥이란 뜻 즉 산과 산사이에 끼게 되는 형벌이다. (6)은 니루치바사(Nirucchvasa) 지옥, 단식이란

도판 191 위의 경계선에서 천국과 아래의 지옥으로 나뉘어지는데, 그중에서 지옥 장면 중 한 장면[32지옥 중 제4 지옥]. 몽둥이에 맞으며 끌려가는 모습이 생생하게 부조되어 있다. 지옥 장면은 동서고금 모두 다 살벌하고 잔인하고 무섭다.

　　　　　　　　　　　　　　　　　　　　1부 사찰과 성당의 발달

뜻이니 굶어죽는 형벌이 되겠다. (7)은 우치바사(Ucchvasa), 즉 탄식이란 뜻이니 잘 못을 두고 두고 후회하는 지옥. (8)은 드라바트라푸(Dravattrapu) 즉 납물을 먹는 형 벌의 지옥이다.

(9)는 타프탈라크샤마야(Taptalaksamaya) 지옥. 타프타(Tapta)는 열탕, 라크샤 (laksa)란 수지란 뜻이니 열탕지옥, 우리로 말하면 끓는 기름의 화탕지옥이 되겠다 [도판 171 왼쪽 아래 및 192]. (10)은 아스티방가(Asthibhanga) 지옥. 아스티(Asthi)는 뼈, 방가(bhanga)는 부순다는 뜻이니, 인체가 뼈가루가 되는 형벌의 지옥이 되겠다. (11)은 크라카차케다(Krakacacheda) 지옥. 크라카(Kraka)는 톱을, 체다(cheda)는 절단 하다는 뜻이니[도판 171]처럼 톱으로 몸이 썰리는 형벌의 지옥이다.

(12)는 푸야푸르나랏다(Puyapurnahrada) 지옥. 푸야란 고름, 푸르나는 가득차다, 랏다는 호수를 의미한다니, 고름 호수에 빠지는 형벌이다. (13)은 아스르크푸루나 랏다(Asrkpurnahrada) 지옥. 아스르크란 피를, 푸르나는 가득찬, 랏다는 호수란 뜻이 니, 피로 가득찬 호수에 빠지는 형벌의 지옥이다.

(14)는 메도랏다(Medohrada) 지옥. 지방(脂肪)으로 가득찬 호수에 빠지는 형벌 의 지옥이다. (15)는 티크스나야스툰다(Tiksnayastunda) 지옥. 굶주리는 기아지옥의 뜻이다. (16)은 앙가라니차야(Angaranichaya) 지옥. 앙가라(Angara)는 석탄, 니차야 (nichaya)는 축적이란 뜻이니, 석탄 속에 덮 이는 형벌의 지옥이다.

(17)은 암바리사(Ambarisa) 지옥. 암 바리사는 솥을 의미하니, 불타는 솥 속 에 빠지는 형벌이고. (18)은 쿰비파카 (Kumbhipaka) 지옥. 자과지옥(煮鍋地獄)이 니, 익혀죽는 형벌이다. (19)는 탈라브르크 사바나(Talavrksavana) 지옥. 탈라브르크사 (Talavrksa)는 다라수(多羅樹)란 뜻이고, 바나 (vana)는 밀림을 의미한다니, 다라수의 밀

도판 192 통도사 감로탱에 그려진 화탕지옥 (1786): 〈32 지옥〉 중 (9)번째 지옥으로 [도판 171] 지옥 장면과 통한다. 또 미켈란젤로의 〈최후 의 심판〉에 나오는 저승사자와 악마들의 특이한 생김과도 비교된다.

**도판 193** 미켈란젤로의 〈최후의 심판〉에서 지옥입구 그림: 지옥의 강 스틱스의 뱃사공 카론이 휘두르는 노에 안 맞기 위해 정신없이 자기도 모르게 지옥으로 떨어지고 있고, 아래에서는 악마가 이들을 끌어내리고 있다. 이는 〈32지옥〉에서 (3)번째 지옥과 비슷하게 연결된다. 지옥의 분위기는 동·서양 모두 비슷하다.

림에 보내지는 형벌이다. (20)은 크수라다라파르바타(Ksuradharaparvata) 지옥. 크수라(Ksura)란 날카로운 칼, 다라(dhara)는 '~이 있다'는 의미이며, 파르바타(parvata)는 산이란 뜻이니, 날카로운 칼이 꽂혀 있는 산속의 지옥이 된다.

(21)은 산타파나(Santapana) 지옥. 염열지옥(炎熱地獄)이다. (22)는 수치무카(Sucimukha) 지옥으로 바늘지옥이다. (23)은 칼라수트라(Kalasutra) 지옥. 칼라(Kala)는 죽음을, 수트라(sutra)는 줄을 의미하니, 죽음의 행진 속에 끼는 형벌이다.

(24)는 마하파드마(Mahapadma) 즉 대연화 지옥이다. 대벽화 부조에서는 중앙에 나무가 서 있고 그 양측에 두 사람이 밧줄에 묶여있다. 옥졸들이 이 사람들을 몽둥이로 때리거나, 활을 쏘려고 한다. 또 나무 아래에는 불이 타오르고 있는데, 그 위에 사람이 누워있다. 바라보는 오른쪽 인물은 창을 든 옥졸에게 몸이 찔리는 모습이다. (25)는 파드마(padma) 지옥인데, 여기서는 (24)와 동일한 나무에 옥졸이 나무에 묶

1부 사찰과 성당의 발달

인 사람들의 입 등에 못을 박는 장면이다.

(26)은 삼지바나(Samjivana) 지옥이다. 등활지옥(等活地獄) 즉 고통 속에서도 죽지 못하는 형벌이다. (27)과 (28)은 각 설명글이 소멸되어 그 지옥이 이름을 알 수 없다. (29)는 시타(Sita) 지옥이다. 시타(Sita)란 춥다는 의미니, 얼음처럼 차게 흐르는 강가에서 추위에 벌벌 떠는 대한지옥(大寒地獄)이 되겠다.

(30)은 산드라타마스(Sandratamas) 지옥. 산드라(Sandra)란 풍부한, 타마스(tamas)는 암흑을 의미한다. 즉 암흑지옥이다. (31)은 마하라우라바(Maharaurava) 지옥. 아픔을 못이겨 처절한 비명을 끝없이 질러대야 하는 대규지옥(大叫地獄)이다. 마지막 (32)는 라우라바(Raurava) 지옥. 즉 목졸리는 호규(號叫地獄)이다. 이를 정리하면 8개의 뜨거운 팔열지옥(八熱地獄), 8개의 추운 팔한지옥(八寒地獄), 그리고 8개의 짓이기는 지옥과 8개의 베고 찌르고 짜르는 지옥을 합쳐 모두 〈32지옥〉이 된다.

앙코르 왕국을 중흥기로 이끈 수리야바르만 2세가 중앙과 지방관리 500여 명에게 충성서약을 받는 그림이 있다. 그런데 피메아나카스 궁전 출입문의 비문에 충성하지 않으면 〈32 지옥〉에 떨어질 것이라는 내용이 있는 것을 보면 〈32 지옥〉은 지옥의 종류이면서 동시에 실제로 가해지던 형벌로도 보게 된다. 폴 포트도 공산정권을 이루기 위해 이 징벌 장면에서 배워 킬링필드를 하는데 썼다고 한다.

지옥신앙의 기원은 인도에서 찾을 수 있다. 실제로 지옥에 관한 불전의 내용은 매우 다채롭고 지옥신앙이 불교 속에서 지장신앙으로 독립해 크게 전개된 것을 시사하고 있다. 인더스 문명과 교류가 이루어지던 티그리스·유프라테스강 유역에서도 지옥 신앙이 있었다고 한다. 그리고 명계 순력 테마는『오딧세이』등 그리스의 문화에서도 신화처럼 등장한다.

비옥한 초승달이라 부르는 티그리스·유프라테스강 유역에서 발생한 지옥신앙의 전개에서 그 흔적을 살펴볼 때, 이 초승달 유역의 문화와 인더스 유역의 문화 간에도 교류가 있었음을 상기할 수 있다. 그리고 우리나라의 〈시왕도〉나 〈감로도〉[=도판 192]에서는 물론, 유럽 문학의 대표 작품인 단테의『신곡』에서도 그리고 그 영향을 받은 미켈란젤로의 〈최후의 심판〉[=도판 193] 그림에서도 비슷한 모습의 지옥도들이 나온다.

어쨌든 여러 곳에서 지옥의 이야기가 나오기는 하지만 이렇게 자세히 32가지나 소개된 적이 없다. 앞으로도 지구상의 종교에 나오는 지옥 중 이보다 많은 종류는 없을 것이다. 앙코르와트를 최고로 조성하면서 그 영구한 보존을 위해 벽사의 개념으로 지옥에 대한 이야기를 가장 자세하게 최대로 수집할 수 있는 한 수집하고 창조할 수 있는 한 만들어내서 최고로 엄하게 알린 것이라 생각한다. 이는 지구촌의 종교에 공통적으로 나오는 지옥의 모습을 비교하며 이해하는 데에도 재미를 더 할 것이다. 또 〈32 지옥도〉와 대비되는 〈37 천국도〉에 대해서도 궁금해진다.

앙코르 유적군에 대한 연구는 아직까지도 "장님 코끼리 만지기" 수준이다. 그러니 알면 알수록 더 목마른 갈증을 일으키는 수수께끼가 된다. 이 글에서는 앙코르 유적군이 〈하늘 궁전〉을 닮았다는 파격적인 주장과 앙코르와트 〈대벽화〉 중 가장 불교와 관계가 있는 〈32지옥도〉를 수박 겉핥기로 소개해 보았다.

오늘날 세계는 문화가 유행이 되면서 지구촌이 되어가고 있다. 미스테리 앙코르 유적군에 대한 양파껍질 벗기는 연구가 본격적으로 시작되었으니 모든 것이 빠르게 해석될 것이다. 앞으로 그 연구의 결과가 기대된다.

## (4) 인도네시아 - 보로부두르 사원

### 보로부두르의 미스테리

세계 7대 불가사의 중의 하나인 보로부두르는 인도네시아의 발리섬에 있다. 이 섬의 중심지이자 옛 수도인 족자카르타(Yogyakarta)에서 서북쪽으로 약 42km 떨어진 높은 화산을 전경으로 녹음 짙은 크드 평원 한가운데의 천연구릉 위에. 그런데 어떻게 조성했는지 왜 그렇게 조성해야만 했는지에 대해서는 앙코르와트보다 더 수수께끼다. 만들자 곧 나라가 망해버렸으니까.

《보로부두르》라는 이름은 산스크리스트어의 〈비하라 부다 우르(Vihara Buddha uhr)〉에서 나온 말로, '언덕위에 있는 불교 사원'이라는 뜻이란다. 그런데 탑인지 사원인지는 논쟁중이다. 명칭은 사원이지만 형태로는 탑이니까. 그런데 이 대탑을 이

**도판 194** 보로부두르 전경: 2단의 기단부, 5단의 탑신부, 3단의 원형 상륜부 위에 우주목을 상징하는 큰 복발형 산개로 마무리했다. 이처럼 전체의 모습은 스투파 즉 탑의 구조이며 그 모형은 수미산을 상징한다. 그러나 예불 동선에서는 사원구조다.

지방에서는 '찬디'라는 접두어를 덧붙여서 〈찬디(candi) 보로부두르(Borobudur)〉라 부른다. 찬디는 현재 말레이·인도네시아어권에서 사원이나 스투파에 딸린 부속 건물 등을 이르는 포괄적인 의미로 사용되는 용어다. 그러니《찬디 보로부두르》라 부르게 되면 탑이냐 사원이냐 시비를 넘어 사원으로서 〈비하라〉이면서 탑으로 〈차이티아〉 또는 사원으로 〈차이티아〉이면서 탑으로서 〈비하라〉로 보게 된다.

다른 해석도 있다[주46]. "자바에서 모든 사원은 찬디라 칭하는데, 신전과 왕실의 무덤을 결합한 말이다. 찬디 보로부두르의 복잡한 상징성은 불교의 우주론과 선왕(先王)에 대한 숭배가 결합한 결정체다(Sar Desai 1977. 46~47)"라는 설명이다. 이 해석은 탑과 사원이 어떻게 결합되어 있느냐가 아니라 '불교의 우주론과 선왕에 대한 숭배가 결합한' 것으로 해석하고 있다. "~에 딸린 부속건물"이란 '찬디'의 성격을 고려한다면 이 해석이 합리적이다. 그 외의 주장도 있음은 물론이다. 〈보로부두르〉가 어떤 뜻을 갖고 있는지는 이렇게 포괄적이고 다양하다. 앙코르와트처럼 보로부두르도 건축에 대한 원 자료가 없기에. 게다가 '찬디'까지 딸려 있으니 해석하기가 더 복잡하다. 그런데 "신전과 왕실의 무덤을 결합한 말" 그리고 "불교의 우주론과 선왕에 대한 숭배가 결합한 결정체"란 다른 해석을 읽다보니 〈김대성 설화〉에서 "현생이친" 을 위해 지었다는 불국사가 떠오른다. 그렇다면 불국사에서 '생명출산'에 따른 장소로서 '신전'은 경덕왕이 현생이친으로 있는 〈대웅전〉 법당에 해당하고, 경덕왕의 승하 후 '무덤'에 대한 숭배로서 원찰로는 〈극락전〉이 연상된다. 〈찬디' 보로부두르〉의 해석대로 하면 〈대웅전에 딸린 극락전〉이다. 그런데 그 해석대로 생각되는 몇 가지 근거가 있다.

첫째는 무열왕계 이후 왕이 죽은 후 화장을 안했으면 반드시 원찰을 세웠다. 그런데 35대 경덕왕(742~765)의 원찰이 없다. 아버지 33대 성덕왕(702~737)은 봉덕사가 원찰이고, 38대 원성왕(785~799)은 숭복사가 원찰인데, 35대로서 그 중간의 더구나 신라 전성기를 대표하는 경덕왕의 원찰이 없다는 것은 이해가 안 간다. 둘째는 경덕왕이 왕자 점지를 위해 천제의 천명까지 트랜스젠더로 겪으면서 꼭 만월 부인의 아들을 낳고자 했던 정치적 부부애로 볼 때, 경덕왕이 죽자 혜공왕이 클 때까지 만월 부인이 실세로서 남편의 원찰을 지어 봉헌하는 것은 상식이다. 셋째는 불국사에서 극락전은 동등한 여래를 모시는 대웅전에 비해 중심축에서 벗어나 있다.

도판 195 보로부루드의 평면도인데, 그 모습이 바로 아(亞)자형 만다라다.

그리고 대웅전에 비해 현격하게 낮고 규모와 위세는 물론 면적도 작게 조성되어 동격의 차원이 아니다. 동격의 차이라면 [도판 98]같은 구분이어야 한다. 넷째는 조성 타이밍에서도 맞다. 〈연화교·칠보교〉 등 남아있는 극락전의 축석 구조가 대웅전의 기법과 같다. 단지 규모와 위격이 작고 낮을 뿐. 그러므로 극락전도 경덕왕이 죽자 경덕왕을 극진히 모신 전설의 인물 김대성, 아니 역사의 실재 인물 김대정(700~774)[주 63참조]

이 온 정성을 들여 대웅전과 어울리게 지은 작품으로 보여 진다. 다섯째는 극락전이라는 이름이 위축전(爲祝殿)이란 이름으로 이어져 왔다는 점이다. 일제 때 동양협회(東洋協會)에서 불국사를 조사하고 낸 1909년의 보고서에 실린 당시 사진과 평면도를 보면, 오늘날 극락전의 위치에 위축전이라 쓰여 있다. 그리고 일제시 수학여행 온 학생들이 불국사 위축전에서 숙박했다는 당시의 신문 기사도 있다. 유교적 냄새가 물씬 풍기는 위축전이란 왕실의 안녕과 복을 축원하는 법당이라는 의미로서, 조포사·자복사와 함께 능침사찰을 의미한다. 이는 고려시대, 조선시대에도 모시는 왕은 달라도 대표 능침사찰이 되어 그때마다 재위하던 왕의 원찰로서 전통은 이어져왔다는 것을 알려준다. 여섯째는 불국사가 토함산에서 서방정토를 상징하는 서쪽에 조성되었고, 극락전은 그 중에서도 서쪽에 조성되었다는 점이다. 마지막 일곱 번째로, 보다 확실하게 뒷받침해주는 것은 극락전의 대석단 석축 양식이 서방정토행의 반야용선이 분명하기 때문이다[도판 196, 197 참조]. 따라서 석불사는 생명 잉태의 장소로, 석불사와 축이 이어지는 불국사 대웅전 영역은 생명 출산 장소로

**도판 196** 극락전의 대석단 전경: 서방정토로 실어 나르는 웅장하고 믿음직한 반야용선이다. 맨 아래의 거친 적심석은 파도물결로 보이고, 그 위 중간에 길게 나온 장대석은 노처럼 보이며, 위의 난간은 갑판으로 보이기 때문이다. 이는 신라 당시의 배모양에서는 물론 [도판 197]에서도 뒷받침된다. 따라서 분명히 원찰로서 영가천도를 상징한다.

도판 197 보로부두르 대벽화의 판넬 릴리프 중 하나: 사일랜드라 사람들의 해상활동을 보여준다. 섬이어서 배로 해양진출의 힘찬 모습을 수준 높은 예술성으로 보여주고 있다. 지리상의 발견을 가능케 한 서양의 카라벨라 범선보다 600년 이상 앞선다. ※ [도판 196]과도 비슷하다.

해서 한몸 관계를, 반면에 축(軸)에서 벗어나 있는 것은 물론 격(格)까지 낮게 조성된 극락전은 대웅전에 딸려 왕의 명복을 비는 경덕왕의 원찰로 보게 된다. 왕자의 점지를 왕의 승하보다 격과 위를 높인 것이다.

이야기가 딴 곳으로 흘렀다. 허나 얘기는 불국사도 보로부두르처럼 신전인 법당과 왕의 원찰이 결합된 사원이라는 얘기다. 그런데 이같은 얘기는 앙코르와트가 사원 내에 석관을 두었고, 서쪽을 향해 조성되었다는 점과도 연결된다. 그러므로 불국사와 보로부두르는 물론 앙코르와트하고도 조성 의미와 건축 목적에서 유사하다는 얘기가 되겠다. 어쨌든 '찬디'가 "사원에 딸린 부속건물"을 의미하는 것이라 하고, 다른 해석에서는 "왕실의 무덤"을 의미하는 것이라고 하니, 이는 사원과 그에 딸린 왕의 원찰이 된다. 그렇다면 결론으로 "찬디 보로부두르"라는 용어의 의미는 〈사원+원찰〉이다.

그런데 《산치 대탑》자체가 부처님을 예경하고 부처님의 사리를 보관한, 즉 법당과 묘당이 합쳐진 성격의 원조가 아닌가. 그렇게 생각하니 〈불국사·앙코르와트·보로부두르〉 그리고 축복의 탑(=위축전)이란 뜻을 지닌 바간의 밍갈라 스투파도 그렇다. 국민들에게 모두 부처님을 공경하면서 왕 자신들도 덩달아 잊지 말고 영원히 기념해달라는 목적에서 세운 것이 된다. 더구나 당시는 〈왕즉불〉 시대였다.

어쨌든 지금까지 보로부두르에 대해 어느 누구도 조성 목적과 구조의 의미, 그 외 모든 것을 시원하게 정의를 내리지 못하고 있다. 보통 이렇게 거대한 사원을 지을 때는 건설한 이유부터 설계자, 전체 공사기간, 동원된 사람들의 숫자 등을 기록해 두는데. 이런 자료가 남아 있지 않다. 다만 분명한 것은 사일렌드라 왕조 때(8C 후반-9세기 중반) 건설되었으나, 곧 망해서 불교 성지로서 역할은 제대로 하지 못했다는 점이다.

## 미스테리, 사일렌드라 왕조

7세기 후반에 『대당서역구법고승전』을 쓴 의정(義淨)이라는 중국 승려가 당시 스리위자야와 사일렌드라 왕조에 대해 쓴 내용이 있다. 특히 스리위자야는 7세기부터 14세기까지 약 600년간 말라카 해협의 팔렘방을 중심으로 발흥했다.

나라 이름은 수마트라 제국, 수도 이름은 스리위자야로, 이후 그 영토는 오늘날 보르네오·말레이반도·서부 자바까지 해양제국으로 확대하면서 나라 이름도 수도 이름을 따서 스리위자야 왕국으로 바꾸었다[도판 144]. 당시 이 나라는 대승불교를 토대로 중국 동남아 등 각지에서 온 3,000명의 승려들이 활동하고 있었고, 세계 각국에서 온 무역업자들이 교류하던 선진국이었다. 이 나라는 동남아지역에서 나는 정향(丁香)·감송향·후추같은 향신료의 중요한 중계무역지이기도 하였다. 그래서 특히 8세기에 돈을 많이 벌었다.

이 당시 힌두 가문인 산자야와 불교 가문인 사일렌드라가 경쟁을 벌리며 중부 자바에서 등장하기 시작했다. 깔라산에서 발견된 비문(779년)에 따르면 760년 사일렌드라 가문이 사일렌드라라는 나라를 세운 후, 이후 9세기 중엽까지 존속했다. 그러나 이 나라의 기원은 불분명하다. 사일렌드라라는 이름이 '산악의 영주'를 의미하므로 산악지역인 대륙의 푸난에서 살던 종족들이 이주했다는 주장도 있다. 사일렌드라는 풍부한 쌀 생산으로, 같은 대승불교 국가로 해상무역을 주로 하던 스리위자야와는 경제적인 공생으로 돈독한 동맹관계를 맺고 있었다. 당시 이 나라의 막강한 국력은 족자카르타를 지배하며 보로부두르를 건설한 것에서 알 수 있다. 다른 주장도 있지만, 이 어마어마한 사원은 인도네시아 정부의 자료에 의하면, 776년에 시작하여 824년에 세웠다고 한다. 48년이 걸린 셈이다.

우리의 불국사보다는 반세기 정도 뒤졌지만 캄보디아의 앙코르와트보다 300년 이상 앞섰고 거대한 유럽의 고딕 대성당들이 세워지던 때보다는 400년이나 앞선 시대다. 조성 역사는 알려진 것이 별로 없지만, 엄청나게 많은 노동자들이 열대의 무더위 속에서 그 무거운 돌들을 나르고 그곳에다 장인들이 대벽화를 조각하고 축석한 것만은 알 수 있다. 온통 호기심만 불러일으키는 화제의 인류문화 유산이다. 어쨌든 사일렌드라 왕조도 대승불교를 바탕으로 해양무역이 활발했던 나라였음을 대벽화 조각에서 알 수 있다[도판 197]. 그렇다면 돈을 많이 번 무역 상인들의 든든한 후원과 대승불교 승려들의 설계와 다르마퉁가왕(775-782)의 적극적인 관심 하에 시작하여 사마라퉁가 왕(812-832)때 완성하게 된 것으로 추측할 수 있다.

사마라퉁가 왕의 막내아들 발라푸트라가 뒤를 이었다. 하지만 그는 자바 최초로 힌두교를 신봉한 산자야(Sanjaya)의 처남 피카탄과의 권력투쟁(856년)에서 패해 수마투라로 망명하였다. 보로부두르 사원을 세운 지 얼마 안되어 망한 것. 그 후 피카탄은 보로부두르 사원에서 멀지 않는 곳에 아름답고 정교한 프람바난 힌두교 사원을 보로부두르 못지않게 세웠다. 그러니 권력투쟁의 빌미는 종교관의 차이에서일 수도 있다.

보로부두르는 그 후 방치되다가 9-10세기에 수 차례 메리피 화산의 폭발로 화산재에 묻히게 되고 밀림이 우거지면서 역사에서 사라지게 되었다. 보로부두르가 지어질 당시 중국은 당 왕조의 전성기를, 신라는 석불사·불국사를 조성(751)한 전성기에서 막 후반기로 꺾이던 때였고, 일본에서는 동대사 대불전이 지어진 후의 시기에 해당한다. 다시 말하면 보로부두르가 조성되던 당시는 남아시아는 물론 동북아시아에서도 대승불교의 전성시대였다.

### 보로부두르의 구조

보로부두르의 높이는 31.5m이니 산치대탑의 16.5m보다 배정도 높다. 이 보로부두르를 사원이라고 부르기에 조금 주저되는 것은 사원(=寺)에서처럼 건축구조 상 예불을 드리는 내부 공간이 없다는 점 때문이다. 대신에 이 탑 위를 다른 나라의 스투파와 달리 예불자들이 각 층마다 중간에 나 있는 계단을 통해 동서남북으로 자유롭게 오르내리며 예불드리게 했다. 그러니 예불형식에서는 사원이다. 그런데 보로부두르를 사원이라기보다는 산치대탑처럼 '대탑'이라 부르는 것이 더 맞다는 주장

　　　　　　　　　　　　　　1부　사찰과 성당의 발달

도 한다. [도판 201]을 보면 그렇다. 바로 탑구조다. 그리고 탑이라고 하면 탑속에 사리가 들어 있어야 하는데, 여기서는 그 사리가 바로 1,460개의 대벽화 법신사리로 보게 된다.

이 대탑의 구조를 보면[도판 194], 전체적으로도 탑처럼 세 부분으로 되어 있다[도판 195, 201]. 즉 변형사각형으로 된 상하 2단의 〈기단부〉, 같은 변형사각으로 된 5단의 계단식 피라미드형 〈탑신부〉, 3단의 원형 기단 위에 72개의 복발형 소탑으로 이루어진 〈상륜부〉 그리고 그 위에 가장 큰 복발형 소탑을 우주목으로 해서 마감하였다. 〈기단부〉에서 상하 2단의 사각형 테라스는 기본적으로는 정방형이지만 네면 모두가 가운데를 중심으로 두 번 꺾여 들어간 아(亞)자 형의 특이한 모양을 하고 있다[도판 195]. 〈탑신부〉에서도 모양은 기단부와 같은 아(亞)자 형이다. 이곳의 회랑은 5층까지 총길이가 ±3km나 되는데, 탑신부에서는 회랑 벽면이 2m폭으로 해 좌(안)·우(밖)로 되어 있으니, 그 길이가 배가 넘는다. 그 좌·우, 그러니 ±6km에 이르는 벽면에 1,460개의 부조패널이 깨달음으로 이끄는 법신사리형식을 띠면서 가득 새겨져 있다[도판 197, 205, 206].

그 1,460개의 부조 패널은 [도판 204]에 따르면 경전내용이 다음과 같이 분포되어 있다.《기단부》에는『분별선악보은경』이 160다. 《탑신부》에서는 1층 메인 벽면 중, 위에는『방광대장엄경』이 120개가, 아래에는 〈본생도〉와 〈비유경〉이 120개

**도판 198** 상륜부 전체 전경: 하단 32개, 중단 24개, 상단 16개의 복발형 소 스투파로 해서 모두 72개로 이루어진 상륜부 모습. 여기서 복발을 투각으로 한 것은 안에 봉안한 부처님을 신비하게 보이게, 그러면서 보호는 물론 예불 자가 친견할 수 있게 한 기법이다. 바닥돌도 서로 엮어 튼튼하게 깔았다.

**도판 199** 복발형 소탑: 기단부는 부조로 복련과 앙련을 새겼다. 이는 우리나라에서도 흔히 보는 양식인데, 부처님을 마름모형·사각형 투각의 복발형 보호 덮개 안에 봉안한 것은 전 세계에서 이곳에서만 볼 수 있다.

**도판 200** 상륜부 하단에서 유일하게 스투파를 나와 일출을 바라보는 불상: 관광객들에게 이해를 돕기 위해 천마총처럼 일부러 노출시켰다고 한다. 이곳의 투각은 마름모꼴인데, 그 위 상단은 모두 사각형이다.

가 배치되어 있다. 그리고 난간벽면에서는 위·아래 모두 〈본생도〉와 〈비유경〉 500개가 배치되어 있고. 2층 난간 벽면에서는 〈본생도〉와 〈비유경〉이 100개가, 메인 벽면에서는 〈입법계품〉이 128개가 있다. 3층 4층에서는 모두 〈입법계품〉 332개가 새겨져 있다. 그런데 상륜부와 연결되는 5층 회랑에는 부조벽화가 없다. 그래서 모두 1,460개가 된다. 그리고 탑신부 1층에서 5층까지 회랑 난간(=바깥) 벽면 위에다 조성해 놓은 벽감[도판 207] 속에는 동서남북따라 수인이 다른 432구(軀)의 불상을 벽감마다 안치했다.

《상륜부》의 3단 원형에서[도판 198], 1단에는 32불상이 스투파 안에, 2단에는 24불상이, 3단에는 16불상이, 그래서 모두 72불상이 마름모와 사각형 투각으로 된 복발형의 스투파 속에서 다양한 수인을 하고 들어 있다[도판 200]. 그리고 중앙의 최정상 스투파는 가장 큰 복발형으로 마무리해 우뚝 세웠는데, 그 높이는 16.2m. 그 안은 비어 있고. 이곳을 무한한 하늘을 지향하는 초월적 우주목으로 처리해 마감했다. 대승불교의 상징인 공(空)을 상징한다.

탑신부 회랑 난간위의 〈일반 감실〉과 상륜부 위의 〈투각 복발형 감실〉이 양식에서 차이가 난다. 상륜부의 감실에서는 72개가 모두 복발에다 투각이어서 신성한 분

1부 사찰과 성당의 발달

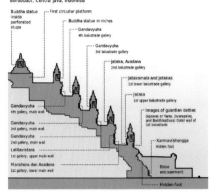

Position of Narrative Reliefs Stories in Borobudur
Borobudur, Central Java, Indonesia

**도판 201** 보로부두르의 구조: 상·하 기단부는 욕계로, 5단의 탑신부는 색계로, 3단의 원형 상륜부는 무색계로, 즉 구조에서는 사원보다는 탑으로 되어 있다.

**도판 202** 탑신부 1단에서 5단까지 올라갈 때마다 나타나는 아치형 공문(拱門)이다. 불국사에 비유하면 〈일주문 → 사천왕문 → 반야교 → 청운교·백운교 → 자하문〉 같은 중문 역할이다.

위기를 신비하게 느끼게 해준다면[도판 198], 탑신부의 일반감실은 432개나 되어 신성한 분위기를 만불상으로 만불산을 느끼게 해준다[도판 209].

감실도 상대적으로 상륜부에서의 감실은 탑신부의 감실보다 격을 높인 양식으로 보아야할 것 같다. 그렇게 보니 상륜부의 감실들은 스투파의 시원인 산치대탑을 닮은 복발 안에다 부처들을 진신사리로 상징해서 봉안한 것으로 보게 된다. 그러니 72개의 〈투각 복발형 감실〉은 산치대탑을 작게 축소하고 응용해서 또 다르게 산치소탑으로 치장한 양식이라 보게 된다.

광배에서의 화불처럼 ±6km나 되는 기단부 회랑의 부조양식은 5세기경 인도 굽타시대 최전성기의 조각 양식이 〈인도-자바양식〉으로 바뀐 것으로 본다. 그리고 전체의 평면도[=도판 195]와 입면도[=도판 201]는 입체 만다라를 알리고 있다. 이렇게 보로부두르는 크게 보면 전체적으로 정방형의 평면구성을 취하고 있으며, 기단부 토대의 한 변이 123m, 그래서 그 넓이는 15,000m²를 넘는다. 높이는 31.5m인데, 원래는 42m였다. 그런데 350만 톤의 돌무게에 지반이 내려앉았다. 이곳에서 30km 떨어진 메라피산[=도판 210]의 화산석을 4각형으로 재단한 후 옮겨와 조각하고 아파트 10층의 높이로 쌓았는데, 총 2-3톤짜리 160만 개의 돌이 들어갔다고 한다.

불교 우주관에서 진리의 모습을 형상화한 것을 만다라라 한다. 만다라를 [도판

도판 203 단 위로 올라가는 문마다 위에는 칼라(Kala)라고 하는 귀신 형상이 조각되어 있다. 우리로 말하면 사천왕상에 해당된다.

**Narrative panels distribution[92]**

| Section | Location | Story | No. of panels |
|---|---|---|---|
| hidden foot | wall | Karmavibhangga | 160 |
| first gallery | main wall | Lalitavistara | 120 |
| | | Jataka/Avadana | 120 |
| | balustrade | Jataka/Avadana | 372 |
| | | Jataka/Avadana | 128 |
| second gallery | balustrade | Jataka/Avadana | 100 |
| | main wall | Gandavyuha | 128 |
| third gallery | main wall | Gandavyuha | 88 |
| | balustrade | Gandavyuha | 88 |
| fourth gallery | main wall | Gandavyuha | 84 |
| | balustrade | Gandavyuha | 72 |
| | | Total | 1,460 |

도판 204 보로부두르의 회랑에 부조된 1,460개의 부조 내용을 간결하면서도 정확하게 분석했다.

307]처럼 그림 도형으로 표현한 것은 많이 볼 수 있지만, 보로부두르처럼 건축물로 나타낸 곳은 어디에도 없다. 그리고 돌로 만든 만다라 가운데 단일 건축물로는 세계 최대 규모다.

이러한 우주 만다라 도상학적 구성은 그 시기와 형태는 다르지만 산치대탑·앙코르와트·셰다곤·불국사 그 외의 사원에서도 변형 또는 응용하여 잘 나타냈다. 특히 전체의 평면도[=도판 195]와 입면도[=도판 201]는 불국사의 평면도 및 입면도와 유사하다[도판 308].

"굽타시대 인도의 주요 종교는 힌두교였다. 힌두교는 교리적으로 다신사상에 의해 여러 종교와 신을 포용한다. 이는 불교에서는 위기가 된다. 그러므로 불교에서는 점차 힌두사상의 양식을 수용하면서 변화를 모색하게 된다. 이러한 종교 간 통섭은 각 종교에서의 교리를 비롯해 건축, 의식 등에서 유사한 형식을 보이는 계기가 된다. 그리고 간다라의 영향으로 신앙의 중심이 탑에서 불상으로 이행하면서 스투파 형식도 점차 상징적인 구조물로 변화한다. 그러면서 고탑형 스투파가 나타난다. 이 고탑형 스투파는 간다라의 고층형 스투파에서 발전되어 마하보디사원에서 보듯 북인도에서 타워형 수투파로 발전하게 된 것이다. 그러면서 힌두사상이 불교에 이입되면서 만다라형 스투파로 발전한 것이다.

이러한 만다라형과 고탑형이 아(卍)자형과 함께 다층의 단을 형성하고 그 위에

1부 사찰과 성당의 발달

복발이 올라가는 구조가 보로부두르다. 보로부두르는 아(亞)자형 수투파의 대표적인 유적으로 다이야몬드 월드 만다라에 의해 건축된 고탑인 것이다"[주47]라는 설명도 있다. 이처럼 후기 불교의 고탑형·만다라형·아자형 스투파는 정작 인도에서는 불교가 쇠하면서 대다수가 파괴되어 사례가 남아 있지 않지만, 인도 주변국에서는 이러한 건축이 각 나라를 대표하는 스투파로 발전하였다.

인도네시아는 불교와 힌두교는 물론 다양한 인도 문화를 받아들여 토착문화와 융합하였다. 인도 문화를 인도네시아에 맞게 적절히 변용하여 주체화한 것이다. 그 대표적인 사례가 보로부두르다.

### 보로부두르 벽화의 내용

탑신부 회랑 벽면에 있는 부조로 된 대벽화는 하나같이 아름답고 흥미로운 부처와 관련된 이야기들을 담고 있다. 용도의 메인 벽면에 있는 대벽화는 오른쪽에서 왼쪽으로 읽는 반면, 난간 벽면에 있는 대벽화는 왼쪽에서 오른쪽으로 읽는다.

**도판 205** 1층 메인벽면의 벽화: 위는 『방광대장엄경(Lalitavistara)』, 아래는 석가의 전생을 다룬 본생도인 《자타카(Jataka)》와 설법집인 《비유경(Avadana)》이 세련된 릴리프로 조각되어 있다.

이것은 신자들이 불상을 오른쪽에 두고 시계 방향으로 도는 탑돌이 의식인 프라다크시나(Pradaksina)를 위해 그런 방식이 되었다고. 방문객은 동쪽 공문으로 들어가 회랑을 시계 방

**도판 206** 도판처럼 주제가 있는 단위의 패널로 된 1,460개의 부조가 ±6km나 되는 용도 회랑에 배열되어 있다. 1개의 부조 도판의 길이가 평균 1.5m가 된다.

향으로 돌면서 부처의 삶과 가르침을 그림으로 표현한 부조들을 보며 정상부까지 올라갔다가 북쪽으로 내려온다. 벽화 전체의 이야기는 1,460개의 돌패널로 되어 있다[도판 204]. 그중 가장 아래 기단부에 있는 160개는『분별선악보은경』이다. 이 경은 선에 따른 응보로 칭찬받는, 악에 따른 업보로 벌받는 다양한 욕계의 모습을 보여준다.

그 다음 탑신부 1층 메인벽면에 있는 120개는『방광대장엄경(Lalitavistara)』이다. 이 경은 부처님의 생애를 서사시적으로 묘사한 경전으로 탄생, 소년기, 청년기, 출가, 6년간의 고행, 보리도량, 무상정등각, 초전법륜, 일생 동안의 설법 그리고 열반까지를 알리고 있다. 다음 1층과 2층의 난간벽면에 있는 720개는《자타카》와《비유경》이다.

도판 207 432개의 부처님이 감실 속에 봉안된 부처상: 등신불 크기로 눈을 아래로 해 평화롭게 묵상하는 모습. 감실도 격식 있게 조각되어 있다.

《자타카》즉 전생도는 고타마싯다르타가 왕자로 태어나기 전에 사람으로, 들짐승으로, 날짐승으로, 물짐승으로 살면서 보살의 삶을 다양하게 실천한 547편의 모습을 보여준다.

《비유경》은 부처님이 생전에 설하신 수많은 설법 내용이다. 2층 메인벽면에서 4층까지는 모두 460개가 있는데 이는 전부『화엄경』이다. 그중 388개는「입법계품」을, 가장 위의 72개는「입법계품」중에서도〈보현행원찬〉을 나타내고 있다. 388개도「입법계품」중 일부를 발췌하여 정리한 것으로 『속입법계품』이라고도 한다. 선재동자

도판 208 탑신부 회랑 따라 놓여있던 감실 속 보살들이 파손되어 성한 모습이 몇 개 없다.

도판 209 보로부두르는 탑의 탑으로 이루어진 사원이다. 432개의 감실속 만불상이 만불산을 이루고 있다. 어떤 면으로는 고딕성당의 첨탑과 분위기가 다르면서 같다.[도판 228 참조]

가 천주광 왕녀·묘월 장자·덕생 동자 등을 만나 그들에게 법문을 듣고 해탈 단계로 들어가는 과정을 보여 준다.

그리고 탑신부에 있는 벽감을 보면[도판 207], 432개가 모여 [도판 209]의 모습을 보여주고 있다. 그래서 만불상으로 만불산을 이루고 있다. 이 벽감들 속에 가부좌를 튼 불상들이 각각 항마인·촉지인·설법인·선정인·여원인·시무외인·법륜인 등 부처의 모든 수인을 취하고 있다. 조형은 모두 옷주름이 없는 인도의 사르나트 양식에다 자바의 전통을 계승한 팔라양식이다. 이 양식을 〈인도-자바양식〉이라 부른다.

상류부에 있는 72개의 〈보현행원찬〉은 보현보살이 선재동자에게 「입법계품」을 마무리하는 행원을 가르치는 부분이다. 행원(行願)이란 깨달음을 이루기 직전에 깨닫게 되면 앞으로 어떻게 회향하겠다고 자신의 서원을 미리 밝히는 것이다. 중국에서는 당(唐)나라 때 불공(不空, Amoghavajra)이 746년에서 774년 사이에 번역한 것으로, 줄여서 〈보현행원찬〉이라고 하는데, 별칭으로는『양화엄경』이라고 한다. 보현보살의 10가지 행원을 시로 노래한 것이다.

5층 회랑 벽면에는 벽화가 없다. 이렇게 선재동자에게 「입법계품」을 마무리하는 회향 행원을 가르치는 보현보살의 10가지 게송으로 해서 상륜부로 이어지게 했다. 그런데 그 72개의 〈보현행원찬〉은 산치소탑으로 보이는 상륜부의 72개 〈투각 복발형 감실〉과 숫자상으로는 연결된다. 상륜부를 72개의 내용에 맞춰 32개, 24개, 16

개의 소탑으로 해서 3단으로 구분한 것으로 이해하게 되는데…. 그 후 최정상에 가장 큰 복발형 소탑으로 해서 깨달음에 이르는 교리적인 내용을 건축적으로 마감했다. 결론으로 테마로 된 이 1,460개의 대벽화 법신사리는 하층 인간의 타락상에서부터 상층으로 올라가면서 9품만다라를 통한 해탈과정을 나타냈다. 그런데 그 〈대벽화〉에는 12,000명 이상의 각기 다른 인물들의 표정과 동작이 생동감 있게 등장한다.

아잔타 석굴의 벽화와 비교해 보면, 아잔타에서는 많은 종류의 그림 중 〈자타카〉가 벽화의 중심을 이끌고 있다. 그런데 이곳 보로부두르에서는 〈자타카〉를 거쳐 윗층으로 갈수록 〈입법계품〉이 벽화의 중심으로 나타나 있다. 교리의 내용대로 전체의 릴리프 대벽화가 예불자를 순서대로 욕계에서 색계를 거쳐 무색계 쪽으로 이끄는 역할이다. 그만큼 세월이 흐르면서 아잔타 석굴 때보다『불경』이 증가되었을 뿐만 아니라 불교 세계관이 정리되면서 교리도 체계화되고, 스토리텔링도 늘어났음을 알려준다.

### 의미

보로부두르 대탑은 우주적 관점에서는 수미산을, 평면도로는 만다라 그림을, 입면도에서는 산치대탑을 상징한다. 이 같은 표현은 불국사의 건축구조와 같다[순서, "(1)사찰의 건축적 특징" 참조]. 궁극적으로 이 보로부두르는 불교의 영원한 우주관을 표현한 것으로, 대승불교의 경전에 따라 건축 개념을 세 단계로 나타냈다[도판 195]. 첫 단계는 '카마다투(Kamadhatu, 욕계의 세계)'를, 즉 현실 욕망의 세계다.

지반층 상·하 기단부에 해당하는 곳으로 분별선악보은 세계에서의 물질적·이기적인 활동을 묘사했다. 두 번째 단계는 '루파다투(Rupadhatu, 색계의 세계)'를, 즉 욕망을 극복해 가는 수행과정이다. 이 부분은 층층 따라 주벽과 난간 벽에 릴리프로 해서 선재동자의 순례 과정을 방편으로 해 부처님을 닮아가는 순서대로 묘사했다. 세 번째 단계는 '아루파다투(Arupadhatu, 무색계의 세계)'를, 즉 색계 청정함마저 없는 공(空)의 세계를 표현한 것이다. 이렇게 아래층에서부터 위로 〈욕계·색계·무색계〉를

**도판 210** 메라피산(2,968m): 가장 위험한 화산중의 하나. 높게 구름을 안고 서 있다. 이름에서 메라는 수미산을, 라피는 불꽃을 상징한다.

통과하면서 깨달음에 이르렀음을 느끼게 했다.

오를 때는 회랑의 벽면에 부조된 1,460개의 다양한 경전 스토리를 따라 선재동자가 선지식을 찾아 가 듯 하게. 그러는 가운데 자신의 인격이 부석사에서처럼 〈하품하생〉에서 〈상품상생〉으로 변해가는 느낌을 선재동자처럼 추체험하게 한

것이다. 돋을새김으로 된 보로부두르의 이 회랑벽은 〈좌·우〉로 해서 1층에서 4층까지 수㎞의 대벽화로 뻗어 있는데, 세계에서 가장 자세하고 풍부한, 그래서 불교에서 가장 완전한 '부조 경전'으로 칭송받는다. 또한 예술적인 면에서도 필적할 대상이 없을 만큼 모든 장면들이 걸작으로 평가받고 있다.

이 회랑 릴리프 벽화의 여정은 길게는 800km가 넘는 〈산티아고데콤포스텔라〉 까미노를 통한 자기 정화 과정과 같으며, 짧게는 바티칸 광장의 오벨리스크에서 몸은 천국의 열쇠 품에 안기면서 마음은 천국의 열쇠를 들고 183m 떨어진 성 베드로 대성당의 제단에 이르는 극적인 순례 과정과 같다[도판 254 Ⓐ → Ⓑ]. 아니 코스에서는 더 짧고 의미에서는 더 긴 통도사 〈삼로전〉의 순례 코스와도 같다. 이렇게 순례 코스를 종교마다 각 나라마다 특징 있게 재미있게 나타냈다. 사일렌드라 왕조가 대승불교 경전의 내용을 최고 최대의 대벽화로 구성해 깨달음으로 가는 과정을 릴리프로 나타낸 것이다. 짧은 나라의 역사에서 이처럼 불교를 〈대벽화〉로 번안해 낸 자재로운 수준은 앙코르와트의 〈대벽화〉와 함께 놀라울 뿐이다.

인류의 역사에서 불교 미술의 대단원을 릴리프로 이루어낸 것이다. 이는 전성기 고딕성당이 스테인드글라스에다 성경내용을 화려한 색에다 찬란한 빛으로 부유성화해 기독교 미술의 대단원을 이룬 의미와 같다[도판 320 참고].

## 정리

지금까지 동남아 각 나라를 대표하는 세계적인 사찰을 《산치대탑》을 출발로 해서 《아난다·앙코르와트·보로부두르》 등의 특징을 감잡아 보았다. 감잡고 보니 신앙의 성격에 따라 양식이 기독교의 성당 건축 같은 체계적인 발달과정이 아니라 깨달음의 DNA를 각 민족들이 그들의 신앙성격에 따라 주체화해 조성한 것을 알 수 있다. 그래서 생김이 다르고 구조가 다르고 재료가 다르고 규모가 다르고 그래서 모든 것이 다 다르다. 이는 신앙의 차이, 형태의 차이, 역사의 차이이며 문화코드의 차이이다. 그러나 한 가지 공통점은 예불의 대상이라는 것. 그러니 그곳엔 모두 예불을 드리러 가는 진입 동선이 들어있다.

그 진입 루트에서 동선의 차이가 그 시대 그 나라 나름의 예불방식이며 그 나라 종교의 특징을 상징하는 개성이다. 여기서는 각 나라의 대표적인 사찰에서 그 진입 동선을 시대순으로 보자(동북아 사찰과도 그 비교를 위해 우리의 부석사를 넣었다).

먼저 《산치대탑》은 첫 시작처인 탑문에 조각을 집중해 새겼다. 탑돌이를 시작할 때, 무엇보다 먼저 이 릴리프 경전을 보면서, 마음을 추스르라는 것. 그 후, 자연스럽게 부처님의 진신사리가 보관된 복발로 올라가서 용도 따라 탑돌이를 기쁜 마음으로 경건하게 하고 내려오게 했다. 세련된 예술적인 맛과 멋과 흥이 없다. 아직 교리적·예술적·과학적·스토리텔링적 여건이 성숙되기 전이었기 때문이다.

《부석사》에서 깨달음의 과정은 진입공간에서 아기자기한 리듬과 단계를 통한 추체험으로 느끼게 했다. 그 추체험을 〈기·승·전·결〉의 단계로, 〈명암〉 순서로, 〈구품만다라〉 전이로, 〈착시·율동〉의 결구미로, 여과된 〈청아한 음향〉으로 해 무량수전 법당에서 깨달음을 심미적으로 느끼게. 그리하여 안양루에서 마음(=心)이 공(空)되게, 이는 《'희망' 소실점 → '원음' 소실점 → '정토' 소실점 → '응축' 소실점 → '태내' 소실점 → '서방' 소실점》의 흐름을 기본으로 해서 공심(空心)이 되게 한 것이다. 그런데 이 소실점은 『불경』을 《8만대장경(무한수) → 금강경(5,000자) → 반야바라밀다심경(260자) → 오온개공도일체고액(9자) → 공(1자)》의 흐름으로 해서 그리고 다시 〈8만대장경〉으로 해 공심(空心)이 무한 순환되게 나타낸 것과 마찬가지다.

《보로부두르》는 〈욕계 → 색계 → 무색계〉의 과정을 1,460개의 패널에 새긴 법신사리 테마 릴리프 대벽화로 알리고 있다. 〈하품하생〉에서 〈상품상생〉에 이르는 과정을 9품만다라 기법으로 해서 ±6Km나 되는 용도 통해 추체험하게. 그런 후 모든 부처님을 상징하는 72불을 예경한 후 중앙의 큰 복발형 소탑을 돌면서 마음(=心)이 공(空)되는 과정으로 시스템화해 마무리했다. 예불자에게 스투파를 개방해 예불대상과 친밀성을 높이며 삶 속으로 끌어들인 것이다.

《아난다 수투파》는 건축구조가 석굴처럼, 사원처럼, 스투파처럼 되어 있다. 그래서 석굴 구조에 따라 굴속 회랑으로, 사원구조에 따라 사방으로 돌며 사방불과, 회랑 벽속 감실의 천불을 예불하게 한 구조다. 예불의 동굴화에서는 신앙의 깊이를, 예불의 사원화에서는 신앙의 넓이를 키우면서 스투파의 높이를 향해 마음을 이끄는 구조다.

《앙코르와트》는 동서남북에 〈라마야나〉 릴리프 대벽화를 돌게 하면서 라마왕의 일대기를 느끼게 하였다. 수리야바르만 2세 자신까지 존경하게 하면서. 그런데 이곳을 찾는 사람 중 예불하는 사람은 많지 않다. 힌두교와 불교가 비슷하다 해도 그 바뀐 이유가 클 것이다. 추론이지만 교리에 따른 만다라가 아니라 별자리만다라를 통해 하늘궁전을 추구했다는 그 튀는 주장이 재미있다. 이처럼 모두 생김이 다르고 구조가 다르고 재료가 다르고 그래서 예불 시스템에도 차이가 나지만, 깨달음에 이르게 한 그 예불과정은 같다. 그것은 전 세계에 퍼져있는 모든 사찰을 넘어 기독교에서 대도시의 주교좌 두오모 성당에서나 시골의 오막살이 공소에서도 마찬가지다.

### 〈식민지 고고학〉과 〈식민 사관〉

미국 코넬대 교수였던 베네딕트 앤더슨은 '표상'을 강조하며 'Regalia(리게일리아)'의 개념을 끌어들였다. 그의 'Regalia'는 본디 제국주의자들이 그들 왕의 표상으로 몸에 걸치던 왕관이나 홀 등을 상징했다. 이것을 식민지에서는 그 식민지 유물 중의 유물을 상징하는 '표상'으로 썼다[주48]. 일제 강점기 일본 어용학자들은 조선의

**도판 211** 1910년(추정) 전후한 시기의 석불사: 수리 이전의 모습인데, 이곳에서는 좌우 팔각연화주 위에 문제의 가라하후, 그 무지개돌이 없다.

1부 사찰과 성당의 발달

표상으로서 'Regalia'를 '석불사'로 삼았다.

지금까지 석불사 연구에서 기본이 되는 패러다임은 우리 내부에서 자생적으로 주체적으로 알아낸 것이 아니라 외부로부터 주입된 것이다. 심각한 문제는 그 주입이 우리 것을 자기들 마음대로 주무르던 일제식민지시대에 그들에 의해 이루어졌다는 데에 있다. 한국 문화의 'Regalia'로서 석불사는 일본에 의해 보호되어야 할 식민지 조선의 미술로 재발견됨으로써 조선이라는 나라도 자연스럽게 일본에 의해 보호되어야 할 나라로 연결되게 한 것이다.

그래서 재발견된 석불사는 일선동조론에 따른 내선일체(內鮮一體)로서 일본 역사와 문화에 편입시키려는 〈식민 사관〉을 향한 제1호로 찍었다. 그러한 가운데 신앙은 증발되고, 기호 성격의 문화가 주인이 되어 버렸다. 그것은 일제뿐만 아니라 당대 팽창하던 제국주의에 문화침략을 뒷받침한 〈식민지 고고학〉에서는 기본 바탕이었다. 신앙을 인정하면 (그 신앙이) 피(지배) 식민 국가마다 3·1 운동보다 더 열렬한 소신공양 독립운동으로, 그래서 감당할 수 없게 될테니까. 석불사가 최신 문명의 기술을 지닌 식민 본국 일본에 의해 수리 복원으로 재조명되면서 신앙으로서 화염무늬는 맥없이 꺼지고, 우리는 넋 빠진 가운데 노스탈지어를 하염없이 그리워하는 마음이 되어버렸다.

반면에 일본은 석불사를 자신들이 식민지인 조선을 잘 지배하고 있다는 표상으로 국내·외에 여론화시켰다. 훗날 자연스럽게 그들의 역사와 문화가 되도록 한 것이다. 그러니 당시 그들의 우리 문화재 수리 속에는 식민지배의 합리화를 향한 〈음모〉가, 복원 속에는 일본화를 향한 〈변형〉이, 유산 속에서는 민족정기의 신앙을 〈배제〉한 통치술이 〈식민 사관〉에 따라 들어 있을 수밖에 없었다. 그래서 그들은 우리 문화재에 대한 조사·수리·복원 과정을 그들끼리만 '쉬쉬'하며 했고, 보고서도 만들지 않았다.

그 복원과정에는 당연히 그들의 식민지 지배의 정당성을 위한 자의적인 장난이 개입되기 마련이다. 그 대표적인 예가 석불사에 없던 홍예석, 아니 〈가라하후〉이다 [도판 212-㉠]. 그 자의적인 복원을 원형인 것처럼 속이고, 당시 최첨단 대중매체인 라디오와 신문으로 최대한 그리고 집중적으로 보도하였다. 전국에서 제일 먼저 도로망을 구축하여 수학여행지의 최우선 지역으로 경주를, 서울보다 더 적극 권장하면서 그 없었던 〈가라하후〉가 처음부터 있었던 오리지널인양 널리 그 인식에 젖어들게 했다. 그래서 경주 여행자가 전국에서 제일 많았다. 1935년 당시 벌써 여러 대의 최고급 자동차로 관광지를 둘러보는 "고적유람자동차부(古蹟遊覽自動車部)"가 경주 읍내에 있었으니까.

오늘날로 말하면 팩트 체크는 차단하고 가짜뉴스를 공신력있는 최신 매체로 세뇌시키고 교통체계로 진짜 뉴스인 것처럼 발로 믿게 한 것. 그것은 식민 조선의 신앙적 표상을 일본 문화의 아류로 만들기 위해 주도적이고도 치밀하게 사전에 기획된 작업이었다. 그 결과로 우리 국민 대다수는 지금도 그렇게 알고 있다. 그리고 당대 제국주의에 따른 〈식민지 고고학〉을 탁월한 보편적 가치로 조작하기 위해 세계화시키고, 이 흐름을 이용해 조선에 대한 식민 지배를 〈식민 사관〉으로 합리화하려는 의도에서였다. 그것은 〈식민지 고고학〉적 관점에서 복원을 시도하던 선발 제국주의 국가들 즉 영국의 아잔타와 산치대탑, 네덜란드의 보로부두르, 프랑스의 앙코르와트의 복원공사 타이밍에 맞추기 위해 1913년 그렇게 서둘러 집중적으로 조선의 'Regalia'로 지정한 석불사를 복원한답시고 한 것에서 알 수 있다. 선발제국주의에 뒤처지지 않았다는 대외적 명분과 아류 제국주의를 향한 〈탈아입구〉를 위해서였다.

세키노다다시는 1909년 대한제국 탁지부건축소 촉탁 다니이세이이치(谷井濟一)와 함께 고건축 조사를 했다. 애초의 목적은 구 건축물 조사였는데, 그에 의해 고적 조사로 바뀌게 된 것. 그리하여 조선총독부 주관하에 1915년에 한국의 문화재 도록인 『조선고적도보』 첫 권을 출간했다. 이후 1935년까지 15권으로 완간했다.

이 책을 책임 감수한 세키노다다시가 첫 권이 출판되자마자 출간 공로를 인정받아 1917년에 프랑스에서 제국주의 저들의 저명한 학술상이라는 스타니슬라스 줄리앙 상을 받은 것에서 알 수 있다. 제국주의자들이 연대하여 식민 지배를 세계 속에 역사화·보편화시키려는 의도에서 서로 주고받고 한 것이다. 그가 지은

도판 212 석불사 전경: 무지개 모양의 바위 색(=㉠)이 1954년까지만 해도 주위의 바위 색(=㉡)에 비해 유별나게 하얗다. 이 홍예석은 일본 건축문화에서 야마도를 상징하는 '가라하후'다.

이 책은 조선총독부의 위촉을 받은 것이니 무슨 말이 더 필요할까. 식민지배를 정치적인 물리력으로 제압해 문화적인 화학력으로 융화시키려한 의도였다. 그것은 〈태프트-가츠라〉 조약에서 보듯 일본이 열강과 각종 협상을 통해 대한제국에 대한 우월한 권리를 확인받던, 즉 열강 제국주의 논리가 팽창하면서 지배하던 당시의 끼리끼리 제3국들을 물건처럼 주고받던 국제 질서에서 알 수 있다. 그 대단원이 네델란드의 헤이그에서 열린 (사이비) 만국평화회의(1907)였다.

지금까지도 일제가 복원한 석불사를 우리 학계는 아무런 의문을 품지 않고, 그 패러다임 그대로 수용하고 있다. 그것을 그들은 '자의적'으로 만들었고, 우리는 그것을 '그대로' 천여 년의 세월을 넘어 원형 그대로 간직된 것이라는 착시를 지금도 하고 있다. 오늘날 아주 공고한 학문적 적폐. 석불사 수리에서 보듯 일제에 의해 가라하후를 자의적으로 끼워 복원하고서는 조선 미술사 속에 원형인양 재맥락화한 것을. 그것은 [도판 211과 212]에서 확인된다. 발견 당시 없던 것이 복원에서는 새 돌로 끼워진 것을 분명히 알 수 있지 않은가? 돌색 또한 [도판 212-㉠]은 원래의 색인 팔각연화석주[도판 212-㉡]의 색과 완전 다르다. 역사의 더께가 없는 깨끗하고 화사한 돌이다. 그래서 그 가라하후는 중생들이 본존불을 바라보는 자리에서 볼 때 두광을 가리게 된다.

태양이 솟아오를 때 본존불의 머리를 그늘지게, 백호광명의 기능을 없앤 것이다. 이같은 자의적 장난은 선발 제국주의 국가들의 〈식민지 고고학〉에서 배운 후, 그것을 보다 강화한 〈식민 사관〉을 통해 그들의 최종 목적인 내선일체가 이루어지게 하려 한 의도였음이 분명하다. 만일에 무지개돌이 있었다면 그 돌은 본존불의 머리를 그늘지게 하지 않는, 두광을 온전히 드러나게 하는, 백호를 섬광화하는 최고의 장식으로서의 높이였을 것이다. 오늘날 우리 문화재에 대한 우리의 감상 안목도 여기서 시작되었다. 김대성을 배제하고 세키노다다시를 인정하면서 미학의 대상으로만 여기고 신앙을 배제시킨 것이다. 그러면서 그들의 재맥락화를 우리는 우리 자신도 모르게 인정하고 있다. 그러니 전문가들도 석불사·불국사가 어떻게(How) 아름다운가 하는 것은 설명해도, 왜(Why) 아름다운가를 설명하지 못하고 있는 현실이 되었다. 재맥락화시키면서 헝클어놨고, 우리 1세대 학자들까지 그들의 교육을 받아 멋모르고 가세했기 때문이다.

메이지 유신 이래 일본은 유럽의 발달상에 놀라 그들의 제국주의를 수용해야겠다는 결심을. 그래서 탈아입구(脫亞入歐)를, 곧 족보를 서구에 맞추는 동조화를 밀어붙였다. 그 기수였던 후쿠자와 유키치(福澤諭吉, 1835-1901)는 "조선은 미개한 백성"이니 문명국인 일본이 조선을 계몽해야 하는 것은 당위라고 강변했다. 이 테제를 실현하는 방법 중 하나가 조선의 역사와 미술을 자신들의 방식으로 재구성하는 것이었다. 그래서 가장 중요한 문화재들을 복원이란 미명으로 마루타 실험처럼 비공개로 제멋대로 해낸 것. 그러니 〈보고서〉 없는 복원공사는 당연했다. 의료계뿐만 아니라 문화계에서도 일선동조론(日鮮同祖論)에 따라 〈내선일체〉를 향한 〈731부대〉의 역할이 있었던 것이다. 이같은 문화적 〈731부대〉 통한 자의적인 재구성은 역사적 기원을 끌어올리기 위해 석기시대의 유물·유적을 조작하는 것에서, 식민지배의 합리화를 위해 유물·유적의 변형은 물론 학문까지도 정치화하는 것에서 알 수 있다.

나아가 〈평화의 소녀상〉을 부정하고, 미래의 침략 명분을 쌓기 위해 독도에 대한 사료까지 조작하고, 그 내용을 교활하게 초·중·고 역사교과서에 삽입하는 것에서 뒷받침된다. 잘못을 사죄한 독일과 달리 뒷날의 어두운 역사를 또다시 의도적으로 도모했다. 2019년 10월 22일 126대 천황에 즉위하면서 평화 헌법을 당부한 나루히토와 다르다. 그래가지고는 레이와(令和) 시대가 될 수 없다.

석불사 발견설도 그들의 '자의적'인 주장일 뿐이다. 합방도 되기 전인 1907년에 우편배달부, 그것도 일본인에 의한 발견설은 일본에 의해 석불사의 존재가 새롭게 근대적으로 재조명되었다는 것을 널리 알리기 위한 술수에 지나지 않는 것이다.

당시는 불국사도 억불정책에 의해 기울대로 기울어 있었다. 그것은 1914년 당시 촬영된 대석단과 청운교·백운교가 무너진 사진에서 알 수 있다. 영지도 일제가 아예 흔적도 없이 정지해버린 것이라고 〈불국사 복원공사 보고서(1976)〉 63쪽에 써 놓았다. 유교가 짓밟고 일제가 묻어버린 것이다. 이후 1924년 일제에 의해 대보수가 이루어졌다. 그러면서 대대적으로 최고의 관광지로 선전하면서 〈天皇陛下壽萬歲〉 축원패가 극락전에서 아미타여래와 비로자나여래를 협시로 해서 그 중앙에, 여래보다 격을 높인 주인공으로 삼았다. 경덕왕이 지하에서 대노했을 것이다. "감히 여기가 어딘데" 하며 말이다. 그리고 일본이 발견했다고 하자마자 즉시 왜 3년간에 걸쳐 막대한 비용을 들여 집중적으로 석불사 복원에 나섰는가 하는 점이다. 그것은 Regalia로서 석불사 불국사같은 대대적인 국가적 모뉴멘트의 수리는 무엇보다도 조선 병탄의 정당성과 성공적인 식민 통치를 전 세계에 과시하기에 아주 적절한 선전 수단이었다. 일부러 구스타프 황태자까지 발굴조사에 끌어들인 서봉총을 보라. 〈산치대탑·아잔타·앙코르와트·보로부두르〉 복원으로 제국주의자 그들이 식민지를 문명화시켰다는 대표적인 표상으로 삼으려 했던 것처럼, 일제는 〈석불사·불국사〉를 통해 식민지 조선을 개화시켰다는 상징으로 자랑하려 했던 것이다.

보로부두르가 발견된 것은 1814년 학자이자 군인인 자바 부총독 토마스 스탬포드 래플즈에 의해서였다. 발견 당시는 우주목인 첨탑 꼭데기만 보였고, 나머지 사원 전체는 화산재에 파묻혀있었다고 한다. 힌두교 유적지인 프람바난도 발견했다. 그는 자바 중부의 원주민들이 보로부두르(Borro-Boedoor)라는 사원에 대해 이야기하는 것을 듣고 현지 사정에 밝은 자신의 조수 코렐리우스 기사를 보내서 그 측량을 통해 평면도를 그리게 했다. 그것이 근대적인 조사의 시작이다.

전문적이고 대대적인 복원은 1901년에 네덜란드 정부에서 네덜란드령 〈자바·마두라 고고학연구위원회〉를 설립하면서다. 여기서 복원과 보존을 제안하고 요청하는 역할을 했다. 비슷한 시기에 인도차이나 반도를 식민지로 가지고 있던 프랑스는 베트남 사이공에 〈극동학원 분원〉을 설립하고 1907년 이후에는 캄보디아에서 앙코르와트 복원사업을 주도하게 했다. 원래 극동학원은 1898년 프랑스령 인도차이나 총독 폴 두메(1857-1932)가 제안하여 설립한 〈인도차이나 고고학 조사단〉이 시발점이다. 프랑스는 이집트 상형 문자를 해독하여 그 문명의 수수께끼를 밝혀 낸 것처럼 앙코르의 잃어버린 역사도 복원중이라면서, 캄보디아가 과거의 영광을 되찾기 위해서는 이같은 식민 통치를 케어(care)로 고맙게 받아들여야 한다고 주장했다. 제국주의적 사고방식과 기독교적 선교방식을 환상적으로 결합한 침략전술이었다. 이를 보여주는 효과적인 방법이 바로 밀림 속에 허물어져 있는 앙코르와트의 복원이었다. 이처럼 정체되었던 원주민 사회에 외부에서 우수한 문명을 가진 집단이 들어와 역동성을 주었다는 〈식민지 고고학〉의 프레임은 세계 제국을 꿈꾸었던 그들의 욕망이 투영된 제국주의적 욕설(慾說)이며 기독교적 요설(妖說)이다.

어쨌든 제국주의와 기독교의 이같은 환상적인 콤비의 뿌리는 봉건제도와 교회제도가 조화롭게 정착된 중세에서였다. 기메나 대영박물관 등 열강으로 반출되어 전시되고 있는 제3국들의 유물·유적도 〈식민지 고고학〉적 강제의 역사를 오늘날까지도 뻔뻔하게 그대로 보여주는 오만이다. 인종차별을 하고 노예를 마음껏 부리며 신의 뜻이라 합리화했던 〈식민지 신학〉은 사라졌지만 〈식민지 고고학〉은 여전히 "벌거벗은 임금님"처럼 추태를 부리고 있다. 서구를 선진문명의 모델로 간주하고 따라갔던 일본의 어용학자들은 동남아의 세계문화유산에서 행해진 〈식민지 고고학〉적 연구와 복원과정 속에서 어떻게 효과적으로 제국주의의 선전물로 삼을 수 있는지를 충분히 배울 수 있었다. 그래서 1913년 5월에는 외국의 〈조사단〉이나 〈연구위원회〉와 비슷한 성격의 〈경주 고적보존회〉를 만들었다.

이같은 〈보존회〉 활동은 우리 문화를 현창하기 위한 이름으로 보이지만 사실은 〈식민 사관〉에 의한 식민지배의 정당성 지지를 위해 그리고 〈일선동조론〉의 근원을 만들어 내는 사례를 창출하기 위해서였다. 그런데 서구 제국주의가 〈식민지 고고학〉을 동남아보다 먼저 시행한 곳이 있다. 중남아메리카다. 이곳에서 그들은 〈식민지 파괴학〉으로 문화재를 강탈·파손·왜곡·변형을 마음껏 자행했다. 이곳에 지은 성당은 원주민들의 제단터를 뭉개고 그 위에 피로 세운 〈피사로 문화〉였다[도판 261].

늦었지만 지금이라도 반성하고 사과해야한다. 그리고 배상에 가까운 원조를 해야 한다. 그런데 서양은 오늘날도 정치적 제국주의에서 경제적 제국주의를 넘어 문화적 제국주의의 역량을 마음껏 휘두르고 있다. 마르고 닳도록 세계를 지배하겠다는 욕심이다. 제3국에서 탈취한 문화재를 "우리 손안에 있는 세계"라고 전시를 하더니 이제는 책까지 발간하며 자랑하는 데에서 알 수 있다.

대영박물관 관장인 닐 맥그리거(Neil Macgregor)는 대영박물관과 BBC가 함께 펴낸 『100대 유물로 보는 세계사』(2010)라는 책 서두에 다음과 같이 썼다. "유물로 역사를 말하는 것이야말로 박물관이 해야 할 일이다. 250년이 넘도록 전 세계에서 수많은 유물을 수집해온 대영박물관은 유물로 세계역사를 말하고자 할 때 출발점으로 삼기에 나쁘지 않은 곳이다. 이는 실로 1753년에 영국 의회가 박물관 설립을 인준하면서 '보편성을 목표로 삼아야 하며' 모든 사람들에게 무료로 개방해야 한다는 원칙을 세운 뒤로 대영박물관이 지금까지 끊임없이 시도해온 일이다." 그 마지막에서는 "이 유물들을 두 눈으로 꼭 보고 싶지만 직접 박물관을 방문할 수 없는 사람들을 위해 우리는 2010년 일 년 동안 웹사이트(www.bbc.co.uk/ahistory-oftheworld)를 통해 그 모든 유물들의 사진을 공개했다. 그리고 그것을 이렇게 아름다운 사진을 곁들인 책으로 출간하기에 이르렀다."라고 자랑하고 있다.

우리에게 이 책을 추천한 이의 글을 보면 "대영박물관이 야심찬 기획으로 자체 소장품 100점을 가지고 펼쳐나간 세계사 이야기는 탁월한 세계 문화사이다"라고 썼다. 그러면서 "우리 국민들도 세계사에 대한 문화사적 이해와 함께 세계 속에서 우리의 위상을 생각해 볼 수 있는 좋은 계기가 될 것으로 믿어 의심치 않는다"라고 추천하고 있다. 스톡홀름 효과까지 드러내면서. 이는 우리나라만의 상황이 아니다. 그러므로 앞으로의 세계사는 과거 세계열강의 주도하에, 그리고 제3국들은 그 흐름에 어쩔 수 없이 휩쓸리면서 쓰여 질 기미가 크다. 그러니 오늘날 대영박물관은 단순한 물건의 집합소가 아니다.

이곳은 앞으로 전 지구적 차원에서 유물에 대한 소유권 논쟁이 신랄하게 이뤄지는 격전장이 될 것이다. 중국 돈황의 장경동 문서와 일본 동대사 정창원의 수집품이 긍정적으로 모여진 보물이라면, 대영박물관은 불법과 탈법으로 강탈하고 수집한 것이 대부분이다. 타 유럽권 박물관 미술관도 마찬가지다. 이들 불법 탈법으로 행해진 수집에 따라 강탈당한 나라와 국민들의 항의 및 시위가 그리스의 엘긴 조각상을 시작으로 해 지금까지 여러 나라에서 지속적으로 있었다. 최근(2018년 11월 말)에는 절대 고도 태평양상의 모아이섬 원주민들까지 대영박물관에 전시되어 있는 모아이석상을 돌려달라며 유물을 둘러싸고 요구했다. 이에 대해 박물관 측은 이곳에 전시되어 있어야 더 해외의 각 나라에 알려지게 되고, 보존을 더 잘할 수 있으며, 과학적인 연구에도 도움이 된다며 거부했다.

지적 재산권 등 미래의 세계사를 『100대 유물로 보는 세계사』 책처럼 선점하면서 문화적으로 세계를 계속 지배하기 위해서다. 누구는 말했다. "대영박물관에서 영국의 것은 박물관 건물 껍데기 뿐"이라고. 그런데 우리는 얼마 전까지도 그런 저들을 젠틀맨이라고 부러워하고 존경했다.

# II. 성당의 발달 과정

　　인류가 시작된 이래 남아 있는 가장 초기의 종교적 그림으로 대표적인 것은 빙하 시대 말기부터 나타났다. 그것은 실용성 없는 물건을 공들여 만든 예술작품에서 알 수 있는데, 그 작품에는 좀 더 높고 깊고 넓은 세상으로 나가고자 하는 욕망 즉 종교 적인 충동이 들어 있다고 볼 수 있다. 그림에서 대표적인 예로는, 구석기에 그린 라 스코 및 알타미라 동굴 벽화이고, 암각화로는 포르투갈의 코아, 초원길 내몽고의 적 봉, 울산 반구대이다. 그리고 건축물로는 〈피라미드, 바벨탑, 스톤헨지〉 등을 들 수 있다. 그런데 이들은 모두 종교적인 제의성에 기초하고 있다. 특히 건축물에서 이 셋은 〈기하주의·탑·가구식〉 구조를 각각 대표한다. 세 주제는 이후 서양 건축에서 지속 이어지며 오늘날에 이른다. 이처럼 고대건축에서 형성된 이 세 가지 축조형태 가 서양의 종교 건축물에서 그 출발점이 되었다.

　　기독교에서 교회 형태의 시원은 성막(聖幕)에서다. 성막은 구약시대에 하느님 이 모세를 통해 짓게 한 것으로, 이스라엘 백성이 출애굽 후 시내산으로부터 가나 안 정복까지 광야를 이동하며 야영하는 동안 예배드렸던 시설이었다. 그래서 이동 하기 편리함을 위해 조립식 천막으로 야영지의 중심에 세웠다. 이 성막은 하느님 이 모세를 부른 떨기나무 장소를 정형화한 모형이다. 하느님의 뜻이 인간에게 나타

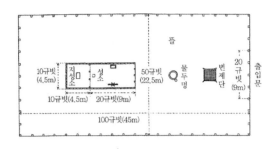

도판 213 성막교회: 구약 시대에 정해진 성소와 지성소의 구조 및 크기의 포맷이다. ※ 출처: 정시춘 지음, 『교회 건축의 이해』, 발언 (2000년), 91.

난 건축구조이어서 이후에 지어지는 성전의 모델이 되었다. 그 구조의 핵심은 〈성소〉·〈지성소〉였고, 그 구분은 휘장으로 했다[도판 213]. 〈성소〉는 제사장들이 〈지성소〉에 계시는 하느님을 섬기는 예배 장소였고, 〈지성소〉는 하느님이 현존하는 곳이므로 그 상징으로 십계명 등 법궤를 두었다(이는 통도사에서 〈상로전〉의 구조와 같다). 성막은 이스라엘 백성이 가나안을 정복하고 이곳에 솔로몬에 의해 성전이 건축될 때까지 존속되었다. 〈성막〉이 '계시'를 받기 위한 장막적 표현이었다면, 〈성전〉은 '예배'를 드리기 위한 건축적 표현이었다. 그리고 구약시대의 〈성막〉이 '하느님의 집'으로서 거룩한 제사를 가축으로 드리는 번제 장소였다면, 신약시대의 〈성전〉은 예수를 믿는 교인들의 예배근거지로서는 물론 친교·봉사를 통한 선교의 베이스캠프였다. 즉 〈제사〉 장소에서 〈예배〉와 〈선교〉의 장소로 변했다. 앞으로는 어떻게 변해갈까? 여기서는 신약시대 이후 교회 건축의 발달과정에 대해 핵심 내용만 주마간산 격으로 살펴보자.

기독교에서 교인들은 예수가 십자가에서 죽은 후 부활하여 승천하였다가 믿는 자들의 예배 속에 성령으로 다시 오셨다고 믿고 있다. 그러므로 교회는 예수의 죽음과 부활과 성령을 믿는 사람들의 모임이다. 이 말은 교회가 "그리스도의 몸(=身)과 성령(=心)"이라는 두 가지 의미로서 전(殿)을 나타낸다. 이후, 교회는 성장하면서 교인들이 드리는 예배 외에도 〈친교·교육·봉사·선교〉 등 여러 가지 활동에 목적을 두게 되었다. 교회건축도 이러한 목적에 맞춰 세워지면서, 시대순으로 신앙의 취지에 따라 크게 다음과 같이 변해왔다. ① (카타콤과 함께) 가정교회(1~4세기)에서 ② 바실리카(4~6세기) ③ 비잔틴(6~8세기) ④ 로마네스크(8~12세기)로, 그 후 ⑤ 고딕(12~15세기)을 정점으로 하여 ⑥ 르네상스(15~16세기) ⑦ 바로크(17~18세기) ⑧ 신대륙-중남

1부 사찰과 성당의 발달

(17~19세기) ⑨ 낭만주의(18~19세기)를 거치고 ⑩ 현대(20세기)의 롱샹 성당과 로사리오 경당을 거치면서 형태적으로 양식이 다양하게 체계 있게 발달하였다. 그러나 오늘날 특히 비유럽권 기독교에서는 주로 낭만주의시대에 유행한 신고딕을 모델로 하여 제멋대로 지어지고 있다. 〈절제·엄숙·규율〉이 무시된, 긍정적으로 표현하면 신앙의 자유분방화이고, 부정적으로 얘기하면 기독교의 형해화이다. 이 글은 그 발전 과정에서 고딕 건축에 방점을 두었다. 그 시대의 교회 건축이 기독교 성전 건축사에서 지금까지 신앙적으로나 예술적으로나 양식적으로나 규모적인 면에서 대단원을 이루었기 때문이다. 그러면 교회 건축의 변화를 시대 순으로 간단히 살펴보자.

# 1. 가정교회 시대(1~4세기)

　예수 이후 사도 시대(서기 1~3세기)에는 두 개의 기독교 공동체가 공존하고 있었다. 하나는 선택된 로열패밀리 즉 팔레스타인 지역 내 유다계 공동체였고, 다른 하나는 지역 밖에서 개종한 그리스·로마인과 그리스어를 쓰는 유다인 즉 로열패밀리가 아닌 유다계 공동체였다. 이 중 기독교는 선택된 성골 로열패밀리가 아닌, 지역 밖의 버림받은 돌들이 모퉁이의 머릿돌이 되면서 로마를 중심으로 전도하기 시작

**도판 214** 가정교회 : 이란 국경 유프라테스강 중부에 위치한 로마군 주둔지였던 작은 마을 두라-에우로포스(메소포타미아)에서 발굴되었다. 시리아(230년경)

하였고, 이 전도에 대한 증언들이 이어지는 사도들에 의해 역사화·전설화되면서 널리 퍼져나갔다. 유대교를 믿는 로열패밀리가 기독교를 주장하는 넌 로열패밀리들을 추방함으로써 기독교가 유대교를 넘어 이방세계를 역설적으로 세계화하는 결과가 되었다. 초대교회 당시, 팔레스타인 지역에서 선교의 거점도시는 예루살렘이었고, 팔레스타인 지역 밖에서의 거점도시는 안티오크였다.

이곳 안티오크에 세워진 교회가 최초의 이방인 교회로, 바울은 이곳을 세계를 향한 전도 여행의 거점으로 삼았다. 그리하여 이곳은 에베소교회 등 수많은 교회를 세우는 역할에서 그 베이스캠프가 되었다. 이 도시는 셀레우코스 1세(BCE 358~280)가 BCE 300년경에 지중해 지역 시리아 북서부에 건설한 도시다. 마케도니아의 장군이었던 아버지 안티오크스를 기리는 뜻으로 안티오키아라고 이름 붙였던 것이 오늘날의 안디옥이 되었다.

로마 제국에서 초기 기독교는 공인받지 못했기 때문에 공식적인 집회 장소를 갖지 못했다. 그래서 그들은 끼리끼리 모여 예배드리는 방식을. 따라서 모임도 합법적인 공간을 확보하지 못하고 야외나 해변 또는 개인의 집이나 비어 있는 공공건물, 순교자의 무덤, 카타콤 등 비밀 장소를 임시로 그것도 게릴라식으로 사용하였다. 그러다가 예배를 주도하던 신도들의 주택에서 종교의식에 맞게 개조되기 시작했다. 가정집을 리모델링해 제단을 만들어 예배를. 기독교 건축의 가장 초기 형태인 〈가정교회〉가 등장하게 된 것[도판 214].

서양식 "사사위사(捨舍爲寺)"다. 이 건물들은 박해기간중에 잘 활용했음을 성경을 통해서도 알 수 있다. 그 내용은 신약성서(사도행전 20:7-9; 로마서 16:5; 고린도전서 16:19 등)에 나온다. 그러나 2~3세기에 있었던 기독교 박해 때 도처에서 많이 파괴되었다. [도판 214] 예배당도 파괴된 채 발견되었다. 미국 예일대학으로 옮겨져 복원된 모습이다. 지금까지 최초의 예배당으로 추정되는 이 건물의 제단 벽에는 예수가 어린양을 어깨에 메고 있는 그림이 그려져 있다. 이는 선한 목자 예수가 기독교 영혼의 알레고리인 어린양을 구원하는 상징으로 기독교에서 그 시원이 되는 그림이다.


## 2. 바실리카 시대(4~6세기)

콘스탄티누스 대제(大帝, 재위 306~337)는 막센티우스(?~312)와의 권력투쟁 중, 꿈에 "예수 안에서 승리하게 될 것"이라는 천사의 얘기를 들은 후, 312년 10월 28일

**도판 215** 로마 신전: 신만 모셨기에 내부공간이 크지 않았다. 큰 제사나 의식은 외부에서 행했기 때문이다.

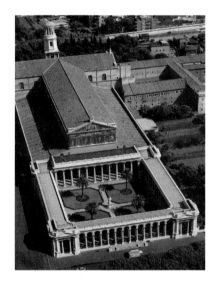

**도판 216** 도판 217, 218, 219의 건물 형태. 성 바울의 바실리카

도나우강의 밀비우스 다리 전투에서 승리하여 전 로마를 지배하는 단독 황제가 될 수 있었다. 황제는 이에 대한 감사의 선물로 모든 종교를 믿을 수 있는 자유를, 특히 기독교를 공인하는 밀라노 칙령(Edict of Milano)을 313년 2월에 반포했다.

그러면서 교회는 우후죽순 생겨났다. 특히 콘스탄티누스 대제는 사망할 때까지 수많은 교회를 앞장서서 짓는 등 기독교 부흥정책을 폈다. 그의 이같은 변화는 인도에서의 아소카왕과 비견된다. 공인 당시까지만 해도 기독교 신자는 로마제국 인구 전체의 5% 정도에 대부분 하류계층이었지만, 합법화되면서 비로소 상류계층이 기독교에 합류하는 계기가 되었다. 그리하여 가장 큰 세력으로 떠오른 기독교는 유럽의 고전문명을 서서히 기독교 문명으로 대체시켜 나갈 수 있는 힘으로 부상하게 되었다. 이렇게 기독교의 세력이 우후죽순 생겨나고 고무풍선 팽창하듯 커지자 분파 현상이 나타났다. 그중에서 대표적인 것이 교리 해석을 둘러싸고서였다.

이성파로서 주로 동방지역을 대표하는 아리우스파는 그리스 철학의 영향을 받아 예수를 하느님과 동일시하는 데 반대했다. 반면 감성파로써 주로 서방 지역을 대표한 아타나시우스파는 예수를 하느님 및 신성과 동일시하는 삼위일체(三位一體, Trinity)를 주장했다. 동·서, 두 파의 대립은 고대 그리스의 작은 식민도시였던, 지금의 터키 이스탄불 부근에 있는 니케아에서 만나 종교회의(325년)를 열었다. 여기에서 대립된 논쟁은 아타나시우스파의 승리로 끝나게 되면서 신은 하나이면서 〈성부·성자·성령〉의 세가지 위격(位格)을 함께 지닌다는 삼위일체가 기독교의 대표 교리가 되었다. 일부에서는 이 교리를 역사가 짧은 유일 신앙과 오랜 전통을 지닌 다신교 신앙과의 절충에서 나온 것으로 보기도 한다. 이 대립 이후 제국의 각 지역은 자신들이 처한 상황에 따라 유리하게 다양하게 교리를 해석했다.

이같은 교리 논쟁을 통해 기독교는 보다 더 이론적으로 무장하게 되면서 체계화되고 교조화됨은 물론 권력화되어 갔다. 그러면서 기독교 의식은 복잡하게 변화되었고 그에 따라 새로운 건축적 기능들이 요구되었다. 그래서 성직자와 신도들 사이의 영역 구분과 성직자들을 위한 별도의 출입구, 제단과 연단 등이 새롭게 설치되었다. 그러나 문제는 『성경』에 기독교 건축에 대한 모습이나 도움이 되는 내용이 없고, 당시 종교 건축물 중에서 교회에 적합한 모델을 찾는 일도 힘들었다. 그렇다고 새롭게 설계해 내기에도 막막했다. 그러면서 교회 건물을 기존의 로마 건축물 중에서 선택하는 쪽으로 나가게 되었다. 로마의 신전은 처음부터 제외되었다.

기독교의 정서상 그리고 교리상 로마제국이 섬겼던 신의 건물을 교회로 받아들일 수 없었음은 물론, 내부 또한 신만 안치하던 작은 규모였기 때문이다[도판 215]. 이에 비해 교회는 예배를 드릴 때 제단과 설교할 강단 그리고 신자들이 한 곳에 전부 모일 수 있는 넓은 내부가 필요했다. 신전이 아니라 교회였기 때문이다. 이상과 같은 배경 아래 교회는 종교적 성격으로서 건물보다는 공회당이나 법정 등 일반인들이 여러 가지 목적으로 많이 모이던 공공 건물 즉 행정적 이미지가 강했던 바실리카(Basilica)라는 큰 규모의 건물을 예배 장소로 선택하게 되었다[주49].

이탈리아에 가보면 알겠지만 지금도 어느 도시에나 사람들이 모이는 장소가 있다. 로마시대에는 이 만남의 장소가 포럼이었다. 처음 포럼은 시민 생활의 중심을 이루는 시장이자 광장이었다. 모든 사람을 만날 수 있었기 때문에 재판관은 포럼을 법정으로 자주 이용했다. 이렇게 포럼이 다용도로 쓰이게 되자 모이는 사람들이 많아져 결국 물건이 거래되는 시장은 점차 주변의 거리로 밀려났고, 포럼의 중심부에는 신전과 법정, 사무소, 정치 집회장으로서의 복합 건물인 바실리카(basilica)가 들

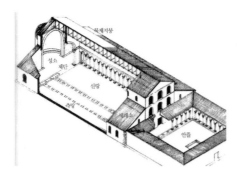

도판 217 바실리카 건물의 구조와 명칭. ※ 출처: 정시춘 지음, 『교회 건축의 이해』, 발언(2000년), 103.

어섰다. 이 건물 형태가 예배 조건에 그런대로 맞아 교회 건물이 되었다[주50].

즉 당시 교회의 자격으로 요구된 기준은 첫째, 집회 기능에 맞을 것. 둘째, 일정 수 이상의 수용능력을 가질 것. 셋째, 실내 종교의식에 맞을 것. 넷째, 일정한 수준의 품위를 유지할 것. 다섯째, 로마의 향락과 비기독교적 특징을 갖지 않을 것. 이렇게 다섯 가지였다. 성베드로 대성당도 정식 명칭은 산피에트로 바실리카였다. 바실리카는 로마 특유의 발명품으로, 한꺼번에 많은 사람을 수용할 필요성 때문에 탄생했다. 이렇듯 바실리카는 고대 로마 공화정 시대에 재판소, 집회장, 시장, 관공서, 야외 극장 등 공공의 목적으로 사용되었던 대규모 건물을 지칭한다. 오늘날 가장 오래된 바실리카(BCE 200년경)는 폼페이의 잿더미 속에서 발굴되었다.

바실리카 양식의 교회는 이 로마의 포럼에 있던 바실리카 공회당을 약간 리모델링했다. 즉 한쪽 후진을 제단으로 만들어 설교단을 배치하였으며, 다른 한쪽 후진은 출입구와 예배드리는 신랑을 만들었다. 그 앞에는 회랑으로 둘러싸인 안뜰을 첨가하였고. 이는 구약시대 성막에서부터 내려오던 성전의 공간 진입구성과 유사한 구조를 만들기 위해서였다. 〈성막뜰 → 성소 → 지성소〉로 구성되는 성막의 3단계 진입 과정을 〈안뜰 → 신랑 → 제단〉으로 나타낸 것[도판 213과 217 비교]. 특히 신랑과 제단을 구분하는 경계에는 아치형의 개선문 모양이 설치되었는데, 그 의미는 '죽음을 넘어 영원한 삶을 얻음'을, 즉 '거룩한 장소'로 통하는 승리의 문 곧 부활을 상징했다.

바실리카 양식으로서 남아 있는 대표적인 건축은 콘스탄티누스 대제의 궁전이었던 라테란 대성전이다[도판 218]. 그러나 바실리카 양식으로 유럽 교회 건축의 기본 포맷이 된 것은 4세기 콘스탄티누스 대제가 완성한 구 베드로 성당이었다. (이 성당을 헐고 새로 지은 것이 로마교황청의 현 베드로 대성당이다.)

**도판 218** 로마의 성요한 라테란 대성전의 본당(=네이브) 실내: 전 세계 교회의 어머니라고 부른다. 천장이 방형이다. 이후 천장은 돔(=비잔틴 시대)으로, 반원아치(=로마네스크 시대)로 변하더니, 첨두아치(=고딕시대)로 보다 높이 올라갔다.

이렇게 바실리카에서 로마의 건축물과 기독교의 의미가 하나가 되면서 바실리카 건물은 점차 교회 건물로 구조가 바뀌어 갔다. (중국에서 홍려시라는 국립호텔 시[=寺]가 백마사 이후에 절을 알리는 사[寺]로 변한 것처럼) 이후 바실리카라는 말이 교회당을 의미하게 되면서 서양의 건축물에서도 가장 중요한 지존의 건물이 되었다.

바실리카 양식은 두 종류인데, 트라자누스 바실리카는 아치천장을 기본으로 해서 중세시대에는 로마네스크와 고딕 양식으로 계승되었고, 콘스탄티누스 바실리카는 돔을 중심으로 해서 비잔틴 양식으로 번성했다가 르네상스 양식으로 이어졌다.

구조적인 면에서 바실리카는 [도판 216과 217]처럼 긴 직사각형의 장축형으로서 예수의 몸을 뜻하는 네이브(nave, 신랑), 팔을 뜻하는 아일(aisle, 측랑), 머리를 뜻하는 앱스(apse, 제단), 이렇게 세 요소가 기본이었다. 여기에 점차 뜰, 현관, 세례실, 종탑, 성직자 주거실, 부속실, 별실 등의 요소들이 지역의 전통과 상황에 맞춰 다양하게 첨가되었다. 그러면서 교리의 발전에 따라 교회의 진입공간에 신앙에 따른 연속 개념이 대두되었다. '지존의 지존에 의한 지존을 위한 건축'이 되면서 교회 밖에서부터 교회 안의 제단까지 진입하게 됨에 따라 신앙의 분위기가 업그레이드되면서 단계적인 진입동선이 형성된 것이다.

진입과정에서 나타난 그 단계적인 동선은 [도판 216. 217. 219]처럼 ① 앞마당(=
전정) → ② 아트리움(=안뜰) → ③ 나르텍스(=현관) → ④ 네이브(=본당) → ⑤ 앱스(=제
단)로 이어졌다. 이 같은 연속적인 진입과정은 예배드리는 마음을 고양시키는데 큰
역할을 했다. 그 실제 건물이 [도판 216]이다.

이 중에서 제단인 앱스는 동쪽 끝에 만들어지면서 교회 내 진입공간의 종착지가
되었고, 예배의식의 발달은 예배를 집행하는 성직자들에게 종교적 권위를 더해주
었다. 원래 바실리카에서 로마 황제가 앉던 장소인 앱스를 기독교가 제단으로 이어
받은 데에는 예수가 황제까지 다스리는 왕 중의 왕이라는 상징적인 의미를, 그리고
성직자들도 그 의미를 덩달아 누릴 수 있었기에. 그러므로 앱스에는 하늘나라를 배
경으로 선지자들과 성인들을 거느린 예수가 그려졌다.

그러면서 기독교의 신비주의적 특성과 부합되면서 성경 내용을 바탕으로, '하늘
의 영광', '땅 위의 기적', '기독교의 승리' 등을 찬양하는 주제가 장식으로 꾸며졌다.
더불어 제단인 앱스는 웅장해지고, 색과 장식도 금과 은이 쓰이면서 화려한 성화(聖
畵)로 가득 채워지기 시작했다.

여기에다 빛까지 더해지면서 실내는 신비로운 천상세계의 이미지로 표현되기
시작하였다. "찬란한 빛은 사람들을 영적으로 신에 접근하도록 심리적인 작용을 유
도하면서 신비감으로 이끈다"는 빛의 미학을 얘기하며 '신이야 말로 가장 아름다운

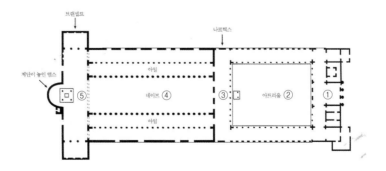

**도판 219** 도판 216 건물의 평면도 구조의 명칭. ※ 도판-캐롤 스트릭랜드 지음·양상현 외 옮김, 『클릭, 서양건
축사』, 예경(2003) 52.

빛'이라고 강조한 플로티노스(Plotinos, 204~270)의 견해를 받아들인 것이다. 이렇게 제단은 하늘의 이미지가 땅 위에 표현되는 장소였다. 이같은 종교적 권위를 배경으로 제단 앞에는 성인이나 순교자를 기리는 여러 종류의 닫집[=도판 256]과 기념비[=도판 358]들이 세워졌다. 제단은 실내공간에서 기독교 건축의 은유적 신비가 구원을 향해 상징적으로 발전해 가는데 핵심 역할을 한 것이다. 이런 특징을 바탕으로 하여 제단인 앱스의 마지막 부분은 교회에서 가장 중요한 영역인 헤드 피스(head piece) 즉 지성소가 되었다[도판 357 참조].

한편, 바실리카 초기부터 성직자들에게 부여된 특권들은 인기가 있어 그들의 수가 대폭 증가되면서 제단 가까이에 그들을 위한 더 많은 공간이 필요해졌다. 그래서 제단 좌우 양쪽으로 트란셉트라는 수랑을 달아내게 되면서 처음으로 십자형 평면이 나타나게 되었다[도판 219-⑤]. 후에 교회의 크기가 점점 더 커지면서 수랑도 신랑의 중심부 쪽으로 이동하여 확장되었다. 그러면서 믿음의 상징인 정사각형의 그리스 십자형 평면에서 골고다 수난의 상징인 직사각형의 라틴 십자형 평면으로 변하게 되었다[도판 225]. 건축에서 이러한 공간 구성의 변화는 예배의 변화를 의미했다. 즉 회중 전체가 집단적인 행위로 이루어지던 초기의 예배가 공신력있는 사람들로 진행되더니, 이후 점차 성직자들의 독점으로 특권화되면서 그들의 주도하에서 대의제처럼 진행되어 갔다. 그러면서 성소 주위에서 함께 예배드리던 일반 회중들은 점차 예배로부터 분리되어 주체자에서 참관자로 전락하게 되었다.

한편, 교회에서 제단이 동쪽이고 출입구가 서쪽인 것은 콘스탄티누스 대제 때 생긴 전통이다. 이는 대제가 당시 콘스탄티노플에 지어지던 모든 교회를 예수님을 찬양한다는 의미에서 탄생지인 성지 예루살렘을 바라보는 방향으로 출입구를 내게 했기 때문이다. 모르기는 몰라도 이는 바빌론의 포로시 다니엘이 하느님에 대한 정체성을 잃지 않기 위해 매일 예루살렘을 향해 3번 기도했다는 성경 내용을 대제가 참고한 것일 것이다. 어쨌든 이것이 전통으로 자리 잡으면서 서양에 지어지던 교회도 모두 이 전통을 따랐다. 심지어 5세기경에는 오버하여 그리스의 파르테논 신전까지 교회로 만들어 입구를 동쪽에서 서쪽으로 옮겼고 내부도 완전히 바꾸었다.

# 3. 비잔틴 시대(6~8세기)

6세기는 기독교의 완성과 함께 중세가 시작되는 시점이었다. 기독교 탄생에 모태가 되었던 로마 문명이 끝나면서 기독교만의 중세가 탐색되기 시작한 시기였다. 즉 초기 단계인 교세의 확산이 끝나고 다음 단계인 기독교 문명이 모색되었다. 양의 종교에서 질의 종교로서다. 비잔틴(Byzantine)이란 국가 이름은 비잔티움(Byzantium)이란 고대 그리스의 식민도시 이름에서 따왔다.

BCE 7세기경 비자스가 이끄는 메가라 출신의 그리스 이민자가 이곳을 비잔티움이라 했던 것. 그런데 콘스탄티누스 대제가 수도를 비잔티움으로 천도(330년)하면서 그 이름을 자신의 이름인 콘스탄티노플로 바꾸었다. 나라 이름은 고대 그리스의 식민도시의 이름을 그대로 따고, 수도 이름은 자신의 이름을 땄다. 그러므로 동로마 제국은 로마 제국이 동방으로 옮겨가 기독교 문명으로 이룬 국가, 그래서 그 문화를 일컬어 비잔틴 제국이라고 한다. 동로마 제국 속에는 〈기독교·로마·헬레니즘·동방〉이라는 네 가지 요소가 섞여 있다. 정치적으로는 로마의 제도가, 종교적으로는 기독교가, 문화적으로는 헬레니즘이, 사회적으로는 동방이. 이것은 동로마 제국이 복합적인 문명이었음을 의미하는 것인데, 이는 소피아 성당의 건축구조에서도 나타나 있다. 이곳에 성당이 처음 지어진 것은 콘스탄티누스 1세가 기독교를 공인한 후였다.

아폴론 신전 유적지에 세워진 이 최초의 성당은 360년 완성되었다. 그 후 404년 방화로 일부가 파괴되었다. 복구했지만 532년 1월 11일 황제에 대한 민중의 반란으로 다시 파괴되었다. 이를 니카(Nika, 승리)의 반란이라고 한다. 그리하여 동로마 제국의 황제였던 유스티니아누스 1세(527~565)가 성당을 새로 지었다. 밀레투스 출신의 이시도로스와 트랄레스 출신의 안테미우스를 건축 책임자로 임명하여 532년부터 아테네, 델포이, 에베소 등의 유적지와 고대 신전에서 건축 자재를 운반해 5년 만인 537년 크리스마스 때 준공해 봉헌했다. 그 성당이 세계 건축사에서 빼놓을 수 없는 하기아 소피아 성당이다[도판 220]. 동로마 시대가 되면서 교회 건축에서 새

롭게 요구된 것은 기독교적 희망을 눈으로 확인시켜 줄 수 있는 부유공간(浮遊空間)
의 창출이었다.

동방 기독교가 되면서 사람들의 믿음은 기도와 묵상을 통해 신비한 통로로 하늘
과 맞닿기를 희망하였다. 동방 기독교가 이처럼 신비주의적 특성을 지님에 따라 사
람들 마음속에 신의 존재를 증명할 수 있는 보다 수준 높은 요구가 부유공간으로
기독교 건축에 새롭게 주어진 것이다. 부유공간이란 공중에 유동적이고도 비정형
적인 신비로움이 떠다니는 공간을 의미한다. 비잔틴 건축에 요구된 이런 난해한 숙
제를 성공적으로 해결한 건물이 5년 만에 완성한 하기아소피아였다. [도판 220(=외
부), 221(=내부)]. 이곳에서 장엄하게 울려 퍼지는 성가대의 합창은 예배자가 무아의
엄숙한 종교적 감흥에 몰입되어 신에게 도달할 수 있을 것 같은 신비로움에 휩싸이
게 했다. 동로마 건축은 가장 중요한 곳을 돔으로 보았다.

돔은 하늘과 맞닿는 신비한 통로라 생각했기 때문이다. 돔으로 덮인 공간은 하느

**도판 220** 하기아소피아 성당 전경: 이 건축은 기독교 신학의 논리와 로마의 웅대한 스케일, 중동의 독특한 건축
기술, 동로마 제국의 신비주의가 합쳐진 비잔틴 건축의 최고 걸작이다. 이와 같은 설명은 537년 12월 27일, 성소
피아 성당의 낙성식을 거행하면서 유스티니아누스 1세가 자신의 심경을 "내게 이와 같은 일을 할 수 있다고 판단
하신 하느님께 영광 있으리라. 오, 솔로몬이여 나는 그대를 이겼노라!"라고 고백하면서 선언한 그 흥감에서 이해
할 수 있다.

1부 사찰과 성당의 발달

**도판 221** 하기아소피아 내부 및 중앙돔(가로 33m ×높이 56m): 40개의 창으로 들어오는 무지개 빛에 의해 부유공간이 되면서 공중에 떠 있는 듯한 느낌을 준다. 이곳에서의 예배는 장엄하고 엄숙한 분위기를 만든다.

님이 창조하신 우주의 중심이므로 천국을 의미했다. 그러므로 돔 안의 공간은 한정되어 있는 데도 창공처럼 무한히 심오해 보였다. 하기아소피아에서의 돔은 판테온의 돔 꼭대기에 뚫린 하나의 원형 구멍과 달리, 여러 개의 크고 작은 돔, 원형 창문 그리고 다양한 형태가 어우러지면서 '기하(幾何)의 향연(饗宴)'을 펼쳤다[주51]. 크고 작은 〈원·반원·정사각형·직사각형·사다리꼴〉로 구성되는 강한 기하학적 특성을 보이고 있는데, 이런 크고 작은 여러 기하가 어우러져 복합 기하구도를 형성했다. 이 가운데 사각형 계열의 기하는 건물 골격을, 원 계열의 기하는 천장을 각각 형성했다. 천원지방(天圓地方)으로.

이런 기하주의는 하기아 소피아가 상징하는 이름 그대로 성스러운 지혜를 표현해 내는데 큰 역할을 하였다. 특히 하늘을 상징하는 돔들은 찬란한 빛에 지지되어 공중에 떠다니는 것처럼 보였다. 그 중에서도 천장 중앙의 가장 큰 돔 둘레에 뚫린 40여개의 작은 창을 통해 들어오는 광선과 아름다운 무지개 빛들은 실내를 장엄한 예배공간으로 만들었다[도판 221]. 이 부유공간은 기하의 향연에 빛의 작용이 다양하게 더해지면서 돔의 물질성이 신을 상징하는 빛의 신비함으로 변용되게 한 것이다.

기하가 물리적으로 번안되면서 원형과 방형을 기본으로 하여 응용한 구조체 건물이 되었고, 여기에 빛이 더해져 다시 형이상학적 숭고미로 승화되면서 기독교 신비주의를 대표하는 건물이 되었다. 이것은 땅 위에 하느님의 존재를 증명하는 건축적 증거였다. 이렇게 다양한 기하학의 향연에 빛이 더해지면서 그리스어로 하기아

(Hagia=성스러운 신)가 소피아(Sophia=지혜)의 모습으로 완성된 것이다. 그래서 건물 이름이 하기야소피아다. 이는 바간에 있는 탓빈유 사원의 이름과 그 의미가 비슷하다[도판 152]. 이같은 환상적인 건축 분위기에 더하여 내부의 다채로운 색상으로 입혀진 프레스코화 성상의 아름다움은 빛과 더불어 환상적으로 변한다. 그중에서도 비중

**도판 222** 〈데이시스(Deisis=청원)〉: 심판의 날 예수의 좌우에서 성모와 세례요한이 예수에게 고개 숙이고 손을 공손히 모아 인류의 죄를 사해줄 것을 청원하는 모습이다.

있는 하이라이트는 2층에 그려진 〈데이시스(Deisis=청원)〉이다.

이 그림은 많이 훼손되었지만 심판의 날 예수의 좌우에서 성모마리아와 세례요한이 예수에게 고개 숙이고 손을 공손히 모아 인류의 죄를 사해줄 것을 청원하는 그림이다[도판 222]. 이런 분위기 속에서 성직자의 화려한 예복, 고도로 의식적이며 화려하고 신비로운 예배 의식은 예배자들로 하여금 마치 천상의 예배에 참여하고 있다는 환상을 신앙의 자부심으로 가지게 하였다. 독재보다 더 "무기교의 기교" 같은 통치를 위해서다.

이 성당에서 건축은 물론 신앙상에서도 중심이 되는 곳은 중앙돔이다. 그런데 돔의 초월적인 상징개념은 판테온(Pantheon)을 모델로 삼았다[도판 223][주52]. 즉 "로마의 판테온(118~125)은 새로운 신적 차원에서 내부 공간을 표현한 것. 이 건물은 하드리아누스 황제가 건설한 것으로, 판테온〈=(Pan·凡+The·神+On·殿)〉이라는 그리스의 말 그대로 모든 신에게 봉헌되었다. 판테온은 이 공간에 봉헌된 모든 신과 함께 하고자 하는 열망을 표현한 것이다. 이 신전은 중앙광장 지붕에 지름이 42.20m나 되는 거대한 돔을 얹은 로툰다 천장과 대형 열주(列柱)로 된 현관, 이 2개가 중요한 구성 요소이다. 돔은 천상과 조화를 이루는 기하학적 완벽성을 의미하는데, 특히 판테온의 돔은 서양에서 사용하는 모든 돔 건축의 시조가 된다.

소피아 성당을 판테온과 비교하면, 판테온에서 돔이 상징하는 대상은 로마 황제

**도판 223** 판테온의 내부: 돔 꼭대기에는 눈의 역할을 하는 지름이 9m인 원형창(=oculus)을 두었다. 이곳을 통해 한 줄기의 강한 빛이 실내에 쏟아진다. 그러나 반대로 비가 올 때를 대비해 대리석 바닥에는 앙증 맞은 배수 구멍이 나 있다. 특이한 것은 사람들이 있으면 온기가 빠져나가면서 그 기류에 의해 빗물이 못 들어오게 된다는 것이다.

라는 인간적 존재라면 소피아 성당에서는 하느님이라는 신적 존재를 상징했다. 판테온의 로마적 세계관에서의 아름다움이 눈에 보이는 실체의 모습이라면 소피아 성당의 기독교적 세계관에서의 아름다움은 눈에 보이지 않는 초월적 정신으로 정의되었다. 폐쇄적이고 정적인 판테온은 기독교에 어울리지 않았다.

기독교에 맞는 공간은 밝고 신비한 빛으로 채워진 개방적인 공간이까 이렇게 돔을 초월적인 상징으로 나타냄으로써 초기 교회 건축에서는 볼 수 없었던 부유적인 신비한 공간 분위기를 소피아 성당에서 양껏 표현했다. 바실리카 교회에서는 예배드리는 앱스(apse=제단)을 가장 신성한 장소로 여겼다면, 비잔틴 교회에서는 신의 권위를 상징하는 돔(dome=둥근천장)을 가장 성스러운 곳이라고 생각했다. 신성한 곳이 '깊이'에서 '높이'로 변하게 된 것이다. 이때부터 건축 양식이 하늘나라를 지향하는 높이로 높아지게 되었고, 그 높이에 대한 신앙은 고딕 성당의 천장에서 그 정점을 이루게 된다. 이렇게 소피아 사원은 유스티니아누스 황제가 기독교의 수장이라는 하늘의 권위와 황제라는 땅 위의 권력을 하나로 합친, 즉 로마 제국과 기독교 세계라는 지상과 천상을 동시에 대표하고자 한 의지를 나타낸 것이다.

당시만 해도 교황의 힘은 황제의 힘을 능가하지 못했다. 황제의 이같은 의지를 나타낸 것은 앙코르와트, 보로부두르, 불국사도 마찬가지다. 기독교가 〈왕즉신(王卽神)〉을 지향했다면, 불교는 〈왕즉불(王卽佛)〉을 지향했다.

1453년 술탄 메흐메드(Mehmed) 2세에 의해 콘스탄티노플이 함락되면서 천년 넘게 이어온 동로마는 끝났다. 이에 따라 소피아 대성당도 기독교 세력의 부활을 막기 위해 술탄은 그림을 가리고 회칠로 뒤덮었다. 이후 이슬람 사원으로 바뀌면서 내부는 이슬람의 제단으로 변했고, 밖으로는 [도판 220]에서 보듯이 이슬람 모스크의 상징인 4개의 미나렛이 동서남북으로 높게 세워졌다. 그러다 1923년 터키 공화국 수립 시 다시 기독교로 복귀시켜야 한다는 기독교계의 요구에 휩싸였다. 그 논란을 잠재우기 위해 1934년 박물관으로 재탄생되면서 모든 사람에게 개방되어 오늘에 이르고 있다. 그러면서 몇몇 곳에 흰 석고를 벗겨내자 기독교 원래의 화려한 모자이크 그림들이 드러났다. 반면에 그 위에 쓰인 이슬람 문자들이 손상되면서 이

문제는 아직도 뜨거운 논쟁이 되고 있다.

　2018년 3월 터키 대통령은 아야 소피아에서 열린 예디테폐 비엔날레 행사에서 85년 만에 코란을 읽었다. 그러더니 2020년 7월 24일 만 87년 만에 기독교 그림을 휘장으로 가리고 예배드리는 장면이 보도되었다. 오스만 제국의 영광을 기원하며 다시 이슬람 사원으로 되돌릴 것을 원하고 있다. 새로운 갈등의 씨앗이 불거지고 있는 것이다. 이 갈등이 이슬람과 기독교 간의 소통을 통해 해결되길 바란다.


# 4. 로마네스크 시대(8~12세기)

　9세기 말엽에 이르러 유럽은 서구 문명의 '암흑 시대'라 할 정치적 혼란에 빠져들었다. 중앙정부의 해체와 더불어 지방 공동체들은 기본적인 기율과 보호를 확보하기 위해 스스로 자구책을 마련할 수밖에 없었다. 이러한 상황을 배경으로 등장한 정치 체제가 봉건제였다. 이 봉건제는 성곽의 출현과 밀접하게 결부되었다. 성곽을 지배하는 자는 인접 농촌 지역을 위협할 수 있었고, 자신의 지배와 보호를 받아들이도록 강제할 수 있었다. 서로 다른 민족인 동로마 제국과 프랑크 왕국이 기독교 속에서 섞이면서 진정한 의미의 유럽이 출현하게 되었고, 봉건제도와 교회 제도가 조화롭게 정착되면서 중세라는 독특한 문화가 만들어졌다.

　이 시기에 교황청이 주체적인 역할로 교회권이 증대되면서 교황 신정정치의 토대가 마련되었다. 교회가 봉건제와 조화를 이루며 정치적·경제적·지리적으로 영향을 크게 확대함에 따라 교황의 권위는 영적 세계를 넘어 정치·경제 그리고 모든 세속적 영역으로까지 영향을 미치게 되었다. 교황은 자연스럽게 세계 안에서 하느님을 대변하는 절대적 권위자로 군림. 이에 따라 자연히 학문·예술·도덕·풍습 등 일체가 기독교의 영향권 아래 놓이게 되었다. 교회의 법정체제가 제도화됨으로 제소된 사건들이 지방 법정으로부터 최종적으로는 교황청 법정(Papal curia)으로 상고되면서, 교황은 교회법의 수장으로서 그리스도교 세계의 최고 재판관이 되었다. 그래서 그가 이곳에서 내린 판결은 최고의 권위를 가지는 판례가 되었으니, 그 무서운 종교재판이 시작된 것이다. 이후 추기경들은 점차 법률적으로 훈련을 쌓은 이들을 교황으로 선출하게 되었다. 그 중에는 법학으로 이름을 떨친 세계 최초(1088)라는 볼로냐 대학 출신들이 많았다.

법률 전문가로서 유럽 전역의 정치적 문제에 개입하고 있었던 교황들은 더 나아가 자신의 정치적 권위의 제도화를 도모하였다. 교황 그레고리 7세가 하인리히 4세를 폐위시킨 사건은 황제와 군주들에 대한 교황의 사법권 행사를 의미하였다. 13세기 중엽에 이르러 교황 이노센트 4세는 교황이 무조건적이고 보편적인 현세적 권위를 가지고 있음을 선언하였고, 1302년 보니파키우스 8세는 모든 그리스도교도가 종교적 문제는 물론 정치적 문제에 대해서도 종국적으로는 교황에게 순복할 의무가 있음을 〈우남 상탐(Unam Sanctam)〉 칙서로 공포하였다. 이제 이론상으로 교황은 그 스스로 세상을 통치하는 보편적인 수장이 되었다. 이렇게 중세는 교회의 전통이 권위를 지니게 되면서 중세인들은 모든 사회현상을 신의 섭리로 받아들이게 되었다.

모든 삶의 귀결점이 인간의 죄에 대한 하느님의 벌이라는 신앙 이데올로기가 통치하는, 즉 초강력한 신 중심의 정치체제가 된 것. 유럽의 이같은 분위기에서 인간은 인간이 나타낼 수 있는 최고치의 신앙을 건축으로 나타낼 수 있었다. 한편, 몰락한 로마의 귀족들은 대대로 평생 모았던 재산과 서적 등을 가지고 수도원으로 들어가는 경향이 많아지면서 수도원은 고대의 학문과 예술을 보전하는 유일한 곳이 되었다. 이렇게 수도원이 중세 문화의 센터가 된 이후, 대학이 생겨나면서 교황 및 추기경들과 유명한 대학교수들이 양성되었다. 〈요한계시록〉에서 성 요한이 천상의 예루살렘에 대해 기술한 대목이 있는데[요한계시록 21:10-21 참조], 이에 따라 당대 수도원은 천상의 예루살렘을 지상에 구현해 놓은 공간으로 정의되거나 거룩한 성 가나안에 비유되었고, 세속은 노예생활을 하던 이집트에 비교되었다.

이처럼 수도원은 지상 최고의 거룩한 장소로 예찬되면서 수도원의 시대가 열린 것이다. 이때 형성된 수도원 정신은 이후 중세를 관통하며 기독교 정신을 주도해 나갔다. 처음 수도원의 큰 흐름은 베네딕트회가 이끌어갔다. 이 회는 529년에 누르 시아의 성 베네딕트(St. Benedict)에 의해 이탈리아의 몬테카시노에서 창립되어 10세기까지 서부 유럽 대부분의 수도원을 건설하는데 주도 역할을. 그러나 현실 세계에 너무 깊이 간여하면서 타락하게 되자 이에 대한 반발로 극기적인 개인주의를 추구하는 시토회가 창시되었다. 시토회는 1098년에 부르고뉴 지방의 시토(Citeaux)라는 곳에 몰렘 수도원 원장 성 로베르투스가 수도원을 세우면서 창시되었고, 1112년 클레르보의 성 베르나르두스(1090~1153)의 노력에 힘입어 12세기 고딕시대에는 유럽 전역으로 퍼져나가며 융성했다.

수도원은 교회 본당을 중심으로 그 주위에 기숙사·부엌·게스트하우스·농업시설·축산시설 등 여러 기능이 배치되었다. 이 배치의 중심에 있는 교회 건물은 하늘나라의 기독교 왕국을 상징했고, 주위 건물들의 여러 기능은 예수를 떠받드는 사도나 천사들의 역할을 상징했다. 이같은 배치는 불교 사원에서도 비슷하다. 당시 수도원은 모든 기능의 기본 인프라들이 어떤 도시보다 체계적으로 종합적으로 잘 갖추어

도판 224 피사의 두오모 전경(1063-1272): 로마네스크 성당을 대표한다. 예루살렘의 성묘교회를 참고해서 지었다. 맨 앞이 세례당, 중간이 본당, 맨 뒤의 기울어진 건물이 그 유명한 피사의 종탑이다. 어둠속에서 경건한 명상과 기도를 위해 창문은 작게 만들었다. 시칠리아 전투에서 이슬람에 승리한 기념으로 세웠다.

진 하나의 작은 도시 수준이었다.

세속의 혼란에 뒤섞여 있던 로마가 침체되면서 기독교도 침체했지만 수도원은 이 침체기에 기독교의 명맥을 유지시키는데 주인공의 역할을 하였다. 이 시기에 수도원을 중심으로 발달한 것이 로마네스크 양식이다. 로마네스크 건축물은 8세기 말 프랑크 왕국의 카롤루스(742~814) 대제 즉위에서부터 12세기 고딕 건축이 나타나기까지 서부 유럽 각지에 세워진 교회들이다. 로마네스크란 "고대의 로마적인 양식", 즉 '로마풍'을 의미하는데, 이 명칭은 천장이 방형[=도판 218]이었던 바실리카형 교회가 고대 로마 건축의 모티프인 반원 아치와 기둥에서 둥근 원주(圓柱) 양식을 받아들인 것을 보고 프랑스 학자 드 제르빌트가 1862년에 '로망'이라고 부른데서 유래되었다고 한다. 그러나 이 명칭은 고전적인 단순한 의미에서의 로마식이 아니라 게르만적 요소가 반영되면서 로마 건축양식을 보다 발전시킨 것이다.

로마네스크 양식은 특정한 지역이나 국가에서 생겨난 것이 아니었다. 당시 유럽은 정치적으로는 안정되어 있었고 경제적으로는 성장하고 있었으며 예술 활동도 수도원의 개혁 운동으로 보다 활발한 여건이 조성되어 있었다. 활동적인 교황과 약진하는 수도원 운동 그리고 신심 깊은 왕들의 통치아래 서방교회는 번영과 확장의 시기를 맞이하고 있었다. 그래서 교황이 영향을 미치는 곳은 어디든 수도원이 설립되었고, 로마네스크 예술이 그 가치를 알렸다. 정성을 다하여 최고의 기교로 치밀하

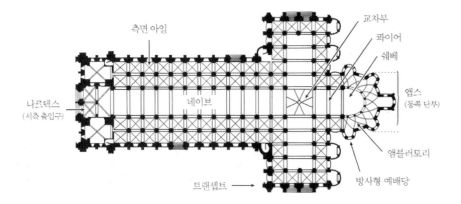

**도판 225** 로마네스크 시대, 라틴 크로스[=장축형 십자가] 모양의 교회 내부와 명칭: ※ 캐롤 스트릭랜드 지음·양상현 외 옮김, 『클릭, 서양건축사』, 예경(2003) 73.

1부 사찰과 성당의 발달

고 정교하게 시공한 〈로마네스크 건축〉에서 그 구조의 특징을 보자.

먼저 외모에서, 몸통에 해당하는 네이브(=본당)는 기존의 바실리카에서 장축형의 길이와 같다. 그러나 양팔을 상징하는 수랑(手廊, transept)은 그 길이에서 2/3 되는 지점으로 내려와 교차시켜 십자가 모양이 되게[도판 219와 225 비교]. 이처럼 건물을 장축형의 라틴 십자가로 만든 것은 교회를 십자가에 못 박혔다가 부활로 승리한 예수가 다스리신다는 것을 상징하기 위함이었다.

도판 226 오튕대성당 최후의 심판 중 린텔(=하인방)에 새겨진 순례자들의 모습들이다. 그중 산티아고데콤포스텔라 순례길을 상징하는 가리비 조개 무늬가 새겨진 그림(=○)이 가방에 새겨져 있다. 도판 227-□부분

도판 227 오튕대성당 파사드 정문 위 팀파눔에 부조된 〈최후의 심판〉(1125-1145) 조각: 비례를 무시하고 평면적인 인체묘사를 했다. 이는 육체를 부정하고 정신을 중시하는 초월적인 기독교사상을 나타낸 것이다.

종탑도 건축되기 시작했는데, 종탑은 외관에 수직적·권위적 효과를 주게 되면서 하늘에 대한 앙모심을 대표하여 상징적으로 잘 나타냈다[도판 224]. 그리고 팀파눔 (tympanum)이라고 부르는 성당 파사드 정문 위 반원형의 박공에는 〈최후의 심판〉을 부조로 새겼다. 이는 〈심판〉을 도피할 수 없는 현실에서, 교회만이 〈최후의 심판〉을 통해 구원받을 수 있는 장소임을 알리고자 한 것이다. 초기의 대표적인 곳 중의 하나가 산티아고데콤포스텔라 순례길을 나타낸[=도판 226] 오튕 대성당의 〈최후의 심판〉이다[도판 227]. BCE 27년 로마 원로원이 옥타비아누스에게 '존경받는 자'를 뜻하는 〈아우구스투스〉라는 칭호를 부여함으로써 그를 최고 권력자로 높였다. 그러면서 그 숭배의 확장으로 유럽 전역에까지 그 이름을 딴 마을과 도시들이 생겨났는데, 오튕도 그 이름의 애

칭에서 유래되었다. 그러니 이 촌 성당도 보통이 아님을 알 수 있다.

나아가 그 명성은 순례길을 걷는 중에 치유의 신비를 가진 성당으로 알려지면서 더 유명해졌다. 그러면서 이 성당 파사드 정문 위 박공에 새겨진 〈최후의 심판〉 그림이 이후 순례길 따라 세워지던 수많은 성당마다 뒤따라 유행되면서 기독교 미술을 대표하는 그림으로 발돋음하게 되었다. 당시는 '천년왕국설'이라는 종말론이 시대를 관통하면서 교회는 〈최후의 심판〉 같은 경직되고 엄숙한 느낌을 주는 주제가 유행했다. 이는 종말론 시대에 교회의 권위를 효과적으로 과시할 수 있는 주제였다. 성당 실내에서, 예배석은 네이브[=중앙]와 아일[=측면]로 구분했다.

네이브의 폭은 아일의 2배가 되게. 그리고 제단은 한 단 높은 곳에 만들었고, 그 아래에는 성인들의 유골을 보관하는 지하예배당으로서 크리프트(Crypt)가 설치되었다. 그것은 요한계시록 6장 9절, "나는 하느님의 말씀 때문에 그리고 그 말씀을 증언했기 때문에 죽임을 당한 사람들의 영혼이 제단 아래에 자리 잡고 있는 것을 보았습니다"는 내용에 따른 것인데, 이는 카타콤 신앙을 계승한 것으로 볼 수 있다. 벽면은 든든하게 하고, 어둠속에서 명상과 기도를 하도록 하기 위해 창문은 작게 만들었다. 이와 같이 로마네스크 성전의 신학적 의미는 당시 수도원 운동의 영향을 받아 명상과 기도로 경건한 분위기를 창출하고자 한 것이다[도판 224]. 이렇게 로마네스크 교회는 건물 전체가 높은 종탑에, 두껍고 견고한 벽에다, 내부분위기는 어두워서 당시 사람들은 이같은 교회를 '신의 성채'라고 불렀다. 실제로 이 어둡고 높고 육중한 건물은 악의 세력과 싸우는 전투적인 교회를 연상시켰다. 따라서 사람들은 교회를 〈최후의 심판〉에서 악과 싸워 승리하는 신의 보루로 여겼다. 그러니 로마네스크 시대 〈최후의 심판〉이 기독교 미술을 대표하게 될 수밖에 없었다.

이같은 예배 공간에서 이루어지는 성찬은 교인들에게는 구원의 은사를 나누어 주는 수단이며, 미사는 산 자와 죽은 자 모두를 위해 드리는 희생 제사라고 생각했다. 그러니 로마네스크 양식은 중세 기독교 신비주의 신앙의 건축적 표현이었다. 당시 교회의 지역화와 함께 나타난 수도원 교회, 순례자 교회, 교구 교회 등은 각각의 기능적 요구에 따라 다양한 건축 형식을 만들어냈다. 한편, 통치자들은 통치권의 옹호를 위해 예수와 마리아의 도상을 자신들의 권위 속에 이입시켰다. 그래서 예수가 십자가에서 고통당하는 상이 아니라 십자가를 힘있게 들고 불사조처럼 생생하게, 그것도 왕관을 쓴 형태로, 성모상도 사랑과 고뇌의 모습보다는 천상의 여왕으로 그려졌다.

예수와 성모를 종교적인 성격으로 초월자·전능자·구원자로서 모습이 아니라 정치적 성격으로서 자신과 같은 왕족으로 겹쳐 세상의 통치자·귀족·왕의 모습으로 묘사한 것이다. 〈왕즉신(王卽神)〉이 아니라 〈신즉왕(神卽王)〉으로. 왕이 예수가 아니라 예수가 곧 왕이라는 표현이니. 이는 재미있게도 불교의 〈왕즉불(王卽佛)〉과는 상반되는 개념이다. 왕권이 교황권보다 강했던 비잔틴시대까지 만해도 불교와 같은 〈왕즉신〉이었다. 이렇게 교황권이 왕권보다 강해지자 왕이 예수가 아니라 예수를 왕으로 오버랩시켜 자신을 나타낸 것이다. 〈왕즉신〉, 〈신즉왕〉 이 두 용어는 의미는 같지만 뉘앙스는 다르다. 이같은 표현상의 차이는 서양에서는 왕권과 독립된, 그러면서 왕권보다 막강한 교황권이 있었기 때문에 왕들이 그 눈치를 보면서 나타난 현상이다. 주어가 왕에서 신으로. 그래서 교황을 왕중왕으로 여긴 간접적인 표현이다.

아우구스티누스(354~430)의 『신국(神國)』에 따르면, 인류 역사는 신의 국가와 세속의 국가 사이에서의 제로·섬(zero·sum) 투쟁인데, 〈최후의 심판〉에서 결국 신의 국가가 승리함으로써 인류의 역사는 종말을 맞게 된다는 것이다. 그래서 강도들이 사는 현실 지옥에서, 승리자의 모습으로 우뚝 서 있는 신의 성채가 아우구스티누스의 교회관으로, 로마네스크 교회가 바로 그런 모습으로 건축되었다. 교회 건축에서 로마네스크 양식은 바실리카 양식을 발전시켜 고딕 양식으로 업그레이드하는데 매우 중요한 역할을. 그러면서 로마네스크 성당에서 대표적 미술이었던 〈최후의 심판〉도 고딕 시대에 들어서면서는 점차 〈성모 승천〉으로 변해갔다. 고딕 시대에는 성모 마리아에게 바쳐지는 '노트르담(Notre-Dame)'이라는 이름의 성당이 유행하면서다.

# 5. 고딕 시대(12~15세기)

## (1) 국제주의 양식 - 프랑스 중심

### 고딕 성당의 시대적 배경

불교에서 사찰 이란 깨달음(=氣)의 흐름을 교리에 맞게 축상적(築像的)으로 질서화한 것이다. 따라서 건축양식이 나타나지 않았다. 형태의 변화보다는 기의 흐름을 즉 신앙의 성격보다는 깨달음의 원리를 지향하는 건축이기에. 그래서 그 지형·위치·공간에 맞게 〈전·각·문·루〉 등을 생태적 리듬과 다양한 구조로 표현했다. 따라서 불교 건축은 부석사에서 보듯이 자연환경에서 다양한 요소까지 심미적인 기의 리듬으로 치환되어 있다.

이에 반해, 기독교 건축에서는 신앙을 조직신학인 이(理)의 합리성으로 다듬어 보다 빗물질화된 형(形)으로 치환하는 것이 꿈이었다. 서양이 추구했던 성당 건축은 인간의 합리성을 바탕으로 해서 건물이란 형(形)을 교리에 맞춰 신비하게 질서화했기 때문이다. 그러면서 교회 건축은 그 시대의 신앙 성격에 따라 체계적으로 변해 왔다. 그래서 가정교회에서부터 고딕 등 다양한 건축 양식의 성당을 거쳐 오늘날 롱샹성당과 로사리오경당까지 나타났다.

곧 다양한 건축 양식의 체계적인 변화가 성당 건축의 발달과정이었다. 일반적인 건물에서는 의미와 가치가 이성(理性)을 통해 미(美)로 이해되고 있다[주53]. 하지만 소피아 사원에서 부유성화라는 빗물질화를 새롭게 창안했듯이, 종교 건물에서

**도판 228** 이탈리아 밀라노 대성당의 소첨탑·대첨탑들: 134개의 탑은 서로 짝을 이루며 어울려 양천을 상징하며 성당 외부를 찬란하게 장식하고 있다. 고딕 성당의 특징을 가장 잘 나타내고 있다.

는 영성의 현현이 미로 표현되면서 발달해 왔다.

그 대단원을 이룬 건물이 고딕성당이다. 초기 교회 건축에서 로마네스크 양식에 이르기까지 거의 천년에 이르는 건축과정은 고딕 양식을 탄생시키기 위한 준비 과정이었다고 해도 과언이 아니다. 그리고 교회 건축사에서 기독교의 성격을 가장 잘 나타낸 모델이어서 오늘날도 여전히 표상의 역할을 하고 있다. 교회 건축사에서 그 정점을 이루고 있는 것이다.

고딕 시대는 농촌 사회였던 로마네스크와는 전혀 다른 도시 사회였다. 도시들은 공동 방어체제를 구축하면서 종종 왕과 영주를 무시할 만큼 강해졌다. 따라서 봉건 영주의 영토에서 도망 나온 농노들은 도시의 보호 아래 자유를 누릴 수 있었다. 그래서 당시 "도시의 공기는 자유의 숨결"이라는 말이 유행했다. 도시는 새로운 진보 시대를 만들어가고 있었다. 이렇게 봉건 영주의 영토에서 뛰쳐나온 많은 사람은 목수, 석수쟁이, 디자이너, 건축가, 노동자 등 여러 다양한 직업을 창출했다. 더구나 도망 나왔으니 심적 보상으로 하늘나라를 향한 그 건축물에 대한 정성과 치장은 상식 이상일 수밖에 없었다. 그들은 토마스 아퀴나스(1225~1274)로 대표되는 신앙과 이성, 신비와 합리라는 스콜라 철학을 건축에서 세련되게 가시화시켰다. 그 이상적인 모습은 그 어느 성당보다도 전성기에 조성된 프랑스의 샤르트르·랭스·아미앵에서 볼 수 있다. 그 건축에 나타난 의미를 보자.

그것이 스콜라 철학을 바탕으로 한 고딕이란 새로운 양식이었고, 그들이 만들어 낸 최고의 걸작이 고딕성당이었다. 이탈리아의 유명한 건축가이자 화가 겸 본격적으로 최초의 미술사가였던 조르조 바사리(Giorgio Vasari, 1511~1574)는 고딕건축에 대해 다음과 같이 폄하했다. "고트족(Goths)', 그들은 참된 교육을 받은 적이 없는 무식한 야만인들이므로, 그들이 건축한 양식은 고전의 황금분할적 아름다움이라고는 전혀 찾아볼 수 없는 첨탑과 뾰족탑, 기괴한 장식을 불필요하게 모아놓은 잡탕에 지나지 않는다." 그에게 고트족이란 타키투스 시대에 알프스를 넘어 바이크 셀강 하류에 살던 동게르만계의 거칠고 무식한, 로마를 멸망시킨 야만족으로 기억한다.

얼마 전까지 우리도 그들을 역사에서 흉노족이라 배웠다. 이렇게 바사리를 비롯하여 르네상스 시대의 미술 비평가들은 '고딕(Gothic)' 건축을 고전(古典)의 캐논인 그리스·로마의 건축 원리에서 벗어난 것으로 여겼다. 그래서 족보에도 없는 촌스러운 건축이라고 비웃는 뜻으로 그렇게 조롱했다. 르네상스 시대만 해도 고트족을 야만의 아이콘으로, 고딕 건축을 잡탕 건축이라 혹평을. 〈바로크〉와 〈인상주의〉란 용어도 비웃음 속에서 생겨났듯이 새로운 생명의 탄생에는 늘 그런 아픔이 있다.

12~13세기 도시의 성장은 신앙생활의 중심을 촌동네 수도원 소속의 교회에서 도시 교회로 이동시켰고, 도시에서는 성모마리아에게 바치는 성당이 유행되면서 곳곳마다 세워졌다. 그와 함께 그레고리오 교황의 대개혁은 교회를 새로운 움직임으로, 특별히 평신도들의 신심(信心)을 자극하면서 보다 성스러운 것을 추구하게 만들었다. 마리아의 궁전으로, 그리스도의 몸으로, 천상의 예루살렘으로 만든 것이다.

### 고딕성당의 건축적 특징

성당을 고딕 건축으로 이끈 것은 조직신학을 완성한 스콜라 철학이다. 고딕 건축의 합리적 이론은 스콜라 철학의 논리를 바탕으로 한 신앙과 과학, 이성과 감성의 변증법적 조화를 앙천을 통해서 나타냈다. 그 건축을 스콜라 철학의 연역적 서술기법으로 축조했다. 즉 '신은 있다'는 대전제를 증명하기 위해 중전제를 만들고, 제시된 중전제 위에 다시 소전제를, 그 위에 더 작은 소전제를 나타내는 방식이 스콜라적 논리다. 이 논리가 고딕성당 건축에서 큰 기둥 위에 중간 기둥을 세우고 그 위에 작은 기둥을 그리고 그 위에 더 작은 기둥을 쌓아 위로 올리고자 했던 방식과 다르지 않기 때문이다. 이같은 특징을 상향식 합리주의라고 부른다[주54]. 그러면서 그 고딕의 연역적 양식을 위한 건축기법이 계속 높이를 지향하며 도입되었다.

첨두아치·리브볼트·팬볼트·마누엘볼트·다발기둥·스테인드글라스·장미창·랜싯·오쿨루스·바-트레이서리·절석조적술·버트레스·플라잉버트레스·종탑 등 꾸준한 새로운 건축 기법과 방식의 변화 발전이 그것이었다. 12세기 학자들은 천상에 계신 신을 모든 제도기를 가진 우주의 건축가로 간주했다. 그래서 위대한 기하학자인 신이 질서와 조화로 이 세상을 창조한 것과 같이, 고딕 건축가들도 땅 위에다 신의 집을 천상의 원리에 맞게 높이로 짓고자 했다. 지금까지 땅의 수평적 거리를 소실점으로 강조하던 로마네스크에서 하늘을 향한 수직적 높이를 총체적으로 해 소실점으로 추구하는 고딕의 시대로 바뀌게 된 것이다.

땅의 문화에서 하늘의 문화로. 이 의미는 고딕 성당의 수직성 속에 고대의 탑 요소가 들어있음을 상징하는 것이기도 하다. 즉 고딕 성당은 하늘까지 닿고자 한 고대 바벨탑의 개념이 기독교적 이상에 맞게 새롭게 업그레이드되어 나타난 것이라 볼 수 있다. 고딕성당에서 그 외모적 특징은 〈천장고〉·〈장축형〉·〈십자가〉 형상이다.

〈천장고〉[=도판 319]는 천장의 높이가 높다는 것이다. 천상을 향한 수직 건축을 지향했다. 그 높이를 기둥으로 바치는 한편, 버트레스라는 버팀 구조인 부벽이 외부에 창안되면서 보다 더 높아지는 천장의 문제를 지탱하게 되었다.

〈장축형〉[=도판 240]은, 건물에서 폭에 비해 길이가 길다는 것. 어떤 성당은 폭에 비해 3배 이상 길다. 따라서 성당 입구에 들어서면 제단이 아득하게 보이게 되면서 경건한 자세와 함께 신앙의 깊이감을 느끼게 된다. 그리하여 그 신앙이 업그레이드 되면서 그 구조가 진입공간에서 단계화되어 등장하게 되었다. 노트르담성당에서 Ⓐ-Ⓗ처럼.〈순서, (2)성당의 진입공간 구조, 참조〉

〈십자가〉[=도판 225, 276] 형상은, 위에서 볼 때 교회 모양이 십자가에 달리신 예수의 형태라는 것, 즉 교회에서 제단(=앱스)은 그리스도의 머리를, 좌우 수랑(=트란셉트)은 양팔을, 본당(=네이브)은 몸통을 나타냈다. 이는 교회가 그리스도의 육체와 정신이 처절하게 그러면서도 숭고하게 매달린 십자가로서 건물을 나타내는 것이다. 그러므로 그곳엔 기독교의 핵심인 대속으로서 절정이 성으로 거룩하게 담겨있음을 상징한다. 물리적이고 감각적인 수많은 개별미와 그것들이 집합된 전체미를 고딕 건축이 보여주어 정신적인 환희의 경지에까지 이르게 했다. 이는 '미(美)'를 '쾌(快)'와 연결시킨 토마스 아퀴나스의 미학을 그대로 나타내주는 것이다[주55].

## 교황권의 뒷받침

두오모는 주교가 상주하는 대도시의 중심교회를 의미했다. 오늘날 대성당을 일컫는 두오모인 커시드럴(cathedral)은 어원학상의 의미도 주교가 앉는 자리인 '주교좌'를 의미하는 '카테드랄리스(cathedralis)'에서 유래했다.

그 유래는 로마제국의 일사분란했던 행정조직인 '키비타스(Civitas)'를 교회 행정으로 도입하면서부터다. 그러면서 교회조직도 일사분란한 행정체계로 발전하게 되었다. 처음에는 교회를 '신자들의 모임'이란 뜻인 에클레시아(ecclesia)라고 불렀다. 그런데 얼마 후 주교가 작은 예배당과의 구별을 위해 대예배당을 카테드랄리스 즉 '주교가 앉는 자리'라는 이름으로 바꾸었다. 그것은 로마 행정 책임자가 일 보던 키비타스 관청처럼 성당 행정책임자의 자리인 주교좌를 큰 교회에 설치했기 때문이다. '이는 주교가 시무하는 성당'이란 뜻. 따라서 대성당의 어원은 〈키비타스(Civitas) → 카테드랄리스(cathedralis) → 커시드럴(cathedral)〉로 변해온 것이다.

중세시대 가톨릭은 이렇게 로마의 고도로 관료화된 행정조직을 그대로 이어받아 탄탄한 성권(聖權)을 구축했다. 그리고 각 지역의 주교와 수도원장은 봉건 영주이기도 했고, 교황청은 세금과 기부금 등으로 왕실을 능가하는 부(富)를 축적해 나갔다. 이렇게 하여 교황청이 유럽 전역의 큰 교회를 지배하고 큰 교회들은 다시 각 지역의 교구에 있는 작은 교회를 실핏줄처럼 관할함으로써 궁극적으로 기독교가 유럽 전역을 실질적으로 지배하는 것이나 다름이 없었다. 한편, 보름스 협약(1122년)은 교황과 신성로마제국의 황제 사이에 맺어진 것으로, 그 내용의 핵심은 교황이 알프스 북쪽 지역의 성직자에 대해서도 서임권(敍任權)을 갖는다는 것이다. 이것은 교황이 세속 국가의 황제를 능가하는 교황 통치체제의 탄생을 알리는 중요한 협약, 아니 사건이었다. 통치적 왕권보다 신앙적 성권을 지닌 교황이 유럽 곳곳의 성당까지 거미줄처럼 영향을 미칠 수 있게 되었으니까. 이로써 교황이 황제보다 높은 지상 최고의 권력으로 올라서게 되었다.

이제 강력해진 기독교는 이탈리아에서 알프스 이북까지 지배하게 되면서 교회권력은 성권(聖權)이란 이름으로 〈장축형〉·〈천장고〉·〈십자가〉 형상이란 기독교 역사상 최고의 고딕 성당을 탄생시킬 수 있는 든든한 뒷배경이 되었다. 한 기록에 따르면 프랑스에서만 1180년부터 1270년 사이에 1,800만이 안되는 인구가 주교좌 성당 규모의 교회를 80개 그리고 수도원을 500여 개나 설립하였다. 또 1만 명도 안되는 샤르트르에서 한 세대 동안 샤르트르대성당을 개축하였다. 다른 지방보다 더욱 웅장하고 높은 교회를 건축하려는 경쟁은 13세기 말엽에 이르러 열병처럼 번지며 유행한 것이다. 상인들은 그들의 대성당에 막대한 투자를 하였고, 창문에는 자신들의 얼굴이나 서명을 스테인드글라스의 그림 속에 새겨 넣었다. 이는 인도 산치에 불교 유적군을 이룬 비디샤 상인들과도 같다.

고딕 시대에 들어오면서 정치 문화의 중심이 지방분권을 시행했던 독일 작센의 오토 왕조(963~1024)에서 중앙집권체제를 유지한 프랑스의 카페 왕조(987~1328)로 넘어가기 시작하였다. 당시 카페왕조는 전성기에 들어있었다. 종교적으로도 교황청이 독일에 대한 견제를 위해 프랑스 왕에게 권위를 부여하고 지역 교회의 지배권을 인정하였다. 따라서 고딕 건축을 탄생시키는 데 중심 역할을 한 나라는 유럽에서는 그 어느 나라보다 프랑스가 되었다. 또 시골에서 탈출하여 경제적으로 성숙한 시민 계층을 대상으로 대학 설립, 지성의 발전, 과학 기술의 발달 등이 이루어지면서 고딕 문명은 〈기독교·왕권·시민계급〉, 이 세 요소가 연합을 이루면서 만들었다고 할 수 있다.

그리하여 고딕 문명을 주도하게 된 프랑스의 고딕 건축은 국제주의 양식을, 이것을 받아들인 영국·독일·이탈리아·스페인·포르투갈 등의 인접 국가들은 자국의 전통에 맞게 변형한 지역주의 양식을 나타내게 되었다. 동남아에서는 인도가 국제주의 양식을, 그 주변 국가들이 자국의 전통에 맞게 변형한 지역주의 스투파 양식을 나타낸 것처럼 말이다. 고딕은 이렇게 〈로마–지중해–수평선–농촌–농업〉으로 대표되는 로마네스크의 문명을 끝내고, 〈파리–북유럽–수직선–도시–상업〉이라는 새로운 문명으로 업그레이드시켜 나갔다.

### 삶의 광장 역할

사람들은 성당을 도시의 중심에 세웠고, 그 앞에는 넓은 광장을 두었다. 그것은 성막교회에서부터의 전통이었다. 그래서 고딕 성당 앞의 광장은 축제 시에는 식당이 되고, 극장이 되고, 웅변 시합을 벌이거나 토론장이 되고, 악기를 연주하고 아크로바틱을 연출하는 등 온갖 퍼포먼스와 이벤트가 벌어지는 통합된 문화 예술의 공간이 되었다. 그뿐 아니라 사람들이 모여드는 시장이었고, 여행자들의 출발지이고 도착지이기도 했다. 이처럼 광장은 평소에는 시민공원처럼 활용되다가 특정 교회 절기가 되면 정치·경제·사회·문화 등을 위한 각종 행사가 때와 상황에 맞게 열리면서 교회 생활과 밀접한 관계를 맺어 나갔다.

생활 공동체와 종교 공동체가 교회를 매개로 하여 하나가 되었기 때문이다. 시대의 활력을 이끈 또 다른 기독교적 〈포럼〉이었다. 수도원에서 교회가 중심지에 세워져 예수의 육신과 정신을 강조하고 그 주변이 예수를 떠받드는 구조였던 그 기능 그대로, 고딕시대에도 도시 중심지의 넓은 광장에 교회를 높이 랜드마크가 되게 세워 도시 전체를 굽어보며 그 역할을 그대로 했다. 그러면 고딕 성당의 건축을 살펴보자.

## (2) 초기 시대 - 생 드니 성당(1140)

987년 일-드-프랑스(lle-de-France)에서 일어난 위그 카페는 프랑스 북부 누아용에서 대관식을 통해 카페왕조의 문을 열고 프랑크 왕국의 국왕(987~996)이 되었다. 이후 파리 주변의 일-드-프랑스 즉 왕기(王畿) 지역이 고딕 성당의 본산지가 된다. 일-드-프랑스 지역 중 북쪽에 위치한 생-드니 수도원은 프랑스 왕실의 왕관과 휘장 즉 'Regalia'의 보관소였으며 프랑스 수호성인의 성골함 저장소이기도 했다. 생-드니 수도원은 이처럼 프랑스 기독교와 왕권의 정신적 상징처였다.

이곳에서 루이 6세(1081~1137)가 왕권 강화 정책을 추진하면서 성당 개축에도 변화가 나타난 것이다. 고딕이란 새로운 양식의 싹은 이렇게 생-드니 수도원 내 왕실 무덤교회를 새롭게 리모델링하면서 비롯되었다[도판 229]. 생-드니(Saint-Denis) 수

**도판 229** 생-드니 성당 전경: 생 드니가 파리의 몽마르트언덕에서 참수당하자 자기 머리를 들고 신이 지시하는 장소까지 걸어가 쓰러져 순교한 곳이 생-드니 성당이 되었다.

도원의 원장인 시제르(Abbot Suger, 1081~1151)에 의하여 개축된 이 성당의 현관인 나르텍스(1122~1140)와 성가대석인 내진(內陣, 1140~1144년)에서 고딕 양식이 처음으로 나타났다[도판 230, 231]. 이렇게 생-드니 성당을 개축하여 1144년 6월 11일 헌당식을 거행한 시점이 로마네스크 건축에서 고딕 건축으로 넘어가는 양식에서 그 시대구분의 기준이 되었다. 헌당식에 참석한 생 루이 7세와 수행원들이 이 성당에서 감동하여 이 양식이 전국으로 유럽으로 나아가 전 세계로 퍼져나가게 되었다. 그러므로 생-드니 성당 리모델링은 종교사적으로나 미술사적으로나 빅 이벤트가 되었다. 단순한 증개축이 아니라 질적 전환의 세계사적 역사가 되었으니 말이다.

건축적인 관점에서 볼 때, 고딕 양식에는 세 가지 특징이 있다.

첫째는 높이를 드러내는 '포인티드 아치'가 천장에 적용되었다는 점.

둘째는 벽면을 '스테인드글라스'로 바꾸었다는 점.

셋째는 기둥 역할을 건물 밖에서 하는 '버트레스'를 고안해 냈다는 점이다.

프랑스에 복음을 전파하다 순교한 파리의 초대 주교였던 생-드니를 위해 그가 묻힌 자리에 처음으로 생-드니 교회가 들어섰다(5세기)[도판 229]. 그 이후 그 교회는 왕실의 무덤 역할을 하는 중요한 장소가 되었다. 그래서 왕실의 고문이자 루이

6세와 절친한 친구인 시제르가 카페왕조의 권위를 위해 생-드니 성당을 고딕이란 새로운 양식으로 증·개축한 사건은 왕권강화를 위한 획기적인 문화정책이기도 했다. 이로써 동·서양의 위대한 종교적 건축물은 모두 왕의 원찰 성격인 무덤 치장에서 시작되었음을 알 수 있다.

시제르는 매우 가난한 집에서 태어나 어린 시절 생-드니 수도원에 의탁되었는데, 정치·외교·경제의 실무 능력이 뛰어나 41세에 수도원장이 되었다. 이후 루이 6세와 7세의 재위 기간에 국정의 고문과 때로는 섭정 역할을 하기도 했다. 그는 평소 사치스러웠다. 그래서 비난도 많이 받았다. 그러나 그 사치를 새로운 교회당의 개축 공사에 전부 쏟았다. 그는 "우둔한 문맹인은 구체적인 상징을 통해서만 확신에 이른다"고 하면서, 그 구체적인 상징의 표현을 위해 수도원에 소속된 땅과 시장에서 생기는 이익, 순례자와 귀족들의 기부금 등을 그 표현하는 공사에 아낌없이 쏟아 부었다. "유한한 인간이 무한한 신을 이해하기 위해서는 물질에 의존할 수밖에 없다. 그 물질은 가능한 한 아름답고 가치있어야 한다"고 주장하면서다. 그러면서 인간의 영혼을 천상의 세계로 끌어올리게 될, 하늘 높이 치솟는 포인티드 아치를 생각해 냈고, 어둡고 두터운 벽을 스테인드글라스로 대체해 성당 내부가 칼라그림과 함께 천상의 빛으로 가득 찬 성스러운 부유공간을 만들어 냈다. 고딕성당은 이처럼

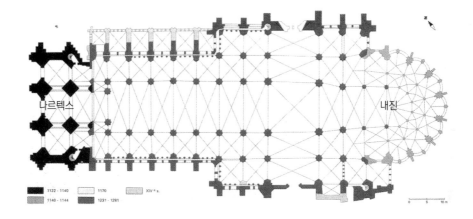

**도판 230** 생-드니 성당의 개수 부분: 출입하는 현관인 나르텍스와 내진인 제단과 성가대석에서 스테인드글라스를 통해 고딕양식이 처음으로 나타났다. ※ 임석재, 『하늘과 인간』(3), 북하우스, 도판 615쪽

1부 사찰과 성당의 발달

도판 231 생-드니 성당의 내진부분(도판 230참조): 어두침침했던 실내공간이 스테인드글라스 창문으로 바뀜에 따라 처음으로 빛이 넘나들면서 공간은 투명한 막에 그림들이 겹쳐진 것처럼 부유성화로 신비하게 느껴졌다.

그의 문맹자를 위한 아낌없는 사치에서 화려하게 태어났다.

내진을 보게 되면 천장이 반원아치에서 포인티드아치 즉 첨두아치로 바뀌었다. 그래서 [도판 231]처럼 첨두아치마다 단일 기둥만으로도 천장을 받치게 되었다. 필요한 골격만 천장에 남겼기에 그럴수 있었다. 이것이 초기 고딕을 알리는 대표적인 구조다. 첨두아치 이후 고딕 건축의 특징 중 하나인 교차 리브 볼트[=도판 315. 316]를 이룩하게 되고, 구조 체계상 제한 받았던 빛(=採光)의 문제를 스테인드글라스로 해결하게 되면서 공간은 경쾌감·생동감·긴장감·율동감을 화려하게 갖게 되었다.

시제르가 이렇게 고딕 양식을 처음 창안하게 된 것은 하느님의 존재를 '빛과 과학'이란 신비로운 방식으로 보여주고자 했던 아이디어에서였다. 답답하고 어두웠던 로마네스크교회에서 넓어진 창을 통해 자연 빛이 생-드니 성당내부에 흘러들게 되자 사람들은 홀리면서 이 빛을 초자연의 빛으로 간주했다. 특히 성경말씀을 그림으로 그린 유리창을 통해 흘러넘치는 성스러운 빛은 더 환상적으로 더 신비하게, 성령이 임재한 듯한 부유공간으로 즉 '빛의 성경'으로 보여 주었다.

이제 내부는 기둥 사이의 넓어진 공간사이로 빛이 넘나들면서 공간은 투명한 부유막이 겹쳐진 것처럼 신성하게 느껴졌다. 깨끗한 투명의 바다에서 아름다운 산호초를 들여다보는 듯한 시제르가 가장 바라던 성당 분위기가 되었다. 그는 이렇게 빛을 하늘과 신도를 이어주는 신앙의 매개 부유로 생각했고, "나는 세상의 빛이다"(요한 8:12)라는 성경 말씀에 따라 그 빛을 예수에 비유했다.

이후 생-드니 교회 건축을 시작으로 프랑스 북부의 왕실 소유 교회인 누아용·라

옹·수아송·상리스같은 주교좌가 있는 중심도시들이 경쟁적으로 낡은 교회를 헐어
내고 새로운 양식으로 대성당을 증 개축하거나 새로 세워나갔다. 고딕 양식이 확산
되기 시작한 것이다.

## (3) 중기 시대 - 노트르담 성당(1163)

파리는 508년 클로비스 1세(Clovis, 466~511)가 프랑크 왕국의 수도로 정했다. 그
후 생-드니가 복음을 전파하다 몽마르트 언덕에서 참수형을 당한 이후 종교의 중
심지가 되었다. 1215년에는 교황에게서 인가를 받은 파리대학이 생겨나 학문의 중
심지가 되면서 13세기에는 유럽에서 가장 평화롭고 번성한 도시가 됐다.

당시 파리는 카페 왕조의 행정 중심지였을 뿐만 아니라 알프스 이북의 경제와 문
화 중심지였다. 특히 파리의 중심에 있는 시테섬은 왕과 주교가 관할권을 나누어
동쪽엔 대성당을, 서쪽엔 왕실의 궁전을 건설했다. 주교의 위상이 왕의 위상과 동등
함을 나타내는 증명이기도 하다. 파리의 심장부에 해당하는 시테섬에 생-드니 수
도원 교회의 영향을 받은 고딕 양식으로 〈노
트르담(Notre-Dame)〉이란 대성당을 지었다.
이름 그대로 성모마리아에게 봉헌된 이 대
성당은 프랑크 왕국의 권위와 수도에 걸맞
는 수준으로 짓기 위해 기존의 성당을 헐어
내고서. 그 성당은 시테섬 동쪽 끝에 있던 메
로빙거 왕조(481~751)의 성당이었다.

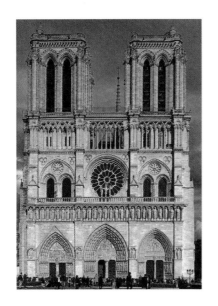

**도판 232** 초기고딕을 마무리하고 중기고딕을
알린 파리의 노트르담 대성당

이 노트르담 성당을 1160년 파리의 주교
모리스 드 실리가 개축을 제안했고, 1163년
파리에 체제 중이던 교황이 대성당의 초석
을 놓아 1182년 내진이 완성되었다. 1250년
에는 파사드의 69m 쌍둥이 종탑이 완성된
것이 현재의 모습이다[도판 232].

**도판 233** 노트르담 성당의 열주. 기둥이 굵다.

**도판 234** 노트르담 성당의 부유천국 천장 공간: 천장 높이기 경쟁이 시작되면서 처음으로 30m를 넘어 34.5m에 이르렀다.

당시 유럽에서 가장 큰 규모였다. 원래의 설계도에 따르면 샤르트르 성당처럼 첨탑이 예정되어 있었다[도판 236 참조]. 그러나 첨탑이 아니기 때문에 오늘날 오히려 독보적인 개성을 자랑하게 되었다. 고딕 성당의 절제된 표준이 되었기 때문이다. 정문에서도 변화가 일어났다. 교회를 상징하는 반석에서 하늘나라로 들어가는 동굴의 입구처럼 나타내기 위해 정문을 현관 뒤로 깊숙이 후퇴시켜 정문의 두께가 두터워지면서 아키볼트가 생겨났다[도판 326-① 참조]. 그래서 그곳 팀파눔에 최후의 심판을 조각하고 그 아키볼트에 하늘에 오른 수많은 성인과 천사들을 새겨놓았다. 또 플라잉버트레스가 본격적으로 등장하게 되면서 천장 높이는 30m가 한계라던 불가능을 가능으로 만들며 천장이 보다 더 높아지게 되었다.

노트르담 성당은 이렇게 기독교의 욕망을 천장은 높게, 폭은 넓게, 벽은 얇게 즉 〈고(高)·광(廣)·박(薄)〉으로 표현하기 위해 안간힘을 쓴 흔적이 실내의 곳곳에 나타나 있다. 그래서 대성당의 석공 장식은 몇 세기에 걸친 다양한 예술사조의 변천을 고스란히 담고 있다. 건물 크기도 5랑식-이중 복도에 폭이 38m, 장축 전체의 길이가 122m, 천장 높이가 34.5m로 이전의 성당과는 그 〈길이·넓이·높이〉에서 감히 비교의 대상이 아니었다. 이 시기는 카페왕조의 권위와 프랑크 왕국의 파우어가 유럽에서 최고조에 달한 때이기도 했다. 그러나 규모 면에서 웅장함이나 수직성에 비해 조도는 밝지 못했다. 성기 고딕에 이르지 못하는 큰 이유 중의 하나이다. 그래서 노트르담은 중기 고딕을 마무리한 성당이 되었다. 이때는 동남아에서도 미얀마의 바간에 4,000기가 넘는 탑과 크메르 왕국의 씨엠립에 앙코르 유적군 같은 위대한 건축물이 세워질 때다.

하나의 위대한 존재로 녹아든 세세한 부분들, 5층 크기의 거대한 자태, 눈 앞에 펼쳐지는 고귀한 평온. 이 고색창연한 유적에 세월이 가져온 퇴화는 실로 유감스럽지만 그와 동시에 인간이 초래한 헤아릴 수 없는 훼손은 나를 분노에 떨게 한다.

빅토르 위고는 1831년 출간한 소설 『파리의 노트르담』(주로 '노트르담의 꼽추'라고 번역됨)에서 노트르담 대성당을 이렇게 묘사했다.

성당이 날이 갈수록 심하게 훼손되었으나 복구가 이루어질 기미가 보이질 않았다. 그래서 그 같은 상황을 개탄한 내용을 소설로 쓴 것이다. 이 소설은 대성당의 복구 및 보전을 역설한 그 어느 학술 논문보다도 큰 효과를 가져왔다. 그리하여 사람들에게 경각심을 일으켜 결국 대성당의 복원작업이 이루어졌다. 또다시 반세기 전엔 드골 대통령 당시 문화부 장관이자 작가이기도 했던 앙드레 말로가 대성당 보수를 지휘했다.

앙드레 말로는 강력분사기를 이용하여 성당의 더러운 외벽을 깨끗하게 닦아냈다. 그래서 외부 석조들이 빛을 발하게 되었다. 이 성당의 귀중품 보관실에 많은 보물이 보관되어 있지만 그중 가장 귀하고 가치있는 것은 예수의 가시면류관이다. 이 보물은 원래는 생트샤펠 성당에 있었다. 그런데 나폴레옹이 보관처로 노트르담 대성당을 지목한 이후 이 보물은 매년 부활절 하루 전인 (성)금요일에 일반인에게 공개한다. 지금 미사 시간에는 교인보다는 관광객이 비교가 안될 만큼 많다. 종교적인 건물이 관광의 대상으로, 예배가 공연처럼 문화상품으로 바뀌어 가고 있는 것이다. 이는 유럽에서 나타나고 있는 보편적인 현상이다.

## (4) 성기 시대

고딕성당은 프랑스의 카페왕조와 로마 가톨릭 간의 연대에 의한 산물이었다. 그 결과로 나타난 새로운 현상 가운데 하나가 성당 봉헌 대상자에 대한 변화다. 지방 분권적 봉건체제였던 로마네스크 시대에서는 지역 세력이 득세했기 때문에, 그래서 그 지역의 성당들이 그 지역의 성인들에게 봉헌되었다. 하지만 중앙집권체제인 고딕 시대에 들어와서는 그 봉헌대상이 성모마리아에게로 집중되었다. 특히 당시 유행한 성모마리아 숭배 사상은 당대의 신앙과 미술의 특성을 이해하는 데 중요한 열쇠가 된다. 왜냐하면 고딕시대의 〈회화·조각·건축〉 등 예술 분야 거의 모두가 성모마리아에게 바쳐졌다고 해도 과언이 아니기 때문이다.

11세기까지만 해도 성모에 대한 관심과 표현이 별로였다. 그런데 12세기 전후로 〈천년왕국설〉이 유포되면서 그리고 14세기에는 무섭게 페스트가 온 유럽에 번지자 성모마리아에 대한 새로운 신앙이 엄청난 위력을 발휘하게 되었다. 이제 그 숭배 사상은 중보자의 역할까지 하게 되면서 인류가 그녀를 통해 구원받을 수 있다는 신학적 설명이 불교에서의 관음보살처럼 가능하게 되었기 때문이다. 그러면서 훗날 종교개혁이 일어나게 되는 균열이 눈에 띄지 않게 가기 시작했다. 성모의 중보심은 『성경』에는 없는, 그래서 프로테스탄트에서는 인정하지 않는 교리이기에. 어쨌든 이때부터 프랑스에서는 거의 다 동정녀 마리아에게 〈노트르담(Notre-Dame)〉이라는 이름으로 봉헌된 성당이 유행하기 시작했다. 그러면서 성기 시대의 고딕 성당에서 그 절정을 이루었다.

### 샤르트르 성당(1220)

시제르의 초기 노력이 샤르트르 학파를 이루며 파리를 중심으로 그 주변 왕령 직할지인 일-드-프랑스 지역을 고딕 성당의 중심지로 만들었다. 시제르의 건축적 유훈이 노트르담성당에 뒤이어 총집결된 것이 샤르트르성당이었다[도판 236]. 샤르트르(Chartres) 성당은 모든 고딕 성당 중 균형과 비례를 총체적으로 가장 탁월하게 보여주고 있다. 이 성당이 탁월한 예술성으로 탄생하게 된 상황에 대해 폰 짐손은

『성처녀 마리아의 궁전』이라는 책에서 다음과 같이 설명하고 있다.

샤르트르 성당이 주는 감동을 완벽하게 이해하고 싶다면, 성처녀 마리아에 대한 믿음을 가지고 있어야 한다. 그래서 당시의 건축가들이 돌을 하나 하나 쌓을 때마다, 정을 한번 두번 두드릴 때마다 느꼈던 성처녀 마리아의 거룩한 존재를 공감할 수 있어야 한다.

도판 235 고딕 성당이 발달하면서 클리어스토리의 스테인드글라스가 양식화된다. 그러면서 나타난 샤르트르 대성당 랜싯창과 그 위의 원형 오클로스창

이 말은 성처녀 마리아를 참되게 이해할 때, 이 성당에 들어있는 섬세하고 부드럽고 따뜻한 건축의 의미를 이해할 수 있다는 뜻. 이는 〈노트르담〉이란 단어가 들어간 모든 성당에 해당된다. 당대 성모 마리아의 신앙적 위상을 알려준다. 대성당의 섬세하고 풍부한 세부장식은 보는 이의 입을 다물지 못하게 한다. 중세에 제작된 조각상들이 2,000여 개나 있고, 거대한 장미창이 3개이며, 13세기에 제작된 스테인드글라스가 무려 150개에 이른다. 이처럼 엄청난 양의 조각과 스테인드글라스를 가진 성당은 보기 드물다. 또 그 빛과 색채가 빚어내는 장려한 신비는 중세 회화의 정점을 보여준다[도판 323].

이 성당의 정문 위 팀파눔에는 〈최후의 심판〉이 아니라 〈성모대관〉이 부조되어 있다. 〈성모대관〉은 마리아가 승천하여 천국에서 왕관을 받는 것을 말한다. 자신의 중보적인 능력으로 천상에서 자신이 받은 영광스러운 왕관을 예배자도 받을 수 있다는 것을 강조한 것이다. 자신의 따뜻한 중보심으로 두렵고 떨리는 예수의 〈최후의 심판〉을 피해 하늘에 오를 수 있음을 나타낸 것이다. 〈최후의 심판〉에 대한 두려운 공황장애를 없애주었으니 인기가 있을 수밖에. 그래서 기독교를 대표하는 미술이 〈최후의 심판〉에서 후기 고딕시대에 와서는 〈성모대관〉으로 많이 바뀌게 되었다.

1부 사찰과 성당의 발달

**도판 236** 샤르트르 성당 파사드: 고딕 초
기에 세운 106m의 밋밋한 구첨탑과 고
딕 말기 불꽃 모양의 플랑부아양 양식으
로 화려하게 세운 115m의 신첨탑의 모
습. 두 탑은 고딕양식에서 첨예한 대조를
이루고 있다.

성당 파사드의 정문 주변인 문설주 조각에는
구약에서 신약으로 이어지는 대표적인 선지자들
이 연대기 순으로 나타나 있는데, 왼쪽에서 오른
쪽으로 멜기세덱·아브라함·모세·사무엘·다윗·
이사야·예레미야·세례자 요한 그리고 베드로가
있다. 즉 구약시대 선지자의 시작인 전설적인 인
물 멜기세덱부터 마지막 인물인 세례자 요한 그
리고 신약시대의 시작을 알리는 베드로까지다.
특히 정문 가운데 기둥인 트리모에는 마리아의
어머니인 성 안나가 어린 마리아를 안고 있는 모
습이 부조로 새겨져 있다. 이는 1204년 제4차 십
자군이 콘스탄티노플을 점령하고 그곳에서 성
안나의 머리 부분으로 추정되는 성 유물을 가져
와 샤르트르 대성당에 선물한 것을 기념하기 위해서였다고 한다. 도시로서 샤르트
르는 11세기에는 학문의 중심지가 되더니 12세기에는 순례의 중심지가 되었다. 9
세기 카롤루스의 손자인 샤를르(823~877)가 예수탄생 때 마리아가 입은 성모의 겉
옷을 기증한 이래, 이 겉옷이 기적을 가져온다는 믿음이 퍼지면서 유럽 각지에서
찾아오는 프랑스의 대표적인 성지순례 성당이 된 것이다.

성모의 겉옷으로 인해 샤르트르 성당은 순례객으로부터 얻어지는 재정수입이
짭짤해, 화재가 나자마자 바로 재건축이 이루어졌고, 1260년 성당 전체가 완성되
면서 프랑스 성기 고딕의 대표적인 성당이 되었다. 앙리 4세(1589~1610)는 낭트칙
령을 공포한 장본인으로 1594년 샤르트르 대성당에서 대관식을 올렸다. 이전까지
모든 프랑스왕의 대관식은 랭스 대성당에서 거행했는데, 앙리 4세가 그 관례를 깼
다. 프랑스에서 종교의 자유를 회복하고 왕권을 강화하려 했던 야심 때문이었다. 그
는 생전에 4번이나 종교를 바꾸었다. 마지막에 가톨릭 신자로 생을 마감했고 이곳
을 그의 안식처로 삼았다.

프랑스 혁명 시 혁명군이 샤르트르 대성당을 점거하고 이를 '이성의 신전'으로 개명하기도 했다. 당시 지배층 중심의 종교에 대한 피지배층들이 갖고 있던 부정적 인식을 노골적으로 드러낸 것을 알 수 있다. 이때 대성당의 가장 귀한 유물이었던 성모마리아의 베일이 사라지기도 했다. 이 대성당은 각 시대의 양식, 기술, 거기에 종교관의 변천을 시간의 흐름으로 표현하고 있다.

샤르트르 대성당의 네이브, 스테인드글라스는 13세기의 작품이지만, 지하 성당은 11세기의 로마네스크 양식이고, 제단은 9세기의 것이며, 제단 옆의 우물은 켈트 신앙의 흔적으로 5세기 이전의 갈로로만 양식으로 만들어졌다. 이렇게 고딕양식은 역사의 흐름을 긍정하고 각각의 시대가 지닌 표정을 살려 나갔다. 더군다나 프로테스탄트가 남긴 파괴행위나 전쟁의 흔적, 불충분한 고증으로 인한 잘못된 수리와 복원 공사에 대해서도 개의치 않아 이 모든 것이 시대의 흐름 속에 중첩되어 있다. 샤르트르성당은 고딕의 시작인 생-드니 성당에서 노트르담성당으로 이어지는 과도기적 흐름을 발전적으로 이어받아 성기 고딕의 문을 연 것으로 평가받고 있다.

## 랭스 성당(1241)

파리 북동부에 소재한 랭스는 로마제국시대, 〈키비타스〉에 기원을 둔 대표적인 주교좌 도시로, 카롤루스 대제(742~814) 시대는 파리보다 더 큰 위상을 가졌다. 11세기 이후 상공업이 발달하면서 당시 유럽에서 가장 부유한 도시에 속했다. 400년경에 세워진 구성당이 화재(1210)로 불난 후, 내진 익랑은 1241년 당시 프랑스 건축계의 거장 장 도르베에 의해, 신랑부와 파사드는 13세기에, 정면의 탑은 1430년에 차례대로 이루어져 현재의 랭스(Reims) 성당이 되었다[도판 237]. 그 후 이 성당은 전통적으로 프랑스 왕들의 대관식이 거행되는 장소가 되었다.

이 성당의 외관은 고딕 성당 중 가장 아름다워 '프랑스 성당의 여왕'이라고 부른다. 13세기의 뛰어난 신건축 기법으로 건축과 조각이 조화로워 고딕 예술의 대표적인 걸작으로 인정받아 1991년 세계문화유산으로 지정되었다. 프랑스의 전신인 프랑크 메로빙거 왕조의 창시자 클로비스(Clovis, 465~511)가 506년 알라마니족과의 전

**도판 237** 랭스 성당 파사드의 위용: ㉠ 문설주 좌우마다 성인들이 부조되어 있고, 아래 ㉡ 장미창에는 성모가, ㉢ 팀파눔에는 〈성모대관〉이, 위 ㉡ 장미창에는 예수가, ㉣의 횡으로 띠처럼 연결된 감실 속에는 역대 왕들의 모습이 부조되어 있고, ㉤ 첨탑이 높이 올라가 있다.

투에서 거듭 패배했다. 그래서 아내가 믿는 신을 찾아가, 이 전쟁에서 이기게만 해준다면 개종하겠다고 맹세한 후, 승리하여 기독교로 개종하게 되었다. 이교도에서 기독교로 개종하기 위해 구 성당에서 한창 세례식을 거행하고 있을 때, 성령을 상징하는 비둘기 1마리가 공중에서 내려와 세례식을 집행하고 있는 랭스의 수호성인인 레미기우스 대주교에게 성유(聖油)를 건네주었다. 성령을 상징하는 그 성유로 세례식을 치른 것이 계기가 되어 프랑크 왕국이 가톨릭을 국교로 받아들이게 되었다. 이후 역대 왕들이, 즉 루이 8세부터(1223) 루이 16세의 동생인 샤를 10세까지(1824) 56명에 이르는 거의 모든 프랑스 국왕들이 전통적으로 이 성당에서 그 성유로 대관식을 거행했다. 당시 왕들은 신의 권위를 그대로 지상의 권위로 생각하며 존중했다. 그러면서 자기가 지닌 권위의 근거를 신에게서 찾았다.

그것의 대표적인 상징이 이처럼 랭스 대성당에서 대관식을 거행하는 것이었으며 또한 자신의 세속적인 지배가 신으로부터 위탁받은 것임을 사람들에게 직접 보여주는 것이기도 했다. 랭스 대성당이 프랑스 왕권과 역사적으로 얼마나 밀접하게 결합되었는지를 잘 보여 주는 예이다. 이처럼 중세사회는 신의 권위를 정점으로 하는 계급사회였다. 그래서 각각의 계급들은 계급간의 권위 차이를 인정했다. 이로 인해 계급 간에 유기적인 조화가 유지되었던 것이다. 랭스 성당의 파사드는 중세 유럽 아니 오늘날까지도 최고의 걸작이다. 정문[=도판 237-㉠]과 그 위쪽 팀파눔에 겹겹으로 둘러진 아키볼트 위의 볼륨있는 〈성모대관〉[=도판 237-㉢]은 풍부한 양감으로 구원을 나타내고 있고, 그 위와 아래에 있는 상하 2개의 아름다운 장미창[=

도판 237-ⓒ. 324]에서 상(上)은 예수의 대속을, 하(下)는 마리아의 중보심을 상징하고 있다.

현관 위쪽의 창은 13세기 가장 마지막에 제작된 것인데, 근래에 들어 보수할 때 러시아 출신의 화가 마르크 샤갈이 그린 '샤갈의 창문'으로 새롭게 보완하였다. 랭스 성당은 수많은 천사의 장식으로 유명한데 그중 가장 유명한 조각은 '랭스의 미소'라 불리우는 천사다[도판 238]. 누군가에게 기쁜 소식을 전하러 가는 사람의 마음은 자신이 먼저 큰 기쁨에 싸이기 마련이다. 그런데 그 기쁜 소식도 인류를 구원

도판 238 랭스성당 파사드 문설주에 조각된 가브리엘 천사의 미소

할 최고의 기쁜 소식이니 저절로 입가에 미소가 새어 나올 수밖에. 아니 몸 전체가 웃음일 수밖에 없다. 랭스성당의 천사가 짓는 미소가 바로 그 웃음이다. 그 웃음을 이 성당에 드나드는 모든 사람에게 아낌없이 선사하고 있다. 오른쪽 날개와 오른손이 파괴되었지만 그 미소가 카바하고 있다. 이 천사는 작은 머리와 우아하고 날씬한 몸, 긴다리 그리고 옷주름이 S자로 난 멋쟁이다[도판 329]. 이 '랭스의 미소'에서는 우리나라 서산 〈마애삼존석불〉이 짓는 '백제의 미소'가 연상된다.

## 아미앵 성당(1220)

1185년 필리프 오귀스트에 의해 왕령지로 편입된 파리 북쪽 피카르디의 중심 도시가 아미앵(Amiens)이다. 이 도시에 고딕 최고의 전성기를 대표하는 성당이 있다. 당시 아미앵은 염료와 직물 산업이 발달하면서 프랑스 북부에서 가장 부유한 상업 도시로 발전을 거듭하고 있었다. 이러한 시기에 화재로 소실된 교회의 자리에 당시로서는 가장 거대한 대성당을, 파리 노트르담 대성당의 영향을 받아 1220년경 건

1부 사찰과 성당의 발달

**도판 239** 아미앵 성당의 파사드: 성기 고딕의 완성과 후기 고딕의 징조가 함께 들어 있다고 평가받고 있다.

**도판 240** 아미앵 성당의 네이브: 폭 32m(익랑포함 65.5)에 길이는 무려 145m나 된다. 천정 높이는 43m, 넓이는 7,700m², 종탑 높이는 65m이다. 조각은 3,600여 점으로 조각의 백과사전이라 불린다. 1981년 세계문화유산으로 지정되었다.

축하기 시작하여 중요 부분은 1288년 완공하였다. 이 성당은 부유한 아미앵 시민 계급의 자부심이 종교 건축을 통해 드러난 역작이다.

당시 종교의 중심지이던 아미앵 도시는 더욱 더 물질이 넘쳐나는 상업적인 대도시로 확대되면서 대성당은 성과 속이 결합된 결정체가 되었다. 성기 고딕 건축은 이 아미앵 성당(네이브 1220~1236, 성가대석 1236~1270. 탑은 15세기에 완공)에서 그 절정을 이룬다[도판 239]. 아미앵 성당의 모든 건축적 요소는 사르트르는 물론 랭스 성당보다 높고 가늘고 길다. 고딕 구조의 이 선같은 유기적인 특성들은 모두 —사람의 척추구조 같은— 가느다란 돌들을 유연하게 끼우고 맞추는 '절석조적술(切石造積術)'이 있었기 때문에 가능했다.

그래서 성당 전체는 상부의 천장과 측면을 지탱하는 각종 섬세한 석재들이, 즉 첨두아치·리브볼트·바-트레이서리·콜로네이드·다발기둥·플라잉버트래스가 성당을 새장처럼, 자전거 바퀴의 살처럼 느끼게 만들었다. 그리고 모든 기둥과 기둥 사이가 유리그림창인 스테인드글라스로 가득 채워지면서, 성당 내부는 이 창을 통해 넘쳐 들어오는 빛으로 마치 하늘나라처럼 탈물질화되었다. 이 같은 설계는 신의 신비로움을 드러내기 위한 것으로 아미앵 성당에서 그 정점에 이르렀다.

아미앵 성당의 가장 큰 의미는 천장이 43m로 가장 높다는 기록에 있다[도판 240]. 그래서 아미앵이 성기 고딕의 완성이라는 사실은 이론의 여지가 없는 통설이다. 그러나 건축의 질적인 측면에서는 랭스에 비해 떨어진다고 한다. 종교적 관점에서 보았을 때 랭스는 왕의 대관식이 열리는 성당으로서 중요성을 갖는데 반해 아미앵은 그렇지 못하다.

이것은 메로빙거의 창시자 클로비스에서 시작된 레미기우스 성유의 전통과 랭스성당에 역대 왕들의 조각이 파사드의 띠로 된 감(龕) 속에 부조되어 있는 영향도 컸을 것이다. 또 이는 고딕 건축을 대표하는 성당으로 당시 통치자들과 사람들은 아미앵이 아닌 랭스를 선정했다는 의미이기도 하다. 이렇게 볼 때 성기 고딕의 완성은 랭스이고, 아미앵은 랭스에서 발전과 함께 퇴행이 동시에 처음으로 나타난 전환기성의 건물로 평가하기도 한다. 실제로 아미앵에서는 후기 고딕의 징조들이 여러 곳에서 나타났다. 이 때문에 아미앵을 후기 고딕의 시작으로 보는 시각도 있다. 그래서 완벽한 고딕 성당의 모습은 랭스의 이상적인 외부와 아미앵에서의 이상적인 내부를 합치면 된다고 평하기도 한다.

## (5) 후기 시대 - 보베 성당(1247)

보베(Beauvais) 성당은 1247년에 짓기 시작하여 1272년 부분 완공했으나 1284년 천장이 붕괴되었다. 감당할 수 없는 높이까지 천장을 올리려다 불상사가. 그래서 전체 완공은 제단과 수랑 부분만 이루어지고 신랑 부분은 없이 1568년에 이루어졌다. 미완성으로서 완성인 셈이다. 그래서 역대 최고인 48m 천장 높이를 정식으로 인정받지 못하고 있다[도판 319]. 그래서 이 성당은 프랑스 고딕 건축의 전성기와 퇴행기의 양면성을 가장 잘 보여주는 대표적인 예가 되었다. 나아가 무너진 바벨탑처럼 기독교 건축의 끝 모르는 수직 욕구의 위험성을 전형적으로 보여주는 예이기도 하다. 당시 사람들은 대성당 건설을 신을 위한 성스러운 봉사로 여겼다. 그래서

**도판 241** 보베 성당(1247~1568): 고딕 전성기와 퇴행기의 양면성을 적나라하게 보여주고 있다.

신에게 도달하기 위한 천장 높이기 염원이 오늘날 자본주의의 정점을 향한 신자유주의처럼 무한경쟁으로 시도되었다. 그러다 그 한계를 경험하게 된 곳이 보베성당이다 [도판 241].

이 성당은 샤르트르에서 랭스에 이어 아미앵에 이르는 성기 고딕의 구조 공법을 십분 활용하여 천장을 자신 있는 듯이 48m까지 올렸다. 이것은 당시 최고인 아미앵보다 5m나 높은 것으로 지금까지 모든 유럽의 고딕 성당에서 최고 높은 기록이다. 그러나 보베성당의 천장 붕괴는 이후 건축 논쟁을 불러일으켰다. 그 결과 토마스 아퀴나스의 후계자들은 이 사건에서 아퀴나스가 추구했던 무한한 신앙과 유한한 이성의 종합은 불가능하다는 결론을 내리면서, 신앙과 이성은 각각의 길을 가야 한다는 생각을 하게 되었다. 이 천장 붕괴사건으로 스콜라 철학을 바탕으로 발전했던 고딕 왕국은 시대를 다하게 되고 중세의 위대한 통합이 해체되는 출발점이 되었다. 빛과 합리주의를 바탕으로 하늘나라를 끝없이 지향했던 인간의 지나친 욕망이 낳은 '만듦'의 건축은 그 임계점을 넘으면서 제2의 바벨탑이 된 것이다.

## (6) 지역주의 양식 - 인접 국가

고딕 성당이 프랑스에서 인접국가로 확산되어 온 유럽으로 퍼져나갔다. 국제주의 양식에서 지역주의 양식으로 변하면서다. 간단하게 그 대표적인 성당들을 보자.

### 영국: 웨스트민스터 사원

영국에서 고딕 양식의 시작은 프랑스 고딕을 받아들인 1170~1180년 정도로

**도판 242** 웨스트민스터 사원(1245 –1375):
영국 고딕 건축의 정체성을 상징한다.

보고 있다. 아주 빠른 편이다. 초기 영국 양식은 캔터베리(Canterbury Cathedral) 대성당 증축(1174)에서 시작되어 짧은 시간에 자신감을 가지고 전국으로 급속히 퍼져나갔다. 그러면서 영국은 프랑스에 대한 오랜 열등의식에서 벗어나고 있었다. 이후 야심가였던 헨리 3세는 1220년부터 로마네스크 양식인 웨스트민스터 사원(Westminster Abbey, 공사 시작 1245~1375 완공)을 부분적으로 철거하면서 고딕으로 증·개축해 나갔다[도판 242].

노트르담이 프랑스의 수도 한복판에 왕궁과 함께 지어진 성당으로 지리적으로 프랑스의 심장을 상징했고, 랭스가 프랑스 왕의 대관식이 열리는 성당으로 세속 권력과 기독교 권력의 연합을 상징했다면, 웨스트민스터 사원은 이 두 성당과 겨룸으로써 중세 문명에서 영국의 정체성을 확립하려는 의도를 드러냈다. 그래서 이 웨스트민스터 사원은 영국 왕실을 대표하는 성당이다. 수도원 중의 수도원 즉 대수도원이라는 의미로 The Abbey라고도 부른다. 7세기 베드로를 받드는 교회를 기원으로 해서, 베네딕트회에 속했다. 11세기 앵글로 색슨계의 마지막 참회왕 에드워드(1002~1066)가 새로 지은 세인트 퍼트로 성당이 지금의 모체다.

이후 앞에서의 언급처럼 헨리 3세(1216~1272)의 지시로 시작하여 당시 프랑스에서 유행했던 고딕양식으로 완성되었다. 그래서 천장 높이도 31m로 영국 교회 중 가장 높다. 지금은 성공회에 속한 교회당이다. 이곳은 영국 왕실의 대관식과 결혼식은 물론 장례식이 열리고 무덤이 안치되기도 한다.

1643년 7월 1일부터 1649년 2월 22일까지 157명의 목사, 상·하의원 등이 이곳에 모여 웨스트민스터 회의를 통해 오늘날 기독교 장로교회의 신앙고백(=사도신경)과 대·소 요리문답, 장로교 헌법 등을 도출해 냈다. 교리의 〈첨두아치·팬볼트·스

**도판 243** 케임브리지의 킹스칼리지 예배당(1446
-1515)의 팬볼트(=부채살 천장)가 압권이다.

테인드글라스·플라잉버트래스)를 이루어 기독교의 세계화를 향한 뼈대를 마련한 것이다.

인근의 웨스트민스터 대성당은 1895년 착공, 1910년에 헌장한 비잔틴양식으로로마 가톨릭에 속한 성당이다. 성공회(=영국 국교회) 에 소속된 웨스트민스터 사원과 구분된다. 15세기에 들어오면서 영국 고딕의 주도권은 가톨릭 성당에서 왕실 예배당으로 넘어갔다. 백년전쟁(1337~1453)을 거치면서 왕실의 힘이 점점 더 커졌기 때문이다.

15세기 왕실 예배당의 문을 연 것은 킹스칼리지 예배당(1466~1515)이었다. 원조 경쟁은 자존심이 걸려 있어서 저변이 풍부한 건축 기술을 가진 영국은 프랑스에서 시작된 고딕 건축을 자기식으로 해석해 받아들였는데, 특히 천장과 창에서 개성있는 양식을 드러냈다[도판 243]. 이 성당에서의 압권은 무엇보다 수준 높은 팬 볼트에 있다. 팬 볼트란 천장에서 뼈대가 부채살처럼 뻗어나가는 장식인데, 이곳에서는 그 뼈대(=rib)가 다양한 방향으로 퍼지면서 연결되는 대표적인 양식이다.

종교개혁과 헨리 8세의 영국 국교회 선언, 수도원 철폐령, 르네상스 양식의 도래 등 새로운 시대와 사건이 대내외적으로 작용한 결과 웨스트민스터 사원 내의 헨리 7세 예배당(1502~1509)을 끝으로 영국의 고딕 양식은 막을 내리게 되었다.

### 독일: 쾰른 대성당

영국은 프랑스와 노르망디 로마네스크를 공유했던 역사적 연관성을 배경으로 프랑스 고딕을 거부감 없이 쉽게 받아들였다. 하지만, 독일은 공유했던 연관성도 없고 신성로마제국의 정치 상황도 어려웠기에 고딕 양식을 창출할 능력이 없었다. 그래서 독일에서 고딕은 영국보다 늦은 1200년경을 기점으로 등장하기 시작했다.

처음에는 영국처럼 로마네스크 건물을 증축하는 데 고딕 양식이 부분부분 차용되는 수준이었다. 14세기에 이르러서야 독일의 융성으로 고딕도 전성기를 맞이하였다. 이때 프랑스와 영국에서는 고딕의 쇠퇴가 시작되었는데, 독일에서는 이 쇠퇴를 메우며 고딕 건축을 유럽 전역에 새롭게 알렸다. 15세기에 이르러서는 오스트리아·스위스·룩셈부르크·체코를 포함한 독일연방은 물론 폴란드·헝가리·라트비아·에스토니아·덴마크·스웨덴 등 10여 개 나라에까지 크게 영향을 미쳤다. 이것은 독일이라는 나라가 유럽 중앙에 위치하여 가장 많은 나라와 국경선을 맞댄 데서 이루어진 확장으로 고딕 양식의 마지막 국가 간의 폭 넓은 교류가 되었다. 그래서 독일고딕은 유럽 전체를 아우르며 가장 많은 수의 건물을 남겼다.

독일에서는 프랑스의 아미앵과 생트샤펠 성당을 극복의 모델로 받아들이면서 프랑스를 능가하는, 그러면서 독일적으로 짓는 방법은 규모밖에 없다고 생각했다. 아미앵은 프랑스 고딕의 클라이맥스로서 완성인 동시에 가장 높은 성당이었고, 생

**도판 244** 쾰른 대성당: 대주교 콘라드에 의해 1248년 착공되어 1322년 주요 부분만 우선 봉헌했고, 이후 아메리카 대륙의 발견과 새로운 과학지식의 발전에 힘입어 사람들의 관심이 하늘에서 지상으로 향하면서 쾰른 대성당은 1560년 중단되었다. 나폴레옹이 쾰른 대성당을 파괴하고 난 뒤, 프로이센의 왕 빌헬름 4세에 의해 1842년 재개되어 1880년에야 이루어졌다.

1부 사찰과 성당의 발달

트샤펠[=도판 320]은 프랑스 왕실의 예배당으로서 동시대 최신의 유행을 대표했다. 그렇기에 독일은 새 성당의 규모를 통해 프랑스의 고딕 건축·가톨릭·왕실 등 모든 것을 앞지르고 싶어 했음을 알 수 있다.

쾰른 성당을 모든 성당 가운데 가장 큰 규모로 짓게 된 것은 이같은 배경에서였다. 이렇게 해서 지어진 쾰른 성당은 폭 84m × 길이 143m에 천장 높이는 46m에 이른다[도판 245]. 이 높이는 유럽의 고딕 건축 전체를 통틀어 가장 높다. 43m의 아미앵보다 3m 더 높은 수치이고, 보베의 48m보다는 2m가 낮지만 보베는 인정받지 못하기 때문에 최고 기록은 쾰른이며, 당대 인류 최초의 마천루라 불리운 이 첨탑의 십자가 높이는 157m나 된다. 쾰른 성당에서 파사드와 1,000개의 첨탑은 대단히 정교하고 복잡함에도, 조화와 통일성을 이루며 완성되었다. 이는 전 세계의 그 어느 파사드보다도 아름답고 경이로운 작품이다.

그러나 규모를 강조하다 보니 독일에서의 고딕은 형태가 비합리적이 되었다. 합리적인 구조보다는 스케일을 위한 파격적인 효과가 더 중요하게 취급되었다. 그래서 분위기가 합리적이면서도 신비한 프랑스의 성당과는 대조를 이룬다. 성당 안으로 들어가도 쾰른의 충격은 계속된다. 전세계에서 가장 장엄하고 엄숙한 실내는 그 어느 것도 사람의 눈길을 바닥에 묶어 두지 않고 위로 쭉쭉 뻗은 모습 따라 뻗게 한다. 한 번에 2만 명까지 들어갈 수 있다. 신(神)이라는 무한한 상징의 힘을 이용해 인간적인 욕망을 무한대로 추구한 것. 어쨌든 쾰른성당은 고딕의 모델·규모·장식 등 모든 분야에서 최고가 되겠다는 야심을 드러낸 성당으로 오늘날 '고딕 건축물의 표본'이라 불린다.

그래서 보관하고 있는 유해도 특별하다. 중세의 전설에 따르면 동방박사 3사람의 유해가 헬레나에 의해 콘스탄티노플로 옮

**도판 245** 쾰른 성당 네이브와 제단 그리고 천장의 모습이 화려한 외부에 비하면 수수하다.

겨졌다. 헬레나 그녀는 황제로서 기독교를 허용하고 개종한 콘스탄티누스 1세의 어머니다. 이후 이탈리아의 밀라노에 있던 것을 바바로사 황제가 독일로 옮겨 쾰른 성당에, 그 관이 보관되어 있다. 유해나 성물도 최고 실력자에 따라 장소가 바뀐 것이다. 이렇게 유럽의 대성당에서는 보다 유명한 성인들의 유해를 봉안하기 위해서 나라 간에도 치열한 경쟁을 보인 것을 알 수 있다. 각 나라의 왕들이 'Regalia'를 최고의 보석으로 경쟁처럼 치장하여 권위를 자랑했듯이. 각 나라의 대성당들은 순례자들을 유치하기 위한 경쟁에 예수와 직간접적으로 연관된 유해와 유품들을 수단과 방법을 가리지 않고 모았던 것이다.

독일의 고딕 양식은 유럽 전체에서 보면 모두 후기 고딕에 속한다. 성모마리아 교회(1384~1440)는 이런 가운데에서 일정한 예술성을 지킨 독일 고딕의 마지막 걸작이다. 당시 독일의 신성로마제국은 가톨릭을 매개로 한 느슨한 형태의 연합이었을 뿐, 이를 구성하는 공국들은 완전히 독립 국가들이었다. 이런 배경이었기 때문에 신성로마제국의 고딕은 다양한 지역주의 양식을 탄생시키면서 온 유럽에 퍼졌다.

## 이탈리아 - 밀라노 대성당

고전주의와 로마네스크의 전통이 강했던 이탈리아에서 고딕은 독일과 마찬가지로 어렵게 시작되었다. 이탈리아에서 프랑스의 고딕 건축을 처음 받아들인 것은 12세기 시토회를 통해서였다.

이탈리아 고딕을 대표했던 경향으로는 '거대주의'를 들 수 있다. 거대주의는 14세기 수도원 교회에서부터 시작되었는데, 밀라노 성당이 이를 대표한다. 이 성당은 밀라노 시민들이 자신들의 성당을 세우기로 결정하고 밀라노를 통치하던 지안 갈레아조 비스콘티의 선언에 의해 1386년부터 건축가, 수학자, 화가 등 각 분야의 대표자들을 초빙했다. 볼로냐, 파리, 쾰른 등 여러 나라에서 초빙된 이들이 모여 성당 건축 계획을 논의했는데 그 논쟁은 1401년까지 15년간 계속되었다.

이들은 규모 문제를 놓고서 의견이 엇갈린 것이다. 파리에서 온 건축가는 프랑스 고딕의 표준방식을 주장했고, 독일에서 온 건축가는 첨탑을 이용한 외관에서의 높

**도판 246** 밀라노 성당(1401-1572): 규모는 길이가 158m, 폭이 66m, 천장 높이가 45m, 크로싱의 천장고는 65.5m다. 높이 108m의 대탑과 134개의 소탑은 사라져가는 고딕 성당의 전형적인 건축 양식을 마지막으로 상징한다. 세상에서 가장 큰 성당을 짓는다는 것이 바티칸 성 베드로 대성당의 재건축으로 두 번째로 큰 성당이 되었다. 겨울비가 흩날리는 평일 밤 풍경이어서 그런지 오늘날의 기독교 상황처럼 흐릿하고 썰렁하다.

이를 추천했으며, 이탈리아 건축가들은 정사각형 비례의 광활한 거대 공간을 주장했다. 최종적으로 이 성당은 세 경향이 뒤섞이면서 하나로 합쳐져 나타났다. 그러면서도 고딕 건축 전체를 통틀어 예를 찾아보기 힘든 매우 특이한 건축이, 그 특징은 위에서 언급했듯이 한마디로 '거대주의'가. 거대함이란 프랑스 고딕 개념의 수직성을 바탕으로 해서, 현란하게 수려하고 다양한 독일적 첨탑과 5개나 되는 넓은 파사드 정문에서 보듯이 이탈리아의 수평적 거대함이 더해진 개념이다[도판 246].

외관은 수많은 첨두아치와 뾰족 삼각형으로 가득 채워졌다[도판 228]. 플라잉버트레스 옆으로 수많은 소첨탑이 세워졌다. 고딕 양식의 전형을 나타냈다. 창은 넓은 것, 좁은 것, 높은 것, 좁고 높은 것, 넓고 높은 것 등이 혼재되어 있다. 이로써 밀라노 성당은 규모의 거대화와 외모의 화려함을 동시에 갖추었다. 이는 프랑스 고딕에서 전성기의 모습이었던 플랑부아양 양식을 풍선처럼 큰 규모로 부풀린 것에 가까웠다.

**도판 247** 밀라노대성당의 네이브: 지금은 전기의 발명으로 전화위복이 되었으나 당시는 외부의 화려함과 규모의 거대함에 비해 실내는 어두웠다. 그래서 조도가 충분하지 않은 상황에서 사용된 스테인드글라스는 오히려 실내 빛을 어둡게 하는 요소로 작용했다.

외부의 화려함과 규모의 거대함에 비해 실내는 어두웠다. 그래서 조도가 충분하지 않은 상황에서 사용된 스테인드글라스는 예배 분위기는 살렸지만 실용성에서는 오히려 빛을 흐리게 하는 요소로 작용했다. 처음부터 실내 조도에는 관심이 없었다. 오직 규모에만 관심을. 오늘날은 전기의 사용으로 오히려 더 좋게 극복되었다. 이 성당이 채 반도 지어지기 전에 새로운 르네상스 건축이 나타나기 시작해 이 성당의 고(高)·광(廣)·박(薄)은 고딕 양식으로서 막차가 되고 말았다. 따라서 밀라노 성당은 사라져 가는 고딕 성당의 마지막 건축 양식을 상징한다. 성당의 공사에서 주요 부분은 1572년에 완공되었지만, 그 대단원은 얼마 전에야 비로소 이루어졌다.

### 스페인 – 부르고스 대성당

11세기 말 로마네스크 양식으로 건축되었다가 13세기 프랑스 건축양식을 적용한 고딕양식으로. 그래서 리베리아 반도에서 지어진 최초의 고딕 양식이다. 이후 계속된 리모델링을 거쳐 지금은 타오르는 불꽃처럼 복잡한 장식을 갖춘 고딕 최전성기의 플랑부아양 양식으로 명성이 높다[도판 248]. 스페인의 북부 부르고스에 있는 이 성당은 산티아고데콤포스텔라 13번 길에 있다.

성모 마리아에게 봉헌하기 위하여 건축된 것으로, 1221년 카스티야왕국의 페르난도 3세 통치 기간에 마우리시오 주교가 주도하여 공사를 시작하였다. 이 주교는 파리에서 공부한 연분으로, 프랑스의 건축 전문가를 불러와 프로젝트를 맡겼다. 또

**도판 248** 부르고스 대성당: 11세기 말 로마네스크 양식으로 건축되었다가 13세기 프랑스 건축 양식을 적용한 리베리아 반도에서의 최초 고딕 양식이다.

**도판 249** 플라테레스크 양식: 대성당에는 이슬람의 영향을 일부 발견할 수 있다. 천장은 레이스 같은 금속 세공 장식으로 꾸며져 있는데, 이를 플라테레스크 양식이라 한다. 후기 고딕의 전형적인 장식이다.

프랑스 고딕 건축 양식과 예술이 빨리 보급된 것은, 중세 이후부터 피레네를 거쳐 산티아고 데 콤포스텔라로 향하는 적지 않은 프랑스 순례자들이 쉬었다 가곤 하던 장소 덕분이기도 하다. 1293년 가장 중요한 첫 단계 공사가 완공되었다. 이후 오랫동안 공사가 중단되었다가 15세기 중반에 재개된 뒤로 100년 이상 지속되어 1567년에야 완공되었다. 뛰어난 건축 구조와 성화(聖畵), 성가대석, 제단 장식, 스테인드글라스 등의 예술 작품과 독특한 소장품 등 고딕 예술 최고 수준의 역사가 총 집약된 건축물이다. 그래서 스페인 고딕 성당 가운데 가장 아름다운 종교 건축물로 평가받고 있다. 이후에도 성당의 건축 및 조형 예술의 발전에 큰 영향을 끼쳤다.

이슬람의 영향도 일부 눈에 띈다. 예를 들어, 대성당 동쪽 끝의 천장은 레이스 같은 금속 세공 장식으로 꾸며져 있는데, 이는 은 세공사를 의미하는 플라테레스크(Plateresque)라고 불리는 양식으로 이슬람의 정교한 금속 장식과 유사하다[도판 249]. 좀 더 보편적으로 얘기하면, 이탈리아에서 기원한 장식적 요소와 이베리아 반도에서 나타난 이슬람적 요소가 고딕 구조위에서 장식적으로 덧붙어지며 형성된 양식이다. 이같은 요소에서 이슬람 조형예술의 성격인 플라테레스크는 스페인 후기고딕 양식에서 전형적인 특징으로 발전하였다. 중남부가 한때 이슬람이 차지했던 지역이었으므로 이러한 영향은 북부에 있는 부르고스에 비하면 중남부에서 더 많이 발견된다. 이 성당은 1984년 유네스코 세계문화유산에 등재되었다. 11세기 이베리아반도는 대부분 이슬람교도에게 점령

당해 있었다. 그 지역을 탈환하기 위해 기독교인들이 국토회복운동을 일으켰다. 그 운동을 레콩키스타(Reconquista)라고 하는데, 그 운동의 주인공이 로드리고 디아스 데 비바르이나 엘 시드(El Cid)란 이름으로 더 잘 알려져 있다. 이 성당은 그의 묘지로도 유명하다. 그는 총명하고 용맹스러운 기사로, 스페인을 이슬람의 통치로부터 해방시킨 영웅이다. 그로 인해 스페인은 다시 기독교 국가가 될 수 있었다.

## 포르투갈 – 성 제로니모 수도원 성당

리스본 남서쪽, 떼주강 후미의 오른쪽으로 벨렘이라는 도시가 있다. 벨렘은 예수가 탄생한 베들레헴의 약자로, 그 이름만으로도 이 도시의 강한 기독교적 색채를 엿볼 수 있다. 벨렘의 중심부에는 히에로니무스 즉 성인으로 추숭된 제로니모의 이름을 딴 거대한 수도원이 있다.

제로니모는 4세기 후반에 살았던 고대 로마의 성서학자로, 교부 중의 한 사람이다. 그가 잘못 번역된 기존의 라틴어 성서들을 한데 모아 새로 번역한 성서가 중세에 표준이 되었다. 벨렘의 성 제로니모 수도원의 기원은 항해왕 엔리케 시대로 거슬러 올라간다. 포르투갈의 후앙 1세의 셋째 아들로 태어난 엔리케왕자(1394~1460)는 항해와 관련해 깊은 조예가 있어 항해술과 선박 건조에 변혁을 일으켰다. 즉 1434년 돛이 하나인 한자 코그선(Hanseatic cog)에 돛 2~4개를 달아 경쾌한 카라벨라(caravela) 범선으로 개발한 것도 그였다. 이 배는 훗날 신대륙 항해의 일등공신 역할을 하였다. 엔리케 왕자 덕분에 콜럼버스의 신대륙은 발견할 수 있었다[도판 197 참조].

한편 3세기에 걸쳐 포르투갈을 점령했던 이슬람 문명의 영향으로 포르투갈은 전례없는 독특한 건축 양식을 탄생시켰다. 이를 1495년부터 1521년까지 포르투갈을 통치했던 동 마누엘(dom Manuel) 1세(1469~1521)의 이름을 따서 마누엘 양식이라고 한다. 마누엘 양식은 후기 고딕 양식에서 파생된 것으로, 건물을 지지하는 기둥에서 천장으로 뻗어나간 모습은 나무둥치에서 그 뻗어나간 가지를 연상시킨다. 해양을 지향해서 그런지 바다와 관련된 물고기와 산호 그리고 이국적인 식물들이 섬세하게 조각되어 있다. 둥근 창틀에는 닻이나 항해기구, 밧줄 등 항해를 상징하는 것들이 조각되어 있다. 이러한 마누엘 양식은 다른 지역에서도 볼 수 있는데, 그중 성 제로니모 수도원 성당이 가장 간결하면서도 힘이 있다[도판 251].

성 제로니모 수도원의 기원은 선원들이 항해를 떠나기 전에 모여서 기도하던 작은 예배당에서 시작되었다. 유명한 탐험가인 바스코 다 가마도 1497년 대항해를 떠나기 전에 이곳에서 예배를 올렸다. 마누엘 1세는 바스코 다 가마의 해외 원정에서 벌어온 막대한 부를 이용하여 이 대성당을 건설했다[도판 250]. 그 아프리카 일주를 기념하여 그 자리에 수도원을 지었고, 수도원의 형태는 바탈랴 도미니크회 수도원의 영묘를 본떴다. 그리하여 수도원 전체는 1517년에서 1551년 사이에 완성되었다. 대지진에도 손상을 입지 않고 옛 모습을 그대로 간직하고 있다.

수도원 북쪽에는 회랑이 있다. 그 회랑 안뜰에는 성 제로니모에게 바친 사자 모양의 석조분수가 있다. 제로니모는 사자의 발에서 가시를 빼는 또는 함께 있는 모

**도판 250** 제로니모 수도원과 성당: 대항해 시대를 상징한다. 왼쪽 멀리 있는 낮은 곳이 수도원, 오른쪽 가까운 건물이 제로니모 성당이다.

습으로 레오나르도 다빈치 등 유명한 화가들
에 의해 묘사되면서 그의 트레이드마크가 되
었다. 여기서 사자는 성경을, 가시는 그 내용의
오역을 은유한다. 실제로도 성 제로니모는 성
서학자이자 대수도원 원장으로서 성서의 내용
이 조금이라도 잘못된 것을 발에 가시가 박힌
사자처럼 못 견뎌하였다. 그 때문에 기존의 조
잡한 성서를 재번역하여 개정하는 위업을 달
성할 수 있었다.

**도판 251** 제로니모 수도원 성당 내부: 우물
반자 무늬마다 봉안된 고전적인 제단화와 천
장 무게를 생명나무 줄기와 그 가지로 받친
마누엘 하늘기둥 양식

리스본이란 이름에 대해서는 여러 설이 있
다. 우선 BCE 1200년경 영국의 콘월 지방을
왕래하던 페니키아인이 세운 항구에서 유래했
다는 설이다. 당시 타구스강(오늘날 테즈강) 하구에 세워진 이 항구 도시는 페니키아
어로 안전한 항구를 뜻하는 알리스 움보(Allis Ubbo)라 이름 지어졌다고 추정하며,
여러 설 중 하나인 여기서 리스본이란 이름이 유래했다는 얘기도 있다.

중세, 리스본은 지중해와 북해를 연결하는 무역로의 중계지로서 발전했다. 그 후
1498년 바스코 다 가마의 인도 항로 개척에 힘입어 북해를 넘어 대서양·인도양·태
평양으로 진출하며 번영하였다. 지리상의 발견으로 신세계를 향해 새롭게 뻗어나
가는 대표적인 도시가 된 것이다. 세계화를 향한 이러한 스페인과 포르투갈의 신대
륙 항로 개척은 기독교의 성격과 성당 건축에 엄청난 영향을 끼쳤다. 질적으로 양
적으로, 긍정적으로 부정적으로.

## 고딕 성당의 대단원

고딕 성당의 건축을 이전의 건축과 비교하면, 구획된 수평적 공간에서 연속된 수
직적 공간으로, 세속적인 현실 공간에서 천상의 초월적인 공간으로, 무겁고 엄정한
공간에서 가볍고 수려한 공간으로, 회화와 조각을 통합하지 못했던 공간에서 모두

가 하나된 공간으로, 외부와 상호작용하지 못했던 공간에서 상호작용하는 공간으로, 내·외부가 연계되지 않던 공간에서 서로 연계된 공간으로, 덜 질서 잡힌 공간에서 고도로 질서 잡힌 공간이라고 평가한다. 따라서 고딕의 건축적 형태는 서양 건축의 발전사에서 그 정점을 나타내고 있다.

고딕 성당은 그 자체가 새기고 빚어서 만든 예술작품이다. 수많은 조각이 건축과 조화를 이루며 일체를 이룰 뿐 아니라 기둥·첨두아치·리브볼트·창문틀, 나아가 플라잉버트레스 등 모든 건축적 요소들까지 한 땀 한 땀 새기거나 빚어서 만들었다. 여기에다 빛의 영광을 나타내는 스테인드글라스까지 합해지면서 고딕성당은 명실공이 기독교를 넘어 인류의 '종합 예술작품'이 되었다.


# 6. 르네상스 시대(15~16세기)

1420년경 이탈리아 투스카나 지방의 피렌체에서 새로운 버전의 건축이 나타났다. 이것이 르네상스 양식이다. 고딕 양식이 주로 성직자들의 설계로 만든 것이라면 르네상스 양식은 피렌체의 시민들이 만든 것이다. 이같은 변화에 가장 큰 영향을 미친 것은 개인의 의식 자각에서였다. 르네상스인들은 자신의 개성을 소중하게 깨닫게 되면서 신 중심의 세계관에서 인간 중심의 세계관으로, 요즈음 식으로 얘기하면 의식화된 것이었다.

르네상스 시대의 성당 건축은 이같은 의식화를 반영한다. 특히 고딕에서 수직으로 높이를 강조하는 것에 비해 수평으로 횡적 유대를 강조함으로써 성당건축에 일대의 변혁을 가져왔다. 즉 고딕에서 신을 지향하던 수직을 버리고 인간 사회의 유대를 상징하는 수평을 강조하여 휴머니티의 이념을 표시하였다. 또 평면에서는 지금까지의 장축 라틴십자형에서 벗어나 중앙 집중형을 기본으로 하면서 5·6·8각형 등이 파생되었다. 그 내부 공간은 측랑을 제거하고 단일 공간화하면서 소피아사원에서 보듯 비

**도판 252** 피렌체의 산타마리아 델 피오레 성당: 브르넬레스키가 설계한 돔(1420-1434)에서 르네상스 건축의 첫 시작을 알렸다.

잔틴 양식에서 사용해 온 돔을 다시 천장에 올려 전체적으로 웅장한 균형을 이루었다. 그 같은 취지에 따라 처음으로 등장한 돔이 브르넬레스키가 설계한 피렌체의 산타마리아 델 피오레 성당에서의 거대한 둥근 지붕이다[도판 252].

르네상스 건축은 우주 질서에 대한 신의 섭리에서 벗어나 자연 그대로 즉 인간의 이성과 감성에 의해 전개되었다. 인문주의가 등장하게 된 것이다. 중세 유럽인들이 신의 완전성을 초자연적 존재로 믿었던 데에 반해, 르네상스인들에게서 신의 완전성은 초자연적이 아니라 자연 그 자체에 존재하는 것으로 믿었다. 자연의 아름다움을 신의 아름다움으로 이해하기 시작한 것이다. 이러한 믿음은 건축에서 절대적이고 영원한 기하학적 질서에 의해 완전한 형태를 추구하는 것으로. 그것이 '원'이었다.

즉 대우주라는 자연과 인체라는 소우주는 '원'이라는 기하학적 형태 속에서 하나가 되었다[도판 253] (대우주라는 부처와 소우주라는 인간이 공과 소실점 속에서 하나가 되듯이). 그것을 증명하려고 노력한 사람이 당대 최고의 건축가였던 알베르티였다. 그는 인간이 신의 이미지 안에서 만들어졌고, 사지를 벌린 인간은 원을 이루며, 원은 가장 완전하고 신성한 형태라고 규정하였다. 원은 가장 완벽한 도형으로서 우주와 모든 사물의 내적 중심이며, 동시에 모든 것을 품을 수 있는 우주 자체라고 생각한 것. 그래서 신은 그 원의 중심이고, 인간은 그 원주로써 구체화되었다.

이런 생각이 피렌체의 두오모 돔에서 출발하게 되면서 이제 교회 건축은 전통적인 장축 모양의 라틴 십자형에서 벗어나 천원지방(天圓地方)으로 옮겨갔다. 즉 땅이 중앙 집중의 방형으로, 하늘이 드높은 돔(=원)형으로 이루어진 르네상스 교회 건축은 더이상 추가하거나 버리거나 바꿀 수 없는 완전한 공간이 되면서 우주질서의 상징이 되었다. 르네상스 성당 건축에서는 〈진입점·제단·돔〉이 핵심이라 할 수 있는

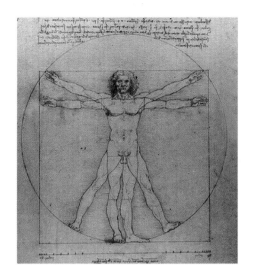

**도판 253** 인체 비례연구: 알베르티(1404~1472)는 인간이 신의 이미지 안에서 만들어졌고, 사지를 벌린 인간은 원을 이루며, 원은 가장 완전하고 신성한 형태라고 규정하였다. 그 설명을 다빈치가 그린 것이다.

데, 그 정점을 이룬 대표적인 교회가 성 베드로 대성당이다[도판 254].

위대한 예술가 미켈란젤로 부오나로티(1475~1564)는 삼천대천의 대우주를 지향하는 신앙을 하늘을 상징하는 돔 지붕으로 나타냈다. 바로크 건축가 카를로 마데르나(1556~1629)는 대성당의 정사각 방형 건물을 직사각 장방형 건물로 진입 공간을 늘였다. 그래서 55,000명까지 들어갈 수 있게 하였다. 세계에서 가장 큰 성당이다. 로렌초 베르니니(1598~1680)는 대성당의 제단 장식인 발다키노(baldacchino)를 최고

의 수준으로 만들었을 뿐만 아니라 앞마당에 장대한 콜로네이드를 만들어 진입과정을 그곳까지 길게 천국의 열쇠 모양으로하여 연결시켰다. 그러면서 대성당 전체 진입공간에서 그 결절점을 3군데로, 그것도 다른 곳과 다르게 나타냈다. 즉 외부에서 중심은 광장 가운데에 있는 오벨리스크이고[=도판 254-Ⓐ], 내부에서의 중심은 발다키노 캐노피가 상징하는 지하에 있는 베드로의 무덤위(=제단)이고[=도판 255-①. 256] 그리고 하늘의 중심은 돔이었다[=도판 254-Ⓑ].

〈오벨리스크·제단·돔〉, 이 세 곳의 결절점이 진입공간에서 하나의 축으로 연결되었다. 천국을 향한 출발지점(=오벨리스크=이집트 지배하의 노예생활을 상징)과 통과의례(=발다키노 제단=불붙는 떨기나무를 상징)를 거쳐 목적지인 천국(=돔=약속의 땅 가나안 복지를 상징)으로 오르게 시스템화한 것이다. 곧 순례자가 광장의 중심에 있는 오벨리스크에 도착하여 죄인을 품어주는 팔(=열주회랑)에 안기면, 열주회랑인 콜로네이드는 〈천국의 열쇠〉가 되어 순례자를 가야할 성당 내부의 발다키노아래 베드로의 무덤 위에 있는 제단으로 이끈다. 그러면 바로 이 떨기나무 제단에서 미사를 통해 천국

도판 254 성 베드로 대성당(St, Peter Basilica): 교황 율리오 2세(1503-1513)에 의해 선정된 건축가 브라만테의 아이디어가 산갈로, 라파엘, 페루치를 거쳐 미켈란젤로에 의해 돔으로 완성되었다. 이후 본당의 정방형이 마데르나에 의해 장방형으로 바뀌었고[도판 255참조], 베르니니에 의해 마당 밖 열주회랑까지 성 베드로 광장이 되면서 진입공간이 천국의 열쇠모양이 되었다.

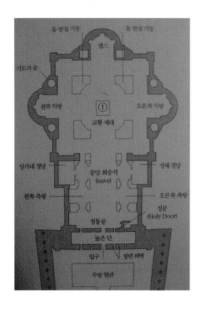

도판 255 성베드로 대성당 평면도: 120년간 (1506-1626)에 걸쳐 여러 교황과 수많은 건축가가 대를 이어 이룩한 건축이다. ※ 마이클 콜린스 지음·박영준 옮김, 『바티칸 – 영혼의 수도, 매혹의 나라』, 디자인하우스, 82.

의 열쇠가 작동되면서 하늘과 땅이 만나는, 신과 인간이 하나가 되는 감정을 느끼게 된다. 그러면서 돔이 상징하는 천국으로 하늘 사다리 발다키노를 타고 오르는 감정을 갖게 [도판 256]. 즉 외연으로 확대된 〈천국의 열쇠〉 모양 중, 그 중심인 오벨리스크에서 진입공간을 따라 성당 안으로 들어와 제단을 향해 가다 베드로의 무덤 위에 있는 제단에 이르면, 야곱이 본 하늘사다리를 응용해 용오름처럼 나타낸 발다키노를 통해 돔이 상징하는 천국으로 올라가게 되는 구조로 희망을 시스템화한 것이다. 미사를 화룡점정으로 해서.

성 베드로 광장은 건축을 공간화한 열주회랑을 통해 그 진입공간을 〈천국의 열쇠〉 모양으로 만들어 순례자들을 품어 안게 설계했다는 점에서 그야말로 기발한 천재의 작품이라고 하지 않을 수 없다. 이는 〈천국의 열쇠〉를 상징하는 베드로가 이 성당의 제단 아래에 영원히 누워있기 때문에 할 수 있는, 여느 성당에서는 엄두도 낼 수 없는 독보적 디자인이다. 세계 성당의 종주에 걸맞는 앵커의 상징이다.

1656년에서 1667년 사이에 세워진 이 콜로네이드 열주회랑은 겹으로 늘어선 기둥들

**도판 256** 성 베드로 대성당의 중앙제단: 신과 인간이 하나가 되는, 모든 교회의 대표가 되는 제단이다. 중앙의 검정색 캐노피(=천개), 닫집이라고도 하는 발다키노를 베르니니가 만들었다(1624-1633). 하늘로 승천하는 기운을 4기둥에다 동적인 용오름 같은 회오리 무늬로 상징화해서. 이 닫집 아래에 초대 교황 베드로의 무덤이 있다.

로 이루어져 있으며 그 위로는 바로크풍의 성인조각상 140명이 서 있다. 모두 베르니니의 제자들이 만들었다. 이는 기존의 고딕 성당 아키볼트[=도판 326-①]에 부조로 나타낸 성인들에 비해 독립적이고 구체적인 것은 물론 신앙적으로도 보다 위엄 있고 규모 있게 나타낸 것이 된다. 면적은 6,600m²에 폭은 71m이며, 입구에서 제단까지 진입공간의 길이는 183m이다. 기독교 순례길 중 가장 짧으나 의미에서는 가장 집약된 길이다. 광장의 중심에는 통돌 화강암으로 만든 고대 이집트 왕국 제12 왕조(BCE 20~18세기)의 오벨리스크가 서 있다[도판 254-④]. 네로 광장에 있던 것인데 수많은 순교자를 추모하기 위하여 1585년 세웠다. 이집트 지배하에서 엑서더스를 의미화했다는 생각이 든다.

발다키노의 어원은 유럽에서는 12~13세기에 발다코(Baldacco)로 불리고 있었던 바그다드에서 만든 값비싼 비단이나 금란(金襴)을 뜻했다. 이후에는 신의 자리인 옥좌를 표시해 우주의 상징으로 또는 제단 등 장식적 덮게인 천개 곧 캐노피를 의미하게 되었다. 천개로써 이 발다키노는 여기에서는 이상 정토인 천국으로 오르는 의미를. 이는 불교에서 이상 정토를 장식하는 닫집의 의미와 같다. 그러니 〈발다키노·천개·닫집·보개·캐노피·금란〉 등의 용어는 종교적으로 사용할 때는 같은 의미다. 성 베드로 대성당의 웅대한 규모, 엄숙한 위용 그리고 강력한 권위는 세계 곳곳의 대형 교회와 미국 의회 건물, 우리의 국회 건물 등 국가의 중심이 되는 세계적인 건물에도 응용되면서 오늘날까지 계속 큰 영향을 미치고 있다.

# 7. 바로크 시대(17~18세기 중반)

바로크(Baroque)란 말은 〈일그러진 진주〉처럼 '이상하게 생겼다'는 뜻. 곧 비정형적이고 기괴하다는 의미다. 원래는 '촌스럽다'는 뜻을 가진 고딕(Gothic)이라는 용어와 마찬가지로 바로크도 처음에는 경멸적인 뜻으로 쓰였다. 이는 둘 다 그리스·로마라는 고전적인 건축의 족보를 무시했기 때문이다.

16세기 초 마르틴 루터에 의해 시작된 종교개혁이 전 유럽으로 확산되자 가톨릭교회는 안정을 위한 자체 보수 강화를 위해 트리엔트 종교회의(1545~1563)를 소집하였다. 여기서 가톨릭은 그간의 기본 교리를 재확인함으로써 프로테스탄트 진영과의 전선이 명백해졌다. 그래서 가장 치열했던 30년 전쟁(1618~1648)이 온 유럽을 휩쓸었다. 이 전쟁을 통해 유럽은 완전히 가톨릭 국가와 프로테스탄트 국가로 나누어졌다.

이러한 과정 속에서 나타난 가톨릭의 바로크 예술은 프로테스탄트의 〈종교개혁〉에 〈반종교개혁〉으로 대항하면서 새로운 자기 확신을 얻었다. 그리고 프랑스를 비롯한 여러 가톨릭국가들은 절대왕정을 지향하면서 자신감을 바로크 문화로 양껏 질껏 나타냈다. 안정 속에서 신앙의 자신감을 장식으로 풍요롭게 때로는 열정이 오버되면서 일그러지게까지 표현한 것이다. 이후 로마 교황과 추기경들은 예술에 대한 열렬한 후원자로, 그래서 거대한 교회·궁전·무덤들을 지어서 자기들의 이름을 남기고 싶어했다. 그러면서 아름답고 호화스러운 성당이나 수도원 등 새로운 교회 건물들이 눈에 띄게 생겨났다. 특히 반종교개혁의 주도적 역할을 예수회가 앞장서면서 성당 건축도 그에 맞는 분위기와 교리에 맞추어 건축하였다. 즉 제단이 건축의 중심이 되면서 대체로 예배를 주관하는 성직자의 자리는 수랑까지 커지고, 신랑은 예배드리는 평신도들의 자리가 되어 성직자와 평신도의 자리는 분리되었다. 그 구분이 분명해진 것이다.

17~18세기 바로크 성당 건축은 가톨릭 교회 내 자기 정화 운동으로 〈반종교개혁〉 정신을 역동적으로 나타냈다. 종교개혁에 의해 분열된 가톨릭 체제를 〈반종교개혁〉

1부 사찰과 성당의 발달

으로 다시 회복한 자신감을 풍요롭게 표현한 것이다. 이 건축은 이렇게 새롭게 강화된 로마 가톨릭교회와 중앙집권화된 유럽의 정치적인 힘을 반영한다. 따라서 이 건축의 평면 공간 속에는 방향성과 운동성을 양극으로 함축한 타원형으로 구성되어 있고, 그 무한한 확장성을 역동적인 양식으로 나타냈다. 바로크 양식의 특징은 그래서 한마디로 공간의 무한한 자유화다. 이는 부석사에서 마당법당을 사다리꼴로 파격을 주어 1:$\sqrt{2}$ 상상방원형으로 퍼지게 한 의미와 비슷하다.

바로크 건축은 지금까지의 모든 건축적 경험을 바탕으로 해서, 르네상스 건축 속에 신앙의 역동성을 불어넣었다. 그러므로 보다 입체적이고 조소적이며 장식적인 요소들을 적극적으로 사용해서 내·외부가 극도로 풍부하고 현란해졌다. 그리고 공간과 매스, 동과 정, 구심성과 원심성, 원과 근, 강력함과 부드러움, 위엄과 미묘함, 환상과 현실, 격과 파격, 인공적인 것과 자연적인 모든 대립적인 요소와 개념들이

**도판 257** 모스크바 성바실리 대성당
(1555-1588): 가톨릭이 아니고 정교회
다. 비잔틴 양식과 러시아의 목조건축 양식
이 다양한 탑 속에서 바로크 양식으로 조화
를 이루며 러시아교회 건축의 백미를 보여
준다.

하나로 통합되었다. 인간의 개성과 감성을 마음껏 강조함으로써 휴머니즘을 강조한 것이다. 즉 바로크 건축은 수많은 장식으로 웅대하고 동적이며 동시에 화려하고 풍부하고 과장되면서도 열정적이고 감각적이고 쾌락적이고 사치스러운 색채를 최대한 다양하게 보여주고 있다.

회화와 조각과 장식이 [도판 257]처럼 건축 속에 통합되어 이루어 낸 하나의 종합 예술이다. 그러면서 신앙의 열정이 지나쳐 종교성을 오버하는 장식물들이 일그러진 진주처럼 나타나기도 한다. 이같은 과정을 거치면서 바로크 성당의 발전은 남부 독일과 오스트리아의 걸출한 성당에서 그 절정을 이루었다. 기독교 건축의 역사에 나타났던 주제들은 여기에 와서 통일되어 최후의 장엄한 종합을 이루었는데, 발타자르 노

**도판 258** 피어첸하일리겐(14성인) 성당: 이 교회는 중세의 높은 수직적 경향과 바로크의 화려한 역동성이 절묘하게 융합되어 사람들을 감동시킨다. 성당 건축사에서 국제주의적 성격의 마지막 양식을 상징한다. 14성인 〈전설〉에는 이 성당을 짓게 된 이야기가 담겨있다.

이만(1687~1753)이 설계한 피어첸하일리겐(Vierzehnheiligen, 1743~1772) 성당이 그중 하나다[도판 258].

이 성당의 기원은 어느 〈전설〉에서부터 시작된다. 1445년 가을, 양치기 소년 헤르만 라이히트가 라인강 좌안에 있는 시토 수도원 소속의 랑하임 수도원으로 양 떼를 몰고 가던 중이었다. 도중에 들판에서 울고 있는 한 아이를 발견했는데, 어느 순간 사라져버렸다. 그로부터 1년 후, 양치기는 울고 있는 그 아이를 다시 보았다. 이번에 그 아이는 가슴에 붉은 십자가를 매단 열 네 명의 아이들에게 둘러싸여 있었다. 그 14명의 아이가 양치기에게 말했다. 자신들은 어려움에 빠진 사람을 돕는 성인이라고. 그러면서 양치기에게 자신들의 이름으로 울고 있는 그 아이를 위한 성당을 지어줄 것을 요청했다. 그로부터 그 아이의 병이 기적적으로 치유되었고 그 소문이 각지로 퍼져나갔다.

이로 인해 대수도원 원장은 성당을 지어줄 것을 요청한 양치기 소년 헤르만 라이히트의 청원을 받아들여 작은 성당을 세우도록 했다. 성당이 완성되자마자 순례 행렬이 이어졌다. 여러 곳에서 순례자들이 모여들었다. 그중에는 화가 알브레히트 뒤러도 있었다. 이후 성당은 몇 차례 소실되었다. 그러다가 1735년 야망에 넘치는 젊은 대수도원 원장 스테판 뫼싱거가 기존의 낡고 작은 성당 대신 많은 순례자를 수용할 수 있는 거대한 성당을 짓기로 마음먹었다. 처음에는 당시 최고의 건축가였던 하인리히 크로네에게 설계를 맡겼다. 그런데 그가 프로테스탄트라는 이유로 반대에 부딪혔다. 그로 인해 발타자르 노이만이 대신 맡게. 그는 바로크 건축의 대가였다.

성당 이름인 〈피어첸하일리겐〉이란 '14구난성인순례(救難聖人巡禮)'라는 뜻. 〈전

**도판 259** 이 성당의 내부 형태는 사람들에게 신비로움과 무한함을 전달하는데, 로코코 장식도 뛰어나 바로크 성당의 마지막 정점을 이룬다. 이들은 모두 현세를 초월한 하늘나라의 특징들이다.

설〉내용 따라 노이만의 설계로 건축했다. 건축한 성당은 설계안대로 5개의 타원과 두 개의 원으로 구성되었으며 중앙에 14구난성인의 제단이 차려졌다. 바이에른의 스투코 장식의 명수인 포이히트마이어(1709~1772)와 위블헤르(1700~1763)에 의한 흰색·황금색·핑크색의 로코코 장식은 남부 독일 바로크 성당의 정점으로 평가받고 있다. 이 성당의 내부 형태는 신도들에게 불교에서 허공장(虛空藏)처럼 신비로움과 무한함을 전달하는데, 이들은 모두 현세를 초월한 하늘나라의 상징들이다[도판 259].

이 성당은 초기 바실리카와 함께 시작된 성당 건축 양식을 보여주는 것은 물론 조각·회화·장식까지 건축에 완전히 조화시킨, 그러면서 지금까지 이뤄낸 그 국제적 양식의 체계적 흐름에 종말을 고하는 마지막 〈종합 예술작품〉이 되었다. 이후 유럽은 더이상 유럽 전체를 하나의 통일된 양식으로 아우르며 새로운 양식을 이끌어내는 국제주의 양식을 창출해 내지 못했다.

# 8. 신대륙-중남아메리카 시대(16세기 후반~19세기)

이전에도 어느 나라가 다른 나라를 정복하면서 종교를 강요한 적은 많다. 그러나 그것으로 끝이었다. 하지만 유럽처럼 중남아메리카를 오랜 기간 지배하면서 노동력을 착취하고 생산성을 높이기 위해 영혼까지 종교로 이용한 적은 없었다. 그러므로 이곳에서 성당 건축의 목적은 종교의 본질인 영성의 갈고 닦음을 위한 것이 아니라 효과적인 식민지 지배를 위한 방편에서였다. 원주민 및 피지배자들을 노예 신분으로 길들이기 위해서였다.

로마 제국 시대에 피지배계층으로 박해받으면서 지하묘지 카타콤에서 형성된 그 숭고한 신앙이 중남아메리카에서는 제국주의적 지배 욕심에 따라 180도 돌변하는 종교가 되었다. 예수의 이름을 팔아 신과 인류에 대한 오욕의 역사를 쓰기 시작한 것. 오늘날 기독교에 대한 실망은 이때부터다. 이 역사는 이후 아시아에 와서는 자의든 타의든 제국주의의 첨병으로 또 다른 십자군 역할을 하였다. 또 다른 종교 개혁이 필요한 때가 된 것이다.

어쨌든 이곳 중남아메리카에서 교회는 원주민들의 문화와 정서를 참작하고 유럽에서 발달해 온 건축 양식을 다양하게 적용하면서 세워졌다. 따라서 이곳에 세워지는 성당은 새로운 양식으로서 건축이라기보다는 바로크 양식을 바탕으로 해서 여러 가지 양식이 짬뽕된 건축이다. 유럽에 의해 이끌리면서 라틴계 인디오가 유럽인, 아프리카인 등의 피가 섞여 오늘날 메스티조·물라토·히스패닉 등 다양한 혼혈이 된 것처럼. 그러므로 당시 제국주의자들이 세운 성당은 신앙을 위한 건축이 아니었다.

빅토르 유고는 서양의 고딕 성당을 "돌에 새긴 성경"이라고 했다. 그는 성당에 들어가 무념무상의 경지에서 무릎을 꿇으면 높은 천장으로부터 메아리쳐 오는 초자연적인 "하느님의 음성"이 돌에 새겨지는 것으로 느끼게 된다고. 그러면서 자신의 고뇌가 정화되는 것을 체험하는 숭엄하고도 거룩한 내부 공간이라는 것이다. 그런데 식민지 중남아메리카에서는 이같은 고뇌가 정화되는 거룩한 영성적 분위기는 느낄 수 없다. [도판 263]을 보면 "영혼 고양"이 아니라, 억압된 현실에서 생겨나는 스트레스나 트라우마의 해소를 위한 병주고 약주는 욕된 차원에서 세워진 것을 알 수 있다.

이같은 차이는 서양의 성당은 백인들이 그들 자신의 영혼 고양을 위해 그들의 신앙 정서에 맞게 스스로 마음과 뜻과 정성을 모아 세운 것이었다면, 이곳에서는 원주민들의 복종, 아니 순종을 길들이기 위해 건축한 성당 아닌 성당이었기 때문이었다. 그래서 유럽의 성당에서는 백인들이 빅토르 유고처럼 성모마리아를 통해 숭엄하고 거룩함을 느끼게 되지만, 중남아메리카 성당에서는 십자가상에서 유색인 자신들보다 더 고난받는 것처럼 보이는 유색 예수상에서 위로받는 분위기를 느끼게했다. 여기서 기독교의 가식성을 느끼게 된다. 지배자들의 오른손엔 채찍과 총으로 복종을 강제하고, 왼손엔 당근과 성경으로 마음을 지배하는 이율배반적인 종교가 되었다.

## 멕시코 시티-메트로폴리타나 대성당

멕시코시티는 해발 2,240m 고지에 자리한 높은 지대에 있는 수도이며, 신대륙에서 가장 오래된 도시가운데 하나였다. 콜럼버스가 신대륙을 발견하기 이전에도 멕시코시티에는 스스로 문명이 존재했다. 즉 이곳에 아즈텍 민족이 이룬 테노치티틀란(Tenochtitlan)이라는 도시가 이미 있었다. 그 도시 중심에는 아즈텍족이 섬기던 신에게 바치는 신전이 있었다.

스페인 원정대가 도착했을 당시 이 도시 인구는 25만이었던 것으로 추정한다. "이 도시가 어찌나 크고 아름다운지 도저히 말로 형언할 수 없습니다. 믿기 힘드시겠지만, 여기는 그라나다보다 더 멋진 곳입니다." 이 글은 최초로 멕시코 땅을 밟은 유럽인 중 한 사람이 스페인 왕 필리페 2세에게 보낸 편지의 일부분이다. 그런데 그 편지의 장본인이 조금의 망설임도 없이 이 아름다운 도시를 -천연두의 유행으로- 쉽게 정복한 후 불바다로 만들고 끔찍한 대학살을 자행한 에르난 코르테즈였다.

그리고 그는 옛 도시의 폐허 위에 새 도시를 건설하고, 파괴한 피라미드 신전의 자재를 새 성당을 지을 때 이용하였다. 어제까지 그 신전에서 예배드리던 현지인들이

도판 260 메트로폴리타나 대성당: 정식 명칭은 〈성모마리아 승천 대주교 성당〉이다. 헌법 광장이라고 불리는 소칼로 광장에 있다. 세계에서 가장 큰 광장의 하나다.

도판 261 1913년 대성당 뒤편 공사 시 지하 계단이 발견되면서 아즈텍 중앙신전이었던 템플로 마요르가 존재한 것이 세상이 드러나게 되었다.

도판 262 메트로폴리타나 대성당 제단: 아메리카 대륙에서 가장 아름답고 웅장하다. 1524년 건축을 시작했는데 오랜 시간 걸린 만큼 고딕·바로크·르네상스 등의 건축 양식이 자연스럽게 혼재되어 미술사적으로는 다양한 매력을 발산한다.

보는 가운데서, 기독교의 이름으로 식민지의 영성까지 말살한 것이다. 이 같은 만행은 당시 멕시코에서는 모든 지방마다, 그러니 전국적인 차원에서 자행되었다. 더 나아가 중남아메리카의 모든 식민지도 모두 그랬다.

정복 10년 후, 한 프란체스코 소속의 수사는 교회가 거둔 업적을 마치 전쟁에서 승리한 것처럼 다음과 같이 자랑했다. "25만 명이 넘는 사람들이 세례를 받았으며, 신전 500곳이 파괴되었고, 토착민이 숭배하던 악마 형상 2만 6천 개가 무너져 불에 탔다."

메트로폴리타나 대성당의 정식 명칭은 〈성모마리아 승천 대주교 성당〉이다[도판 260]. 헌법 광장이라고 불리는 소칼로 광장에 있다. 세계에서 가장 큰 광장의 하나이며, 옛 식민지 시대를 대표하는 건물들이 성당을 보호하듯 들러리 서 있다. 메트로폴리타나 대성당 그 앞에서는 광장의 그 어떤 건물도 빛을 잃고 있다. 규모만으로도 대성당은 길이가 100m에 달하고 높이는 60m에 이른다. 이는 식민지의 터위에 세워진 성당 가운데 가장 큰 것으로, 유럽의 성당들과도 겨룰만하다.

대성당은 아즈텍 원주민들의 신전을 불바다로 만들고 대학살을 자행한 에르난 코르테즈의 부추김으로 1524년에 짓기 시작하였다. 건축 자재는 먼저 파괴한 아즈텍(Aztec) 신전과 중앙신전이었던 템플로 마요르(Templo Mayor)의 석조를 이용하였

1부 사찰과 성당의 발달

**도판 263** 원주민들의 개종을 강요하는 신부를 독살하려고 예수상 발에 독약을 발라 놓았다. 그런데 발에 입을 맞추려는 신부의 입을 예수상이 자꾸 다리를 돌려 피하는 기적이 일어났다. 이를 본 원주민들이 회개하고 개종하였고, 예수상은 독이 퍼지면서 검게 변했다고 전해진다.

다[도판 261]. 그 배경에는 기독교가 우상의 상징인 이교도의 신을 누르고 승리했음을 만천하에 선전하고 싶은 욕구가 깔려있었다. 공사는 1532년까지, 그 업무는 프란체스코 수도회 수도사들이 맡았다. 짓는 와중에도 문제가 많았다. 멕시코시티가 습지였기 때문이다.

결국은 진흙층 지반이 성당의 엄청난 무게를 견디지 못하고 기울면서 건물이 내려앉기 시작했다. 그래서 온갖 종류의 버팀대와 비계를 설치한 후 1615년 다시 시작했다가 1629년에는 대홍수로 중단하기도 했다. 그 완성은 거의 300년이 지난 1813년에야. 그래서 이 성당에는 고딕·르네상스·바로크·네오클래식 등의 건축 양식이 혼재되어 다양한 분위기를 발산 한다. 이렇게 이 성당은 아메리카 식민지 시대 첫 시작의 건물이자 마지막 즈음에 완성된 성당이, 동시에 독립한 멕시코의 첫 기념비적인 건축물이 되었다. 예수의 이름속에 역사의 굴욕이 〈핍박·차별·학대·처벌·고문·학살〉 등으로 배여 있는 성당이다.

제단에는 검은 예수상이 유명하다[도판 263]. 십자가에 달린 이 검은 예수상에 전해오는 믿기 힘든 스토리텔링이 있다. 누가 만들었을까? 백인일까 원주민일까 정면에는 두 개의 종탑이 있다. 그 가운데 중앙 문 위 박공에는 화려한 부조가 새겨져 있다. 내부 제단도 화려함의 극치를 이루는데, 에스파냐 바로크 양식의 섬세한 조각들이 감탄을 자아내게 한다. 당시 피폐해진 원주민 신도의 마음과 웅장한 성당의 규모는 극과 극으로 불균형이었다. 그런 가운데 그 분위기에 길들여져 갔다.

### 쿠바 아바나-성크리스토퍼 성당

콜럼버스의 항해를 후원한 스페인은 신대륙의 반 이상을 식민지 삼았다. 그 결과 토착 원주민들은 학대와 전염병으로, 특히 쿠바의 경우에는 거의 다 몰살당했다. 그에 따라 식민지 강탈자들은 새로운 플랜테이션 농장에 노동력을 공급하려고 아프리카의 나이지리아와 콩고 등지에서 원주민들을 노예로 실어왔다. 그들은 강제로 실려 오면서 그들의 신인 산테리아도 마음에 모시고 왔다. 이곳에서 그들은 아프론 쿠바인(=쿠바에서 태어난 아프리카인)이 되면서, 지배자들이 강요하는 가톨릭 속에 산테리아를 성모마리아로 여겼다.

이후 프랑스-네덜란드-영국 등의 침략자들 틈바구니에서 신음하던 쿠바는 1898년 〈스페인-미국〉 전쟁의 결과로 독립을 얻었다. 그러나 독재정권에 시달리다 피델 카스트로가 사회주의 정권을 세우면서 오늘에 이르렀다. 오늘날 쿠바인들이 추는 춤과 노래 속에는 산테리아 영혼의 몸부림이 원초적으로 들어 있다.

아바나는 1552년부터 쿠바의 수도였으며, 지금은 200만 명이 넘는 도시다. 좁고 구불구불한 길과 장식적인 발코니를 갖춘 낡고 예쁜 집들이 미로처럼 얽혀있다. 이는 스페인 식민지 시대의 유산이다. 이 시가지에서 가장 멋진 광장이 성당 광장인데, 이 광장에서 뽐내고 있는 상징물이 크리스토퍼 대성당이다[도판 264]. 이 성당은 후기 바로크 양식으로 예수회가 세웠다. 성당광장 북쪽에 있다. 18세기 바로크 양식으로 지어진 건축물로 국립 기념관으로 지정되었을 뿐만 아니라 중남아메리카 대륙에서 가장 아름다운 성당으로 간주된다. 1748년에 짓기 시작하여 1767년에 중단되었다가 1777년에야 완공되었다.

예수회는 중남아메리카에서 공의를 바탕으로 반식민지 정책의 선봉에 섰다가 한때 자멸하기도 했다. 예수회가 유일하게 불편한 진실을 위한 역할을 역동적으로 했기에. 즉 그들은 이곳에서 원주민

**도판 264** 크리스토퍼 대성당 파사드: 쿠바의 아바나 시가지에서 가장 멋진 광장 중의 하나가 성당 광장이다. 이 광장 분위기를 하얀색으로 장악하고 있는 랜드마크가 후기 바로크양식으로 지어진 크리스토퍼 대성당이다.

1부 사찰과 성당의 발달

**도판 265** 중앙 제단은 금과 은, 오닉스(=줄마노)로 제작한 모자이크로 장식했다. 조각과 벽화에도 유명한 작품이 많다. 피델 카스트로가 혁명을 일으키는 와중에 많은 종교적 유산들이 해외로 반출되었다.

들과 관계를 형성하면서, 그들의 언어를 연구하고 그들의 인권을 보호하는데 앞장섰다. 그러면서 영국-프랑스-스페인 - 포르투갈 등 제국주의 국가들의 잔학성과 포악함에 대해선 날선 대조를 이루었다. 이에 대해 유럽의 가톨릭 군주들은 예수회 해체를 전제로 교황을 밀었다. 당선된 교황 클로멘스 14세(1769~1774)는 1773년 7월 21일 예수회를 해산시켰다.

해산시킨 후엔 그에 대한 어떤 변론도, 반대시위도 금지했다. 예수회의 해산은 신대륙에서 원주민에 한국의 제국주의자의 더욱 무자비한 통치를 하게 했다.

교황이 불편한 진실을 싹뚝 잘라 무자비한 통치에 고속도로를 깔아 준 것이다(예수회는 1814년에 복권되어 재건되었다). 이렇게 유럽의 역사는 왕권과 신권이 함께 이끄는 쌍두마차였다. 그러니 과거 제삼세계에서는 기독교를 "제국주의의 앞잡이"라고 비판할 수밖에 없다. 아바나 성당은 그다지 높지는 않지만 다양하게 조각된 바로크 양식의 파사드가 인상적이다. 파사드에는 원통같은 굴곡 기둥을 넣어 물결이 굽이치듯 한 동적인 힘이 느껴진다. 파사드의 좌우에는 탑이 있는데, 조금 홀쭉한 것이 시계탑이고 통통한 것은 종탑이다. 자재는 하얀 석회암을 주재료로, 지붕은 붉은 타일을 얹었다. 외벽은 다소 초라하고 허름해 보일 정도로 수수하다. 이런 외관은 스페인과 포르투갈 식민지였던 신세계 건축물에서는 보편적이다.

반면 실내는 화려한 바로크 양식이다[도판 265]. 피압박자들은 화려할수록 심리적 보상을 신앙적으로 느끼게 되니까. 중앙 제단은 금과 은, 줄마노로 제작한 모자이크로 장식되어 있다. 사회주의 혁명 전에는 플랜더스 출신의 화가 루벤스의 그림 외에 조각과 벽화에도 유명한 작품이 많았다. 그런데 혁명기간에 바티칸으로 가져갔다. 한 때 아메리카 대륙을 발견한 콜럼버스의 유해가 100년 넘게 안치되어 있었다.

## 콜롬비아 보고타-카테드랄 프리마다 대성당

콜롬비아라는 이름은 아메리카 대륙을 처음 발견한 크리스토퍼 콜럼버스의 이름을 딴 것이다. 당시 이 이름은 스페인과 포르투갈이 지배하던 아메리카 대륙의 식민지들을 일컫는 말이었다. 이곳의 정복자 케사다는 콜럼버스가 아메리카 대륙을 발견한 후 이땅을 밟을 때 함께한 사람이다. 1538년에 그와 일행은 안데스산맥 한가운데 있는 고원에 도착하였다. 케사다는 신세계에서 금과 은을 찾는데 혈안이었다. 그 과정에서 그는 토착 원주민들을 착취하고 강제적으로 개종시켰다.

이곳은 원래 무이스카(Muisca)족 또는 치브차(ChiBCEha) 족이라는 인디언 부족이 살고 있었다. 그들 신앙의 중심은 금가루를 이용한 의식이었다. 금가루가 인간의 영혼을 하늘로 이끌어준다고 믿었기 때문이다. 그들에게 금은 단지 신앙의 거룩한 매개체였을 뿐 재산 가치가 아니었다. 그런데 스페인 정복자들은 물욕에 눈이 뒤집혀 이 지역을 엘도라도(El Dorado), 즉 황금의 땅이라고 불렀다. 그래서 정복자 케사다는 이곳에 12채의 작은 집과 예배당으로 이루어진 정착촌을 만들고, 산타페라 했다. 이 이름은 케사다의 고향인 그라나다 부근의 마을로, '신성한 믿음'이라는 뜻이다. 인디언들은 이곳을 '높은 곳'이라는 뜻의 바카타(Bacata)라 불렀다.

실제로 이 지역은 해발 2,600~2,800m에 이르는 고지다. 얼마 전까지 이 도시의 공식 이름은 산타페 데 보고타였다. 즉 '신성한 믿음이 있는 (천당 같이) 높은 곳'으로. 그러나 지금은 산타페는 사라지고 그냥 보고타라고 한다. 이는 무이스카 족의 '바카타'가 잘못 전해진 것이다. 보고타는 콜롬비아의 수도로서 서울시의 2.5배 크기의 면적에 800만이 넘는 인구가 모여 사

**도판 266** 카테드랄 프리마다 대성당: 보고타 시내 중심부로 식민통치했던 대통령궁, 의회, 대법원, 시청 등의 건축물이 모여 있는 볼리바르 광장에 있다. 그래서 이곳 광장을 찾아온 여행자들이 도보로 걸으면서 모두 쉽게 구경할 수 있다.

　　　　　　　　　　　　　　1부 사찰과 성당의 발달

도판 267 카테드랄 프리마다 대성당: 대성당에 들어가면 촛불 봉헌대인 카필라 델 사그라리오가 가장 눈에 띈다. 이것은 순수한 바로크 양식으로 1660~1700년에 제작되었다.

도판 268 오래전에 소금을 파냈던 이곳 소금광산에 있던 간이성당을 관광적 가치를 생각해 낸 정부에서 기업과 공동 출자로 성당을 만들어 1995년에 완공했다.

는 곳으로 '남아메리카의 아테네'라고 불릴 정도로 교육·문화기반이 잘 갖춰져 있다. 이 대성당의 기원은 정복자 케사다가 12채의 집을 지은 정착촌의 작은 목조 성당에서 시작되었다.

바로크 양식의 쌍탑에 신고전주의 양식을 풍기는 파사드다[도판 266]. 이 성당에서는 유럽보다 더 발전된 건축 양식을 볼 수 있다. 식민지 통치자들의 유럽문화에다 원주민들의 토착문화가 서로 잘 융화되어 있기 때문이다. 통치자들은 본토에서 모든 것을 가져왔으므로 건축 문화는 유럽의 영향을 많이 받았다. 그러나 건축 자재는 그 지역에서 큰 영향을. 더구나 원주민들을 기독교로 개종시키는 과정에서 원주민의 예술문화를 건축물에 차용할 수밖에 없었다. 따라서 얼마 지나지 않아 중남아메리카 성당은 나라마다 개성 있는 그리고 독특한 지역적 건축 양식을 발전시켜 나갔다.

콜럼버스시대 유럽에는 매너리즘 양식이 유행했다. 매너리즘이란 르네상스에서 바로크로 이행하는 과도기였던 16세기 후반에 유행한 예술 사조였다. 이는 스페인에서는 카스티야 이사벨 여왕의 이름을 따서 이사벨 양식이라 부르기도. 이 양식은 16세기 침략과 지배의 시대에 스페인에서 열풍을 일으켰고, 신세계의 식민지 건축에도 큰 영향을 끼쳤다. 이곳 볼리바르 광장은 보고타 시내 중심부로서 식민지 시대 스페인의 건축물이 즐비하다.

이 광장의 이름은 중남아메리카 독립의 영웅인 볼리바르의 이름을 따서 붙였다. 광장을 중심으로 대통령궁, 의회, 대법원, 보고타 시청 등이 위치했다. 그래서 이곳을 찾아오는 여행자들이 걸으면서 쉽게 주요 시설들을 다 볼 수 있는 게 특색이다. 아니 식민지 경험을 한 중남아메리카 모든 나라의 공통점이다. 제국주의자들이 중심 광장을 그렇게 권위적으로 랜드마크화하여 위압적으로 통치하기 위해서였다.

소금성당에서도 느껴지는 게 많다[도판 268]. 소금 암반으로 이루어진 소금광산 속에 만든 것인데 지하 170여 m 아래에 있다. 스페인 식민 지배 시절 소금 채취에 동원됐던 노동자들이 자신들의 안위를 기원하며 광산 입구에 십자가와 마리아상을 세우고 기도하는 장소를 마련한 간이 예배소였다. 이처럼 원주민들이 세운 성당은 지배자들이 세운 성당에 비해 소박하지만 그들의 신앙코드에 맞아 영성이 살아 있다. 그래서 대성당보다 오히려 더 따뜻하면서도 경건한 분위기다. 오늘날은 관광정책에 따라 [도판 44]처럼 현대감각에 맞게 마사지를 한 또 다른 카타콤 소금성당이 되긴 했지만.

## 페루-리마 대성당

프란시스코 피사로는 억누를 수 없는 모험심과 편협한 신앙, 금에 대한 탐욕과 막강한 군사력에 극도의 잔인을 겸비한 인간이었다고 한다. 그는 1510년 34살에 두 원정대를 이끌고 출항해 지금 페루의 잉카 문명을 발견하고 잉카 제국의 지도자 아타왈파를 생포한 후 1535년 오늘날 리마에 정착촌을 세워 자신의 행정 중심지로 삼았다. 후에 다른 스페인 정복자와의 이권 싸움에서 패하여 1541년 살해되었다.

페루는 1821년에 독립을 쟁취한 후, 1826년 쿠스코로부터 수도를 리마로 넘겨받았다. 마르틴과 볼리바르의 역할이 컸다. 두 사람은 제대로 된 군사훈련을 받았고, 부유층 출신임에도 사상적으로는 장자크 루소와 프랑스 혁명의 영향을 받았다. 두 장군은 군사 작전을 펼쳐 스페인 군대를 내쫓고 스페인의 식민지였던 볼리비아·에콰도르·칠레·페루·콜롬비아·아르헨티나의 해방과 독립을 이끌었다. 리마의 원

도판 269 리마 대성당: 현재 대성당은 아르마스 광장을 내려다보며 우뚝 솟아 있다. 위엄있는 자태의 파사드 좌우로 바로크 양식의 쌍둥이 탑이 서 있다. 이같은 리마 대성당의 예술적 성과는 아바나·멕시코시티·보고타에 있는 대성당들과 함께 중남아메리카에서 가장 훌륭한 종교 건축물로 손꼽히고 있다. 왼쪽의 건물은 주교관이다.

도판 270 대성당에서 가장 아름다운 성가대석 예배당으로 후기 바로크의 이마쿨라다 장식으로 되어 있다. 이는 '원죄 없는 잉태'라는 뜻이니 성모마리아를 상징한다.

래 이름은 '왕들의 도시'라는 뜻인 시우다드 데 로스 레예스(Ciudad de los Reyes)다. 리마에서 가장 역사적인 의미가 큰 곳은 아르마스 중앙 광장이다. 이 광장은 피사로가 이 도시를 처음 건설했을 때부터 유래한다.

리마 대성당의 건축은 피사로가 세운 정착촌에서 1535년에 이미 작은 성당으로 시작되었다. 그러나 25년 후 주교좌의 지위에 걸맞은 큰 성당으로 대체되었다. 건축 양식은 스페인의 세비아 대성당을 모델로. 한동안 비용문제와 지진으로 지지부진하다가 1775년에야 오늘날과 같은 모습이 되었다[도판 269].

현재 대성당은 아르마스 광장을 내려다보며 우뚝 솟아 있다. 위엄있는 자태의 파사드 좌우로 바로크양식의 쌍둥이 탑이 서 있다. 이같은 리마 대성당의 예술적 성과는 아바나-멕시코시티-보고타의 웅장한 대성당들과 함께 중남아메리카에서 가장 훌륭한 종교 건축물로 손꼽히고 있다. 대성당에서 아름다운 곳은 단연 성가대석이다[도판 270].

이 예배당은 후기 바로크 장식인 이마쿨라다(Immaculada)로 되어 있다. 대성당에는 상아로 빚은 그리스도상도 있는데, 이는 카를로스 2세(1665~1700)가 하사한 것이다. 그의 생전에 스페인 제국은 중남아메리카의 피와 땀 위에 군림해 해가 지지 않았다.

## 브라질 – 상파울루 대성당

100년 전인 1920년대에 겨우 50만 명밖에 되지 않았던 인구가 지금은 2천만 명에 이른다. 브라질 전체 인구의 9분의 1 그리고 전체 산업의 절반 이상이 상파울루에 모여 있다. 상파울루는 1554년에 예수회 선교지에서 출발하였으나 이후 2세기 동안 흙으로 지은 교회가 몇 개 있을 뿐 여전히 작은 마을에 지나지 않았다.

그런데 1681년에 이곳이 식민지 군정관의 관할 지구 상비센터가 되면서 급속히 발전하기 시작했다. 1710년에는 사도바울의 이름을 따서 상파울루로 개명하였고, 1년 후 도시로 승격되었다. 상파울루가 사도바울이라는 성스러운 이름이지만, 이전에는 극히 세속적이고 불경스러운 도시였다. 일찍이 식민주의자들은 아프리카에서 원주민들을 실어와 노예로 취급하며 노동력을 착취했으며, 후에는 금광에 투입시켰다. 노예 무역상들은 그렇다치더라도 교회마저 노예를 두고 있었다. 관련 통계치를 보면 과히 충격적이다. 1729년에 상파울루의 베네딕투스는 수도원 두 곳과 여행자 숙소 세 곳을 소유하고, 노예를 144명이나 부리고 있었다.

탁발 수도회 가운데 하나였던 카르멜 수도회도 세 개의 수도원과 여행자 숙소 그리고 431명의 노예를 소유하고 있었다고 하니. 당시 교회는 이른바 〈식민지 신학〉을 내세우며 교회의 노예 소유를 정당화했고, 노예 관련 업무는 선교의 일환으로 포장하였다. 일설에 따르면, 대서양 노예무역 300여 년 동안에 노예가 된 아프리카인은 1,200만 명에, 팔려가던 중 목숨을 뺏긴 노예는 125만 명에 이른다고 한다. 10명 중 1명은 죽었다는 얘기다. 그들은 처음엔 사탕수수 농장에서 그리고 담배 경작을, 마지막에는 면화 농장에 투입되었다. 서양의 일부 열강들은 이들이 흘린 피를 마시며 비만증에 걸린 제국주의가 되었다.

**도판 271** 상파울루 대성당: 파사드에 인민의 탑이라 부르는 높이 65m에 이르는 두 개의 첨탑이 서 있고, 두 첨탑 사이에는 지름이 27m에 이르는 돔 천장이 있다. 건축 양식은 밝은 빛을 띤 거대한 규모의 신 고딕이다.

이들의 식민지 지배는 중남아메리카만이 아니다. 그러면서 백인들은 오늘날 도의적 책임은 넌지시 인정하면서도 법적 사죄는 거부하고 있다. 이는 과거 제국주의 국가들이 오늘날까지 취하고 있는 '탁월한 보편적인 사과' 현상이다. 그러니 그들의 민주주의는 도덕성이 결핍되어 있다. 아직 세계사는 갈 길이 멀고도 멀다. 그런데 그 멀게 보이던 역사가 가까이 오고 있다. 2020년 5월 25일 미국 미네소타주 미니애폴리스에서 흑인 조지 페리 플로이드(George Perry Floyd)가 백인 경찰에게 과잉진압 당하면서 "I can't breathe(숨 쉴 수가 없어요)"라 외치다 질식사한 사건이 터졌다. 무릎으로 목을 8분 46초간 압박당하면서 사망한 사건에 대한 시위가 "Black lives Matter(흑인의 목숨도 중요하다)"라는 피켓을 들고 미국을 넘어 유럽 등 전 세계 각지로 퍼지더니, 이어 과거 흑인을 차별했던 지도자들의 동상까지 무너트리는 수준으로까지 번졌다. 마틴 루터 킹 목사의 앨라배마주 몽고메리에서 버스 승차 파업으로 시작된 흑인 운동이 그동안 여러 사건을 거치더니 조지 플로이드 사건에서 변곡점이 되면서 흑인들의 역사적 반격이 시작되는 듯하다. 그때 킹 목사와 함께 불렀던 "…oh deep in my heart I do believe, we shall overcome 'someday'…"가 'today'로 바뀌어 가고 있다.

제국주의자들이 이 모든 것이 기독교적 가르침에 위배된다는 것을 깨닫기까지는 매우 오랜 시간이 걸렸다. 마침내 브라질에서 독립운동의 열기가 상파울루에서 불붙기 시작하였고, 1822년에는 브라질이 공식적으로 포르투갈에서 독립하였다.

독립 후에는 노예제 폐지 움직임이 확대되었고, 교회의 고위 성직자들도 이를 지지하였다. 1850년경에 상파울루에 거주하던 노예는 17만 4천 명 정도로 집계되었다. 1853년에 노예를 수입하지 못하도록 법이 만들어졌고, 1871년에 브라질 의회

**도판 272** 해방신학을 힘 있게 부르짖은 상파울루 성당의 제단이다. 실내 분위기가 해방신학에 어울리지 않게 보수 성당보다 더 권위적이고 위압적이다.

는 노예가 낳은 자식도 자유 시민이라고 선포하였다. 그리고 마침내 1881년에 브라질의 노예제도는 완전히 폐지되었다. 우리의 갑오경장도 이 비슷한 시대이니, 근대에 들어오면서부터는 세계사의 대세가 엇비슷하게 흘러가는 것을 느낄 수 있다.

상파울루 대성당은 꽤 유서가 깊다. 1700년대에 지은 바로크성당은 1911년 무너져버렸고, 지금은 그 자리에 은행이 있다. 오늘날 대성당은 1913년에 장소를 옮겨 새로 지었다. 그러나 공사는 느리게 진척되어 파사드의 두 탑이 1967년에야 완공되었다[도판 271]. 이 탑 이름이 '인민의 탑'. 〈식민지 신학〉의 장소에서 부정의 부정으로 〈해방 신학〉이 탄생했음을 상징하고 있다. 상파울루 대성당은 파사드에 두 개의 첨탑이 높이 서 있고, 신랑과 수랑의 교차부에는 거대한 돔을 얹은 아주 웅장한 모습이다. 첨탑은 높이가 65m. 첨탑 사이에 있는 원형돔의 지름은 27m에 이른다. 건축 양식은 밝은 빛을 띤 거대한 규모의 신 고딕이다. 20세기의 건축가들이 이미 유행이 지난 신고딕 양식을 선택한 이유는 뚜렷하지 않다.

당대 유럽에서는 새로운 현대 건축 양식이 르코르뷔지에, 마티스 등을 통해 나타나고 있었음에도 말이다. 신학은 노예제도의 땅에서 진보적으로 나타났지만 어떤 이유에서인지 건축 문화는 그 진보적인 사상을 따라가지 못했다. 내부를 봐도 그렇다[도판 272].

이상 초기 신세계 개발 당시를 중심으로 중남아메리카에 세워진 대표적인 성당을 몇 곳 살펴보았다. 그런 가운데 나타난 공통점은 첫째, 세워진 곳이 그 지역의 가장 중심지에 있던 토착 종교 시설을 파괴하고 세웠다는 것. 둘째, 세워진 곳을 그 도

1부 사찰과 성당의 발달

시에서 가장 중심이 되는 광장으로 만들어 통치의 랜드마크 역할을 했다는 것. 셋째, 건축에서 기본은 파사드 좌우로 쌍탑이 있는 바로크 양식에 각 식민지마다 르네상스 – 신고딕 – 신고전주의 등 다양하게 혼택해 섞었다는 것. 넷째, 세워질 당시 성당들은 순수한 선교 목적보다는 원주민들을 노예로 길들이기 위한 목적이 더 컸음을 알려준다. 채찍 후의 당근 역할로서 말이다.

이처럼 중남아메리카에 세워진 성당은 유럽처럼 자신의 고뇌가 정화되고 영성이 업그레이드되는 것을 체험하는 숭엄하고도 거룩한 공간이 아니었다. 그런 가운데 어느새 병과 약에 적응되면서 길들여져 갔다. 역사적으로 제국주의가 사라지면서 기독교도 맥빠지는 모습을 보여주고 있다. 그것은 그동안 기독교가 제국주의의 힘을 인정해주고, 그 첨병들의 침략을 참된 십자군의 행위로 인정해 면죄부를 주면서 함께 세계화를 향해 팽창해 갔다는 보이지 않는 역사적인 증거다.

한세기가 지난 지금, 빈 그 자리에 '숨을 쉴 수가 없어요' 같은 〈불편한 진실〉이 들어서야 한다. 그 알맹이는 당연히 휴머니즘이어야 하고. 시대의 '불편한 진실'을 위해 십자가를 진 예수의 역할이야말로 역사의 새로운 시대정신이며 종교에서의 참된 역동성이니까.


# 9. 낭만주의 시대(18~19세기)

루터가 교회 정문에다 95개 논제를 못질한 지 200년째인 1717년 새로운 전단지가 뿌려졌다. 종교개혁보다 더 강한 계몽주의였다. 그러면서 18세기 후반에서 19세기는 서양문명의 중요한 전환기가 되었다. 계몽주의 철학에 의해 싹튼 시민 혁명으로 교회와 국가가 누려 온 절대적 권위가 도전받고, 자유 – 평등 – 정의를 바탕으로 한 민족주의 등 새로운 가치가 주창되었다. 또 산업 혁명은 인간이 당면한 모든 문제에 해답을 줄 것이라는 확신하게 하였다. 낡은 서양문명은 계몽주의에 의해 분열되고 와해되면서 이제는 더이상 유럽 전체를 국제주의로 아우르는 힘이 사라진 것이다. 그것은 더이상 유럽을 통합하지 못하는 건축 양식에서 그리고 다양한 '운동' 성격의 아방가르드적 용어들이 새롭게 등장한 데서 알 수 있다.

예술에서뿐 아니라 종교에서도 마찬가지였다. 그리하여 낭만주의 시대가 되면서 바로크에서 마지막 종합을 이룬 유럽주의적 통합 문명은 와해되고 분열되면서, 아니 개론의 시대에서 자유로운 각론의 시대로 접어들게 되었다. 각론 시대 중 그 대표가 되는 낭만주의를 중심으로 설명한다. 국가와 민족에 바탕을 둔 낭만주의는 나폴레옹의 제국주의에 반대하였다. 그러면서 가톨릭 교단의 권위를 회복시켜 줌과 동시에 교회 건축의 이상으로서 과거 고딕 양식을 민족주의적 관점에서 다시 부흥시키려 하였다. 시대정신을 반영하지 못한 성급한 돌출이었다.

낭만주의 건축은 새로운 시대를 새로운 의미로 표현해내지 못한 채 고딕이라는 과거 전성기의 모델을 그리워하며 신고딕으로 해결책을 찾으려 한 것이다. 과거의 이상을 그리워한다는 것은 아류에 그칠 수밖에 없다. 그 결과 유럽에서 성당 건축 양식은 더이상 시대정신을 담아내지 못하게 되었다. 그것은 종교가 시대의 사명감을 잃었다는 얘기이기도 하다. 결국 기독교 신앙의 재조명과는 관계없는 그저 신고딕이란 딱딱한 형태만 남기게 되었다.

자기 시대의 정체성을 확립하지 못하고 과학기술 등 새로운 문화를 읽어내지 못하면서 유럽에서 기독교 건축의 생명은 어느새 화석화되어 가게 된 것이다. 이것이 낭만주의 건축이 준 실망감이다. 이때부터 기독교는 중심을 잃으면서 서양에서는 교인들의 수가 줄어들기 시작한다. 의미 있는 예술은 시대의 문화를 이해하고, 그 문화의 가치를 전달할 수 있는 창조적인 감수성을 가진 시대만이 도출해 낼 수 있다는 것을 알 수 있다.

이런 때 원주민 그들이 당했던 피압박적 지배에 대한 항전이 미미해서 그런지 그들의 존재가 아예 무시되어 온 곳이 있다. 그래서 유럽이 아닌 곳에서 유럽권의 성당들이 생겨났다. 그곳이 원주민들의 존재 자체가 아예 무시되어 온 오세아니아와 북아메리카다. 그리고 특수한 예로서 남아프리카의 성당이 있다.

## 오세아니아

### 오스트레일리아, 시드니-세인트 메리 대성당

미국의 독립 이후 영국은 초만원인 감옥의 죄수를 유배시킬 장소가 절실했다. 때마침 영국의 손아귀에 들어온 오스트레일리아를 개발해야 했는데, 이들이 적격이었다. 이것이 오늘날 호주 역사의 시작이고 시드니의 기원이다. 세계 3대 미항이 처음엔 이렇게 영국 죄수들에 의해 건설되었다.

시드니에 첫 이주민은 죄수 759명과 그들을 감호하는 해군 211명으로 구성되었다. 총 지휘를 맡은 인물은 해군 대령 아서 필립이다. 이들을 실은 11척의 배는 1788년 1월 26일에 도착하였다. 지금은 이날을 '오스트레일리아의 날' 또는 '시드니의 날'로 기념하며 축하 행사가 펼쳐진다. 당시 영국의 내무장관이자 시드니의 첫 총독이었던 토머스 타운센드는 이 정착촌을 시드니 코브(Sydney Cove)라고 불렀다. 이후 이민자들이 많이 생겨났다. 이들은 먼저 식량과 수입원을 찾아야 했다. 그에 대한 생각이 밀의 재배 그리고 축산업과 방적 산업, 특히 양의 목축업을 특화시켰다.

**도판 273** 세인트 메리(=성모마리아) 대성당: '장식 성당'으로 알려진 영국식 하이 고딕 양식으로 지었다. 주재료는 오스트레일리아 현지에서 채석한 사암이다. 파사드에는 74.6m에 이르는 쌍둥이 탑이 우뚝 솟아 있고, 신랑과 익랑의 십자 교차점에는 45m의 탑이 있다. 성당 전체의 평면 길이는 107m에 이르며, 이는 오스트레일리아에서 가장 크다.

**도판 274** 실내는 하이고딕 양식에서 흔히 그렇듯 높고 넓은 공간에 아케이드 회랑이 있고, 바닥은 모자이크로 장식되었다. 화려한 스테인드글라스를 통해 쏟아지는 빛도 전형적이다. 제단은 대리석으로 제작되었고, 수많은 조각상 가운데 채색된 성모마리아 상은 특히 우아하고 매우 고혹적이다.

초기 이민자의 상당수는 아일랜드 출신의 가톨릭 신자였다. 그러니 이들은 정신적 식량도 수입해야 했다. 자연히 교회의 필요성이. 이곳의 교회는 이처럼 유럽인 스스로의 필요에 의해, 그것이 중남아메리카와 다르다. 시드니에서 그 대표적인 성당이 세인트 메리 즉 성모마리아 대성당이다. 시드니의 첫 가톨릭 성직자였던 존 서리와 필립 코넬리는 1820년 5월에 시드니에 도착. 그 이듬해 그들은 도시 변두리에 성모 마리아에게 바치는 성당을 짓기 시작. 그러나 30년 후 화재로 완전히 소실되었다.

오늘날 시드니의 인구는 400만이 넘지만, 1851년 당시의 인구는 6만 명이었다. 대주교였던 폴딩은 1868년에 같은 자리에 새 성당의 초석을 놓았다. 당시 유럽에서 유행하던 신고딕 양식으로 성모마리아 대성당을. 이때 유럽에서는 산업혁명으로 도시화가 시작되면서 급속도로 신도시들이 생겨났다. 교회는 그 속에서 하나같이 뾰족한 첨탑과 아치 모양의 창문, 건물을 지탱하는 버트레스와 플라잉버트레스만을 요식적으로 갖춘 모습으로 지어졌다.

신학적 시대정신이 증발된, 고딕을 그저 모방만한 신고딕 양식을 경쟁적으로 앞다투어 짓던 양적인 시대였다. 산업혁명에 따른 도시화, 확장되는 식민지 지배 그리고 동양이란 새로운 세계를 향한 침략과 지배에 매몰되었다. 그러니 건축적 의미를 질적으로 양식과 결부 지을 신학적 시대정신이 존재할 수 없었다. 오직 땅따먹기만. 그것은 오늘날 보릿고개를 해결하고 풍요에 취한 우리의 대형 교회 행태와 비슷하다. 역사적 시대정신이 없고 기독교적인 신앙도 천민적인 그래서 가장 탁월한 보편적 가치인 맘몬이 종교에서도 그 힘을 막강하게 세속적으로 휘두르고 있다. 성모 마리아 대성당은 1905년에 미완성인 상태로 봉헌되었다. 완공까지는 23년이란 세월이 더 걸렸다. 이 성당은 '장식 성당'으로 알려진 전성기시대의 영국식 하이고딕 양식을 그대로 옮겨서 지은 것[도판 273]. 주재료는 오스트레일리아 현지에서 채석한 사암으로 했다. 파사드에는 74.6m에 이르는 쌍둥이 탑이 우뚝 솟아 있고, 신랑과 수랑이 만나는 십자 교차점에도 45m 높이의 탑이 있다. 성당 진입공간의 길이는 107m에 이르는데, 이는 오스트레일리아에서 가장 길다. 기독교가 들어 온 우리의 근대사도 마찬가지지만, 이 성당의 역사를 알면 시드니의 역동성만큼 고단했던 숨소리가 들린다.

## 오스트레일리아 멜버른—세인트 패트릭 대성당

**도판 275** 세인트 패트릭 대성당: 1858년에 처음 봉헌된 후, 1897년에 완공되었다. 완공 후 두 탑 위에 첨탑을 세우는 것이 강조되어, 1937년과 1938년에 각각 완성되었다.

멜버른은 오스트레일리아에서 시드니 다음으로 큰 도시다. 이곳은 시드니처럼 죄수들을 유배시켜 개발한 곳이 아니라 1803년에 야라강 어귀에 만이 발견되면서 1835년부터 자발적으로 이민 온 사람들이 정착하면서 개발한 곳. 그러니 시드니가 정부 주도형 개발이라면 멜보른은 민간 자발형 개척이 되겠다. 더구나 부근에 금광이 발견되면서 급성장하게 되었다. 멜보른이란 이름은 이 곳의 두 번째 총독이었던 영국 총리 윌리암 램의 이름에서 유래되었다. 지금은 캔버라지만 오랫동안 호주의 수도였다.

대성당은 양을 방목하던 장소에 1850년 4월 9일에 초석을 놓았다. 처음에는 대성당을 구상하지 않았으나 도시가 급성장하면서 설계를 변경했다. 설계는 영국 신고딕 양식의 선구자 워델이 맡았는데, 그는 시드니의 세인트 메리 대성당을 설계한 사람이기도 했다. 그래서 두 성당은 닮은 데가 많다. 영국식 고딕 성당은 비교적 높이가 낮고, 특징은 버트레스가 지붕 밑으로 내려가 지붕 위로 돌출되지 않는다. 이 같은 영국의 신고딕 양식은 이곳에서도 그 개성이 그대로 나타나 있다. 세인트 패트릭 대성당은 1858년에 처음 봉헌된 후, 1897년에 완공되었다. 완공 후 복원공사와는 별개로, 두 탑 위에 첨탑을 세우는 것이 강조되어, 1937년과 1938년에 각각 완성되었다. 신고딕 성당에서 가장 중요한 건축의 특징은 높은 탑 아래의 사방 모서리에 작은 탑들이 있다는 것[=도판 273. 275].

내부 분위기는 세인트 메리 대성당과 거의 같다. 대성당의 이름은 아일랜드에 기독교를 전한 성 패트릭(St. Patrick) 수호성인의 이름을 땄다. 멜보른에서는 가톨릭 신도의 대다수가 아일랜드 출신이었다. 1432년 패트릭 선교사가 아일랜드에 도착했다. 그는 원래 영국인이었다. 그런데 소년 시절 해적들에게 잡혀 와 아일랜드에서 7년간 노예 생활을 했다.

그러다 운 좋게 탈출한 후, 프랑스의 성 호노라트섬에 가 수도원 생활을 했다. 그러던 어느 날 어둠 깊은 밤에 하느님께서 부르는 음성이 들려왔다. "믿는 자여, 와서 우리와 다시 한번 지내자"라고. 패트릭은 이 음성을 하느님께서 아일랜드를 위해 자신을 부르는 말씀으로 여겼다. 그래서 패트릭은 무자비한 포로 생활을 했던 아일랜드에 선교사로 와, 평생 200여 교회를 세우고 10만여 명이나 되는 사람을 개종시켰다고 한다. 그 선교가 계기가 되어 아일랜드는 기독교 국가가 되었다.

세인트 메리 성당은 죄수들과 그 가족들을 위주로 해 건축해서 그런지 이름 자체도 '성모 승천'처럼 되기를 기원한 타율적인 신앙 분위기다. 이에 비해 세인트 패트릭 성당은 자발적인 이민이어서 그런지 이름 자체에 그들의 고향 아일랜드의 수

1부 사찰과 성당의 발달

**도판 276** 록펠러 센터에서 본 세인트 패트릭 대성당

호성인을 통한 주체적인 신앙을 나타냈다. 그런데 성당 건축 양식에서는 그 분위기가 중화되어 있다. 같은 건축가가 설계했는데, 그 차이를 건축 양식 속에 특징으로 남겼더라면 좋았을 것이다.

## 북아메리카
### 미국 뉴욕–세인트 패트릭 대성당

뉴욕은 땅 구하기가 하늘에 별 따기다. 그래서 더 많은 아파트와 사무 공간을 확보하기 위하여 무조건 위로 뻗어 올라갈 수밖에 없었다. 오늘날 맨해튼의 마천루 숲은 그렇게 해서 태어났다. 그래서 이 도시의 거리는 체스판 같다. 남북으로 뻗은 애비뉴(Avenue)와 동서로 뻗은 스트리트(Street)가 직각으로 교차하면서 바둑판처럼 되어 있기 때문이다. 세인트 패트릭 대성당은 이 거리 애비뉴 5번가에서 스트리트 50번가와 51번가 사이에 있다[도판 276].

이 지역은 엠파이어스테이트빌딩과 호텔 등 중심가 중의 중심가여서 금싸라기 중에 금싸라기 지역이다. 그 가운데서도 록펠러 센터 맞은편에 있다. 고딕 양식의 이 대성당은 거대한 라틴십자가 형상에 기초하고 있는데, 몸을 상징하는 네이브가 길게 동서로 120m, 양팔을 상징하는 트랜셉트가 남북으로 53m이다. 뉴욕 시에서 가장 경외심을 불러일으키는 종교 건물 중 하나다. 건축은 1859년에 당시 대주교였던 존 휴스의 지도아래 시작되었으나 남북전쟁 동안(1861~1865) 중단되었다가, 1865년 공사가 재개되어 1879년에 헌당하였다. 두 첨탑은 1888년에 이루었다. 대성당 책임 설계자는 제임스 렌위크였다. 그는 유럽의 중세 건축 양식을 모방하기를 좋아했다.

세인트 패트릭 대성당은 영국의 웨스트민스트와 요크 대성당은 말할 것 없고, 프랑스의 랭스와 아미앵, 독일의 쾰른 같은 유럽의 대성당들처럼 천장이 아주 높다. 렌위크는 이런 중세 대성당의 영향을 받아 높은 탑 두 개와 장미창 그리고 아주 넓은 신랑으로 건축했다. 대성당에는 십자가의 길인 〈비아돌로로사〉를 묘사한 거대한 조각 작품이 있는데, 이 작품은 1893년 시카고 세계박람회에서 수상작으로 뽑혔다. 그리고 예수의 시신 상반신을 양 무릎으로 받치고 얼굴과 얼굴을 대면하고 애도하는 성모 마리아상 즉 피에타가 있다. 이는 성 베드로 대성당에 있는 예수를 무릎 위에 안고 애통하는 전통 양식인 그 유명한 미켈란젤로의 피에타와는 사뭇 다르다[도판 277].

성당은 이름대로 '아일랜드의 사도' 성 패트릭에게 봉헌되었다. 아일랜드인들은 대성당을 처음 설계하고 건축할 당시 뉴욕에서 거의 유일한 가톨릭 집단이었다. 이들 아일랜드 민족의 신앙심과 생활력은 〈성 패트릭〉 명칭이 들어간 오스트레일리아 멜보른 대성당 등 각 지에 지어진 것을 보면 미루어 짐작 할 수 있다. 이들은 가는 곳마다 패트릭이란 이름을 붙인 독자적인 성당과 모국어를 구사하는 성직자까지 두었을 정도였다. 하얀 대리석으로 지어진 매혹적인 대성당은 19세기에 지어진 가장 훌륭한 종교 건물 중 하나다. 이 성당은 뉴욕 시민과 문화 사이에서 중요한 매개역할을 하고 있다. 이렇게 아일랜드 사람들은 인종의 용광로 같은 뉴욕에서 스스로 자긍심을. 특히 법과 관련된 직업에 종사하는 사람들이 많아서 그들의 권위의식은 매우 높다. 그간 미국을 주도해 간 주류 이민층 중의 하나다.

그래서 성 패트릭 날 아일랜드계 이주민들은 자부심을 드러내기 위해 더할 나위 없는 기회로 여긴다. 독립전쟁에 참전했던 아일랜드 전역 군인들이 1776년에 처음 주최한 퍼레이드는 현재까지 해마다 성 패트릭의 축일인 3월 17일에 뉴욕에서 벌어지고 있다. 성 패트릭날은 원래 성 삼위일체를 기리는 종교적인 날이었지만 지금은 축제를 즐기는 축제가 되었다. 세인트 패트릭 대성당과 주변 건물들은 1976년 미국 독립 200주년을 맞이해서 국립 사적지로 지정되었다.

## 미국 뉴욕-세인트 존 더 디바인 대성당

세인트 존 더 디바인 대성당은 맨해튼의 110
번가와 112번가 사이에 있는 암스테르담 애비뉴
거리에 있다. 지하철 1번과 9번을 타면 곧바로
갈 수 있다. 관광 책자 안내에는 "절대로 놓칠 수
없는 곳"으로 소개하고 있으니. 어쨌거나 약 4만
명을 한꺼번에 수용할 수 있는 규모로 밀라노 대
성당의 규모를 능가한다. 신고딕 양식 중에서는
세계에서 가장 큰 미국 성공회 소속의 교회다[도
판 278].

도판 277 세인트 패트릭 대성당의 피에
타상: 전통적 도상인 성모의 무릎이 아니
라 시신이 바닥에 앉은 자세로 성모와 눈
길을 마주하고 있다.

미국 성공회는 1607년 영국 성공회 신도들이
미국에와 설립한 교단이다. 그러다 미국독립전쟁 이후 1789년 영국 성공회로부터
독립했다. 성당 건축의 역사는 1892년 세인트 존, 즉 성 요한의 축일인 12월 27일
에 시작되었다. 이 성당 부지를 마련할 때는 모금 운동으로 시작했는데, 당시 부유
한 은행가이며 철도왕이었던 존 피어폰트 모건이 무려 50만 달러를 기부하여 화재
가 되었다.

성당은 원래 비잔틴 스타일의 신로마네스크 양식으로 지을 계획이었다. 계획대
로 1911년에는 벽돌을 사용하여 성가대석과 후진을 완공. 그 후 유럽 고딕 양식 신
봉자로 설계자가 바뀌면서 대대적으로 변경되었다. 그러니 이 성당에는 로마네스
크와 고딕 양식이 함께 들어있다. 교회의 규모도 20% 확장하였다. 1차 세계대전과
경제 불황으로 난항을 겪으면서도 공사는 중단되지 않았다. 그렇게 신랑이 완성된
후, 1941년 11월 30일 세인트 존 성당은 대대적인 봉헌식을 가졌다. 그러나 전체적
인 완공 예정은 2050년이라고 한다.

전반적인 건축 양식은 19세기 말경에 유행했던 신고딕 양식이 지배적이다. 성
당은 넓이가 축구장 2개만 하고, 전체 규모는 파리에 있는 노트르담 대성당과 샤
르트르 대성당을 합친 크기다. 즉 길이가 183.2m, 탑 높이가 70.7m, 천장 높이가

**도판 278** 세인트 존 더 디바인 대성당: 세인트 존 성당 넓이가 축구장 2개만 하고, 전체 규모는 파리의 노트르담 대성당과 샤르트르 대성당을 합친 것만 하다. 그런데 세인트 존 성당의 자랑은 규모뿐만 아니라 앞서가는 전례에도 있다.

37.8m에 면적이 11,200m²다. 이렇듯 성당의 모든 자랑은 그 규모에 있다. 여기서 우리가 확인할 수 있는 것은 합중국이어서 그런지 미국인들의 개방된 민족성과 신앙성이다. 그들은 열린 신앙에 우수하고 뛰어난 사람들을 존경한다. 그래서 성당에는 세속적이나 모범적인 업적 그리고 역사적 사건의 주인공을 숭배하는 기념비들이 많다.

종교의 세속화를 긍정적으로 보여준다. 예를 들면 스포츠인의 예배당이나 시인들의 코너가 그러하다. 스포츠인 예배당의 스테인드글라스에는 미식축구 및 야구의 영웅들에게 경의를 표하고 있으며, 시인들의 코너는 웨스트민스터 대성당을 모델로 하여 존경심을 나타내고 있다. 의사들의 예배당에는 에이즈로 죽은 사람들에게 바치는 제단이 있다. 이곳에 있는 뉴욕 그래피티(graffiti) 거리 예술가 키스 해링의 3부작은 세인트 존 성당에서 가장 관심을 끄는 예술작품이다. 그도 역시 에이즈로 목숨을 잃었기에 보는 이의 가슴을 더욱 아프게 한다. 이렇게 인간들의 처해진 분야를 전문화하고 대상화해서 준종교화하고 있다. 앞서가는 의식을 신앙으로 보여준다.

그리고 성당은 몰몬교도나 불교인도, 인디언이나 유대인도 그 어떤 사람도 박대하지 않는다. 모든 종교인에게 소통을 본으로 보인다. 〈21세기 아소카 선언〉에 대한 '동의'와 '재청'을 넘어서 있다. 그 열린 신앙이 부럽다. 더구나 10월 첫째 일요일은 반려동물 주일로 지낸다. 그래서 사람들이 온갖 종류의 반려 동물을 데리고 예배드린다. 이날을 아시시의 성 프란체스코를 기념하여 애완동물을 축복하는 의식이 있기 때문이

1부 사찰과 성당의 발달

**도판 279** 노트르담 드 퀘벡 대성당: 이 성당은 화재와 전쟁 등 많은 시련을 겪었지만, 바로크와 고전주의 양식이 결합된 모습을 잘 보여주고 있다. 계속된 복구 작업에서도 처음의 설계도를 고수하였기 때문이다. 캐나다의 쟁점사가 이 성당 속에 농축되어 있다.

**도판 280** 노트르담 드 퀘벡 대성당 내부: 제단 천장에 황금색으로 아름답게 장식된 천개가 높이 설치되어 있다. 6명의 황금천사가 성스럽게 바치면서. 캐나다에서 튀는 퀘벡처럼

다. 한번은 코끼리가 등장했다는 소문도. 이제는 인종을 넘어 동물까지도 함께 드리는 예배를 선도하고 있다. 그러니 이 교회에서만은 인간-합중국(合衆國)이 아니라 생태-합종국(合種國) 즉 〈자타카〉 세상이다. 그래서 이 교회는 세인트 패트릭 성당과 함께 미국 역사발전의 특징을 고스란히 보여준다. '전통'과 '개방'을 양대 축으로 해서. 나아가 합중국 미국은 세계사의 용광로를, 합중국 미국은 종교사의 대단원을 예시하며 실천하고 있다.

## 캐나다: 노트르담 드 퀘벡 대성당

퀘벡 지역은 1534년에 탐험가 자크 카르티에가 발견했다. 1603년에는 역시 프랑스 탐험가인 사무엘 드 샹플렝(1574~1635)이 이곳을 점령했다. 그가 이 지역 누벨 프랑스(=새로운 프랑스)에 세운 모피 교역소가 퀘벡시의 모태가 되었고, 그가 1633년에 세운 성당이 노트르담 드 퀘벡 대성당이다. 그래서 그를 기념하는 동상이 퀘벡 구시가지의 중심이 되는 다름광장에 세워져 있다. 그에 의해 시작된 퀘벡시가 오늘날까지 성벽, 성문, 방어시설, 성당, 건물 등을 관리하여 잘 보존하고 있다. 처음 유럽에서 이주해온 사람들은 모피 거래를 주산업으로 하였고, 인디언 원주민들과도 유대관계가 좋았다. 당시 퀘

벽은 교통과 무역의 중심지로 유럽의 물품이 퀘벡항에 내려지고 북극권에서 가져온 값비싼 모피를 유럽으로 운송하며 이름이 났다.

프랑스 절대왕정의 대표적 정치가인 리슐리외와 콜베르는 퀘벡의 농업을 장려하였고, 그와 함께 퀘벡은 프랑스 직할 식민지로 격상되기도 하였다. 이어 영국이 모피에 눈독을 들이면서, 이 지역의 원주민 일부와 동맹을 맺었다. 그 결과 프랑스 식민지에서 몇 차례 원주민들의 영국 사주에 따른 반란이 일어났다. 그들의 정당한 반란은 진압되었으나 1756-1763년 영국-프랑스 간의 7년 전쟁으로 비화되면서 퀘벡은 승리한 영국인들의 손으로 넘어갔다. 이후 1867년 캐나다는 독립할 때까지 영국의 식민지였다. 그러나 지금까지 퀘벡의 분위기는 프랑스계 후손들이 그들의 역사·문화·언어를 잘 지키고 있다. 캐나다의 주요한 항구이자, 유서 깊은 퀘벡은 일찍이 번영의 길을 걸었다. 그러면서 20세기에 들어서자 프랑스어를 쓰는 퀘벡 사람들 사이에 언어와 문화적 자각이 일면서 퀘벡의 독립을 요구하는 목소리가 높아졌다.

퀘벡의 독립 시도는 평화롭게 해소되었으나 근본적인 갈등은 여전히 남아 있다. 노트르담 거리에 17-18세기의 건물들이 줄지어 서 있다. 성곽도시로 80% 이상이 프랑스 고유의 전통과 언어를 유지하면서 유럽인들이 아메리카 대륙에 정착하는 과정을 잘 보여주고 있다. 작은 또 하나의 프랑스다. 1633년에 지은 퀘벡 최초의 성당인 노트르담 드 퀘벡 대성당은 완성된 지 7년 만에 화재로 잿더미가 되었다. 그래서 1647에 다시 짓기 시작해 3년 뒤에 첫 장엄 미사가 열렸다.

1659년에 예수회 수도사인 프랑수아 드 라발이 퀘벡에 도착했다. 귀족 출신인 그는 누벨 프랑스 전체를 관할하는 가톨릭 주교로 파견되었다. 그래서 그는 노트르담 대성당을 주교좌 성당의 지위에 걸맞는 확장 공사를 1674년에 시작하여, 1697에 파사드가 완성되었다. 1744-1749년에도 증축공사가 있었다. 그러나 1756년 프랑스-영국 간의 전쟁이 7년이나 계속되면서 노트르담 대성당은 크게 파손되었다. 복원 공사는 1766년에 시작되었고, 옛 설계도를 충실히 따랐다. 그러나 1922년에 일어난 화재로 정면을 다시 건축하였다.

그동안 이렇게 이 성당은 화재와 전쟁 등 많은 시련을 겪었지만, 오늘날까지도 바로크와 고전주의 양식이 결합된 모습을 잘 보여주고 있다. 계속된 복구 작업에서도 처음의 설계도를 고수하였기에. 그렇기에 캐나다 발전에서 그 쟁점사가 이 성당 속에 잘 녹아 있다. 그래서 대성당은 1966년부터 사적으로 지정되어 보호받고 있다. 그보다 약 백 년 전인 1874년에 대성당은 이미 준대성전(Basilica minor)이라는 호칭을 얻었다. 이는 로마 밖의 성당에서 특별히 중요한 성당이라는 뜻. 그것은 이 성당이 북아메리카를 개척하는 역사에서 그 센터 역할을 했기 때문이다. 그래서 퀘벡시가 세계문화유산이 됐다.

대성당의 외관에서 고전주의 양식의 우아하고 절제된 파사드가 백미다. 탑 하나는 뭉툭하게 잘린 고전주의 양식이고 다른 하나는 우아하게 솟은 바로크 양식이다[도판 279]. 그래서 두 탑의 대조적인 조화가 인상적이다. 소박한 외관에 비해 실내는 화려하다. 클래식한 고전주의 분위기 속에서 바로크 양식이 화려하게 그 특징을 강조하고 있고, 우아한 천장, 정문 쪽 2층에는 파이프오르간이 엄숙한 위용을 자아내면서 절제된 아름다움을 보여주고 있다. 특히 제단 위에는 6개의 촛대형으로 생긴 아치형 천개 끝에 6명의 황금 천사가 천개를 바치며 성스러움과 아름다움의 절정을 돋보여주고 있다[도판 280]. 캐나다에서 튀는 퀘벡처럼, 성당에서 프랑스 문화를 자랑하고 있다.

## 남아프리카 공화국 케이프타운: (영국 성공회) 세인트 조지 대성당

대양을 건너 이곳 남아프리카에 처음 정착한 사람은 신교도 네덜란드인들이었다. 그들은 1652년에 희망봉 오늘날 케이프타운에 상륙했다. 그 이후 희망봉은 해로를 통해 동인도에 가려면 반드시 거쳐야 하는 곳이 되었다. 자연스럽게 이 지역은 주요한 허브로 발전하게 되었고, 이민자들도 나날이 늘어갔다. 이후 프랑스의 프로테스탄트인 위그노들도 정착하였다. 19세기 초에는 영국인들이 속속 들이닥치면서 영국과 네덜란드 이민자들 사이에 갈등이 불거졌다. 네덜란드인들의 반대에도, 영국인들은 노예제를 무시했기 때문이다. 그러나 순수한 목적으로 무시한 것이

아니었다. 지하자원, 특히 금과 다이아몬드가 풍부하게 매장되어 있는 이곳에서 원주민의 편을 들어야 했기에. 한 마디로 이권 때문이었다. 그러면서 보어인(Boers)이라 부르는 네덜란드 이민자들과 영국인들 간의 갈등은 점증되어갔다.

정치적인 측면에서 보어인들은 깡보수 역할을 했고, 영국인들은 상대적으로 진보적인 역할을 했다. 그 사이에서 인구 대다수인 원주민인 흑인은 점차 자신들의 수치스러운 인권 상태를 돌아보게 되었다. 그리하여 마침내 1948년 〈아프리카민족회의〉로 알려진 정치조직을 탄생시켰다. 그러자 이에 대한 반동으로 보어인을 중심으로 한 백인들은 인종분리정책인 〈아파르트헤이트(Apartheid)〉를 같은 해에 전격적으로 실시했다. 이로 인해 흑인의 인권은 무참히 짓밟혔고, 무시무시한 잔혹행위와 야만적인 불의가 전국에 들끓었다. 이같은 갈등을 연착륙이 되도록 투투 주교가 종교적으로 품어 안았고, 이를 후에 넬슨 만델라가 정치적으로 정부를 평화롭게 교체했다는 사실은 세계사의 이정표에서 빼놓을 수 없는 대표적인 경이로운 업(up) 사건이 되었다. 남아프리카 성공회는 2천 년 기독교 역사상 가장 모순이 집약된 (벌거벗은 임금님 같은, 백인 우월주의의 극치인) 아파르트헤이트 속에서 〈바리데기 공주〉의 역할로 가장 찬란한 역설의 십자가를 보여주었다. 현대판 예수의 모습으로. 이렇게 백인 정치에서 흑인 정치로 현대사에서 빼놓을 수 없는 사건을 만들어 낸 베이스캠프가 투투 주교가 시무하는 케이프타운의 주교좌 세인트 조지 대성당이다.

이 대성당은 지금도 신학적으로는 말할 것도 없고, 문화적으로도 아주 활기가 넘치는 곳이다. 오늘날의 세인트 조지 대성당의 인기와 명성은 모두 원주민 출신 영국 성공회 대주교 데스몬드 음필로 투투(Desmond Mpilo Tutu, 1931- ) 덕분이라고 해

**도판 282** 케이프타운 성공회 세인트 조지 대성당 내부: 투투 주교는 말했다. "우리의 인간성은 서로 연결되어 있다. 아파르트헤이트의 악행을 저지른 사람들의 인간성도 좋든 싫든 피해자들의 인간성과 서로 연결되어 있다. 가해자인 백인 그들도 가해하면서 어쩔 수 없이 인간성을 침해당하게 된다." 이같은 우분투신학으로 인류의 역사상 가장 무식하게 잔인했던 아파르트헤이트 인종차별 정책을 녹아내리게 만든 성당이다.

도 과언이 아니다.

이 성당은 그만큼 건축사적 의미보다 정치 종교사적 의미가 훨씬 더 큰 성당이다. 인류 휴머니즘사에 한 획을 그었다. 이 성당은 1862년 신로마네스크 양식으로 지어졌다. 벽돌로 지은 것 같지만 케이프타운의 유명한 명승지, 테이블마운틴에서 채취한 사암으로 지었다는 것을 알 수 있다. 일종의 모전 석축성당이다[도판 281]. 20세기에 들어 기독교의 무게 중심이 서양에서 비서양으로 바뀌게 되면서 그 역

사의 처참함이 곳곳에서도 다채롭게 나타났다. 그 다채로움은 〈핍박·차별·처벌·압제·고문·학살·전쟁〉이라는 암울한 단어들로 대표되는 처참한 비극과 실패의 역사다. 그 역사는 초대교회 이래 2000년 역사를 오롯이 지닌 아르메니아 기독교가 대표적이다.

아르메니아는 1910년대 이래 이슬람의 터키와 사회주의 국가가 된 소련의 압제에 그 '다채로움'을 맛보며 말살과 유배를 당해야 했다. 그리고 서양 선교사들의 희망이었던 중국과 북한의 기독교는 무신론적 공산 정권의 등장과 함께 현장과 역사에서 '다채롭게' 뿌리 뽑혔다. 그리고 가장 냉정하고 합리적이라는 독일 기독교인들도 본 훼퍼 등 소수 목회자를 빼고는 대부분 유대인과 집시, 소수자를 '다채롭게' 대하는 나치 정권에 충성스럽게 부역하는 인간으로 변했다. 나아가 전통신앙의 유럽과 순수한 청교도 신앙을 지킨다는 미국 남부 그리고 남아프리카의 기독교인들도 인종차별을 중남아메리카처럼 〈성경·문화·법〉의 이름으로 정당화하면서, 가장 폭력적 차별적 교리로 '다채롭게' 제도화했다.

그 자업자득으로 오늘날 교회가 텅 비어가고 있고, 이같은 분위기에서 〈서구의

몰락)이란 책도 나오게 되었다. 〈아파르트헤이트〉도 이같은 '다채로운' 기독교사적 관점에서 알아볼 만하다[주56]. 투투 주교의 생애는 20세기 남아프리카 역사에서 살아 있는 전설이다. 인류의 반 휴머니즘사에서 빼놓을 수 없는 '아파르트헤이트'와 뗄 수 없는 주인공이었다. 남아프리카에 첫 정착한 백인 즉 당시 보어인으로 알려졌던 네덜란드인들은 아프리칸스(Afrikaans) 어를 구사했다. 아프리칸스 어는 네덜란드어가 현지어의 영향을 받아 독자적으로 발전한 언어로, 현재 남아프리카 공화국의 공용어가 되었다. 보어인 아프리카너가 사용하는 언어인 '아파르트헤이트'(Apartheid)는 '분리된 상태'(separateness)를 뜻한다. 즉 백인과 흑인은 서로 다르게 살아야 한다는 주장이다.

1948년에 아프리카너가 주도하는 남아프리카 국민당이 새로운 정치 엔진으로 도입한 이 인종차별 체제는 미국의 〈KKK단〉처럼 극단적인 백인 우월주의 정치 및 종교 이데올로기를 기반으로 탄생했다. 네덜란드인이 남아프리카 지역에 1652년에 도착하면서 다른 개신교와는 구별되는 보수적인 〈개혁파/칼뱅주의〉 문화를 이식했다. 이어서 영국인이 1805년에 케이프타운에 들어오면서 진보적 문화가 형성되었다. 이렇게 이질적인 두 유럽 제국주의 문화는 앞에서 언급했듯이 약 150년 동안 남아프리카에 뿌리를 내리면서, 흑인 문화와 어우러져 독특한 내적 역동성과 긴장감을 상대적으로 만들어 냈다.

남아프리카에 온 영국인들은 당시 모국에서 불던 노예무역 금지와 노예 해방 운동 열풍에 발맞추어 남아프리카 식민지 내에 노예해방을 비롯한 여러 진보적인 개혁을 주장했다. 그에 반해 칼뱅주의자로서 네덜란드 보어인(Boers)들은 자신들의 남아프리카 이민 여정을 이집트를 떠나 요단강을 건너 약속의 땅 가나안에 정착하라는 하느님의 섭리로 합리화했다. 그래서 영국을 이집트로, 영국 왕을 파라오로, 남아프리카 정착을 막는 여러 흑인 부족들을 가나안 족속과 마찬가지로 진멸해야 하는 부족으로 간주했다. 그리고 그들이 사는 케이프타운의 땅을 약속의 땅 가나안이라 주장했다. 그들의 고향은 네덜란드임에도 말이다.

1930년대 대공황으로 닥친 경제 위기는 정치 권력의 신학화를 형성하는데 크게 영향을 끼쳤다. 특히 이 시기 네덜란드 개혁파 교회 지도자 다수가 독일로 유학해 공부했는데, 이때 그들은 나치즘을 탄생시킨 인종적 순수성과 신적 소명이라는 비전을 남아프리카식으로 내면화했다. 즉 아프리칸스 어는 구별된 언어로, 국민당은 네덜란드계 백인종의 정치적 대변자로, 기독교 민족주의는 이상화된 이데올로기로 됐다. 이런 나치즘의 비전을 받아들인 배경 속에서 남아프리카 개혁교회는 〈아파르트헤이트〉라는 인종 분리를 정당화하는 논리를 처음으로 성경에서 체계화했다.

**도판 283** 1960년에 발생한 샤프빌 학살사건 당시 현장: 이 사건을 통해 아파르트헤이트의 만행이 세계의 이목을 받게 되었다.

    이들은 '창세기 11:1-9'의 바벨탑 사건을 이 세상에 대한 하느님의 섭리를 해석하는 중요한 본문으로 삼았다. 즉, 인류를 하나 되게 하려 했던 인간의 시

**도판 284** 1984년 노벨평화상을 받은 투투 대주교가 요하네스버그에서 개최된 제7회 우분투 소통기구에서 인사하는 모습

도를 하느님은 벌하셨다. 하느님은 인간을 인종별로, 민족별로, 언어별로 흩으시기를 기뻐하셨으므로, 각 인종이 분리되는 것이 하느님의 뜻이요 창조질서라는 논리였다. 이 논리는 아파르트헤이트를 정당화하는 데 활용된 기막힌 견강부회적 해석이었다. 마찬가지로, 아파르트헤이트에 반대하는 신학적·문화적 논리도 지속 발전했다. 이후 아파르트헤이트 이슈를 두고, 백인 아프리카너 교회 대 〈흑인+백인〉 영어권 교회라는 전선이 명확해졌다. 1948년에 국민당 보어인 정부의 아파르트헤이트 체제가 전격적으로 시작되었을 때 이에 대한 저항은 미미했다. 아직 합의된 해석이나 저항 방식에 통일된 견해가 없기도 했다. 그러다 1960년 경찰이 통행 제한에 저항하는 흑인 시위자 69명을 살해한 샤프빌 학살 사건이 일어났다[도판 283]. 이 사

건으로 전 세계가 남아프리카 정권의 잔혹성을 알게 되면서, 이후 국제 정치계와 세계교회협의회(WCC) 등 종교계가 개입하기 시작했다. 이 시기에 '흑인신학'(Black Theology)이 남아프리카에 소개되자, 투투 주교도 이를 열렬히 수용했다.

이 흑인신학은 원래 미국에서 차별받는 흑인을 위한 민권운동가 마틴 루터 킹(1929-1968) 목사의 사상과 운동에서 기원한다. 이 신학은 제임스 콘(1936-2018)을 비롯한 흑인 신학자들의 저술 작업을 통해 크게 발전하기 시작했다. 당시 전 세계에서 이 신학이 탄생한 미국 남부 상황과 가장 유사한 남아프리카에서 이 신학을 가장 빠르게 수용한 것은 지극히 당연했다. 1986년 9월 7일에 투투는 케이프타운 대주교로 안수를 받으며, 남아프리카 전체 성공회를 이끄는 첫 흑인 수장이 되었다. 투투의 성공회 대주교 임명 이후, 1990년 2월에 남아프리카 저항의 영웅 넬슨 만델라(1918-2013)가 27년 만에 감옥에서 나오게 되고, 1991년에 아파르트헤이트가 폐지되었다. 백인들의 포기로 1993년 인종 평등의 원칙에 기초하여 공동 통치를 결정한 헌법을 채택했다. 그리하여 1994년 만델라를 첫 흑인 대통령으로 선출하여 300년 이상 지속된 소수 백인이 지배하던 정치체제가 막을 내렸다.

만델라가 대통령이 되고, 1년 후 투투 주교는 과거 역사의 잔악 행위 문제를 처리하기 위해 조직된 〈진실과 화해위원회〉(Truth and Reconciliation Commission, TRC, 1995. 12.-1998. 10.) 의장으로 임명되었다. 투투 주교가 〈TRC〉를 이끌며 만든 원칙과 실행 방식은 전 세계의 주목을 받으며 찬탄을 자아냈다. 이는 아파르트헤이트에 관련한 백인을 일방적으로 가해자로 규정하여 법으로 심판하는 것이 아니라, 이들이 양심에 따라 스스로 죄를 자백하게, 그런 후 사면을 허용하는 것으로. 즉 가해자와 피해자가 인종 차별한 것에 대해 서로 고백하고 용서하면서 화해하는 평화 공동체를 만드는 일에 주력했기 때문이다. 나(=투투 대주교)는 "아파르트헤이트 지지자들조차도 그들이 그토록 열렬하게 지지하고 집행했던 사악한 체제의 희생자라는 말을 덧붙이고 싶다. 윤리적 가치판단이 부질없다는 뜻은 아니다. 이것은 우리의 근본 개념인 '우분투'에서 흘러나온 판단이다. 우분투란 인간됨의 본질을 뜻한다.

우리의 인간성은 서로 연결되어 있다. 아파르트헤이트의 악행을 저지른 사람들의 인간성은 좋든 싫든 피해자들의 인간성과 서로 연결되어 있다. 다른 사람들을 비인격적으로 대하고 이루 말할 수 없는 해악과 고통을 가하는 과정에서, 가해자도 어쩔 수 없이 인간성을 침해당하게 된다" 이같은 아프리카 전통 휴머니즘을 바탕으로 한 〈우분투 신학〉으로 인류의 역사상 가장 무식하게 잔인했던 아파르트헤이트 인종차별 정책은 녹아내렸다. 2,000년 전 에베소 교회도 이 우분투 신앙을 알았더라면 정의는 살아있되 사랑이 죽은 교회가 되지는 않았을 것이다. 이 세인트 조지 대성당에서는 건축사적 분야를 통한 역사보다는 기독교에 더 본질적인 인권사적 해결을 통해 종교의 역할과 예수 정신을 잘 보여주었다.

# 10. 현대 - 성당 건축(20세기)

## 롱샹(언덕 위의 성모) 성당

프랑스 혁명 이후 신앙의 시대가 가고 이성의 시대가 도래한 듯했다. 그 결과 교구는 축소되고 수도회가 해산되었으며 곳곳의 성당은 습격을 받았다. 이러한 가톨릭의 위기는 나폴레옹의 몰락과 함께 등장한 복고주의에 의해서 극복되었다. 왕정복고 후 프랑스에서는 왕당주의와 교황주의가 결합하여 프로테스탄트를 억압하는 한편, 교황 지상주의와 무오류성을 내세웠다. 무오류성이란 교황의 결정은 성령의 도움이므로 절대 오류에 빠질 수 없다는 가톨릭의 교의였다. 그러면서 이성을 강조하는 계몽주의에서 비롯된 무절제한 혁명성을 타파하고 질서와 평화를 되찾을 것을 강조하였다. 보수의 합리적 가치를 내세운 것이다.

이러한 흐름에서 현대적인 교회 건축 양식은 1920-1930년대 독일·스위스를 비롯한 중부 유럽에서부터 시작되었다. 이들의 건축은 새로운 재료의 도입과 단순하고 순수한 형태 그리고 전례에서 예배자와 사제 간에 신앙소통을 중요시하였다. 이처럼 현대적이면서 정신성이 강조된 교회 건축은 도미니크 수도회의 '성 미술' 운동과 함께 등장한 1940-1950년대 프랑스 현대 교회건축에 깊은 영향을 미쳤다.

프랑스에서 일어난 '성 미술' 운동이란 19-20세기 초 낭만주의 교회 분위기의 데카당스를 쇄신하고 화석화된 신고딕 양식의 극복을 위해 현대미술을 교회 안에 새롭게 수용하고자 한 움직임을 말한다. 마리 알랭 쿠티리에와 피 레이몽 레가메 같은 도미니크 수도회의 진보적인 신부들을 중심으로 해서 진행되었다. 그리하여 1940-1950년대에 지어진 아시(Assy), 오뎅쿠르(Audincourt), 방스(Vence), 롱샹(Ronchamp) 등 대표적인 현대의 교회 건축을 통해서 성 미술과 현대 미술의 결합이 성사되었다. 당시 가톨릭에서는 형태와 색채 자체에서 미를 추구하는 추상미술은 근본적으로 종교적일 수 없으며 기독교 미술의 전통에서 벗어난 것이라 여겼다. 이에 대해 레가메 신부는 "진정한 전통이란 '지속적인 원리'로서 양식적인 면과는 관계없이 시대를 거듭하며 이어질 수 있는 것"이라고 주장하였다. 레가메 신부의 이같은 주장은 깨달음이란 '지속적인 원리'를 지향하는 바로 불교 건축의 원리와도 같다. 그러면서 성 미술 운동의 역사가 기독교 미술이 본격적으로 발전하기 시작하는 중세 로마네스크 미술에서, 특히 프라 안젤리코(1387-1455)의 그림에 나타난 차분한 분위기와 정숙한 아름다움을 겸손하게 나타낸 '정신성'에 그 전통의 시원을 삼고 있음을 강조했다. 아울러 작가의 내면에서 표출된 순수하고 정화된 선·색·형태로 이루어진 추상미술이 사실주의 미술보다 한결 더 성스러울 수 있음에 주목하였다.

즉 추상적 성격인 음악이 리듬이나 음색에 의해서 종교적인 특성을 나타낼 수 있듯이 미술도 색·형태·비례를 통해서 그 성격을 나타낼 수 있다고 주장하였다. 이처럼 당대의 살아있는 미술을 전통 안에서 받아들인 현대 교회 건축은 고딕의 지나

**도판 285** '롱상(언덕 위의 성모) 성당' 원경: 롱상언덕은 중세부터 성모 마리아를 예배해 온 역사적인 장소다. 그리고 해발 500m의 지형적으로 사방이 열린 롱상언덕의 자연적 특성을 활용해 아테네의 아크로폴리스와 유사한, 그리고 부석사 등 우리의 산사와도 비슷한 즉 아래에서 주변 경관을 보면서 올라가 거룩한 정상에 다다르는 진입공간을 택했다.

1부 사찰과 성당의 발달

도판 286 롱샹 성당: 이 성당은 작지만 화려하면서도 괴팍하다. 그렇지만 그 건축적 의미는 위대한 성소피아 성당과 고딕 양식과 견주기도 한다. 다양한 의미의 신학적 차원들을 통합시키면서 뛰어난 건축 형태를 만들어 냈기 때문이다.

도판 287 창으로 햇빛이 들어오게 한 신학적 방법은 고딕 양식과 같으나 그 의미는 보다 경건하고 성스럽다. 로마네스크와 합친 분위기다.

친 높이나 바로크 같은 현란한 장식을 지양했다. 대신에 단순한 형태의 건축과 순수한 장식을 바람직한 것으로 여겼다. 그러면서 교회의 '살아 있는 미술'을 위해 도미니크 수도회는 신자는 아니지만 재능있는 많은 현대 미술가들을 영입해서 성당을 건축해 나갔다. 교회 건축이 시대정신을 새롭게 모색한 것이다. 즉 아시에서 처음으로 현대의 성 미술과 교회 건축의 만남을 시도했다. 이후 당대의 유명한 앙리 마티스, 조르주 루오, 피에르 보나르, 조르주 브라크, 자크 립시츠, 장 리르사, 마르크 샤갈, 장 바젠, 페르낭 레제, 폴 보니 같은 화가들을 영입하여 현대 종교미술관을 방불케 하는 성당들을 만들어 냈다. 그러면서 교회 건축은 또 다른 이유에서 많은 변화를 겪었다.

외적으로는 과학기술과 경제가 급속도로 발전하고, 휴머니즘·민주주의·자본주의·공산주의 같은 시대 사상과 다양한 현대 신학이 나타났고 철과 유리와 콘크리트 같은 새로운 건축 재료를 만들어 냈으며, 한편 개발된 엘리베이터는 건물의 고층화를 가능하게 했다. 내적으로는 기독교 에큐메니칼 운동과 예배에서 전례의 변화가 교회 건축에 지대한 영향을 끼쳤다. 특히 전례운동은 현대 신학의 태동과 함께 교회의 역할 그리고 예배 의식 등에 큰 변화를 이끌었다. 그것은 교회에 대한 새로운 인식이었다. 새로운 재료와 공법을 개발한 건축 기술과 합리주의를 기반으로 하는 건축의 기능은 교회의 새로운 신학적·사회적 변화를 건축적으로 어떻게 수용할 것인가 하는 문제를 제기했다. 그것은 중세 이후 지금까지 교회 건축의 전형이었던 고딕 양식과의 새로운 신학적 투쟁이었다.

그러면서 전례의 변화는 회중석과 제단사이의 관계를 개방적으로 추구하게 되면서 건축 형태는 종전의 〈천장고·장축형·십자가〉 포맷에서 벗어나 〈원·타원형·사다리꼴〉 아니 '변형꼴'까지도 시도되었다. '전례기능이 형태를 만든다'는 신학적 건축관이 교회 건축에 새로운 의미를 갖게 한 것이다. 그러면서 전례의 변화가 즉 예배가 짧아지고 단순해지면서 교회 건축도 이에 상응하는 양식으로 변하게 되었다.

이 같은 분위기를 선도한 건축 중 가장 대표적인 교회가 프랑스 알자스-로렌 지방의 롱샹 언덕에 세워졌다[도판 285]. 그 교회가 현대교회를 대표하는 〈롱샹 언덕 위의 성모 성당〉(Chapelle Notre-Dame-du-Haut Ronchamp, 1950-1954)이다[도판 286]. 이 성당은 크진 않지만 화려하면서도 괴팍하다. 그렇지만 그 건축적인 의미는 성 소피아 성당 그리고 전성기의 고딕성당과 견주기도 한다. 다양한 의미의 신학적 차원들을 통합시키면서 뛰어난 건축 형태를

도판 288 르 코르뷔지에. 스위스 라쇼데퐁 태생 (1887-1965). 롱샹 성당은 1950-195 4년 완공. 롱상성당은 여러 면에서 현대 기독교 건축에서 금 자탑을 상징하는 획기적인 건축이다.

오늘의 전례 기능에 맞게 만들어 냈기 때문이다. 성당을 설계한 르 코르뷰지에(Le Corbusier, 1887-1965)[도판 288], 그가 이 성당에 담아낸 은유를 해설가들은 다음과 같이 설명한다.

첫째로, 전체적으로 떠오르는 이미지는 노아의 방주이다. 대홍수를 견디어 내고 산 위에 걸쳐진 우주의 모든 생명을 살린 위대한 모습으로서다. 두 번째는 성채의 이미지다. 수직적인 띠 창과 개구부가 난 세 개의 탑은 육중·안정·안전같은 방호의 의미를 전달한다. 셋째는 동굴의 이미지이다. 크게 휜 지붕 곡면의 모습과 어두운 내부는 로마의 카타콤과 예수가 태어난 베들레헴의 어두운 마굿간을 연상시킨다. 네 번째는 빛 이미지다. 이는 어둠의 세상에서 성육신으로 태어난 예수의 대속과 무염시태로 태어난 성모의 거룩한 순결의 빛을 상징한다. 그래서 내부 공간의 어두움 속에서 신비한 효과를 빛으로 만들어 냈다[도판 287]. 다섯째는 돛의 이미지다. 여기서 돛은 바람이란 또 하나의 상징을, 즉 예수님의 성령을 깨닫게 해준다. 여섯째는 옥외도 지상 정토 천국으로 상징해 예배당화 했다.

이 예배당이 위치한 언덕이 예로부터 종교적 상징으로서 번제의식이 행해지던 장소였다. 그래서 주일에는 성당에서(200여 명 수용) 미사드리지만, 일 년에 두 번, 8월 15일 성모승천일과 9월 18일 성모 축일 때 옥외 미사(30,000명 예상)를 드린다. 그 미사를 위해 만들어진 옥외 제단이 언덕을 굽어보고 있다. 그러므로 가장 작으면서 가장 큰 성당이다. 이 장소는 4세기에 지어진 옛 성당이 2차 세계대전 때 파괴되자 그 자리에 다시 지은 것으로 사방이 내려다보이는 언덕에 위치한다. 일곱째는 이곳이 모든 순례자의 목표이자 종착점을 상징한다. 이곳이 지상에서 길고 험난한 순례 여정을 거친 다음 천상에 도달하는 곳이라는 이미지를 〈비아돌로로사〉 성격으로 보여 주고 있다. 마지막 여덟 번째는, 비기하학적인 곡선과 비형식적인 형태는 건축의 구조가 인간의 신앙 감정에 종속되어야 함을 나타냈다. 이는 무한한 높이와 부유공간을 지향한 중세의 고딕 건축과 그 반대다. 교회 건축 투쟁에서 시대정신에 맞는 새로운 성과를 이뤄낸 것이다. 건축적으로 골리앗의 시대에서 다윗의 시대를 만들어 낸 것이다. 르 코르뷰지에는 "파르테논은 드라마"라고 했는데, 자그마하지만 롱샹성당은 그 파르테논을 연상시킨다.

결국 롱샹성당은 고딕 양식에 대한 최후의 승리가 되면서 르 코르뷰지에의 건축적 아이디어는 현대 교회건축에 지대한 영향을 끼쳤다. 신앙에 따른 시대정신을 건축적으로 구현해 낸 것이다. 그는 자신을 무신론자라고 했지만 믿어지지 않게 〈롱샹(언덕 위의 성모) 성당〉을 통해 기독교적인 깊은 의미들을 수준 높게 멋지게 시대를 앞지르며 표현해 냈다.

## 로사리오 경당

### 건축 배경

이 글은 많은 부분에서 정수경의 논문「앙리 마티스의 방스로사리오 경당연구」를 참작하였다.

로사리오 경당(Chapelle du Rosaire Vence, 1947~1951)은 프랑스 니스에서 북서부로 30km 정도 떨어진 작은 마을 방스의 도미니크 수녀원 안에 있다. 경당이란 모든 신도가 출입하는 성당과 달리 특별한 허가 없이는 일반인들의 출입이 자유롭지 못한 골방같은 작은 예배당을 의미한다. 정식 명칭은 〈방스 도미니크 로사리오 성모 경당〉으로서, 20명의 도미니크 수녀회 분원의 수녀를 위해 지어졌다.

색채의 마술사 앙리마티스(1869-1954)가 자크-마리(Jacques-Marie) 수녀와 만년의 교류로 이 경당이 탄생하게 되었다. 수녀가 되기 전 간호학교에 다니던 학생 모니크 부르주와

도판 289 로사리오 경당(=○)은 예배의 기능 외에도 폐결핵으로 고통받는 여성 환자들의 편의 제공을 위해 세워졌다. 그래서 지붕이 푸른색이다. 이 색은 고요·안식·건강을 상징한다.

는 1941년 큰 수술을 받은 마티스(당시 71세)의 간병인이었다. 할아버지와 손녀같은 친밀한 신뢰관계를 유지하다 단절되었다. 그녀는 성직자의 길을 걷기 위해 1944년 1월 몽테이에 있는 도미니크 로사리오 수녀원으로 떠났고, 1946년 자크-마리라는 수녀명으로 서원을 하고 수녀가 된 후 방스에 돌아와 분원인 라꼬르데르 수녀원에 머물게 되었다. 그후 그곳 수녀원의 헛간으로 쓰이던 곳에 경당을 세우려는 계획을 알게 된 자크 마리 수녀는 마티스를 찾아가 도움을 의뢰했다. 마티스는 자크 마리 수녀와의 우정 그리고 그가 일생동안 탐구해온 색과 빛을 성당이라는 삼차원의 거대한 캔버스에 종합할 수 있다는 희망으로 그 의뢰를 받아들였다. 그래서 마티스는 경당의 거의 모든 부분을 직접 계획하고 실행했다.

이 경당은 도로보다 한 단 낮은 곳에 세워져 있어 출입구에서 보면 건물이 더 낮고 작아 보인다[도판 289]. 방문자는 도로에 면한 입구로 해서 내려가게 되는데, 들어가면 곧바로 연결된 계단을 통해 나르텍스에 도착하게 된다. 여기서 호흡을 가다듬고 마음을 진정시킨 후 성수반의 성물을 축이고 예배당에 들어서도록 한 구조다. 들어가 스테인드글라스를 통과한 빛이 있는 곳에 멈춰서 있으면, 고요히 눈에 띄게 이동하는 채색된 삼중주의 부유공간이 흰대리석 바닥에서 사방으로 반사되면서 예배당 전체에 퍼지게 했다. 그 맑고 순수한 색채인 삼중주의 성령에 몸을 적시면 온몸이 부드러워지면서 편안함과 외경의 긴장감이 마음속에서 샘솟는 기분이 들게 한다.

경당은 〈2개의 네이브〉를 겹쳐놓은 십자 형태의 단순한 평면에, 기본 장식은 〈3개의 벽화〉와 이에 대응하는 〈3개의 스테인드글라스〉로 되어 있다. 크기는 길이가 제단에서 일반신자들을 위한 네이브까지 15m, 수녀석까지는 10m며, 폭은 5m로 이루어진 작은 공간이지만 색과 형태의 균형으로 무한한 공간을 만들었다.

### 〈3개의 벽화〉에 대해서
먼저 제단 측면 벽에 수도회 설립자인 〈성 도미니크〉가 예배자들과 하느님 사이를 연결하는 역할을, 크로키보다 절제된 선으로 상징하고 있다[도판 290-①]. 두 번째 벽화인 〈성모상〉[=도판 290-②]은 이목구비가 제거된 타원형의 얼굴에 십자가에 매달린 자세를 하고 있는 아기 예수를 안은 채, 또 다른 측면의 화면 중앙에 자리 잡고 있다.

성모 주변에는 비천같은 꽃모양의 구름이 천상의 이미지를 돋구어 주고 있는 가운데, 경당의 공간을 신비스럽고도 무한한 천상의 공간으로 전환시켰다. 좌측 상단 첫번에 쓰여진 'AVE'는 AVE MARIA를 뜻하는 것으로 누가복음 1장 28절에 언급되어 있듯 천사 가브리엘이 마리아에게 예수 잉태 사실을 전하러 와 처음한 말, 곧 '기뻐하여라 (마리아여)'라는 뜻을 담고 있다. 세 번째인 비아돌로로사 즉 〈십자가의 길〉[=도판 290-③]은 십자가를 지고 골고다 언덕을 오르는 예수의 고통이 아래에서 위로 리듬감있는 곡선을 타면서 뒷면에 그려져 있다. 〈비아돌로로사〉 길에 들어 있는 14 장면이 나름대로 개별성을 지니면서도 죽음과 부활이 연결되어 '하나된 전체'를 알려준다.

### 〈3개의 스테인드글라스〉에 대해서

노랑·파랑·초록의 제한된 색조로 균형있게 구성되어 있다. 노랑색은 빛, 파랑은 영혼, 초록은 실재를 의미하는데, 이는 창세기와 또 다른 태초의 공간 즉 재림을 나타낸 것이다. 그래서 스테인드글라스에서 표현된 세 가지 색의 모티프는 마티스가 재림시 처음 빛이 만들어지는 순간을 형상화한 것이다. 즉 〈새 예루살렘〉(=요한계시록 21:11)에 나오는 '수정처럼 맑은'이라는 구절에서 〈천상의 예루살렘〉에 대한 영감을 얻었다. 〈생명의 강〉 역시, '요한계시록 22:1'에서 '수정같이 빛나는 생명수의 강'이란 내용에서 힌트를 얻어 스테인드글라스로 제작했다. 추상적인 모티프로 배경을 처리한 '밝은 청색'은 역시 '요한계시록 22:2'에 등장하는 〈생명의 나무〉에서 받은 인상을 반영하고 있다. 이 〈생명의 나무〉 스테인드글라스는 프로방스에서 자생하는 선인장을 노란색으로 모티프화했다. 바닥은 윤이 나는 흰대리석이어서 이 창을 통해 들어온 〈생명의 나무〉가 바닥에 선명하게 비치며 사방으로 반사한다[도판 291]. 유리에 채색하지 않고, 스테인드글라스를 제작할 때 직접 유리속에 색을 넣어 만들

**도판 290** 로사리오 예배당 내부의 모습: 스테인드글라스를 통해 들어온 빛이 맞은 편의 성모상과 뒷면의 비아돌로로사[=십자가의 길]를 비춘다. 내부는 5×15m 크기다.

었기에 음영이 생기지 않고 색의 순수성을 유지할 수 있어, 〈새 예루살렘〉, 〈생명의 강〉, 〈생명의 나무〉를 수정같이 맑게 표현할 수 있었다.

특히 마티스는 파리 노트르담 대성당의 장미창에서 성녀로서 붉은색과 어머니로서 파란색이 병치되면서 만들어지는 연보라 분위기를 로사리오 경당 내에 실현하고 싶어 했다[도판 322]. 그래서 색과 빛의 효과를 통해 경낭 내에 영혼을 성스럽게 정화시키는 연보라색을 스테인드글라스에 강조한 것. 성모마리아를 닮기 원하는 수녀원이니까. 이렇게 마티스는 로사리오 경당 안에 들어온 수녀들에게 영적으로 정화됨을 느끼게 하고 모든 짐을 덜어낸 편안함과 즐거움을 주고자 했다.

### 〈무한히 승화하는 공간〉 실현

마티스가 로사리오 경당에서 추구했던 것은 무한히 승화하는 공간의 실현이었다. 처음도 끝도 없는 무한한 연속적인 동선 연출을 통해 그 공간을 실현했다. 마티스는

**도판 291** 제단 쪽 스테인드글라스 무늬인 자생하는 선인장 〈생명의 나무〉가 예배당 흰대리석 바닥에 거울처럼 비치면서 다시 반사되어 사방으로 퍼져나가게 했다.

경당 내에 '특별한 정신'을 창조해야 하며, 이를 통해서 경당 내의 사람들을 숭고하게 만들어 일상적인 존재 이상으로 끌어올려야 한다고 했다. 무한한 공간 실현이 바로 그 창조를 의미한다. 스테인드글라스를 통해 이곳 경당에 들어온 빛은 대성당의 높은 곳에서 생기는 성스러운 부유공간과는 반대로 바닥에 부딪치면서 반사와 시간에 따라 움직이는 색과 광채가 된다. 그 움직이는 빛과 색을 통해 정신적인 승화를 경험하게 했다. 이같은 '승화' 이미지를 경당 내의 또다른 곳곳에 나타냈다.

즉 벽화에서는 테두리 없이 그려진 〈성 도미니크〉[=도판 290-①]의 '공중'에 떠 있는 듯한 발의 표현에서, 꽃모양의 '구름'으로 둘러싸인 〈성모상〉[=290-②]에서 그리고 왼쪽 하단에서 시작해 좌우로 엇갈리면서 위쪽으로 진행되고 있는 비아돌로로사 〈십자가의 길〉[=290-③]에서 죽음을 이기는 '부활'을 통해 암시하고 있다. 이러한 승화 이미지는 마지막으로 경당 지붕의 '십자가 첨탑'[=도판 289]에서 천상을 향해 잠자리처럼 날아 오르게, 또는 실낱같은 연기처럼 가볍게 피어 오르듯하게 해 마무리했다. 신앙을 이성으로 치환한 탁월한 보편적 가치로 해서. 마티스는 이 12m의 십자가 첨탑으로 로사리오 경당을 부석사의 부석(浮石)처럼 천국으로 오르는 승화감을 조용히 부여한 것이다. 로사리오 경당는 이처럼 마티스의 예술관이 총합된 인생의 마지막 결정판이다.

마티스는 경당 작업에 임하면서 신을 믿느냐는 질문을 받고, "작업에 임할 때는 신을 믿는다"라고 했다. 그는 신자가 아니었지만 작품을 진행시키는 과정에서는 자신의 의지와는 관계없이 절대적인 힘에 이끌렸다고 했다. 이성에서 신앙으로 됐다. 마티스가 추구했던 공간은 사람들이 무거운 짐을 벗어버리고 편안함과 즐거움을 느낄 수 있는 작은 공간이었지만, 실현된 공간은 경당 내에 투영된 빛을 통해 영적으로 승화를 경험할 수 있는 무한한 공간이 되게 하였다. 롱샹성당이 고딕성당의 공간적 깊이를 1/10로 줄여 10배 농축시킨 화려하고 고귀한 '성의 보석함'이라면, 로사리오 경당의 공간적 특성은 인간의 영혼을 영적으로 승화시키는 자그마하고 사랑스러운 연보라 '성(聖)의 보석'이라고 할 수 있다. 그리고 두 교회는 규모 면에서도 현대교회에 적당한 본을 보여주고 있다. 고딕시대 같은 신앙은 이미 지나갔다. 교회는 교인 200명이 넘어가면 파벌이 생기기 쉽고, 20명이 안되면 자가 발전력이 약하다. 그러므로 규모가 두 교회 사이일 때 가장 따뜻한 공동체가 될 수 있다.

로사리오 경당에 삶의 마지막 에너지를 바쳤던 마티스는 건강이 악화되어 1951년 6월 25일 준공식에 참석하지 못했다. 르 코르뷔지에와 마티스는 스스로 무신론자라고 했다. 그러나 삶은 절대적인 힘에 이끌렸다고. 이를 통해 오늘날 진정한 기독교인은 본 회퍼의 표현대로 "종교의 비종교화" 즉 생활 속에서 예수를 실천하는 사람들임을 알 수 있다.

## 정리

지금까지 교회 건축을 성당중심으로 해서 간략하게 수박 겉핥기 수준으로 더듬어 보았다. 그러면서 분야별로 몇 가지를 느끼게 되었다.

먼저 선교적 관점에서, 기독교가 초기에는 베드로 바울을 대표하는 순교신앙으로 시작되어 로마제국의 국교가 되면서 점차 유럽화되었다면, 지리상의 발견 이후부터는 제국주의의 십자군으로 위장한 침략군이 되어 식민지마다 엉클 톰 신앙을 만들며 세계화하였다. 지구촌화된 오늘날은 그 엉클 톰 신앙이 각 나라 상황에 따라 주체적으로 판단, 비판적으로 수용 또는 여러 다른 관점에서 신앙을 조정하고 있다.

신학적 관점에서는, 제국주의가 정신적 육체적 폭압을 가한 〈식민지 신학〉에서 우분투의 〈해방 신학〉을 건너, 이제부터는 소수·약자를 위한 〈루저 신학〉으로 해서, 앞으로는 AI시대에 맞는 〈롯맨 신학〉으로, 미래에는 접화군생을 향한 〈생태 신학〉에서 대단원을 이룰 것이다. 당연히 시대정신이 텍스트와 컨텍스트의 조화를 이루면서다. 그러니 앞으로의 교회는 아니 종교는 신앙의 무대화를 통해 역사적으로는 '불편한 진실'을 편안하게, 인간적으로는 '자아실현'을 성취하는 《자타카 신학》으로 나아가야 한다.

건축적 관점에서는 교황이 신앙을 관리하던 고딕시대의 성당에서 〈고(高)·광(廣)·대(大)·빛(=光)·색(色)·음(音)〉으로 대단원을 이루었다. 그러나 계몽주의 이후 이성과 과학의 검증을 받으면서 20세기부터는 롱샹성당이나 로사리오경당처럼 〈빛과 색〉으로 절제된 소형교회로 축소되면서 오늘에 이르렀다. 21세기인 이제부터는 《종교의 비종교화》 현상이 부각되면서 예배에서 '명상'으로, 초월자를 믿는 신앙에서 '내재자'를 찾는 신앙으로 변해갈 것이다. 그러니 이제는 로사리오 경당보다 더 작은, 내재자 신앙에 어울리는 플랫홈 성격의 교회가 필요하게 될 것이다. 마음이 가벼워지고, 정신이 고양되고, 삶의 보람을 부담없이 느끼는 〈12사도길〉 같은 플랫홈 교회가.

마지막으로 전례적 관점에서 특히 찬송에서는 그 폭이 넓어져야 한다. 미국의 그 누구는, "재즈의 진정한 혼은 관습·전통·권위·권태 심지어는 슬픔 등 인간의 영혼을 규정하면서 자유롭게 날아오르지 못하게 방해하는 모든 요소를 떨쳐버리려는 즐거운 반란이다"라고 했다. 기존의 찬송가가 유럽·미국의 중산층 중심이라면, 재즈나 소울 등은 소수 약자들이 뒷골목에서 한을 승화시키던 노래다. 뽕짝을 비롯한 세계 모든 나라의 전통적인 노래에는 한의 종교적 요소가 담겨있다. 그 요소들을 인류 보편적 성향의 찬송가로 담아내야. 그렇게 될 때 찬송가는 지구촌 문화축제의 바탕이 될 것이다.

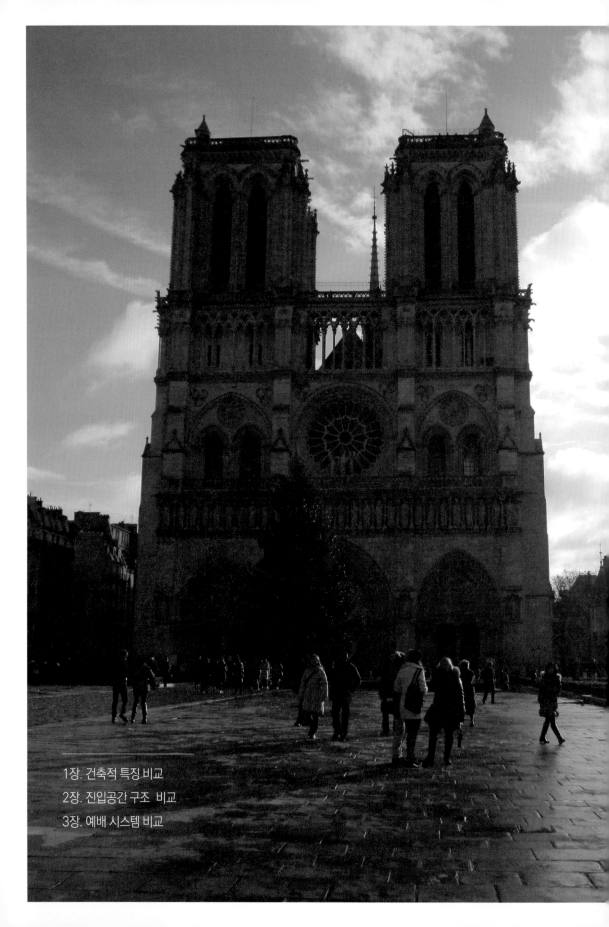

2부

비교 – **사찰과 성당**

# 1장. 건축적 특징 비교

# Ⅰ. 사찰의 건축적 특징
## - 불국사를 중심으로

　우리나라에서 목조건축은 나무이므로 건물구조를 크게 하거나 층수를 높이는 데에는 한계가 있다. 그러므로 사찰처럼 법당·승방·강당·종루·요사채 등 다양한 기능이 존재하는 곳에서는 그 모든 건물을 다 지어야 하므로 건물이 무리를 이루게 된다. 이렇게 하나의 단위 건물이 불교의 다양한 교리를 시스템으로 받아들이지 못함으로, 참배자들은 자연히 무리를 이루고 있는 건물 건물로 옮겨 다닐 수밖에 없다. 그렇기에 참배자들에게는 건물과 건물이 교리에 따라 유기적인 축선상으로 배치되어 있는 진입공간이 그 어느 중요한 하나의 건물보다 더 중요하다. 진입공간의 축선상 속에 종교적 교리가 시스템으로 연결되어 있기 때문이다. 그것을 부석사에서 살펴보았고, 통불교적인 백마사와 통도사에서도 일별해 보았다. 특히 한국에서 사찰은 교리 시스템 작동이 잘 이루어지게 진입공간의 〈지형적·환경적·신앙적〉 의미가 〈앞산·뒷산·계곡〉 그리고 주위 환경과의 조화 여부를 살핀 후에 사찰의 터를 정했다. 그리고 법당은 어디에 세울지, 승방과 중문은 어디 어디에 둘지, 전체적인 건물들을 불교의 교리에 맞게 극좌표 체계로 배치했다.

중요한 축선 상에는 중요한 건물을 배치했고, 부속적인 건물은 부차적인 위치에, 암자는 독립적으로 배치했다. 이렇게 하나 하나의 건물이 시스템으로 전체를 이루면서 사찰 건축에 필요한 교리성·기능성·예술성 등 여러 방면의 목적을 만족시킬 수 있었다. 그러므로 세계의 어느 사원보다 우리나라 사찰의 진입공간에서 교리 시스템에 따라 배치된 특징들을 구체적으로 잘 볼 수 있다.

깨달음의 원리를 나타내는 만다라 배치를 최대한 지향하면서 건물 등을 분절적으로 연결해 배치했기 때문이다. 따라서 오늘의 반환경적인 현실에서 볼 때, 사찰건축은 우리 강산의 지형에 맞게 조성한 환경친화적인 건축, 아니 깨달음을 상징하는 생태건축으로서 위대한 보물이다. 그 진수는 읽거나 듣거나 TV로 보는 것보다는 현장에 가서 직접 걸어봐야 참 맛을 추체험할 수 있다.

어느 사찰이나 일주문 가까이 가면 계곡이 있어 냇물이 흐르게 되어 있다. 부처님 만나러 법당에 가기 전에 먼저 그곳에 가서 몸을 씻으면서 미리 마음 만들기를 하라는 뜻이다. 그래서 일주문에 다가가면 성역으로 왔다는 작은 긴장감에 스스로 자세가 달라진다. 자연스럽게 옷매무새도 좀 더 단정하게 점검하게 되고, 선글라스도 벗게 되고, 스스로 알아서 친견에 대한 예절을 갖추게 된다. 다음 중문인 사천왕문을 들어서게 된다. 발에 밟혀 후회하며 괴로워 울부짖는 잡귀의 생령 위에서 눈알을 크게 부라리는 사천왕과 마주치게 되면 무엇인가 잡귀처럼 행한 잘못한 일이 생각나면서 반성하게 된다. 그리고 용서 받은 마음으로 다시 보게 되면 이제는 오히려 고마운 마음과 함께 친근하게 보이게 된다.

그 다음 반야교나 해탈문으로 나아가게 된다. 그러면 이제는 숨막힐 듯한 긴장감이 전해온다. 그 긴장감은 부담스러운 긴장감이 아니라 종교적 상승감의 절정을 눈앞에 둔 흥분으로 생기는 긴장감이다. 반야교를 건너거나 해탈문을 넘어서면 열려진 법당문으로 부처님이 보이면서 그윽한 향 냄새는 속세적 욕망에 마비된 후각을 뚫어주고, 풍경소리는 청각을 씻어주고, 잔잔하게 청아하게 들리는 독경소리는 마음을 닦아 준다. 이제 예불공간인 법당에 들어가 불상 앞에 합장하고 나면 지금까지 진입공간에서 받은 신선한 자극에 의해 마음이 절정에 이른다.

시냇물에서 무명(無明)했던 몸과 마음을 닦으며 시작된 종교적 여정이 부처님 앞에서 유명(有明)으로 완성되는 순간이다. 불교사원에서 느낄 수 있는 이같은 진입공간의 원리는 다른 국가의 사원 즉 산치대탑, 셰다곤, 보로부두르, 백마사, 동대사에서도 비슷하다. 진입 동선은 다를지라도 모두 다 깨달음을 향한 만다라 원리이니까. 불심이 부족한 사람이라도 자신의 근기만큼 깨닫게 해주는 것이 우리 사찰 건축 속에 들어있는 진입과정에서의 묘미다. 전통사찰에서의 진입과정은 예불자의 신앙 눈높이만큼 인생 여정에서의 무명을 유명으로 변하게 해주는 것이다.

이렇게 진입공간의 축선상따라 예불자를 이끄는 건물과 건물 간의 연결 원리, 즉 건축 만다라로 배치된 건물에서 깨달음을 향한 업그레이드과정을 부석사에서처럼 알게 될 때 비로소 사찰 건축의 참맛을 느낄 수 있다. 그 업업업으로 연결되는 흐름이 진입공간에서의 축(軸) 체계이다. 그런데 불국사에서는 좀 다르다. 다른 사찰과 달리 설명해야 할 중요한 핵심이 건축 속에 시스템으로 한단계 더 업되어 들어 있다. 일반사찰에서는 볼 수 없는 그 하이라이트가 세계적 수준에서 독보적으로 심오하게 들어있는 것이다. 〈일주문 → 천왕문 → 반야교〉를 건넌 다음인《영지 → 대석단 → 대웅전》속에. '현생이친(現生二親)'이기 때문이다.


# 1.《영지》영역 도판 293

## 1) 반야교에서 〈청운교 · 백운교〉 사이의 마당

### (1)《영지》의 존재를 알려주는 〈수구〉와 〈유구〉가 있다

토함산 옥녀봉 좌·우의 계곡을 타고 내려온 음·양의 계곡물은 불국사에서 만난다[도판 39-㉠=295]. 이어 이 물은 암거(暗渠)가 매설된 무설전 옆으로 들어와 대웅전 좌 · 우로해서 석가탑과 다보탑쪽으로 갈라져 내려가는데, 땅 속에 묻힌 그 깊이

**도판 292** 수구: 감로수를 힘차게 배출하는 의미로 대석단에 수구가 우람하게 돌출되어 있다. 하지만, 현재는 물이 없어 박제화 된 모습이다. 통돌을 8각으로 깎아내고 파낸 조각의 의미와 정성이 보통이 아님을 알 수 있다.

는 물이 잘 흐르도록 지하 1.2m에서 1.8m로, 2.4m로 60cm씩 낮아지고 있다. 그것은 물흐름의 속도를 빠르게 해 수구에서 힘차게 떨어지는 폭포수가 되게 유도하기 위해서다. 그리하여 대석단 중간에 돌출된 이 수구에서 폭포를 이루며 불계에서 속계로 떨어지게, 그래서 감로수가 되게 의미화한 것이다.

지금 이 수구가 대석단 석축 기단부 상단과 하단 사이의 그리고 범영루와 청운교·백운교 사이에 있다. 가장 허한 곳처럼 보이는 대석단 가운데에서 가장 의미심장한 무늬와 크기로 돌출되어서[도판 292, 302-㉠]. 떨어질 때 벽을 타고 흐르면서 떨어지는 일반적인 폭포가 아니라 8각의 세련된 그것도 통돌을 의도적으로 경덕왕의 옥경처럼 깎아 우람하고 길게 돌출시킨 수구를 통해 떨어지게 했다. 생명의 약동이 힘차게 들어 있는 것이다. 그 아래에는 커다란 반석이 오랜 기간 떨어지는 감로수를 맞으면서 씻긴 울퉁불퉁하면서 반들반들한 면 그대로 놓여 있다.

수미산의 상징인 토함산 계곡에서부터 내려온 음·양의 성수가 불국사 뒤쪽 경내에서 [도판 295]처럼 합해져 -석불사에서 본존불 좌대 아래로 흐르듯이- 이곳에서는 대웅전 마당아래로 흘러 이 수구를 통해 불규칙한 반석위에 힘차게 떨어지게, 그러면 그 떨어지는 깨달음의 고고성 소리는 화음을 이루면서 힘차게 증폭되었을 것이다. 또한 옆으로 높게 튀는 물보라는 무지개 색으로 영롱하게 빛을 내면서, 자하문 앞에 (영지를 통해) 피어오르는 자색 안개와 함께 쌍을 이루었을 것이다. 이처럼 수구와 반석은 일승의 원음을, 무지개의 아름다움을, 역동적인 생동감을 만들어 내면서 불국사의 파사드를 깨달음의 힘찬 함성으로 장엄했을 것이다. 살아있는 부처님의 숨소리를 아니 사자후같은 법어를 상징하면서. 자연과 조화된 깨달음의 생명

력을 아름다운 〈무지개·자색안개〉 맥놀
이로 〈일승의 원음〉을 표현한 것이다. 상
상만 해도 너무 멋진 퍼포먼스다. 그 물
로 내는 〈일승의 원음〉은 같은 시대 성덕
대왕신종으로 내는 〈일승의 원음〉과 함
께 〈전세야양〉·〈현생이친〉으로서 쌍을
나타냈다. 떨어진 물은 다시 청운교·백
운교의 참 아래에 있는 쌍 무지개 터널로
해서 종착지인 영지로 흘러들었을 것이
다[도판 293].

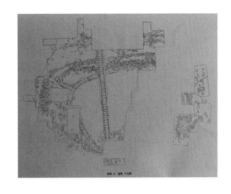

도판 293 영지 유구: 불국사 대석단 아래 가로(=동
서) 폭으로는 범영루와 청운교·백운교 사이에 세로
(=남북)로는 반야교와 백운교 사이에 있다. 〈불국
사·복원공사보고서〉, 문화공보부 문화재관리국 발
행(1976. 2.), 67. 삽화 55. 유구 평면도, 67.

　그같은 코스는 흘러드는 쪽의 영지 깊이가 3m 내외로 2m 내외인 다른 곳보다
깊게 형성된 데에서 짐작할 수 있다. 그러면 이 영지의 성수는 불국사의 상징인 대
석단·석가탑·(다보탑)·청운교·백운교·자하문·회랑·범영루·(좌경루)·푸른하늘·흰구
름·무지개·연꽃·양류버들을 물위에다 산(=生) 수채화로 담으면서 아름다움의《변상
도》를 그렸을 것이다. 예불자의 얼굴과 마음까지 담아서. 그리하여 불국사의 핵심
공간이 상·하 대칭으로 해서 그 아름다움이 영지 속에 자연 변상도로 두 배 증강되
어 드높게 수놓았을 것이다. 그 같은 풍경은 이 영지와 비슷하다고 보는 일본 우지
의 평등원 봉황당 전경[=도판 294]을 보면 알 수 있다. 당시 일본에서는 "연못에 비
친 법당 전체가 부처의 세계를 보는 듯 하여 극락을 보려면 우지의 절을 참배하라"
는 노래가 불려졌다고 했다. 이같은 영지의 존재는 발굴을 통해 그 유구가 확인되
었다[도판 293].

## (2) ≪영지≫의 위치와 의미를 알려주는 옛글과 시들이 있다

　이곳 대석단 아래의 넓은 마당에《영지》가 있었다는 것은 〈수구〉와 〈유구〉는 물
론 옛 선조들의 글에서 알 수 있다.

착석위제압소지(斲石爲梯壓小池): 돌 다듬어 만든 계단 작은 연못 누르듯,

고저누각영연의(高低樓閣映漣漪): 높고 낮은 누각들 잔잔히 아롱지네(김상현 역)

이 시는 경주 남산의 용장사에서 우리나라 최초의 소설인『금오신화』를 저술한 김시습(金時習: 1434~1493)의『매월당 시집』권 12에 나오는「불국사」중의 한 구절이다. 이 시를 통해서 당시 대석단 앞에는 연못이 있어, 범영루·자하문·좌경루 등의 누각들이 대석단과 함께 그곳에 비치고 있었음을 알 수 있다. 또 조선 시대의 대표적인 실학자 유형원(柳馨遠: 1622~1673)의「불국사」라는 제목의 시에 '사영지중견(寺影池中見)'이라는 문구에서 알 수 있고, 초의(草衣: 1786~1866) 선사가 1817년에 쓴『불국사회고(佛國寺懷古)』에서 다음과 같이 쓴 내용에서도 뒷받침된다.

승천교외구연지(昇天橋外九蓮池): 승천교 밖의 구연지에

칠보누대수저이(七寶樓臺水底移): 칠보누대 아롱지고,

무영탑간환유영(無影塔看還有影): 무영탑의 그림자를 보노라니

아사래감도금의(阿斯來鑑到今疑): 아사녀가 와서 보는 듯하구나(김상현 역).

물은 모든 생명의 원천이다. 또한 모든 죄를 씻는 성수이다. 세례식과 성수반에서 보듯 한 존재를 다른 존재로 거듭나게 하는 매개체이기도 하다. 그래서 모든 종교에서는 마음을 정화시키는 의례에서 가장 중요한 물질로 사용하고 있다. 영지의 물이 그렇다. 위의 시에 나오는 승천교는 대웅전에 있는 수미 범영루를 오르는 계단이다. 연못에 수미 범영루의 칠보 금단청이 아롱지고, 대웅전에 있는 석가탑의 그림자도 담겨 있음을 무영탑으로 알리고 있다. 따라서 무영탑이 비친 것을 보니 그 당시는 지금처럼 회랑이 없던 억불시대였다.

불국사도 천년이 흐르면서 건축구조에 변화가 없지는 않았을 것이다. 더구나 일제 강점기에 일어난 그 자의적인 훼손은 그들만의 〈보고서〉도 없는 복원에서 못된 장난질이라는 것을 알 수 있다. 어쨌든 생명수인 이와 같은 물을 통한 아름다움의

도판 294 보도인(平等院)의 호오도(鳳凰堂) 입구 전경: 일본 헤이안(平安) 후기, 1053년에 교토의 남쪽 우지에 세운 별장이었으나 사원으로 고쳐 보도인이라 이름을 붙였다. 이 보도인의 건축구조는 정토의 독특한 구조를 이루고 있다. 영지를 앞으로 하여 비상하는 봉황의 날개처럼 우아하게 양쪽의 누(樓)가 솟아 있어 불국사 대석단 영역과 거의 같다.

표현은 다른 곳에서도 나타나 있다.

세계적으로 알려진 알함브라궁전의 구조가 물을 이상 정토로 마음껏 활용한 예이다. 사막에 살던 민족들에게 물은 생명·천국·행복의 상징이었다. 그래서 시에라네바다 설산에서 녹아 내려오는 물을 끌어들여 마음껏 쓰고 마시고 그 궁전에 물과 관련된 예술작품들, 물의 계단과 각종 분수 등을 만들었다. 궁전을 수상정토로 꾸민 것. 불국사 영지의 물도 그와 같은 의미이다. 토함산 옥녀봉 좌·우 계곡에서 내려오는 풍부한 물로 이상 정토를 꾸민 것이었다.

글이 훌륭하고 시와 서예에도 뛰어났던 계오(戒悟: 1773~1849) 스님이 쓴『가산고(伽山藁)』속에 〈불국사극락전상량문(佛國寺極樂殿上樑文)〉이라는 글이 있다. 그 글에 불국정토를 꿈결처럼 아름답게 묘사한 내용이다. 그 중에서 영지(影池) 주변의 아름다움 그리고 영지의 위치와 그 물의 흐름을 가장 분명하게 알려주는 내용이 있다. 그 부분만 선택적으로 인용한다.

　…

　청운교백운교삽봉요이옹로(靑雲橋白雲橋揷峰腰而擁路)

　좌경루우경루할운근이반천(左經樓右經樓割雲根而蟠天)

　양류효연우이요당(楊柳梟烟雨而繞塘)

　부용자소면이출수(芙蓉恣笑眠而出水)

　대소명반야지종은은(大小鳴半夜之鐘隱隱)

　이삼월상계지풍몽몽(二三月上界之風濛濛)

구태사이기지난언(驅太史而記之難言)

책용면이화지막상(責龍眠而畫之莫狀)

…

증문격단지하유궁담(曾聞激湍之下有窮潭)

…

춘지일영정람사(春池日映精藍寫)

자하문외백운교시유존인래입마(紫霞門外白雲橋時有尊人來立馬)…


이 내용을 번역하면 다음과 같다.


…

청운교와 백운교는 산허리에 길을 열고

좌경루 우경루는 구름 가르며 하늘에 서린다.

버들 끝 이슬비는 못을 두르고

연꽃은 물 위에서 꿈 웃음 짓고 있다.

한밤의 크고 작은 종소리 은은히 퍼지고

2, 3월 하늘 바람에 가랑비 자욱하다.

이는 사마천으로 하여금 짓게 하여도 묘사하기 어렵고

이공린에게 권하여도 형용하기 힘들 것이다.

…

일찍이 여울 아래에는 끝 모를 깊은 못이 있어

…

봄 못에 햇살 비치자 아름다운 절이 그대로 드러나고

자하문 밖 백운교에는 때때로 존경하는 분들이 찾아와 말을 세운다(필자 역).


위의 글을 다음과 같이 해설해 본다. 불국사의 〈청운교·백운교〉는 속계에서 불계로 오르는 대석단 허리에 놓여져 불국세계인 수미산으로 오르는 길을 마련하고, 대석단 양쪽 끝의 범영루와 좌경루는 자하문 앞에 긴 보라 빛 구름을 가르고 드러나 그 자태가 마치 하늘에 몸을 휘감고 있는 듯하다. 버드나무 잎마다 영롱하게 내려 앉는 이슬방울이 축복의 비가 되어 영지로 굴러떨어지고, 연꽃은 천진난만한 어린 아기가 자면서 깨달음을 꿈꾸듯 웃는 모습으로 피어 있다.

깊은 밤에 크게 작게 울리는 원음은 수미범종각에서 멀리멀리 공간으로 퍼져나 가고(우리의 범종은 칠 때마다 같은 위치에서 동일한 힘을 주고 친다. 따라서 여기서 '크고 작은'의 의미 는 처음 소리는 크게 울리지만 점차 울림이 작아져 가는 맥놀이 여운을 의미한다. 그 여운은 공간에 무 한히 퍼지면서 멀어져 가는 부처님의 뒷모습을 보는 듯), 2, 3월 하늘에서 부는 바람은 감로비 를 자욱하게 내리게 한다. 위와 같은 분위기는 한나라 시대, 오늘날 역사의 아버지 라고 칭송 받기도 하는 태사(太史) 사마천(司馬遷: BCE 145~87)에게 짓게 하여도 그 오 묘한 의미를 나타내지 못했을 것이고, 송(宋)나라 때 산수화 및 백의관음보살 그림 으로 유명했던 용면(龍眠) 이공린(李公麟: 1040~1106)에게 그리게 했어도 그 깨달음의 신묘한 분위기를 제대로 표현해 내지 못했을 것이라고 자신 있게 표현하고 있다.

우리는 위의 선시 같은 묘사에서 불국사 대석단 아래, 영지가 있었을 때의 분위 기가 얼마나 멋지고 아름다웠던가를 알게 된다. 그 드높은 역사가 사마천이 글을 쓴다고 해도 그 의미를 사실대로 살려내지 못하고, 그 유명한 화가 이공린이 그림 을 그린다 해도 그 깨달음의 아름다운 분위기를 그려내지 못하는, 오직 부처님만이 쓸 수 있고 드러낼 수 있는 불국정토인 것이다.

싱그러운 운치와 여유로운 분위기 속에서 깨달음이 $1: \sqrt{2}$ 만다라동심원의 물결 로 영지에 잔잔히 번지는 분위기이다. 또 일찍이 '격단(激端)'이란 단어를 사용한 것 에서 대석단 수구에서 떨어지는 물살이 소용돌이치며 빠르게 흐르는 구조로 조성 된 도랑을 통해 영지로 힘있게 흘러들게 하였음을 알 수 있다. 그 도랑은 청운교·백 운교의 참 아래 쌍 무지개[=도판 303] 다리로 된 터널 아래로 해서 영지로 연결된 흐름이었을 것이다. 실제 영지의 발굴 조사 결과 쌍무지개 밑을 지난 좌경루 쪽 아 래를 가장 깊게 3m로 나타냈으나 그 의미는 끝 간 데를 모른다는 궁담(窮潭)으로 표현했다. 그 깨달음의 의미에서는 다함이 없는 깊이다. 그리고 자하문 밖 백운교 앞에 있는 영지에 봄 햇살이 비치자 위의 김시습의 시가 증명하듯, [도판 294]처럼 "높고 낮은 누각들이 영지 위에 잔잔히 아롱졌을 것" 그러면서 영지는 끊임없이 흘러 들어오는 감로수를 흰 포말로, 가지가지의 아름다운 잔물결로 깨달음의 역동성을 수(繡)놓았을 것이다. 창건 당시부터 20세기 초반 일제가 자의적으로 정지(整地)하기 이전까지 있었던 이 영지가 갖는 의미는 직지 않다.

영지는 신라 중생들에게 이렇게 아름답게 깨달음으로 수놓은 산(=生) 변상 수채화를 마시게 하면서 불국정토로 인도한 것이다. 즉 서라벌의 중생들이 불국사를 찾아와 〈일주문 → 사천왕문 → 반야교〉의 순서를 거친 후 〈영지〉에서 이 감로수를 마시고 〈청운교·백운교 → 자하문 → 석등〉을 거쳐 대웅전 법당으로 올라가게 했다. 그 영지는 구품연지라는 "속설"에 따라 추정했던 극락전 앞이 아니라 대웅전 앞에 있었다. 그것은 "자하문 밖 백운교"라 쓰여진 것에서 그리고 보다 확실한 것은 〈불국사 복원공사 보고서〉에 보고한 [도판 293]의 유구 그림을 통해서다.

## (3) 영지 발굴에 유감이 있다

계오 스님과 초의 선사가 불국사를 참배했던 19세기 중반까지도 이처럼 자연불화로 아름답게 남아 있던 영지였다. 불국사의 원음이며, 빛이며, 색이며, 거울이며, 생명으로서 깨달음의 상징이었던 것이었다. 그런 영지가 조선시대 이후 억불 정책으로 소외당한 채, "人爲的으로 埋沒한 痕迹이 보이며 縮小에 따라…正祖3年(1779년)에 완전히 廢棄되어 埋沒의 狀態에까지 이르렀다. 그러다가… 1938년경… 痕迹조차도 없이 完全하게 整地…"해 버린 것이라고 『佛國寺復元工事報告書』/文化公報部文化財管理局(1976)/63쪽에다 써놓았다. 일제 강점기였으니. 그런데 보고서 내용중에서 "…正祖3年에 완전히 廢棄되어…"라는 내용은 문제가 있다. 그렇다면 계오스님(1773~1849)의 글은 있을 수가 없다. 천재가 아니라면. 6살 때 쓴 글이 되니까. 어쨌든 한나라의 세계문화유산이 수치스러운 합방(合邦)과 〈식민사관〉이란 훼손·왜곡정책에 맞춰 역사 속에서 어떻게 사라져 갔는가를 극명하게 보여주는 나쁜 예이다.

이제는 다시 깨달음의 생명이 돌게 복원하는 좋은 예도 대표적으로 보여야 한다. 계오스님과 초의스님이 불국사를 참배하던 19세기까지도 이처럼 아름답게 남아 있던 영지였는데, 500년간 유교에 천대받다 1938년 일제에 의해 잊혀진 것이다. 1970년 불국사 복원을 위한 발굴시, 이 연못에 대해 다음과 같은 기록이 있다.

> 發掘 終了 며칠 전 華嚴佛國寺의 蓮花·七寶橋가 九品蓮池와 關係를 맺고 있다는 俗說에 따라 蓮花·七寶橋 밑에 探索 trench 44, 45를 넣어 그렇지 않다는 確證을 얻 게 되었다. 다시 말하여, 九品蓮池는 靑雲橋, 白雲橋 南方에 位置하는 것을 이번 發 掘을 通해 알게 되었던 것이다(『불국사복원공사보고서』, 문화공보부문화재관리국(1976), 61).

이 못이 (속설에서는 아미타불과 관계가 있는 9품연지로 예단했기 때문에) 당연히 기대했던 극락전 앞의 연화교·칠보교와는 상관없이 대웅전 영역인 청운교·백운교 앞에 있 었다는 내용이다. 그러니 이 연못은 〈9품연지〉가 아니다. 그래서 어떤 스님은 생명 을 품고 있는 〈아뇩달지〉라고 한다. 〈아뇩달지〉가 '생명을 품고 있는' 뜻이라면 나도 지지한다. 계속해서 위『복원공사보고서』(61~63쪽)의 내용 중 필요한 부분만 요약해 인용한다.

이 영지에 대한 발굴 조사가 1970년 10월 26일부터 12월 4일까지 약 40일간에 걸쳐 실시되었다. 그 결과 돌 쌓는 방법은 대석단의 방법과 같게 나타났다. 그리고 와당 등 통일신라시대의 유물이 출토되기도 하였다. 따라서 이 연못은 창건 당시부터 있었던 것임을 알 수 있었다. 그런데 발굴 조사는 매일 밀려드는 人波로 그 유구의 전모를 드 러내지 못하고 당초의 계획과 다르게 유구의 확인과 함께 매몰되어 버렸다. 부분적인 발굴의 결과이지만 확인된 것은, 이 영지가 백운교·청운교의 남방에 있었고, 그 크기 는 동·서 길이의 폭이 약 39.5m, 남·북 길이의 폭이 25.5m에 해당하는 꽤 큰 橢圓形 으로 깊이는 2~3m 정도의 인공으로 만든 연못이었다. 그리고 축조방식은 風化된 砂

質 生土層을 인위적으로 깎고, 길이 0.7~1m에 달하는 거대한 암석을 돌아가며 쌓았다. 이것은 범영루아래 대석단을 쌓은 築石 방식과 같은 통일신라시대의 전형적인 축석방식의 하나이다.

이같은 축조방식은 음·양의 계곡물이 합수되기 전 불국사 담장 밖부터 그리고 그 좌우로 들어와 합수되어[=도판 295] 반야교 아래까지의 계곡을 정비한 축석방식과도 같다. 이렇게 불계(佛界)를 상징하는 대석단과 불성(佛性)을 의미하는 계곡물과 불심(佛心)을 일깨우는 영지를 모두 통일된 축석구조로 나타낸 것이다. 이는 깨달음으로 인도하는 흐름과 절차와 분위기를 같은 자연돌에 같은 축석기법으로 서로 연결시킨 것이다. 발굴을 통해 영지의 유구만 확인하고 이유 아닌 이유로 다시 덮는 어처구니를 남겼다. 이같이 발굴하다 마는 무책임한 발굴공사는 세상에 처음 본다. 어쨌든 그 사정을 『공사보고서』에 다음과 같이 변명하고 있다.

**도판 295** 불국사 뒷담을 경계로 토함산 옥녀봉 좌·우 계곡에서 들어온 음·양을 상징하는 물이 제방 안에서 합수되면서 고이고 있다(=도판39-㉠). 이 물이 무설전 왼쪽 뒤편으로 들어와 대웅전 아래를 거쳐 수구로 떨어져 영지로 다시 모였다고 본다. 이 물 외에는 영지로 흐를 물이 없기에. 이 담 넘어 뒤쪽 좌·우 계곡에도 대석단과 같은 축적 기법으로 정성들여 잘 정비되어 있다.

2부 비교 - 사찰과 성당

이곳이 우리나라 제일의 이름난 사찰인 까닭에 매일 매일 밀려오는 인파, 예산의 부족, 발굴면적의 확장, 수목의 장애, 농번기로 인한 인부의 격감, 12월 초의 계절적인 기온의 급강하로 인하여 그 전모를 들어내 보지 못하였다. 그래서 당초의 계획과 달리 유구를 확인만하고 다시 덮어버렸음을 유감으로 밝혀둔다.

"다시 덮어버렸음을 유감"이라는 말로 끝을 맺었다. "당초의 계획"이 설명이 없어 무엇이었는지는 모르겠으나 완전 복구를 했어야. 그래야 앞에서 설명한 영지의 의미가 고스란히 드러나게 된다. 뿐만 아니라 불국사의 생명이 다양한 물결로, 원음의 물소리로, 칠보 빛 무지개로, 자주 빛 안개로 그리고 깨달음을 일으키는 우주생명의 감로수로 그 의미를 다하게 된다. 따라서 불국사의 이 〈아뇩달지〉라는 생명을 품은 영지(影池)는 우리가 단순히 아는 연지(蓮池)처럼 조성하지는 않았을 것이다.

지금은 매몰되어서, 아니 매몰해버려서 알 수 없지만, 어쩌면 같은 경덕왕 시대 〈만불산〉의 오묘한 기교에서 상상할 수 있듯이, 자그마한 〈포석정〉의 수로에서 유체역학에 의한 다양한 흐름의 놀이 문화를 만들어 내었듯이, 〈월지〉를 절묘하게 이상 정토로 배치하였듯이, 이곳에서도 《생명에 대한 비원》을 담은 〈영지〉의 의미를 물살로, 깊이로, 방향으로, 조경으로 장엄해서 깨닫게 하여 나타냈음이 분명하다. 생명이 태어날 때 우렁차게 노래하는 고고성처럼 어서 빨리 박제된 불국사에서 깨달음의 원음 폭포수가 우렁차게 쏘원하게 들리기를. 그런 가운데 영지(影池) 아닌 영지(靈池)에서 "높고 낮은 누각들이 잔잔히 흔들리며 아롱지기를" 기대해 본다. 그런데 그 풍부한 물을 영지로 보내지 않고 아깝게 반야교 아래의 계곡으로 흘려버리고 있다.

# 2. 대석단 영역 도판 302

## 1) 대석단은 〈석가탑〉과 같고, 〈산치대탑〉을 신라화한 것

탑의 역사는 인간이 신과 만남이 이루어지는 신성한 장소에서부터다. 인류 최초의 문명이라는 수메르, 바빌로니아 시대에는 계단식 피라미드 신전인 지그라트(ziggurat)라는 탑이 있었다. 도시 가운데 높다랗게 세우고 그 탑 꼭대기에는 천문관측과 함께 제단을 만들어 자신들의 주신에게 제사를 드렸다. 즉 제단은 천상의 신들이 거처하는 하늘 아래 첫 번째 집이었다. 최고의 신은 그 탑 꼭대기에 살면서 인간세계를 지배하였다. 스투파(Stupa)의 시원이 되는 인도의 산치대탑도 그 기원이 확실하지는 않지만 부처의 진신사리를 봉안한 이후부터 신성한 터가 되면서 자연히 불자들이 모여 예불을 드리게 되었다. 본격적으로 절(=寺)이 시작된 것이다. 이같은 〈산치대탑〉을 신앙적으로 계승한 것이 동남아에서는 〈스투파〉지만, 우리나라에서는 통도사 상로전에 있는 〈금강계단(金剛戒壇)〉 사리탑이다[도판 100].

방형의 기단을 2단(段)으로 쌓고 그 중심부에 부처님의 진신사리를 봉안한 후 석종형의 뚜껑돌을 덮었다. 통도사는 애초에 인도의 무불상시대 스투파 신앙을 받아들인 것이다. 다른 사찰처럼 대웅전에서 전 내에 봉안된 불상이 아니라 북쪽의 전 밖에 있는 금강계단을 창을 통해 예불 드리는 건축구조이다. 지금도 초기 무불상시대의 스투파 신앙을 이어가는 대표적인 사찰이다.

그런데 불국사 대웅전을 받치는 〈대석단〉은 인도의 〈산치대탑〉이나 통도사의 〈금강계단〉보다 그 구조와 의미를 교리적으로 한 단계 업그레이드시킨 것으로 보게 된다. 〈산치대탑〉이나 〈금강계단〉처럼 그 외형을 예불의 대상으로 삼은 것이 아니라 〈대석단〉 그 자체를 법당화 했기 때문이다. 즉 지그라트 위에 바로 제단을 조성했던 것처럼, 〈성도〉의 표상인 석가탑·〈설법〉의 증명인 다보탑·〈열반〉의 상징인 금강계단의 형식까지 대석단에 모두 담아 그 위에다 불국사를 조성했다.

그런데 놀라운 점은, 이중〈석가탑〉과 〈대석단〉의 구조와 같다는 것이다. 만일 그렇다면 대석단은 또 다른 석가탑이 된다. 즉 〈대석단=석가탑〉.

석가탑의 조형 형식이 나타내는 상징은 다른 탑들과는 차원이 다르다. 석가여래가 깨달음을 얻는 순간을 비구상으로 나타냈으니. 그것은 '석가탑'이라고 부르는 이름에서 알 수 있고, 깨달음을 얻는 순간을 장엄하기 위해 탑 주위의 땅에 조성한 팔방금강대좌가 뒷받침한다. 그럼 〈석가탑=대석단〉이라는 것을 구조로 비교해보자 [도판 296과 297 비교].

먼저 석가탑에서[=도판 296] 하층기단의 구조를 보면 순서는 아래에서 위로 다음과 같이 구성되어 있음을 알 수 있다. 즉 ㉠ 땅 속에 일부러 박아 부분 부분을 노출시킨 금강대좌를 상징하는 자연돌(그 크기는 땅속에 있어서 그렇지 [도판 297-㉮]의 자연돌과 같다. 그것은 2013년 석가탑 해체 보수공사에서 확인되었다), ㉡ 노출된 그 자연돌의 요철에 맞춰 동서남북 모든 면을 그렝이한 그 위의 지대석, ㉢ 그 위에 지대석의 지붕돌인 갑석이 있고, ㉣ 그 갑석 위에 받침돌이 장식처럼 상층기단을 떠 바치고 있다. 그런데 이 하층기단 받침돌은 2단으로 즉 각형받침과 호형받침으로 되어 있다. 그래서 다른 층 탑의 받침돌과 격이 다르다. 이 의미를 팔방금강좌처럼 탑돌이겸 불계와 속계를 나누는 상징으로 보기도 한다[도판 ㉺].

대석단을 보자[=도판 297]. 먼저 하층기단은 아래에서부터 위로 다음과 같은 순서로 구성되어 있다. ㉮ 커다란 자연돌로 쌓은 부분(=석가탑으로 말하면 지하에 박힌 자연돌), ㉯ 그 위 하층기단 장대석(=석가탑에서의 지대석 역할) 전체의 면을 자연돌의 요철에 맞춰 모두 그렝이했다. 그리고 ㉰ 그 위에 하층기단(=장대석) 지붕돌인 갑석이 있는데 ㉱ 그 갑석 위에 용도와 난간을 설치하여 탑돌이겸 상층기단을 장식처럼 떠받들고 있다. 석가탑에서는 구조상 난

**도판 296** 석가탑(축석 구조): 석가탑 전체의 모습은 도판 301 참조

**도판 297** 대석단(축석 구조)

간을 설치할 수가 없어, 탑에 맞는 탑돌이 용도인 〈팔방금강좌〉[=296-ⓗ]를 불계와 속계로 나누기 위해 석가탑 둘레에 설치한 것. 그것은 산치대탑에서 같은 위치에 설치한 용도에서 알 수 있다[도판 55-ⓐ]. 대석단에서 난간을 두른 여기까지가 하층기단이다. 이처럼 대석단 하층기단이 석가탑의 하층기단과 같은 구조다.

다음, 그 위 대석단의 상층기단을 보자[297-ⓜ]. 대석단에서 상층기단은 돌기둥들이 있고, 그 돌기둥의 넓은 간격마다 대충 대충 다듬은 적심석들을 규칙적으로 인공미 나게 쌓아 채웠다. 그런데 이곳은 석가탑에서는 면석에다 돌기둥을 우주와 탱주로 모각하여 나타낸 상층기단부[=296-ⓜ]의 위치와 같다. 석가탑의 그 위치에서 보이지 않는 적심석들은 탑 내부에 채워져 있다. 그것은 지난 2013년 7월 17일 "석가탑 해체복원 작업중 여원시무외 금동소불입상이 상층기단 내부의 '적심석' 속에서 발견되었다"는 매스컴의 보도 내용이 증명한다. 그 소불은 진단구로서 석가탑의 비보를 위해 넣었다. 그렇다면 대석단과 석가탑의 건축구조가 서로 같으므로 이곳 대석단 상층 기단부 속에도 비보용 진단구 같은 것이 들어있어야 한다.

불국사에서 1956년 발견된 돌십자가가 있다[도판 298]. 이는 어쩌면 이곳 대석단 상층기단부의 적심석 깊숙한 곳에 대석단을 비보하기 위한 진단구로 들어 있다 일제 초 무너져있던 대석단 돌무더기 속에서 나왔을 가능성이 높다. 석가탑과 대석단의 구조가 같으니 비보용도 당연히 있어야 한다. 그러니 대석단 비보로서의 진단구일 가능성은 보다 확실해진다. 우선 크기도 대석단의 적심석과 비슷하고, 대충 다듬은 수법도 같다. 그러니 그 역할도 석가탑에서 나온 금동소불같은 역할일 가능성이 높다. 아니면 그 돌십자가가 나올만한 곳이 없다.

2부 비교 - 사찰과 성당

그런데 불상이 아니고 십자가이니 얼마나 파격인가. 당시 벌써 종교 간의 소통을 불교가 받아들였다는 증거가 아닌가? 더군다나 당시의 것으로 보이는 성모상과 십자가무늬 장식까지 경주에서 발견되기도 했다. 이는 동방기독교인 경교가 신라에까지 전파되었다는 증거다. 이렇게 불국사와 경주에 동방기독교를 나타내는 유물이 황금보검 당삼채 등과 함께 남아 있다는 것은 당시 신라가 국제화시대를 이끌며 다문화 속에서 경교가 생소하지 않았다는 증거다. 그것은 중국의 비림(碑林)에 있는 (불국사 조성

도판 298 석제 (경교) 십자가: 통일 신라시대(7~8세기). 24.5×24×9cm. 경주 불국사 출토(1956년). 불국사의 어디에서 발견되었는지 설명이 없다. 숭실대박물관 소장

[751년]과 비슷한) 781년 1월 7일에 세운《대진경교유행중국비》에서 뒷받침된다.

당시 동방기독교는 오늘날 서방기독교와 달리 불교에 대한 거부감 없이 기독교에 대한 내용을 '격의(格義)'로 해 불교용어를 '차용(借用)'하여 설명하고 있는 데에서 추론된다. 그것은 당시 불교와 동방기독교가 격의(隔意)없이 격의(格義)로 소통했다는 증거이기도 하다. 그러니 대석단에서 돌십자가도 불교가 비보용으로 특별히 '차용(借用)'한 것이 되겠다. 십자가는 지금도 생활 속에서 귀걸이 목걸이로 또는 운전대 위에다 호신용으로 사용하는 대표 상징이 아닌가. 더군다나 불교에서는 오늘날도 "진리는 모든 종교에 다 열려있다"며 소통하고 싶어 한다. 그러니 이 십자가에 대한 집중적인 재조명이 필요하다. 만일 이것이 제대로 밝혀지게 되면 1300여 년 전에 신라는 이미 기독교와 그것도 아주 긴밀하게 소통한 것이 된다. 불국사의 그 조성 수준은 물론이고 불국사의 격도 세계화에 걸맞게 우뚝 서게 되는 것. 그러니 돌십자가는 종교사적으로도 대단히 의미가 있는 비보용 건축 장식이다. 아니 '소통'의 주인공이다.

그 위[=卌]부터는 돌이 아닌 목조회랑이다. 지금까지의 상하 기단과는 그 의미가 다르다는 뜻. 이제부터는 기단이 아니라 탑신이니까. 그래서 탑신부를 나타내는 의미로 〈범영루·자하문·좌경루〉를 회랑으로 연결시켜 대웅전 법당을 감쌌다. 이는

석가탑에서도 마찬가지로 탑신부[=ㅂ]에 해당한다. 대웅전 법당을 회랑으로 감싼 것처럼, 이곳 석가탑 탑신부에서는 법당에 해당하는 사리함을 탑신의 사리공 그 외벽으로 감싸고 있다. 그러므로 대석단에서 이렇게 회랑으로 둘러싸인 대웅전 〈법당〉은 석가탑에서는 탑신부 사리공 속에서 그 외벽에 둘러싸인 〈사리함〉을, 대석단에서 대웅전 법당 안에 봉안한 〈불상〉은 석가탑에서는 사리함속에 봉안된 〈사리〉에 해당된다.

결론으로 대석단과 석가탑의 구조에서 최종적으로 〈불상=사리〉 즉 부처님의 〈몸=영혼〉이 하나가 되는 것이다. 대석단을 또 다른 석가탑으로, 석가탑을 또다른 대석단으로 조성했음을 알 수 있다. 〈석가탑〉이 부처님의 성도 모습을 나타냈으니 자연스럽게 〈대석단〉도 마찬가지가 되겠다. 즉 석가탑이 부처님 성도의 모습을 상징화하여 나타낸 것이라면, 대석단은 의미화하여 나타낸 것이다.

이를 정리하면, [도판 296]인 석가탑과 [도판 297]인 대석단에서, 둘 다 아래에서부터 위로 ㉠과 ㉮가 모두 자연석이고, ㉡과 ㉯는 같은 그렝이 기법이며, ㉢과 ㉰는 하층기단 갑석 즉 지붕돌이다. 그리고 ㉣과 ㉱는 같은 상층기단을 예불대상으로 해 각각 돌면서 요잡하는 보도(=팔방금강좌 용도)이며, ㉤과 ㉲는 같은 적심석 속에 같은 비보의 진단구를 넣은 상층 기단이다. 여기까지가 상·하 2단의 기단부다. 그 위의 ㅂ과 ㉳부터는 탑신이다. 이에 따라 〈사리함〉은 대웅전 〈법당〉과 같고, 사리함 속에 든《사리》는 법당 속에 봉안된《불상》과 같음을 알게 되었다. 결국 석가탑과 대석단이 그 구조와 의미에서 이렇게 같음을 알게 되었다. 당시 교리해석의 수준 높은 융통성과 개방성을 자재로운 건축과 축석으로 멋지게 보여주고 있다. 이 놀라운 건축 기법은 동남아에 있는 세계 3대 불교건축에서도 볼 수 없는 신라만의 독창적인 수준이다.

나아가 〈대석단〉을 같은 방식으로 비교하면 〈산치대탑〉과도 같다. 즉 불국사 대석단에서 하층기단 용도의 난간[=도판 297-㉱]에 해당하는 곳이 산치대탑에서는 기단 용도 위에 격자형 무늬를 돌린 난간이다[도판 55-ⓐ]. 그리고 불국사에서 대석단 상층기단 위가 대웅전 영역인데[도판 ㉳], 산치대탑에서는 복발이 그렇다[도

**도판 299** 성덕왕릉(33대): 석조 축조기술의 발달은 경덕왕(35대)의 아버지인 성덕왕릉 둘레에 산치대탑처럼 용도와 난간석이 처음으로 적용되면서 이후 불국사 대석단에서 그 대단원을 이루었다.

판 55-ⓑ]. 복발 위에 정사면체로 된 하르미카가 있는데[도판 55-ⓒ], 그곳이 불국사에서는 대웅전 법당에 해당한다[도판 305]. 하르미카 안에 세워진 차트라는 불상에 해당된다(당시는 무불상 시대였으니). 이렇게 불국사의 〈대석단〉과 스투파의 시원인 〈산치대탑〉의 구조가 같다.

따라서 불국사 건축은 〈산치대탑〉 구조를 사찰의 의미에 맞게 지상에 방형으로 계단화(戒壇化)하여 주체적으로 신라화한 것이 된다. 통도사의 금강계단이 삼로전 중 〈상로전〉으로서 〈열반〉을 나타내는 한 부분이라면, 불국사에서는 절 전체를 대석단으로 금강계단화하여 〈열반〉은 물론 그 위에다 석가탑을 세워 〈성도〉를 나아가 다보탑까지 세워 〈설법〉까지 나타낸 것이다. 불교의 하이라이트인 〈성도·설법·열반〉을 한 장소에 한 셋트로 이루어 놓았다.

이같은 산치대탑의 영향은 왕릉에까지도 나타나 있다. 즉 33대 성덕왕릉[=도판 299] 이후 38대 원성왕릉[=도판 69]과 42대 흥덕왕릉 구조에서다. 이근직의 『신라왕릉연구』, 학연문화사(2012) 444쪽에 다음과 같은 내용이 있다.

… 신라 왕릉의 난간석은 고대 중국의 황제릉이나 일본의 천황릉에서는 설치된 적이

없는 것으로 오직 인도의 불탑과 신라의 왕릉에서만 목격된다. 그런 까닭에 난간의 기원과 상징적 의미가 문제가 되는데, 그 상징은 놀랍게도 수투파(=산치대탑)의 외형을 나타내는 것이다. 스투파는 불신골(佛身骨) 봉안의 묘소로서 의미를 갖고 있다. 그것은 부처와 그의 가르침을 상징하고 있어 예배의 대상으로 되어 있다. 즉 왕릉의 봉분을 두른 난간석은 불타의 진신사리를 봉안한 것으로 알려진 인도의 산치대탑이나 바르후트 대탑을 두르고 있는 난간석을 모방한 것이라는 점을 강조한 것이다. 이는 석가모니의 진신사리가 모셔져있는 탑의 난간석을 모방하여 부왕의 시신이 안치된 왕릉에다 동일한 염원을 가지고 난간석을 의도적으로 두른 것을 의미한다. 즉 불타의 열반과 부왕의 죽음을 동일시한 것에 이르면 비로소 난간석의 존재를 이해하게 된다. 따라서 난간석을 두른 고분의 피장자는 왕 이외에는 존재할 수 없다. 이러한 왕즉불 사상이 진전됨에 따라 경덕왕에 이르면서는 불국사로 대표되는 불국토가 조성된다.…

이 이론을 따르고, 임영애가 괘릉(=원성왕릉=도판 69)의 서역풍 인물이 '금강역사'라

**도판 300** 캄보디아의 앙코르톰 내 수미산을 상징하는 바프온 사원 대석단에 돌출부조로 나타낸 부처의 거대한 와불상. 2단 서쪽 벽면에 있는데 길이가 40m에 이른다.

는 주장과 안재원이 헤라클레스가 금강역사라는 주장을 따른다면, 서역풍의 인물은 헤라클레스고, 헤라클레스는 불교에 편입되면서 금강역사가 된 것이다. 금강역사는 사자와 함께 있다는데, 그 뒷쪽에 사자가 있다. 그런데 이 주장은 요즈음 일반화되고 있다. 지금까지의 내용을 요약하면 불국사에서 대석단은 석가탑은 물론 산치대탑의 구조와도 같다. 즉《대석단=석가탑=산치대탑》. 부처님과 직접 관련된 유적을 신라적으로 주체화하여 〈최고·최상·최미〉의 절정으로 〈오묘·기묘·신묘〉하게 하여 〈성도·설법·열반〉이 서로 회통되게 나타낸 것을 알 수 있다. 이렇게 석가여래와 관련된 〈성도·설법·열반〉이란 절정의 교리미를 '축석변상'으로 주체화하여 대석단으로 창조해낸 것. 즉 석가탑에서 〈정각〉을 탑의 조형양식으로 나타냈고, 〈설법〉을 다보여래로 석가탑과 병치시켜 증명했고, 〈열반〉을 산치대탑을 응용한 대석단으로 알리고 있다. 그 단에다 불국사를 세웠다. 이처럼 불교의 하이라이트를 축석으로 나타낸 대석단 사찰은 세계 어디에도 없다. 우리나라 사찰의 드높은 수준이다.

돌(=石)로 그린 신라 주체적인 〈보리수·영산회상·사라쌍수〉의 변상도다. 캄보디아 앙코르톰 내 바프온 대석단에 나타나 있는 거대한 부조가 부처님의 열반 모습을 와불로 나타낸 대석단이라면[=도판 300], 불국사 대석단에서는 부처님 〈성도·설법·열반〉의 모습을 의미로 그린 것이 되겠다.

다보탑을 보자. 다보탑과 석가탑은 서로 대칭되는 곳에 있다[도판 301]. 석가탑은 단순하면서도 무게 있고 듬직하게, 다보탑은 화려하고 섬세하며 경쾌하게 있어 대조적인 효과를 환상적인 콤비로 보여주고 있다. 특히 다보탑은 어느 한

도판 301 (앞)석가탑. (뒤)다보탑 전경: 다보탑은 각 부(=기단부·탑신부·상륜부)마다 구조가 사각형·팔각형·원형으로 다르다. 그리고 탑신부도 층마다 안상형·죽절형·꽃술형 돌기둥으로 해서 다 다르게 각 층을 받치고 있다.

가지의 구성 요소도 반복되지 않는다. 모두가 다 다른 형태로 되어 있다. 또 밑에서 위로 올라가면서 〈기단부·탑신부·상륜부〉가 〈사각형·팔각형·원형〉으로 되어 있다. 그래서 강함은 유연하게 되고, 억센 힘은 부드러워진다.

부처님의 설법에 하늘에서는 찬탄하며 꽃비를 내리는 데에 대해, 땅에서는 다보 여래가 솟아나와 '선재로다' 하고 감탄하는, 하늘과 땅이 함께 놀라는 그 서프라이즈의 모습이다. 이같은 〈석가탑·다보탑〉이 이룩되기까지는 불교 사상을 하늘 예술로 승화시킬 수 있는 교리적 해석을 가진 고승과 예술적 안목을 가진 건축가의 뛰어난 신기의 감각이 있었기 때문이다. 대석단이 돌을 쌓은 '건축적'인 개념이라면, 석가탑은 돌을 조각한 '변상적'인 개념을, 다보탑은 돌을 다듬은 '공예적'인 개념을 보여주고 있다. 이 같은 예술성이 사라진 것은 아쉽다.

얼마전 신라에서 단탑가람이 쌍탑가람으로 바뀌는 배경에 대한 첫 학설이 제기되었다. 부산대 양은경의 논문에 따르면, 통일 전까지는 단탑이었는데 통일 이후부터 수나라 쌍탑가람의 영향을 받아 국찰에서 쌍탑이 등장하게 되었다고 논지를 펼쳤다. 중국의 선정사쌍탑은 수 양제가 아버지 문제와 어머니 독고황후를 "二聖"(두성인)으로 칭하면서다. 논문의 사천왕사와 감은사 쌍탑의 주장을 넘어 불국사에서 이 논지를 따르면 김대성이 "현생이친"을 위해 지었으니 〈석가탑 · 다보탑〉도 그 주인공인 경덕왕 부부로 상정해 보게 된다. 석가탑은 경덕왕으로, 다보탑은 만월부인으로. 그렇게 보니 〈석가탑 · 다보탑〉이 환상의 부부로 보인다.

## 2) 대석단 파사드에는 수미산의 파노라마가 담겨 있다

불국사의 얼굴인 대석단 파사드는 〈무량의처삼매〉를 통해 드러난 불국 세계를 김대성이 불국사를 세우면서 주체적인 관점으로 해석해 나타낸 것이다[도판 302]. 그 상징적인 파노라마는 부처님이 '무량의경'을 설법한 후, 삼매에 들었을 때 일어난 순서대로의 6가지 〈서(瑞)〉의 모습이다. 이를 《법화육서(法華六瑞)》라고 한다. 즉 『무량의경』을 설한 〈설법(說法)〉의 상서(祥瑞)〉. 무량의처삼매에 들어간 〈입정(入定)〉의 상서〉. 하늘에서 꽃비가 내린 〈우화(雨花)의 상서〉. 세상이 이상 정토로 바뀌는 의미인 〈지동(地動)의 상서〉. 부처님이 백호로 온 세상을 비춘 〈방광(放光)의 상서〉. 그리고 이를 본 중생이 환희의 기쁨을 나타낸 〈심희(心喜)의 상서〉다. 이는 현실의 격과 질과 품이 새로운 세상으로 업그레이드될 때 나타나는 거듭남의 시그널로써, 신이한 변화를 상징한다.

새로운 세상을 이렇게 다양한 크기와 생김생김의 돌로 화려하고도 장엄하게 나타낸 대석단의 광경은 불국토를 신라가 희망하는 상황에 맞게, 신라인들의 주체적이고도 이상적인 신앙의 눈높이에 어울리게 나타낸 것이다. 보로부두르나 앙코르와트가 그 나라 국민들의 역사와 정서에 맞게 조성된 것처럼. 그 어디에도 볼 수 없는 돌들의 크고 작음과 길고 짧음, 직선과 곡선, 수평과 수직, 투각과 돌출, 음각과 양각, 자연과 인공, 경사와 그렝이, 아치와 원 등 온갖 형태로 돌을 다듬어 조성했다. 변화무쌍한 그 속에 불국토의 위대한 비밀이 수미산의 파노라마라는 변상으로 간직되어 있다. 그래서 〈대석단〉을 〈축석변상도〉라고 한다. 즉 돌을 온갖 형태로 다듬어 쌓고 연결하고 끼워 축상적(築像的)으로 나타낸 불국토 입체 석축 그림이다. 신라에서 돌 다듬는 치석 기술은 여기서 대단원을 이루었다.

그 변화무쌍한 비밀이 대석단 앞에서 볼 때, 수미산형(須彌山形), 하형(河形), 홍예형(虹霓形), 교형(橋形), 운형(雲形), 연주형(蓮柱形), 누각형(樓閣形), 자하형(紫霞形)으로 나타나 있다. 수미산의 불국토 세상을 그렇게 나타낸 것이다. 대석단[=도판 302] 속에 드러낸 「무량의처삼매」에서 그 형(形)들을 숨은 그림 찾듯 살펴보자. 그러면 여러 가지의 모양·형태·모습으로 된 대석단의 석축구조가 아래에서부터 위로, 속계에서 불계로 전개되는 축석 변상 불국정토임을 확인하게 된다.

먼저 불국사 뒤 토함산 계곡에서 내려온 물이 대석단 불계의 수구[=도판 302-㉠. 292]에서 아래의 속계로 떨어지게 했다. 그 물은 불계·속계의 경계선을 이루며 청운교·백운교 참밑의 쌍무지개 터널을 지나, 영지로 흐르는 격단의 수로[=河形=도판 302-㉡]로 나타낸 것이다. 그리고 청운교와 백운교를 순(順=속틀)과 역(逆=겉틀)의 쌍 무지개[=紅霓形=도판 303] 다리(=橋形)로 연결했다. 그러면서 차원이 다른 속

**도판 302** 불국사 파사드(=전경): '무량의처삼매'를 통해 대석단을 수미산으로, 불국정토로, 다양하게·화려하게·미려하게 나타낸 불국사 전경. 이 불교적 의미는 기독교에서 고딕성당의 파사드에 나타난 의미와도 같다[도판 237 참조].

계에서 불계로 오른다는 의미에서 그 계단의 난간 받침돌을 수미산 구름 속에 있다는 표시로 구름모양[=雲形=도판 302-ㄹ], ㅁ]으로 나타냈다. 그 위는 이곳이 불국토 수미산의 정상임을 범영루를 받치고 있는 수미산형 주초석으로[302-ㅂ], 도리천의 선견성임을 좌경루를 받치고 있는 8각 연주형 주초석으로 나타냈다[304-ㅅ].

이같은 주초석 위에 있는 범영루와 좌경루는 좌·우에서 쌍으로 구름을 뚫고 수미산 정상에 솟아 있다는 의미로 당시 이상향을 상징하는 중층의 누각형[樓閣形=302-ㅇ 및 304-ㅇ]으로 나타냈다. 마지막으로 수미산 정상에 있는 불계 입구는 영지의 수증기가 아침 햇살에 의해 자주빛 물안개로 서린다 하여 그 문을 자하형[紫霞形=302-ㅈ] 분위기로 나타냈다.

이렇게 수미산으로 오르는 출발점에서 깨달음이 담긴 영지의 감로수를 먼저

2부 비교 – 사찰과 성당

**도판 303** ㉮ 속틀·㉯ 겉틀 아치: 도판 302를 확대한 것이다. 청운교·백운교 중간의 참아래가 순과 역이란 서로 상반되는 속틀·겉틀의 쌍무지개로 되어 있다. 이는 건축적으로 반대되는 서로의 힘을 합치고 보완하여 지진같은 외부의 충격을 완화시키는 역할을 한다.

**도판 304** 좌경루 전경: [도판 302]에서는 청운교·백운교에 가려서 보이지 않아 따로 삽입했다.

〈입(=口)〉으로 마시고 오르게 하였다. 감로수로 마음에 깨달음의 마중물 역할을 하게. 그래서 하단의 백운교와 상단의 청운교를 오르면서, 수미산의 파노라마를 〈발(=足)·눈(=眼)·귀(=耳)〉로 추체험하게 했다. 즉 서라벌 중생들이 오를 때, 〈발(=足)〉로는 구름계단인 백운교와 하늘계단인 청운교를 디디면서 욕계에서 색계를 거쳐 무색계로 마음이 승화되는 것을 느끼면서, 〈눈(=眼)〉으로는 자색안개와 쌍무지개로 아름답게·찬란하게·성스럽게 드리운 수미산 파노라마를 바라보면서, 〈귀(=耳)〉로는 수구에서 떨어지는 기운생동의 우렁찬 일승원음과 영지에서 퍼지며 가라앉는 맥놀이의 여운을 들으면서, 그런 후 정상 입구인 자하문에서는 대웅전에서 피어나오는 향내를 〈코(=鼻)〉로 가슴속까지 깊숙이 맡으며 대웅전 영역에 다다르게 한 것이다. 이같은 구조는 보로부두르의 수 km나 된다는 회랑 좌우 벽에 새겨진 테마 릴리프의 경전 수준을 넘어 있다.

릴리프 경전으로 가르치는 보로부두르의 어마어마한 1,460개로 표현한 진리를, 불국사에서는 간단하게 돌을 다듬어 쌓고 끼우고 연결하여 명쾌하게 요약해서 나타낸 추상 대석단 변상도다. 나아가 세상의 그 어느 건축물 중에서도 깨달음의 의미를 입·발·눈·귀 그리고 코에까지 느끼게 한 예는 없다. 신체의 감각기관까지도 깨달음의 의미와 연관시킨 것이다. 대석단의 파사드, 특히 속계에서 불계로 오르는 〈청운교·백운교〉가 바로 그런 곳이다.

부처님의 존재를 온 감각기관으로 생생한 심희의 감정으로 즈려 밟고 오르는 계단임을 느끼게 되니 불심으로 가득했던 당대 불국사를 오르는 선조들의 마음은 어떠했을까. 그러니 아무리 악한 인간도 그런 기쁨 아니 법열의 감동으로 인해 〈상품상생〉으로 거듭나면서 수미산 정상인 도리천 〈불(佛)의 성채〉인 선견성에 도달하지 않을 수가 없도록 의미화했다. 그런 후 자하문이란 이름대로 보랏빛 물안개의 축복을 받으며 대웅전 영역으로 들어가게 했다. 질이 다른 수미산의 입체 파노라마를 극치의 힐링으로 느끼게 하면서다.

대석단은「무량의처삼매」를 각종 형태로 아름답게, 찬란하게, 성스럽게, 장엄하게 보여주는 〈축석·건축·조각〉 변상도이고, 떨어지는, 튀는, 조잘되는, 퍼지는 영지의 물소리는「무량의처삼매」의 다양한 원음 오케스트라다. 이 모습을 〈영지〉, 아니 〈아뇩달지〉의 그림자로 담아 두 배로 증강시켰고, 〈청운교·백운교〉의 공간속에 넣어 시너지가 대석단 파사드 속에서 무지개와 자색안개로 피어나게 한 것이다. 이같이 대석단에 각가지 형으로 나타낸 탱주와 면석, 난간 그리고 쐐기돌의 수준 높은 축석 결합 형식은 목조 구조를 석조 구조로 번안한 백제의 미륵사지 탑에서 나타난 것으로, 이 기법이 신라로 넘어와 감은사지의 탑과 법당 석조 마루 바침을 거쳐 불국사의 대석단에서 파사드로 대단원을 이루었다.

백운교의 높이는 신라척으로 12척(= 3.82m)이고 청운교의 높이는 10척(=3.18m)으로 7m이다. 불국사는 이렇게 불국정토에 이르는 여정의 아름다움을 〈청운교·백운교〉를 중심으로 7m 밖에 되지 않는 대석단의 그 한정된 높이에다 각종 형태로 신비하고도 오묘한 상징으로 압축해서 다양하게 보여주고 있다. 일주문과 사천왕문에서《기》와《승》을 거쳐 이렇게 아름다운 영지와 대석단을《전》이란 〈청운교·백운교〉를 오르는 과정에서 흥감하게 하면서 대웅전 영역인《결》로 들어가게 했다. 이같은 진입과정은 지구상 그 어느 사찰에서도 없다.

## 3. 대웅전 영역 도판 305

### 1) 대웅전 영역은 〈무량의처삼매〉 속 친견 분위기다

이렇게 〈청운교·백운교〉를 오르면 자하문을 통해 대웅전 영역에 들어서게 된다. 이곳은 『법화경』의 〈무량의처 '삼매'〉의 장소다. 부처님에게서 '삼매'란 보통사람의 눈에 보이는 풍경, 그 뒤의 파노라마다. 그러므로 불국사 대웅전 영역에는 부유 꽃비의 〈데우스 프로핀퀴오르〉가 보이지 않게 들어있고, 〈기운생동〉이 수구에서 떨어지는 폭포수 속에 일승원음으로 살아있는 곳이다. 석가모니가 부처가 된 후 일반 중생을 위해 운을 뗀 영산회상의 첫 설법에서 이 『법화경』의 '삼매' 파노라마를 보여주었다. 그러면서 그 파노라마 속에 《법화 육서》가 순서에 따라 나타났다고 경전은 전하는데, 그 파노라마를 김대성이 신라화하여 불국사에다 드러낸 것. 경전은 그것을 다음과 같이 알리고 있다.

**도판 305** 자하문에서 본 불국사 대웅전 영역: 석등을 중심축으로 해서 그 좌·우에 석가탑(수리중)과 다보탑이 있다.

그때 세존께서는… ① 위대한 설법인 '무량의(無量義)'라는 이름의 경전을 설하셨다. ② 마치 신 후 자리에서 결가부좌하시고 '무량의처삼매(無量義處三昧)'에 드셨다. ③ 부처님이 삼매에 드니 천상의 꽃인 만다라바(曼陀羅華), 대만다라바, 만주샤카(曼殊沙華), 대만주샤카의 꽃비가 내려, 세존과 사부대중의 위를 덮었다. 그리고 ④ 전 불국토가 여섯 가지로 진동했다. …모여든 권속들이 세존을 우러러 보면서, 놀라움과 신기함을 감추지 못하고 크게 환희했다.… ⑤ 그 때 세존의 미간에서 한 줄기 백호광명이 비쳤다. 그 빛은 동쪽으로 1만8천의 많은 국토를 비추어, 가장 낮은 아비지옥으로부터 가장 높은 유정천(有頂天)에 이르기까지 모든 불국토와 육취(六趣)에 있는 ⑥ 모든 중생이 똑똑히 보았다.…(※ 번호, 필자가 삽입)

이처럼 《법화육서=①, ②, ③, ④, ⑤, ⑥》를 순서대로 설명하고 있다. 그 동영상은 앞에서 언급했다. 여기서 영축산에 모인 모든 중생은 불국사에 참배하러 온 수 많은 신라 사람들을 의미하고, "… 동쪽으로 1만 8천의 많은 국토를 비추어, 가장 낮은 아비지옥으로부터 가장 높은 유정천에 이르기까지 모든 불국토와 육취에 있는 모든 중생들…"은 신라 국토와 전 국민을 상징한다. 부처님이 신라 중생을 위해 이같이 위대한 불국토 세계의 장엄한 아름다움을 파노라마로 드러낸 모습이 바로 불국사다. 앞에서의 언급처럼, 불국토를 입(=口)·발(=足)·눈(=眼)·귀(=耳)·코(=鼻)로 추체험하며 〈청운교·백운교〉를 통해 올라 자하문을 통해 〈무량의처삼매〉 파노라마를 보며 자하문을 넘어서게 된다. 그러면 법당 가운데에 있는 석등이 눈에 띈다[도판 305].

사람들은 불국사에 가면 석가탑과 다보탑에 대해서는 감탄하면서도 진입공간의

도판 306 불국사 마당법당 석등의 배례석 위에 '서서' 석등창을 통해 본 대웅전의 부처님 모습. 석불사 본존불보다 인간적이다. 그런데 이 모습은 석가탑과 다보탑이 연결되는 대웅전의 중앙점 축선상에 '앉아서' 볼 때와도 같다. 깨달음의 소실점 역할이다. 부석사의 〈액자 시각줌 인소실점〉 기법과 같다. [도판 85] 참조

2부 비교 – 사찰과 성당

축선상 중앙에 있는 석등에 대해서는 무시해 버린다. 그러나 이 석등은 신라의 이상미를 유감없이 보여주는 명작을 넘어 그 숨어 있는 의미가 예불자에게는 교리적으로 석가탑보다 다보탑보다 귀하다. 예불자에게 성도와 설법을 눈으로 보여주는 석가탑과 다보탑의 역할보다 석등은 친견분위기를 추체험으로 느끼게 하니까. 친견의 액자 역할이다[도판 306].

이 석등은 불국사에서 밤에 어둠을 밝히는 등불이 아니라 진입공간 축선상에서 예불자의 무명을 유명으로 밝히는 등불 즉 '깨달음의 소실점' 기능이다. 예불자가 무명(無明)에서 일주문을 시작으로 진입시스템을 통해 자하문까지 거치면서 유명(有明)해진 후에야 부처님이 석등창 통해 보이도록 했다. 그래서 석등이 진입공간의 축선상에, 대웅전 마당법당의 한가운데에, 그것도 만다라 동심방원비례원리인 1 : √2의 중심점에 있다. 그 축선상에, 그 한가운데에, 그 중심점에 있는 석등창을 통해 대웅전의 본존불이 꽉찬 소실점이 되어 들어오게 한 것이다. 친견분위기를 그렇게 보이지 않는 진리의 에너지를 〈축·중앙·중심점〉에 모아 깨닫게 했다. 가장 핵심이니까. 그래서 부처님은 "자등명·법등명"을 유언으로 남겼다. 그런데 이 '깨달음의 소실점' 방식은 부석사에서 〈액자 시각줌인소실점〉 기법을 체계적으로 해 '無量壽殿'이 석등창 속에 가득차게 한 기법과 같은 수법이다[도판 85]. 따라서 이 기법은 먼저 세워진 부석사에서 영향을 받아 한 단계 더 업시킨 것으로 보게 된다. 어쨌든 석등창에 드러난 그 모습에서 친근감이 간다.

석불사의 [도판 342] 본존불과는 다르다. 인간적이다. 석불사의 본존불이 〈김대성 설화〉에 따르면 '전세야양(前世爺孃)'으로서 지존(至尊)이라면 불국사의 본존불은 '현생이친(現生二親)'으로서 지인(至人)이다. 그런데 비교해 보면 그렇다. 유기적으로 조성된 상대적인 성격대로 지존과 지인의 관계다. 곧 석불사 본존불은 〈성덕대왕신종〉이란 이름에서 유추할 수 있듯이 〈전세야양〉 곧 '전세부모'로서 상제가 된 성덕대왕을 상징하고, 불국사 본존불은 〈현생이친〉 곧 '현세 부모'로서 살아있는 경덕왕의 얼굴을 나타내는 것이 된다. 바이욘보다 선구적인 실제 모델이다. 그런데 대웅전에 있으면서도 항마촉지 수인이 아니다. 그리고 불국사에서 가장 중심이 되는 법당의 불상임에도 불구하고 국보로 지정되어 있지도 못하다. 축에서 벗어난 비로전과 극락전에 있는 불상은 국보로 지정되어 있는데. 이는 애초의 불상이 아니라는 의미다. 대웅전 건물에 대해서는 "8세기 중엽 김대성이 처음 세웠고, 임진왜란 중 1593년 불탄 후, 1765년 재건되어 통일신라 때의 기단과 18세기 조선시대의 건물이 결합된 독특한 구조"라고 현지 안내판에다 설명하고 있으면서도 정작 불국사의 주존 불상에 대해서는 일절 모르쇠다.

## 2) 대웅전 마당 법당은 도리천의 선견성을 나타내고 있다

불국사 진입공간의 〈기·승·전·결〉에서 《결》에 해당되는 대웅전 마당법당불국사 진입공간의 〈기·승·전·결〉에서 《결》에 해당되는 대웅전 마당법당에는 보이지 않는 또 다른 신비한 구조가 숨어 있다. 불교의 교리에서 불국정토를 상징하는 수미산 정상의 도리천에는 선견성이라는 궁전이 있다. 그 궁전 중앙에 수승전이라는 정방형의 건물이 있는데, 이 건물이 도리천의 주인공인 제석천의 거처이다. 그런데 이 선견성 궁전의 건축구조가 교리에서 보여주는 바로 그 만다라 도형의 원형(原形)이다.

**도판 307** 원형과 방형이 동심방원으로 된 화려하고 아름다운 만다라 영성지도. 만다라 도상은 원형과 방형을 기본으로 해서 다양하게 그려져 있다. ※ [도판 195] 참조

이 만다라 세계는 [도판 307]처럼 원형과 방형이 동심방원으로 된 1 : √2 비례원리 속에서 중중무진으로 팽창하는 세계다. 따라서 지상의 사찰들은 속세를 정토화하기 위해 이처럼 끝없이 팽창하는 불국토의 원형인 도리천을 1 : √2 동심방원의 비례대로 한없이 지향하는 건축을 했다. 불국사도 그렇다.《만다라》영성지도를 참고로 해서 불국사 대웅전 영역에 들어있는 그 보이지 않는 신비한 구조를 알아보자[도판 308].

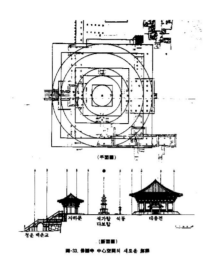

도판 308 불국사 대웅전 영역에 1: √2 동심방원 비례원리에 따라 확대되어 나타난 만다라 조감도. ※ 홍광표, 「신라사찰의 공간형식 변화에 관한 연구」 132.

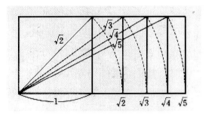

도판 309 석불사와 불국사의 평면·입면에 적용된 1: √2 비례원리: 강우방은 이 도판을 √2 구형을 절반으로 나누면 다시 작은 √2 구형이 되고 그들의 반을 자르면 다시 더 작은 √2 구형이 되어 무수히 1: √2의 비가 전개된다고 설명한다. ※ 강우방, 「석굴암에 응용된 '조화의문'」, 『원융과 조화』, 열화당(1990), 272.

만다라란 진리의 성역을 1: √2 동심방원 비례원리로[=도판 309], 그 보이지 않는 도형으로 나타낸 구조이다. 즉 1:1인 정사각형의 대각선(=√2)으로 직사각형을 그린 다음, √2를 다시 1로 삼아 √2되게 직사각형을 그리면 처음 길이의 2배가 되는 순환이 무궁무진으로 계속된다. 이 순환성은 불교에서 우주의 근본 원리인 인드라망의 원리이다. 만다라(曼茶羅: mandala)의 어원은 본질·중심·진수·참 등을 뜻하는 '만다(manda)'라는 어간에 소유나 성취의 뜻을 가진 '라(la)'라는 접미사를 더한 말이다. 결국 만다라란 '본질을 얻는다'는 뜻. 이를 불교의 심리학적 용어로 표현하면 '보리심(菩提心)'이다. 그러므로 일체의 법이 갖추어진 성역이 법당이라면, 일체의 법을 갖춘 마음이 보리심이다. 그러니 둘은 같다. 보리는 자신을 있는 그대로 아는 것(=참나)을 뜻한다.

진리 그 자체로서 탐·진·치가 없는 마음이다. 그러한 의미에서 보리심의 표상으로서 만다라는 참나의 모습인 심상(心象)을 〈무량의처삼매〉세상처럼 화려하고 아름다운 그림(=圖)으로 응축해 나타낸 것이다 [도판 307]. 수행자는 이러한 심상도(心象圖)를 통해 마음에 숨겨져 있는 신성한 본질인 보리심을 다시 찾을 수 있게 된다. 그러니 만다라 구도는 수행자가 진리를 마음의 눈으로 인식하게 도와주는 방법적인 도구이다. 이는 기독교에서 눈이 아니라 발로 인식케 한 [도판 353, 354]의 라비린스 구도와 유사하다. 그 심상을 가시적으로 이해시키기 위해 만다라 구조는 공간 높이의 원리를 '중층'으로, 공간 넓이의 원리를 '동심방원'으로 나타낸다. 그런데 불국사가 바로 그 구조대로다. 그것은 [도판 308] 아래쪽의 "斷面圖" 그림에서 보듯이 불국사 대웅전을 받치는 대석단이 이 공간 높이의 원리 그대로 상(=청운교)·하(=백운교) 중층으로 되어 있음에서 알 수 있고, 공간 넓이의 원리도 위쪽의 "平面圖" 그림처럼 동심방원인 것에서 알 수 있다. 그 구조는 보로부두르도 그렇다[도판 194, 195]. 이렇게 불국사의 건축 배치가 심상도(=깨달음의 지도)가 되어 중층 위에서 1:$\sqrt{2}$ 비례원리의 전개에 따라 동심방원으로 해서 우주 진리를 향해 무한히 확대 팽창하기도 하고, 반대로 공(空=깨달음)의 소실점(=석등창)을 향해 무한히 작아지기도 하는 대석단 만다라 구조임을 확인할 수 있다. 이처럼 불국사의 대웅전 공간영역이 만다라 원리라면, 그 공간 평면에는 동심(同心)의 근원인 중심점이 있어야 한다. 그런데 그 중심점에 대해서 홍광표는 다음과 같이 설명하고 있다[도판 308 참조].

> … 대웅전 영역에서 공간의 중심점은 석가−다보, 양탑을 연결하는 동·서 축선과 자하문−대웅전−무설전을 연결하는 남·북 축선의 교차점이다. 이 점을 중심으로 원형과 방(=사각)형이 일정하게 $\sqrt{2}$배로 계속 중첩되면서 외부로 확산되는 조형원리에 의해서 공간이 구성되고 있음을 발견할 수 있다. 즉 $\sqrt{2}$배로 확산되면서 작도되는 원과 사각형의 각 변에 대웅전, 동·서 회랑, 자하문, 석가탑, 다보탑, 청운·백운교 등의 의미 있는 건축선들이 만나고 있음을 파악할 수 있다… [홍광표, 「신라사찰의 공간형식변화에 관한 연구」, 성균관대학교대학원박사학위논문(1991), 133.]

중심점인 "동·서·남·북 축선의 교차점" 마당에 '앉아' 석등창을 보면 대웅전의 본존불이 석등창 배례석 위에서 '서서' 볼 때와 같이 보인다. 즉 이곳이 깨달음의 중심점 자리다. 석가탑과 다보탑은 예불자가 석등창을 통해 깨달음을 얻게 되는 것을 좌·우에서 장엄하는 배치임을 그리고 그 교차점을 중심으로 해서 1:$\sqrt{2}$ 동심방원비례원리로 만다라 진리세계가 우주를 향해 중중무진으로 팽창하기도 하고 반대로 공의 소실점으로 작아지기도 하는 설계원리다. 동심방원비례원리의 감각을 통해 깨달음의 세계를 현실로, 현실을 깨달음의 세계로 만든 것. 따라서 1: $\sqrt{2}$ 동심방원 비례원리는 사찰건물의 배치에서 보이지 않는 내면의 설계도인 것을 알게 된다.

이상의 분석을 토대로 볼 때 다음과 같은 사실이 도출된다. 불국사 대웅전 영역의 만다라 배치원리[=도판 308]는 수미산 정상의 도리천에 있다는 선견성의 만다라 배치원리[=도판 307]대로 조성한 것이다. 그 원리는 [도판 195]도 그렇다. 결국 대웅전 마당은 불교 우주관으로써 수미산 정상에 있다는 도리천의 선견성 마당을, 대웅전 법당은 그 가운데에 있다는 수승전 법당을 모델로 삼아 표현했음을 알 수 있다.

성의 절정 공간인 도리천을 대석단으로 꾸며, 그 위에다 부처님의 〈성도·설법·열반〉을 이루어 놓았다. 그러면서 불교 우주관의 완성을 불국사에서 보여주고, 보리심까지 심상도로 알려주고 있다. 즉 〈수미산의 우주관〉과 〈불국사의 배치도〉와 〈참나인 보리심〉이 서로 같다는 것을. 곧 우주의 얼개를 교리로, 교리의 내용을 인간성으로, 인간성을 보리심으로 나타낸 것이다. 종교가 우주와 인간간의 섭리관계를 매개한다는 것을 알게 된다.

《욕계》의 마지막 영역인 〈영지〉[=도판 293]에서 《색계》인 대석단 〈청운교·백운교〉[=도판 302]를 지나 《무색계》인 〈대웅전〉 영역[=도판 305]에 이르게 된다. 보로부두르가 그렇다.

# II. 성당의 건축적 특징
## - 고딕양식을 중심으로

고딕성당의 건축적 특성은 다음과 같이 분석된다.

〈기둥〉에는 실내 기둥과 바깥 기둥이 있다. 실내기둥은 천장을 떠받치고, 바깥기둥(=버트래스)은 벽을 바치고. 이렇게 안에서는 기둥으로, 밖에서는 버트래스로 서로 유기적으로 높은 천장과 벽을 바치는 구조다. 〈천장〉에서는 첨두아치를 고안해 냈

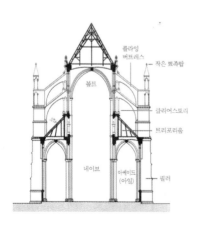

**도판 310** 아미앵 성당(=도판239) 입면도.
※ 캐롤 스트릭랜드 지음·양상현외 옮김, 『클릭, 서양건축사』, 예경(2003), 87.

다. 그래서 로마네스크의 반원아치를 첨두아치로 바꾸면서 천장을 더 높이 올릴 수 있었고, 늑재아치와 부채살아치 등이 생겨나 첨두아치를 보완하면서 더 든든하게 높여나갈 수 있었다. 〈스테인드글라스〉는 랜시창과 장미창이 있다. 그중 랜시창은 성경의 다양한 내용을 알리고, 장미창은 성모의 중보심을 나타냈다. 〈실내공간〉은 천장고·장축형이다. 천장이 높은 데다 넓은 공간이므로 음향이 반향과 공명을 이루며 멀리 퍼져 나가게 된다. 그리고

2부 비교 – 사찰과 성당

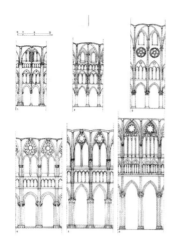

**도판 311** 성당 벽면의 구조인 아케이드(하)·트리포리움(중)·클리어스토리(상)의 변천 과정. 다른 곳보다 아케이드(하)의 기둥이 점점 높아가고 있다. ※ 임석재, 『하늘과 인간』, 북하우스, 도판 709.

장축형이어서 예배자가 제단을 향해갈 때 점차적으로 신앙이 고조되면서 업그레이드되는 것은 물론이다.

〈형태〉는 십자가 모양이다. 이는 교회가 인류의 죄를 대속하신 예수의 몸과 성모의 중보심을 상징하는 것이다. 불교에서 사찰의 건축적 특징이 신도들의 삶을 깨달음으로 이끄는 만다라 공간으로 나타낸 것이라면, 기독교에서 고딕 성당의 건축적 특징도 같은 진리를 지향하는 종교이니 그 건축도 천국을 향한 또 다른 기독교적 만다라 공간이다. 특히 고딕에서 구극적으로 성(聖)스러운 것이란 현실공간에서 체험되는 초자연적인 빛이었다. 당시 빛은 진리에 도달할 수 없는 인간을 구원시키는 상징으로 간주되었다. 빛은 천상에서 내려오는 신의 은총을 의미했다. 그것은 다음과 같은 성경 내용이 뒷받침했다. "말씀이 곧 참빛이었다. 그 빛이 이 세상에 와서 모든 사람들을 비추고 있었다. 말씀이 세상에 계셨고 세상이 이 말씀을 통하여 생겨났는데도 세상은 그분을 알아보지 못하였다"(요한복음 1:9-10). "나는 세상의 빛이다. 나를 따라오는 사람은 어둠 속을 걷지 않고 생명의 빛을 얻을 것이다"(요한복음 8:12).

고딕시대가 되면서 이같은 성경 내용에 의해 빛이 기독교 공간에서 영적인 요소가 되었다. 그러므로 고딕시대는 '빛의 신학'이었다. 그래서 사람들은 빛에 성령이란 새 의미를 부여하는 이 건축적 양상을 〈데우스 프로핀퀴오르(Deus propinquior)〉라 했다. 이는 빗물질화를 통한 신의 현현을 의미한다. 빗물질화란 인간적인 매개를 거치지 않고 드러나는 신비함인데, 로마네스크에서 고딕으로의 변화는 이 빛에 대한 빗물질화 체험에서였다. 생-드니 성당의 내진에서 고딕이 탄생했다는 것은 단순한 빛이 이 성당에서 빗물질화에 의해 처음으로 성령의 의미가 되었다는 얘기다. 곧 빛을 통한 빗물질화 역할이 '스테인드글라스'였다. 이는 떨기나무에서 시작된 성령의 불꽃이 변용된 것. 즉 그 불꽃이 지성을 다한 인간의 노력으로 고딕성당에서 최고의 하이라이트인 스테인드글라스가 된 것이다[도판 320-324]. 그럼 고딕성당의 건축적 특징을 살펴보자.

## 1) 실내 기둥, 바깥 기둥

### (1) 실내 기둥

실내에서 천장을 받치는 기둥은 제자를 상징했다. 성전이란 예수님의 몸을 떠받치는 역할로서. 그러므로 이 기둥들은 하늘나라를 지탱하는 제자의 역할에 비유된다. 이런 상징성을 명확히 하기 위해 12제자를 상징하는 12개의 기둥을 세우기도 한다. 성당에서 본당의 중심인 네이브는 회중석 영역이면서 신자들이 출입구에서 제단으로 들어가는 진입공간으로서 길목이기도 하다. 예배자들은 이 긴 동선에서 천장으로 쭉 뻗은 좌우 콜로네이드(=열주)의 수직성을 보면서 가게 된다[도판 312].

양쪽으로 높고 길게 늘어선 이 기둥들은 시각적인 부력을 일으켜 천장의 첨두아치를 향해 상승하는 기분을 느끼게 한다. 그러면서 실제보다 더 가늘게 더 높게 더 아득하게 보인다. 충직했던 제자들의 역할을 기둥으로 나타냈다. 이렇게 기둥에 의해 높아진 실내공간이 스테인드글라스와 빛에 의해 빗물질화되면서 성령의 빛으로 변용하게 된다. 내부가 빛에 의해 성스러운 부유성화가 되면서 예배자의 마음도 그에 따라 하늘나라에 오르는 듯한 승천감을 느끼게 되는 것이다. 이같은 광경은 세속에 찌든 예배자들의 정신을 정화시켜주는 것은 물론, 영적 감성을 고양시키면서 하늘나라로 이끄는 역할까지 했다. 그러나 기둥에는 높이가 갖는 한계

**도판 312** 본당(=네이브) 좌우로 쭉쭉 뻗은 열주의 모습: 양쪽으로 높고 길게 늘어선 이 기둥들은 천장의 첨두아치와 연결되면서 시각적인 부력을 일으켜 아치의 첨두를 향해 오르듯 상승감을 불러일으키고 있다.

도판 313 천장의 첨두아치가 개발되면서 높이가 높아지게 되었지만 좁은 공간이 되면서 깊이감과 비례감은 극적일 수 있었으나 우물 속처럼 답답해 져 갔다.

성이 있다. 즉 높이 올라가면 갈수록 굵어지는 문제이다. 또 실내 기둥의 높이에 따라 본당 벽면 구성에 변화를 주었다. 본당의 벽면은 건축 양식상 위(=上)는 클리어스토리(clerestory), 가운데(=中)는 트리포리움(triforium), 아래(=下)는 아케이드(arcade)로 구성되어 있다[도판 310. 311]. 그래서 아래쪽의 아케이드가 높아지면 눈높이에서의 수직성은 강조되지만 위를 올려다보았을 때 하늘을 향한 수직성은 약해진다[도판 313]. 그러나 위쪽의 클리어스토리가 높아지면 정반대로 하늘을 올려다볼 때의 수직성은 아득하게 강조되나 눈높이에 있는 아케이드의 수직성은 약해진다[도판 312]. 그리고 클리어스토리가 높아지면 실내로 들어오는 빛이 증가하면서 위쪽은 밝아지지만, 아래쪽은 상대적으로 어두워진다. 이런 상황은 위 천장과 아래 바닥 사이의 조도에 강한 대비를 만들어낸다[도판 312]. 그러나 클리어스토리가 작아지면 이와 반대로 두 부분 사이의 조도 대비가 줄어들면서 비슷해진다[도판 313].

이런 건축의 차이는 신앙관의 차이로 해석할 수 있다. 즉 높은 천장 쪽을 밝게 하면서 밝고 어두움의 대비를 강조하는 방식은 하늘의 권위를 강조하는 천상주의적 관점이고, 반대로 아케이드 쪽인 아래를 밝게 하면서 조도의 대비를 줄이는 방식은 땅의 권위를 강조하는 지상주의적 입장이다. 성기고딕에서 건축 양식의 발전방향은 [도판 311]처럼 대체적으로 클리어스토리와 트리포리움의 높이보다 상대적으로 아래쪽 아케이드의 크기를 높여가는 쪽으로 전개되었다. 이렇게 아케이드가 클리어스토리보다 우위를 점하게 된 경향은 세속 권력인 지상주의적 기독교를 추구하겠다는 신앙관의 발로에서였다.

지상주의적 입장에서의 고딕공간은 클리어스토리의 크기는 줄이고 아케이드는 늘이고 높여 아래쪽(=땅)으로 들어오는 빛은 증가 하지만, 대신에 클리어스토리가 상대적으로 작아지면서 위(=하늘)에서 들어오는 빛은 줄어들었다. 이런 처리는 빛에 대한 고딕 건축의 기본 입장은 천상주의였지만 이것을 구현하는 현실적인 결과는 지상주의를 택한 것이다. 이같은 지상주의를 택했던 무시할 수 없는 큰 이유는 당시엔 전기불이 없었기 때문이다. 어쨌든 건축의 역학적 구조 파악을 통해 실내 기둥은 천장의 무게는 물론 본당의 벽면 건축양식까지 버트래스와 함께 든든히 받쳐줄 수 있게 되었다. 그러면서 고딕 건축양식은 시대의 신앙관과 함께 과학적으로 발전해 나갈 수 있었다. 12사도를 상징하는 기둥을 바탕으로 해서다.

## (2) 바깥 기둥

돌로 만들어진 둥근 천장의 무게는 하중에 의해 아래로뿐만 아니라 횡추력에 따라 옆으로도 밀면서 밖으로도 향하기 마련이다. 이에 건축가들은 그 한계와 밖으로 향하는 횡추력을 방지하기 위해 고민한 결과 그 해결책을 고안해 냈다. 그것이 천장의 하중이 밖으로 향하는 힘을 막아주었을 뿐만 아니라 실내 기둥이 받칠 수 있는 힘의 한계를 도와 천장이 더 높이 올라갈 수 있도록 바깥에서 받쳐주는 기둥, 즉 버팀벽(=부벽) 기둥 체제인 버트레스였다[도판 314]. 따라서 고딕시대 성당의 천장은 바벨탑처럼 하늘로 향하고자 하는 노력에 따라 보베 성당에서 무너질 때까지 계속 높아졌다. 그러므로 고딕 성당에서 건축의 발달은 하늘나라에 보다 가까이 가고 싶은 신앙에 따른 천장 높이기의 기록 세우기였다.

그 본격적인 경쟁은 초기 고딕에서 성기 고딕으로 넘어가는 과도기상에 위치한 파리의 노트르담 성당의 천장 높이(34.5m)에서 본격적으로 시작되었다[도판 234]. 이후 고딕성당에서 천장높이기는 무한경쟁을 통해 48m에까지[도판 319], 아니 46m에서 정지되었다[도판 245]. 그러나 고안된 버트레스가 외벽에 날개처럼 튀어나오면서 실내

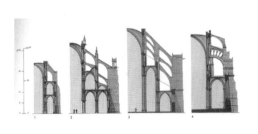

도판 314 프랑스 고딕성당 버트래스에서 플라잉 버트레스의 발전 과정: 1-누아용(1170 이후), 2-노트르담(1176-1215), 3-부르주(1195-1250), 4-샤르트르성당(1194-1220)〉 ※ 임석재, 『서양건축사』, 북하우스, 도판 715, 449.

2부 비교 - 사찰과 성당

로 들어오는 빛을 막아 빗물질화를 방해하게 되자 성당의 외벽과 버트레스 사이에 허공을 만들어 내는 공중버팀벽 체계인 〈'플라잉' 버트레스〉를 만들어 내게 되었다. 이 플라잉버트레스(flying buttress)는 고딕성당 건축에서 만능 해결사 역할을 했다. 바깥으로 뻗는 건물의 횡추력을 받아 외벽인 〈클리어스토리·트리포리움·아케이드〉로 각각 골고루 분산시키면서 구조적 결합의 효율성을 한층 높여주었기 때문이다. 그래서 제1차 세계대전 당시 랭스 성당같은 경우에는 200여 발의 독일군 대포의 폭격을 받고도 멀쩡할 수 있었다. 그리고 플라잉버트레스가 스스로의 무게로부터 받는 측력은 이 측력을 상쇄시키는 소첨탑(=작은 뾰족탑)을 플라잉버트레스 위에 세움으로서 해결했다.

이 소첨탑은 이같은 구조적 역할 이외에 시각적으로도 고딕 성당의 앙천성(仰天性)을 화려하게 나타내면서 또한 잘 어울렸다. 그 대표적인 것이 밀라노 대성당이다 [도판 228]. 그래서 이 성당의 모습에서는 수많은 사람들이 하늘을 향해 두손을 높이 들고 있는 거수성체의 모습이 겹치기도 한다. 그러나 플라잉버트레스가 파리의 노트르담 성당에 본격적으로 등장할 때만 해도 아직은 밝기에 문제가 있었다.

그 후 성기 고딕의 문을 연 것은 플라잉버트레스의 여러 구조적 장점들이 건물 전체에 파급 효과를 가져 온 샤르트르성당에서 부터였다. 그리하여 랭스와 아미앵에 이르러 플라잉버트레스는 더 효능 있게, 더 세련되게 발전하였다. 그 이후 유럽의 성당들은 천장이 높아지고(=高), 실내가 넓어지고(=廣), 벽체가 얇아질(=薄) 수 있는 한도까지 나아갈 수 있었다. 이렇게 플라잉버트레스는 여러 이질적인 요소들을 유기적으로 하나가 되게 묶어주는 인대 역할을 했다. 당시 건축가들은 마지막 고민이었던 고(高)·광(廣)·박(薄), 이 세 가지를 플라잉버트레스로 결합시킴으로써 새롭고 신선한 고딕이라는 건축양식을 완성하게 된 것이다. 따라서 플라잉버트레스 자체가 전기 고딕과 후기 고딕을 구분 짓는 기준이 된다. 이같은 플라잉버트레스의 역할과 비슷한 것이 우리 건축에서는 공포(栱包) 양식이라 할 수 있다.

이 공포 양식이 주심포에서 시작하여 다포 양식으로 발전하면서다. 공포 구조가 〈주두·첨차·소로〉 등을 포개 엮으면서 지붕의 무게를 감당하기 버거워하는 기둥을 도와 무게를 분산시켰을 뿐만 아니라 다포로 높게 결구됨에 따라 처마가 커지고 지붕이 높아지면서 화려하고 위세있는 건물이, 다포로 다양하게 결구됨에 따라 이상정토를 상징하는 건물로도 꾸밀 수 있었다.

플라잉버트레스의 과학적인 발달로 천장 높이의 증가와 함께 십자가 끝에 달린 첨탑의 높이가 최고로 높아지면서 가장 초월적인 특징을 나타냈다. 특히 독일이 그랬다. 그 이유는 앞서 나간 프랑스를 따라잡기 위해서는 규모를 크게, 높이를 높게 하는 것뿐이라고 생각했기 때문이다. 그 대표적인 것이 157m의 쾰른 대성당이다[도판 244]. 이같은 고딕 건축의 수직첨탑 뼈대 구조는 천장이 무너진 보베성당에서 알 수 있듯이 건축 재료인 석재가 허용하는 한계를 넘어서까지 뻗어나간 것이다. 이러한 의미에서 고딕건축은 한계보다 더 높이 올릴 수 있는 새로운 차원의 철골 및 콘크리트같은 현대 건축의 뼈대 구조를 이미 수 백 년 전에 예시했다고 할 수 있다.

## 2) 천장의 〈아치〉

천장을 이루는 아치에서는 구조적으로 〈첨두아치〉가 으뜸의, 〈늑재아치〉가 버금의, 〈부채살아치〉가 딸림의 역할을 했다. 그리고 이 모든 아치가 나중에 하나로 한데 모여 유기적으로 합쳐진 것이 〈마누엘 아치〉라 보게 된다[도판 251]. 천장은 '하늘나라 천국의 이미지'를 나타냈다. 그 기원은 비잔틴 시대 콘스탄티노플의 성 사도교회에서 비롯되었는데, 당시 이 교회의 기록에 돔이 "하늘에 계신 아버지가 인간의 형상을 하고 땅 위로 내려오시는" 상징으로서 기능을 갖는다고 씌어 있다[주 57]. 동로마시대에 하늘을 상징했던 이 돔 천장이 로마네스크 성당에 와서는 장축형이란 긴 반원으로 바뀌게 되면서 천국이 천장 전체로 확대되었다.

고딕 성당에서는 이것을 그대로 물려받은 후 첨두아치를 고안하고 버트래스를 창안하여 천장을 보다 하늘 가까이로 높여 나갔다. 즉 하늘을 우러러 보는 앙천 신앙을 자극하게 된 것이다. 그래서 고딕 건축가들은 로마네스크 성당의 한정된 천장을 보다 높이 끌어 올려 하늘나라 가까이로 가고자 하는 추구를 건축적으로 이루게 되었다. 로마네스크 천장은 반원아치이기 때문에 반지름 높이 이상을 올리지 못했다. 또 폭에 비해 더 높지도 낮지도 않았다. 이 천장을 더 높이 올리기 위한 열망은 반원아치를 대신하는 첨두아치를 고안함으로써 해결하게 되었다. 첨두아치란 천장이 시작되는 좌우의 벽 위치에서 종마루에 이르는 종석이 원호(=반지름)보다 바깥쪽 위에 형성되게 함으로써 전체 형상이 하늘을 향해 보다 뾰쪽해지는 아치다[도판 316].

**도판 315** 높이가 43m에 이른 아미앵 성당 천장의 첨두아치와 늑재아치

그 이후 계속해서 천장의 높이가 하늘나라를 향해 높이 더 높이 올라가게 건축적 기법을 만들어 내는 것이 고딕 건축의 발달과정이었다. 또 천장 전체는 척추 역할인 〈첨두 아치〉에, 갈빗대 역할인 〈늑재 아치〉와 이를 사방으로 뻗으면서 더 보조하는 〈부채살 아치〉가 주랑과 벽을 타고 내려와 기둥과 벽속으로 합쳐지게 했다[도판 243]. 자전거 바퀴가 거미줄 같은 살에 의해 그 형태를 유지하듯이, 고딕 성당이 그랬다. 가는 절석조적술의 돌구조에 걸려서 그 하중을 지탱

**도판 316** 첨두아치와 늑재아치(=리브볼트)의 구조. ※『미술용어사전』, 월간미술, 46.

할 수 있게 한 것. 그래서 성당의 내부에 들어서면 아찔할 정도로 높은 아치형 천장을 지탱시켜 주는 수많은 조적선들에 의해 서로 밀고 당기는 다양한 힘의 상호 균형을 느끼게 된다[도판 315].

로마네스크의 천장구조는 넓이와 높이의 상호관계가 일정한 반원아치였기에 그 원리에서 벗어날 수 없었다. 그러나 고딕양식에서 구조와 공간과의 관계를 자유롭게 취급할 수 있는 첨두아치를 천장에 창안하고 기둥에 더하여 외벽에 버트래스까지 고안해 넘으로서 천장을 보다 높일 수 있게 된 것이다. 그에 따라 두꺼운 벽체는 얇아지면서 강해졌고, 넓어진 기둥과 기둥사이의 벽체는 스테인드글라스를 끼워

증대된 채광량을 통해 천상의 예루살렘이 하늘에서 지상에 내려온 듯한 신비로운 환상을 빗물질화로 느끼게 할 수 있었다. 천장을 보다 높게(=高), 실내 기둥 간에 폭을 보다 넓게(=廣) 그리고 벽을 보다 얇게(=薄) 했다. 또 고딕 성당은 건축 형태에서 수직성을 강조함으로써 초월적인 성격을 나타냈다. 이렇게 하늘을 향하고자 하는 신앙적 충동은 후대로 갈수록 고딕성당들의 천장 높이가 계속 높아지는 현상에서 잘 알 수 있다. 이러한 높이의 증가는 고딕의 앙천 신앙과 건축 과학을 잘 반영하는 것이다. 특히 천장은 [도판 316]처럼 첨두아치의 횡추력이 반원아치에 비해 구조적으로 감소되었고, 그 아치에 갈비뼈같은 역할인 늑재아치와 그 사이의 천장무게를 사방으로 받쳐주는 부채살 아치가 나타나면서 이루어질 수 있었다.

고딕 성당에서 본당의 벽은 상(上)에서는 클리어스토리, 중(中)에서는 트리포리움, 하(下)에서는 아케이드로 구성되어 있다. 샤르트르성당에서는 이 중 트리포리움은 높아지지 않은 가운데 클리어스토리만 확대가 두드러졌다[도판 311]. 그래서 클리어스토리의 높이는 16.9m, 트리포리움의 높이는 4.5m, 아케이드의 높이는 16.1m로 37.5m터 높이의 천장을 확보했다. 고딕 중기의 성당을 건축하던 장인들에게는 35m가 심리적 경계선이었는데, 플라잉버트레스같은 바깥 기둥 및 천장을 받치는 다양한 아치의 개발로 천장을 더 높이 올릴 수 있다는 자신감을 갖게 되었다. 그래서 34.5m의 노트르담에서 보듯 중기 고딕에서 천장의 평균 높이가 30m 안팎이던 것이 성기 고딕에 이르러서는 40m 이상 높아졌다. 이러한 천장 높이의 상승 과정이 고딕 성당 건축의 발전 과정이었다. 이렇게 노트르담 성당은 심리적 경계선을 허물고 천장이 본격적으로 높아지게 만드는 도화선이 되었다. 그러나 높이가 높아지면 본당의 좁은 공간은 비례감에서는 극적일 수 있으나 대신에 우물 속처럼 답답해져 갔다[도판 313]. 그래서 창문이 커지기 시작했다.

여하튼 고딕건축은 전성기에 이르러, 천장 구조에서는 횡추력을 죽이면서 천장을 높이는 첨두아치와 늑재아치와 부채살 아치와 마누엘 아치를 완성하고, 외벽에서는 플라잉버트래스가 창안되면서 든든히 결합되었다. 그러면서 성기 고딕을 대표하는 샤르트르·랭스·아미앵·쾰른·킹스칼리지·부르고스·제로니모 같은 교회로

발전해 나갔다. 구조·공간·형태가 완벽한 통합체계를 이루면서 신앙과 이성의 하
모니를 이루며 하늘을 향해 급속히 높여나갈 수 있게 된 것이다.

## 3) 〈스테인드글라스〉와 〈장미창〉의 역할

### (1) 스테인드글라스

원래 스테인드글라스는 성당에서 가장 위쪽인 하늘창문 또는 고층창이라고도
하는 클리어스토리에 채색된 유리모자이크를 의미했다. 그 직접·간접적인 그림은
주로 고난을 이기고 승리한 성경말씀이나 기독교의 온갖 역사로 채워져 있다. 이는
불교적으로 비유하면 보로부두르 회랑 1,460개의 돌패널에 새겨진 〈분별선악보은
경·본생담·비유경·불전도·입법계품〉같은 경전 내용의 릴리프와 같다.

이 스테인드글라스가 밝고 영롱하게 빛나기 위해서는 일정량 이상의 조도가 필
요했다. 그런데 초기 고딕까지는 유리가 투명하지 못해 아직 일정량 이상의 조도를
확보하지 못했다. 그러다가 노트르담성당에 이르러서 어느 정도 가능해졌다. 이들
창에 그려진 유리그림에 빛이 닿으면 아득히 높은 실내 공간이 빗물질화되면서 신
비한 빛의 그림으로, 넘치는 부유공간으로 변용되었다[도판 256, 287]. 이같은 인
상은 보통 유리는 단지 빛만 통과시키나 수천 개의 작은 색유리 조각으로 모자이크
된 스테인드글라스는 단순한 햇빛을 찬란한 색빛이 되게 했기 때문이다[주 58]. 즉
기술적으로 말하면 스테인드글라스는 유리 속에 고급스럽게는 금속색소 산화물을
섞거나, 일반적으로는 유리 표면에 물감을 칠하고 불에 구워 착색시킨 판유리를 가
르킨다.

이 색유리 조각들을 납으로 붙이면 일정한 무늬나 그림을 만들 수 있다. 따라서
남땜을 잘해야 했다. 구멍이 생기면 빛이 들어와 그림이 안되니까. 그러므로 스테
인드글라스는 회화라기보다는 고급 모자이크다. 그러나 용도에서 보면 모자이크
와는 크게 다르다. 색채를 잘 섞는 것도 필요하지만, 보다 더 중요한 것은 빛으로 보
기 좋게 분산 효과를 내야 했기에. 말하자면 햇빛이 맑은 날 투명한 산호바닷속을

**도판 317** 3개의 란세트에 원형 오큘러스창

**도판 318** 4개의 란세트에 원형 오큘러스창

**도판 319** 보베성당: 창이 확대되면서 트리포리움까지 내려옴. 천장높이가 48m로 아득하다. 그런데 이 높이를 인정받지 못하고 있다.

보는 아름다운 색을 넘어 물결 표면에 반짝이는 반사빛처럼 신비한 분위기까지 만들어내야 했다. 그런데 스테인드글라스의 그 불규칙한 굴곡면은 빛의 변화에 따라 난반사를 보다 다양하게 끊임없이 일으켰다. 이렇게 스테인드글라스는 보는 사람들의 신앙심에 신에 대한 느낌을 다양하게 황홀하게 느끼게 해주었던 것. 이 원리를 모르는 당대의 사람들은 이렇게 스테인드글라스를 통해 들어오는 색과 빛을 인간의 기도에 대한 '하느님의 응답'으로, '세상의 빛'이신 그리스도의 성육신을 통한 하느님의 자기 전달이라고 감격해했다. 그러면서 스테인드글라스가 대형화되었다. 빛을 받으며 전개되는 부유성화가 초월적인 성령임을 가시적으로 느끼게 하기 위해서였다. 이렇게 스테인드글라스의 면적이 대형화됨에 따라 [도판 317]처럼 원형창인 오큘러스(oculus)와 위는 첨두아치처럼 생기고 아래는 길고 폭이 좁은 란세트(lancet) 창에도 새로운 양식이 나타나게 되었다. 즉 스테인드글라스가 크게 확대되면서 유리의 안전을 위해 창문을 분할하는 디자인도 양식으로 발전한 것이다. 처음 나타난 양식은 하나의 오큘러스와 두 개의 란세트였다[도판 235]. 이것이

2부 비교 – 사찰과 성당

하나의 오큘러스에 3개의 란세트[도판 317], 4개의 란세트로[도판 318], 아미앵에 와서는 세 개의 오큘러스에 6개의 란세트로 까지 늘었다[도판 315].

그 후 성기 고딕 건축의 완성이라 부르는 레요낭 양식(Rayonnant Style, 1240~1400) 즉 방사선 양식이 나타났다. 이 디자인은 주로 장미창에서 그림의 의미가 방사선처럼 중심부에서 변두리로 퍼져나가는 구도로서 장식이다. 이 양식의 기본 요건은 유리가 아니었던 트리포리움에도 유리가 끼워지고 그림이 그려지더니[도판 319], 위의 클리어스토리와 합쳐지면서 보다 화려한 스테인드글라스로 변하고, 그것을 가늘고 긴 란세트로 나눔으로써 섬세한 골격을 이루게 되었다[도판 320]. 그래서 실내는 더 밝아졌다. 대신 아늑하고 부드러웠던 공간의 깊이감은 사라지게 되었다. 이런 현상은 균질한 빛이 실내 전체에 골고루 퍼지면서 위와 아래의 조도가 다름에 따라 만들어 내던 신비로움을 깨뜨리는 공간 구도가 되었다. 이처럼 커지자 유리가 깨지지 않게 하기 위해 란세트창 속에 기본 분할양식에다 또 다시 선형으로 분할 역할을 하는 바-트레이서리(bar-tracery)가 창안되었다.

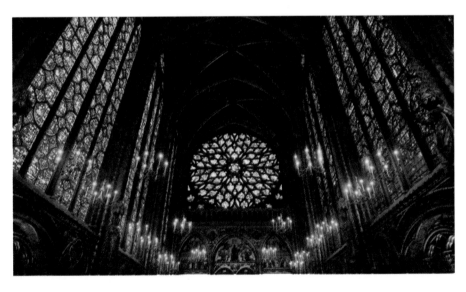

**도판 320** 생트샤펠 성당의 스테인드글라스: 클리어스토리와 트리포리움이 합쳐져 크게 확대되고 화려해지면서 레요낭 양식의 완성을 이루었다. 이에 따라 커진 유리가 깨지지 않게 하기 위해 란세트창 속에 또다시 우리의 문창살처럼 선형으로 분할 역할을 하는 바-트레이서리(bar-tracery)가 창안되었다. 이 15개의 스테인드글라스에는 창세기에서부터 1,113개의 성경 내용이 묘사되어 있다.

창문조차도 다양한 격자무늬의 보호선들로, 우리나라의 문창살 같은 역할을 했다. 그 대표가 되는 성당이 프랑스 왕 루이 9세가 건립한 파리의 생트 샤펠(St. Chapelle, 1241~1248) 왕궁 예배당이다[도판 320]. 이곳 중앙의 장미창은 지름이 13m이며, 이 성당의 모든 스테인드글라스에는 창세기에서부터 1,113개의 성경 내용이 묘사되어 있다. 그러니 이 창들은 성경 내용 전체를 빛으로 그린 그림창이 되겠다. 따라서 그 의미는 보로부두르의 1,460개 대벽화와 비슷하다.

루이 9세 당시 왕령 직할지였던 일-드-프랑스에 세워진 이 교회는 모두 그의 세밀한 감독을 받았다. 그 때문에 역사가들은 이 생트 샤펠 성당을 '궁정식' 고딕양식이라 부른다. 십자군 전쟁에서 획득한 성물을 보관하기 위해 지어서 그런지 짓는 데는 4만 리브르가 들었는데, 가시면류관 성물수집에만 무려 13만 리브르가 들었다(가시면류관이 현재 파리의 노트르담성당에 있다)고 한다.

이후 레요낭 양식이라 부르는 전성기의 방사선 양식은 후기 고딕인 플랑부아양 양식(Flamboyant Style, 1400~1550) 즉 불꽃 양식으로 넘어갔다. 방사선 양식 때까지 지켜지던 오큘러스와 란세트의 정형성이 불꽃모양으로 변화된 것[도판 321]. 이렇게 성기 고딕인 방사선 양식이 기묘하고 과장된 불꽃 양식으로 바뀌면서 지나치게 정교한 장식적 경향이 되더니 아닐세라 양식으로서 정형성이 사라지게 되었다. 불꽃같이 화려하고 자유분방한 그림이 되면서 일찍이 바로크를 예보했다. 13세기가 되어, 카페왕조의 왕권이 절정에 달하자 프랑스 북부의 상업 도시들은 왕권 강화 정책을 편 왕실과 이해관계를 맺고, 물질적 번영을 구가하게 되었다. 이들 대도시의 부유한 시민계급은 자부심의 발로로써 하늘 높이 치솟는 고딕양식의 대성당을 후원하면서 도시 중심에 전성기의 고딕성당을 출현시켰다. 그중 대표가 되는 성당이 샤르트르·랭스·아미앵이다.

이 세 성당은 고대 건축의 백미라는 파르테논 신전과 비견된다. 그래서 또 다른 파르테논 신전이라고도 불린다. 교회 내부의 채색 유리창도 그 수가 더욱 늘어났다. 예를 들어 샤르트르대성당은 1,800개 이상의 조각과 수많은 유리창으로 장식되었는데, 아미앵에 와서는 더 많아 조각에서만 무려 3,600개까지 배로 늘어났다. 이렇게 고딕성당 내부에서 찬란하게 빛나는 스테인드글라스는『성경』이란 보석이 반짝이는 모습이었다. 더구나 창의 위치·방향·계절·날씨·시간의 변화와 장애물 등 여러 가지 외부 조건에 따라 광휘성은 만화경처럼 다양하게 변했다. 처음 색유리를 성당에 도입한 시제르의 의도가 전성기의 고딕성당 스테인드글라스에서 그 완성을 보게 된 것이다.

## (2) 〈장미창〉의 역할

1144년 생-드니 성당에서 처음 원형으로 나타난 창을 고딕 성당의 심장이자 혼으로 여겨 장미창(rose window)이라 불렀다. 그 이유는 장미가 아름다운 지혜의 꽃일 뿐만 아니라 중보의 상징인 거룩한 성모를 표상했기 때문이다. 동양에서나 서양에서나 예부터 원은 인간이 가장 신성한 상징 중의 하나로 믿어 창문까지도 둥근 창을 만들었다. 모든 구조와 양식은 원이라는 신성에 수렴되기 마련이다. 특히 서향

**도판 321** 플랑부아양 양식인 상스 성당의 남쪽 트란셉트의 장미창 최후의 심판 그림

인 파사드 쪽 장미창에는 그 바깥쪽 틀에 황금을 입히거나 누런색을 칠해 석양빛을 받으면 중심에서 황금빛이 사방으로 퍼져나가는 태양을 닮게 했다. 그래서 오후 예배시간에 서쪽으로 지는 햇빛을 받으면 장미창은 마치 성령이 작열하는 또 다른 태양이 되었다. 해 넘이 따라 천국이 지상을 향하여 서서히 내려오는 듯한 느낌을 갖게 한 것이다.

예배드리는 시간이 천국이 되는 시간으로 느끼게. 그러므로 장미창은 진리의 빛인 예수의 영광과 아름다운 성모의 순결한 중보심 그리고 천상의 예루살렘을 상징했다. 장미창이 있는 성당은 한 성당에 3개가 있다. 서쪽 파사드(＝전면)에서는 정문 위의 중앙[＝도판

**도판 322** 파리 노트르담 성당의 남쪽 장미창: 장미창은 성모의 아름다운 지혜를 상징했고, 활짝 핀 그 꽃잎 하나하나는 다양한 사람들의 기원에 대한 성모의 중보심과 모성애를 나타냈다. 동시에 장미창 전체는 중심에 계시는 하느님을 향하여 성모가 예배자들을 위해 마음을 모으는 구도를 택했다.

**도판 323** 샤르트르 성당 북쪽 수랑의 장미창과 5개의 란세트창(1230년): 루이 9세의 어머니가 기증했다. 장미창 중앙은 성모가 왕관을 쓰고 왼손엔 홀을 오른손엔 아기 예수를 안고 있다. 그 위 4개의 타원형 속에는 비둘기가, 나머지 8개에는 천사들이, 그 바깥 12개의 방형 속에는 구약의 12왕이 있다. 아래의 기다란 5개의 란세트창은 왼쪽부터 멜기세덱, 다윗, 성모, 솔로몬, 아론의 모습이다.

324]에 그리고 좌(=남)·우(=북) 양팔에 해당되는 트란셉트(=수랑)에[도판 322. 323]. 특히 장미창 중에서도 노트르담성당의 장미창은 구도상 롤모델로서 [도판 322]의 설명글 역할을 했다. 그 역할은 석불사에서의 여지없는 11면관음보살이다. 아름답게 채색된 이 3곳의 장미창으로부터 들어오는 빛은 휘황한 광원을 느끼게 해 주면서 공간을 성령의 빛으로 신비화시켰다. 그래서 네이브(서)와 트란셉트(남·북)가 만나는 십자로의 내진 부분은 3곳의 장미창으로 인해 거룩한 "빛의 세계"가 되는데, 그 중심에 제단을 설치하였다. 특히 고딕 성당은 성모 마리아에게 봉헌된 성당인 만큼, 장미창에서 성녀를 나타내는 붉은색과 어머니를 상징하는 청색이 성의 연보라로 즉 성모마리아의 거룩한 중보심이 연보라 다이아몬드로 강렬하게 불타는 보석 그 자체였다. 그래서 이곳에서 이루어지는 미사는 예배의 의미와 함께 영적 시너지 현상을 일으키면서 성(聖)의 황홀한 작용을 예배자들이라면 누구에게나 느끼지 않을 수 없게 만들었다. 따라서 사람들은 이 성스러운 제단이 구원의 세계로 인도하는 문턱에 위치하고 있음을 느끼게 된다. 그러므로 고딕 성당 내부공간의 빛은 자연의 빛이 아니라 초자연의 빛으로 변용된 성령이었다. 그래서 창을 통해 들어오는 이 신비스러운 빛에 몸을 흠뻑

적시면 성령으로 목욕한 것이 되어 신비한 돈오의 감정에 휩싸였다. 이 빛을 통해 고딕 성당 전체가 신의 실체를 드러내 보이는 것이란 생각을 한 것. 그러므로 고딕 성당을 "성스러운 빛이 투영되는 벽의 건축"이라 불렀다.

하늘의 영광을 찬양하고 성경 말씀을 전하는 스테인드글라스는 빛의 스펙트럼을 양껏 끌어들여 형형색색으로 빛나면서 하느님의 존재를 직설적으로 알리는 상징체 역할 뿐만 아니라 그리스도를 만나는 신비한 경험도 추체험하게 했다. 이렇게 중세인들의 빛을 찬양하는 신학이 완전히 구현된 것이 바로 스테인드글라스, 그중에서도 장미창이었다. 그리하여 고딕 성당은 빛의 작용을 통해 신이 나타나는 성스러운 보석의 지성소 즉 '천상의 예루살렘'이 된 것이다.

천상의 예루살렘에 대한 묘사는 『성경』 요한계시록(21:10-21)에 잘 나타나 있다. 그런데 『성경』에는 스테인드글라스보다 더 아름답고 휘황찬란한 10여 가지 이상의 천연 보석으로 묘사되어 있다. 인간의 신을 향한 찬양과 장식은 아무리 지나치게 해도 신의 능력을 형용하지 못한다는 의미가 되겠다. 이 스테인드글라스는 당시 같은 무게의 은에 해당하는 귀하고 비싼 가격이었다. 그렇지만 상당한 인기를 얻어 빠르게 유럽 전역으로 퍼졌다. 신앙의 힘은 이렇게 그 무엇과도 비교할 수 없이 무한하다. 그래서 고딕 양식의 발달은 유리의 수요를 촉진시켜 유리공업 발달에 크게 기여하였다. 특히 인기가 높았던 붉은 빛 유리는 루비처럼 엄청나게 값이 비쌌고 구하기도 어려웠다. 그래도 천국을 향한 마음은 지극하여 아낌없이 벽마다 대형 스테인드글라스로 가득 채웠고, 파사드마다 성모의 중보심을 상징하는 장미창으로 가장 영롱하게, 가장 찬란하게 설치했다. 이 양식은 이후 모든 유럽성당의 모델이 되었다. 그래서 유리장이들은 그 수요를 맞추기 위해 밤낮으로 일해야 했다. 수 세기 동안 일찍이 유래 없었던 호경기를 누린 것이다.

처음 스테인드글라스를 생산한 곳은 지금도 유리공업의 중심지인 베네치아다. 어떤 성당에서는 스테인드글라스에 주문한 단체나 사람들의 이름과 때로는 얼굴이 귀퉁이에 들어있다. 도상 제작자나 상인조합들 그리고 성직자나 전통적으로 교회에 영향을 끼쳤던 귀족과 단체들이 주문했던 표시이다. 이렇게 스테인드글라스는 불교에서 스투파 주위에 소형 봉헌탑을 기진한 것처럼, 기부자가 하느님께 바치는 최상의 봉헌물이었다. 봉헌자나 단체들은 아름다운 역할로 보상받고 싶었음은 물론이다. 기독교가 가장 신비한 성령을 유리에 색을 입혀 빛을 통한 스테인드글라스로 부유 성화해 최고의 아름다움으로 온 세계에 나타냈다면, 불교에서는 유리를 가장 신비한 사리를 담는 최고의 신성한 병으로 가장 작게 만들어 탑 안에다 폐쇄적으로 비장했다. 두 종교의 대조적인 성격을 자연스럽게 알려주고 있다.

## 4) 〈음향〉의 역할

가톨릭에서 미사는 개신교처럼 웅변조의 설교가 아니라 음악적인 선율로 진행된다. 사제의 강론도 회중의 응답도 선율이 있는 낭송에 가까운 형태다. 성가대는 선율의 굴곡과 감정이 완전히 배제된 남성들만의 양감 없는 느리고 긴 단성의 목소리이므로 하모니와 대선율(代旋律)이 없다. 하지만, 그 유려한 선율은 매우 아름답고 신비하게 느껴진다. 그럼에도 여기에서 보다 더 종교적인 효과를 극대화하기 위해서 잔향 시간을 더 길게, 거기에다 화음 같은 효과까지 얻어내려 하였다. 그래서 성직자들은 그 효과를 높일 수 있는 방안을 여러모로 궁리했는데, 〈천장고·장축형〉 건축이 그 가운데 하나였다.

천장이 높고 공간이 길수록 소리가 풍부해지고 잔향은 서로 어울리며 신비한 음향을 오랫동안 만들어내기 때문이다. 따라서 성가의 도입은 높은 수직성과 긴 선형성의 교회 형태를 더욱 강조하는 결과가 되었다. 그래서 보다 높고 긴 〈천장고·장축형〉으로 짓는 데도 기여했다. 더이상 잔향을 늘이는 것이 어려울 때는 비트루비우스의 단지라 부르는 항아리까지 만들어 사용하기도. 일종의 음향 단지(acoustic jar)다. 이것을 교회 안의 요소에 두어 잔향 효과를 배가시키기도 했다[도판 325]. 2004년, 건축물의 음향 효과에 대한 연구에서 하버드대학교의 세이빈 교수는 "잔향 시간은 건축물의 부피에 비례하고 사용된 재료의 면적과 소리를 흡수하는 능력에 반비례한다"는 공식을 만들어냈다[주59]. 중세의 성당은 돌로 만들어져 소리를 잘 반사시킨다. 게다가 천장이 모두 높은 고딕식이라서 공간의 부피가 매우 크다. 그러므로 세이빈 교수가 알아낸 공식대로 잔향 시간이 길고 풍부해질 수밖에 없다. 따라서 장엄한 종교 행사에 적합한 구조다. 그래서 당시의 미사는 단조로운 음이 반

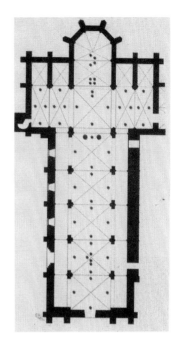

도판 325 비트루비우스 단지(Vitruvian jar)의 설치 지점들: 로크디외 교회.
※ 임석재, 『서양건축사』(3) – 하늘과 인간, 79.

복되는 그레고리오 성가를 적은 수의 성가대가 반주 없는 아카펠라로 느리게 찬양해도 에코 멜로디가 되면서 장엄한 느낌을 주었다.

이렇게 고딕성당처럼 내부가 넓고 높은 공간에서는 소리가 다양한 방식으로 흡수하고 반사하고 흩트리면서 들려오게 된다. 그래서 진원지를 유추하기 어렵게 된다. 그에 따라 우리 인간보다 더 강력한 높은 존재를 감지하게 되면서 그에게 복종하게. 그러므로 대성당에 들어간다는 것은 차원이 다른 시공간에 자신을 맡기는 것이 된다. 그러니 천상으로 가는 예배순서에서 에코(echo) 멜로디가 주는 장엄한 공명은 당대엔 천상에서 들려오는 찬양으로 느껴질 수밖에 없었다. 하늘에서 부르는 듯한 천사들의 노래가 성당에서 재현되는 느낌처럼 들리도록 되어 있기 때문이다. 높고 긴 부유 공간에서 〈음(音)·성(聲)·곡(曲)〉의 잔향 시간이 길어지고 반향된 음들이 서로 섞이면서 잔향끼리 화음을 이루며 신비스러운 천상의 목소리가. 그래서 오

늘날에도 음악 공연장으로 잘 활용하고 있다.

수평적 깊이(=深)를 통해 걸음 걸음의 진입리듬을 강조하던 로마네스크 건축에서, 고딕시대에 와서는 이렇게 수직적 높이(=高)를 통해 초자연적으로 성령화된 부유공간과 초음악적 잔향 화음을 강조하는 건축공간으로 변하게 되었다. 그래서 찬란한 빛(=光)과 화려한 색(色)으로 변한 그 높고 신비스러운 부유공간과 음·성·곡이 신비하게 성음(聖音)으로 하모니를 이루는 그 성스러운 잔향 공간에서 예배드리게 되면서 당대 사람들은 성당을 천상의 예루살렘으로 느끼지 않을 수가 없었다. 이렇게 종교 건축에서는 건축물 자체도 예술이지만, 한 단계 더 들어가 그 공간속에 숨어 있는 교리적 특성도 기운생동한 성술(聖術)로 즉 사찰에서 〈프라나〉 기법같은 〈데우스 프로핀퀴오르〉 기법이 성당의 건축 구조 속에 빛(=光) 뿐만 아니라 음(音)에도 들어 있음 알게 된다.

## 5) 〈외부〉의 형태와 치장

### (1) 〈십자가〉 모양의 형태적 의미

성당은 전체적으로 성(聖)의 상징을 '십자가' 형태로 나타냈다[도판 276]. 성당건축에서 제단을 향한 진입공간이 되는 〈서·정문 → 동·제단〉이란 '수평' 방향은 지상의 성지 예루살렘을 향한 기독교적 의지를 나타낸다. 그리고 〈하늘을 향한 첨탑〉이란 '수직' 방향은 천상의 성지 천국을 향한 기독교적 의지를 나타내고. 이는 성지라는 지상의 구체적인 예루살렘과 천국이라는 천상의 추상적인 예루살렘을 십자가로 통합한 것이다. 또 성당의 십자가 모습에서 제단은 그리스도의 머리를, 좌우 수랑은 양팔을, 본당은 몸통을 상징한다. 이는 인류의 죄를 대속하신 예수의 몸을 나타내는 것이다. 교회를 십자가 형태로 하여 예수의 본성을 알리는 것이다.

고딕시대 성모마리아에게 봉헌되면서부터는 십자가 모양의 외부형태가 보살과 같은 중보적 역할을 하는 성모마리아의 육신을 상징했다. 제단인 성소는 머리를, 성가대석은 가슴을, 트란셉트는 양팔을, 네이브는 순결한 동정녀의 자궁을 상징한다고 생각한 것이다. 이렇게 성당을 예수와 성모의 몸으로, 그 정신을 십자가와 중보심으로 표현한 것이 고딕성당이다. 따라서 교회에서 예배드리는 사람은 예수의 정신 속으로 들어온 것처럼 거룩하게 느끼게 되는 동시에 성모의 구원을 향한 모성애적 중보심을 느끼면서 어린애가 자궁에 있는 것처럼 포근하고 따뜻한 감정을 갖게 된다.

## (2) 〈파사드〉에서 치장의 의미

파사드(facade)는 성당의 앞면이므로 그 정문은 천당의 입구를 상징한다[도판 232]. 그래서 이곳 정문을 중요시 여기면서 고딕양식의 건축구조가 정착되었다. 즉 출입구 정문의 위·아래와 좌·우 문설주에는 성인들을 조각해 장식했다. 특히 정문위 팀파눔에는 테마로 해서 〈최후의 심판〉[=도판 326]이나 〈성모승천〉[=도판 237-ⓒ]이 가장 많이 새겨졌다. 이들은 모두 생생한 표정으로 교회에 들어오는 예배자들에게 성경의 교훈을 들려주는 역할을 한다. 특히 〈노트르담(Notre-Dame)〉이란 명칭이 붙은 성당의 앞모습은 성모마리아가 중보자로서 양손을 종탑처럼 하늘 높이 거수성체로 열렬한 중보심을 나타내면서 일반 시민들을 구원으로 인도하는 모습으로 느끼게 했다.

로마네스크시대까지 종탑은 피사의 사탑으로 유명한 피사성당에서 보듯이 주로 본체 건물과는 별도로 세웠다[도판 224]. 그런데 고딕으로 오면서 교회의 성스러움을 보다 강조하는 흐름에서 교회 앞면 좌·우 양쪽으로 본당과 붙어서 가장 높이 세우게 되었고[도판 232, 236, 237, 239, 242], 그 종소리는 하늘에서 울려 퍼지는 하느님의 음성이 되었다. 또 이것은 당시 높은 지성과 참된 신앙을 서로 조화시키고자 한 스콜라 철학의 이념을 건축 속에 구조화하여 상징으로 나타낸 것이기도 하다. 이같이 하늘을 향해 '무한'을 동경한 고딕 성당은 왕실의 직할령이었던 파리를 둘러싼 일-드-프랑스 왕기(王畿) 지역에 세워지면서 이 지역은 고딕의 탄생지이자 완성지가 되었다. 탄생은 생-드니 성당이고, 완성은 아미앵 성당이다.

로마네스크에서 한 개였던 정문이, 고딕에서는 삼위일체를 상징하면서 세 개의 문으로 되었다[도판 232, 236, 237, 239]. 건축에서 과장법을 쓴 밀라노 성당에서는 예외적으로 5개이지만. 그리고 각 정문마다 문 위의 팀파눔에는 구원과 관련된 조각을 테마가 있는 부조로 나타냈다. 특히 가운데 정문 위 팀파눔에는 주로 〈최후의 심판〉을 조각하여 성당이 '구원의 장소'임을 알렸다. 그런데 그 조각이 로마네스크성당에서는 [도판 227]처럼 카툰 같은 정적인 그림이었으나 고딕성당으로 오면서는 만화처럼 진행과정이 시나리오로 연결되면서 [도판 326]처럼 동적인 흐름을 보여주는 쪽으로 발전하였다. 기독교의 그림을 대표하는 〈최후의 심판〉에 나타난 그 동적인 심판과정을 파리 노트르담 대성당 파사드의 정문 주위에 새겨진 조각을 통해서 살펴보자.

먼저 중앙 정문 위(①-④)는 〈최후의 심판〉 전경을 나타낸다. ① 하늘나라를 상징

도판 326 파리의 노트르담 성당 중앙정문에 새겨진 〈최후의 심판〉 도상의 모습: 최후의 심판 과정을 마태복음 25:1-13에 나오는 10처녀의 내용을 테마로 삼아 당시 문맹자였던 일반 신도들에게 입체 만화처럼 해서 엄숙하고 경건하게 설명하고 있다.

하는 이곳을 6줄의 아키볼트로 나타냈다. 그 중 바깥 쪽의 4줄은 〈최후의 심판〉을 통해 천상의 예루살렘에 이미 들어간 성인들, 즉 성녀·순교자·선지자·예언자·대주교 등이 띠줄 형태를 이루며 〈최후의 심판〉 광경을 멀리서 바라보며 재판결과가 어떻게 되는가 궁금해 하는 모습을 나타냈다. 안쪽의 2줄은 천사들이 날개를 반쯤 펴고 〈최후의 심판〉 광경을 가까이서 방청하는 모습으로 새겼다.

② 팀파눔(=박공)에서 가장 위(=上)에는 옥좌에 앉은 예수가 양 팔을 들어 올려 손바닥을 펴 보이며 〈최후의 심판〉을 진행하고 있다. 예배자들이 성당에 들어갈 때 〈최후의 심판〉을 보며 마음을 추슬러서 거듭나기를 기대하면서. ③ 팀파눔 중간(=中)에서 오른편엔 천사장 미카엘이, 왼편엔 마왕 루시퍼가 좌우에서 함께 심판의 저울을 들고 서로 변호사와 검사로서 기싸움을 하고 있다. 그런데 미카엘 쪽인 오른편으로는 천국으로 오르는 사람들이, 루시퍼 쪽인 왼편으로는 지옥으로 떨어지는 사람들의 모습이 부조되어 있다. ④ 팀파눔 아래(=下)에는 지금까지 죽었던 사람들이 〈최후의 심판〉 나팔소리를 듣고 심판을 받기 위해 연옥에서 살아나는 모습들이다.

팀파눔 아래, 정문 좌우(⑤-⑧)로는 신도들이 성당의 문으로 드나드는 현실 세계이다. 그 중 ⑤ 트리모(=정문에서 중앙기둥)에는 예수를 이곳 성당의 담임 사제로 새겼고, ⑥ 좌·우 양쪽 에는 각각 6명씩, 12제자들을 새겼다. 이들은 예수와 함께 성당을 드나드는 신도들을 가르치면서 말 안듣는 자들을 발로 눌러 혼내주고 있다[도판 327]. 이는 불교에서 사천왕과 같은 역할의 모습이다. 그러고 보면 모든 종교에서 예배 절차는 비슷하다. ⑦의 오른쪽 문기둥[향좌]에는 그 가르침을 잘 듣고 순종하여, 기름이 가득 든 등잔을 들고 신랑(=예수 재림)이 오기를 미리 준비한 지혜로운 다섯 여인을, ⑧의 왼쪽 문기둥 [향우]에는 『성경』에 갑작스럽게 오겠다는 신랑의 예언을 '설마, 오늘밤에!' 하며 준비 없이 딴 짓하다가 후회하는 미련한 다섯 여인을 부조로 나타냈다.

이 성당 〈파사드〉 즉 정문의 상·하, 좌·우에 새겨진 부조는 '마태복음 25:1-13'에 나오는 '열 처녀'에 대한 말씀을 〈최후의 심판〉의 시나리오로 삼았다. 성당에 들어가는 신도들에게 오른쪽(=⑦)의 지혜로운 다섯 여인을 닮으면, 그 위(오른쪽)를 오르다

**도판 327** 노트르담 성당 정문 문설주에 있는 12 제자의 발밑에 깔린 악한 마음을 가진 사람. 우리 사찰의 천왕문에 새겨진 것과 같다. ※ [도판 78, 334 참조]

③에서 천사장 미카엘의 변호를 통해 예수가 주재하는 〈최후의 심판〉(=②)에서 하늘나라(=①)에 오르게 된다. 하지만 왼쪽(=⑧)처럼 미련한 다섯 여인을 닮으면, 그 위(왼쪽)의 심판 루트따라 오르다 ③에서 마왕 루시퍼의 엄벌 기소로 〈최후의 심판〉(=②)에서 지옥으로 떨어지게 된다는 것을 나타내고 있다.

이스라엘에서 오른쪽(=양)은 선(善)을, 왼쪽(=염소)은 악(惡)을 상징하는 전통을 교회건축에서도 그대로 따른 것이다. 이 양과 염소의 전통적인 이야기는 '마태복음 25:32-33'에 기록되어 있다. "모든 민족들을 앞에 불러 놓고 마치 목자가 양과 염소를 갈라놓듯이 그들을 갈라 양은 오른편에, 염소는 왼편에 자리 잡게 할 것이다"라고. 그러니 〈최후의 심판〉은 예배자들에게 오른쪽에 서는, 지혜로운 사람이 되라는 신의 계시다. 그런데 이 구도는 미켈란젤로의 그 유명한 바티칸의 시스티나 성당 제단벽에 그려진 〈최후의 심판〉 구도와 거의 같다. 〈최후의 심판〉 그림의 구도가 고딕시대 이전 로마네스크시대에 이미 스탠다드로 포맷화된 것을 알 수 있다. 당시에 이미 기독교미술의 대표로 발돋움했으니.

### (3) 〈조각〉으로 치장한 의미

성당 외부 전체를 다양한 '조각 예술'로 치장해 성경 내용을 나타냈다. 고딕 성당에서 외부의 수많은 조각은 독자적인 가치를 나타내면서 성당 건축과 조화를 이루고 있다. 그 가운데 대표적인 것을 노트르담성당에서 예를 들면, 성당 앞마당에서 파사드를 볼 때[도판 232], 장미창을 배경으로 예수를 안고 있는 성모상이다[도판 328]. 이 상은 이 성당이 성모마리아에게 봉헌된 것을 상징한다. 그것은 이 성당 이름을 〈노트르담〉 즉 '우리들의 성스러운 여인'이라고 붙인 데에서 알 수 있다. 정문 좌우 문설주에 있는 성상들은 옷주름까지도 살아있는 듯이 묘사해, 인간미 넘치는 따뜻한 마음으로 서로

가 서로를 쳐다보고 있다.

아브라함은『성경』의 묘사대로 하느님의 명령에 따라 100살에 얻은 귀한 아들을 제물로 바치기 위해 모리아산에서 제단을 만들고 있는 늙은 사람으로, 모세는 십계명이 새겨진 석판과 이스라엘 백성들을 구하는 데 사용했던, (오늘날 WHO 깃발의 무늬가 된) 뱀이 휘감은 지팡이로 나타내, 글을 알지 못하는 일반신자들도 그 의미를 이해하고 묵상할 수 있게 했다. 특히 신자들의 눈높이보다 조금 높게 새겨진 문설주의 조각상들은 성인들의 개별적인 특징을 분명하게 표현하고 있어서 교인이라면 그 조각이 누구의 모습이며, 어떤 의미인지 쉽게 깨달아 그들의 신앙을 높이 본받으며 성당으로 들어가게 했다.

도판 328 성당 앞마당의 정위치에서 전면[=도판 232]을 볼 때 보이는 성모상: 장미창 중심에 나타나는 성모상으로 노트르담 성당에서 가장 대표가 되는 조각이다. 이는 이 성당이 성모마리아에게 바쳐진 것을 의미한다. 석불사에서 부처님의 얼굴이 두광의 한가운데에 들어올 때 가장 정위치인 것처럼[=도판 342 참조] 노트르담 성당도 그것을 성모상으로 나타낸 것이다.

도판 329 [도판 237]의 문설주(=㉠) 왼편(=향우)에 있는 인물들: 오른쪽 날개가 부러진 천사 가브리엘이 웃으면서 옆의 마리아에게 수태고지를 알리는 얼굴인데, 이를 랭스의 미소라 한다[도판 238]. 그 다음 옷 주름이 현란한 성모마리아가 수태 후 그 옆에 있는 세례 요한의 어머니 엘리사벳을 방문하는 모습이다. 하느님이 천사를 통한 성육신을 인간을 대표한 세례요한의 어머니에게 알리는 과정이다.

랭스성당[=도판 237]에서 예를 들면, 문설주[=도판 237-㉠]에서 왼쪽 문 안쪽으로는 가브리엘 천사가 그 유명한 수태를 고지하는 미소를 지으며 마리아에게 다가하는 장면을, 문 바깥쪽으로는 성모마리아가 세례요한의 어머니를 방문하는 모습을 조각으로 나타냈다[도판 329]. 그런데 두 조각에서 안쪽은 옷주름이 단순한 데에 반해, 바깥쪽은 주름을 현란하게 나타냈다. 조각가마다 수준이 다르다는 표시다. 그 위[=도판 237-㉡]에는 예수님의 은총과 성모마리아의 중보심을 상징하는 장미창[=도판 324]이 상·하에 있다. 성당에서 파사드에 장미창이 2개가 있는 곳은 이곳밖에 없다. 그 위 팀파눔 정중앙[=도판 237-㉢]에는

〈성모승천〉이 조각되어 있다. 그 위[=도판 237-ㄹ]는 가로로 프랑스라는 나라의 시원이 되는 프랑크 왕국에서 역대 왕들을 새긴 갤러리가 이 성당에서만 특별히 수평으로 된 띠 모양의 감실 속에 조각되어 있다. 마지막에는 하늘나라를 향해 웅장하고 성스럽게 뻗은 첨탑[=도판 237-ㅁ]을 좌·우로 높이며 마무리 지었다.

다른 성당의 조각상 중에는 그 몸통 길이가 하늘을 향해 일부러 길게 늘여서 조각한 것도 있다. 이는 하늘나라를 가고 싶어 하는 신도들의 희망 사항을 알고 그 학수고대의 심정을 갈망하듯 오버랩시켜 나타낸 것이다. 또 창의 가느다란 격자무늬인 트레이서리에는 물론 심지어 공간상의 플라잉버트레스에까지도 조각으로 치장했다. 그래서 아미앵 성당의 경우에는 조각이 3,600개나 된다. 밀라노 대성당에서는 첨탑만 134개이다. 이렇게 성당 자체가 그림·조각 경전으로서 미술관 역할까지 완벽하게 하면서 신자들을 성당으로 모이게 아니, 천상의 예루살렘으로 초대했다. 그래서 세속적으로는 고딕성당을 종합예술품 또는 미술 박물관이라 부르기도 한다. 신자들이 은혜와 축복의 그림으로 가득한 성당에 가지 않을 수 없게 만든 것이다. 스테인드글라스가 성경을 빛과 그림으로 시각화한 것과 같이, 조각들도 신자들을 천국, 즉 신의 도시(Civitas Dei)에 살게 될 선택받은 자들로 표현하고, 그 세계와 우주관을 형상화했다.

이런 의미에서 〈스테인드글라스〉가 신앙심을 대규모의 '할렐루야' 합창처럼 화려하고도 힘차게 역동화시킨다면, 〈조각〉은 신앙심을 그레고리오 성가처럼 고전적으로 클라식하게 유도해 마음을 고요히 순동시키는 역할을 한다. 따라서 고딕성당은 그 자체가 그리스도의 몸이자, 지상에 실현된 이상적인 천국의 역할을 상징했다. 특히 고딕 교회는 경이로울 만큼 많은 조각상들로 장식되어 있다. 주변 곳곳마다 성인·사제·예언가·사도·군주·주교·수도승·상인·농민·노동자 심지어 악마를 상징하는 가고일같은 짐승까지도 겹겹이 장식되어 있다. 중세의 성직자들과 예술가들은 구약과 신약의 내용은 물론 성자들의 삶에 담긴 일화에 관한 세세한 문헌이나 야사까지 조사해 그 내용을 돌과 유리에 새겨 넣었다. 그것은 앙코르와트나 보로부두르의 벽면은 물론 아잔타·바미안·돈황석굴 등에 새겨진 수많은 그림 및 부조에도 그렇다.

# 6) 〈진입 공간〉

비례는 건축의 아름다운 균형을 이루는 기본 단위이다. 그런데 종교적인 건물에서는 단순한 아름다움을 넘어 신의 존재를 체감할 수 있는 내적인 아름다움까지 나타내야 했다. 즉 전체가 조화되어 신앙으로 살아 숨쉬는 〈데우스 프로핀퀴오르(Deus propinquior)〉의 수준까지 올려야 했다. 〈데우스 프로핀퀴오르〉란 눈에 보이지 않는 신의 존재와 섭리를 인간이 오감으로 느끼게 하는 장치다. 그것은 모세가 가시떨기나무의 불꽃에서 느꼈던 두렵고 떨리는 신비감에서 시작되었다(출애굽기 3장 3절). 그 신비감을 진입공간에서 느끼게 해야 했다. 고딕에서 그 장치의 배경은 아리스토텔레스의 이데아론에서 영향을 받은 스콜라 철학이다. 플라톤의 이데아는 초월적인 것이어서 현실과 인간에게서 '분리'된 이념이었다면, 아리스토텔레스는 이들을 '잇는' 이념이었다. 따라서 그에게서 이데아는 상상의 세계가 아니라 인간이 도달할 수 있는 현실의 장소가 되었다.

아리스토텔레스는 이데아에 도달하는 방법으로서, 인간이 자신의 감각으로 대상 속에 있는 이데아를 파악하면 된다고 했다[주60]. 그러기 위해서는 눈에 보이는, 귀에 들리는 양적인 질서뿐만 아니라 보이지 않는, 들리지 않는 질적인 질서까지 느끼게 건축을. 그것이 불교에서 프라나 기법과 같은 데우스프로핀퀴오르 빗물질화다. 그것을 불국사의 석가탑과 다보탑 그리고 대석단 속에서도 알 수 있었고, 앞에서 설명한 부석사에서도 느낄 수 있었다. 격조 있는 종교 예술이라면 그런 표현은 어느 종교에서나 같다. 차이라면 교리적인 문화적인 코드에서의 차이일 뿐이다. 스콜라 신학자들은 자신의 신학·철학·법학 등의 문제들을 정리하고, 그 결과를『대전(大典)』이란 이름으로 기록하였다. 마찬가지로 고딕시대 건축가와 미술가들 역시 그들의 스테인드글라스·조적술·조각기법 등의 기술을 완성시키고 교리로 신앙화·체계화하여 교회건축에다 표현했다. 그런 까닭에 고딕의 대성당을 스콜라 철학의『신학대전』에 비겨 왕왕『미술대전』이라 부른다. 이렇게 대성당이야말로『미술대전』이었던 만큼, 예술가들은 성경을 쉽게 이해할 수 있도록 일반인들의 눈높이에 맞추어 조각한 것이다. 이같은 『대전』이 속(俗)에서 성(聖)을 향해 가장 체계 있게 짜여져 있는 곳이 진입공간이다. 그 진입공간에 대해서는 아래 '2장 Ⅱ. 성당의 진입공간 구조'에서 설명한다.

스콜라 철학은 논리적인 그리스 철학의 사유에서 방법론을 빌려왔다. 그래서 신앙에 있어서도 인간의 이성을 중시해서, 교리를 학(學)으로 조직화하고 체계화하여 조직신학을 만들어 냈다. 따라서 중세의 리얼리즘은 신학적 리얼리즘이었다. 그 눈에 보이지 않는 신의 섭리·은혜·체험 등의 내용을 눈에 보이는 성당에서 증명하고자 한다. 고딕성당이라는 축조물 자체가 신의 역사(役事) 가운데 하나로서, 그 물리적 실체를 통해 신이 자신의 존재를 신비하게 섭리·은혜·체험으로 드러낸다는 의미다. 그러므로 고딕 성당은 사람이 지은 것이지만 궁극적으로는 신이 자신의 존재를 드러내기 위해 성령의 감동을 받은 사람들의 손을 빌려서 지은 신비한 건축이라는 의미가 된다. 이는 현실성과 신비성이란 양면이 하나로 합쳐진 상태를 나타낸다. 사람이 지은 그리스·로마 시대의 리얼리즘은 비너스에서 보듯 비례·대칭·조화 등과 같이 인간적인 매개로 이루어진 아름다움들이었다. 반면 신이 조성한 중세시대의 리얼리즘은 소피아성당에서 알 수 있듯 빗물질화된 아름다움을 추구했다. 여기서 '빗물질화'란 초월적인 아름다움을 인간적인 매개를 통하지 않고 자연의 섭리에 의해 드러나도록 한 의미. 그러니 빗물질화란 〈데우스 프로핀퀴오르〉를 이루는 중요한 바탕이다.

이같은 고전적인 리얼리즘과 중세적 리얼리즘의 통합적 협력을 구사해 고딕 성당을 완성시킨 신학적 리얼리즘이 스콜라 철학이었다. 스콜라 철학에서 대표적 신학자인 성 토마스 아퀴나스가 저술한 『신학대전(神學大典, Summa Thelogica)』 (1272~1273)은 신앙(=영적 세계)과 이성(=속적 세계)이 만남으로써 제기되는 모든 가능한 문제들을 다루고 있다. 즉 고전의 철학과 중세의 신학을 종합하여 더욱 합리적이고 과학적인 신학을 만들려고. 이러한 의미에서 고딕성당의 예술적인 모습은 하늘과 땅의 관계를 건축으로 결합한 상징이다.

성부의 정체성·성자의 주체성·성령의 조화성을 나타낸 고딕 성당은 모든 것을 포용하는 보편성과 형태·구조·기능이 완벽하게 조화된 세계관을 의미하므로 신이 창조한 세계를 상징한다. 곧 신성한 빛으로 충만한 천상의 예루살렘을 상징하며, 완벽한 질서가 부여된 이상 세계를 표상한다. 다시 말해 고딕 성당의 구조적 논리는 신앙과 이성을 결합해서 스콜라 철학으로 나타낸 것[주61]. 정말로 고딕성당은 천국을 향한 영원한 마음을 십자가로, 높이로, 빛으로, 색으로, 조각으로, 공명으로 그리고 이 모든 것을 스콜라라는 얼개로 장엄하면서 구원의 길을 설교하는 입체 그림 성경이다. 그러므로 당대 주교좌 성당은 그 도시에서의 심장과 혼을 상징했다.

그 심장과 혼을 하늘을 향해 정치적·경제적·사회적·문화적·예술적으로 집약시켜 놓아 오늘날 거대한 인류의 종합 예술품으로 보여주는 것이다. 그런데 요즈음 그 인류의 종합 예술품이 홀대받고 있다. 종교가 제 역할을 못하니까. 그리고 인간의 능력에 있어 1%의 타동사를 대상화한 종교의 신비가 과학에 의해 평가절하 되고 있으니. 게다가 〈십자군〉이란 미명으로, 〈식민지 신학〉이란 합리화로 〈아파르트헤이트〉라는 인종차별로 역사에서 행한 부끄러운 과거에 이어 오늘날은 일상에서 뻔뻔한, 창피한 스캔들까지 뉴스로 터져 나오고 있다.

## 7) 불교·기독교 건축 비교

이상에서 보듯이 사찰건축은 불교 전래 이후 오늘날까지 천 년 이상 〈일주문 → 중문 → 법당〉이라는 건축구조 그대로 지금까지 유지하고 있다. 이 같은 건축구조는 서양처럼 형태의 변화가 아니라 기의 변화에 맞춘 형태를 추구했기 때문이다.

불국사에서는 이를 위해, 온갖 형태로 변화무쌍하게 다듬은 돌[=반야교·(영지)·청운교·백운교·대석단·석가탑·다보탑·석등]과 나무[=일주문·천왕문·자하문·대웅전·무설전]를 진입공간의 축선상을 따라 기·승·전·결로 배치하여 현실의 〈무량의처〉로 드러나게 했고, 원음과 득음이란 스테레오로 은은하게 아름답게 성스럽게 울려 퍼지는 수미산 정상으로 나타냈다. 그리고 그 정상은 〈성도〉·〈설법〉·〈열반〉의 장소이면서 동시에 〈불교의 우주관〉과 〈사찰의 배치도〉와 〈참나인 보리심〉이 서로 같다는 것을 알리면서 만다라 건축으로 현실 정토를 나타냈다. 이같은 성스러운 분위기가 동적으로 순환되는 기운은 비슷한 양식인 보로부두르에서도 느끼기 힘들다.

한편 천국을 가시화한 고딕 성당의 구조는 시민들의 신앙을 영적으로 승화시키면서 교회 건축의 대단원을 이루었다. 교리적인 원리를 바탕으로 하여 다양한 〈기하학적 구조〉·〈과학적인 역학〉·〈신앙적인 공간〉이 완벽한 통합체계를 이루면서 하늘나라를 나타냈기 때문이다. 성당의 건축적 특징도 공간에서는 〈빛 → 스테인드글라스 → 부유 천국 → 영적 고양 → 하늘나라〉로, 이렇게 빛이 영적으로 승화되면서 빛의 신학이 되게 하였다. 색(色)을 빛(=光)의 빗물질화를 통한 부유 성령으로, 음(音)을 반향을 통한 에코(echo) 멜로디로 해서 신비스러운 부유 공간을 크게(=大) 나타내고, 높이(=高) 향하게 해 천상의 예루살렘에 와 있는 감정을 갖게 했다. 인류가 바라는 극락정토를 만들 수 있는 임계선의 수준까지 나타낸 것이다.

두 종교 다 당시에는 천상의 예루살렘이란 분위기에 맞시, 수미산 정상이란 이상 정토에 어울리게 교리적인 시스템을 예술적(藝術的)·성술적(聖術的)으로 나타내 무아지경(無我之境)·몰천경지(沒天境之)에 빠지게 유도한 것이다. 두 종교의 건축에 대해서 한마디로 요약하면, 사찰의 건축구조가 자연과의 동화를 위해 기(氣=깨달음)의 흐름을 교리로 배치하여 인문화(人文化)한『불경』이라면, 고딕 성당의 건축 구조는 빛(=光)과 색(色)과 음(音)을 바탕으로 크게(=大), 높게(=高) 지어 천국을 하염없이 지향한 신문화(神文化)한『성경』이라 할 수 있다. 이렇게 사찰과 성당을 마음의 신을 벗고 휴머니즘의 열반에 드는 곳으로 조성했다.

결론적으로 종교 건축의 의미를 정리해 보면, 생명이란 〈천지(天地)의 기(氣)〉가 생태적인 생명 구성을 각각의 생김으로 이루고 있다. 그러므로 지구상의 모든 생명의 가치는 같되, 단지 그 생김새가 다를 뿐이다. 따라서 모든 생명체의 집도 그 원리는 같아야 한다. 즉 〈기(氣)를 위한 형(形)〉이어야 한다.

사찰 건축이 그랬다. 그래서 사찰을 자연의 만다라 원리를 바탕으로 해서 세웠다. 〈깨달음(=氣)을 위한 형(形)〉을 우주를 압축한 생명 시스템으로 엮어낸 것이다.

이를 위해 생명의 에너지를 내적으로 나타내는 〈프라나〉 기법까지 동원하여 깨달음의 변화와 그 온전성이 살아 숨쉬는 건축 공간으로 만들었다. 지구상의 모든 생명은 같되 그 생김이 다른 것처럼, 사찰도 불교의 생명을 건축의 형태로 나타낸 것이니, 또다른 살아있는 부처님의 모습이다. 불교의 퍼펙트를 건축으로 대단원을 이룬 것이다. 이런 깊은 의미를 서양은 제국주의시대에 오리엔탈리즘을 바탕으로 해서 정체된 역사라며 〈식민지 고고학〉으로 매도했다.

고딕 성당의 건축적 의미를 정리해 보면, 위치적으로는 도시 중앙에서 도시 전체를 굽어보며 축복하는 모습을, 성스러움의 상징으로는 십자가 모양으로 해서 예수의 의미를, 종탑과 천장 등의 수직성은 하늘나라를, 내부 분위기는 예수와 성모마리아를, 정문은 삼위일체를, 수많은 조각과 스테인드글라스는 성경내용의 알파와 오메가를 나타냈다. 이렇게 교리를 고전적 리얼리즘을 통해서는 비례·대칭·조화라는 이성적 아름다움으로, 중세적 리얼리즘을 통해서는 빗물질화라는 초월적 아름다움으로 드러냈다. 그래서 예배자들이 팀파눔에 새겨진 〈최후의 심판〉을 통해서는 이성적으로 구원받은 느낌을 갖고 성당에 들어가게 〈성모승천〉을 통해서는 성모처럼 신앙적으로 하늘에 오르게 되는 희열을 기대하고 들어가게 했다. 들어간 후엔 스테인드글라스와 빛을 통해 나타난 부유천국 〈데우스 프로핀퀴오르〉로 신의 현현을 추체험하게 한 것이다.

지금까지의 종교건축물을 정리하면, 불교문화를 대표하는 건축에서 그 시작은 산치대탑이며, 규모에서 하이라이트는 보로부두르이고, 심볼에서는 부석사이며, 격과 수준에서는 석불사와 불국사이다. 앙코르와트는 힌두교와 혼합되어 있으니 말이다. 기독교 문화를 대표하는 건축에서는 그 시작이 성막이라면, 규모에서는 쾰른대성당이고, 심볼에서는 아미앵과 롱샹이며, 격과 수준에서는 베드로대성당이라고 보게 된다. 이들 건축을 한마디로 요약하면, 성당건축은 천국을 인공으로 가공(加工)하여 신성한 분위기를 '만들어 낸 것'이라면, 사찰건축은 정토를 여러 재료의 성질과 형태가 생태적으로 결구(結構)되면서 자연스러운 모습으로 '드러난 것'이다. 추체험으로 천상에 도달한 느낌과 깨달음을 추체험으로 감각화한 것은 무엇이 다른가? 종교를 통한 힐링에서는 같다. 단지 문화 코드에서의 차이일 뿐이다.

# 2장. 진입공간 구조 비교

# I. 사찰의 진입공간 구조
## – 석불사를 중심으로

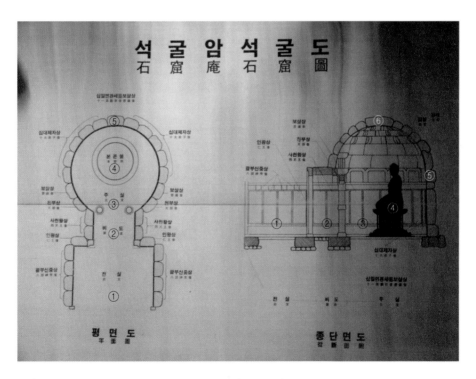

**도판 330** 석불사 현장 안내판에 그려진 평면도·입면도(=종단면도): 석불사에 배치된 각 신장상·천신·보살·10 대제자·본존불·감실보살은 모두 40명인데, 현재 감실보살 2구가 사라져 38명이다. 8부신중은 후대에 덧붙여진 것으로 보인다. ※ ①, ②, ③, ④, ⑤, ⑥은 필자가 설명을 위해 붙였다. ①, ②는 욕계, ③은 색계, ④는 무색계, ⑤, ⑥은 정토계다.

종교 건축에서의 핵심은 진입공간상에서의 축(軸) 시스템이다. 속계(俗界)에서 모든 예배자들이 간절히 염원하는 성계(聖界)로 넘어가는 전이(轉移) 체계이기 때문이다. 그러므로 진입공간에는 그 종교가 예배자의 자세를 경건하게 하고 정신이 정화되도록 돕는 분위기가 구조화되어 있다. 불교도 기독교도 마찬가지다. 모든 사찰에서 진입공간에는 신앙의 대상이 신급(信級) 순서대로 배치되어 있다. 그런데 석불사는 다른 사찰과는 달리 교회처럼 외부공간이 없다. 모든 예불단계를 실내에 배치해서 〈예불시스템〉을 완벽하게 보여주고 있다. 그러므로 석불사를 보면 깨달음으로 가는 신앙의 흐름을 가장 잘 이해할 수 있다. 그래서 석불사로 해서 〈예불 시스템〉을 설명하게 되었다. 그 〈예불시스템〉의 흐름은 다른 사찰과 마찬가지로 〈욕계 → 색계 → 무색계 → 정토계〉로 되어 있다[도판 330]. 그 흐름을 살펴보자.

# 1. 욕계 도판 330-①, ②

**도판 331** 석불사 팔부신중 입구에서 향(좌)〉: 조각 수준이 형편없다. 여타 다른 조각들과는 비교가 안 되는 것은 물론 이질감까지 주고 있다. 더구나 왼쪽 첫 번째 상은 다면다비여서 아수라상으로 보는데, 일부러 파손시켜 배치한 듯하다.

욕계는 사람들이 욕망을 충족하기 위해 삶의 현장에서 니전투구보다 더 거칠게 욕심내는 정글세상이다. 아니 이를 넘어 정치판에서 사화(士禍)처럼 잔인하게, 당돌하게, 뻔뻔스럽게, 치사하게, 때로는 "손 안대고 ○푸는" 특권을 탐내는 처절하게 이기적인 사각 링속 현실이다. 그 현실을 실시간의 뉴스와 때로는 율사 및 평론가, 때때로는 프로파일러의 설명까지 곁들이며 생중계로 보게 된다. 석불사에서 그곳은 입구인 전실에서 비도까지다[도판 330 ①-②].

2부 비교 - 사찰과 성당

욕계에서 전실을 보자[도판 330 ①]. 여기서도 신앙 대상의 서열에 따라 저부조 (底浮彫)로 된 팔부신중상 → 고부조(高浮彫)로 된 인왕상 → 저부조로 된 사천왕상 순서로 되어 있다. 이 벽면의 상(像)들은 모두가 불계를 지키는 수호신이다. 여기서는 먼저 각 분야에 천하무적의 능력을 가진 8명이 한 조가 되어 전실문 밖 좌·우에서 4명씩 방위하고 있다. 그래서 그 동아리를 〈팔부신중〉이라 부른다[도판 331]. 그런데 이들의 조각 수준은 이해가 안 되게 조잡하다. 그리고 이질감까지 준다. 석불사는 천단이다. 앞에서의 설명처럼 일반중생을 상대하던 사찰이 아니었다.

〈옥경설화〉에서 보았듯이 석불사는 왕도 오를 수 없었던, 오직 존엄만이 잉태될 수 있는, 그래서 성인 표훈법사만이 상대할 수 있었던 성스러운 천단이었다. 그러므로 천단에는 욕계가 존재하지 않는다. 그러니 팔부신중이 없어야 맞다. 그런데 있게 된 것은 신라가 망하자 서울이 개경으로 천도된 후 모든 인적 · 물적 자원이 개경으로 이동하게 되면서 경주는 공황상태에 빠졌다. 그러면서 곧 옛 왕궁과 성벽은 황량하게 변했고 월성은 온통 보리밭이 되고 말았다. 마찬가지로 천단이었던 석불사도 일반 사찰이 되면서 중생들이 그들의 수준에 맞춰 -월성이 보리밭으로 변했듯이- 추후에 팔부신중을 덧붙인 것이라고 생각한다.

신라가 망한 이후에도 자식을 낳지 못하면 높은 이곳까지 찾아와 기도드리는 사람들이 조선시대말까지 많았다. 더구나 천신이 트랜스젠더까지 만들어 준 영험으로 전국 각지에서 여인들이 모여들었다니까. 이들의 명칭은 〈용·천·야차·가루라·건달바·긴나라·마후라가·아수라〉다. 그런데 이곳에서는 누가 어디에 배치되어 있는지 잘 알 수 없다. 추정하고 있을 뿐. 그런데 이들의 모습은 보기에도 민망할 뿐만 아니라 이질감까지 주고 있다. 그중 입구에서 볼 때 왼쪽 첫 번째 상은 온전한 상도 아니다. 머리 중 이마 윗부분은 아예 없고, 무릎아래에서 발까지도 없다. 팔도 일부가. 살벌하다. 그러니 신성한 장소를 지키는 신장으로 삼기에 문제가 있다. 그런데 일부러 그렇게 만들어 그것도 입구 첫 번째 상으로 세웠다고 본다.

이상이 3개의 얼굴과 8개의 팔을 가진 다면다비여서 〈아수라〉로 보고 있다. 그렇다면 이같이 망가진 상을 덧붙여 놓은 이유를 생각해 보지 않을 수가 없다. 석불사

**도판 332** 석불사 인왕(=금강역사)상 중 오른쪽. 태권도 기본형 같은 자세다.

**도판 333** 석불사 4명의 천왕 중 북쪽 벽에서 칼을 든 동방의 지국천과 보탑을 들고 북방을 지키는 다문천왕

는 왕자 점지를 위해 표훈성인만 상대하던 천단이었다. 그런데 신라가 망한 후, 중생들이 그들의 자식 점지를 위한 사찰로 이어받기 위해 그들의 격과 수준에 맞는 욕계를 만들고 팔부신중을 배치한 것으로 보게 된다. 그러면서 지방 유지들이 새로운 왕조를 꿈꾸며 왕자 점지를 기원하는 기원처라는 오해를 피하기 위해 일부러 그렇게 망가진 조각으로 배치한 것이 아닐까 하고. 어디까지나 추론이다. 천단이었기에 상식적으로 있어서는 안 되는 팔부신중인 동시에 민망하고 이질감까지 주는 조각 수준이니, 자연스럽게 그런 생각이 든다. 어쨌든 애초의 조성 취지와는 맞지 않는다.

이들을 통과하면, 전실 입구 좌·우 정면에 고부조로 서 있는 〈인왕상(=금강역사)〉을 만나게 된다[도판 332]. 이들은 태권도의 공격과 방어에서의 기본기처럼 완벽한 자세를 취하고 격노한 위엄을 띠고 있다. 잘못된 생각을 하는 사람들에게 당장에라도 벽에서 튀어나와 혼내줄 듯하다. 그것은 예불자에게 오만한 기를 죽여 겸손한 자세를 갖추게 하려는 의도에서이다.

이곳을 지나면 주실로 들어가는 현관인 비도(扉道)에 이르게 된다[도판 330-②]. 이곳엔 불국토를 마지막으로 지키는 신상인 〈사천왕〉이 있다[도판 333]. 이들은 제석천의 부하들이다. 이들의 얼굴에 띠고 있는 〈성냄 미소〉에는 사악에 대한 조소와 참회에 대한 미소가 동시에 깃들어 있다. 이들은 세상에서 몰려오는 각종 인간들의 악행을 탐지한 후 〈성냄〉으로 악한 마음을 잡아내어 발아래에 밟혀 있는 악귀처럼 잘못에 대한 벌을 줌과 동시에 참회에 대해서는 〈미소〉로 용서하는 역할을 한다[도판 333 아래 및 334]. 그래서

**도판 334** 동방을 지키는 지국천왕 아래의 악귀 모습: 사천왕의 〈성냄 미소〉를 통해 사랑의 벌을 받고 잘못을 부끄러워하는 마음과 용서받는 기쁨을 동시에 나타내는 우리 자신의 모습을 상징한다.

〈성냄 미소〉이다. 그러니 〈성냄〉은 종교의 속성인 사악에 대한 정의의 표현이며, 〈미소〉는 회개에 대한 자비의 암시다. 이들 신장상는 무서운 힘으로 잘못한 범죄, 오만한 생각, 숨어 있는 욕심을 제압하는 형상들이다. 이는 사람들에게 어리석은 무명(無明=탐진치)을 깨닫게 하여 불법에 순종할 것을 요구하는 것이다. 사천왕의 허락 없이는 어느 누구도 부처님이 계시는 진리의 세계에 들어가지 못한다. 이곳 욕계를 통과하면서 중생들은 자신의 어리석고 교만하고 폐쇄적인 마음을 깨달아 불법을 진정으로 받아 들여야 하겠다는 겸허하고 순수한 개방된 자세를 갖추게 된다. 그런 마음으로 주실 중 색계에 들어가게 된다.

## 2. 색계 도판 330-③

그리하여 걸음을 정(靜)의 세계인 주실(=도판 330-③)로 옮기면 내면의 세계가 된다. 그중 색계는 벽면 둘레다. 이 벽면 둘레따라 입구에서부터 좌·우를 대칭으로 해 순서대로 천·보살·제자들이 배치되어 있다. 처음 좌·우로 대칭해 나타나는 상은 제석천과 대범천이다.

다음은 본존불의 협시로서 문수보살과 보현보살이, 그 다음은 부처님의 10대제자가 각각 5명씩 좌우로 각기 자기 예불스타일에 따라 경건하게 기도하는 모습으로 대칭해 서 있다. 마지막으로 맨 뒤 중앙엔 경덕왕의 부인같은 11면관음보살이 환조에 가까운 고부조로 서 있다[도판 330. 340]. 그런데 욕계의 인물과 색계의 인물들을 보게 되면 이는 단석산에서 불공드리는 모습에서 보게 되는 우리 선조의 전통적인 모습과는 확연이 다르다. 서역풍 얼굴에 갑옷의 색다른 디자인이나 무늬, 세련되게 두르고 감은 띠와 늘어트린 술 장식 그리고 맨발 또는 샌들을 신고 있다. 분명 우리 선조들의 모습이 아니다. 석불사의 이들은 불국사에서 경교의 돌십자가와 경주 시내에서 성모상과 십자가 장식 그리고 당삼채 등이 나온 사례와 연결된다. 전성기 당시의 신라도 국제화된 다문화시대였다는 증거다.

예불하는 사람들은 이 상들을 순서에 따라 요잡(繞匝)하면서 여러 보살과 제자들을 가까이서 멀리서 상면하게 된다. 그들의 위덕을 나타내는 다양한 제스처의 특징과 시선 그리고 방향에 의미를 깊이 새기며 돌게 된다. 지금까지 석불사에 대해서 부족했던 부분은 이 같은 예불공간에 대한 관심도였다. 그 원인은 김대성을 무시하고 세키노 다다시를 인정한 때문. 당시 석불사의 주지였던 표훈스님이 석불사에 올라가 천제를 만났다는 내용은 〈옥경설화〉에 나오지만 어떻게 예불을 드렸다는 얘기는 아쉽게도 없다. 그 예불의식이 오리지널인데. 석불사 같은 구조에서는 우리가 아는 일반 법당에서처럼 정해진 위치에서 예불드린 것 같지 않다. 그런데 신통치는 않지만 같은 경덕왕 시대에 『삼국유사』에 석불사에서 어떻게 예불이 이루어졌는지 알려주는 힌트가 다행히 한곳에 나온다. 그 내용은 유가종의 조사 태현 스님이 원형대좌로 된 남산의 용장사 장육미륵상 둘레를 돌자, 불상도 스님을 따라 기이하게도 돌았다는 믿지 못할 기사다. 그곳에 가보면 환경이 변해서 인지는 몰라도 돌며 요잡할만한 여건이 아니다. 어쨌든 어떻게 돌았는지는 모르지만 '돌았다'는 내용만은 분명히 있다.

당시 예불대상을 따라 도는 예불방식도 있었다는 예를 알려주는 것이다. 그러니 당시 용도따라 도는 위요와 요잡행위는 생소했던 예불이 아니었던 것으로 보인다. 자료가 사라져 정확하게 알 수는 없지만, 석불사 주실의 원형대좌로 된 본존불을 중심으로 한 원형 구조는 본존불 앞에서만 예불드리는 형식이 아니라는 것을 원형대좌로 된 남산의 용장사를 통해서도 알 수 있다. 그리고 이같은 석불사의 원형 주실은 건축구조를 보더라도 세우기가 꽤 힘들고 무척 까다롭다. 굳이 이렇게 어려운 원형을 택할 필요가 없다. 전실은 방형에다 후실을 원형으로 건축한 이 같은 전방후원 양식은 이전에는 없었다. 이는 로마에 있는 판테온 건축 양식과 직·간접적으로 연결된다. 그러니 천·보살·제자들의 이같은 이방인 모습은 불국사의 경교 십자가와 함께 국제적인 영향을 직접적·간접적으로 받았다는 증거다. 당대 최고 수준의 국제적 교류와 소통이 있었다고 보게 된다. 그렇기 때문에 석불사가 당대 세계 최고 수준의 축조 기술로 조성될 수 있었다. 그러니 그 예불 의례도 범상치 않았음을 알 수 있다. 표훈스님의 예불 의례에 대한 설명이 없다는 것이 아쉬울 뿐이다. 어쨌든 그렇게 했다는 것은 그렇게 하지 않으면 안 될 어떤 중대한 이유가 분명히 있었기 때문이다. 그것이 앞에서 언급한 최고의 왕자 점지를 위해서였다. 옥경의 크기가 능력의 비례를 상징했다 하더라도 얼마나 원했으면 왕 자신의 옥경크기까지, 그것도 첫 시작에서부터 공개했을까?

조성상황을 보더라도, 우주와 교감하는 토함산의 천단 높이에다, 일출 방향인 동남 30도의 위치에다, 중심에는 본존불을, 둘레에는 천·보살·제자들을 배치해서 원형으로 돌게 했다. 그런 가운데 일출의 분위기 속에서 저절로 마음이 경건하게 추슬러지다가 마지막에 본존불에 다가 가 예경할 때 일출과 함께 돈오 속에서 극적으로 깨달음을 생명잉태 원리에 따라 추체험하게 했다. 즉 지구가 잠깨는 경이로운 일출시간에, 성도장소인 인도의 마하보리사 부처님과 등신 크기로 조각했음은 물론 타이밍도 부처님이 깨달음을 얻은 그 여명의 순간에 맞춰서, 최고의 예술적 분위기에서 교리를 생명잉태 구조로 시스템화하여 태생적 성골의 왕자가 점지되도록. 이렇게 예불드리게 조성한 곳은 세계 그 어디에도 없다. 그것은 왕자 점지를 부처님의 깨달음 상황과 똑 같게, 그 구조를 과학적인 잉태시스템 그대로, 예불도 오직 성인인 표훈스님만 허락된 격조 분위기에서 느낄 수 있다.

신도들은 부처가 열반 후 스투파가 조성되자 그 둘레를 돌면서 예불했다. 그중 대표가 되는 곳이 산치 대탑이다. 그러니 대탑의 기단 위 복발 둘레에 만들어진 용도는 요잡을 배려해 만든 것 중 가장 초기의 축조물이다. 이같은 배관체험은 여래의 무색계와 예불자의 욕계라는 서로 다른 두 세계를 전이지역인 색계에서 요잡을 통해 공시성(共時性, synchronicity)을 느끼게 하는 역할이다.

공시성이란 무색계와 욕계처럼 '서로 다른 공간이나 시간속의 상황을 하나로 일체화시켜주는 배후에는 모세의 떨기나무 체험처럼 신의 섭리가 있다'는 의미이다[주62]. 그 의미를 예배방식으로 해서 서로 다른 두 세계가 동시에 한 곳에 공존하는 것처럼 신비하게 추체험 하는 것. 물론 이것이 모든 종교에서의 핵심이다.

그런 의미에서 본다면 본존불을 중심으로 해서 원형으로 돌게 만든 〈석불사〉의 배치구조와 복발을 중심으로 해서 원형으로 돌게 만든 〈산치대탑〉은 기본적으로 같은 원리다. 그런데 석불사가 산치대탑의 요잡 구조보다 한 단계 더 업그레이드시킨 기법이다. 산치대탑은 복발을 중심으로 해서 요잡을 하지만, 석불사에서는 안쪽으로 본존불을 중심으로 해서 요잡하되 바깥쪽으로는 천·보살·제자가 예불자의 예불을 지원하고 격려할 뿐만 아니라 11면관음보살이 맨 뒤에서 기원을 은밀하게 부처님과 연결시켜주는 구조이기에. 석불사에서는 요잡을 위한 구조·분위기·시스템이 이처럼 독보적이다. 신라 왕실이 왕자 점지를 위해 산치대탑 구조를 특별히 신라적으로 주체화시켜 보다 새롭게 창안한 것이다. 그것은 산치대탑의 의미를 불국사 대석단의 구조로 주체화시켜 새롭게 창안한 것에서도 알 수 있다.

그 업그레이드시킨 예불시스템을 보자. 예불자가 석불사에서 본존불 둘레를 우요하면, 하면서 중심의 본존불은 물론 바깥쪽 벽면의 부조상들을 보지 않을 수 없다. 그러면 이들은 부조이지만 석가여래의 권속인 협시보살로, 천으로, 10대제자로 예배자에게 부각된다. 그러면서 예배자는 10대 제자들과 함께 자신도 또 다른 제자가 되어 부처님의 둘레를 함께 돌며 예경하는 것으로 추체험하게 된다. 이렇게 예배자는 벽면에 서 있는 천·보살·제

**도판 335** 제석천: 우주 보호에 총책임진 신장(神將)중의 신장인 천장(天將)이다.

**도판 336** 대범천: 부처가 정각을 이룬 직후 그 내용을 최초로 중생들에게 청한 천왕이다.

**도판 337 문수보살**: 이름에 어울리는 경권(經卷)을 손에 쥐고 참배자를 본존불에게 안내하고 있다. 보살의 위덕을 나타내고 있는 반부조의 모습이 거룩하다.

**도판 338 보현보살**: 본원력의 실천을 상징하는 보살답게 잔(盞)을 든 손의 자세와 얼굴 표정이 맑고 깔끔하다.

자들과 같은 공간에서 그들과 같은 예불 의식을 행함으로써 그 스스로 그 성중(聖衆)의 한사람으로 특히 10대제자와 오버랩되도록. 그러니 석불사 주실의 배치구조는 본존불을 앞에서만 바라보면서 예불하도록 설계된 예불공간이 아니다. 공시성 속에서 성중과 함께 요잡하면서 성스러운 추체험을 단계를 밟아 하도록 구축된 3차원적인 건축구조다.

만일 석불사에 들어가 순서에 따라 우요해 볼 수 있다면, 천·보살·제자들은 예불자를 환영하면서 다음과 같이 단계적으로 격려할 것이다. 먼저 주실 입구에 들어서면 좌우 벽면에 각각 제석천[=도판 335]과 대범천[=도판 336]이 나타난다. 그 중 제석천은 신장(神將)의 대표로서 왼손에 든 최첨단 만능 무기인 금강저로 번뇌를 막아주고, 오른손에 든 망상털이 불자(拂子)로 잡념을 털어준다. 이어 대범천은 예불자의 몸과 마음을 정병의 생수로 흠없이 씻어주어 예불 준비를 마치게 한다. 성수반 역할이다. 이곳 주실은 제석천에 의해 어떠한 악귀라도 함부로 기웃거리지 못하는 평화의 장소가 되고, 대범천에 의해 깨끗함과 숭고함이 보장된 고요의 세계가 되게 하였다. 이어 본존불의 지혜를 경권으로 상징하는 문수보살[=도판 337]과 실천을 잔으로 상징하는 보현보살[=도판 338]이 나타난다.

문수보살은 예불자에게 깨달음에 이르는 사전 지혜를, 보현보살은 축원과 함께 예불자세에 대한 마음가짐을 〈보현행원찬〉으로 안내해 준다. 두 보살은 서로 예불 준비의 알파와 오메가 역할이다. 그리하여 축원 받은 마음으로, 10대제자 앞에 이르게 된다. 부처님의 수제자인 사리불이 지혜 제일인 것처럼, 이들 제자에게는 각각

**도판 339** 각각 독특한 공양자세를 한 10대제자 중 어느 한 제자의 모습: 한 하운의 기원, "아 문둥이 우는 밤/번 뇌를 잃고… 생생(生生) 세세(世世)/ 귀의(歸依)하고 살고 싶어라."

**도판 340** 기독교에서 성모마리아처럼 본존불에게 중보의 역할을 하는 고부조로 된 11면관음보살상. 표암바위 조각에서 만월부인을 상징한다.

자기 분야의 소질과 재능에 따른 전문가로서 위덕 (威德) 즉 주특기가 있다. 이들은 석가모니로 태어나기 전의 〈자타카〉에서처럼, 온 생명 특히 인간적인 온갖 고민의 해결을 위해 수행하던 자세를 위덕에 맞게 보여주고 있다. 각각 독특한 자기 스타일의 예경 모습으로 위덕을 알리고 있는 것[도판 339]이다. 여기서 요불하는 '나(=예배자)'는 그중 나의 기원 성격에 맞는 예경 모습과 위덕의 자세를 대변하는 제자 앞에 서게 되면서 그 제자와 겹치게 된다. 그러면 예불자의 기원이 그 제자에게 전해져 대자대비심을 중보로 상징하며 기원의 통로를 관장하는 11면관음보살[=도판 340]에게 이어진다.

예불자가 11면관음보살 앞에 가면, 보살은 그 기원을 비원으로 받아 본존불에게 전하게 되고. 즉 보살의 11면에서 10면이 각기 다른 위덕을 가진 10대 제자들의 기원을 받아 이것을 불성을 상징하는 정상의 1면(=대승의 근기)를 통해 본존불에게 전달된다. 여기에 11면관음보살을 배치한 묘미가 있다. 이같은 비원 공양은 신라 당대 〈옥경 설화〉에 나오는 경덕왕의 왕자 트랜스젠더를 넘어 오늘을 사는 우리에게도 불심으로 이어지고 있다.

한센씨 병으로 평생을 한(恨) 맺혀 산 한하운 (1920-1975) 시인은 [도판 339]같은 어느 제자의 간절한 마음을 빌려 11면관음보살상 앞에서 보살의 중보심을 통해 자신의 기원시가 비원 게송이 되어 부처님께 전달되도록 표훈성인의 예불 못지않게 절

2부 비교 – 사찰과 성당

절하게 간증했다.


관세음보살상


푸른 관세음보살상(觀世音菩薩像)

적조(寂照) 속 자비의 열반(涅槃)


서라벌 천년을 미소하시는

인욕(忍辱) 유화(柔和)의 상호(相好)

말쑥한 어깨

연꽃 봉오리의 젖가슴

몸에 몸은 보드라운 균제(均齊)의 선(線)에 신운(神韻)이 스며져

유백색(乳白色) 가사(袈裟)는

몸을 휘어감어 가냘프게

곡선이 눈부신 살결을 보일락

자락마다 정토(淨土)의 평화가 일어 영락(瓔珞)이 사르르

저 세상의 음률(音律) 가릉빈가(迦陵頻伽) 소리

청초(淸楚)한 눈동자는 천공(天空)의 저쪽까지

사생(死生)의 슬픔을 눈짓하시고

대초월(大超越)의 자비(慈悲)로

신래(神來)의 비원(悲願)으로

상계혼탁(湘季混濁)한 탁세(濁世)에 허덕이는 중생을 제(濟)하시고


정토(淨土) 왕생(往生)시키려는 후광(後光)으로 휘황(輝煌)하시다.


돌이

무심(無心)한 돌부처가

그처럼

피가 돌아 생명을 훈길 수야 있을까.


갈수록 다정(多情)만 하여

아 문둥이 우는 밤

번뇌를 잃고

돌부처 관세음보살상 대초월(大超越)의 열반(涅槃)에


그리운 정(情) 나도 몰라


생생(生生) 세세(世世)

귀의(歸依)하고 살고 싶어라.


시인의 이같은 절절한 기원 시(祈願 詩)를 11면관음보살은 비원 게송(悲願 偈頌)으로 받아 주어 깨달음이 일어날 수 있는 선정(禪定)의 마음을 조성해 준다. 즉 신라, 아니 오늘의 대한민국 전 국민을 상징하는 10대 제자의 온갖《생명에 대한 비원》을 10면의 대자대비로 포용하고 대승의 근기인 정상(=1면)에 있는 불성으로 수렴하여 예불자가 깨달음의 자격이 있음을 본존불에게 추천하는 역할을. 색계의 역할은 여기서 마무리된다. 이처럼 이곳 주실 원형 벽에 있는 10대 제자상은 예불자의 다양한 기원을 체계적으로 모아 비원으로 깨달음의 통로를 관장하는 중보자 11면관음보살로 연결시켜주고 있다.

그 모든 기원(祈願) 속에는 그 하나마다 구원을 염원하는 조화와 질서가 있고, 그 비원(悲願) 속에는 깨달음을 지향하는 전체로서 조화와 질서가 있다. 석불사에서는 이렇게 모든 기원은 비원을 향해, 비원은 깨달음을 향해 안으로 한없이 들어가고, 깊이로 끝없이 내려가고, 위로 가없이 올라가는 시스템 구조다. 이 의미는 노트르

2부 비교 - 사찰과 성당

담 성당의 스테인드글라스가 빛에 의해 실내가 성령으로 부유성화되고, 장미창이 성모의 중보심을 상징하면서 다양한 사람들의 기원 기원을 위해 천상을 향해 한없이·끝없이·가없이 온갖 색으로 반짝이는 의미와 같다[도판 322 설명글 참조]. 그러므로 이곳 주실은 예배자들이 제석천·대범천·문수보살·보현보살·10대 제자(사리불·목건련·마하가섭·수보리·부루나·가전연·아나율·우파리·라후라·아난) 그리고 11면관음보살을 마지막으로 따라서 돌다 본존불 앞에 다가갈 때 내적으로 한없는, 끝없는, 가없는 신앙이 상품상생 속에서 〈유명〉으로 팽창되면서 마음이 상기된다.

색계 〈예불시스템〉에서 아쉬운 점은 [도판 36] 좌우 하단에 보이는 낮은 육면체 대석 위에 있었다는 (추정이지만) 천불보탑과 오중탑에 대한 위치와 그 역할을 모른다는 점이다. 전하는 얘기로는 일제 강점기전까지 본존불 앞에는 오중탑이 있었고 뒤(11면관음 앞)에는 천불보탑이 있었다고 한다. 앞에 있었다면 그 탑은 오중 탑이 아니라 [도판 306]의 역할을 했을 석등이 아니었을까? 불국사와 상대적인 관계에서 유기적으로 연관되게 조성되었으니까.

아니 최근에는 비워있는 두 감실에 각각 있었다는 논문도 있다. 이런 주장은 어떤 근거에서 하는 지는 모르겠지만, 그 근거를 제시해야 한다. 그 제시는 〈예불 시스템〉에 근거해야. 모든 것을 〈예불 시스템〉에 맞춰 조성했으니까. 그리고 그럴 때야 비로소 석불사의 완벽한 '예불시스템'이 드러나게 되는 것이기도 하다. 다른 사찰에서는 없는 이같은 배치는 일반 사찰의 〈예불 시스템〉에서는 볼 수 없는, 왕자 점지를 위한 특별한 역할이었을 것이다.

## 3. 무색계 도판 330-④

11면관음보살 앞에서 상품상생이 된 예불자는 이제 11면관음의 중보심에 의해 무색계인 본존불 앞에 가게 된다[도판 341]. 그리하여 요잡하면서 신앙 감정이 10

**도판 341** 우리 민족의 '얼짱'으로 조성된 본존불의 생명에 대한 영원성·진리성·생태성·영성성이 현실정토·우주정토·서방정토 속에서 끝없이 정각·변용·원융되고 있음을 적멸 속에서 알리고 있다.

대 제자처럼 붉게 고양된 유명(有明)으로 본존불 앞에 서서 존안을 우러러보면, 석실 뒷면 11면 관음보살 위에 설치된 두광[=도판 341-㉠]과 천장의 하늘광배[=도판 341-㉡]가 서로 유기적으로 어울리면서 절묘한 발상을 느끼게 해준다. 그러면서 예배자가 본존불 앞에 무릎 꿇으며 부처님의 자비로운 존안을 우러러볼 때 [=도판 342], 뒤의 두광이 어느덧 정상의 천개석[=도판 343]으로 변화되는 발상을 신앙으로 느끼게 되는 것이다.

공시성에 의해 주실의 석가여래 현실 정토와 천장의 아미타여래 서방정토가 한 공간에서 비로자나여래 우주 정토로 즉 〈화신·보신·법신〉이 천단에서 〈정각·변용·원융〉으로 일치되는 것. 이와 같이 유동성을 발휘하여 현실성을 이상성으로 가시화시킨 것은 실로 놀라운 신기(神技)다. 이는 통도사에서 금강계단이 화신·보신·법신을 공의 세계로 승화시키는 적멸과도 같다.

깨달음을 향한 신심이 본존불 앞에서 고양된 긴장으로 신기(神技)를 공시성으로 느끼는 절정의 그 순간에, 첫 햇살이 나타난다[도판 344, 345]. 이때 예불자는 자신도 모르게 백호의 섬광에 의한 돈오(頓悟) 속에서 영성이 깨달음에 휩싸이게 된다. 이렇게 현실광배인 부처님의 두광이 정토광배인 천개석으로 변하고, 우주광배인 태양이 본존불의 백호를 비춤과 동시에, 예불자가 그 섬광 같은 백호광명의 불내증(佛內證)을 통해 깨달음을 돈오로 증득(證得)하게 했다. 석불사의 본존불을 통해 깨달음이, 그것도 부처가 깨달음을 얻은 장소의 본존불과 같은 크기로 해서, 같은 시간에, 새로운 생명이, 깨달음을 방편으로 점지되게 한 것이니. 세상 그 어디에 이같은 예불방식이 존재할까.

이 세상에서 왕이 죽은 뒤 명복을 비는 원찰성격의 세계적인 사원은 많아도 생명 잉태를 이처럼 비원한 원찰은 없다. 그런데 이 구조의 모델로는 아잔타 26번 굴이 연상된다[도판 10]. 배치도 그렇지만 탑 속 진신사리에서 부처가 잉태되어 무불상시대에서 불상시대를 알리는 모습에서다. 이같은 아잔타 26번 굴의 의미에서 힌트를 얻어 창조해 낸 것으로. 이는 신라 종교심의 교리적 상상력과 탁월한 과학적 독창성이 서로 하나되면서 나온 기획력의 산물이다.

그런데 천제의 공주 점지를 경덕왕이 왕자 점지 욕심으로 트랜스젠더를 요구해 신의 영역에 도전하고 말았다. 아쉽지만 점지된 공주는 선덕여왕보다 더 지혜로운 자질이 있었는지 모른다. 아마도 공주는 트랜스젠더 당하면서 또다른 〈미투〉를 끝없이 외쳤을 것이다. 인도의 마하보리사 본존불과 등신인 석불사 본존불은 신라 땅에서 독창적으로 오버랩된 부처다. 그 모습은 고고한

도판 342 바로 앞에 다가가 부처님의 존안을 뵈올 때, 부처님 뒤에 있는 현실 속 두광이 정상의 하늘 광배가 된다.

도판 343 [도판 342]의 두광이 일출의 백호광명으로 인한 돈오에 의해 어느덧 정상의 하늘광배인 천개석으로 변화되는 느낌을 준다.

도판 344 석불사의 방향은 동짓날의 일출과 일치되는 곳에 있다. 서로 만나게 조성했기 때문이다. ※ 南天祐, 『石佛寺』, 일조각(1997), 100.

도판 345 동지날 석불사 정면에서 본 해돋이(2014. 12. 21). 오리지널 두광이다.

신라의 〈영원성·진리성·생태성·영성성〉을 뜻한다. 이를 위해 〈정각·변용·원융〉을 이루고 있는 본존불을 수미산 정상으로, 옥녀봉 천단으로 상정한 토함산에다 일출 방향과 맞는 동남 30도로 조성했다.

토함산의 이 위치와 의미 그리고 이방인으로 나타낸 다른 보살이나 제자와 달리 우리 민족의 이상형인 '얼짱'으로 조성한 본존불은 선조들의 정체성과 주체성을 성덕대왕을 대표로 해서 상징한 것이다. 그것은 〈전세야양〉이란 천단에서 〈성덕대왕 신종〉이란 이름에서 또한 성덕대왕의 '무덤 양식'을 산치대탑화한 데서 알 수 있다 [도판 299와 인용글].

이렇게 〈정각·변용·원융〉의 조화를 연기법칙 속에 간직한 본존불이, 신라를 넘어 우리 시대의《생명에 대한 비원》을 위해 오늘도 경건하고도 은밀한 분위기 속에서 신비의 깊이를 감동으로 더 품어 줄 것 같다. 그런데 불내증을 향해 팽창하는 내적 운동의 모습은 아쉽게도 목조전실에 가리면서 빛을 차단당해 제 역할을 못하고 있다. 이같은 완벽한 모습은《생명에 대한 비원》신앙을 추구했던 선조들의 자랑스러운 역사인 반면, 일제가 문화적 마루타로 왜곡하고 변형시킨 상황을 아직도 깨닫지 못하는, 게다가 목조전실까지 세워놨으니. 후손으로서 부끄러운 현실이다. [도판 37-①]에 맞게 복원해야 한다.


## 4. 정토계 도판 330-⑤, ⑥

굳게 깨달은 후, 시인의 마음으로 눈길을 본존불 위로 올리면 깨달음을 터득한 벽감 속의 감실보살(10명)이 나타난다(두 감실을 비어있다)[도판 341]. 정토계다[도판 330-⑤]. 깨달음을 터득한 예불자는 이들 선배 감실보살로부터 덕담과 함께 저마다 각기 다르게 깨달은 법열의 체험담을 신앙고백으로 들려주는 영성(靈聲)을 이심전심으로 듣게 된다. 그러다가 마지막으로는 토착된 김대성(金大城), 아니 김대정

(金大正)[주63] 유마보살[도판 345][주64]과 문수
보살이 두광을 무대로 하여 '침묵의 가르침' 즉 "불
이(不二)의 법문"[주65]인 〈원들의 조화〉[도판 347]
를 통해 『불가사의해탈경』을 듣게 된다. 그러면서
〈원들의 조화〉에서 대표가 되는 두광[=도판 348]
이 정토광배가 있는 도리천[=도판 341-ⓒ. 343]
으로 공시성이 감각화 되면서 두둥실 올라가게 되
는 것이다.

도판 346 유마거사: 머리를 약간 들어
건너편의 문수보살을 응시하며 선문답
하는 모습으로, 50대 중년의 주름진 이
마에 미남형이다. 그래서 보살이라기보
다는 현실에서 우리의 모습이다.

깨달음 직전에 유동성을 발상으로 현실성을 이
상성으로 가시화시켰던 그 신기의 방식에 내(=예
불자) 마음도 실려서…[도판 330-⑥]. 아미타여래
와 만나 찰나가 된 후, 무량수전에서 나와 부석(浮
石)처럼 떠 있는 듯 있는 안양루[=도판 91]로 가게 되면 우주가 나에게 〈유쾌·상쾌·
호쾌·통쾌〉한 에코(echo)로 화답하는 것을 느끼게 되면서 모든 스트레스의 뿌리(=
원죄)까지 날아가는 장쾌한 호연지기를 느끼게 되는 부석사에서처럼, 석불사에서도
우주가 참 나이며 내가 곧 우주임을, 내 안에 우주가 우주 안에 내가 있음을 침묵의

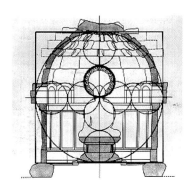

도판 347 입면도에서 중중망으로 조화를
이룬 《원들의 조화》. 강우방 「인도의 비례
이론과 석굴암 비례체계에의 적용시론」,
『법공과 장엄』, 열화당(2000), 203.

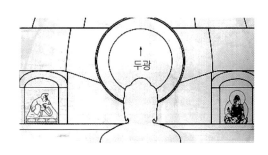

두광

도판 348 유마거사·본존불·문수보살: 8명중 2명(=유마·문
수)의 감실보살이, 보살 중 가장 중요한 본존불의 협시 역할
을 하며 불이(不二)의 법담 토론을 하고 있다. 그 법담을 들
으며 예불자가 1: √2 〈원들의 조화〉에 따른 중중망에 마음
이 두광에 실려 정토계로 올라가게 했다. ※ 글과 화살표는
필자가 삽입 ※ 도판-황수영편, 『석불사』, 예경(89년)

가르침인 〈원들의 조화〉 즉 공심(空心)으로 알리면서 자내증(自內證)으로 마무리한 것이다. 이렇게 마무리 수준에서도 석불사는 부석사와 다르다. 중생을 상대한 사찰이 아니라 존엄을 상대한 천단이었으니까.

지금까지 석불사가 보여준《예불시스템》과 그 분위기는 깨달음의 의미를 다음과 같은 다양한《만다라 순서》로 나타내고 있다. 즉 반성 → 기원 → 희열의 신앙 감정으로, 신장상 → 10대 제자·보살상 → 본존불인 신앙 대상으로, 저부조 → 고부조 → 환조의 조각 리듬으로, 전실 → 주실 → 천장의 건축 구조로, 전방 → 후원 → 고릉의 건축 의미로, 현실(=平) → 깊이(=深) → 높이(=高)의 공간 의미로, 동(動) → 정(靜) → 공(空)의 깨달음 과정으로, 욕계 → 색계 → 무색계 → 정토계인 불교 우주관의 순서로 나타냈다. 그리하여 진리가 되는 모든 여래의 세계에서는 서로 상즉상입하여 〈화신불·법신불·보신불〉이 정각 → 원융 → 변용 → 정각 → 변용 → 원융 → 정각 → ∞로 한없이 서로 회통하게 된다.

신심(信心)의 다양성과 불신(佛身)의 변화를 본존불이 한 몸 속에 일심(一心)으로 수렴하면서 공심(空心)이 되어 우주 속에서 만다라 배치구조를 타고 흐름으로 다하고 있는 분위기이다.

# II. 성당의 진입공간 구조
# – 노트르담을 중심으로

2019년 4월 15일 프랑스 가톨릭의 역사이며 세계적 상징이었던 노트르담 대성당의 화재 뉴스가 긴급으로 보도되었다. 온 세계가 96m 십자가 첨탑이 불 속에서 꺾어지며 사라지는 장면에서 경악하는 많은 사람의 모습이 보도되었다. 다른 곳으로 보관하기 위해 귀한 성물을 차에 싣는 가운데 비장품인 그 귀한 가시면류관도 언뜻 비춰졌다. 프랑스 대통령은 재건할 것을, 시민들은 성금하겠다는, 기업들은 거금을 쾌척하는 뉴스가 보도되었다. 불이 진화되기도 전에 벌써 복구할 수 있는 비용이 모금되었다고 한다.

종교의 힘은 그렇다. 교회는 텅 비어가도 종교심은 여전하다는 증거다. 빨리 복구해도 10년은 걸린다고. 이번 기회에 불편한 진실을 지향하는 상징으로서 새로운 화두가 담기고, 종교심이 되찾아지기를 기대해 본다. 노트르담 대성당이 세계적으로 가장 알려지고, 접근하기 좋은 곳이어서 이 성당을 대표적으로 예로 들면서 썼는데, 불이 나서 지금은 관광할 수 없게 되었다. 그러나 모든 성당은 교리에 따라 건축했으니 진입공간에서 그 구조는 오십보백보다. 그러니 다른 일반 성당에서도 이 진입 공간 구조와 설명을 비교해 볼 수 있다. 또 복구한다고 하니까 원래대로 복구했는지도 몇 년 후 알 수 있는 작은 자료도 되겠다. 교회(=성당)는 '주님께 속한 집'이라는 뜻이다. 이렇게 교회는 신자가 예배드리기 위하여 모이는 건물이라는 가시적인 의미도 있지만, 그리스도를 머리로 신자를 그 지체로 하는 신앙 공동체로서 비가시적인 의미도 있다. '성령의 집'이기도 하니까. 이 가시적·비가시적인 분위기를 보다 업그레이드시키기 위해 고딕 건축에서는 아우구스티누스(354-430)의 조형 이론을 기독교의 교리에 적합하도록 손질하였다. 즉 그리스 미학에서 주제였던 '이성에 의한 만물의 아름다움'을 고딕 건축에서는 '신앙에 의한 영혼의 아름다움'을 증명하는 것으로. 사찰처럼 진입공간으로 들어가면서 점차 신앙 감정이 업그레이드되게 하였다.

노트르담 성당도 그중 하나다. 아름다움의 완성이란 신비에 가득 찬 성(聖)의 절정공간인데, 기독교에서 성의 절정공간이란 모세가 하느님이 부르는 장소로 가자 "가시떨기나무에서 불꽃이 이는 데도 떨기나무가 타지 않는[=출애굽기 3:2-3]", 그 놀라운 광경을 보고 체험했던 바로 그 같은 장소다. 그 감정이 오리지널 〈데우스 프로핀퀴오르〉다. 그것은 일상생활에서 경험하는 호기심을 풍기는 신비와는 전혀 다른, 두렵고 떨리는 신비이다.

학자들은 이런 현상을 학술적 표현으로 신현(神顯, theophany)이라고 부른다. 그곳에서 하느님께서는 "이리로 가까이 오지 말아라. 네가 서 있는 곳은 거룩한 땅이니 네 발에서 신을 벗어라(5절)"는 말씀을 하고, "내 백성이 이집트에서 고생하는 것을 똑똑히 보았고 억압받으며 괴로워 울부짖는 소리를 들었다. 그들이 얼마나 고생하는지도 나는 잘 알고 있다(7절)"면서, "나 이제 내려가서 그들을 이집트인들의 손아귀에서 빼내어 그 땅에서 이끌고 젖과 꿀이 흐르는 아름답고 넓은 땅으로 데려가고자 한다(8절)." 그러니 네가 민족의 지도자가 되어 그 역할을 감당하라는 사명감을 고딕성당 내부에서 느끼게 했다. 모든 신자 각자가 성의 절정 공간에서 나름대로 하느님의 계시를 받는 장소로 조성한 것이다.

"불꽃이 이는 떨기나무", 그 거룩한 장소로 들어가는 곳에는 신발 벗는 절차가 있다. 그 절차가 바로 기원이 해결되는 구원 과정이다. 성당에서는 그 구원 과정이 체

2부 비교 - 사찰과 성당

계적인 진입 동선으로 연결되는 흐름이 되었다. 즉 〈종소리 → 아트리움(atrium, 廣場) → 포털(Portal, 正門) 및 나르텍스(narthex, 玄關) → 성수반(sacrarium, 聖水盤) → 라비린스(Labyrinth, 迷路) → 네이브(nave, 本堂) → 트란셉트(transept, 手廊) → 앱스(apse, 祭壇)〉로, 신앙 감정이 진입동선의 축선상 따라 속계에서 성계로 시스템화되어 단계적으로 업그레이드되는 흐름이 그렇다.

## 1) 종소리

성당의 종소리는 드높은 종탑에서 도시의 모든 곳으로 울려 퍼진다. 이렇게 성당의 종소리는 천상의 음성으로 세속 도시를 구원하고자 하는 장치였기 때문에 어느 곳에서나 들을 수가 있었다. 종소리가 울리면 신자들은 거룩한 예배를 드리기 위해 하던 모든 것을 멈추고 몸과 마음을 최대한 정결히 했다. 최고의 성장과 치장을 하고 성당으로 향했다[도판 349].

**도판 349** 신자들이 파리 노트르담 광장을 지나 성당으로 가는 모습: 이 넓은 광장은 오늘날도 웬만한 매머드 행사를 소화할 수 있는 크기다. 이같은 도시 중심에 넓은 광장을 조성한 것은 성막교회에서부터 시작된 전통이다.

## 2) 아트리움(광장)

성당의 앞마당인 광장은 성과 속이 구분되면서 연결되기도 하는 전이 공간이다. 이 앞마당은 바실리카에서는 아트리움이라는 분수가 있던 작은 마당이었다[도판 219]. 그래서 이곳에서 세속의 죄를 씻는 마음으로 몸을 씻었다. 그것은 불교에서는 사찰이 시작되는 일주문 부근에서 흐르는 냇물에 몸을 씻으며 마음까지 씻는 의미와 같다. 그 작은 마당이 고딕시대에 와서는 도시 분위기에 어울리는 넓은 광장으로 확대되었다. 그러면서 이곳은 교회와 도시의 중요행사, 때로는 시장도 열려 모든 시민이 모이면서 흐르고 돌던 로터리이자 생활공동체의 중심지가 되었다. 이를 통해 당시 교회가 차지했던 정치적·경제적·사회적·문화적인 비중을 알 수 있다. 서양교회에서의 신앙적 여정은 [도판 349]처럼 멀리서 건물을 바라보며 접근하면서 시작된다. 부석사에서 보듯 마지막까지 대웅전의 모습을 감추어 두고 리듬으로 암시와 연상에 의해 그 존재를 상상하게, 그러다가 서서히 소실점으로 부각시키며 보이게 한 한국의 사찰 건축과는 완전히 다른 개념이다.

## 3) 포털(정문) 및 나르텍스(현관)

**도판 350** 파리 노트르담 성당의 서쪽 파사드에서 가운데 정문

성당을 출입하는 정문이 로마네스크에서는 1개였다. 이것이 고딕에 이르러서는 삼위일체를 상징하며 좌·중·우, 이렇게 세 개의 문으로 변했다[도판 232]. 이 정문은 성당의 안(=천국)과 밖(=세속)을 가르는, 마음의 신발을 벗는 기점이다. 진입공간이 시작되는 파사드의 정문 위 박공에는 성당이 성스러운 구원의 장소

임을 나타내기 위해 〈최후의 심판〉을 [도판 326]처럼 조각하여 놓았다. 정문을 열고 성당 안으로 들어가면 중문으로서 현관 역할을 하는 나르텍스가 나타난다.

현관(玄關)이란 뜻은 현묘한 길, 깨달음으로 들어가는 좁은 문, 자기를 내세워서는 지나갈 수 없는, 미망의 세계에서 깨달음의 세계로, 천국으로 가는 데 꼭 통과해야 하는 좁은 통로라는 의미다. 그러므로 이곳은 세속에서 천국을 연결하는 네이브(=본당)로 들어가기 직전에 예배드리고자 하는 마음을 추스르는 여과공간이다. 성당 안에 들어서더라도 근심 걱정, 불편한 인간관계, 외로움 또는 행복했던 순간 등 아직까지 세속에서 있었던 온갖 희노애락에 대한 감정과 기억이 남아 있기 때문이다.

## 4) 성수반

나르텍스를 통과하면 곧이어 신랑 입구 첫 기둥에 붙어 있는 성수반이 눈에 띈다. 신발을 벗는 마음으로 성수반의 성수[=도판 351]를 손가락 끝에 찍어 성체등이 켜져 있는 제단[=도판 352]을 향하여 예배에 임하는 다짐을 결의하면서 성호를 긋게 된다. 노트르담성당에는 없는데, 명동성당 성수반에는 다음과 같은 글이 있다.

"주님! 이 성수로써 내 죄를 없애시고, 마귀를 쫓아 버리시고, 악한 생각을 빼어 버리소서, 아멘" 그렇게 되뇌이는 순간, 이마와 가슴과 어깨를 적신 성수와 함께 신선한 결의를 다짐하게 된다. 마음속의 잡념이 사라지고 신을 향하는 마음이 되는 것이다. 그러면서 본당인 네이브로 가게 된다. 세례를 받지 않았거나 파문을 당한 교인은 중세 당시 성수반이 있는 이곳까지만 출입이 허락되었다고 한다. 성수반을 보니 한 가지 아쉬웠던 뉴스가 떠오른다. 백두산은 우리 민족의 성산으로 상징되어 왔다. 그러니 천지

도판 351 노트르담 성당 신랑입구 첫 기둥에 있는 성수반

는 그 자체가 우리 민족에게는 하늘이 준 자연 성수반이다. 그 물에 손을 씻고 먼저 성호를 그리며 마음으로 간단하게 남북통일의 염원을 위해 두손을 모았다면 얼마나 좋았을까 하는 생각이. 천지로 내려가자마자 손을 씻고 그 후 해프닝같은 이벤트성으로 제주산 생수병에 천지의 물을 섞는 모습에서 그렇게 느꼈다.

전 세계의 기자 수천 명이 프레스센터에 모여서 특집으로 남북 정상의 만남을 전 세계에 생중계하는 상황에서다. 만일 그렇게 했더라면 전 세계에 자연적으로 백두산이 우리 민족의 성스러운 영산임을 알리는 절호의 계기가, 그리고 통일의 염원을 전 세계 인류에게 절절하게 전하는 역사적인 순간이, 그리고 앞으로 이곳을 찾게 될 많은 관광객에게도 환경보호에 마음을 추스르게 하는 경각심을, 또한 종교를 빼앗긴 북한 신앙인들에게도 추억과 함께 신앙의 새로운 기회와 희망을 자연스럽게 상기시켰을 것이고, 교황이 북한을 방문할 때보다 더 의미 있는 마중물 역할을 하게 하였을 것이다. 그리고 남과 다른 정치 문화적 리더십을 인정받으면서 분단의 분위기를 세계적으로 주도해 나갈 수 있는 위의(威儀)를 인격 속에 담보했을 것이다. 그러면서 대통령 자신도 교황에게 고백했듯 디모테오같은 신앙인으로 겸손하게 평소 진실된 삶의 자세를 자연스럽게 알리는 계기가 되었을 텐데.


## 5) 라비린스(미로)

네이브 입구에서 제단으로 가는 중앙의 진입공간 통로 바닥에 중요한 절차를 설정해 두었다. 그것은 심리적으로 미로 같은 험난한 행로를 통과의례로 거친 후에야 이상향에 도달할 수 있다는 순례의 의미를 나타내고 있는데, 그것이 라비린스다. 그 라비린스를 통과하면 순례 시 두 달 가까이 걸리는 〈산티아고데콤포스텔라〉 카미노를 걸은 것과 같은 의미로 여겼다.

오늘날은 이 길이 순례의 길이라기보다는 슬로시티의 개념으로 세계화되고 있는데, 당시 예루살렘으로 갈 수 없는 상황에서는 이 야고보를 위한 길이 순례길의 상징이었음을 알 수 있다. 불붙는 떨기나무 제단과 같은 성지는 그렇게 쉽게 갈 수

도판 352 파리 노트르담 성당에서 미사드리는 장면(2011. 1. 9.): 가까이 접근해 찍어서 그렇지 빈 자리가 많다. 오늘의 현실이다.

도판 353 샤르트르성당 네이브 입구에 새겨진 직경 40인치의 원형으로 된 라비린스(=미로)

있는 곳이 아니라는 것을 심리적으로 알리는 것이다. 그러므로 이 라비린스는 이상 정토를 찾아가는 수미산 만다라의 긴 순례에서 마지막 고개같은 곳이다. 통과하면 새로운 세상을, 인생이 업그레이드되는 기분을 갖게 된다. 입구에서 신앙심이 이 라비린스에 들어갈 때는 순교하는 마음으로, 예배를 마치고 나올 때는 부활한 기분을 느끼게 한 것이다. 라비린스는 고딕의 전성기를 상징하는 샤르트르·랭스·아미앵 성당의 네이브 중앙 통로 바닥에 강조되어 있다. 그런데 노트르담 성당에는 없다. 전성기에 이르면서 비로소 진입공간 상의 교리시스템이 완성되었다는 의미다. 그래서 진입공간의 완벽한 시스템 설명을 위해서 없지만 넣었다. 이번 재건축시 넣었으면 하고 기대해 본다. 전성기의 성당처럼.

샤르트르의 것은 40인치 직경의 원형 형태이고[도판 353], 랭스는 네 귀퉁이가

도판 354 아미앵 성당의 라비린스: 빠져나오기 어려운 구조로 배치된 길로, 지름 14m로 된 8각형의 미로가 네이브에 대리석으로 새겨져 있다. 가운데에는 성당을 만든 사람의 이름이 새겨져 있다. 1828년 부서진 것을 19세기 말 복구했다.

튀어나온 전체적으로는 4각형 모양이며, 아미앵에서는 8각 형상이다[도판 354]. 그 형상이 원형·8각형·방형으로 각각 다르다. 이 라비린스는 크레타섬의 미노스 궁에 있었던 다에달루스 라비린스(Daedalus labyrinth)의 미로 전설에서 차용했다고 한다. 까마득하게 멀고 먼 길, 그 복잡한 미로를 헤매고 헤매다 이상 정토 천상의 예루살렘으로 가는 입구인 제단에 기쁜 마음으로 찾아 들어서게 되었음을 의미화한 것이다.

## 6) 네이브(본당)

도판 355 파리 노트르담 성당 트란셉트 위치의 천장에 장식된 성모상과 별들. 승천하여 예배자를 예수님과 만나게 안내하는 중보자의 역할로 보게 된다.

라비린스를 통과하면, 수미산을 지키는 4천왕문을 통과한 불자처럼 부끄러움이 사라지고 의연한 마음이 되면서 경건해진다. 믿음의 의지가 확고하게 다져진 것이다. 이제 본당의 예배석 의자에 "하느님께 내가 여기 있나이다" 하는 마음으로 앉게 되면 마음이 한 단계 더 안정되면서 신에게 마음을 바치고자 하는 주체적인 신앙이 갖춰지게 된다. 모세처럼 가시떨기나무에서 신발을 벗은 감정이 되는 것. 그래서 불꽃 속에서도 떨기나무가 타지 않는 놀라운 광경을 신앙의 힘으로 믿는 자세를 갖추게 된다.

2부 비교 - 사찰과 성당

## 7) 트란셉트(십자로)

　고딕 성당의 내부공간은 입구에서 제단을 향해 가는 단계에 따라 인간의 영역(네이브), 인간과 신이 만나는 전이영역(트란셉트) 그리고 신의 영역(앱스), 이렇게 세 가지 영역이 단계별로 존재하고 있다. 진입동선에서 예배자의 진입이 끝나는 〈트란셉트〉는 신과 인간이 만나 공시성이 이루어지는 색계 지대다.

　"하느님이 이르시되 이리고 가까이 오지 말아라"는 성경말씀대로 여기서부터는 제단 쪽으로 예배자의 마음만 믿음을 타고 가게 된다. 그 마음을 아래(=下)에서는 제단의 지하 크리프트 속에 봉안된 성인들의 유해들이 "나는 이렇게 믿었느니라"라는 속삭임으로 신앙심을 석불사의 10대 제자처럼 업그레이드시키면서 이끌고, 좌우에서는 화려하고 찬란한 스테인드글라스의 빗물질에 의한 신비한 부유 공간[도판 234, 322]이 성령으로 석불사의 감실 보살처럼[도판 341 - ⓒ] 이끌고, 위(=上)의 높은 천장에서는 동방박사를 이끈 별처럼 성모마리아가 〈성모승천〉 속에서 예배자들의 신앙심을 중보심으로 이끌고[도판 355], 석불사에서는 [도판 348]처럼 두광이 현실성에서 이상성을 통해 천개석으로 변화되듯이 이끌고 있다.

**도판 356** 파리 노트르담 성당 제단(=프레스비테리움)의 강대상

## 8) 앱스(=제단)

진입공간 끝에 있는 제단은 반원형의 평면으로 되어 있다. 초기 석굴사원에서 석굴 끝을 반원형으로 해서 스투파를 봉안했던 것처럼[도판 11], 반원형은 원형이 갖는 성소와 마찬가지. 그러므로 이곳은 하느님이 존재하는 거룩한 지성소다. 기독교 건축은 하늘나라 구현에 그 목적을 두고 있다. 따라서 그 건축에서 제단은 시간과 공간을 넘어 하늘나라를 지각할 수 있는 장소다. 즉 지상의 세계는 이 거룩한 제단에서 전례의식을 통하여 천상의 세계와 만나게 된다. 따라서 그 분위기를 보다 더 돋보이게, 성(聖)의 절정공간으로 조성하기 위해서 제단에 불교의 닫집과 같은 여러 치장이 화려하게 더해졌다[도판 359 참조]. 제단은 2개인데, 주 제단은 3곳의 장미창이 보이는 트란셉트의 교차점 가운데에 있다. 이곳은 일반 신도를 위한 〈성소〉로서 제단 즉 프레스비테리움(presbyterium)이고[도판 356, 357], 다른 하나는 헤드피스로써 성당 끝에 위치한 앱스(apse) 즉 성직자를 위한 〈지성소〉로서 제단이다[도판 357, 359]. 이 2개의 제단은 발생학적으로 각각 다른 기능을 갖는다.

주 제단은 예배자와 관계하면서 예수의 비적인 성찬(聖餐)과 일체가 되는 장소이고, 다른 곳은 예배자와 직접 관계 없는 즉 요한계시록(6:9)이 표시하는 법궤나 순교자의 묘 그리고 유물 숭배를 위한 장소이다. 예배에서 제단의 기능은 이중 예배자와 관련된 전자이다. 이곳 주 제단에서 신자들은 스테인드글라스에 의해 실내가 부유 천상의 공간이 되고, 공명화된 그레고리오 성가와 신부의 강론이 천상의 노래와 말씀처럼 울려 퍼지는 가

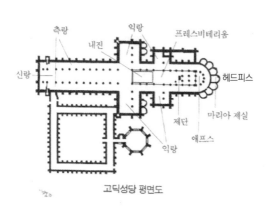

도판 357 영국 고딕건축의 성격을 가장 잘 구현한 솔즈베리 성당(1220~1266)의 평면도에서 제단의 세부 명칭: 제단이 있는 내진의 크기가 거의 신랑 크기만 하다. 이는 성직자의 권위 확대를 상징한다. ※『세계미술용어사전』, 월간미술, 68.

**도판 358** 파리 노트르담 성당에서 미사 중 빵과 포도주가 그리스도의 살과 피로 성변화되는 신이한 감정을 모두 함께 추체험하고자 성찬식하는 모습

**도판 359** 파리 노트르담 성당 앱스에서 닫집 역할을 하는 중앙 제단 기념비. 프레스비테리움 뒤에 있다. 이 십자가는 대화재에서도 녹지 않았다고 한다.

운데 거행되는 미사를 통해 예수 희생의 상징인 빵과 포도주가 공시성(共時性, synchronicity)에 의해 그리스도의 피와 살로 성변화(聖變化)되는 비적의 감정을 갖게 된다 [도판 358].

한 조각의 빵과 한 모금의 포도주가 신자 간의 분열된 마음을 소통시키고 예배자 모두가 영성으로 승화되는 감정을 함께 느끼게 되는 것이다. 이 감정을 통하여 성당이 지상에서 천상으로 운반되는 또는 천상의 세계가 지상의 세계로 내려오는 듯한 감격스러운 느낌이 된다. 따라서 신자들은 경건한 가운데 신앙이 최고로 업그레이드된다. 그러므로 이곳 제단은 거룩하고 성스러운 장소이다. 예배의 중요성에 대해서는 요한복음 4장 24절에 기록되어 있다. "하느님은 영적인 분이시다. 그러므로 예배하는 사람들은 영적으로 참되게 하느님께 예배드려야 한다" 하느님께 예배드림은 신자의 가장 중요한 행위이기 때문이다.

예수는 인류의 〈상품상생〉을 위해 골고다(=갈보리)의 십자가 사건에서 그의 생명을 바쳤다. 그리고 부활하여 승천했다. 이는 우리의 죄를 구원하기 위한 영원한 제사 즉 예배가 되었다. 첫 예배는 그가 부활 승천한 이후 첫 모임인 오순절 마가의 다락방에서 시작되었다. 그때 그는 자기의 이름으로 모이는 곳에 함께하겠다고 약속

**도판 360** 노트르담 성당 미사 시간의 관광객들: 미사 시간에 신자보다는 관광객들이 몇 배 더 많다. 그래도 미사는 경건하게 자연스럽게 진행되고 있었다. 신자가 줄어드는 오늘날 네이브(nave)는 미사드리는 장소지만[=도판 352], 아일(aisle=갓길)은 도판처럼 관광객들의 통로가 되었다.

한 대로 그 모임에 나타났다. 이처럼 예배순서는 예수가 십자가에 못 박힌 보혈의 공로 사건에서 시작되어 부활과 승천을 통해 완성된다. 예배의 모든 순서는 이 구속 사건의 만다라다. 곧 복음전파인 설교는 이 사건의 알림이며, 기도는 이 사건의 공로를 통해서며, 성찬 예식은 이 사건에 대한 기념이며, 찬송은 이 사건에 대한 존경이며, 묵상은 이 사건에 대한 믿음이며 헌금은 이 사건을 세상에 알리기 위한 맛나다. 이 모든 과정은 하느님의 계시와 그에 대한 인간의 응답이다. 이 양자의 중심은 예수다. 그는 우리에게 하느님을 계시하며, 우리는 그를 통하여 하느님께 응답하게 된다.

2011년 1월 9일 일요일 11시, 파리 노트르담 성당에서 미사 드리는 신도들은 얼마 되지 않았다. 반면에 수많은 관광객이 사방의 측랑둘레를 꽉 채우며 성당 둘레를 돌면서 사진 찍고 대화하며 성물을 사기도 하며 다음 코스를 위해 바쁘게 움직이고 있었다[도판 360]. 그런 가운데서도 미사는 자연스럽게 진행되고[도판 358].

예배가 자의반 타의반의 공연처럼 문화화되어가는 추세다. 유럽의 중세시대엔 이런 모습은 꿈속에서라도 상상할 수 없었다. 어쨌든 지금은 극과 극의 모습이 극과 극대로 생태적이어서 그런지 아주 자연스러웠다. 유럽에서의 기독교는 지금 그렇게 흘러가고 있다.

# 3장. 예배 시스템 비교

기독교에서 "진입공간 구조"에 대한 의미 설명은 예배참여를 위한 마음 모우기이지 예배 자체는 아니다. 예배는 2,000여 년의 역사를 가진 불교의 예불과 비슷한 역사적 전통을 가지고 있다. 그런데 눈 여겨봐야 할 것은 그 순서[=도판 361]도 의미로 크게 보면, 불교의 예불시스템인 〈욕계 → 색계 → 무색계 → 정토계〉 과정과 비슷하다는 것이다. 그 예불시스템을 대표적으로 잘 보여주는 곳이 석불사와 부석사다. 봉황산(=수미산)에서 산지 구릉형을 상징하는 부석사에서는 이 과정을 앞에서 보았듯이 구릉에서 가장 전형적으로 보여준다면, 토함산(=수미산)에서 정상을 상징하는 석불사에서는 실내공간에서 가장 잘 보여준다. 세계의 사찰 중 교리가 가장 〈체계적·요약적〉일 것이다.

기독교의 예배순서가 실내 공간에서 이루어지므로 비교하기가 용이하고 이해하기도 쉽기에 여기서도 같은 실내공간인 석불사를 선택했다. 가톨릭에서는 노트르담 성당에서도 명동성당에서도 예배안내 프린트 물에 예배식순은 있어도 그 명칭이 나와 있지 않다. 그래서 예배순서를 설명하기가 용이하지 않다. 때문에 여기서는 예배식순이 명칭으로 나타나 있는 신교, 그중에서도 새문안교회의 주보에 실린 예배순서를 실었다. 우리나라에서 가장 초기에 세워졌고, 파리의 노트르담 성당처럼 오늘날에도 서울 도심에서 한국 대표 교회로서 역사성과 정통성을 갖고 있기에 신

**주일예배**

| I 부 : 오전 7:30 | 인도 : 강연준 목사 |
| II 부 : 오전 9:30 | 강정호 목사 |
| III 부 : 오전 11:30 | 우수호 목사 |
| IV 부 : 오후 1:30 | 유영일 목사 |
| V 부 : 오후 3:00(경배와 찬양·청년, 대학생 예배) | 신정우 목사 |

| ※ 입례찬송 | 28(V. 연합찬양) | 다 함 께 |
| ※ 예배예의부름 | 시편 112:1~2 | 인 도 자 |
| ※ 화 답 송 ㉮ = 욕계 | | 찬 양 대 |
| ※ 성시교독 | 41(이사야 65장) | 다 함 께 |
| ※ 기 원 | | 인 도 자 |
| ※ 신앙고백 | 사도신경 | 다 함 께 |
| ※ 송 영 | 4 | 다 함 께 |
| 기 도 | I. 김두년 장로 II. 이덕실 장로 III. 윤홍준 장로 | |
| | IV. 김창현 장로 V. 서석제 장로 | |
| 찬 송 ㉯ = 색계 | 89 | 다 함 께 |
| 성경말씀 | 사도행전 12:1~5(신207) | 설 교 자 |
| 성도의교제 | | 인 도 자 |
| 찬 양 | I. 나의 모든 것 되신 주(C.Berry) | 하나찬양대 |
| | II. 하늘에 계신 주께(M.Sharp) | 새로림찬양대 |
| | III. 권능의 주님(J.Carter) | 예본찬양대 |
| | IV. 예수가 우리를 부르는 소리(R.Brown) | 새온찬양대 |
| | V. 시편 150편(이기경) | 한기림찬양대 |
| 설 교 | 『사도의 순교와 교회의 기도』 | 이수영목사 |
| 기 도 | | 설 교 자 |
| 찬 송 | 268 | 다 함 께 |
| 헌 금 | I. 엄호식 II. 중창 | 다 함 께 |
| ㉰ = 무색계영규 IV. 유신원 V. 정혜진 | | |
| ※ 찬 송 | 1 | 다 함 께 |
| ※ 봉헌기도 | | 인 도 자 |
| ※ 찬 송 ㉱ = 정토계 | 273 | 다 함 께 |
| ※ 축 도 | | 설 교 자 |

**도판 361** 교회의 예배 순서에서 그 의미와 흐름을 사찰의 진입공간과 비교해보면 그 진행순서와 분위기의 흐름이 비슷하다.
※ 우리나라 신교의 본격적인 시작이 새문안교회여서 이 교회의 예배순서를 예로 들었다. 2007.7.29일자 주보

교를 대표로 했다. 그리고 예배순서의 전개과정은 크게 봐서 신·구교가 거의 같은 순서이다. 또 신교도 불교와 비교하는 계기가 되기도 하니까. 새문안교회의 예배순서를, 앞에서 설명한 석불사의 〈욕계 → 색계 → 무색계 → 정토계〉의 단계[=도판 330 종단면도] 따라 핵심내용만 명칭 순서대로 추려서 비교해 본다.

# 1. 욕계欲界에 해당

## 〈입례 찬송 : 예배의 부름〉

신자가 예배드리는 자세(=立禮)에 들어간다는 것은 대단히 중요하다. 먼저 속세에서 생활하던 삿된 몸과 마음을 추스르고 하느님께 〈몸·마음·정성〉을 바쳐 경건한 자세로 영적으로 드려야하기 때문이다. 그러므로 예배의 첫 순서는 하느님께 영광을 돌릴 수 있는 예배 준비를 신자들의 마음 속에 유도하기 위해 신앙 감정을 스스로 정화시키고 경건화시키는 내용이 배치된다. 이는 〈'입례' 찬송〉과 〈예배에 '부름'〉이란 예배순서의 명칭에서 알 수 있다. 이와 같은 의미는 석불사의 전실(=도판 330-①)에서 자기 정화를 스스로 우러나오게 만드는 팔부신중상 및 인왕상(=금강역사)의 역할과 같다.

## 〈화답송〉

이는 일주일 동안 알게 모르게 잘못을 저지른 것에 대해 하느님으로부터 앞의 순서를 통해 사죄 선언을 받고 예배드릴 수 있는 자격을 허락받은 것에 대한 기쁨을 [도판 334]의 마음으로 바치는 노래이다. 불교에서는 예불자가 사천왕을 방편으로 하여 스스로 한다. 스스로 참회하는 마음에서 우러나오는 회개와 그에 대해 용서받는 기쁨을 동시에 표현한 것이 사천왕상 발아래에 밟힌 아귀의 모습, 즉 예불자들 각자의 부끄러움인 동시에 기쁨의 자화상이다. 석불사의 예불구조와 비교하면 여기까지가 전실에 해당된다[도판 330-①, ②].

# 2. 색계色界에 해당

## 〈기원〉

〈"입례 찬송·예배의 부름"〉과 〈"화답송"〉을 통해 깨끗해진 몸과 마음으로 하느님께 목사가 대표하여 드리는 간단한 기도를 말한다. 즉 앞으로 예배에서 바라는 바가 이루어지도록 하느님이 함께 하심과 축복이 성령을 통해 이루어지기를 기원하는 짧은 기도이다. 이는 석불사로 비교하면, 전실에서 앞의 두 단계를 통과한 후 깨달음의 권역(圈域)인 주실(主室)에 들어가, 입구에 있는 제석천이 몸을 보호해 주고 대범천이 마음을 깨끗하게 씻어주어 예불 분위기로 들어갈 수 있게 안내해 주는 역할과 같다.

## 〈신앙고백〉

신앙고백은 〈사도신경〉을 교인 전체가, 아니 온 세계 교인이 한 마음 한 목소리로 암송한다. 이는 예배자들의 마음이 정화되어 하느님 영(靈)의 권역으로 들어가기 위한 스스로 자격 갖추기다. 기독교인으로서 깨달음과 사명감을 마음속에 스스로 각인시키기 위해서다. 석불사에서 부처님의 지혜[=깨달음]와 공덕[=사명감]을 대변하는 협시보살인 문수·보현보살이 자기와 같은 지혜와 공덕을 닮아 깨달음의 권역으로 다가 갈 수 있도록 예불자에게 축원해 주고 기원해 주는 의미이다.

참고로 〈사도신경〉은 [도판 242]에서 1649년 작성되었다. 거의 400년 전이다. 그래서 오늘의 신앙 정서에 안맞는 부분이 있다. 그에 따라 독자적으로 만들어 사용하는 개 교회도 있다.

## 〈기도〉

기도는 하느님께 무엇인가를 다짐하거나 간구하는 염원이다. 그 기도의 내용은 찬양·감사·고백·탄원·중보·헌신 등 여러 가지다. 이처럼 세상을 살아가면서 닥치는 예배자의 개인적 처지와 상황에 따라 다양하다. 이는 석불사의 10대 제자가 상징하는, 즉 석가가 〈자타카〉시절 고민의 해결을 위해 회향하는 마음으로 수행하던 다양한 자세와 같다.

〈찬송〉

찬송은 신자가 하느님께 음악으로 존경을 나타내는 의미이며 또한 받은 하느님의 은혜에 대한 감사의 응답이기도 하다. 이는 불교에서 독경하면서 목탁을 변화있게 두드리며 깨달음을 기원하거나 얻은 기쁨을 표현하는 방식과 같고 또한 예불 순서가 바뀔 때 사용하는 의미와도 같다.

〈찬양〉

일반 신도의 〈찬송〉에 비해 성가대의 〈찬양〉은 헨델의 '신을 찬양하라'는 뜻의 "할렐루야"에서 느낄 수 있듯이 하느님의 은혜와 축복의 의미를 드높이는 파격이다. 말로 형용할 수 없는 교인들 각각의 기원(祈願) 찬송을 한데 모아 비원(悲願) 찬양으로 업그레이드하여 하느님께 영광을 돌리는 칸타타다. 그리고 예배자들의 예배드리는 마음이 하느님에게 닿아 성령이 강림할 수 있도록 분위기를 고조시키고, 나아가 설교를 통해 내려주시는 은혜와 축복의 말씀을 받아들일 수 있도록 준비하는 것이다. 이같은 찬양은 석불사의 11면관음보살이 예불자의 모든 기원(祈願)을 은혜와 축복에 해당되는 대자대비심으로 받아 깨달음(=성령의 임재)이 성취되도록 본존불에게 비원(悲願)을 일으키는 것과 같다. 여기까지를 석불사로 비교하면, 주실 원형의 둘레 즉 원벽에서 신앙의 흐름을 위요와 요잡으로 마무리하는 색계의 세계와 같다 [도판 330-③의 '원벽의 둘레'].

# 3. 무색계無色界에 해당

## 〈설교=강론〉

"제자들은 사방으로 나가 이 복음을 전하였다. 그리고 주께서는 그들과 함께 일하셨으며 여러 가지 기적을 행하게 하심으로써 그들이 전한 말씀이 참되다는 것을 증명해주셨다"(마가복음16:20)는 말씀처럼, 설교는 예수 승천이후 그의 법통을 계승받은 것으로 자발적 대의제에서 대의원처럼 인정받은 사도들, 즉 오늘의 신부와 목사들의 기본적인 활동이다.

오늘도 순서에서 예수님의 말씀과 행동을 상징하는 설교는 신자들에게 이기적인 욕심으로 부패된 욕계의 세상 속에서 빛과 소금으로 활기 있게 살아갈 수 있는 힘을 보충해 주고 길을 가르쳐 준다. 설교 말씀이 성령으로 역사(役事)하는 현실적 지혜로 삼기 때문이다. 따라서 설교는 예배의 꽃이다. 불교로 말하면 때와 상황에 맞는 화두를 깨우치는 깨달음이다.

# 4. 정토계淨土界에 해당

## 〈축도〉

마지막 예배순서이다. 교인들이 헤어지기에 앞서 목사가 신자들의 마음에 다시 한번 설교의 요점을 상기시키는 순서다. 즉 예배에서 받은 하느님의 은혜가 이기적인 4각 링속 세상에서도 빛과 소금으로 함께 하심을 주님의 이름으로 축원하는 예배의 대미다. 그리하여 은혜받은 교인들의 기쁜 마음은 예배를 마치면서 나름대로 서로 초대 공동체같은 낙원을 느끼게 된다. 이 느낌은 석불사에서 깨달음의 체험을 환희의 의미로 오버랩시켜 현재화한 감실보살의 역할과 같고, 부석사에서는 중생들이 참나를 깨닫고 신앙고백을 안양루에 게송으로 걸어 놓은 글과 같다. 그리하여 교회 밖, 세상으로 나가는 마음은 석불사에서『불가사의해탈경』으로 예불자의 마음이 두광을 타고 서방정토를 상징하는 천개석 33천으로 올라가 자내증으로 마무리하는 의미이며, 부석사에서는 소백산맥 서방정토를 향해 부석이 되어 하늘을 날면서 호연지기를 내공(內空)으로 음미하는 마음과 같다.

　이상의 순서에서 〈예배〉와 〈예불〉은 다 마음과 뜻과 정성을 예술신앙으로 모아 진리가 되는 하느님과 부처님을 찾아가는 길이며, 그 과정에서도 의미와 분위기가 본질로 같다는 것을 알 수 있다. 결론으로 불교에서 예불순서는 깨달음을 찾아 가는 행위적(行爲的)인 성격이고, 기독교에서 예배순서는 하느님께로 나아가는 의식적(儀式的)인 성격임을 알 수 있다. 이렇게 대조적인 차이가 있음에도 불구하고 그 진행순서에 들어 있는《기·승·전·결》의미와 리듬에 있어서는 본질적으로 같다는 데에 그 참된 묘미가 있다. 그리고 이 순서는 지금까지 인류 역사가 이룬 휴머니즘을 찾아가는 방법 중 가장 〈최고·최선·최미〉의 시스템이다.

3부
사찰 건축과 성당 건축의 공통점과 차이점

# I. 사찰 건축과 성당 건축의 공통점

불교의 사찰은 '여러 동'의 건물로, 기독교의 교회는 '하나'의 건물로 되어 있다. 그래서 당연히 전례 체계가 다르다. 이렇게 다름에도, 종교라는 공통점에 따라 그 속에는 비슷한 점도 있다. 그 어떤 원리와 방법이 유사하거나 상반된 것은 같은 종교

| | | 3신 1심 | | | 화 신 | 법 신 |
|---|---|---|---|---|---|---|
| 불교 | 불 격 | | | | | |
| | | 법 신 | 화 신 | 보 신 | | |
| | 명 칭 | 비로자나불 → (진육신) → 석가여래 → (열반) →모든 여래→(하생) → 미륵불 → 원승 → 비로자나불 및 보살 | | | | |
| | 역할 장소 | 편만한 우주 속에서 진리 스스로 존재 | 출가하여 깨달음(=진육신)을 통해 생태계에서 진리 추구적 삶을 권유하다 열반 | 다양한 보신불들이 현실 인간 세계에서 진리로 활동 | 또 다른 부처인 미륵으로 하생해 새로운 용화세상을 염 | 이후 진리 자체인 이상 정토 진여 세계가 됨 |
| 기독교 | 신 격 | 3위 1체 | | | 성 자 | 성 부 |
| | | 성 부 | 성 자 | 성 령 | | |
| | 명 칭 | 하느님 → (성육신) → 예수 → (승천) →기독교의 → (재림) → 예수 → 원승 → 하느님 모든 종파 | | | | |
| | 역할 장소 | 전지전능한 우주의 창조자로 활동 | 성육신을 통한 인간사에서 휴머니즘을 강조하다 십자가형 후 부활 승천 | 보혜사 예수가 보낸 성령의 활동 시대 | 예수가 재림해 새로운 세상을 위한 〈최후의 심판〉 실시 | 새로운 하늘나라 천상의 세상이 됨 |

이지만 발생한 지역이 서로 다른 사회와 문화 속에서 형성된 때문이다. 우선 〈공통점〉과 〈차이점〉을 비교하는 데 도움이 될 것 같아 필자가 만들어 본 불교와 기독교에서 기본이 되는 교리인데, 이를 《도표》로 게재한다. 이 《도표》 속에 두 종교의 〈공통점〉과 〈차이점〉의 원리가 들어 있다.

## (1) 두 종교에서 건물의 구조와 배치는 각각 〈이상 정토 · 파라다이스〉를 나타낸다

사찰이 위치한 지형이 산지임에 따라 건물들 간의 배치가 비정형적으로 보인다. 그러나 그 배치가 만다라 구조이기 때문에 깨달음의 본질을 나타내고 있다. 그 본질을 오늘날의 기하학적 관점에서 말한다면, 건물간의 배치를 극좌표체계(極座標體系)로 작도했기 때문이다[주 17 참조].

반면, 도시중심의 평지에 세워진 성당은 전체 모양이 〈천장고·장축형·십자가〉 형태이고, 진입공간의 구조는 천상을 향해 있다. 이렇게 건물 구조의 안과 밖이 교리에 따른 형태와 배치여서 그 건물은 천상의 질서를 지상에 나타낸 세계다.

이렇게 기독교에서 천상의 예루살렘을 지상에 나타낸 것처럼 조성한 교회와 불교에서 만다라 체계로 깨달음의 본질을 나타낸 사찰은, 둘 다 현실에서 극락정토인 파라다이스를 의미한다.

## (2) 두 종교의 진입공간에 나타난 구원의 리듬체계가 비슷하다

불교에서는 여러 건물인데 기독교에서는 단일 건물이다. 그래서 불교에서는 예불을 위한 진입절차가 분절적인데, 기독교에서는 통시적이다. 이렇게 두 종교의 진입축선상에 나타난 건축체계는 달라도 구원시스템에 들어있는 기승전결의 리듬체계는 서로 비슷하다. 즉 불교에서 교리에 따라 진입공간의 축선 상에 배치된 건물들의 순서가 깨달음을 지향하는 〈① 시냇물 → ② 일주문 → ③ 천왕문 → ④ 해탈문(늑반야교) → ⑤ 법당 → ⑥ 정토계〉의 흐름으로 되어 있다.

기독교에서도 교회의 진입공간이 천상을 지향하는 〈① 종소리 → ② 아트리움

→ ③ 포털 및 나르텍스 → ④ 성수반 → ⑤ 라비린스 → ⑥ 네이브 → ⑦ 트란셉트 → ⑧ 앱스〉의 순서다. 둘 다 진입공간에서의 리듬체계가 〈기승전결〉의 흐름으로 해서 구원을 향해 있다.

### (3) 사찰과 성당의 외관이 이상향을 지향한다

사찰의 지붕에서 하늘을 향해 살짝 올라간 팔작지붕의 처마 곡선은 무량수전에 서 보다시피 경쾌하게 비상하는 날갯짓이다. 거기에다 법당의 소맷돌이나 벽면에 용을 새겨 법당 자체가 반야용선(般若龍船)이 되어 극락을 향해 힘차게 날아가는 모 습으로 나타냈다. 이에 비해, 천당을 느끼게 한 고딕 성당에서는 지붕을 될 수 있는 한 천상을 향해 마천루처럼 높여나갔다. 그리고 그 위에다 곧게 뻗은 십자가까지 첨탑으로 세웠다. 하늘을 향한 하염없는 마음으로, 천국에 보다 가까이 가려는 앙모 심을 독수리가 하늘로 치솟아 올라가 듯 높이었다. 이렇게 불교에서는 법당의 외관 을 반야용선으로 꾸며 이상향을 향해 날아가는 의미로 나타냈고, 기독교에서는 천 상을 향한 앙모심으로 천장을 올릴 수 있는 한 올리고 첨탑을 높일 수 있는 한 높였 다. 둘 다 건물 자체가 이상세계를 하염없이 지향하고 있는 상징이다.

### (4) 모든 예배자가 사찰과 성당을 속계에서 성계로 승화되는 공간으 로 느끼게 한다

사찰에서는, 속계에서 성계로 들어서는 진입공간을 부석사와 불국사에서 보듯이 여러 중문을 통한 긴장과 이완의 확대로 증폭시키면서 신앙심을 고조시켜 나갔다. 그러다가 마지막 장소를 만다라 수미산 정상으로, 부처가 설법하는 파라다이스로 의미화했다. 법당을 "천상에서 꽃비가 내리고, 백호 광명이 1만 8천의 온 세상에 미 치는" 진리의 장소로 나타냈다. 그 속에서 예불자의 마음도 힐링되면서 공으로 승 화되는 것을 느끼게 한 것이다.

고딕 성당에서는, 쭉쭉 뻗은 수직의 열주, 하늘을 향한 높은 천장, 스테인드글라 스를 통한 빗물 질화에 의해 내부 전체가 신비한 성령의 추상화들로 넘실거리는 성스러운 부유공간이 되게 했다. 그런 가운데 구원 시스템이 암시된 성화나 조각으로 제단을 꾸며 놓았다. 그래서 예배자의 마음이 구원이 암시된 그 제단화 속에 오버랩되어 천상으로 올라가는 듯한 추체험을 느끼게 했다. 제단에서 마음이 구원시스템 통해 하늘을 향한 부유성화처럼 나도 모르게 승화되는 분위기를 느끼게 한 것이다. 이렇게 천상의 꽃비가 내리고 백호 광명이 온 세상을 비추는 진리의 법당 구조와 다양한 색이 빛에 의해 신비스러운 성령이 되면서 천상으로 이끄는 제단 구조는 예배자 모두 성(聖)을 추체험하면서 승화되는 공간으로 느끼게 한 것이다.

## (5) 두 종교 모두 성당과 사찰에 신앙의 상징물들을 보관하고 있다

기독교에서는 예수의 가시면류관부터 성모의 옷자락 그리고 예수와 연관된 성인들의 유골·옷·지물 등이 대표적이다. 이후 지역 교회에서는 지역 성인들의 유골과 옷과 지물 등을 크리프트에 보관하고 있다. 불교에서는 스투파속에 부처의 진신사리를, 그러다 진신사리가 부족하게 되자 불경이나 소탑 등으로 대체해 봉안하고 있다. 기원에 대한 효능의 극대화를 위해서다.

이는 대다수의 신도가 종교를 주체적으로 믿기보다는 기복적으로 믿는다는 것을 대변하는 것이기도 하다. 즉 교리는 자율성을 요구하지만 믿음은 타율적으로 나아가고 있는 것. 그 1%의 타동사 같은 원죄(=무명) 때문이다.

## (6) 두 종교에서 VIP들은 모두 신앙의 대상과 닮기를 바랐다

그것은 〈왕즉불〉 신앙과 〈신즉왕〉 사상에서 알 수 있다. 차이가 있다면 불교에서는 왕이 부처와 같이 되기를 바랐고, 반대로 기독교에서는 예수가 왕으로 겹치기를 원했다. 그 의미의 차이는 없지만, 표현적인 차이에서는 극과 극이다. 종교가 정치와 독립되어 있었느냐 아니냐 그 여부에 따라서 나타난 결과이다.

# II. 사찰 건축과 성당 건축의 차이점

기독교 건축과 불교 건축은 여러 가지로 다르다. 종교에서 그 궁극의 원리는 같은데, 그 시스템 즉 역사와 문화의 코드 차이에서 생겨난 요소들 때문이다. 지금까지의 내용을 바탕으로 하여, 그 〈차이점〉을 우리가 속한 동북아 특히 우리 사찰을 중심으로 해 성당과 비교해 본다.

## (1) 세운 위치가 도시와 산지로 다르다

사찰은 산속에 세웠지만, 성당은 도시 중심에 세웠다. 그러면서 역사에서 두 종교의 기질이 달라졌다. 즉 불교는 지구상에서 가장 장엄하고 성스럽고 고결한 히말라야에서 영감을 받아 생겨났다. 이렇게 부처가 출가해 명상을 통해 깨달음을 얻은 것이어서 대체로 수신 구도적이다. 이 영향에 따라 사찰을 입지가 수려한 산지의 명당에 세웠다.

이에 비해 기독교는 역사 이래 가장 강력했던 로마제국의 식민통치라는 최악의 휴머니즘이 정치적으로 지배하던 도시, 예루살렘 한복판의 역사 속에서 태어났다. 그 흐름에 따른 작용·반작용으로 중세인들은 성당을 생활권의 중심에 골고다 언덕의 십자가처럼 높게 세워, 모든 사람에게 기독교적 삶을 앙망하게 하면서 정치체제와 결부시켜 교회 행정으로 관리하고 종교 재판으로 지배했다. 따라서 두 종교의 '정치적'이고 '수신적'이란 대조적인 성격은 이같이 역사적으로 상반된 장소에서 형성된 기질이라 보게 된다.

## (2) 진입공간의 분위기가 자연적 연출과 인위적 연출로 다르다

사찰은 여러 기능의 건물들이 한 지역에 모여 '군(群)'을 이루고 있지만, 성당은 포럼에서 종합적으로 사용하던 바실리카라는 '하나(=一)'의 건물로 해서 시작되었다. 그래서 사찰에서는 다양한 건물이 지형에 맞게 진입 축선을 이루면서 법당으로 나아가게 되어 있다. 그 코스를 교리에 따라 기의 변화에 맞춰 배치하고 비보로 손질만 했다. 이처럼 사찰에서는 긴 진입공간의 구조가 지형에 따른 자연적 연출로 해서 나타나 있다.

이에 반해, 단일 건물로 이루어진 성당에서는 속(俗)인 마당에서 좁은 문을 거치기만 하면 눈앞에 바로 성(聖)으로서 공간이 한눈에 거대하게 전개된다. 진입 동선이 통시적으로 열려있기 때문이다. 이같은 통시라는 단순성을 해결하기 위하여 진입공간에 어울리는 다양한 의미를 전례단계에 따라 인위적으로 주었다. 즉 문을 삼위일체로 나타내고, 성수반을 설치하고, 미로를 설정하고, 높고 장엄한 열주를 사용하여 천장을 천상을 향해 높이고, 단을 통해 위계를 강조하고, 색을 빛으로 빗물질화하여 부유공간으로 해 극적으로 연출하였다. 그래서 이상 세계를 향한 규모는 장엄하고, 그 분위기는 화려하고, 그 느낌은 신비하다.

두 종교는 이렇게 진입공간의 연출이 다름에 따라 전개되는 이상세계의 분위기도 다르다. 불교에서는 아기자기한 리듬이 자연적인 연출로 나타나 있다면, 기독교에서는 다양한 기법을 인위적인 연출로 만들어 냈다.

## (3) 건물의 성격이 다르다. 사찰이 생태적이라면 성당은 지존적이다

부처의 전생인 〈자타카〉에서 알 수 있듯이 불교에서 그 교리의 기저는 생태적이다. 그래서 사찰에서는 건물들의 배치구조가 주위의 자연과 조화를 이루고 있다. 즉 사찰에서는 〈자연·인간·부처〉 간의 모든 관계가 건물의 만다라 배치 속에서 〈소통·조화·상생〉으로 서로 순환하고 있다.

이에 비해, 성당에서는 오직 신의 지존을 위해 신비하고도 초월적으로 나타냈다. 성당은 세속도시에 있으면서도 천상을 상징해야 했기에. 그리고 세속 도시를 하느님의 권위로 지배해야 한다는 정치적 교리에 따라 교회를 일반 건축물보다 〈크게·높게·화려〉하게 지었다. 오직 지존하신 신의 영광만을 나타낸 것이다.

## (4) 이상세계로 이끄는 방법이 각각 심미적인 리듬체계와 빗물질화 된 신비체계다

사찰에서는 입구인 일주문에서 주불전이 있는 예불공간으로 오르는 진입공간 속에다 각종 리듬체계로 나타냈다. 부석사에서 예를 들면 〈기승전결〉, 〈명암〉, 〈줌인 소실점〉, 〈9품만다라〉, 〈착시·율동 결구미〉 리듬체계로 그리고 해맑고 청아한 〈공명〉으로 나타냈다. 자연법계란 진리세계를 심미적인 리듬체계로 이끌면서다.

이에 비해, 성당의 진입공간에서는 스테인드글라스의 빗물질화를 통해 그 투명한 신비 속에 숨어 있는 하늘나라로 유인했다. 성경을 신비하고 초월적인 만화경으로, 성령의 추상 부유공간으로, 성령으로 빗물질화 된 아름다움으로 만들면서다. 불교에서는 자연법계를 깨달음이란 심미적 리듬체계로 추체험하는 것이라면, 기독교에서는 하늘나라를 빗물질화를 통한 신비감으로 느끼게 했기 때문이다.

## (5) 두 건물은, 〈음향〉에서도 청아와 공명으로 다르다

우선 사찰에서 법당은 거의 모든 주파수대의 소리를 잘 흡수하는 나무로 지어졌고, 드러난 노출된 천장도 그리 높지 않고, 공간의 부피도 작은 편이어서 잔향 시간이 짧음에 따라 소리가 경쾌하고 맑다. 그래서 스님의 독경소리를 들으면 그 청아함에 마음이 차분해지고, 자연에서의 에코(echo)처럼 공명화된 목탁소리는 법열의 의미를 해맑게 일깨워준다.

이에 비해 고딕 성당은 돌로 만들어져 소리를 잘 반향시키는 데다가 천장이 높고 공간의 부피가 커서 잔향시간이 길다. 따라서 반향된 음들이 화음처럼 섞이면서 여러 가지 긴 잔향을 만들어 신비한 음으로 승화된다. 그래서 단조로운 음이 반복되는 그레고리오 성가를 적은 수의 성가대가 부르더라도 긴 잔향 에코가 화음같은 성스러운 멜로디가 되어, 예배분위기가 엄숙하게 거룩하게 신비하게 되는 것이다.

이처럼 법당은 음향을 잘 흡수하기 때문에 독경 노래가 해맑은 가락이 되게 하고 깔끔하게 여과시켜 이상 정토를 담백하고 맛깔스러운 법열로 알린다. 이에 반해 성당에서의 음향은 반사된 잔향들이 공명 속에 서로 섞이면서 화음과 같은 효과를 만들어내 천상의 분위기처럼 거룩하고 신비하게 알린다.

## (6) 악기도 기독교에서는 인간의 구원을 위해, 불교에서는 모든 생명을 위해 울린다

기독교에서 종소리는 구원의 신호이다. 사람들은 성당의 종소리가 울리면 그 종소리를 하느님이 부르는 초대음으로 믿었다. 그래서 사람들은 천국에 초대받은 손님이 되어, 하던 모든 것을 바로 중지하고 너도나도 빠짐없이 기쁜 마음으로 교회로 모였다. 당시엔 그랬다.

이에 비해 사찰에서는 자연에 존재하는 모든 생명이 이심전심으로 조화·소통·상생하기를 바랐다. 그것은 종루에 중생을 위한 범종만 있는 것이 아니라 새들을 위한 운판, 짐승들을 위한 북, 물고기를 위한 목어, 이렇게 사람·들짐승·날짐승·물짐승을 위한 각각의 온 생명을 위한 악기에서 알 수 있다. 아쉽다면 식물을 위한 악기가 없다는 점이다.

## (7) 건물이 아닌, 건축의 성격에서도 다르다

자연과 조화를 나타낸 사찰건축은 자연이 변하지 않는 한, 그 형태와 구조에 변화가 필요 없다. 사찰이 건축에서 추구하는 것이 기와의 교감이기에. 사찰이 기(氣)라는 생태적 교리를 바탕으로 하고, 풍수지리적 원리를 이용한 자연동화적인, 더 나아가 비보까지 고려한 건축이기 때문이다. 이렇게 사찰건물은 자연과 조화되게 건축했다.

성당 건축은 신의 영광을 신앙으로 보다 더 잘 꾸미고자 하는 시대적인 욕구와 그 성격에 따라 건축구조가 양식으로 체계있게 변했다. 특히 고딕에서는 스콜라 철학을 바탕으로 한 신앙과 과학의, 이성과 감성의 변증법적 조화를 끊임없이 지향한 합리적인 건축이었다. 그래서 불교사원에서는 건축에 양식이 없다. 있다면 자연과의 조화에 따라 보이지 않는 기의 흐름에 맞춘 양식이다. 이에 반해, 기독교 건축에서는 건축 양식의 발달과정을 당시의 신앙 성격에 따라 체계적으로 보여주고 있다.

결론으로 사찰은 이상 정토를 자연과 조화되게 한 〈생김〉의 건축이라면, 성당은 하늘나라를 인공으로 꾸민 〈만듦〉의 건축이다. '이(理)'라는 〈만듦〉의 건축이 '인간의 인간에 의한 신을 위한 건축이라면', '기(氣)'라는 〈생김〉의 건축은 '인간의 자연에 따른 생태를 위한 건축'이다.

## (8) 덧붙여, 종교의 역사적 성격에서도 달랐다

불교가 정치에 종속되면서 VIP들의 성향에 따라 부침이 심했다. VIP가 친연성일 때에는 불교가 가지고 있는 잠재적인 힘을 넘어 시너지 현상까지 일으키며 전성기를 이루어 냈지만, 반연성일 때에는 법란이나 억불에 의해 무시당하거나 소외되고, 건물은 철폐되거나 파괴당했다.

이에 비해, 기독교는 애초부터 3권분립처럼 정치와 독립되어 막강한 시스템을 파우어로 작동했다. 제왕들의 통치 시스템보다 우월한 교리 시스템으로 교황은 유럽인들의 정신세계를 지배했다. 그러면서 왕들과 연대하며 갈등을 긍정적으로 때로는 부정적으로 소통하면서 견제와 균형을 이루며 시대정신을 이끌어 왔다. 이렇게 서양에서는 기독교가 세속정치를 대동하듯 역사를 이끌어 왔다면, 동양에서는 세속정치가 불교를 이용 또는 배척하며 역사를 이끌어 온 택이다. 그러니 한 왕의 절대적인 능력보다, 절대적인 능력을 분야별로 따로 가진 왕과 교황이 함께하는 힘이 더 클 수밖에 없다.

정치 지도자의 1×1보다는, 정치 및 종교 지도자의 1+1이 더 역사에서 시너지까지 일으키며 능력을 발휘할 수 있기 때문이다. 이같은 동양과 서양의 정치와 종교의 역사적 관계와 위상 차이가 지금까지 세계사에 남아 있는 역사와 종교의 모습이다.

마지막으로 앞으로 세계의 종교도 UN같은 기구를 만들어야 한다. 그래서 정치적 UN과 종교적 UN이 서로 연대하며 휴머니즘에 기여하게 될 때 지구촌 시대에 종교의 존재 가치와 그 능력은 물론 그 잠재적인 힘까지 서로 소통·순환·조화·상생으로 접화군생을 이루며 인류사에 공헌하게 될 것이다.《불편한 진실》의 효과적인 해결은 물론이다. 나아가 앞으로 〈정치·경제·종교〉뿐만 아니라 〈문화〉도 독립적으로 체제화가 되기를 기대해 본다. 그래야 모든 인류가 휴머니즘이란 〈시대정신〉 속에서 나름대로《자아실현》을 주체적으로 이루며 삶의 보람을 구김살 없이 마음껏 꽃피울 것이다. 민주주의의 대단원을 이룬 지상정토에서.

## [주해(註解)]

주1 : 러우칭시 지음/이주노 옮김, 『중국고건축 기행』, 컬처라인(2002). 172쪽.

주2 : 유진보 지음/전인초 옮김, 『돈황학이란 무엇인가』, 아카넷(2003). 174쪽.

주3 : 미술사와 시각문화학회, 『미술사와 시각문화』[사회평론, 2002. 1호(창간호)]-김혜원, 「돈황 막고굴 제321굴 〈보우경변(寶雨經變)〉에 보이는 산악 표현의 정치적 의미와 작용」, 84쪽.

주4 : 文明大/「韓國石窟寺院의 硏究」, 『歷史學報』(제38집), 歷史學會, 1968.8, 125-127쪽

주5 : 김희욱, 「석불사 불국사, 그 함(含)과 토(吐)의 관계에 대하여」, 『미술세상』(창간호), 민미협, 2004년, 103~116쪽.

주6 : 석불사가 감실(龕室)이라는 것은 一然/『三國遺事』卷第五, 孝善第九, 大城孝二世父母 神文王代에 나오는, 즉 〈김대성 설화〉의 다음과 같은 내용에서 확인된다. "…將彫石佛也欲鍊一大石爲龕盖…". 여기서 분명히 천개석을 감개(龕盖), 즉 '감(龕)의 덮게'라고 표현했다. 석불사를 감(龕)으로 된 석굴형 법당으로 나타내고 있는 것이다.

주7 : 석불사의 법당 성격이 천단(天壇)이라는 뒷받침은 〈김대성 설화〉와 〈옥경 설화〉를 통해서 알 수 있다.

주8 : 옥녀봉을 네이버 국어사전으로 검색해 보니 '옥녀'의 뜻이 "① 몸과 마음이 옥처럼 깨끗하고 아름다운 여자. ② 남의 딸을 귀하고 아름답게 여겨 이르는 말. 윗사람의 딸을 높여 이르는 말. ③ 선계에 사는 여자 신선 즉 선녀"라고 설명되어 있다.

토함산의 694.7m 봉우리 이름이 얼마 전까지 옥녀봉으로 전해왔는데, 지금은 지도상에 표기가 되어 있지 않다. 산에서 옥녀봉이란 이름의 의미는 산이 처녀로 의인화된 것 즉 아름다운 처녀가 산이 되었다는 것이다.

그런데 산 이름에서 의인화는 세계적 공통현상으로 나타나 있다. 우리가 잘 아는 에베레스트(8,848m)도 원래의 이름은 티베트어로는 초모룽마(chomo lungma) 즉 "세계의 모신(母神)", 네팔의 산스크리스트 어로는 사가르마타(sagarmatha) 즉 "하늘의 여신이자 어머니"라는 뜻이다.

알프스의 융프라우(4,158m)도 그 뜻은 "젊은 여인(독일어 Jung은 영어로 young, frau는 woman)" 곧 성숙한 처녀다. 눈옷을 입은 순결한 처녀 융프라우가 희디 흰 자태를 구름 베일로 보였다가 숨었다가 하면서 성결한 처녀 '버진(The Virgin)'같은 신비함을 유지하고 있다고 옛 사람들은 생각한 것이다. 이는 선녀가 옷깃을 여미고 다소곳이 앉은 모습인 우리나라의 옥녀봉과 비교된다. 버진은 선녀와 같은 의미이기 때문이다.

이처럼 이들 산의 공통점은 산이 모신, 선녀, 버진으로 의인화되었다는 점. 그리고 산 아래 사람을 품고 보호해 주는 거룩한 산이라는 점이다. 이렇게 세계에서 이름난 산들은 풍수성을 띠면서 종교성을 갖고 있음을 알 수 있다.

명당이란 배경에서 옥녀는 선녀 또는 옥상황제의 딸로 즉 천손으로 등장한다. 지형의 생김새나 산세를 '옥녀'라는 마을의 산신으로 표현하여 주민의 재앙을 막아주고 부귀영화를 누리거나 자손이 번창하는 등의 풍요와 다산을 상징하는 풍수로 나타냈다. 이같은 옥녀의 의미가 설화가 되어 지역적으로 널리 채록된다는 것은 옥녀가 보통명사가 아니라 일반화되어 군집명사가 되었다는 것을 알리는 것이다. 우리나라 산에서 옥녀봉이라는 이름이 3번째로 많다. 이 토함산 694.7m 봉우리의 이름도 옥녀봉으로 알려져 왔다.

종교적 의미에서 깨달음은 정신적 힐링의 완성이며, 인간적 의미에서 섹스는 육체적 힐링의 완성이다. 그러므로 종교적·인간적 상징으로 하모니를 이룬 곳이 석불사임을 알게 된다. 옥상황제의 딸인 토함산의 옥녀봉은 오늘날 그 의미는 증발되었지만, 당대에는 종교적·인간적인 힐링으로 잉태하여 보듬고 생육시키는 영원한 '버진'으로써의 '옥녀'였던 것이다. 그 종교적 버진에서 예수가 태어 낳듯이 석불사에서는 종교적 옥녀에서 태생적 성골이 인간적 옥녀에서 점지되기를 기원했다.

주9 : 석불사와 불국사가 한몸 관계라는 것은 다음과 같은 유기적인 관계가 뒷받침한다.

㉠ 서로가 각각 같은 쌍으로 배치구도를 이루고 있다.

우선 석불사에서는 '아' 인왕과 '우' 인왕이 쌍으로, 사천왕도 좌우에서 쌍과 쌍으로, 주실 입구에서는 천장을 받치면서 본존불을 주인공으로 액자시각화 역할을 하고 있는 8각 연화돌기둥[=도판 212-㉡]이 좌우에서 쌍으로, 제석천과 대범천, 문수보살과 보현보살, 왼쪽 5대제자와 오른쪽 5대제자도 서로가 쌍으로 짝을 이루고 있다. 그리고 감실에서는 (지금은 2개가 없지만) 왼쪽의 다섯 감실보살과 오른쪽의 다섯 감실보살이 서로 쌍으로 짝을 나타내고 있다[도판 341].

마찬가지로 불국사에서도 청운교와 백운교가, 그리고 청운교와 백운교를 연결하는 다리인 참이 역과 순의 쌍무지개[=도판 303]로, 범영루의 수미산형 주초석[=도판 302-㉅]과 좌경루의 8각연화돌기둥[=도판 304-㉮]이, 그리고 석가탑과 다보탑이 서로 쌍으로 대조된 짝을 나타내고 있다[도판 301].

㉡ 조형 양식에서 공통적인 착시관계가 들어 있다.

석불사에서는 본존불 두광의 상하·좌우의 지름 차이에 착시가 들어 있다[도판 342]. 두광을 보면, 직경은 좌우 지름이 224.2cm이고, 상하 지름은 228.2cm로 상하의 지름이 좌우의 지름보다 약 4cm 긴 타원형이다. 이 타원형일 때 착시에 의해 정위치에서 가장 원으로 보인다.

불국사에서는 석가탑 층수의 축소 비례에 들어 있다. 석가탑에서 몸돌 층수의 차이를 비례를 상식으로 생각하면 4 : 3 : 2로 해야 될 것이라고 생각하기 쉽다. 그러나 사람의 눈은 (아래에서 위로 올려다 볼 경우) 눈홀림 현상을 일으킴으로써, 2층과 3층의 길이를 3 : 3으로 같게 하여도 3층이 작게 보인다[도판 301]. 이와 같이 차이나게 한 것은 시지각에서 나타나는 착시현상을 이미 알고 보완한 것이다.

ⓒ 조성방식과 기법에서도 같은 양식이다.

석축방식에서는 석불사 주실 입구의 좌우에 8각연화석주[=도판 212-ⓒ]와 불국사에서 좌경루 좌우의 8각연화석주[=304-ⓐ]가 같다. 그리고 석불사 천장에 있는 주먹장돌(=쐐기돌) 석축방식[=도판 341]과 불국사 대석단 청운교·백운교를 둘러싼 주먹장돌 석축방식[=도판 302-ⓐ]이 같은 양식이다.

조각기법에서는 석불사 본존불 대좌의 중대석에 있는 8개의 특이한 오각형 돌기둥[=도판 36-ⓒ]과 불국사 다보탑 탑신부 3층의 각 층에 있는 8개의 특이한 안상형·죽절형·꽃술형의 돌기둥[=도판 301]이 공통된 양식이다.

ⓓ 두 곳 다 국제적인 요소가 들어있다.

석불사에서 인왕·4천왕·대범천·제석천·문수보살·보현보살·10대제자의 부조상에 들어있는 얼굴이 인도·서역적 얼굴이다[도판 331~339].

불국사에서는 석가탑 사리함인 금동방형투조외함에 나타난 서역적 초화 무늬와 어란 무늬, 그리고 그 사리함에 든 녹색사리병과 유향이다. 특히 유향은 아라비아 반도의 남단에 위치한 하드라모우트, 질리 지역에서 생산되는 유향으로 밝혀졌다. 그리고 돌십자가다[도판 298].

ⓔ 대칭적인 표현에서도 같은 양식이다.

교리면에서는 석불사의 응집된 불국세계와 불국사의 펼친 불국세계, 재료면에서는 석불사의 석조건축과 불국사의 목조건축, 건축형식면에서는 석불사의 감실형식과 불국사의 궁궐형식, 회화 표현체계면에서는 석불사의 조각변상도와 불국사의 건축변상도, 의미면에서는 석불사가 공간에서 〈원들의 조화〉[=도판 347]를 나타냈다면, 불국사는 지상에서 〈방들의 조화〉[=도판 308]를 나타냈다.

그리고 위치관계에서는 석불사의 산 위 천상의 불국토와 불국사의 산아래 현실의 불국토, 발원수의 관점에서는 석불사가 자궁형태로 배란을 통해 생명(=깨달음)을 품는(=含) 형식이라면 불국사는 수구의 폭포수와 영지를 통해 깨달음(=생명)의 완성을 드러내는(=吐) 형식, 신앙의 대상에서는 석불사가 국가 안녕을 기원한 천단에서 유마·문수의《불가사의 해탈경》을 통해 왕자 점지를 비원한 배치체계라면 불국사는 영산회상에서《법화육서》를 통해 민심의 안녕과 그 축하 속에서 왕자 출산을 배치체계로 나타냈다.

ⓕ 설계도에서 가로 세로의 비례원리가 같은 '1 : $\sqrt{2}$'로 나타나 있다.

예술적 표현에서 가장 중요한 것은 강우방의 언급처럼 조화의 본질인 비례의 원리이고,

종교적 체험에서 가장 중요한 것은 연기의 본질인 법계의 원리이다.

〈석불사·불국사〉는 이 비례의 원리와 법계의 원리에서 그 동질성을 같은 조형원리로 드러냈다[도판 309]. 즉 '1 : $\sqrt{2}$' 비례의 원리를 통해 종교의 본질인 법계의 원리를 가시화한 것이다. 1 : $\sqrt{2}$ 의 관계는 그 자체 안에서 동일한 비례로, 동일한 형태로 무한히 크게 되기도 작게 되기도 하면서 중중무진한다. 이것을 석불사에서는 원(圓)의 여래변상으로[도판 347], 불국사에서는 방(方)의 정토변상으로 나타냈다[도판 308].

석불사에서는 동심원의 중중무진에 의한 '원(圓)들의 조화'라면, 불국사에서는 동심방의 중중무진에 의한 '방(方)들의 조화'라고 볼 수 있다. 따라서 원으로 상징된 천상의 석불사에서는 여래변상을《원(圓)들의 조화》에 따른 조각과 배치로, 방으로 상징된 지상의 불국사에서는 정토변상을《방(方)들의 조화》에 따른 건축과 배치로 나타냈다.

즉 석불사에서는 만다라 입면공간의 비례원리를 '1 : $\sqrt{2}$'에 따른 중중무진의《원들의 조화》로 나타내 우주가 공간 불국토 세계임을 가시화한 것이라면, 불국사에서는 만다라 평면공간의 비례원리를 '1 : $\sqrt{2}$'에 따른 중중무진의《방들의 조화》로 나타내 신라가 현실 불국토인 것을 가시화한 것이다.

㉮〈김대성 전설〉에서도 석불사가 '전세야양(前世爺孃)'이고 불국사가 '현생이친(現生二親)'이라는 즉 전세부모와 현세부모로 해서 혈통적으로 그 유기적인 관계를 강조했다.

◎ 석불사에서 서방정토 도리천을 상징하는 돔형 천장에 박힌 33개의 주먹장돌과 불국사에서 수미산 도리천을 오르는 청운교·백운교 계단의 수가 33개로 같다.

이같이 〈석불사·불국사〉는 양식에서는 공통적으로, 의미에서는 상대적인 관계를 상보적인 역할을 통해서 상생적인 생명관계로 승화시킨 것이다.

결국 교리적으로 양식적으로 유기적인 관계를 맺고 있는 석불사와 불국사에서 종교와 예술이 하나가 된 것을 알 수 있다. 종교적인 체험과 미적인 체험이 같다는 것을 우리들에게 깨닫게 해주는 것이다. 이같은 관계에서 볼 때 석불사와 불국사가 김대성[주 63참조]의《생명에 대한 비원》신앙과 예술 감각에 의해 서로 유기적인 한몸관계를 맺으며 이룩된 것이 자명해진다.

따라서 〈석불사·불국사〉의 한몸 관계를 정치 문화사적 관점에서 보면, 무열왕계 왕권이 시대정신의 안정을 이루기 위해 천단인 석불사에서는 태양[=도판 345]이란 우주의 기를 최고의 신성성으로 받은 본존불에 의해 생명잉태 구조[=도판 37의 내부구조. 38의 외부형태]로 천단에서 태생적 성골이 된 후[=도판 41], 토함산에서는 옥녀봉 능선의 좌우 계곡물을 풍수성·상징성의 논리로 탯줄화하였고[도판 39-㉠. 295], 현실정토인 불국사에서는 최고의 정치성으로 치환하여 [도판 292]를 통해 태생적 〈왕즉불〉로 출산되면서 영지[=도판 293]로 대단원을 마무리 한 것으로 정리된다.

주10 : 김준오, 「인도 초기 Stupa 형식 연구」-Relief Stupa 분석을 중심으로- 전남대 문화재학

협동과정 박사 학위 논문(2012), 24쪽.

주11 : 김준오의 위 같은 논문, 99쪽.

주12 : 왕용지음/이재연 옮김, 『인도미술사』, 다른생각(2014) 22쪽.

주13 : 위 같은 책, 129쪽.

주14 : 이영관·박근수·유산빈, 「중국 백마사와 한국 불국사의 배후사상과 공간특성」, 한국사상과 문화(제 49집), 낙양백마사불교문화연구회 편, 『석원 백마사』.

주15 : 김은희 「생태학적 접근에 따른 건축공간 구성에 관한 연구」, 홍익대 석사학위논문(2001.6). 42쪽.

주16 : 김종규, 「신라 사찰 건축에 대한 연구」, 한림대학교 사학과 석사학위논문(1995).

주17 : 趙昌翰, 「韓國寺刹과 희랍神殿의 建築空間構成 比較 研究」, 서울대공학박사학위논문(1986)의 155쪽. 그는 극좌표체계를 "보행자의 진로축을 기본으로 하여 분절되어진 공간을 가장 잘 볼 수 있었고 또 나를 향하여 질서 있게 그리고 편안히 둘러싸여 있음을 볼 수 있었다. 뿐만 아니라 건물 앞의 석물과 뒤의 자연적 지형도 일체가 되어 관찰자를 중심으로 공간을 형성하고 있음을 알 수 있었다. 이런 시각에서의 고찰을 통하여 한국사찰의 비정형적 배치도 기하학적 체계 속에서 이루어졌음을 알 수 있었다. … 바로 이점을 한국전통건축의 비정형적 배치에서 자유스러운 가운데 그 속에서 질서를 느끼게 하는 요인으로 보았다. 그리하여 정형적 배치에서 느끼는 엄격한 질서의 감각이 비정형적 배치에서도 내재할 수 있으며, 이러한 점이 희랍신전 건축과 공통점이라고 생각하였다."라면서 설명하고 있다.

주18 : 글, 김보현·배병선·박도화/사진, 배병선·유남해, 『부석사』, 대원사(2001. 8쇄), 62쪽.

주19 : 2004. 5. 24. 조선일보(대웅전의 '맑은 소리' 비밀 풀렸다.)

주20 : 김봉렬, 「통도사 건축의 조영사와 교리적 해석」. 『한국미술의 자생성』 한길아트(1999), 285쪽.

주21 : 『일본천황은 한국인이다』, 홍윤기, 효형출판(2000. 3), 36-39쪽.

주22 : 『노래하는 역사-한·일고대사이야기』, 이영희, 조선일보(2001.10쇄), 258-261쪽.

주23 : 『다시 쓰는 한·일 고대사』, 최진, (주)대한교과(1999), 251-252쪽.

주24 : 『國寶の 旅(こくほうのたび)』, 講談社 編輯局, 講談社(2001), 182쪽.

주25 : 『일본학(8·9합호)』, 동국대학교일본학연구소, 동국대학교출판부(1989), 314쪽.

주26 : 『조선문화가 초기 일본문화발전에 미친 영향』, 량연국, 집문당(1995), 98쪽.

주27 : 『國寶の 旅(こくほうのたび)』, 講談社 編輯局, 講談社(2001), 184쪽.

주28 : 위 같은 책, 182쪽.

주29 : 『조선문화가 초기 일본문화발전에 미친영향』, 량연국, 집문당(1995), 191쪽.

주30 : 『일본의 역사왜곡』, 홍윤기, 학민사(2001.9.20), 18쪽.

주31 : 위 같은 책, 19쪽.

주32 :『國寶の 旅(こくほうの たび)』, 講談社 編輯局, 講談社(2001), 190쪽.

주33 :『백제에서 건너간 일본천황』, 이시와타리신이치로, 안희탁옮김, 지식여행, 121-122쪽.

주34 :『일본천황은 한국인이다』, 홍윤기, 효형출판(2000. 3), 136쪽.

주35 :『일본의 역사왜곡』, 홍윤기, 학민사(2001. 9. 20), 240쪽.

주36 :『일본 속의 한국 문화재』, 이경재, 미래M&B(2000. 9), 105-106쪽.

주37 :『일본천황은 한국인이다』, 홍윤기, 효형출판(2000. 3), 153쪽.

주38 :『문화사학』(제3호), 한국문화사학회(1995. 6), 57쪽-58쪽.

주39 :『일본 속의 한민족사』, 조선일보사(2001년 15판), 111쪽.

주40 :『조선문화가 초기 일본문화발전에 미친 영향』, 량연국, 집문당(1995), 153쪽.

주41 :『일본미술사』, 무토오 마코도(武藤 誠) 저, 강덕희 역, 지식산업사(97. 3쇄), 25쪽.

주42 :「근대 일본의 문화재 보호와 고대미술」, 高木博志(다카기 히로시), 『미술사논단』(제 11
호), 한국미술연구소, 89쪽.

주43 : 박순관지음, 『동남아 건축문화 산책』, 한국학술정보(주) 2013, 133쪽.

주44 : 마르코 폴로 지음, 김호동 역주, 『동방견문록』, 사계절(2000년), 333쪽, (주)49.

주45 : 고정은, 앙코르와트 제 1화랑에 나타난 '32지옥도'의 도상특징과 그 의미(2011년)

주46 : 양승윤, 「인도네시아의 인도문화 영향에 대한 역사적 고찰」, 인도연구 제 13권 1호
(2008), 74쪽.

주47 : 김준오, 「인도 초기 Stupa 형식 연구」-Relief Stupa 분석을 중심으로- 전남대학원 문화
재학협동과정(2012), 147-149쪽.

주48 : 강희정 지음, 『나라의 정화(精華), 조선의 표상(表象)』-일제 강점기 석굴암론, 서강대출
판사(2012), 16쪽.

주49 : 헨드리크 빌렘 반 룬 지음, 남경태 옮김, 『반 룬의 예술사』, 들녘(2008), 146-147쪽.

주50 : 임석재, 『서양건축사(2)』, 북하우스(초판, 2003)의 169쪽.

주51 : 위 같은 책의 369쪽.

주52 : 위난트클라센(Winand W.Klassen)지음, 심우갑·조희철 옮김, 『서양건축사』의 67쪽.

주53 : 文喆洙, 「傳統佛寺 進入空間의 리듬體系에 關한 考察」, 경희대석사학위논문(1989)
18-19쪽.

주54 : 김희철, 「스콜라철학과 중세 고딕건축 이미지와의 상관관계 연구」, 성공회대 석사학위
논문(2006), 4쪽.

주55 : 위 같은 논문, 60쪽.

주56 : 이재근, 20세기 세계 기독교를 만든 사람들⑤-아파르트헤이트에 대항해 싸운 화해와
평화의 사도(데이먼두 투투)-주4) 참조.

주57 : 임석재, 『서양건축사(3)-하늘과 인간』, (주)북하우스(2006, 초판)의 328쪽.

주58 : 헨드리크 빌렘 반 룬, 남경태 옮김, 『반 룬의 예술사』, 들녘(2008), 224쪽

주59 : 2004. 5. 24. 조선일보(대웅전의 '맑은 소리' 비밀 풀렸다)

주60 : 김희철, 「스콜라철학과 중세 고딕건축 이미지와의 상관관계 연구」, 성공회대 석사학위
논문(2006), 59쪽.

주61 : 위난트클라센(Winand W.Klassen)지음, 심우갑·조희철 옮김, 『서양건축사』, 131쪽.

주62 : 강희정지음, 『나라의 정화(精華), 조선의 표상(表象)』-일제 강점기 석굴암론, 서강대출
판사(2012), 285쪽.

주63 : 먼저 〈설화〉의 인물 '김대성(金大城)'이 《역사》의 인물 '김대정(金大正)'이라는 것을 알
아보자.

〈김대성 설화〉의 내용이 역사적 사실을 바탕으로 하여 윤색된 것이라면 이 설화의 주인
공인 김대성도 역사에 실존했던 인물이어야 한다. 그런데 그것을 직·간접적으로 뒷받침
해 주는 몇 가지 역사적인 힌트가 있다.

① 먼저, 李基白, 「新羅 執事部의 成立」, 『新羅政治社會史 硏究』, 一潮閣(1999년) 168-169
쪽의 본문의 글과 그 아래에 있는 주47)을 통해 알 수 있다. 그 글을 인용한다.

"…聖德王 때의 中侍 文良과 景德王 때의 中侍 大正도 父子의 관계로 생각된다. 이 兩人은
佛國寺를 지은 大相 大城을 大正에, 大城의 父 國宰 金文亮을 文良에 比定하는 경우에 성
립된다. 그리고 이 比定은 거의 의심이 없다…" 책은 이상과 같은 본문에 대해 주47)을
달아 다음과 같이 설명했다.

"주47) 文亮과 文良을 比定하는 데는 누구도 異議가 없을 것이다. 大正과 大城에 대해서
는 머리를 기웃거릴 사람도 있겠지만, 앞서 甘山寺의 彌勒菩薩 및 阿彌陀佛의 造像記에
나오는 金志誠과 金志全, 또 위의 維誠과 魏正(註 44참조=※同音異寫)이 同一人임을 확인
한 우리는 별로 이상스러이 생각할 필요가 없다고 믿는다. 게다가 金大城이 景德王 때에
大相(※745.5-750.1. 4년 8개월)이었다는 사실과 그의 父 金文亮이 성덕왕 때에 國宰였
다고 한 사실이 여기의 中侍였다는 것과 相符하는 것이다. 時代 관계도 이들을 父子로 생
각하는데 좋은 조건을 제공하고 있다. 그러므로 이들의 父子관계는 거의 확언해도 좋다
고 믿는다. 만일 그렇다면 우리는 本稿의 論旨를 벗어나서 저 유명한 佛國寺와 石窟庵을
지은 金大城 및 그의 家門에 대한 일찌기 밝혀지지 않은 중대한 발견을 한 셈이다."

② 그의 아버지 김문량(金文良)의 출신 성분이 제 5관등인 대아찬(大阿湌, 『三國史記』/聖
德王條 5년의 내용), 즉 진골(眞骨) 계급으로 중시(中侍)에, 김대정 그도 2관등인 이찬(伊
湌, 같은 책, 景德王條 4년의 내용)으로 중시에 오른 것으로 기록되어 있다. 이와 같이 그
와 그의 아버지 출신성분과 직위가 역사의 기록에 있는 것에서 실존 인물이었음을 알 수
있다.

③〈김대성 설화〉에 김대성이 774년 12월 2일 죽었다고 정확하게 날짜까지 제시하고 있다. 〈설화〉에는 없지만 『불국사사적』에는 김대성이 700년 2월 15일 환생했다고 기록하고 있다. 〈자타카〉라는 전생담은 석가의 삶에서 보듯 훌륭한 신앙인에게 덧붙이는 것이므로 석가모니처럼 환생한 날이 실제로 출생한 날이 된다. 김대성에 대해서 이렇게 정확하게 출생한 날과 죽은 날이 기록된 것은 역사적 인물이 아니라면 쓰여지기 어렵다. 그러므로 김대성 아니 김대정의 일생은 700년 2월 15일 출생해서 774년 12월 2일 죽은 것을 알 수 있다.

④ 불국사를 책임지고 조성한 시기가 김대정이 시중에서 물러난(750년) 그 다음 해(751년)이기에 불사 조성에만 전념한 것이 시기적으로 맞다. 이외에도, 인생에서 가장 완숙한 나이(52세)에 가장 수준 높은 불사(佛事)를 조성하였다는 것도 자연스럽게 이해할 수 있다.

이상과 같은 4가지 사항이 서로 유기적으로 합치되는 사실에서 〈설화〉의 인물 김대성(金大城)은 《역사》의 실존 인물 김대정(金大正)이 분명하다.

주64 : 그러면 김대성, 아니 김대정이 신라판 유마보살이었음에 대해서 알아보자.

먼저 인도의 유마거사부터 알아보자(박용길역, 『유마경(維摩經)』, 민족사(1995) 참조). 『유마경』은 다른 경과 달리 '재가신도(在家信徒)'인 유마거사(維摩居士)를 주인공으로 삼고 있다. 그의 이름은 〈비말라키르티(Vimalakirti)〉인데, 중국에서는 〈유마힐(維摩詰)〉이라 번역했다. 이 뜻은 '깨끗하면서 명성을 가진 사람', 그래서 〈정명(淨名)보살〉이라고도 한다.

당시 그가 살던 바이샬리성은 교통의 요지로서 인도 최대의 상공업 도시로, 그는 이곳에서 대부호였다. 그는 이 곳에서 중생들의 기원을 위한 방편으로 병을 꾸몄다. 즉 대자대비(大慈大悲)에 의해 병을 앓는 것이다. 문병(問病) 온 문수보살이 유마거사에게 보살의 위대한 연민인 대자대비란 무엇입니까? 하고 묻자, '온갖 선근(善根)을 짓고 그것을 중생에게 회향(廻向)하는 것'이라고 한 대답에서 그의 인간 됨됨이와 신앙을 이해할 수 있다.

이 경(經)은 교훈이 담긴 각종 설화와 종교성 내용을 모아 편집하여 엮은 다른 경들과는 다르게 처음부터 탄탄한 시나리오에 풍부한 은유를 사용하고 있다. 무대의 구성도 짜임새 있고 불가사의한 이적(異蹟)의 종교적 체험을 문학적 감각의 대담풍인 대구(對句)의 나열과 역설(逆說)의 완성으로 보여주고 있다. 그 가운데서도 이 경의 하이라이트는 병을 앓고 있는 유마거사에게 문수보살이 문병(問病)과 대담풍으로 법담을 논하는 장면이다. 이 극적인 장면은 중국 동진(東晉)의 화가 고개지(顧愷之:344-405)가 『유마경(維摩經)』의 교리에 따라 처음으로 창안하여 그렸다[참조, 朴恩和, 「隋·唐代敦煌莫高窟의 維摩詰經變壁畵」, 『考古美術史論』(4호), 學硏文化社(1994), 63쪽.] 이 때 그려진 홀(=주미)·침상·앉은 모습이 유마거사의 트레이드마크가 되었다.

그 이후 이 법담논쟁은 인기 있는 주제로 선정되어 炳靈寺 169窟, 雲岡 6窟南壁, 龍門賓陽中洞, 敦煌 159호, 220호 등의 벽화에서 보듯이 그 나라 역사의 주인공이 유마거사로 분장되어 유행했다. 왜냐하면 『경(經)』에서 그(유마거사)의 법담을 통해 불가사의한 사건들이 해탈로 해결되었기에 그같은 기적이 각 나라에서도 똑같이 일어나기를 기대했기 때문이다. 그래서 이 경을 『불가사의해탈경(不可思議解脫經)』이라 부르기도 한다. 석불사에 유마거사를 봉안한 것도 경덕왕 당시 후사(後嗣), 지진(地震), 천재(天災), 특히 후사가 기적이 되어 풀리기를 비원했기 때문이다.

석불사의 유마거사 모습도 중국의 여러 석굴에 나오는 유마거사와 비슷하다. 그렇지만 유마거사의 표정, 자세, 패션, 주미, 침상 등은 나라마다 처해진 역사적 · 문화적 상황과 여건에 따라 강조부분이 약간씩 다르다. 토착화되었기 때문이다. 석불사에서도 그렇다 [도판 346].

석불사의 유마거사는 옷을 추상적으로 처리하여 어느 나라의 복장인지 잘 알 수 없다. 그러나 10대제자처럼 인도 또는 서역인의 얼굴이 아니다. 또한 중국인의 특징인 도인풍(道人風)의 긴 수염이나 모자도 없다. 당시의 후진국인 일본인은 더더욱 아니다. 따라서 이방인이 아님이 분명하다. 유마거사와의 관계에서 문수보살은 같은 모습으로 언제나 부처의 대변인(代辯人)으로 나오지만, 속가인으로서의 유마거사만은 나라마다 다르게, 즉 그 나라 민족의 얼굴과 복장을 하고 나온다. 석불사에서의 유마거사도 멋진 헤어스타일, 50대 중년의 중후한 우리와 같은 얼굴 표정, 품위 있는 자세와 분위기이다. 그러므로 신라 국민의 대표(代表)로 상정했음이 분명하다. 따라서 석불사의 유마거사는 지금까지의 정치적 · 신앙적 · 설화적, 그리고 조성 책임자로서의 정황으로 보아서 김대정이라고 확신한다. 그 근거는 몇 가지 더 있다.

① 김대정도 유마거사 못지 않은 백만장자였다.

그의 집안은 최고 명문가의 지배계급이었다. 그의 아버지가 33대 성덕왕 시대(702~737) 최고 실세였고, 그 또한 그런 분위기를 이어서 35대 경덕왕 시대(742~756) 최고 실력자가 되었다. 당시의 권력(權力)은 부(富)와 비례했다고 생각할 수 있다. 그것은 당시 진골들이 3000명이 넘는 머슴을 거느렸다는 『삼국유사』의 내용에서도 증명된다. 오늘날로 말하자면 그는 CEO로서 재벌(財閥)이다. 유마거사가 수많은 사람들에게 보시했던 것처럼, 그도 잘못을 저지른 "곰 사냥"으로 식은땀을 경험한 후 《생명에 대한 비원》 신앙이 깊어져 그의 재산을 보시했다고 보는 것이 자연스러운 해석이다.

② 김대정도 유마힐처럼 재가거사로서 보살(菩薩)이 되었다.

그 당시는 불교가 신라에 토착화되기 시작한 시기다. 이는 석불사에서 모든 부조상은 이국적인 얼굴이지만 가장 중요한 11면관음보살과 본존불, 그리고 유마거사는 전형적인 한국인의 모습에서 알 수 있다. 그리고 교리를 깨달음의 흐름에 따라 신라에 맞게 주체적으로 해석하여 부조로 배치한 조성구조에서 드러난다.

그러므로 계급·나이·신앙·제2인자·조성자의 위치에서 볼 때, 김대정이 보살들의 자리인 감실에 주체적인 관점에서 봉안된 것으로 볼 수 있다. 신라에서 보살의 위치에 오른 것이 분명하다. (이는 가톨릭에서 김대건 신부 등이 성인으로 추성된 것과 같다) 또한 그것은 그의 신앙이 깊어지면서 보살만이 할 수 있는《생명에 대한 '비원(悲願)'》을 서원(誓願)할 수 있는 경지에 이르게 되었다는 역사성 〈김대성 설화〉가 뒷받침하고 있다.

③ 유마힐의 신앙과 마찬가지로 김대정도 중생들의 기원이 성취되기 위해 노력했다.

유마거사는 중생들의 우둔한 마음을 향상시키기 위한 방편으로 병을 꾸몄다. 그것은 "중생이 앓으니 보살이 앓는다"는 대표적인 그의 비원의 명제가 단적으로 증명한다. 김대정도 잘못된 "곰 사냥" 후 그 곰(=민족, 중생)의 혼(魂=역사)을 통해 두려움 속에서 식은땀을 흘리며 참회하고 신라의 평화와 국민의 안녕을 위해《생명에 대한 '비원'》을 서원(誓願)했다고 보기 때문이다.

또한 〈설화〉에 따르면 그는 점개라는 개사(開士=지장보살)에 의해 육륜회(六輪會)에서 환생(還生)이란 선택을 받았다. 따라서 지옥(地獄)의 단 한사람까지도 구제하겠다고 서원(誓願)한 지장보살의 회향 의도도 김대정의 배후신앙에 들어 있다. 그리하여 지옥에 있는 신라 중생들까지도 극락세계로 제도(濟度)하고자 비원한 의도로 그의 바로 옆 감실에 지장보살을 봉안했다고 생각한다. 인도의 유마거사보다 더 깊은 보살신앙으로 나타낸 것이다.

④ 유마거사가 신라 사람을 대표하는 김대정이라고 유추하는 근거가 또 있다.

그것은 석불사의 건축구조에서 그가 봉안된 감실의 위치가 본존불의 두광(頭光)을 중심 무대로 삼아 문수보살과 법담 토론하는 장면을 그 마무리의 역할로 나타낸 데에서 알 수 있다(본문 도판 341-㉠. 348 참조). 그 역할을 "중생이 앓으니 보살이 앓는다"는 유마거사의 비원의 화두(話頭)가 이 법담을 통해《空들의 調和》가 되어 '중생이 나으니 보살도 낫는다'는 기적이 신라에서는 "《생명에 대한 비원》이 이루어지는 기적"으로 기대했다.

김대정으로 하여금 깨달음의 상징인 두광(頭光) 속에 그 기적이 나타나게 하여 천개석(天蓋石=서방정토)으로 이동되도록 드라마틱하게 의도한 것이다. 신라 역사의 숙제를 이방인이 아닌 신라 국민을 대표하는 인물이 주체적으로 풀어내게 했고, 또한 그 마무리를 성스러운 가운데 절정의 예술로 이루어지게.

이 같은 신비한 건축구조와 배치 연출의 감동은 세계의 그 어느 나라에도 없다. 김대정처럼 곰사냥 통해《생명에 대한 비원》을 체험한 사람만이 자연스럽게 우러나올 수 있는 예술감각인 것이다. 또한 당시 토착화된 불교문화의 분위기와 민족주체성의 관점에서 볼 때도 이같이 (신라) 국가 차원의 중요한 역할을 외국인인 인도의 유마거사나 중국의 유마힐이 하도록 배치했다고는 도저히 상상할 수가 없다.

주65 : (사)민족미학연구소, 『민족미학』 2집(2003.12)에 실린, 김희욱, 「석불사에 현시된 깨달음의 구조와 완성」, (주16) 재인용.

『유마경』에 문수보살이 '불이(不二)' 법문에 대해서 유마거사에게 의견을 물은 내용이 있다. 이에 대해 유마거사는 묵묵부답인 채 눈빛만 반짝였고, 주위는 정적만이 감돌고 있었다. 그러던 중, 돌연 문수보살이 "정말 훌륭하다. 문자도 없고 말도 없는 이것이야말로 불이(不二)의 법문에 들어가는 길이다"하고 감탄한다. 그 마지막 하이라이트의 담론인 〈침묵(沈黙)의 가르침〉 즉 "중생이 앓으니 보살이 앓는다"는 화두가 불이(不二)의 법문을 터득함으로써 "중생이 나으니 보살이 낫는다"는 기적이 이루어진다. 그러면서 〈불가사의해탈송〉을 들릴 듯이 들리지 않게 염불하며 두광에 실려 올라가게 한 것이다.

# 참고문헌

## 논문

- 이영관/박근수/유산빈, 「중국 백마사와 한국 불국사의 배후사상과 공간특성」, 한국사상과 문화(제 49집).
- 고정은, 앙코르와트 제 1화랑에 나타난 '32지옥도'의 도상특징과 그 의미(2011년).
- 양승윤, 「인도네시아의 인도문화 영향에 대한 역사적 고찰」, 인도연구 제 13권 1호(2008).
- 유근자, 「보로부두르 대탑의 불전도상」, 부산외국어대학동남아 지역권(2010).
- 근대 일본의 문화재 보호와 고대미술」, 高木博志(다카기 히로시), 『미술사논단』(제 11호).
- 미술사와 시각문화학회, 『미술사와 시각문화』[사회평론, 2002. 1호(창간호)]-김혜원, 「돈황 막고굴 제321굴[보우경변(寶雨經變)]에 보이는 산악 표현의 정치적 의미와 작용」.
- 文明大, 「韓國石窟寺院의研究」, 『歷史學報』(제38집), 歷史學會, 1968. 8.
- 「석불사에 현시된 깨달음의 구조와 완성」 김희욱(민족미학연구소 연구이사). 2000.
- 김준오, 「인도 초기 Stupa 형식 연구」-Relief Stupa 분석을 중심으로-전남대 문화재학 협동 과정 박사 학위 논문(2012).
- 김종규, 「신라 사찰 건축에 대한 연구」, 한림대학교 사학과 석사학위논문(1995).
- 김봉렬, 「통도사 건축의 조영사와 교리적 해석」, 『한국미술의 자생성』, 한길아트(1999).
- 신현숙, 「근 · 현대 건축에 나타나는 고딕건축의 영향에 관한 연구」, 동의대건축공학 석사학위(2004).
- 김희철, 「스콜라철학과 중세 고딕건축 이미지와의 상관관계 연구」, 성공회대 석사학위논문(2006).
- 정양부, 「실존적 공간론의 관점에서 본 프랑스 고딕건축공간 해석」, 대한건축학회논문집 12권 7호(통권93호.1996년 7월).
- 김종규, 「신라 사찰건축에 대한 연구」, 한림대학교 사학과 석사학위논문(1995).
- 허정욱, 「교회건축의 신학적 의미에 관한 교회사적 고찰」, 서울신학대학 석사학위논문(1986).
- 이정호, 「그리스도교 미술에 대한 역사적 고찰」-초세기부터 중세 후기까지의 그리스도교 미술-, 가톨릭대학교석사학위논문(1996).
- 趙昌翰, 「韓國寺刹과 희랍神殿의 建築空間構成 比較 硏究」, 서울대공학박사학위논문(1986).
- 崔椿煥, 「中世 東西 宗敎建築 空間構成에 關한 硏究」-13세기 한국 佛寺建築과 프랑스 고딕敎會建築 比較 硏究, 중앙대학교 박사학위논문(1980).
- 都善朋 · 韓圭榮, 「프랑스 고딕 聖堂의 生成과 變遷에 대한 硏究」, 建設技術研究所 論文集 第

11卷 第 2號(1992. 12).

- 鄭鉉和, 「종교건축의 상징성과 위계성에 관한 연구」 -한국사찰과 서양교회의 비교분석, 경상대석사학위(2001).

- 윤정태, 「유럽기독교와 도상(ICON)의 상관성에 관한 연구」 -카타콤에서 고딕까지의 도상변천사를 중심으로-, 기독신학대학원 대학교 신학과 역사신학 전공(2000).

- 李昌會, 「敎會建築에 있어서 聖과 俗의 轉移空間으로서의 進入空間에 관한 硏究」 -韓國가톨릭 敎會를 中心으로-, 高麗大學院 碩士學位論文(1993).

- 文喆洙, 「傳統佛寺 進入空間의 리듬體系에 關한 考察」, 경희대석사학위논문(1989).

- 李郁·崔武革·孔宗烈, 「韓國傳統寺刹建築의 配置構成과 佛畵의 構圖技法間의 關係研究」 -구례 천은사의 사찰배치를 중심으로-.

- 鄭士熙.李容範, 寺刹建築의 進入空間에 있어서의 門建築의 意味에 대한 硏究」 -공간적 의미를 중심으로-.

- 金正新, 「중세 고딕성당의 스테인드그라스와 불교 단청의 비교」, 한국색채학회논문집 (1996).

- 김기주, 「샤르트르대성당 三門 연구」, 『미술사학보』 23집, 미술사학연구회(2004.12).

- 김종화, 「Le Corbusier 성당 건축에 관한 연구」 -롱샹성당과 라 뚜레프 수도원의 공간구성 방식을 중심으로-, 경기대대학원 건축공학과 석사학위 논문(2006.12).

- 김기남, 「한국의 성당건축-명동성당을 중심으로」, 『건축』 VOL6-No6(45~50쪽.1986) 단국대.

- 홍광표, 「韓國 九山禪門의 空間美學」, 한국전통조경학회지, Vol.23, No3(2005년 9월).

- 조성호·성동환, 「신라말 구산선문 사찰의 입지 연구」 -풍수적 측면을 중심으로, 한국지역지리학회지(제6권 제3호 [2000년]).

- 정수경, 「앙리 마티스의 방스 로사리오 경당 연구」, 숙명여대대학원(1999.12).

- 국립경주박물관/고대불도연구회, 『金城의 南山과 平城京의 東山』 -왕도 주변의 산림사원에 대한 한일비교- 신라학국제심포지엄(2019. 8. 22).

- 경주문화원 부설 향토문화연구소, 『경주문화논총(19집)』, 나정문화사(2016).

- 개소 30년 기념학술대회 『신라 사찰의 공간과 기능』, 국립경주문화재연구소(2020) -신라 쌍탑가람의 기원과 출현 배경(양은경, 부산대)-.


## 단행본

- 앙드레 그라바 지음, 박성은 옮김, 『기독교 도상학의 이해』, 이화여대출판부(2007).

- 위난트클라센(Winand W.Klassen)지음, 심우갑·조희철 옮김, 『서양건축사』, 아키그램.
- 한국미술의 자생성 간행위원회, 『한국미술의 자생성』, 한길아트(1999).
- 김봉렬글·관조 사진, 『가보고 싶은 곳 머물고 싶은 곳』, 안그라픽스(2003) 9쇄.
- 캐롤 스트릭랜드 지음·양상현외 옮김, 『클릭, 서양건축사』, 예경(2003).
- 글, 김보현·배병선·박도화, 사진, 배병선·유남해, 『부석사』, 대원사(171), (2001. 8쇄).
- 임석재, 『우리 옛 건축과 서양건축의 만남』, 대원사(1999).
- 임석재, 『하늘과 인간-서양건축사(2)』, 북하우스(2003).
- 임석재, 『하늘과 인간-서양건축사(3)』, 북하우스(2006).
- 임석재 지음, 『인간과 인간』(4), 북하우스(2007).
- 임석재 지음 , 『건축, 우리의 자화상』, 인물과 사상사(2005).
- 임석재 지음, 『우리건축, 서양건축 함께 읽기』, 컬쳐그라피(2011).
- 권태문, 『건축미학을 찾아서』, 대가(2005).
- 로리슈나이더애덤스 지음, 박상미 옮김, 『미술탐험』, 아트북스(2004년).
- 유홍준, 『나의 문화유산 답사기』(2), 창작과 비평사(2004, 46쇄).
- 안드레 에카르트(Andre Eckardt, 1884~1974) 지음·權寧弼 옮김, 『朝鮮美術史(Geschichte der koreanichen Kunst)』, 1929년, 열화당(2003, 초판).
- 나카무라 요시오 지음·강영조 옮김, 『풍경의 쾌락』, 효형출판(2007).
- 헨드리크 빌렘 반 룬 지음/남경태 옮김, 『반 룬의 예술사』, 들녘(2008).
- J.스티븐 랭 지음/남경태 옮김, 『바이블 키워드』, 들녘(2007).
- 아이작 아시모프 지음, 박웅희 옮김, 『아시모프의 바이블』, 들녘(2002년).
- 이기영, 김동현, 정우택지음, 『통도사』, 대원사(1996).
- 공동번역, 『성서-외경 포함』, 대한성서공회(1977).
- 국제가톨릭성서공회, 『해설판 공동번역 성서』, 일과놀이(1996년, 2쇄).
- 玄裝法師 著/권덕주 옮김, 『大唐西域記』, 우리출판사(1994. 3판).
- 현장 지음/김규현 역주, 『대당서역기』, 글로벌콘텐츠(2013).
- 一然 著/李民樹 譯, 『삼국유사(三國遺事)』, 乙酉文化史(1975).
- 박용숙, 『한국미술사이야기』, 예경(1999, 초판).
- 곰부리치 지음, 백승길·이종길 옮김, 『서양미술사』, 예경(97. 초판).
- 벤자민로울랜드 지음, 최민 옮김, 『동서미술론』, 열화당(2002년).
- 이범교, 『삼국유사의 종합적 해석』, 민족사(2005).
- 존 카너 코벨 지음, 김유경 옮김, 『일본에 남은 한국미술』, 글을읽다(2008).
- 나카무라요시후미(中村好文, 1948~ ) 지음, 정영희 옮김, 『내마음의 건축』, 다빈치(2011), 161~176쪽.

- 김상근 지음, 『천재들의 도시 피렌체』, 21세기북스(2010).
- 앤벤투스 외 지음/서영조 · 윤길순 옮김, 『세계에서 가장 아름다운 성당 100』, 터치아트.
- 임석재 지음, 『우리 옛 건축과 서양건축의 만남』, 대원사(2000년, 2쇄).
- 마이클콜린스 지음 · 박영준 옮김, 『바티칸-영혼의 수도, 매혹의 나라』, 디자인하우스 (2009).
- 정시춘 지음, 『교회 건축의 이해』, 도서출판 발언(2000년).
- 존볼드윈 지음, 박은구/이영재 옮김, 『중세문화이야기』, 혜안(2002).
- 왕용 지음/이재연 옮김, 『인도미술사』, 다른생각(2014).
- 박순관 지음, 『동남아 건축문화 산책』, 한국학술정보(주) 2013.
- 강희정 지음, 『나라의 정화(精華), 조선의 표상(表象)』-일제강점기 석굴암론, 서강대출판사 (2012).
- 강희정 지음, 『동아시아불교미술 연구의 새로운 모색』, 학연문화사(2011).
- 서현 지음, 『건축, 음악처럼 듣고 미술처럼 보다』, 효형출판(2015, 3판 3쇄).
- 러우칭시 지음/이주노 옮기, 『중국고건축 기행』, 컬쳐라인(2002).
- 허균 지음, 『한국전통 건축 장식의 비밀』, 대원사(2013).
- 임석재 지음, 『기계가 된 몸과 현대 건축의 탄생』, 인물과사상사(2012).
- 한정희/최경현 지음, 『사상으로 읽는 동아시아의 미술』, 돌베개(2018).
- 유진보 지음/전인초 옮김, 『돈황학이란 무엇인가』, 아카넷(2003).
- 타가와준조 지음/박도화 옮김, 『돈황석굴』, 개마고원(1999).
- 이길상 지음, 『세계의 교과서 한국을 말하다』, 푸른숲(2009).
- 크리스토퍼 히버트 지음/한은경 옮김, 『도시로 읽는 세계사』, 미래M&B(2002).
- 선묵혜자 지음, 『캄보디아』, 장문산(2004).
- 최병식 지음, 『아시아 미술의 재발견』, 동문선(1991).
- 강소연 지음, 『잃어버린 문화유산을 찾아서』, 부엔리브로(2011).
- 랄프 윈터, 임윤택 편저, 『기독교문명운동사』, 예수전도단(2013).
- 이지성, 『생각하는 인문학』, 문학동네(2015).
- 아서 단토 지음/김한영 옮김, 『무엇이 예술인가』, (주)은행나무(2015).
- 야코프 부르크하르트 지음/이기숙 옮김, 『이탈리아 르네상스의 문화』, 한길사(2014).
- 김정희 지음, 『불화, 찬란한 불교미술의 세계』, 돌베개(2011).
- 오종우 지음, 『예술 수업』, 어크로스(2015).
- 박홍순 지음, 『미술관 옆 인문학』, 서해문집(2011).
- 장긍선 신부 편저자, 『이콘-신비의 미』, 기쁜 소식(1993).
- 알랭드 보통 · 존 암스트롱/김한영 옮김, 『영혼의 미술관』, 문학동네(2014).

- 카를로페드레티 지음/강주헌, 이경아 옮김, 『위대한 예술과 과학』, 마로니에북스(2008).
- 김호동 지음, 『동방 기독교와 동서 문명』, 까치(2002).
- 이동연 지음, 『명작에게 사랑을 묻다』, 평단(2015).
- 허균 지음, 『옛그림에서 정치를 걷다』, 깊은나무(2015).
- 이하준, 『예술의 모든 것』, 북코리아(2014).
- 황진명 · 김유항, 『과학과 인문학의 탱고』, 사과나무(2014).
- 미술사학연구회편, 『미술사학』(2), 민음사(1990).
- 잔프랑코 라바시 지음/강선남 옮김, 『성경의 인물들』, 성바오로(2014).
- 권오문 지음, 『종교의 미래를 말한다』, 생각하는 백성(2015).
- 김범수 외, 『철학자가 사랑한 그림』, 알렙(2013).
- 플로리안 하이네 지음/최기득 옮김, 『거꾸로 그린 그림』, 예경(2010).
- 심영옥 지음, 『한국 미술사를 보다』, (주)리베르스쿨(2015).
- 줄리언 벨 지음/신혜연 옮김, 『세상을 비추는 거울, 미술』, 예담(2009).
- 사이먼 샤마 지음/김진실 옮김, 『파워 아트』, 아트북스(2008).
- 명법 지음, 『미술관에 간 붓다』, 나무를 심는 사람들(2014).
- 이광표 지음, 『명품의 탄생』, 산처럼(2011).
- 전원경 지음, 『예술, 역사를 만들다』, 시공사(2016).
- 김치호 지음, 『오래된 아름다움』, 아트북스(2016).
- 김태진/백승휴 지음, 『아트 인문학 여행』, 카시오페아(2016).
- 허진모 지음, 『휴식을 위한 지식』, 이상미디어(2016).
- 권행가 지음, 『이미지와 권력』, 돌베개(2015).
- 심산 지음, 『마운틴 오디세이』, 바다출판사(2014).
- 이케가미히데히로 지음/이연식 옮김, 『쉽게 읽는 서양미술사』, 재승출판(2016).
- 이림찬 지음/장인용 옮김, 『중국미술사』, 다빈치(2017).
- 장준석 지음, 『인도미술사』, 학연문화사(2018).
- 김호동 역주, 『동방견문록』, 사계절(2000).
- 하진희 지음, 『아잔타미술로 떠나는 불교여행』, 인문산책(2013).
- 최준식/송혜나 지음, 『국악, 그림에 스며들다』, (주)한울엠플러스(2018).
- 마쓰바라다이도 지음/장희남 옮김, 『선의 향기』, 씨앗을 뿌리는 사람(1999).
- 양정무 지음, 『난생처음 한번 공부하는 미술이야기(4)』, (주)사회평론(2017).
- 현봉 지음, 『일흔집』, 도서출판 송광사(2019).
- 최영도 지음, 『아잔타에서 석불사까지』, 기파랑(2017).
- 닐 맥그리거 지음/강미경 옮김, 『100대 유물로 보는 세계사』, 다산북스(2017).

- 낙양백마사불교문화연구회 편, 『석원 백마사』.
- 반유중국석굴편찬위원회 편, 『낙양용문』, 중주고적출판사(2019).
- 세라W.골드헤이건 지음/윤제원 옮김, 『공간혁명』, 다산북스(2019.12).
- 조선총독부 편(쇼와8년, 1933)/김기조 역, 『국역 慶州郡』, 경주문화원·경주시(2008).
- 소병국 지음, 『동남아시아사』, 책과함께(2020. 1판 2쇄).
- 강석경 지음/강헌구 사진, 『능으로 가는 길』, 창작과 비평사(2000).
- 장석호 지음, 『이미지의 마력』, 역사공간(2017).
- 글 서규석/사진 (주) 시지웨이브, 『앙코르』, 수막새(2007).
- 차장섭 지음, 『인간이 만든 신의 나라 앙코르』, 역사공간(2010).
- 차장섭 지음, 『미얀마』, 역사공간(2013).
- 최몽룡 저, 『한국고고학 연구의 제문제』, 주류성출판사(2011).
- 글·사진/박종철·고재희, 『일본에서 느끼는 백제의 숨결』, (주)동부신문(2005).


## 기 타

- 조선일보, 〈대웅전의 '맑은 소리' 비밀 풀렸다〉, 2004년 5월 24일.
- 조선일보, 〈텅빈 성당, 서점·호텔로 거듭나다〉, 2008년 4월 5일.
- 조선일보 제 27940호/2010년 10월 27일 수요일/학술란.
- 한겨레21(창간17돌 기념특대 1호. 853호).
- 『문화와 나』, 삼성문화재단(2006. 81호).
- 「한겨레21」, 2007.8.7(제671호).
- 「시사IN」, 2011.7.2(제198호).
- 인터넷, 네이버, 검색창.
- 안재원(서울대 인문학연구원 부교수) 강의 자료(2019. 5. 29) 경주문화원 강당.
  -서양문헌에 나타난 신라와 신라에 남아 있는 서양 문명의 흔적-.
- 김혁(한국외대 이란어과 겸임교수) 강의 자료 -페르시아 문헌 속 신라의 모습-.
  2019년 5월 30일, 국립경주박물관 성인 대상 교육프로그램 '신라학 강의' 자료.
- 노중국(계명대 명예교수) 강의 자료- 문헌으로 본 신라와 백제의 관계-.
  국립경주박물관 성인 대상 교육프로그램 '신라학 강의' 자료(2019. 9. 26).